Handbuch Existenzgründung

SCHÄFFER
POESCHEL

Friedrich von Collrepp

Handbuch Existenzgründung

Für die ersten Schritte
in die dauerhaft erfolgreiche Selbständigkeit

2., überarbeitete und aktualisierte Auflage

1999
Schäffer-Poeschel Verlag Stuttgart

Gedruckt auf chlorfrei gebleichtem, säurefreiem und alterungsbeständigem Papier

Die Deutsche Bibliothek - CIP-Einheitsaufnahme

Handbuch Existenzgründung [Medienkombination] : für die ersten Schritte in die dauerhaft erfolgreiche Selbständigkeit / Friedrich von Collrepp.
- Stuttgart : Schäffer-Poeschel
ISBN 3-7910-1445-5
Buch. - 2., überarb. und aktualisierte Aufl. - 1999
CD-ROM [zur 2. Aufl.] 1999

Einbandgestaltung: Willy Löffelhardt
Satz: Dörr + Schiller GmbH, Stuttgart
Druck und Bindung: Franz Spiegel Buch GmbH, Ulm
Printed in Germany

Schäffer-Poeschel Verlag Stuttgart
Ein Tochterunternehmen der Verlagsgruppe Handelsblatt

Vorwort zur 2. Auflage

Das **Handbuch Existenzgründung** ist überarbeitet und aufgrund von Anregungen aus der Praxis wesentlich ergänzt worden. Der große Umfang von Änderungen und Reformen von Gesetzen, über die der Existenzgründer Kenntnis haben muß, machte die Neuauflage erforderlich. Der bewährte Aufbau des Handbuchs, der den Leser mit Hilfe von Leitplänen von der Geschäftsidee zur Betriebs-/Geschäftsaufnahme durch die einzelnen Stufen der Existenzgründung führt, ist selbstverständlich beibehalten worden.

Mit der Reform der Handwerksordnung zum 1. April 1998 gibt es jetzt nur noch 94 Handwerke. Durch die Zusammenlegung zu 25 breiter angelegten Handwerken können Handwerksbetriebe jetzt mehr Leistungen aus einer Hand anbieten. Bisher hatte die starre Trennung verhindert, daß etwa bei der Modernisierung eines Bades vom Fliesenleger auch Maurerarbeiten miterledigt werden durften.

Zum 1. Juli 1998 wurden mit dem Handelsrechtsreformgesetz wesentliche Teile des Handelsgesetzbuchs neu gefaßt. Die neuen Regelungen entsprechen den gewandelten Verhältnissen einer modernen Wirtschaft. Unter Berücksichtigung der zunehmenden Bedeutung der Dienstleistungsbranche wurde der Kaufmannsbegriff zeitgemäß definiert. Das Firmenrecht ermöglicht nun einen werbewirksamen Firmennamen und gilt einheitlich für alle Rechtsformen.

Mit dem Korrekturgesetz hat die neue Bundesregierung zum 1. Januar 1999 Korrekturen in der Sozialversicherung und zur Sicherung der Arbeitnehmerrechte beschlossen. Die Verschlechterung beim Kündigungsschutz und bei der Entgeltfortzahlung wurden aufgehoben. Die Bundesregierung hat sich entschlossen, die Scheinselbständigkeit nachhaltig zu bekämpfen und arbeitnehmerähnliche Selbständige in die Rentenversicherungspflicht einzubeziehen. Die Beschränkung auf einige wenige Kriterien bei der Definition der Selbständigkeit hat allerdings sowohl bei den Betroffenen als auch bei den Auftraggebern stark zur Verunsicherung geführt.

Im Rahmen der 1. Stufe der Steuerreform zum 1. Januar 1999 ist die Senkung des Körperschaftsteuersatzes für einbehaltene Gewinne von 45% auf 40% sowie die Senkung des Spitzensteuersatzes für gewerbliche Einkünfte von 47% auf 45% vorgesehen. Der Körperschaftsteuersatz auf ausgeschüttete Gewinne von 30% bleibt zunächst unverändert. Mit der 2. Stufe der Steuerreform zum 1. Januar 2000 ist eine weitere Senkung des Spitzensteuersatzes für gewerbliche Einkünfte auf 43% vorgesehen.

Darüber hinaus ist ein geschlossenes Konzept einer Unternehmenssteuerreform geplant. Dabei sollen die Körperschaftsteuer, die Einkommensteuer auf Gewinne von Gewerbebetrieben, Freiberuflern und Landwirten und die Gewerbesteuer für alle bilanzierenden Unternehmen rechtsformunabhängig zu einer einzigen Ertragsteuer zusammengefaßt werden. Der einheitliche Steuersatz soll 35% betragen, könnte auch möglicherweise geringer ausfallen, um eine Höherbelastung der mittelständischen Betriebe zu vermeiden, deren Steuerlast derzeit weniger als 35% beträgt. Außerdem würde durch einen unter 35% liegenden Steuersatz Spielraum für das Hebesatzrecht geschaffen, das den Kommunen auf die neue Unternehmenssteuer eingeräumt werden soll. Da mit der Unternehmenssteuerreform erhebliche Probleme verbunden sind, ist die 3. Stufe der Steuerreform (spätestens) zum 1. Januar 2002 vorgesehen. Insbesondere die schwierige Abschaffung der Gewerbesteuer soll zunächst ausgeklammert bleiben.

Zum 1. April 1999 ist die Neuregelung der geringfügigen Beschäftigung vorgesehen. Die Geringfügigkeitsgrenze wird einheitlich für West- und Ostdeutschland auf 630 DM monatlich festgeschrieben. Die bislang pauschale Lohnsteuer von 20% zzgl. Solidaritätszuschlag und Kirchensteuer soll entfallen, stattdessen sollen die Arbeitgeber künftig Pauschalbeträge von 10% zur Krankenversicherung und 12% zur Rentenversicherung bezahlen.

Der Trend zur Existenzgründung ist seit Jahren ungebrochen und wird sich aufgrund der Situation auf dem Arbeitsmarkt weiter fortsetzen. Doch leider sind nicht alle Existenzgründungen erfolgreich. Für den Existenzgründer, der am Anfang seines Vorhabens steht, sind zuverlässige Informationen, begleitende kompetente Beratung und eine solide Finanzierung von existentieller Bedeutung.

Das **Handbuch Existenzgründung** bietet alle grundlegenden Informationen zur Existenzgründung und zeigt die wichtigsten Quellen der Fördermittel des Bundes und der Länder. Die aktuellen Zinssätze der Förderprogramme können jederzeit per Fax abgerufen werden. Das Adressenverzeichnis mit seinen nahezu 500 Adressen erschließt den Zugang zu einem Netzwerk wichtiger überregionaler als auch regionaler Gesprächspartner auch per Internet: Wirtschaftsministerien, Gründungsinitiativen, Wirtschaftsförderungsgesellschaften, öffentliche Finanzierungsgesellschaften, Leitstellen, Kammern, Bürgschaftsbanken, Beteiligungsgesellschaften, Technologietransfergesellschaften, EU-Beratungsstellen, Verbände, Behörden usw. Das Literaturverzeichnis bietet u.a. eine aktuelle Liste aller Broschüren über die Förderprogramme des Bundes und der Länder sowie weiterer Broschüren und Informationsmaterial für Existenzgründer und Jungunternehmer, die in der Regel kostenlos angefordert werden können.

Verlag und Autor sind weiterhin stets dankbar für Anregungen und Kritik aus dem Leserkreis und wünschen viel Erfolg für das Vorhaben.

Berlin/Lich, im März 1999 Friedrich von Collrepp

Vorwort zur 1. Auflage

Das Thema Existenzgründung war noch nie so aktuell wie heute. Immer mehr Menschen streben in die berufliche Selbständigkeit. Die Gründe sind vielfältiger Natur. Meistens ist es der Wunsch nach Unabhängigkeit und Selbstverwirklichung. Es wächst eine Generation von Gründern heran, die den Erfolg mit einem eigenen Unternehmen suchen. Die Existenzgründung geschieht aber nicht selten auch aus der Not heraus, wenn die Arbeitssituation unbefriedigend ist oder aufgrund von Arbeitslosigkeit.

Existenzgründer schaffen Arbeitsplätze. Das haben inzwischen auch unsere Politiker erkannt, so daß den Existenzgründern soviel Aufmerksamkeit und Wohlwollen wie noch nie zuvor zuteil wird. Um Existenzgründungen finanziell zu unterstützen, stellen Bund, Länder und Europäische Union eine Vielzahl von Förderprogrammen zur Verfügung. Zur Vorbereitung der Existenzgründung hat sich die Förderung der Existenzgründungsberatung als ein nützliches Instrument sehr bewährt.

Die Chancen und Risiken einer selbständigen Existenz liegen dicht beieinander. Unter den vielen hoffnungsvollen Menschen, die jährlich ihre beruflichen Vorstellungen über die Selbständigkeit verwirklichen, sind nicht wenige, die früher oder später scheitern. Die häufigsten Gründe für ein Scheitern sind Informationsdefizite und Finanzierungsmängel.

Die Erfahrung zeigt, daß eine gute Geschäftsidee allein noch keine Erfolgsgarantie darstellt. Aus der Idee, so gut sie auch sein mag, muß ein individuelles Gründungskonzept entwickelt werden, das die Möglichkeit einer realistischen Einschätzung für den Markteintritt zuläßt. Denn nur derjenige wird Erfolg haben, der sich mit seiner Existenzgründung gründlich und ernsthaft auseinandersetzt. Bei einem schlüssigen Konzept darf es dann auch keine Schwierigkeiten bereiten, das noch fehlende Kapital aufzutreiben.

Das **Handbuch Existenzgründung** hat den Anspruch, wesentliche Hilfestellung für eine erfolgreiche Existenzgründung zu leisten. Es soll als Ratgeber und Nachschlagewerk zweckdienliche Informationen zur Planung der Existenzgründung liefern und auf die gesetzlichen Rahmenbedingungen aufmerksam machen, die dem zukünftigen Unternehmer vorgegeben sind. Darüber hinaus soll das **Handbuch Existenzgründung** die Entscheidung zur Existenzgründung erleichtern und Mut machen, den Einstieg in die berufliche Selbständigkeit selbstbewußt zu wagen.

Das **Handbuch Existenzgründung** enthält übersichtliche Leitpläne, die den Existenzgründer an einem roten Faden entlang von der Geschäftsidee bis zur Betriebs- bzw. Geschäftsaufnahme führen. Es ist erforderlich, daß alle auf diesem Weg liegenden Schritte sorgfältig geplant werden. Die entsprechenden Themen sind kompakt mit vielen Tabellen und Abbildungen praxisnah dargestellt. Während die Beispiele es ermöglichen, das eigene Vorhaben besser beurteilen zu können, erleichtern die Tips die Entscheidungsfindung.

Der Existenzgründer wird mit dem **Handbuch Existenzgründung** in die Lage versetzt, einen für das eigene Vorhaben zugeschnittenen Geschäftsplan (Business Plan) aufzustellen. Der Sinn des Geschäftsplanes besteht vor allem darin, das Vorhaben überzeugend darzustellen, um die notwendigen Finanzierungsmittel zu sichern. Als Handlungsanleitung kann der Existenzgründer damit auch den Kurs der Existenzgründung verfolgen, denn nur eine dauerhaft tragfähige Existenzgründung ist eine erfolgreiche Existenzgründung.

Das **Handbuch Existenzgründung** gibt einen aktuellen Überblick über die wichtigsten Förderprogramme des Bundes und der Länder für Existenzgründer. Nur wer weiß, welche Fördermöglichkeiten für sein individuelles Vorhaben in Frage kommen, kann sie auch optimal in Anspruch nehmen. Alle Förderprogramme unterliegen bestimmten Bedingungen und Restriktionen, die bei der Konzepterstellung rechtzeitig beachtet werden müssen.

Es existiert ein Netz von Behörden, Institutionen und Organisationen, die Existenzgründer mit Informationen und Beratungen unterstützen können. Das Adressenverzeichnis im **Handbuch Existenzgründung** umfaßt diesbezüglich nahezu 500 Adressen, soweit vorhanden mit Internet- und E-Mail-Adressen. Dies liefert einen wertvollen Beitrag für eine schnelle Informationsversorgung, denn z. B. informieren die Wirtschaftsministerien und die öffentlichen Finanzierungsgesellschaften inzwischen per Internet rund um die Uhr u. a. über die derzeitigen Förderprogramme mit den aktuellen Konditionen.

Für Anregungen und Kritik aus dem Leserkreis sind Verlag und Autor stets dankbar.

Berlin/Lich, im Februar 1998 Friedrich von Collrepp

Inhaltsverzeichnis

Abbildungsverzeichnis

1. Kapitel: Die berufliche Orientierung

2. Kapitel: Die Planung des Geschäftsbetriebes

3. Kapitel: Die Planung der Finanzen

4. Kapitel: Die Planung der Finanzierung

5. Kapitel: Die Beschaffung

6. Kapitel: Die gesetzlichen Anmeldeformalitäten zur Existenzgründung

7. Kapitel: Die Betriebs-/Geschäftsaufnahme

Abkürzungsverzeichnis

Abb.	Abbildung
Abs.	Absatz
AbzG	Abzahlungsgesetz
AGB	Allgemeine Geschäftsbedingungen
Aktz.	Aktenzeichen
Allg.	Allgemein, -e
ALV	Arbeitslosenversicherung
AMG	Arzneimittelgesetz
AO	Abgabenordnung
AOK	Allgemeine Ortskrankenkasse
ArbStättR	Arbeitsstättenrichtlinien
ArbStättV	Arbeitsstättenverordnung
ArbZG	Arbeitszeitgesetz
AÜG	Arbeitnehmerüberlassungsgesetz
B	Berlin
BAB	Betriebsabrechnungsbogen
BAnz	Bundesanzeiger
BauNVO	Baunutzungsverordnung
BB	Brandenburg
BBiG	Berufsbildungsgesetz
BetrAVG	Gesetz zur Verbesserung der betrieblichen Altersversorgung
BetrVG	Betriebsverfassungsgesetz
BErzGG	Bundeserziehungsgeldgesetz
BfA	Bundesversicherungsanstalt für Angestellte
BG	Berufsgenossenschaft
BGB	Bürgerliches Gesetzbuch
BGH	Bundesgerichtshof
BImSchG	Bundes-Immissionsschutzgesetz
BMA	Bundesministerium für Arbeit
BMBF	Bundesministerium für Bildung und Forschung
BMWi	Bundesministerium für Wirtschaft und Technologie
BR	Bremen
BRTV	Bundesrahmentarifvertrag
BUrlG	Bundesurlaubsgesetz
BW	Baden-Württemberg
BY	Bayern
DEÜV	Datenerfassungs- und Übermittlungsverordnung
d. h.	das heißt
DIHT	Deutscher Industrie- und Handelstag
DM	Deutsche Mark

DtA	Deutsche Ausgleichsbank
EDV	Elektronische Datenverarbeitung
EFTA	European Free Trade Association (Freihandelszone)
EFZG	Entgeltfortzahlungsgesetz
EIC	Euro Info Centre
e.K., e.Kfm.	eingetragener Kaufmann
e.Kfr.	eingetragene Kauffrau
ERP	European Recovery Program
ESt	Einkommensteuer
EStG	Einkommensteuergesetz
EU	Europäische Union
EUR	Euro
e.V.	eingetragener Verein
ff.	fortfolgend
FördG	Fördergebietsgesetz
FuE	Forschung und Entwicklung
GastG	Gaststättengesetz
GbR	Gesellschaft bürgerlichen Rechts
GdE	Gesamtbetrag der Einkünfte
gem.	gemäß
GewO	Gewerbeordnung
GewStG	Gewerbesteuergesetz
GG	Grundgesetz
ggf.	gegebenenfalls
GmbH	Gesellschaft mit beschränkter Haftung
GmbHG	GmbH-Gesetz
GoB	Grundsätze ordnungsmäßiger Buchführung
GrSt	Grundsteuer
GSV	Gesamtsozialversicherung
GüKG	Güterkraftverkehrsgesetz
GuV	Gewinn- und Verlust(-Rechnung)
GWB	Gesetz gegen Wettbewerbsbeschränkungen
HAG	Heimarbeitsgesetz
HandwO	Handwerksordnung
HE	Hessen
HGB	Handelsgesetzbuch
HH	Hamburg
HTWG	Haustürwiderufsgesetz
HWK	Handwerkskammer
HR	Handelsregister
HRA	Handelsregister, Abteilung A
HRB	Handelsregister, Abteilung B
i.d.R.	in der Regel
IHK	Industrie- und Handelskammer
InvZulG	Investitionszulagengesetz

IKR	Industrie-Kontenrahmen
IKK	Innungskrankenkasse
i.S.	im Sinne
i.V.m.	in Verbindung mit
JAE	Jahresarbeitsentgelt
JArbSchG	Jugendarbeitsschutzgesetz
KartG	Kartellgesetz
kfm.	kaufmännisch, -er, -e, -es
KfW	Kreditanstalt für Wiederaufbau
KG	Kommanditgesellschaft
KiSt	Kirchensteuer
KGaA	Kommanditgesellschaft auf Aktien
KK	Kontokorrent
KMU	Kleine und mittlere Unternehmen
KostO	Kostenordnung
KSt	Körperschaftsteuer
KSchG	Kündigungsschutzgesetz
KU	Kleine Unternehmen
Kug	Kurzarbeitergeld
KV	Krankenversicherung
KWG	Kreditwesengesetz
LadenschlG	Ladenschlußgesetz
LSt	Lohnsteuer
LStDV	Lohnsteuer-Durchführungsverordnung
LStR	Lohnsteuerrichtlinien
LVA	Landesversicherungsanstalt
max.	maximal
MarkenG	Markengesetz
MBI	Management buy in
MBO	Management buy out
Mio.	Millionen
MuSchG	Mutterschutzgesetz
MV	Mecklenburg-Vorpommern
MWG	Mehraufwands-Wintergeld
MWSt.	Mehrwertsteuer
NachwG	Nachweisgesetz
Nr.	Nummer
NRW	Nordrhein-Westfalen
NS	Niedersachsen
o.g.	oben genannt, -er, -e, -es
OHG	Offene Handelsgesellschaft
ÖPNV	Öffentlicher Personennahverkehr
p.a.	per anno
PAngV	Preisangabenverordnung
PartG	Partnerschaftsgesellschaft

PartGG	Partnerschaftsgesellschaftsgesetz
PBefG	Personenbeförderungsgesetz
p.M.	per Monat
PR	Partnerschaftsregister
PR	Public Relations
PV	Pflegeversicherung
RabattG	Rabattgesetz
RKW	Rationalisierungs- und Innovationszentrum der deutschen Wirtschaft e.V.
RP	Rheinland-Pfalz
RV	Rentenversicherung
SA	Sachsen-Anhalt
SchwbG	Schwerbehindertengesetz
SGB	Sozialgesetzbuch
SH	Schleswig-Holstein
SL	Saarland
sog.	sogenannt, -er, -e, -es
StBerG	Steuerberatungsgesetz
StGB	Strafgesetzbuch
SolZ	Solidaritätszuschlag
SolZG	Solidaritätszuschlagsgesetz
TH	Thüringen
TK	Techniker Krankenkasse
u. a.	unter anderem
UmweltHG	Umwelthaftpflichtgesetz
USt	Umsatzsteuer
USt-IdNr.	Umsatzsteuer-Identifikationsnummer
UStG	Umsatzsteuergesetz
usw.	und so weiter
u. U.	unter Umständen
UV	Unfallversicherung
UVV	Unfallverhütungsvorschriften
UWG	Gesetz gegen den unlauteren Wettbewerb
vgl.	vergleiche
WaffG	Waffengesetz
WAG	Winterausfallgeld
WPO	Wirtschaftsprüferordnung
z. B.	zum Beispiel
ZPO	Zivilprozeßordnung
ZugabeVO	Zugabeverordnung
ZVG	Tarifvertragsgesetz
ZWG	Zuschuß-Wintergeld
zzgl.	zuzüglich
z.Zt.	zur Zeit

1. Kapitel: Die berufliche Orientierung

Wenn Sie daran denken, sich selbständig zu machen, stehen Sie an der Schwelle einer wichtigen Entscheidung, die weitreichende Folgen für Ihre zukünftige Lebensgestaltung haben kann. Nehmen Sie deshalb Ihren Wunsch

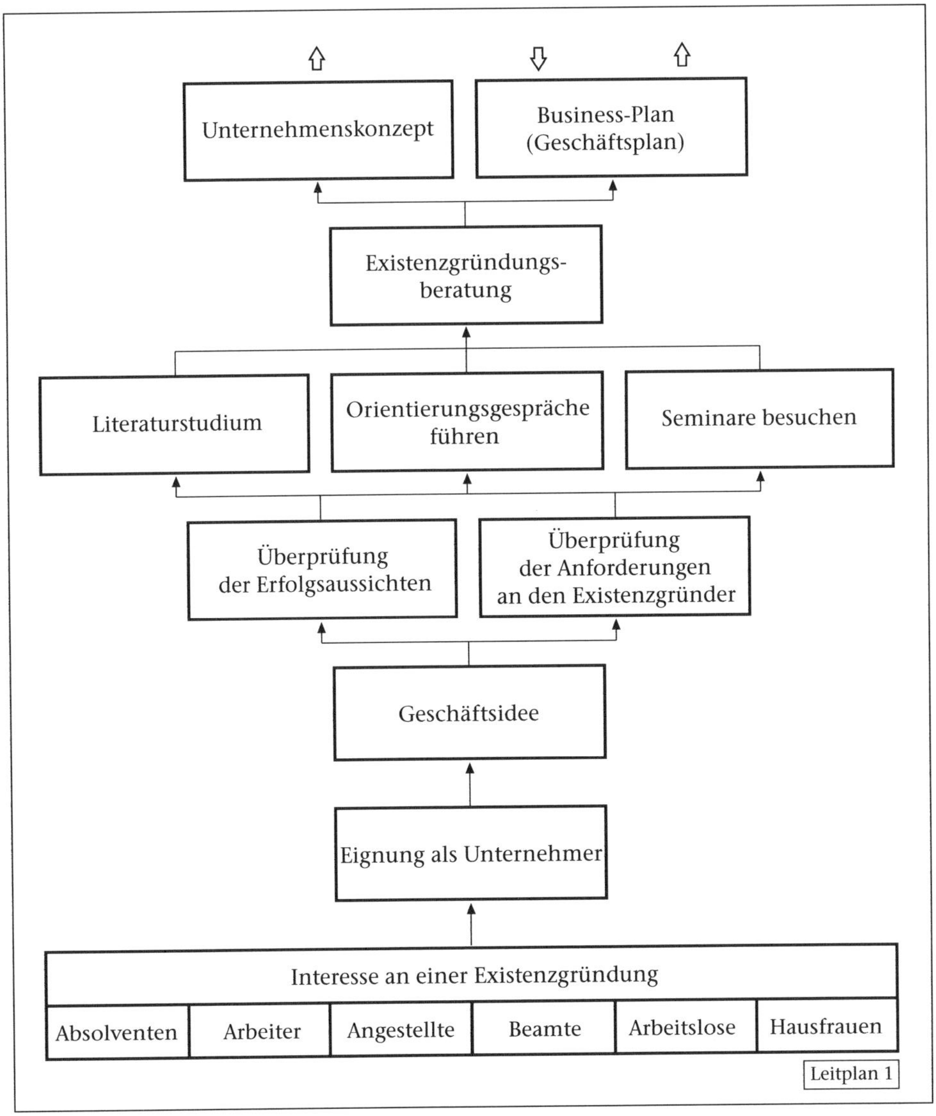

Abb. 1: Orientierungsschritte des Existenzgründers

nicht auf die leichte Schulter, denn eine Existenzgründung eignet sich nicht zum Ausprobieren. Springen Sie nicht ins kalte Wasser, sondern planen Sie gründlich Ihr Vorhaben.

Die **Orientierungsphase** ist eine wichtige Stufe der Existenzgründungsplanung. Hier sollen Sie rechtzeitig erkennen, ob Sie sich wirklich zum Unternehmer eignen. Eine kritische Selbstprüfung ist deshalb unbedingt notwendig.

Seien Sie ehrlich gegen sich selbst und geben sich keiner Selbsttäuschung hin. Erkennen Sie Ihre Defizite und beheben diese, falls es sich nicht um gravierende Mängel der unternehmerischen Qualifikation handelt. Nehmen Sie sich deshalb Zeit, bis Sie sich den Anforderungen gewachsen fühlen oder beenden Ihr Vorhaben. Vermeiden Sie eine gescheiterte Existenzgründung.

1 Die Gründe für das Streben nach beruflicher Selbständigkeit

Viele Menschen haben den Wunsch, sich selbständig zu machen, letztendlich wagen jedoch nur relativ wenige den entscheidenden Schritt. Meist sind es Arbeitnehmer mit mehreren Jahren Berufserfahrung, häufig Absolventen von Ausbildungsstätten, die selbständige Existenzen anstreben. Äußerst selten treibt es Beamte in die berufliche Selbständigkeit.

Zur Zeit suchen in der Bundesrepublik Deutschland schätzungsweise über 6 Millionen Menschen eine Arbeit. Nicht selten bewerben sich hunderte erfolglos um einen ausgeschriebenen Arbeitsplatz. Aus dieser Hoffnungslosigkeit wächst der Mut zur beruflichen Selbständigkeit, zwar unfreiwillig – aber immer häufiger.

Alle versprechen sich von dieser beruflichen Alternative große Vorteile. Viele Gründe sprechen dafür.

Zwar hat jeder Arbeitnehmer die Möglichkeit, in seinem Beruf voranzukommen, und auch Kariere zu machen, doch gelingt es planmäßig nur einer Minderheit. Viele bleiben auf dem Weg nach oben hängen. Es gehört schon viel Glück dazu, während eines langen erfolgreichen Arbeitslebens in der richtigen Branche, in der richtigen Firma immer die richtigen Vorgesetzten gehabt zu haben. Bürokratie und autoritärer Führungsstil in vielen, auch kleinen und mittleren Unternehmen lähmt die Entfaltungskraft und den Gestaltungswillen von hochmotivierten Beschäftigten.

Heutzutage bietet fachliche Kompetenz, Disziplin und Arbeitseifer keine Garantie mehr weder für einen beruflichen Aufstieg noch für einen sicheren Arbeitsplatz. Meist sind es typische Managementfehler, wie z. B. mangelnde finanzielle Vorsorge für die nächste Rezession, verplempertes Betriebsvermögen aufgrund falscher Strategie, unzureichende Forschung und Entwicklung, fehlende soziale Kompetenz usw. gegenüber den Mitarbeitern, wenn langjährig verdiente Mitarbeiter aus betrieblichen Gründen »freigesetzt« werden.

<table>
<tr>
<td>• sichere berufliche Existenz
• sein eigener Chef sein
• berufliche Herausforderung
• eigene Ideen durchsetzen
• mehr Unabhängigkeit
• mehr Erfolgserlebnisse
• beruflicher Aufstieg
• höheres Einkommen
• berufliche und soziale Anerkennung</td>
<td>• Selbstverwirklichung
• größere Entscheidungsfreiheit
• selbstbestimmte Lebensplanung
• soziale Annehmlichkeiten verwirklichen, z. B. betriebliche Altersversorgung, private Kfz.-Nutzung
• flexible Gestaltung der Arbeitszeit
• Hobby zum Beruf machen</td>
</tr>
<tr><td colspan="2">Berufliche Selbständigkeit</td></tr>
<tr><td colspan="2">⇧</td></tr>
<tr><td colspan="2">Berufliche Abhängigkeit</td></tr>
<tr>
<td>Unzufriedenheit mit der Arbeitssituation
• berufliche Frustration
• fehlende berufliche Anerkennung
• kein beruflicher Aufstieg
• zu geringes Einkommen
• unangenehmer Vorgesetzter
• monotone Aufgaben
• Arbeitslosigkeit
• geringe Arbeitsplatzsicherheit
• innere Kündigung
• schlechtes Betriebsklima
• keine Motivation
• Bürokratie
• autoritärer Führungsstil</td>
<td>Marktchance nutzen
• Top Idee
• Erfindung/Innovation/Design
• Trend erkannt
• negative Erfahrung als Kunde
Günstige Gelegenheit nutzen
• Unternehmensaufgabe
• Angebot einer tätigen Beteiligung
• Franchise-Angebot
• Geldanlage, z. B. Erbschaft, Lottogewinn
Unternehmerischer Tatendrang
• eigener Chef sein
• unternehmerisches Engagement
• Ehrgeiz</td>
</tr>
</table>

Abb. 2: Gründe für eine berufliche Selbständigkeit

Jeder Arbeitnehmer weiß in der Regel, was er von seiner Firma zu halten hat. Aufgrund des Betriebsklimas, der eigenen Behandlung und/oder der Behandlung der Kollegen kann er gut ableiten, wie es mit der Arbeitsplatzsicherheit und damit mit seiner Lebensplanung steht. Schlechte Erfahrungen mindern die Motivation. Je nach Ausprägung der Unzufriedenheit führt dann die berufliche Frustration unweigerlich zur inneren Kündigung.

Viele Arbeitnehmer finden keine Erfüllung in ihren Berufen!

Die vielen negativen Erfahrungen, die ein Arbeitnehmer macht, bzw. machen kann, sprechen für eine berufliche Selbständigkeit. Kompetenz, Disziplin und Arbeitseifer garantieren heute zwar keinen beruflichen Aufstieg mehr, bieten jedoch gute Voraussetzungen für eine berufliche Selbständigkeit.

Existenzgründer sind besonders stark auf ihre Unabhängigkeit bedacht und suchen nach Möglichkeiten zur Selbstentfaltung. Sie haben besonders den Wunsch, etwas **besser, schneller und professioneller** zu machen. Deshalb ist es kein Wunder, daß immer mehr Menschen ihre eigene Firma gründen.

2 Die Risiken der beruflichen Selbständigkeit

Neben den vielen Vorteilen, die eine selbständige Existenz mit sich bringt, sollten die Risiken besonders beachtet werden. Der Existenzgründer muß damit rechnen, daß er eine mehr oder weniger lange Durststrecke zurücklegen muß. Als Arbeitnehmer bekommt er regelmäßig sein Gehalt auf sein Konto überwiesen, zum bezahlten Urlaub zusätzlich Urlaubsgeld, zum Jahresende zusätzlich Weihnachtsgeld und hat eine geregelte Arbeitszeit. Die Sozialabgaben, die der Arbeitgeber zur Hälfte bezahlt, muß der Existenzgründer dann voll selbst tragen.

Risiken der beruflichen Selbständigkeit	
• Scheitern der Existenzgründung (Pleite) • Einkommensrisiko • Kapitalrisiko • fehlende soziale Sicherheit • Gesundheitsrisiko (Dauerstreß) • hoher Arbeitseinsatz, unregelmäßige Arbeitszeit	• Ärger mit dem Personal • Ärger mit Kunden • Ärger mit Lieferanten • Ärger mit Geldgebern • Ärger mit Behörden • Ärger mit dem Vermieter • Ärger mit der Familie

Abb. 3: Risiken der beruflichen Selbständigkeit

Ärger mit Mitarbeitern, Kunden, Lieferanten, Geldgebern, Behörden usw. wird sich nie ganz vermeiden lassen. Die berufliche Auseinandersetzung gehört zum täglichen Alltag. Allerdings ist der Unternehmer hier immer auf sich allein gestellt.

Niemand wird Ihnen zeigen, wo es lang geht. Es wird von Ihnen erwartet, daß Sie immer die richtigen Entscheidungen treffen. Sie müssen selber fähig sein, sich Ziele zu setzen und diese ohne äußeren Druck zu verfolgen. Der Traum von der Selbständigkeit darf nicht zum Trauma werden. Beim Abwägen der Chancen und Risiken müssen Sie kritisch entscheiden, ob Sie sich wirklich selbständig machen wollen.

! **Tip** Sichern Sie sich rechtzeitig den notwendigen Rückhalt in Ihrer Familie. Informieren Sie deshalb den engeren Familienkreis über Ihr Vorhaben. Sie werden den finanziellen und emotionalen Beistand dringend benötigen.

Gefahren für das junge Unternehmen	
• mangelnde fachliche Qualifikation • mangelnde unternehmerische Qualifikation • mangelndes Konzept • Informationsdefizite • Planungsmängel • schlechte Zahlungsmoral der Kunden • Fehleinschätzung des Marktes • Rezession, sinkende Nachfrage • zuviel Reklamationen	• Finanzierungsmängel (zu geringe Eigenkapitaldecke) • zu hohe Privatentnahmen • Qualifikationsmängel der Mitarbeiter • Fehlkalkulation • unerwartet hohe Ausgaben • unangemessene hohe Ausgaben (Luxusanschaffungen) • mangelnde Kapazitätsauslastung

Abb. 4: Gefahren für das junge Unternehmen

Viele Existenzgründungen überleben leider nicht die ersten fünf Jahre. Die Ursachen für das Scheitern liegen meist in der mangelhaften Vorbereitung. Wer sein Vorhaben gründlich plant und angemessen gründet, wird aller Wahrscheinlichkeit nach nicht scheitern. Um gerade in der Anfangsphase schwerwiegende Fehler zu vermeiden, muß man wissen, welche Gefahren das Unternehmen bedrohen.

Halten Sie sich immer vor Augen: Die häufigsten Pleiteursachen sind

- Informationsdefizite und
- Finanzierungsmängel.

Die Gefahr des Scheiterns wird immer größer, wenn das Unternehmen nicht mindestens den Gewinn erwirtschaftet, um die private Lebensführung zu gewährleisten. Der Unternehmensgründer sollte vorher genau prüfen, ob er den Umsatz erreichen kann, um alle Kosten abzudecken. Es ist deshalb sinnvoll, im Finanzierungsplan genügend Reserven zu berücksichtigen.

3 Die Eignung als Unternehmer

Der Unternehmer hat die Aufgabe, das Ziel des Unternehmens, die langfristige Gewinnmaximierung, zu fördern und Schaden von dem Unternehmen fernzuhalten. Er muß dafür sorgen, daß keine Überschuldung eintritt und die Zahlungsbereitschaft jederzeit gewährleistet ist.

> Der Erfolg des Unternehmens hängt wesentlich von der Person des Gründers ab.

Insbesondere während der Gründungsphase und in den folgenden ersten Jahren steht die Person des Existenzgründers im Vordergrund. Ein typisches Profil des erfolgreichen Existenzgründers gibt es nicht. Entscheidend ist die erforderliche Qualifikation des Existenzgründers hinsichtlich seines individuellen Vorhabens.

Der Existenzgründer muß eine fachliche und unternehmerische Qualifikation aufweisen sowie körperlich, seelisch und geistig fit sein. Mängel in der fachlichen Qualifikation können durch Fleiß und Ausdauer behoben werden. Die unternehmerische Qualifikation ist es, die im wesentlichen darüber entscheidet, ob der Schritt in die Selbständigkeit erfolgreich verläuft.

Über die Art und den Umfang der unternehmerischen Qualifikation läßt sich keine einheitliche Aussage machen. Es hängt immer vom Einzelfall ab, welche Eigenschaften besonders wichtig sind. Je größer und komplexer das Vorhaben ist, desto ausgeprägter muß die unternehmerische Qualifikation sein.

Eine wesentliche Voraussetzung für den Erfolg der Existenzgründung ist der feste **Glaube an den eigenen Erfolg**. Spätestens bei den Finanzierungsverhandlungen müssen andere vom Konzept überzeugt werden. Man schenkt eher demjenigen sein Vertrauen, der sein Ziel hartnäckig verfolgt.

Fachliche Qualifikation
- □ abgeschlossene Berufsausbildung/abgeschlossenes Studium auf dem Gebiet der selbständigen Existenz
- □ Branchenerfahrung
- □ mehrjährige praktische Erfahrung
- □ mehrjährige Führungserfahrung
- □ mehrjährige Vertriebserfahrung
- □ gut fundierte kaufmännische/betriebswirtschaftliche Kenntnisse

Unternehmerische Qualifikation
- □ soziale Kompetenz, Verantwortungsbereitschaft
- □ Organisations-, Improvisationstalent
- □ Mut
- □ Verhandlungsgeschick
- □ Kontaktfreude
- □ Selbstsicherheit
- □ Überzeugungskraft
- □ finanzielle Risikobereitschaft
- □ Entscheidungsfreude
- □ gesunder Menschenverstand
- □ anpassungsfähig an technische, wirtschaftliche und soziale Veränderungen
- □ aufgeschlossen für neue Ideen

Physische und psychische Qualifikation
- □ körperlich, geistig und seelisch fit

Abb. 5: Qualifikation des idealen Unternehmers

Der unternehmerische Erfolg hängt nicht von einem hohen Intelligenzquotienten ab. Ein gesunder Menschenverstand reicht aus, um der Aufgabe des Unternehmers gewachsen zu sein.

Der Existenzgründer muß sich selbst genau prüfen, ob er alle Grundvoraussetzungen für eine unternehmerische Tätigkeit mitbringt.

4 Die Geschäftsidee

Die Geschäftsidee ist die Leistung des Existenzgründers, die er am Markt anbieten will. Es kann sich dabei um ein materielles Produkt, um eine Dienstleistung (Beratung, Service) oder um eine Kombination von beiden handeln. Die Leistung muß auch am Markt nachgefragt werden, d.h. marktfähig sein. Der Kunde ist nur dann bereit, einen Preis zu bezahlen, wenn die Leistung für ihn einen Nutzen hat. Der Nutzen kann eine wesentliche Ersparnis, eine verbesserte Leistung oder die Befriedigung eines bisher nicht durch den Markt bedienten Bedürfnisses sein.

Wenn Sie noch keine Geschäftsidee haben, müssen Sie sich gezielt auf die Suche machen. Beginnen Sie am besten mit der Suche in der Branche, in der Sie sich auskennen. Nutzen Sie Ihre Fach- und Branchenkenntnisse. Die Herausforderung an Sie als zukünftiger Unternehmer besteht darin, ein einfaches Bedürfnis zu erkennen.

Tip Suchen Sie neue zukunftsweisende Geschäftsfelder. Gesellschaftliche Entwicklungen verändern meist das Nachfrageverhalten. Haben Sie ein Gespür für das Neue, erkennen rechtzeitig den Trend und machen daraus ein Geschäft. **!**

Steigende Erwartungen an Service- und Dienstleistungen in allen Branchen bieten Chancen für Existenzgründer. Es besteht auch ein hoher Bedarf bezüglich der Dienstleistungsqualität. Obwohl die private Nachfrage nach Dienstleistungen eher noch stagniert, sind die Aussichten im Business-to-Business-Bereich ausgezeichnet, da viele Unternehmen im Trend der »Verschlankung« Tätigkeiten auslagern. Dies eröffnet auch neue Märkte für Existenzgründer, z.B. durch Übernahme von Transportdiensten, Ver- und Entsorgungsdiensten, EDV-gestützten Tätigkeiten, Softwareentwicklung, Konstruktionstätigkeiten, Versandtätigkeiten usw.

Es ist nicht selbstverständlich, daß sich gute Ideen durchsetzen. Andererseits haben aber selbst mittelmäßige Ideen bei guter Planung Erfolgschancen. Voraussetzung für den Erfolg ist u.a. konsequentes Ideen-Management.

Zur Realisierung einer technischen Idee bringen Gründer mit speziellem Know-how und beruflicher Erfahrung die besten Voraussetzungen mit. Wissenschaftlich-technische Risiken sowie Unsicherheiten über die Entwicklung

Einzelhandel

- Lebensmittel
- Zeitungen/Zeitschriften
- Computerladen
- Autozubehör
- Film, Foto, Video
- Geschenkartikel
- Kinderbekleidung
- Sportartikel

Handel

- Import/Export
- Handelsvertreter
- Großhandel
- Apotheke

Gastronomie

- Bistro
- Diskothek
- Kneipe, Gaststätte
- Würstchenbude
- Imbiß
- Café
- Hotel, Gasthof, Pension
- Eisdiele

Handwerk

- Kfz.-Handwerk
- Dachdeckerei
- Heizung, Klima, Sanitär
- Augenoptik
- Zimmerei
- Zahntechniker
- Elektrohandwerk
- Tischlerei

Handwerksähnlich

- Kosmetiker
- Fahrzeugverwertung
- Rohr- und Kanalreinigung
- Bodenverlegung
- Änderungsschneiderei
- Speiseeisherstellung
- Bestattungen
- Teppichreinigung

Industrie

- Zuliefererindustrie
- Maschinenbauindustrie
- Elektroindustrie
- Feinmechanik + Optik
- Chemische Industrie
- Nahrungs- und Genußmittelindustrie
- Bekleidungsindustrie

Dienstleistung

- Alten- u. Krankenpflege
- Immobilienmakler
- Büroservice
- Sonnenstudio
- Fitness-Center
- Reisebüro
- Sprachschule
- Softwareentwicklung

Freie Berufe

- Architekt
- Unternehmensberater
- Rechtsanwalt
- Arzt
- Steuerberater
- Künstler
- Schriftsteller
- Heilpraktiker

Abb. 6: Branchenbeispiele

des Marktes und des Wettbewerbs sind typisch für Gründungsunternehmen im Technologiebereich, ebenso wie der anfänglich hohe Kapitalbedarf. Bis erste nennenswerte Umsätze erzielt werden, können drei bis fünf Jahre vergehen. Bei Unternehmensgründungen auf der Grundlage innovativer Produkte, Verfahren oder technischer Dienstleistungen (sog. technologieorientierte Unternehmensgründungen) sollte rechtzeitig das Wissen eines Technologiezentrums [→Adressenverzeichnis] genutzt werden, denn erforderlich werden u.a. Patent- und Literaturrecherchen, Marktrecherchen, Machbarkeitsstudien, Informationsanalysen und Finanzierungsstudien.

Suche nach einer erfolgversprechenden Geschäftsidee
• Beobachtung des Kaufverhaltens der Kunden. Häufig sind Kunden unzufrieden und üben Kritik • Versorgungsmangel • Anregungen beim Besuch von Messen und Ausstellungen • Produktverbesserungen aufgrund von Produktanalyse • zu teures Produkt: Bezug aus dem Ausland oder eigene Herstellung • verändertes Nachfrageverhalten • Nachahmung einer erfolgreichen Geschäftsidee

Abb. 7: Suche nach einer erfolgversprechenden Geschäftsidee

5 Die Zukunftsaussichten der Existenzgründung

Die Existenzgründung kann nur dann erfolgreich sein, wenn die Zukunftsaussichten positiv sind. Die Frage, wie lange der Erfolg gewährleistet ist, kann nur über die **Markteinschätzung** und **Konkurrenzanalyse** beantwortet werden.

Kann ich mich mit meinem Produkt bzw. mit meiner Dienstleistung am Markt auf Dauer durchsetzen?

Markteinschätzung	Konkurrenzanalyse
• Welche Kunden kommen als Zielgruppe in Frage? • Welche Wünsche haben diese Kunden? • Wie groß ist das Marktvolumen? • Welcher Marktanteil ist realistisch? • Welche Entwicklung nimmt die Branche?	• Wer sind die Konkurrenten? • Wie hoch sind jeweils die Marktanteile? • Was kostet das Produkt bzw. die Dienstleistung bei der Konkurrenz? • Welche Besonderheiten bietet die Konkurrenz? • Welche Stärken und Schwächen haben die Konkurrenten?

Abb. 8: Zukunftsaussichten der Existenzgründung

Die Märkte unterliegen einem sehr starken Wandel. Die Renner von heute können schon morgen Ladenhüter sein. Heute haben folgende Bereiche relativ gute Zukunftsaussichten:

- Dienstleistungsbereich
  Umweltschutz, Beratung, EDV, Telekommunikation, Multimedia
- Freizeitbereich
  Hobby, Sport, Reisen, Fort- und Weiterbildung
- Sozialer Bereich
  Altenpflege, Gesundheit, Behinderte

6 Die gewerberechtlichen Anforderungen an den Existenzgründer

6.1 Die Gewerbefreiheit

Der Grundsatz der Gewerbefreiheit gem. § 1 Abs. 1 GewO besagt, daß der Betrieb eines Gewerbes jedermann gestattet ist, soweit nicht durch dieses Gesetz Ausnahmen oder Beschränkungen vorgeschrieben oder zugelassen sind. Die Berufsfreiheit nach Art. 12 Abs. 1 GG gewährleistet als Hauptgrundrecht die freie wirtschaftliche Betätigung, ein Gewerbe zu eröffnen und zu betreiben. Die Gewerbezugangs- und -ausübungsfreiheit des Grundgesetzes beinhaltet neben der Freiheit der Gründung eines Gewerbebetriebes und des Marktzutritts auch die Organisationsfreiheit, Freiheit der Betriebsführung sowie Freiheit der marktmäßigen Betätigung.

Gewerbezugangsvorschriften regeln, ob und unter welchen Voraussetzungen eine gewerbliche Tätigkeit aufgenommen bzw. fortgeführt werden darf. **Gewerbeausübungsvorschriften** regeln, wie und in welcher Art und Weise eine gewerbliche Tätigkeit auszuüben ist. Bei den Gewerbezugangsregelungen unterscheidet man in objektive Zugangsvoraussetzungen (z. B. Bedürfnis, Höchstzahlbeschränkung und Kontingentierung, Erfordernis eines Mindestumsatzes) und subjektive Zugangsvoraussetzungen (liegen in der Person: z. B. Vorbildung, Sach- und Fachkunde, Befähigungsnachweis, persönliche Zuverlässigkeit, finanzielle Leistungsfähigkeit, Alter, Gesundheitszustand).

So ist z. B. der **Einzelhandel mit Lebensmitteln** erlaubnisfrei, die Ausübung des Lebensmitteleinzelhandels unterliegt aber einer Reihe von Vorschriften, wie z. B. der Gesundheitsuntersuchung nach dem Bundesseuchengesetz, den hygienerechtlichen Regelungen, dem Lebensmittel- und Bedarfsgegenständegesetz.

Man unterscheidet zwischen der persönlichen und sachlichen Genehmigung. Die **persönliche Genehmigung** ist an die Person des Gewerbetreibenden gebunden, weil das betreffende Gewerbe eine besondere fachliche Befähigung, Sachkunde oder Zuverlässigkeit voraussetzt. Gewerbetreibende, die einer persönlichen Genehmigung bedürfen, sind in den §§ 30 ff. GewO sowie in einer Reihe von Sondergesetzen aufgeführt. Die **sachliche Genehmigung** wird dagegen für die bestimmte Anlage oder für den bestimmten Gewerbebetrieb, nicht für die Person des Inhabers erteilt. Sie ist also in ihrem Fortbestand unabhängig von einem möglichen Wechsel des Inhabers des betreffenden Gewerbebetriebes.

6.2 Das erlaubnispflichtige Gewerbe

In der Gewerbeordnung und in ihren Nebengesetzen werden gewerbliche Tätigkeiten aufgeführt, die neben der Gewerbeanzeige einer besonderen Erlaubnis bedürfen. Der Existenzgründer ist als natürliche Person anzeigepflichtig und falls erforderlich auch Erlaubnisinhaber. Bei stehendem Gewerbe kann ein Stellvertreter bestellt werden, der die personenbezogenen Anforderungen für das betreffende Gewerbe (meistens Zuverlässigkeit) genügen muß. Liegt eine juristische Person vor, dann ist die juristische Person durch ihren gesetzlichen Vertreter anzeigepflichtig bzw. erlaubnispflichtig.

Das Gaststättengewerbe

Ein Gaststättengewerbe im Sinne des Gaststättengesetzes betreibt, wer im stehenden Gewerbe Getränke zum Verzehr an Ort und Stelle verabreicht (Schankwirtschaft), zubereitete Speisen zum Verzehr an Ort und Stelle verabreicht (Speisewirtschaft) oder Gäste beherbergt (Beherbergungsbetrieb), wenn der Betrieb jedermann oder bestimmten Personenkreisen zugänglich ist.

Wer ein Gaststättengewerbe betreiben will, bedarf der Erlaubnis.

Der Erlaubnis bedarf nicht, wer Milchgetränke, unentgeltliche Kostproben, alkoholfreie Getränke aus Automaten, Getränke oder zubereitete Speisen in Betrieben an dort Beschäftigte verabreicht, alkoholfreie Getränke oder zubereitete Speisen in Kraftfahrzeugen anläßlich der Beförderung von Personen verabreicht. Der Erlaubnis bedarf ebenfalls nicht, wer ohne Sitzgelegenheit bereitzustellen, in räumlicher Verbindung mit seinem Ladengeschäft des Lebensmitteleinzelhandels oder des Lebensmittelhandwerks während der Ladenöffnungszeiten alkoholfreie Getränke oder zubereitete Speisen verabreicht. Für einen Beherbergungsbetrieb bedarf es der Erlaubnis nicht, wenn der Betrieb darauf eingerichtet ist, nicht mehr als acht Gäste gleichzeitig zu beherbergen. In solchen Betrieben ist das Verabreichen von Getränken und zubereiteten Speisen an Hausgäste erlaubnisfrei.

Die Gaststättenerlaubnis ist personen- und raumbezogen, d. h. sie kann nicht auf einen anderen Betrieb oder auf andere Personen übertragen werden. Berufserfahrung oder ein sonstiger Sachkundenachweis werden nicht verlangt. Pflicht ist jedoch die Teilnahme an dem sogenannten Unterrichtungsverfahren bei der Industrie- und Handelskammer, einem mehrstündigen Kurs über lebensmittel- und hygienerechtliche Vorschriften.

Das Verkehrsgewerbe

Der gewerbliche **Personenverkehr**, auch der sog. Gelegenheitsverkehr mit Mietwagen oder Taxi, der gewerbliche **Güternahverkehr** mit Lastkraftwagen mit einer Nutzlast von mehr als 3,5 Tonnen und der Umzugsverkehr bedürfen der Erlaubnis der zuständigen Behörde. Bei Einsatz von Lastkraftwagen unter 3,5 Tonnen Nutzlast ist eine Bescheinigung erforderlich über die Erfüllung der Voraussetzungen für den Zugang zum Beruf des Güterkraftverkehrsunternehmers. Für den gewerblichen **Güterfernverkehr** ist eine Genehmigung erforderlich, die zudem kontingentiert ist. Für den Verkehr zwischen den Mitgliedsstaaten der Europäischen Union wird eine Gemeinschaftslizenz benötigt.

Die **Erlaubnis** bzw. **Genehmigung** setzt die persönliche Zuverlässigkeit des Antragstellers und die wirtschaftliche Leistungsfähigkeit des Betriebes voraus. In jedem Fall wird zusätzlich der Nachweis der fachlichen Eignung verlangt.

Dieser kann durch eine Fachkundeprüfung bei der Industrie- und Handelskammer oder durch mehrjährige leitende und einschlägige Tätigkeit und Vorbildung erbracht werden.

Das Reisegewerbe

Wer gewerbsmäßig ohne vorhergehende Bestellung außerhalb seiner gewerblichen Niederlassung in eigener Person Waren vertreibt oder Dienstleistungen anbietet, benötigt eine **Reisegewerbekarte**. Ausgenommen davon sind Handelsvertreter, deren Kunden Gewerbetreibende oder sonstige Selbständige sind. Die Reisegewerbekarte wird von der zuständigen Verwaltungsbehörde ausgestellt. Die Antragsteller müssen die erforderliche persönliche Zuverlässigkeit besitzen.

Das Handwerk

Der selbständige Betrieb eines Handwerks als stehendes Gewerbe ist nur den in der Handwerksrolle eingetragenen natürlichen und juristischen Personen und Personengesellschaften (Personenhandelsgesellschaften und Gesellschaften des Bürgerlichen Rechts), d. h. selbständigen Handwerkern gestattet (§ 1 Abs. 1 HandwO). Ein Gewerbebetrieb ist dann ein Handwerksbetrieb, wenn er handwerksmäßig betrieben wird und ein Gewerbe vollständig erfaßt, das in der Anlage A zur Handwerksordnung aufgeführt ist, oder Tätigkeiten ausgeübt werden, die für dieses Gewerbe wesentlich sind (§ 1 Abs. 2 HandwO). Wer ein Handwerk nach § 1 HandwO betreibt, kann hierbei auch Arbeiten in anderen Handwerken ausführen, wenn sie mit dem Leistungsangebot seines Handwerks technisch und fachlich zusammenhängen oder es wirtschaftlich ergänzen (§ 5 HandwO).

Die Eintragung in die **Handwerksrolle**, ein in der jeweiligen Handwerkskammer geführtes Verzeichnis, entspricht der Erteilung einer Gewerbeerlaubnis. In die Handwerksrolle wird eingetragen, wer

- in dem von ihm zu betreibenden Handwerk oder in einem diesem verwandten Handwerk die **Meisterprüfung** bestanden hat (§ 7 Abs. 1 HandwO), oder
- eine der Meisterprüfung für die Ausübung des betreffenden Handwerks mindestens gleichwertige andere Prüfung (**Diplomprüfung oder Abschlußprüfung** an einer deutschen Hochschule) erfolgreich abgelegt hat und die Gesellenprüfung in dem zu betreibenden Handwerk oder in einem mit diesem verwandten Handwerk oder eine Abschlußprüfung in einem dem zu betreibenden Handwerk entsprechenden anerkannten Ausbildungsberuf bestanden hat oder in dem zu betreibenden Handwerk oder in einem mit diesem für verwandt erklärten Handwerk mindestens drei Jahre praktisch tätig gewesen ist (§ 7 Abs. 2 HandwO), oder
- eine **Ausnahmebewilligung** für das zu betreibende Handwerk oder für ein diesem verwandtes Handwerk besitzt (§ 7 Abs. 3 HandwO), oder
- für das zu betreibende Gewerbe oder für ein mit diesem verwandtes Gewerbe eine **Ausübungsberechtigung** besitzt (§ 7 Abs. 7 HandwO).

Eine juristische Person wird in die Handwerksrolle eingetragen, wenn der Betriebsleiter die Voraussetzungen für die Eintragung in die Handwerksrolle erfüllt. Eine Personengesellschaft wird in die Handwerksrolle eingetragen, wenn für die technische Leitung ein persönlich haftender Gesellschafter verantwortlich ist, der die Voraussetzungen für die Eintragung in die Handwerksrolle erfüllt (§ 7 Abs. 4 HandwO).

Eine **Ausnahmebewilligung** zur Eintragung in die Handwerksrolle ist zu erteilen, wenn die zur selbständigen Ausübung des von dem Antragsteller zu betreibenden Handwerks notwendigen Kenntnisse und Fertigkeiten nachgewiesen sind (§ 8 Abs. 1 HandwO). Ein Ausnahmefall liegt vor, wenn die Ablegung der Meisterprüfung zum Zeitpunkt der Antragstellung oder danach für ihn eine unzumutbare Belastung bedeuten würde. Nach einer Industriemeisterprüfung ist von einer Unzumutbarkeit einer erneuten Handwerksmeisterprüfung auszugehen.

Wer ein Handwerk nach § 1 HandwO betreibt, erhält eine **Ausübungsberechtigung** für ein anderes Gewerbe der Anlage A oder für wesentliche Tätigkeiten dieses Gewerbes, wenn die hierfür erforderlichen Kenntnisse und Fertigkeiten nachgewiesen sind (§ 7a Abs. 1 HandwO).

Die bisherigen beruflichen Erfahrungen und Tätigkeiten sind jeweils zu berücksichtigen. Die Ausnahmebewilligung bzw. die Ausübungsberechtigung kann unter Auflagen oder Bedingungen oder befristet erteilt und auf einen wesentlichen Teil der Tätigkeiten beschränkt werden, die zu einem in der Anlage A zu diesem Gesetz aufgeführten Gewerbe gehören. In diesem Fall genügt der Nachweise der hierfür erforderlichen Kenntnisse und Fertigkeiten (§ 8 Abs. 2 HandwO).

Die Eintragung in die Handwerksrolle erfolgt auf Antrag oder von Amts wegen. Als Nachweis über die Eintragung in die Handwerksrolle stellt die Handwerkskammer eine sog. **Handwerkskarte** aus (§ 10 HandwO).

Der selbständige Betrieb eines **handwerksähnlichen Gewerbes** als stehendes Gewerbe ist der örtlich zuständigen Handwerkskammer anzuzeigen (§ 18 Abs. 1 HandwO). Ein Gewerbe ist handwerksähnlich, wenn es in einer handwerksähnlichen Betriebsform betrieben wird und in der Anlage B zur Handwerksordnung aufgeführt ist (§ 18 Abs. 2 HandwO).

Seit dem 1. April 1998 gilt eine neue Handwerksordnung mit dem Schwerpunkt der Neuordnung der Berufe. Die Handwerke der Anlage A zur Handwerksordnung werden auf nur noch 94 konzentriert, dazu werden bestehende Handwerke zu 25 breiter angelegten Gewerken zusammengelegt. Als einziges neues Handwerk wird der Gerüstbauer in die Anlage A aufgenommen. Sechs Handwerke mit geringerer Bedeutung werden als handwerksähnlich in die Anlage B überführt. Handwerksmeister in zusammengelegten Handwerken können den Meistertitel jedoch nicht automatisch mit der Neubezeichnung führen. Grundsätzlich darf der neue Meistertitel nur geführt werden, wenn die Meisterprüfung in einem neu bezeichneten Handwerk nach dem 1. April 1998 abgelegt wurde. Wer die Meisterprüfung in einem der zusammengelegten Handwerke vor dem 1. April abgelegt hat, darf den Titel nicht in Verbindung mit der Neubezeichnung dieses Handwerks führen. Bei Anträgen auf eine (unbefristete oder befristete) Ausnahmebewilligung für die uneingeschränkte Ausübung eines seit dem 1. April 1998 zusammengelegten Handwerks muß der Antragsteller in der Übergangszeit seine Sachkunde in allen Sachgebieten des zusammengefaßten Handwerks nachweisen.

I.	**Gruppe der Bau- und Ausbaugewerbe**		
1	Maurer und Betonbauer	8	Betonstein- und Terrazzohersteller
2	Ofen- und Luftheizungsbauer	9	Estrichleger
3	Zimmerer	10	Brunnenbauer
4	Dachdecker	11	Steinmetzen und Steinbildhauer
5	Straßenbauer	12	Stukkateure
6	Wärme-, Kälte- u. Schallschutzisolierer	13	Maler und Lackierer
		14	Gerüstbauer
7	Fliesen-, Platten- und Mosaikleger	15	Schornsteinfeger
II.	**Gruppe der Elektro- und Metallgewerbe**		
16	Metallbauer	27	Installateur- und Heizungsbauer
17	Chirurgiemechaniker	28	Behälter- und Apparatebauer
18	Karosserie- und Fahrzeugbauer	29	Elektrotechniker
19	Feinwerkmechaniker	30	Elektromaschinenbauer
20	Zweiradmechaniker	31	Uhrmacher
21	Kälteanlagenbauer	32	Graveure
22	Informationstechniker	33	Metallbildner
23	Kraftfahrzeugtechniker	34	Galvaniseure
24	Landmaschinenmechaniker	35	Metall- und Glockengießer
25	Büchsenmacher	36	Schneidwerkzeugmechaniker
26	Klempner	37	Gold- und Silberschmiede
III.	**Gruppe der Holzgewerbe**		
38	Tischler	43	Drechsler (Elfenbeinschnitzer) und Holzspielzeugmacher
39	Parkettleger		
40	Rolladen- und Jalousiebauer	44	Holzbildhauer
41	Boots- und Schiffbauer	45	Böttcher
42	Modellbauer	46	Korbmacher
IV.	**Gruppe der Bekleidungs-, Textil- und Ledergewerbe**		
47	Damen- und Herrenschneider	52	Segelmacher
48	Sticker	53	Kürschner
49	Modisten	54	Schuhmacher
50	Weber	55	Sattler und Feintäschner
51	Seiler	56	Raumausstatter
V.	**Gruppe der Nahrungsmittelgewerbe**		
57	Bäcker	60	Müller
58	Konditoren	61	Brauer und Mälzer
59	Fleischer	62	Weinküfer

VI.	**Gruppe der Gewerbe für Gesundheits- und Körperpflege sowie der chemischen und Reinigungsgewerbe**		
63	Augenoptiker	68	Friseure
64	Hörgeräteakustiker	69	Textilreiniger
65	Orthopädietechniker	70	Wachszieher
66	Orthopädieschuhmacher	71	Gebäudereiniger
67	Zahntechniker		
VII.	**Gruppe der Glas-, Papier-, keramischen und sonstigen Gewerbe**		
72	Glaser	85	Klavier- und Cembalobauer
73	Glasveredler	86	Handzuginstrumentenmacher
74	Feinoptiker	87	Geigenbauer
75	Glasbläser und Glasapparatebauer	88	Bogenmacher
76	Glas- und Porzellanmaler	89	Metallblasinstrumentenmacher
77	Edelsteinschleifer und -graveure	90	Holzblasinstrumentenmacher
78	Fotografen	91	Zupfinstrumentenmacher
79	Buchbinder	92	Vergolder
80	Buchdrucker; Schriftsetzer; Drucker	93	Schilder- und Lichtreklamehersteller
81	Siebdrucker	94	Vulkaniseure und Reifenmechaniker
82	Flexografen		
83	Keramiker		
84	Orgel- und Harmoniumbauer		

Abb. 9: Verzeichnis der Gewerbe, die als Handwerk betrieben werden können (Anlage A zur Handwerksordnung)

I.	**Gruppe der Bau- und Ausbaugewerbe**		
1	Eisenflechter	7	Rammgewerbe (Einrammen von Pfählen im Wasserbau)
2	Bautentrocknungsgewerbe	8	Betonbohrer und -schneider
3	Bodenleger	9	Theater- und Ausstattungsmaler
4	Asphaltierer (ohne Straßenbau)		
5	Fuger (im Hochbau)		
6	Holz- und Bautenschutzgewerbe (Mauerschutz und Holzimprägnierung in Gebäuden)		
II.	**Gruppe der Metallgewerbe**		
10	Herstellung von Drahtgestellen für Dekorationszwecke in Sonderanfertigung	14	Fahrzeugverwerter
11	Metallschleifer und Metallpolierer	15	Rohr- und Kanalreiniger
12	Metallsägen-Schärfer	16	Kabelverleger im Hochbau (ohne Anschlußarbeiten)
13	Tankschutzbetriebe (Korrosionsschutz von Öltanks für Feuerungsanlagen ohne chemische Verfahren)		

III. Gruppe der Holzgewerbe			
17	Holzschuhmacher	22	Holzreifenmacher
18	Holzblockmacher	23	Holzschindelmacher
19	Daubenhauer	24	Einbau von genormten Baufertigteilen (z. B. Fenster, Türen, Zargen, Regale)
20	Holz-Leitermacher (Sonderanfertigung)		
21	Muldenhauer	25	Bürsten- und Pinselmacher
IV. Gruppe der Bekleidungs-, Textil- und Ledergewerbe			
26	Bügelanstalten für Herren-Oberbekleidung	33	Stoffmaler
		34	Stricker
27	Dekorationsnäher (ohne Schaufensterdekoration)	35	Textil-Handdrucker
		36	Kunststopfer
28	Fleckteppichhersteller	37	Änderungsschneider
29	Klöppler	38	Handschuhmacher
30	Theaterkostümnäher	39	Ausführung einfacher Schuhreparaturen
31	Plisseebrenner		
32	Posamentierer	40	Gerber
V. Gruppe der Nahrungsmittelgewerbe			
41	Innerei-Fleischerei (Kuttler)	43	Fleischzerleger, Ausbeiner
42	Speiseeishersteller (mit Vertrieb von Speiseeis mit üblichem Zubehör)		
VI. Gruppe der Gewerbe für Gesundheits- und Körperpflege sowie der chemischen und Reinigungsgewerbe			
44	Appreteure, Dekorateure	47	Getränkeleitungsreiniger
45	Schnellreiniger	48	Kosmetiker
46	Teppichreiniger	49	Maskenbildner
VII. Gruppe der sonstigen Gewerbe			
50	Bestattungsgewerbe	54	Requisiteure
51	Lampenschirmhersteller (Sonderanfertigung)	55	Schirmmacher
		56	Steindrucher
52	Klavierstimmer	57	Schlagzeugmacher
53	Theaterplastiker		

Abb. 10: Verzeichnis der Gewerbe, die handwerksähnlich betrieben werden können (Anlage B zur Handwerksordnung)

Gewerbe	Erforderliche Genehmigung
Industrie: • Herstellung von Arzneimitteln (§§ 12 ff. AMG). • Herstellung von Schußwaffen und Munition (§§ 7 ff. WaffG). • Herstellung von explosionsgefährlichen Stoffen (§§ 2 ff. SprengG).	• Die Erlaubnis setzt im wesentlichen die erforderliche Sachkunde und Zuverlässigkeit, sowie das Vorhandensein geeigneter Räume und Einrichtungen voraus. • Die Erlaubnis setzt die erforderliche Sachkunde und Zuverlässigkeit voraus. • Die Erlaubnis setzt die erforderliche Sachkunde und Zuverlässigkeit voraus.
Großhandel: • Handel mit Branntwein (§§ 106 ff. Gesetz über das Branntweinmonopol). • Handel mit Schußwaffen und Munition (§§ 7 ff. WaffG). • Handel mit explosionsgefährlichen Stoffen (§§ 2 ff. SprengG). • Handel mit Altmetallen (§§ 1 ff. Gesetz über den Verkehr mit unedlen Metallen).	• Die Erlaubnis setzt die erforderliche Zuverlässigkeit voraus. • Die Erlaubnis setzt die erforderliche Sachkunde und Zuverlässigkeit voraus. • Die Erlaubnis setzt die erforderliche Sachkunde und Zuverlässigkeit voraus. • Die Erlaubnis setzt die erforderliche Sachkunde und Zuverlässigkeit voraus.
Einzelhandel: • Inverkehrbringen von Arzneimittel (§§ 43 ff. AMG). • Verkauf von Milch (§§ 14 ff. Milchgesetz). • Handel mit Hackfleisch (§§ 10 ff. Hackfleischverordnung). • Handel mit Schußwaffen und Munition (§§ 7 ff. WaffenG). • Betrieb einer Apotheke (§§ 1 ff. Gesetz über das Apothekerwesen). • Handel mit alkoholischen Getränken (§§ 2 ff GastG). • Handel mit Altmetallen (§§ 1 ff. Gesetz über den Verkehr mit unedlen Metallen).	• Die Erlaubnis setzt die erforderliche Sachkunde und Zuverlässigkeit voraus. • Die Erlaubnis setzt die erforderliche Sachkunde und Zuverlässigkeit voraus. • Die Erlaubnis setzt die erforderliche Sachkunde und Zuverlässigkeit voraus. • Die Erlaubnis setzt die erforderliche Sachkunde und Zuverlässigkeit voraus. • Besondere Erlaubnis erforderlich. • Besondere Erlaubnis erforderlich. • Besondere Erlaubnis erforderlich.
Handwerk: • Selbständiger Betrieb eines Handwerks als stehendes Gewerbe (§§ 1 ff. HandwO).	• Eintragung in die Handwerksrolle. Eingetragen wird nur, wer in dem betreffenden Handwerk die Meisterprüfung bestanden (§ 7 Abs. 1 HandwO), eine Ausnahmebewilligung (§ 7 Abs. 3 HandwO) oder eine Ausübungsberechtigung (§ 7 Abs. 7 HandwO) erhalten hat.

Gewerbe	Erforderliche Genehmigung
Hotel- und Gaststättengewerbe: • Betrieb von Schankwirtschaften, Speisewirtschaften und Beherbergungsbetrieben (§ 1 ff. GastG).	• Die Erlaubnis setzt im wesentlichen die erforderliche Zuverlässigkeit und das Vorhandensein geeigneter Räume sowie den Nachweis der zuständigen Industrie- und Handelskammer voraus, daß der Antragsteller über die Grundzüge der für den in Aussicht genommenen Betrieb notwendigen lebensmittelrechtlichen Kenntnisse unterrichtet worden ist und mit ihnen als vertraut gelten kann.
Verkehrswesen: • Personenverkehr: Betrieb für die geschäftsmäßige Beförderung von Personen mit Straßenbahnen, Oberleitungsomnibussen, mit Kraftfahrzeugen im Linienverkehr und mit Taxen im Gelegenheitsverkehr (§§ 2 ff. PBefG). • Güterverkehr: Betrieb sowohl eines Güterfernverkehrs- wie auch eines Güternahverkehrsunternehmens (§§ 8 ff. u. 80 ff. GüKG).	• Die Erlaubnis setzt im wesentlichen die Gewährleistung der Sicherheit und Leistungsfähigkeit des Betriebes sowie die Zuverlässigkeit und fachliche Eignung des Antragstellers voraus. • Die Erlaubnis setzt die fachliche Eignung und Zuverlässigkeit voraus. Ferner muß die finanzielle Leistungsfähigkeit des Betriebes und – beim Güterfernverkehrsunternehmen – die Eignung der Fahrzeuge gewährleistet sein.
Sonstige: • Schaustellungen von Personen (§ 33a GewO), d. h. Vorführungen, bei denen die Person in ihrer körperlichen Erscheinung (geschlechtsbezogen) den eigentlichen Gegenstand der Darstellung bildet. • Betrieb von Spielgeräten mit Gewinnmöglichkeit (§ 33c GewO), Betrieb von anderen Spielen mit Gewinnmöglichkeit (§ 33d GewO).	• Die Erlaubnis setzt die erforderliche Zuverlässigkeit voraus. Die beabsichtigten Veranstaltungen dürfen nicht den Gesetzen oder guten Sitten zuwider laufen. Das Geschäftslokal muß den polizeilichen Anforderungen genügen und darf keine schädlichen Umwelteinwirkungen im Sinne des Bundesimmissionsschutzgesetzes oder sonst eine erhebliche Belästigung der Allgemeinheit befürchten lassen. • Die Erlaubnis setzt die erforderliche Zuverlässigkeit und eine Unbedenklichkeitsbescheinigung (§ 33e GewO) voraus.

Gewerbe	Erforderliche Genehmigung
Sonstige (Forts.) • Betrieb von Spielhallen (§ 33i GewO).	• Die Erlaubnis setzt die erforderliche Zuverlässigkeit voraus. Das Geschäftslokal muß den polizeilichen Anforderungen genügen und darf keine schädlichen Umwelteinwirkungen im Sinne des Bundesimmissionsschutzes oder sonst einer erheblichen Belästigung der Allgemeinheit befürchten lassen.
• Betrieb des Geschäfts eines Pfandleihers oder Pfandvermittlers (§ 34 GewO)	• Die Erlaubnis setzt die erforderliche Zuverlässigkeit und den Nachweis der für den Gewerbebetrieb erforderlichen Mittel oder entsprechender Sicherheiten voraus.
• Betrieb des Bewachungsgewerbes (§ 34 a GewO).	• Die Erlaubnis setzt die erforderliche Zuverlässigkeit und den Nachweis für den Gewerbebetrieb erforderlichen Mittel oder entsprechender Sicherheiten voraus.
• Betrieb des Versteigerergewerbes (§ 34 b GewO).	• Die Erlaubnis setzt die erforderliche Zuverlässigkeit und geordnete Vermögensverhältnisse voraus.
• Vermitteln von Grundstücken, Wohnräumen, Darlehen, Kapitalanlagen, durchführen von Bauvorhaben als Bauträger oder Baubetreuer (§ 34c GewO).	• Die Erlaubnis setzt die erforderliche Zuverlässigkeit und geordnete Vermögensverhältnisse voraus.
• Betrieb eines Reisegewerbes (§§ 55 ff. GewO).	• Die Erlaubnis setzt die erforderliche Zuverlässigkeit voraus.
• Betrieb eines Gewerbes zur Überlassung von Arbeitskräften nach dem Arbeitnehmerüberlassungsgesetz (AÜG).	• Die Erlaubnis setzt die erforderliche Zuverlässigkeit voraus.

Abb. 11: Erlaubnispflichtige Gewerbe

Das Makler-, Bauträger- und Baubetreuergewerbe

Makler vermitteln den Abschluß von Verträgen über Grundstücke, grundstücksgleiche Rechte, gewerbliche Räume, Wohnräume (Immobilienmakler), den Abschluß von Verträgen über Darlehen, den Abschluß von Verträgen über den Erwerb von Anteilscheinen einer Kapitalgesellschaft, von ausländischen Investmentanteilen, von sonstigen öffentlich angebotenen Vermögensanlagen, die für gemeinsame Rechnung der Anleger verwaltet werden, oder von öffentlich angebotenen Anteilen an einer und von verbrieften Forderungen gegen eine Kapitalgesellschaft oder Kommanditgesellschaft (Finanzmakler). Bauträger bereiten Bauvorhaben vor oder führen Bauvorhaben durch als Bauherr im eigenen Namen für eigene oder fremde Rechnung und verwenden dazu Vermögenswerte von Erwerbern, Mietern, Pächtern oder sonstigen Nutzungsberechtigten oder von Bewerbern um Erwerbs- oder Nutzungsrechte. Baubetreuer bereiten Bauvorhaben wirtschaftlich vor oder führen Bauvorhaben durch im fremden Namen für fremde Rechnung.

Wer gewerbsmäßig als Makler, Bauträger oder Baubetreuer tätig ist, bedarf der Erlaubnis der zuständigen Behörde. Die Erlaubnis setzt die erforderliche **Zuverlässigkeit** und **geordnete Vermögensverhältnisse** voraus. Die erforderliche Zuverlässigkeit besitzt i.d.R. nicht, wer in den letzten fünf Jahren vor Stellung des Antrags wegen eines Verbrechens oder wegen Diebstahls, Unterschlagung, Erpressung, Betrugs, Untreue, Urkundenfälschung, Hehlerei, Wuchers oder einer Konkurstat rechtskräftig verurteilt worden ist. Ungeordnete Vermögensverhältnisse liegen i.d.R. vor, wenn über das Vermögen des Antragstellers der Konkurs oder das Vergleichsverfahren eröffnet worden oder er in das vom Konkursgericht oder vom Vollstreckungsgericht zu führende Verzeichnis eingetragen ist.

7 Die fachliche Unterstützung des Existenzgründers

Jeder der sich selbständig machen will, wird mit ganz speziellen betriebswirtschaftlichen und rechtlichen Fragen konfrontiert. Es ist deshalb erforderlich, daß sich der Existenzgründer möglichst frühzeitig mit seinem Vorhaben beschäftigt und alle Informationen sammelt, die er für die Planung benötigt.

Bei der beruflichen Orientierung ist der Existenzgründer nicht auf sich allein gestellt. Er kann professionelle Hilfe in Anspruch nehmen, die auch kostenlos bzw. gegen eine geringe Gebühr zu haben ist. Vor den Gesprächen sollte sich der Existenzgründer allerdings so vorbereiten, daß er gezielt Fragen stellen kann. Die Berater sind ungern bereit, Grundlagenwissen zu vermitteln. Zu relevanten Themen der Existenzgründung bieten Kammern, Kreditinstitute, Fach- und Berufsverbände und andere Institutionen Seminare gegen geringe Gebühr an.

Teilbereiche der Existenzgründung	Informations- und Beratungshilfen									
	1	2	3	4	5	6	7	8	9	10
Konzepterstellung	■									
Markteinschätzung	■	■	■	■	□	□	□			
Konkurrenzanalyse	■									
Finanzierungsfragen	■	□	□	□	□	■				
Finanzplanung	■	□	□	□	□	■	□			
Rentabilitätsvorschau	■					□	□			
Rechnungswesen	□						■			
Kalkulation	■						□			
Standortwahl	■	□	□	□	□					■
Steuerfragen	□		□	□			■			■
Sozialversicherung	□						■		■	
Personalwesen	■									
Vertragsgestaltung	□							■		
Organisationsfragen	■									
Wahl der Rechtsform	■		□	□			□	■		
Förderprogramme	■	□	■	■	□	■				■

1 Existenzgründungs-/Unternehmensberater ▷ gegen Honorar
2 Berater der Wirtschaftsförderungsgesellschaften ▷ i.d.R. kostenlos
3 Berater der Industrie- und Handelskammern ▷ i.d.R. kostenlos
4 Berater der Handwerkskammern ▷ i.d.R. kostenlos
5 Berater der Fach- und Berufsverbände ▷ i.d.R. kostenlos
6 Berater der Kreditinstitute ▷ i.d.R. kostenlos
7 Steuerberater ▷ gegen Honorar
8 Rechtsanwälte/Notare ▷ gegen Honorar
9 Berater der Kranken- und Ersatzkassen ▷ i.d.R. kostenlos □ geeignet
10 Berater der Kreis-, Gemeindeverwaltungen ▷ i.d.R. kostenlos ■ am geeignetsten

Abb. 12: Informations- und Beratungshilfen für den Existenzgründer

Zur beruflichen Orientierung empfiehlt sich folgende Vorgehensweise:

1. Literaturstudium
   Besorgen Sie sich zuerst die kostenlosen Existenzgründungsbroschüren der Kammern, Kreditinstitute, Fach- und Berufsverbände usw. sowie die kostenlosen Broschüren über die Förderprogramme des Bundes und desjenigen

Bundeslandes, in dem Sie Ihre Existenzgründung vorhaben. Kaufen Sie zusätzlich Fachliteratur und Gesetzestexte im Buchhandel.
Bezugsquellen für die kostenlose Literatur und Titel der einschlägigen Fachliteratur finden Sie im Literaturverzeichnis.
2. Besuch von Existenzgründungs-Seminaren
Besorgen Sie sich die Weiterbildungsverzeichnisse der Kammern. Fragen Sie bei den Kreditinstituten und den Fach- und Berufsverbänden nach ihren Seminarangeboten. In der Regel wird eine geringe Teilnehmergebühr erhoben. Die Adressen der regional zuständigen Industrie- und Handelskammer und der Handwerkskammer finden Sie im Adressenverzeichnis.
3. Orientierungsgespräche führen
Die Orientierungsgespräche mit Beratern der Kammern, Wirtschaftsförderungsgesellschaften, Kreditinstituten, Fach- und Berufsverbänden und anderen Institutionen sind in der Regel kostenlos. Vereinbaren Sie am besten telefonisch einen Termin und bereiten Ihre Fragen vor.

Wenn Sie sich als Unternehmer geeignet fühlen und die selbständige Existenz ernsthaft anstreben
4. Beratung durch Existenzgründungsberater
Lassen Sie sich von einem Existenzgründungsberater individuell beraten. Die Beratung kann sich auf alle wirtschaftlichen und technischen Probleme der Gründung erstrecken. Der Berater wird mit Ihnen ein Pauschalhonorar vereinbaren oder auf Basis von Tagessätzen abrechnen.
5. Beratung durch Steuerberater und Rechtsanwalt/Notar
Als Jungunternehmer können Sie nicht alles allein machen. Nehmen Sie am besten frühzeitig Kontakt mit einem Steuerberater auf. Er wird bei allen Steuerfragen beraten und bei der Einrichtung der Buchhaltung helfen. Den Rechtsanwalt/Notar benötigen Sie spätestens für die Eintragung in das Handelsregister.

Wertvolle Unterstützung für Existenzgründer leistet das RKW-Rationalisierungs- und Innovationszentrum der deutschen Wirtschaft e. V. Das RKW ist eine gemeinnützige Institution, die von Wirtschaft, Wissenschaft und öffentlicher Hand getragen wird. Die Schwerpunkte des Leistungsangebots sind:
- Vermittlung von Beratern
- Innerbetriebliche Weiterbildung
- Überbetriebliche Weiterbildung
- Aufbereitung und Vermittlung aktueller Informationen

7.1 Die Beratung durch Existenzgründungsberater

Auch wenn Sie von Ihrem Gründungsvorhaben voll überzeugt sind, sollten Sie Ihr Konzept von einem neutralen Fachmann überprüfen lassen. Als Existenzgründer müssen Sie in relativ komplexen Situationen sehr viele Entscheidungen treffen, deren Konsequenzen Sie aufgrund mangelnder Erfahrungen noch nicht abschätzen können. Falsche Entscheidungen kosten teures Lehrgeld, schlimmstenfalls bedeuten sie das Ende Ihres Vorhabens.

Tip Nehmen Sie deshalb rechtzeitig Kontakt mit einem professionellen Existenzgründungsberater auf. Ihre regionale Kammer [→Adressenverzeichnis] oder das RKW-Rationalisierungs- und Innovationszentrum der deutschen Wirtschaft e.V. [→Adressenverzeichnis] hilft Ihnen bei der Auswahl eines geeigneten Beraters. !

Die erfolgreiche Durchführung von Gründungsberatungen ist stets abhängig von der Qualifikation und Erfahrung des Gründungsberaters.

Fachlichen Anforderungen an den Existenzgründungsberater

1. Betriebswirtschaftliches und juristisches Fachwissen
   Der Existenzgründer kennt sich als Generalist in sämtlichen Teilbereichen der Betriebswirtschaftslehre sowie in den relevanten Rechtsgebieten des Bürgerlichen Gesetzbuchs (BGB) und im Handelsgesetzbuch (HGB), GmbH-Gesetz, Gewerbeordnung (GewO), Handwerksordnung (HandwO) usw. aus. Bei einer technologieorientierten Unternehmensgründung ist zusätzliches technisches Fachwissen erforderlich.
2. Branchenspezifische Kenntnisse
   Es gibt Existenzgründungsberater, die sich auf bestimmte Branchen, z.B. Einzelhandel, Gastronomie, Reisebüros spezialisiert haben. Zumindest sollte der Berater über branchenspezifische Kenntnisse verfügen.
3. Regionalspezifische Kenntnisse
   Diese sind wichtig für die Beurteilung des optimalen Standorts und bei der Festlegung des Marketingkonzeptes. Darüber hinaus ist es von Vorteil, wenn der Berater über hilfreiche Kontakte zu den regionalen Behörden, Kammern, Banken und sonstigen Institutionen verfügt.

Führen Sie zuerst ein unverbindliches Gespräch mit dem Berater, um ihn kennenzulernen. Diskutieren Sie mit ihm Ihr Vorhaben. Schließen Sie einen Beratungsvertrag erst dann, wenn Sie absolutes Vertrauen gewonnen haben. Klären Sie zunächst folgende Fragen:

- Erscheint die Idee erfolgversprechend?
- Stimmen die Markteinschätzungen?
- Sind die finanziellen Überlegungen realistisch?
- Sind die Pläne realisierbar?
- Reichen die persönlichen und fachlichen Kenntnisse aus?
- Lohnt es sich überhaupt, das Risiko der Selbständigkeit einzugehen?

Der Existenzgründungsberater setzt sich intensiv mit Ihrem **Unternehmenskonzept** auseinander. Er überprüft das Konzept auf Erfolgsaussichten und Förderungswürdigkeit. Dabei ist es manchmal nicht der schlechteste Rat, wenn rechtzeitig von einer nicht erfolgversprechenden Gründungsidee abgeraten wird.

Schließen Sie den **Beratungsvertag** auf alle Fälle schriftlich ab, damit die Vereinbarungen jederzeit nachvollziehbar und überprüfbar sind. Dieser Vertrag sollte folgendes regeln:
- das Beratungsthema
- die Beratungsleistungen
- die Dauer der Beratung, Beratungstermine
- das Honorar für die Beratung
- die Nebenkosten (Reisekosten, Spesen, Auslagen)
- die Erstellung eines Beratungsberichts gemäß den Richtlinien der Beratungsförderung

Die **Beratungsleistungen** haben in der Regel folgenden Umfang:
- Ausarbeitung des Unternehmenskonzeptes (Business-Plan)
- Kritische Überprüfung bestimmter Teilbereiche, z. B. Standortwahl, Markteinschätzung, Wahl der Rechtsform
- Ausarbeitung der Finanzplanung
  - Umsatzplan
  - Produktionsplan, Absatzplan
  - Investitionsplan, Kostenplan
  - Liquiditätsplan, Erfolgsplan (Rentabilitätsvorschau)
  - Kapitalbedarfsplan, Finanzierungsplan
- Mitwirkung bei den Kreditverhandlungen
- Persönliche und telefonische Beratung in allen betriebswirtschaftlichen Fragen

Im Rahmen der Beantragung öffentlicher Fördermittel
- Beratung und Hilfestellung bei der Beantragung öffentlicher Fördermittel
- Erstellung eines Gutachtens über die Erfolgsaussichten des Gründungsvorhabens

Die **Höhe des Honorars** hängt grundsätzlich von der Art des Beratungsauftrages (Schwierigkeitsgrad), dem Leistungsumfang und der Marktstellung des Beraters ab. Der Existenzgründungsberater wird mit Ihnen ein Pauschalhonorar vereinbaren oder auf Basis von Tagessätzen abrechnen. In der Regel beinhaltet das Pauschalhonorar alle Reisekosten, Spesen und sonstige Nebenkosten. Die Existenzgründungsberatung wird öffentlich mit einem Zuschuß zu den Beratungskosten gefördert.

Der **Beratungsbericht** wird erst *nach* erfolgter Beratung vorgelegt. Die Form und der Inhalt des Berichts soll dem Zweck entsprechen, dem er dient. Bei Existenzgründungsberatungen hat der Beratungsbericht eine umfassende Prüfung und Beurteilung des Gründungsvorhabens wiederzuspiegeln. Es muß zum Ausdruck kommen, ob und auf welche Weise sich das Vorhaben zu einer tragfähigen Vollexistenz entwickeln kann, einschließlich individueller Handlungsempfehlungen und ihre Anleitung zur Umsetzung in die Betriebspraxis.

Nach der erfolgreichen Beratung sollten Sie den Kontakt mit Ihrem Berater nicht abreißen lassen. Vereinbaren Sie mit ihm eine individuelle Beratung während der Entwicklungsphase Ihres Unternehmens. Die Beratung kann projektbezogen hinsichtlich auf ein klar umrissenes Vorhaben oder schwachstellenanalytisch zum Zweck der kritischen Überprüfung sämtlicher bzw. ausgewählter Untersuchungsbereiche sein.

Existenzgründungsberatungen (vor der Gründung) sowie **Existenzaufbauberatungen** (innerhalb von zwei Jahren nach der Existenzgründung) werden öffentlich mit einem Zuschuß zu den Beratungskosten gefördert.

7.2 Die Beratung durch die Industrie- und Handelskammer (IHK)

Die Industrie- und Handelskammern vertreten die Interessen der gewerblichen Wirtschaft in allen Regionen der Bundesrepublik Deutschland. Sie beraten ihre Mitglieder sowie staatliche Entscheidungsträger in vielen Bereichen. Es besteht Zwangsmitgliedschaft für gewerbliche Unternehmen, mit Ausnahme von Handwerksbetrieben, die ihre eigene Einrichtung haben.

Als Existenzgründer sind Sie bei den Industrie- und Handelskammern stets willkommen, auch wenn Sie noch kein Mitglied sind. Sie haben die Möglichkeit der kostengünstigen Teilnahme an Seminaren. Fragen Sie nach dem aktuellen Weiterbildungsverzeichnis. Außerdem können Sie sich zu folgenden Gebieten beraten lassen bzw. Auskünfte einholen:

- Außenwirtschaft und EU-Binnenmarkt
  Auslandsinformationen über Länder und deren Märkte, Zölle, Export-Import-Quoten usw. Vermittlung von Adressen von Vertretern. Verzeichnisse über Exporteure und Importeure, deren Produkte und Absatzländer. Beratung über Devisenvorschriften und Förderzuschüsse für Auslandsinvestitionen. Ausstellung und ggf. Beglaubigung von wichtiger Dokumente für den Außenwirtschaftsverkehr. Zurverfügungstellung von Außenwirtschaftsformularen, z.B. Ein- und Ausfuhrerklärungen, Zollfakturen, Ursprungszeugnisse, Warenverkehrsbescheinigungen, Carnets.
  Die Kammern halten den kompletten deutschen Zolltarif mit Erläuterungen, Zollvorschriften der Bundesfinanzverwaltung sowie die Zolltarife der wichtigsten Partnerländer vorrätig. Sie erteilen Auskünfte über Importvorschriften in Europa und Übersee, Einfuhrumsatzsteuern, Kontingente, Präferenzen, Markierungs- und Verpackungsvorschriften.
- Berufliche Ausbildung
  - Unterstützung der gewerblichen Wirtschaft, beruflichen Nachwuchs für eine betrieblich-praktische Berufsausbildung zu gewinnen,
  - Überwachung, daß die für die einzelnen Ausbildungsgänge festgelegten inhaltlichen Vorgaben eingehalten werden,
  - Beratung von Betrieben und Auszubildenden, wie die Ausbildungsvorgaben bestmöglichst umzusetzen sind,
  - Mithilfe bei der inhaltlichen und zeitlichen Koordinierung der Ausbildungsbemühungen in Betrieb und Schule,

- Abnahme anspruchsvoller und praxisgerechter Abschlußprüfungen, auf die hin Ausbildungsbetriebe und Auszubildende ihre Ausbildungsanstrengungen ausrichten.

• Berufliche Weiterbildung
  - Information von Weiterbildungsinteressierten, wann, wo und zu welchen Bedingungen es Möglichkeiten der beruflichen Weiterbildung gibt,
  - Beratung von Weiterbildungswilligen, die sich über ihre weiteren Qualifizierungsziele noch nicht im klaren sind,
  - Organisation von Weiterbildungsmaßnahmen,
  - Angebot anerkannter Weiterbildungsprüfungen.
• Bezugsquellen
  Auskünfte aus deutschen und ausländischen Adreßbücher sowie sonstigen Nachschlagewerken, Datenbankrecherchen.
• Existenzgründungs-/Unternehmensberatung
  Antragsverfahren und Bedingungen öffentlicher Zuschüsse für die Inanspruchnahme von geförderten Beratungen.
• Existenzgründungsbörse
  Vermittelung von Unternehmen mit Nachfolgeproblemen und Existenzgründer, die einen Betrieb übernehmen wollen oder eine tätige Teilhaberschaft anstreben.
• Gaststättenerlaubnis
  Wer eine Gastwirtschaft betreiben will, benötigt eine Gaststättenerlaubnis. Sie wird nur erteilt, wenn der angehende Gastwirt vorab über die wichtigsten Lebensmittel- und Hygiene-Vorschriften informiert worden ist. Die dafür erforderliche vierstündige Unterrichtung in der Kammer hilft Existenzgründern, die Materie kennenzulernen.
• Handelsregistereintragung
  Die Kammern haben sich nicht nur gegenüber den Registergerichten zu Eintragungen in das Handelsregister gutachterlich zu äußern, ein wesentlicher Teil ihrer Tätigkeit auf diesem Gebiet besteht in der vorangehenden Beratung der beteiligten Kaufleute über Fragen des Register- und Firmenrechts und die Firmierung der jeweiligen Unternehmen.
• Betriebsansiedlung
  Bei Standortnachfragen von investitionswilligen Betrieben weisen die Kammern auf die ihr bekannten Gewerbeflächenangebote hin oder stellen ggf. ein Kontakt zu der gefragten Standortgemeinde her.
• Messen und Ausstellungen
  Information über nationale und internationale Messen, Messeförderung des Bundes und der Länder.
• Öffentliches Auftragswesen
  Bei öffentlichen Ausschreibungen bemühen sich die Kammern, jeweils geeignete liefer- oder leistungsbereite Firmen zu ermitteln und der ausschreibenden Stelle zu benennen. Umgekehrt beraten sie interessierte Firmen über die Möglichkeit der Teilnahme an öffentlichen Ausschreibungen.

- Personenbeförderung
  Wer Personen mit Omnibussen, Mietwagen oder Taxen gewerbsmäßig befördern will, benötigt eine staatliche Genehmigung. Innerhalb eines formellen Antragsverfahrens muß der Unternehmer seine Leistungsfähigkeit, Zuverlässigkeit und fachliche Eignung nachweisen. Die örtlich zuständige Kammer gibt im Rahmen des Antragsverfahrens eine gutachterliche Stellungnahme hinsichtlich der persönlichen Zulassungsvoraussetzungen des Antragsstellers als auch über die Notwendigkeit und Zweckmäßigkeit des beantragten Verkehrs (z. B. einer Omnibuslinie) ab.
- Räumungsverkäufe
  Sonderveranstaltungen im Einzelhandel sind grundsätzlich verboten. Nur unter bestimmten Bedingungen sind Räumungsverkäufe zulässig und müssen bei der IHK angezeigt werden. Diese überprüft, ob die Voraussetzungen für eine solche Sonderveranstaltung vorliegen und ob die Anmeldevorschriften eingehalten sind.
- Sachverständige
  Sachverständige der unterschiedlichsten Sachgebiete sind von den Kammern öffentlich bestellt und vereidigt. Sie stehen nicht nur Gerichten und Behörden, sondern auch Privatpersonen zur Erstellung von Gutachten sowie Aufklärung von Sachverhalten jederzeit zur Verfügung.
- Statistik
  Aktuelle und bedeutende amtliche Statistiken.
- Umweltschutz
  Beratung und Information in den Bereichen Luftreinhaltung, Lärmschutz, Abfall- und Abwasserbeseitigung, gibt Einblick in das umfangreiche Regelwerk von Gesetzen, Verordnungen und Verwaltungsvorschriften. Vermittlung von Kontakten zu Umweltschutzbehörden, gibt Hinweise auf Finanzierungshilfen und bietet die Möglichkeit der Vermittlung technischer Umweltschutzberatungen.
- Wettbewerbsrecht
  Probleme im Wettbewerbsrecht (UWG). Mit Mitteln der Abmahnung und einstweiliger Verfügung wird gegen Wettbewerbssünder vorgegangen. Die Einigungsstellen für Wettbewerbsstreitigkeiten zwischen Kaufleuten sind bemüht, außergerichtliche Lösungen zu finden.
- Wirtschafts- und Konjunkturbeobachtung
  Konjunkturprognose, Berichte über wirtschaftliche Entwicklung in den verschiedenen Wirtschaftszweigen.

7.3 Die Beratung durch die Handwerkskammer (HWK)

Die Handwerkskammern vertreten die Interessen des Handwerks (§ 90 HandwO). Ebenso wie die Industrie- und Handelskammern sind die Handwerkskammern Körperschaften des öffentlichen Rechts. Zur Handwerkskammer gehören die selbständigen Handwerker und die Inhaber handwerksähnlicher Betriebe des Handwerkskammerbezirks sowie die Gesellen, andere Arbeitnehmer mit einer abgeschlossenen Berufsausbildung und die Auszubildenden dieser Gewerbetreibenden.

Zu den wesentlichen Aufgaben der Handwerkskammer gehört
- die Handwerksrolle zu führen,
- die Berufsausbildung zu regeln,
- Gesellenprüfungs- und Meisterprüfungsordnungen für die einzelnen Handwerke zu erlassen,
- technische und betriebswirtschaftliche Fortbildung der Meister und Gesellen,
- Sachverständige zur Erstattung von Gutachten über Waren, Leistungen und Preise von Handwerkern zu bestellen und zu vereidigen,
- Vermittlungsstellen zur Beilegung von Streitigkeiten zwischen selbständigen Handwerkern und ihren Auftraggebern einzurichten,
- Ursprungszeugnisse über in Handwerksbetrieben gefertigte Erzeugnisse und andere dem Wirtschaftsverkehr dienende Bescheinigungen auszustellen,
- die Behörden in der Förderung des Handwerks durch Anregungen, Vorschläge und durch Erstattung von Gutachten zu unterstützen und regelmäßig Berichte über die Verhältnisse des Handwerks zu erstatten.

Die Handwerksinnungen

Die Handwerksinnungen sind freiwillige Zusammenschlüsse und Interessenvertretungen der selbständigen Handwerker des gleichen Handwerks oder solcher Handwerke, die sich fachlich oder wirtschaftlich nahestehen. Wie die Handwerkskammern sind sie Körperschaften des öffentlichen Rechts. Die Aufgaben der Innungen bestehen in:
- der Interessenvertretung der Mitglieder,
- der Informationsvermittlung in fachlichen, arbeitsrechtlichen und tarifrechtlichen Belangen für die Mitglieder,
- der Unterstützung der Mitgliedsbetriebe bei der Ausbildung von Lehrlingen und der eigenen fachlichen Weiterbildung,
- der Abnahme von Gesellenprüfungen,
- der außergerichtlichen Schlichtung von Streitigkeiten zwischen Innungsbetrieben und Kunden,
- der Öffentlichkeitsarbeit und Werbung sowie
- der Mitwirkung an Tarifvereinbarungen über die Fachverbände.

Innungsbetriebe unterliegen der Tarifbindung!

Der Landesinnungsverband
Der Landesinnungsverband ist der Zusammenschluß von Handwerksinnungen des gleichen Handwerks oder sich fachlich oder wirtschaftlich nahestehender Handwerke in einem oder mehreren Bundesländern (§ 79 HandwO).

7.4 Die Beratung durch die Kreditinstitute

Kreditinstitute bieten den Existenzgründern speziell in Finanzierungsfragen einen guten Beratungsservice. Gehen Sie am besten zuerst zu Ihrer Hausbank. Zusammen mit dem Firmenkundenbetreuer, der besonders auf die Beratung der mittelständischen Kundschaft eingestellt ist, können Sie die Finanzierung Ihres Vorhabens eingehend besprechen.

Die Firmenkundenbetreuer kennen auch die Förderprogramme, die für den Mittelstand in Frage kommen. Manche Kreditinstitute unterstützen Existenzgründer sogar mit kostenlosen Fachbroschüren.

Die Volksbanken bieten in ihren **Branchenbriefen** hilfreiche Informationen zu unterschiedlichen Vorhaben in den Bereichen Einzelhandel, sonstiger Handel, Handwerk, handwerksähnliche Gewerbe, Freie Berufe, Gastronomie, Dienstleistungen, Innovation und Umweltschutz und sonstige Branchen. Insgesamt stehen Informationen zu mehr als 150 Branchen zur Verfügung. Weil die Daten ständig aktualisiert werden, liegen die Branchenbriefe nicht in den Filialen aus. Sie werden jedesmal mit dem neusten Stand ausgedruckt und mit der Post zugeschickt. Der Preis für jeden Brief beträgt z.Zt. 10,– DM inklusive Porto und Verpackung.

7.5 Die Beratung durch die Kranken- und Ersatzkassen

Die Regelungen zur gesetzlichen Sozialversicherung sind vielfältig und verändern sich ständig. Es ist nicht leicht, immer auf dem laufenden zu bleiben. Die Kranken- und Ersatzkassen bieten i.d.R. einen umfangreichen Firmenkundenservice. Als kompetente Ansprechpartner helfen sie gern weiter. Nicht nur, wenn es um Einzelheiten aus dem Versicherungs-, Beitrags- oder Melderecht geht, sondern auch bei der Abrechnung und dem Meldeverfahren.

Neben dem manuellen Meldeverfahren mittels Vordrucken besteht die Möglichkeit, die Meldedaten papierlos auf EDV-Datenträgern zu übermitteln. Computer bieten große Vorteile, das Meldeverfahren rationell und zügig abzuwickeln. Wer das Verfahren nach der Datenerfassungs- und Übermittlungsverordnung (DEÜV-Verfahren) nutzen möchte, sollte sich rechtzeitig mit einer Kranken- oder Ersatzkasse in Verbindung setzen. Für die Beratung hierüber stehen Spezialisten gern zur Verfügung.

7.6 Die Beratung durch öffentliche Institutionen

7.6.1 Das Bürgertelefon des Bundesministeriums für Wirtschaft und Technologie (BMWi)

Schnell und unbürokratisch können Informationen zu den Förderprogrammen des Bundes, der Länder und der EU in der Auskunftsstelle für Ratsuchende – Bürgertelefon – eingeholt werden. Die Auskünfte schließen Angaben zu Verfahrenswegen zur Erlangung von Fördermitteln, Anlaufstellen und Konditionen der Förderprogramme ein. Nach Terminvereinbarung werden für die Existenzgründer und Investoren kostenlose Beratungen im Dienstbereich Berlin des BMWi durchgeführt.

Das Bürgertelefon ist werktags von 8.00 bis 16.15 Uhr unter
Telefon: (030) 2014–7648, 7649 sowie unter Telefax: (030) 2014–7033 zu erreichen.

7.6.2 Das Serviceangebot der Deutschen Ausgleichsbank (DtA)

DtA-Online
Die Deutsche Ausgleichsbank (DtA) ist im T-Online-Dienst der Deutschen Telekom vertreten. Wer *dta# wählt, findet auf insgesamt 100 Bildschirmseiten neben Kurzbeschreibungen der DtA-Programme auch die aktuellen Konditionen. Außerdem gibt es einen Überblick über das umfangreiche Beratungsangebot der DtA und neue Serviceleistungen. Wer mehr Informationen zu einem Thema benötigt, findet ein Verzeichnis sämtlicher Publikationen der DtA und kann die gewünschten Titel gleich am Bildschirm bestellen.

Unternehmer-Börse im Internet
Die Deutsche Ausgleichsbank (DtA) ist weltweit über das Internet (http://www.dta.de) zu erreichen. Die so angebotene »Unternehmens-Börse« wendet sich vor allem an in- und ausländische Unternehmen, die einen Unternehmenspartner in Ostdeutschland suchen. Die DtA-Datenbank präsentiert 300 Unternehmensprofile und ein Dialogprogramm, mit dem Interessenten prüfen können, ob und in welcher Höhe eine geplante Unternehmensehe aus dem DtA-Partnerschaftsprogramm gefördert wird.

Gründerzentrum im Internet
In einem virtuellen Gründerzentrum (http://www.gruenderzentrum.de) erscheinen neben den Förderprogrammen der Deutschen Ausgleichsbank Tips zur Erstellung von Finanz- und Marketingkonzepten, Hinweise auf Rechtsformen, Steuern und Behördengänge. Ein elektronischer Berater hilft Existenzgründern bei der Aufstellung eines individuellen Finanzierungsplans. Das Pro-

gramm enthält einem Eignungstest, der Gründern mit Hilfe eines Fragenkatalogs ihre Stärken und Schwächen zeigt.

Info-Line für Ratsuchende
Damit sich Existenzgründer und Unternehmer telefonisch über günstige Finanzierungen informieren können, hat die Deutsche Ausgleichsbank (DtA) eigens eine Info-Line eingerichtet. Unter der Rufnummer (0228) 831–24 00 geben Finanzierungsexperten kompetente Auskünfte über Förderprogramme, Kombinationsmöglichkeiten und aktuelle Konditionen.

DtA-Beratungszentren
An 28 Standorten in den neuen Bundesländern und an 4 Standorten in den alten Bundesländern bietet die Deutsche Ausgleichsbank (DtA) eine Finanzierungsberatung »vor Ort« an. Existenzgründer und junge Unternehmer können sich nach telefonischer Absprache von Finanzierungsexperten der DtA persönlich beraten und gegebenenfalls beim Kreditantrag betreuen lassen.

Pannenhilfe am Runden Tisch
Für Unternehmen mit finanziellen Problemen gibt es an 18 Standorten in den neuen Bundesländern und an 2 Standorten in den alten Bundesländern eine Pannenhilfe. Am »Runden Tisch« werden unter Beteiligung der wichtigsten Partner des betroffenen Unternehmens (Hausbank, Kammer usw.) erfolgversprechende Rettungskonzepte erarbeitet. Zuvor wird das Unternehmen von einem erfahrenen Berater auf Kosten der DtA durchgecheckt. Interessenten können sich direkt an die zuständigen Kooperationspartner vor Ort (IHK, HWK) oder an die Info-Line der DtA wenden.

DtA-Beratungsagentur
Der Service der DtA-Beratungsagentur ist eine Hilfestellung für kleine und mittlere ostdeutsche Betriebe, damit sie im harten Wettbewerb festen Fuß fassen und ihre Marktchancen verbessern können. Die Aufgabe der DtA-Beratungsagentur ist es, Unternehmen in Ostdeutschland seriöse und kompetente Berater zu vermitteln.

DtA-Partnerschaftskapital-Agentur
Die Deutsche Ausgleichsbank (DtA) ist kostenlos bei der Vermittlung von Partnerschaften behilflich. Hierzu steht die Partnerschaftskapital-Agentur der Deutschen Ausgleichsbank (DtA), Niederlassung Berlin zur Verfügung.

7.6.3 Das Beratungsangebot der Kreditanstalt für Wiederaufbau (KfW)

Um die Fördermöglichkeiten für Technologie und Innovationen transparenter zu machen, hat die Kreditanstalt für Wiederaufbau (KfW) in ihrer Niederlassung Berlin einen neuen Beratungsdienst eingerichtet. Dieser soll insbesondere den spezifischen Beratungsbedarf kleiner Technologieunternehmen und innovativen mittelständischen Unternehmen decken und damit einen Beitrag zur zielgerichteten Nutzung der Förderangebote von Bund, Ländern und der Europäischen Union leisten.

Im neugeschaffenen KfW-Info-Center Technologieförderung berät die Kreditanstalt für Wiederaufbau (KfW) kostenlos zu Förderprogrammen für Innovationen, Forschung und Entwicklung. Für einzelne Vorhaben vermittelt die KfW geeignete Ansprechpartner.

7.6.4 Das Dienstleistungsangebot der Bundesstelle für Außenhandelsinformation (BfAI)

Die Bundesstelle für Außenhandelsinformation (BfAI) informiert aktuell und praxisnah über alle wichtigen Auslandsmärkte. Deutsche Unternehmer erhalten damit eine kompetente und verläßliche Entscheidungsgrundlage für Exporte, Importe, Kooperationsvorhaben und Auslandsinvestitionen. Für mehr als 150 Länder bietet die BfAI Informationen über:

- Geschäftspraxis
- Konkrete Geschäftskontaktwünsche
- Analysen ausgewählter Branchen
- Auskunfts- und Kontaktstellen
- Einfuhrverfahren
- Wirtschafts-, Steuer- und Zollrecht
- Wirtschaftsdaten und -trends
- Ausschreibungen im Ausland
- Investitions- und Entwicklungsvorhaben

Auskunftsservice

Der Auskunftsservice erschließt u. a. Informationen zu Auslandsmärkten, die bei der BfAI weder durch Publikationen noch durch die Datenbanken oder die CD-ROM zur Außenwirtschaft zu beziehen sind. Damit haben Sie Zugang zu Informationsmaterial, das die BfAI wegen seiner Vielfalt und Differenziertheit nur zum Teil veröffentlichen kann. Auskünfte erteilen die BfAI-Länder- und Fachexperten.

Wenden Sie sich mit Angabe des Landes und des Themas an das Service-Telefon. Sie werden dann mit dem zuständigen Ansprechpartner verbunden.

Tel.: (02 21) 20 57–0. Anfragen zu Osteuropa: (0 30) 20 14–52 16.

8 Die Förderprogramme zur Existenzgründungsberatung

Das **Bundesministerium für Wirtschaft und Technologie (BMWi)** fördert Unternehmensberatungen für kleine und mittlere Unternehmen. Das Programm gewährt Zuschüsse für folgende Beratungsarten:

- Existenzgründungsberatung
  Beratungen vor der Gründung oder Übernahme einer selbständigen gewerblichen oder wirtschaftsnahen freiberuflichen Existenz.
- Existenzaufbauberatung
  Allgemeine Beratungen innerhalb von 2 Jahren nach der Existenzgründung.
- Unternehmensberatung
  Allgemeine Beratungen über alle wirtschaftlichen, technischen und finanziellen und organisatorischen Probleme der Unternehmensführung und der Anpassung an neue Wettbewerbsbedingungen.
- Energieeinsparberatung
  Beratungen über wirtschaftliche, technische und organisatorische Probleme im Zusammenhang mit einer sparsamen, rationellen und umweltverträglichen Energieverwendung einschließlich der Nutzung erneuerbarer Energien.
- Umweltschutzberatung
  Beratungen zur Bewältigung der sich für die Unternehmen aus dem Schutz der Umwelt ergebenden Probleme, auch im Rahmen des Umwelt-Audit.

Neben dem o.g. Förderprogramm gibt es entsprechende **Länderprogramme** mit teilweise attraktiveren Konditionen. Für die Durchführung bzw. die Abwicklung der geförderten Unternehmensberatungen (einschließlich Existenzgründungsberatungen) haben die Wirtschaftsministerien der Länder das RKW-Rationalisierungs- und Innovationszentrum der deutschen Wirtschaft e.V. (RKW) als eine geeignete Beratungsstelle benannt. Die Beratungsstellen müssen in der Lage sein, flächendeckend eine qualifizierte und neutrale Beratung sowie eine zuverlässige Abrechnung der Fördermittel nach Einhaltung der Förderbestimmungen sicherzustellen. Die Beratungsstellen führen die Beratungen selbst oder durch geeignete Dritte durch. Nähere Informationen erhalten Sie vom Wirtschaftsministerium Ihres Bundeslandes [→Adressenverzeichnis] oder von einer RKW-Landesgruppe [→Adressenverzeichnis].

Die Förderprogramme sind nicht kombinierbar. Eine öffentlich geförderte Beratung darf nicht mit anderen öffentlichen Mitteln bezuschußt werden. Ebensowenig dürfen Beratungen, die aus Mitteln des Bundesministeriums für Wirtschaft und Technologie (BMWi) gefördert werden, mit Beratungen, die aus Mitteln eines Bundeslandes bezuschußt werden, zu einer einheitlichen Beratung zusammengefaßt werden.

8.1 Die Förderung der Existenzgründungs- und Existenzaufbauberatung des Bundesministeriums für Wirtschaft und Technologie (BMWi)

Förderziel
Beratungen vor der Gründung einer selbständigen gewerblichen oder wirtschaftsnahen freiberuflichen Existenz **(Existenzgründungsberatung)** sowie Beratungen innerhalb von zwei Jahren nach der Existenzgründung über alle wirtschaftlichen, technischen, finanziellen und organisatorischen Probleme der Unternehmensführung **(Existenzaufbauberatung)**.

Die Beratungen sollen unternehmerische Entscheidungen vorbereiten, konkrete Verbesserungsvorschläge entwickeln sowie im Zusammenhang damit Anleitungen zu ihrer Umsetzung in die Betriebspraxis geben.

Förderart
Die Förderung besteht in der Gewährung eines Zuschusses zu den dem Antragsteller vom Berater in Rechnung gestellten Beratungskosten. Zu den Beratungskosten gehören neben dem Honorar auch die Auslagen und Reisekosten des Beraters, nicht jedoch die Umsatzsteuer.

Förderumfang und Konditionen
Der Zuschuß beträgt 50% der in Rechnung gestellten Beratungskosten.

Für eine **Existenzgründungsberatung** kann höchstens ein Zuschuß von 2.500,– DM und für eine **Existenzaufbauberatung** höchstens ein Zuschuß von 3.300,– DM gewährt werden.

Pro Antragsteller können innerhalb eines Zeitraumes von 5 Jahren ab Inkrafttreten dieser Richtlinien insgesamt Zuschüsse bis zu folgenden Höchstbeträgen gewährt werden:

Für **Existenzgründungsberatungen** bis zu 2.500,– DM, für mehrere **Existenzaufbauberatungen** (einschl. allgemeine Beratungen) bis zu 6.400,– DM.

Antragsberechtigte
- **bei Existenzgründungsberatungen**
  Nicht selbständig tätige natürliche Personen, die sich durch Gründung eines neuen Unternehmens, Übernahme eines bestehenden Unternehmens oder tätige Beteiligung an einem Unternehmen selbständig machen wollen.
- **bei Existenzaufbauberatungen**
  Rechtlich selbständige Unternehmen der gewerblichen Wirtschaft und der wirtschaftsnahen Freien Berufe, die im letzten Geschäftsjahr vor Beginn der Beratung die folgende maßgebliche Umsatzgrenze nicht überschritten haben:

Wirtschaftsbereich	Umsatz bis Mio. DM
Industrie, Handwerk	10,0
Groß-/Außenhandel	14,5
Einzelhandel	5,0
Verkehrsgewerbe	4,0
Gastgewerbe	2,5
Reisebürogewerbe	2,0
Sonstige Dienstleistungsgewerbe	3,0
Wirtschaftsnahe Freie Berufe	2,5
Handelsvertreter, Handelsmakler	2,0

Spezielle Voraussetzungen
Förderungsfähige Beratungen können nur von selbständigen Beratern oder von Beratungsunternehmen durchgeführt werden, die die für den Beratungsauftrag erforderlichen Fähigkeiten besitzen, über ausreichende berufliche Erfahrungen sowie über die notwendige Zuverlässigkeit verfügen, und deren überwiegender Geschäftszweck auf entgeltliche Unternehmensberatung gerichtet ist. Im übrigen wird die Auswahl des Beraters dem Antragsteller überlassen.

Bei Existenzgründungsberatungen muß der Beratungsbericht eine umfassende Prüfung des beabsichtigten Gründungsvorhabens beinhalten, insbes. ob und auf welche Weise das beabsichtigte Gründungsvorhaben zu einer tragfähigen Vollexistenz führen kann.

Antragstellung
Anträge auf die Gewährung eines Zuschusses zu den Beratungskosten sind *nach Abschluß der Beratung* und *nach Zahlung der Beratungskosten* bei einer Leitstelle [→Adressenverzeichnis] auf einem vollständig ausgefüllten Originalvordruck einzureichen. Dem Antrag ist eine Durchschrift oder Fotokopie der Rechnung des Beraters, ein Exemplar des Beratungsberichts sowie eine Kopie des Kontoauszugs bzw. der Barzahlungsquittung beizufügen.

Die Anträge (mit allen Unterlagen) müssen der Leitstelle spätestens bis zum 31. Mai des auf den Beginn der Beratung folgenden Jahren vorgelegt werden. Die Leitstelle überprüft den Antrag und die eingereichten Unterlagen und leitet sie mit dem Ergebnis der Prüfung an die Bewilligungsbehörde weiter. Die Bewilligungsbehörde ist das Bundesamt für Wirtschaft. Der Zuschuß wird von der Bewilligungsbehörde an den Antragsteller nach Erteilung des Zuwendungsbescheides ausgezahlt.

Näheres regeln die Richtlinien des Bundesministers für Wirtschaft und Technologie über die Förderung von Unternehmensberatungen für kleine und mittlere Unternehmen vom 26. Juni 1997 (BAnz. 1997 S. 8745).

Diese Richtlinien gelten längstens für Beratungen, die bis zum 31.12.2000 begonnen werden.

Antragsvordrucke und Richtlinien können beim Jüngling-Verlag für Verwaltung und Behörden, Postfach 1280, 85750 Karlsfeld, Fax: (08131) 901-44 oder beim W. Bertelsmann-Verlag, Postfach 100633, 33619 Bielefeld, Fax: (0521) 91101-79 bezogen werden.

8.2 Die Förderung der Unternehmensberatung des Bundesministeriums für Wirtschaft und Technologie (BMWi)

Förderziel

Beratungen über alle wirtschaftlichen, technischen, finanziellen und organisatorischen Probleme der Unternehmensführung sowie Beratungen zur unternehmerischen Anpassung an neue Wettbewerbsbedingungen.

Die Beratungen sollen unternehmerische Entscheidungen vorbereiten, konkrete Verbesserungsvorschläge entwickeln sowie im Zusammenhang damit Anleitungen zu ihrer Umsetzung in die Betriebspraxis geben.

Förderart

Die Förderung besteht in der Gewährung eines Zuschusses zu den dem Antragsteller vom Berater in Rechnung gestellten Beratungskosten. Zu den Beratungskosten gehören neben dem Honorar auch die Auslagen und Reisekosten des Beraters, nicht jedoch die Umsatzsteuer.

Förderumfang und Konditionen

Der Zuschuß beträgt 40% der in Rechnung gestellten Beratungskosten, höchstens jedoch 3.200,– DM.

Pro Antragsteller können innerhalb eines Zeitraumes von 5 Jahren ab Inkrafttreten dieser Richtlinien insgesamt Zuschüsse für mehrere zeitlich und thematisch voneinander getrennte und in sich abgeschlossene allgemeine Beratungen (einschl. Existenzaufbauberatungen) bis zu 6.400,– DM gewährt werden.

Antragsberechtigte

Antragsberechtigt sind rechtlich selbständige Unternehmen aus den Bereichen der gewerblichen Wirtschaft und der wirtschaftsnahen Freien Berufe, die im letzten Geschäftsjahr vor Beginn der Beratung die folgende maßgebliche Umsatzgrenze nicht überschritten haben:

Wirtschaftsbereich	Umsatz bis Mio. DM
Industrie, Handwerk	10,0
Groß-/Außenhandel	14,5
Einzelhandel	5,0
Verkehrsgewerbe	4,0
Gastgewerbe	2,5
Reisebürogewerbe	2,0
Sonstige Dienstleistungsgewerbe	3,0
Wirtschaftsnahe Freie Berufe	2,5
Handelsvertreter, Handelsmakler	2,0

Spezielle Voraussetzungen

Förderungsfähige Beratungen können nur von selbständigen Beratern oder von Beratungsunternehmen durchgeführt werden, die die für den Beratungsauftrag erforderlichen Fähigkeiten besitzen, über ausreichende berufliche Erfahrungen sowie über die notwendige Zuverlässigkeit verfügen, und deren überwiegender Geschäftszweck auf entgeltliche Unternehmensberatung gerichtet ist. Im übrigen wird die Auswahl des Beraters dem Antragsteller überlassen.

Der Beratungsbericht muß auf der Grundlage des Beratungsauftrags eine Analyse der Situation des beratenen Unternehmens und der im einzelnen ermittelten Schwachstellen und die Verbesserungsvorschläge sowie eine detaillierte Anleitung zur Umsetzung in die betriebliche Praxis enthalten.

Antragstellung

Anträge auf die Gewährung eines Zuschusses zu den Beratungskosten sind *nach Abschluß der Beratung* und *nach Zahlung der Beratungskosten* bei einer Leitstelle [→Adressenverzeichnis] auf einem vollständig ausgefüllten Originalvordruck einzureichen. Dem Antrag ist eine Durchschrift oder Fotokopie der Rechnung des Beraters, ein Exemplar des Beratungsberichts sowie eine Kopie des Kontoauszugs bzw. der Barzahlungsquittung beizufügen.

Die Anträge (mit allen Unterlagen) müssen der Leitstelle spätestens bis zum 31. Mai des auf den Beginn der Beratung folgenden Jahren vorgelegt werden. Die Leitstelle überprüft den Antrag und die eingereichten Unterlagen und leitet sie mit dem Ergebnis der Prüfung an die Bewilligungsbehörde weiter. Die Bewilligungsbehörde ist das Bundesamt für Wirtschaft. Der Zuschuß wird von der Bewilligungsbehörde an den Antragsteller nach Erteilung des Zuwendungsbescheides ausgezahlt.

Näheres regeln die Richtlinien des Bundesministers für Wirtschaft und Technologie über die Förderung von Unternehmensberatungen für kleine und mittlere Unternehmen vom 26. Juni 1997 (BAnz. 1997 S. 8745).

Diese Richtlinien gelten längstens für Beratungen, die bis zum 31.12.2000 begonnen werden.

Antragsvordrucke und Richtlinien können beim Jüngling-Verlag für Verwaltung und Behörden, Postfach 1280, 85750 Karlsfeld, Fax: (08131) 901-44 oder beim W. Bertelsmann-Verlag, Postfach 100633, 33619 Bielefeld, Fax: (0521) 91101-79 bezogen werden.

9 Das Unternehmenskonzept

Zur Realisierung Ihrer Geschäftsidee benöten Sie unbedingt einen Business-Plan (Geschäftsplan), mit dem Sie Ihr Unternehmenskonzept mit all seinen Zielvorstellungen schriftlich zum Ausdruck bringen. Nur so können Sie Ihr Vorhaben systematisch planen und sind später vor unangenehmen Überraschungen geschützt. Es erleichtert sehr Ihre Verhandlungen, wenn Sie Ihren Gesprächspartnern ein geschlossenes Bild Ihres Vorhabens vermitteln können. Kapitalgeber bestehen immer auf einem Geschäftsplan, meistens ist er schon vor der ersten Verhandlung vorzulegen. Bedenken Sie, daß Ihnen niemand vertrauen wird, wenn Sie Ihr Konzept nicht überzeugend genug darstellen.

Der Business-Plan ist die niedergeschriebene Vision des Gründers. Er hat das Konzept Ihrer Unternehmensgründung einschließlich der ersten drei Jahre nach der Gründung zu enthalten. Sie können ihn allein oder gemeinsam mit Ihrem Gründungsberater ausarbeiten.

Muster ohne Gewähr

Business-Plan (Geschäftsplan)

1. Existenzgründer
- Name, Anschrift, Telefon, Telefax
- Alter, Familienstand, Anzahl der Kinder
- Qualifikation: Ausbildung, Berufserfahrung, kfm. Kenntnisse
- Partner
- Personalbedarf (Anzahl, Qualifikation)

2. Geschäftsidee
- Bezeichnung des Produkts bzw. der Dienstleistung
- Leistungsbeschreibung
- Stand der Technik, Innovation, Patente, Lizenzen, FuE
- Vorteile gegenüber der Konkurrenz (Nutzen, Zusatznutzen, Attraktivität, Image, Preis)
- Risiken

3. Zukunftsaussichten
- Markteinschätzung (Marktvolumen, Marktpotential)
- Konkurrenzanalyse (Konkurrenten, Produkte/Dienstleistungen der Konkurrenz)
- Zielgruppe (Kunden)
- Marktpreis

4. Unternehmen
- Firma bzw. Geschäftsbezeichnung, Anschrift, Telefon, Telefax
- Rechtsform, Beteiligungsverhältnis, Geschäftsführung
- Branche
- Standort (Standortbeschreibung, Standortvorteile)
- Gründung (Neuerrichtung, Kauf, Miete oder Pacht)

5. Organisation
- Unternehmensleitung, Zuständigkeiten, Personal
- Produktion, maschinelle Ausstattung, Umweltschutz, Kooperation (Zulieferer)
- Marketing: Absatz (Geschäftsverbindungen), Werbung
- Einkauf (Rohstoffe, Material, Waren), Lieferantenabhängigkeit, Abnahmeverträge, Geschäftsverbindungen
- Rechnungswesen (interne oder externe Buchführung), Kostenrechnung, Controlling

6. Finanzplanung
- Umsatzplan
- Investitionsplan, Kostenplan
- Kapitalbedarfsplan
- Erfolgsplan (Rentabilitätsvorschau), Liquiditätsplan
- Finanzplan, Finanzierungsplan, Finanzierung

7. Zeitplan
- Kreditverhandlungen
- Kreditanträge (Hausbankmittel, öffentliche Mittel)
- Grundstückserwerb, Kauf eines Unternehmens, Abschluß Miet- oder Pachtvertrag
- Anmeldeformalitäten
- Beschaffung (maschinellen Ausstattung, Betriebs- und Geschäftsausstattung, Rohstoffe, Material, Waren)
- Personal einstellen
- Abschluß von Versicherungen
- Betriebs-/Geschäftseröffnung

8. Ergänzende Unterlagen
- Lebenslauf des Existenzgründers
- Gesellschaftsvertrag
- Grundstückskaufvertrag, Unternehmenskaufvertrag, Miet- oder Pachtvertrag
- Handelsregisterauszug
- Zulassung, Konzession, sonstige behördliche Genehmigungen
- Name und Anschrift des Steuer-, Rechts- und Unternehmensberaters

9. Zusammenfassung

Abb. 13: Muster für einen Business-Plan

Der Business-Plan sollte klar gegliedert sein sowie eine einfach verständliche Ausdrucksweise haben. Außerdem ist eine optische Aufbereitung mit Tabellen und Grafiken sehr hilfreich. Unbedingt erforderlich ist eine Zusammenfassung, die am Ende, aber auch am Anfang stehen kann.

Über den Umfang des Business-Plans läßt sich keine allgemeingültige Aussage machen. Die Anzahl der Seiten sollte angemessen der Komplexität des Vorhabens entsprechen.

Tip Vermeiden Sie allgemeine betriebswirtschaftliche Aussagen und Feststellungen. Wichtige Details sollten Sie entsprechend ausführlich beschreiben. !

10 Die Schritte der systematischen Existenzgründung

Der Gründungsprozeß ist in der Regel sehr komplex. Es sind viele Abhängigkeiten und Wechselwirkungen zu beachten. Grundsätzlich muß jede Existenzgründung auf die Wünsche und Möglichkeiten des Existenzgründers zugeschnitten sein. Außerdem sind finanzielle Grenzen zu berücksichtigen.

Der Weg in die Selbständigkeit kann in Phasen eingeteilt werden. Je nach Art und Umfang des Vorhabens können die einzelnen Phasen von unterschiedlicher Dauer sein.

Existenzgründung			Existenz- sicherung	Existenz- festigung
Orientierungs- phase	Konzeptions- phase	Realisierungs- phase	Existenz- sicherungs- phase	Existenz- festigungs- phase
⇨	⇨	⇨	⇨	⇨
Beginn der Existenzgründung			Beginn der selbständigen Existenz	

Abb. 14: Phasen der Existenzgründung

Es ist sehr zu empfehlen, die Existenzgründung systematisch durchzuführen. Von der Orientierung bis zur Realisierung werden im vorliegenden Handbuch die einzelnen Schritte kapitelweise behandelt. Je gewissenhafter die Planung vorgenommen wird, um so eher kann ein Scheitern vermieden werden.

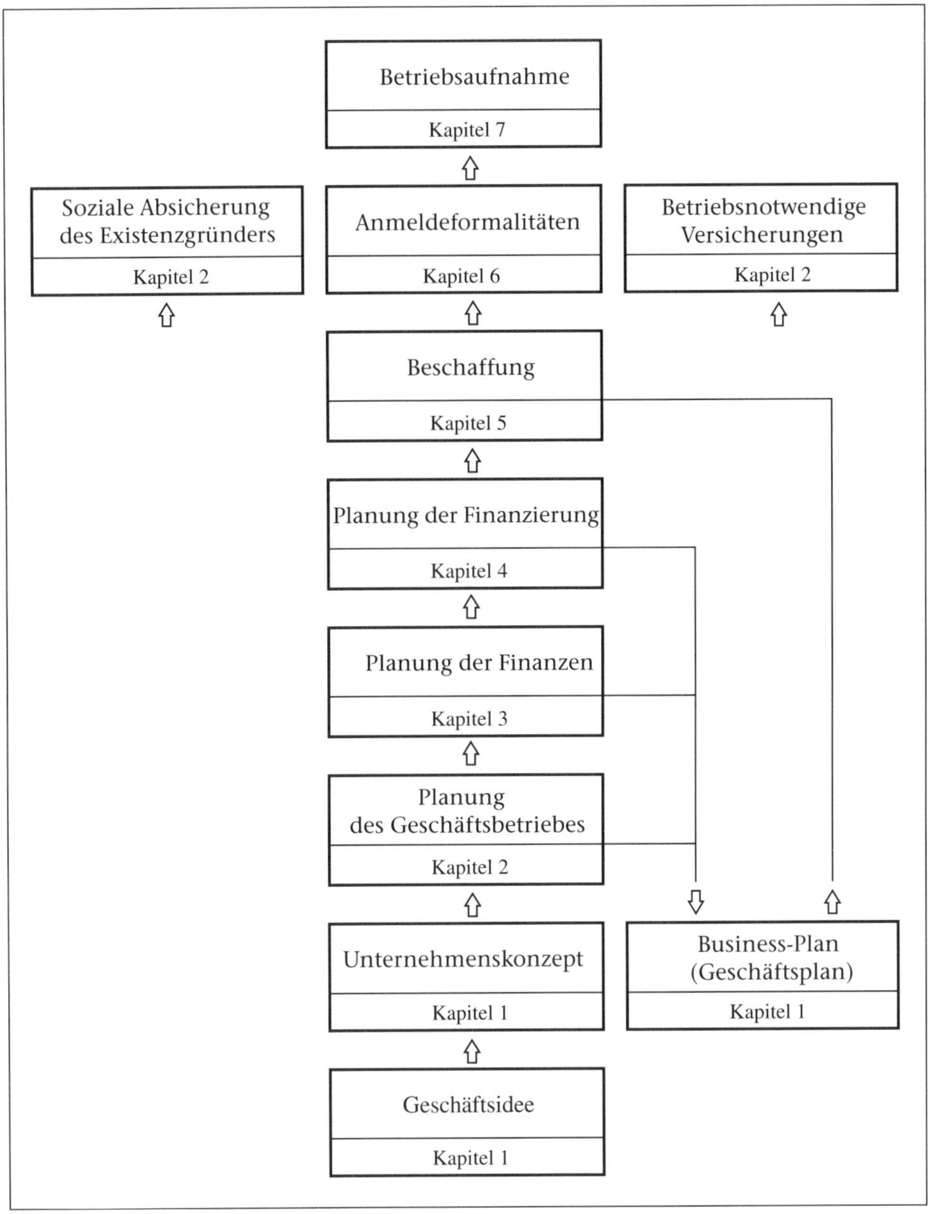

Abb. 15: Schritte der systematischen Existenzgründung

2. Kapitel: Die Planung des Geschäftsbetriebes

Nachdem Sie Ihre berufliche Situation eingehend überprüft haben und hoffentlich absolut sicher sind, als Unternehmer geeignet zu sein, können Sie nun mit der Planung Ihres zukünftigen Geschäftsbetriebes beginnen. Bedenken Sie, daß eine gewissenhafte Planung den Erfolg der Gründung wesentlich positiv beeinflußt.

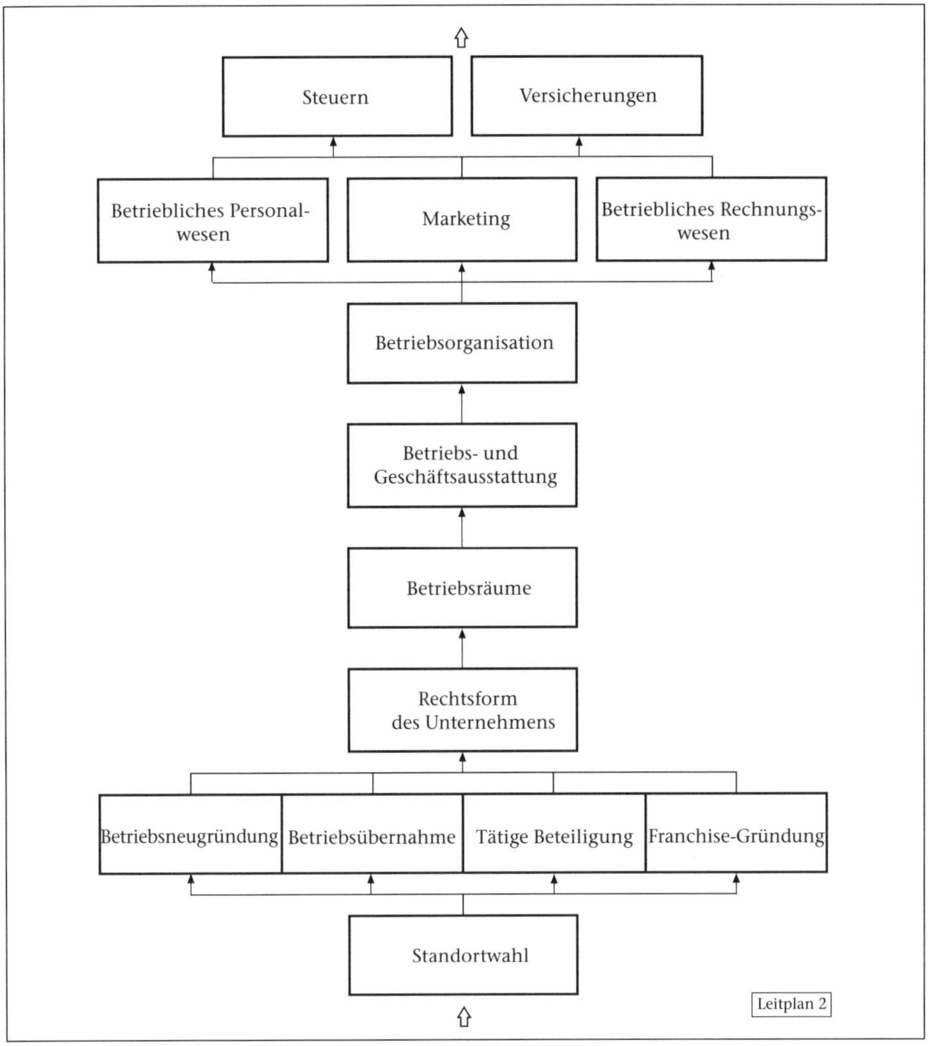

Abb. 16: Schritte zur Planung des Geschäftsbetriebes

1 Die Standortwahl

Die Wahl des Standorts ist eine Grundsatzentscheidung mit langfristiger Wirkung, die sich u. U. nur schwer rückgängig machen läßt. Da der Standort in der Regel einen großen Einfluß auf den Geschäftserfolg des Betriebes ausübt, darf die Standortfrage nicht dem Zufall überlassen bleiben. Eine sorgfältige Standortplanung ist deshalb erforderlich.

Die Wahl des Standorts ist so zu treffen, daß langfristig der größtmögliche Gewinn erzielt werden kann. Da sowohl die Aufwendungen als auch die Erträge an den verschiedenen Standorten unterschiedlich sind (z. B. Arbeitslöhne, Grundstückspreise, Transportkosten, Steuern, Absatzmöglichkeiten usw.), kann das Gewinnmaximum nur dann erreicht wird, wenn der Betrieb den Standort mit der größten Differenz zwischen standortbedingten Erträgen und standortabhängigen Aufwendungen hat.

Die Wahl des Standorts ist immer ein Problem des Abwägens von Kosten- und Absatzvorteilen. Bei der Überlegung, welcher Ort für einen Betrieb der optimale Standort darstellt, muß eine Vielzahl von Faktoren berücksichtigt werden, die miteinander in Konkurrenz stehen können. So können an einem Standort mit besonders günstigen Arbeitskosten (niedrige Löhne) schlechte Verkehrsbedingungen vorliegen. Oder die Transportkosten für das Material sind besonders niedrig, während in der Region keine Absatzmöglichkeiten bestehen.

Bei der Standortanalyse müssen alle relevanten Standortfaktoren einbezogen und beurteilt werden. Welche dieser Faktoren einfluß auf den Geschäftserfolg haben, hängt sehr stark von der Art des Betriebes ab. Deshalb ist zunächst die grundsätzliche Orientierung zu klären:

- **Materialorientierung**
  Der Standort richtet sich nach den billigsten Transportkosten für die Beschaffung der für die Produktion erforderlichen Roh-, Hilfs- und Betriebsstoffe.
- **Arbeitsorientierung**
  Für arbeitsintensive Betriebe spielen die Arbeitskosten eine entscheidende Rolle. Neben der Orientierung nach niedrigen Löhnen wird die Orientierung nach qualifizierten Arbeitskräften immer wichtiger. Ein geringer Freizeitwert unattraktiver Standorte muß unter Umständen durch erheblich höhere Gehälter oder Zulagen kompensiert werden.
- **Abgabenorientierung**
  Bei den Realsteuern (Gewerbesteuer, Grundsteuer) haben die Gemeinden das Recht, die Hebesätze entsprechend ihrem Finanzbedarf jährlich neu zu bestimmen. Eventuell besteht insbesondere in Gebieten mit Strukturproblemen eine Förderung des Bundes oder des Landes oder direkt durch die Gemeinde in Form der Zurverfügungstellung von günstigen Gewerbeflächen. Diverse Steuervergünstigungen gibt es in den neuen Bundesländern.
- **Energieorientierung**
  Die ausreichende Versorgung des Betriebes mit Strom, Gas, Wasser und sonstigen Energieträgern zu preiswerten Tarifen muß gewährleistet sein.

- **Verkehrsorientierung**
  Es ist notwendig, daß die Kunden das Geschäft oder den Betrieb gut und bequem erreichen können. Für die Kunden und die Mitarbeiter sollte ausreichend Parkraum zur Verfügung stehen. Wichtig ist die Verkehrssituation für die Lieferanten, für die An- und Abfahrt der Firmenfahrzeuge, die Be- und Entlademöglichkeiten.
- **Umweltorientierung**
  Die zunehmende Beachtung des Umweltschutzes durch den Gesetzgeber hat dazu geführt, daß bestimmte Standorte entweder überhaupt nicht mehr zur Verfügung stehen oder erhebliche zusätzliche Kosten aufgrund behördlicher Auflagen verursachen. Gehen vom Betrieb Umweltbelastungen aus oder wird mit gefährlichen Stoffen umgegangen, müssen die notwendigen Schutzmaßnahmen (z. B. gegen Lärm, Geruch, Staub, Chemikalien) und die ordnungsgemäße Entsorgung von Abfällen schon bei der Planung berücksichtigt werden.
- **Absatzorientierung**
  Nach den optimalen Absatzmöglichkeiten orientieren sich vor allem **Handels- und Dienstleistungsunternehmen**. Sie müssen einen engen Kontakt zu ihren Abnehmern haben. Ihre Standortqualität wird weitgehend durch die Kaufkraft der Einwohner im Einzugsgebiet bestimmt.
  Beim **Einzelhandel** spielt der Absatz die entscheidende Rolle, die Raumkosten kommen erst an zweiter Stelle. Für die Wahl des Standorts ist die Art der angebotenen Waren von besonderer Bedeutung. Man unterscheidet zwischen Geschäften, die Waren des **täglichen Bedarfs** (z. B. Lebensmittel) und Geschäfte, die Waren des **periodisch** (Bekleidung) oder **aperiodisch** (Möbel) **wiederkehrenden Bedarfs** anbieten.
  Geschäfte zur Versorgung des täglichen Bedarfs sind gleichmäßig über die ganze Stadt verteilt. Sie meiden die Konkurrenz. Ihr Absatz ist auf ein relativ kleines Gebiet beschränkt. Zu einer zunehmenden Verdrängung von kleinen Einzelhandelsbetrieben trägt die Errichtung von Verbrauchermärkten bei. Diese bieten neben den aufgrund ihrer hohen Umsätze niedrig kalkulierten Preisen den Vorteil, dem Kunden durch das breite Sortiment lange Einkaufswege zu ersparen. Ihr Warensortiment erlaubt die Ansiedlung außerhalb der Stadtzentren an verkehrsgünstigen Punkten. Sie stellen für ihre Kunden ausreichende Parkplätze zur Verfügung. Einzelhandelsbetriebe, die einen nur in größeren Abständen wiederkehrenden Bedarf decken, wählen die Hauptgeschäftsstraßen zum Standort, auch wenn sie ein Vielfaches an Ladenmiete bezahlen müssen. Der Kunde will, bevor er sich zum Kauf entschließt, sich einen möglichst umfassenden Überblick über das Angebot verschaffen.

Wegen der Vielzahl von gewerbe- und baurechtlichen Verordnungen und Gesetzen, die zum Teil nicht bundeseinheitlich geregelt sind, sollte jeder Existenzgründer bei der für ihn zuständigen Gemeinde (Bauplanungsamt) nachfragen, inwieweit das Gebiet, in dem er die Errichtung seines Betriebes plant, im Bebauungsplan rechtsgültig ausgewiesen ist. Befindet er sich im Gewerbe- oder

Industriegebiet, so ist die Gründung aufgrund baurechtlicher Bestimmungen in der Regel unproblematisch. Liegt der geplante Standort dagegen im Wohn- oder Mischgebiet, sollte er prüfen, ob der Ansiedlung seines Betriebes nichts entgegensteht.

Die **Baunutzungsverordnung** (BauNVO) gliedert die für die Bebauung vorgesehenen Flächen (Baugebiete) nach der besonderen Art ihrer baulichen Nutzung:

- Reine Wohngebiete (WR)
  Ausnahmsweise können Läden und nicht störende Handwerksbetriebe, die zur Deckung des täglichen Bedarfs für die Bewohner des Gebiets dienen, sowie kleine Betriebe des Beherbergungsgewerbes zugelassen werden.
- Allgemeine Wohngebiete (WA)
  Zulässig sind die der Versorgung des Gebiets dienenden Läden, Schank- und Speisewirtschaften sowie nicht störende Handwerksbetriebe. Ausnahmsweise können Betriebe des Beherbergungsgewerbes, sonstige nicht störende Gewerbebetriebe und Tankstellen zugelassen werden.
- Besondere Wohngebiete (WB)
  Zulässig sind Läden, Betriebe des Beherbergungsgewerbes, Schank- und Speisewirtschaften, sonstige Gewerbebetriebe, Geschäfts- und Bürogebäude. Ausnahmsweise können Tankstellen zugelassen werden.
- Dorfgebiete (MD)
  Zulässig sind Einzelhandelsbetriebe, Schank- und Speisewirtschaften, Betriebe des Beherbergungsgewerbes, sonstige Gewerbebetriebe und Tankstellen.
- Mischgebiete (MI)
  Zulässig sind Geschäfts- und Bürogebäude, Einzelhandelsbetriebe, Schank- und Speisewirtschaften, Betriebe des Beherbergungsgewerbes, sonstige Gewebebetriebe und Tankstellen.
- Kerngebiete (MK)
  Zulässig sind Geschäfts-, Büro- und Verwaltungsgebäude, Einzelhandelsbetriebe, Schank- und Speisewirtschaften, Betriebe des Beherbergungsgewerbes und Vergnügungsstätten, sonstige nicht wesentlich störende Gewerbebetriebe und Tankstellen.
- Gewerbegebiete (GE)
  Zulässig sind Gewerbebetriebe aller Art, Lagerhäuser, Lagerplätze, Geschäfts-, Büro- und Verwaltungsgebäude und Tankstellen. Hier sind auch Wohnungen für Aufsichts- und Bereitschaftspersonen sowie für Betriebsinhaber und Betriebsleiter zugelassen.
- Industriegebiete (GI)
  Zulässig sind Gewerbebetriebe aller Art, Lagerhäuser, Lagerplätze und Tankstellen.

Die Berufsausübung freiberuflich Tätiger und solcher Gewerbetreibender, die ihren Beruf in ähnlicher Art ausüben (z. B. Handelsvertreter ohne Lagerhaltung) ist in den o.g. Baugebieten grundsätzlich zulässig.

Für Existenzgründer sind **Gründerzentren** und **Gewerbeparks** als Standort besonders geeignet. Wenn sich dort Unternehmen aus unterschiedlichen Branchen ansiedeln, wird ein attraktives Angebot von Produkten und Dienstleistungen an einem Standort gebündelt. Auch die Unternehmen selbst profitieren davon, denn die unmittelbare Nachbarschaft ermöglicht einen gegenseitigen Informations- und Erfahrungsaustausch. Es können bestimmte Ressourcen gemeinsam genutzt werden. Die Flächen werden meist zu günstigen Mieten angeboten.

Gründerzentrum	**Gewerbepark**
• Unternehmen bestimmter Branchen unter einem Dach • günstige Miete • Nutzung von Sekretariats-, Post- und Kopierservice • gemeinsame Öffentlichkeitsarbeit • gemeinsame Messebeteiligungen • meist Zusammenarbeit mit Hochschulen	• preisgünstige erschlossene Gewerbegrundstücke • unbürokratische Planungsverfahren, • gute Verkehrsanbindung • moderne und zukunftsorientierte Versorgung (Telekommunikation, Energie, Wasser) • Dienstleistungen in der Umgebung

Abb. 17: Vorteile von Gründerzentren und Gewerbeparks

Standortfaktor	Gewichtung	Standort A		Standort B		Standort C	
		Bewertung	Punkte	Bewertung	Punkte	Bewertung	Punkte
Kundenpotential	14	4	56	2	28	5	70
Konkurrenzsituation	14	3	42	5	70	4	56
Verkehrslage (Pkw, ÖPNV)	14	4	56	3	42	5	70
Miete, Mietnebenkosten	10	4	40	5	50	3	30
Dauer des Mietverhältnisses	10	3	30	4	40	4	40
Kundenparkplätze	8	3	24	4	32	5	40
Arbeitskräftepotential	8	4	32	3	24	5	40
Erweiterungsmöglichkeiten	7	4	28	2	14	4	28
Waren-, Materialversorgung	7	3	21	2	14	5	35
Steuern, kommun. Gebühren	4	4	16	5	20	3	12
Umweltschutzauflagen	2	3	6	4	8	4	8
Energieversorgung	1	5	5	5	5	5	5
Entsorgung von Abfällen	1	5	5	4	4	5	5
Summe der Punkte	100		361		351		439
Rangplatz			2		3		1

Abb. 18: Bewertungsmatrix zur Standortanalyse

Die Idee, besonders jungen, innovativen und technologieorientierten Unternehmen gute Start- und Rahmenbedingungen zu bieten, fand schnell Verbreitung. Inzwischen besteht ein weitverzweigtes Netzwerk von Innovations-, Technologie- und Gründerzentren. Informationen sowie eine Adressenliste der Mitgliedszentren sind von der Arbeitsgemeinschaft Deutscher Technologie- und Gründerzentren ADT e.V. [→Adressenverzeichnis] erhältlich.

Eine einfache Methode zur Beurteilung mehrerer Standorte stellt **die Bewertungsmatrix zur Standortanalyse** dar. Zuerst werden die relevanten Standortfaktoren hinsichtlich der Betriebsorientierung zusammengetragen und je nach Bedeutung gewichtet. Dazu wird jedem einzelnen Faktor ein Wert vergeben, wobei die Summe aller Gewichte 100 ergeben muß. Der Wert wird um so höher angesetzt, um so bedeutender der Standortfaktor eingeschätzt wird. Nach der Gewichtung werden die einzelnen Standorte benotet. Es werden Noten von 1 bis 5 (Note 1 = schlecht, Note 2 = ausreichend, Note 3 = befriedigend, Note 4 = gut, Note 5 = sehr gut) vergeben. Anschließend wird für jeden Standortfaktor das Gewicht mit der Note multipliziert. Die so ermittelten Punkte werden addiert. Der Standort mit der höchsten Punktzahl entspricht dann am besten den Anforderungen.

! **Tip** Sortieren Sie die ausgewählten Standortfaktoren nach Ihrer subjektiver Bedeutung und weisen diesen mit der Jo-Jo-Methode solange eine Gewichtung zu, bis deren Summe 100 ergibt.

2 Die Gründungsmöglichkeiten

Mehrere Wege führen in die berufliche Selbständigkeit. Möglichkeiten sind

- Betriebsneugründung
- Betriebsübernahme
- Tätige Beteiligung
- Franchise-Gründung

2.1 Die Betriebsneugründung

Bei der Betriebsneugründung muß der Existenzgründer seinen Geschäftsbetrieb selbst planen und aufbauen. Der Planungsaufwand ist sehr hoch. Entsprechend hoch ist auch der Gestaltungsspielraum. Da der Existenzgründer jedoch ohne Kundenstamm beginnt, besteht demzufolge ein höheres Gründungsrisiko.

2.2 Die Betriebsübernahme

Der Vorteil der Betriebsübernahme ist, daß der Betrieb bereits am Markt bekannt ist und einen festen Kundenstamm aufweist. Ein zuverlässiger und eingespielter Mitarbeiterstamm steht bereits zur Verfügung. Die Anfangsschwierigkeiten der Neugründung fallen weg und und geben der Existenzgründung mehr Sicherheit.

Die Industrie- und Handelskammern sowie die Handwerkskammern sind gern bei der Suche nach einem passenden Unternehmen behilflich. Es wird Ihnen die Möglichkeit geboten, sich im Vermittlungsdienst »Nachfolgebörse« als Nachfrager vormerken zu lassen und eine kostenlose Anzeige in der Kammerzeitschrift aufzugeben. Sprechen Sie auch bei den Kreditinstituten und Steuerberatern vor. Diese erfahren recht frühzeitig, wenn Unternehmen zur Übernahme anstehen.

Formen der Betriebsübernahme sind:

- Kauf des Betriebes
  Der Unternehmenskauf bietet den Erwerb eines Unternehmens oder eines Teilbetriebes »mit allen Aktiva und Passiva«, d. h. mit allen Wirtschaftsgütern, Forderungen und Verbindlichkeiten. Es werden klare Eigentumsverhältnisse geschaffen. Allerdings erfordert der Kauf eines Betriebes mit hohem Substanzwert (z. B. eigene Immobilie) erhebliche Finanzmittel. Das Betriebsvermögen kann als Sicherheit für die Fremdfinanzierung zur Verfügung gestellt werden.
- Pacht des Betriebes
  Der Kapitalbedarf ist wesentlich geringer als beim Kauf. Für die Nutzung der Betriebsräume und des Inventars ist ein laufender Pachtzins zu zahlen.

Nehmen Sie den Betrieb, der Ihnen angeboten wird, genauestens unter die Lupe. Prüfen Sie äußerst sorgfältig die Motivation der Betriebsaufgabe. Sind es wirklich die vorgegebenen Alters-, Gesundheits- oder sonstige persönliche Gründe? Möglicherweise stecken auch wirtschaftliche Schwierigkeiten oder drohende Gefahren für den Betrieb dahinter. Beachten Sie dabei folgende wichtige Kriterien:

- Produkt- und Dienstleistungsprogramm
  Prüfen Sie, inwieweit das bisherige Produkt- und Dienstleistungsprogramm nach wie vor auf Akzeptanz stößt. Meist haben Nachfolgeunternehmen nur noch einen geringen Innovationsgrad. Eventuell ist ein überdurchschnittlich hoher Forschungs- und Entwicklungsaufwand notwendig.
- Kundenstamm
  Prüfen Sie, ob der bisherige Kundenstamm gehalten werden kann und inwieweit neue Kunden gewonnen werden können.
- Marktverhältnisse
  Vergewissern Sie sich, daß sich die Konkurrenzverhältnisse nicht verschlechtert haben oder in absehbarer Zeit verschlechtern werden, weil sich z. B. ein

Wettbewerber ansiedelt. Wie werden die Wettbewerber auf den Wechsel reagieren?

- Standort
  Vergewissern Sie sich, daß sich die Standortqualität nicht verschlechtert hat und auch in absehbarer Zeit nicht verschlechtern wird, weil z. B. eine Umgehungsstraße geplant ist.
- Betriebs-/Geschäftsräume
  Sind die Räume auch noch in der Zukunft geeignet? Sind die Räume langfristig vertraglich gesichert? Ist die Höhe des Mietpreises angemessen? Wird der Vermieter Sie zu den gleichen Konditionen akzeptieren?
- Technische Ausstattung
  Überprüfen Sie alle wichtigen Maschinen und Geräte auf ihre Funktionsfähigkeit. Entspricht die technische Ausstattung noch dem Stand der Technik? Werden alle Umweltschutzauflagen eingehalten? Besteht ein Investitionsstau?
- Personal
  Managementprobleme hinterlassen ihre Spuren auch in der Belegschaft. Die wenig motivierten Mitarbeiter verteidigen ihre Arbeitsbereiche mit allen ihnen zur Verfügung stehenden Mitteln (z. B. Dienst nach Vorschrift, unterlassene Weitergabe von Informationen usw.). Besitzstandswahrung ist vorherrschend. Eine im Verhältnis zur Betriebsleistung zu große Zahl von Mitarbeitern als auch eine schlechte Verzahnung der Arbeitsabläufe führt zu einer unverhältnismäßigen hohen Kostenbelastung. Erforderliche Reorganisationsmaßnahmen sind extrem schwierig durchzusetzen. Überprüfen Sie, ob die Anzahl der Mitarbeiter und deren Qualifikation noch angemessen ist. Nach § 613a BGB hat weder der bisherige noch der neue Betriebsinhaber das Recht, bezüglich der Betriebsübergabe einen Mitarbeiter zu kündigen. Der Übernehmer eines Betriebes muß daher alle Rechte und Pflichten aus den bestehenden Arbeitsverhältnissen übernehmen. Sprechen Sie rechtzeitig zumindest mit den Mitarbeitern mit Schlüsselpositionen, auf deren Hilfe Sie für einen reibungslosen Übergang angewiesen sind.
- Ertragslage des Betriebes
  Lassen Sie sich die Bilanzen der letzten Jahre vorlegen. Haben sich wichtige betriebswirtschaftliche Daten verschlechtert oder werden sich bei Betriebsübergang verschlechtern? Zusätzliche Kostenbelastungen können eintreten z. B. durch höhere Miete, höhere Energiepreise, verstärkte Werbung, usw.

! **Tip** Lassen Sie sich jedoch nicht von den o.g. Problemen abschrecken, ein bereits bestehendes Unternehmen zu übernehmen, zumal Sie von dem vorhandenen Marktzugang profitieren können. Jedoch muß unbedingt die Bereitschaft vorhanden sein, mit betriebswirtschaftlichen Methoden das Nachfolgeunternehmen wieder auf konsequenten Erfolgskurs zu bringen.

Untersuchen Sie nun die Zukunftsaussichten des Betriebes. Erstellen Sie eine **Rentabilitätsvorschau** auf der Grundlage realistischer Umsatzverhältnisse. Ob

Sie den Betrieb tatsächlich übernehmen, hängt schließlich auch vom Kaufpreis ab. Viele Unternehmer haben Illusionen bezüglich des Wertes ihres eigenen Unternehmens. Akzeptieren Sie nur den Preis, der auch wirklich angemessen ist.

Wie jeder Preis bildet sich der Preis für ein ganzes Unternehmen durch Angebot und Nachfrage. Nur der letzten Endes zum Vertragsabschluß führende und gezahlte Preis stellt den wirklichen Unternehmenswert dar. Beide Parteien haben individuelle Preisvorstellungen. Während der Käufer des Unternehmens einen Preis *äußerstenfalls* zu zahlen bereit ist (Preisobergrenze), muß der Verkäufer des Unternehmens einen Preis *mindestens* erlösen (Preisuntergrenze). Kommt es zwischen den Verhandlungspartnern zu einem Kompromiß, der zu einem Vertragsabschluß und zur Zahlung des entsprechenden Preises führt, so liegt ein Marktwert vor. Nur dieser kann als echter **Unternehmenswert** bezeichnet werden.

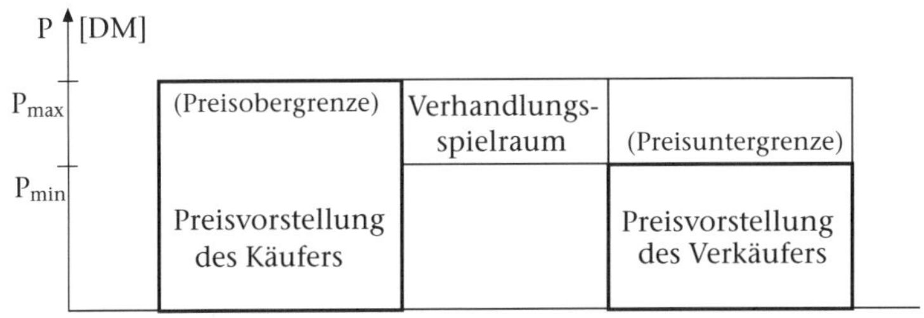

Abb. 19: Preisvorstellungen der Verhandlungsparteien

Der Käufer muß sehr vorsichtig sein vor überzogenen Preisvorstellungen. Um eine sichere Ausgangsposition für spätere Preisverhandlungen zu haben, muß der Unternehmenswert deshalb objektiviert werden. Dazu eignet sich der Ertragswert. Der Substanzwert hat insofern noch Bedeutung, das dieser als Informationsgröße herangezogen werden kann.

Als **Substanzwert** eines Unternehmens bezeichnet man alle zu Wiederbeschaffungskosten bewertete betriebsnotwendige Vermögensgegenstände (abzüglich entsprechender altersbedingter Abschläge). Davon sind sämtliche Verbindlichkeiten, Rückstellungen, Wertberichtigungen abzuziehen. Nicht erfaßt werden immaterielle Werte, wie z. B. Markenname, Bekanntheitsgrad, Kundenstamm usw.

Den Käufer interessiert es jedoch nicht, was der Aufbau eines Unternehmens gekostet hat. Er will wissen, welchen Gewinn er zukünftig mit dem Unternehmen erwirtschaften kann. Demzufolge ist als Bestimmungsgröße des Unternehmenswertes der **Ertragswert** heranzuziehen. Ausgehend von den Gewinn- und Verlustrechnungen der letzten 3–5 Geschäftsjahre werden die Reingewinne der nächsten Geschäftsjahre prognostiziert. Dazu müssen gewisse Bereinigungen vorgenommen werden. So sind z. B. außerordentliche Aufwendungen und Erträge zu neutralisieren. Ferner ist bei Personengesellschaften und Einzelunternehmen ein angemessener Unternehmerlohn als Entgelt für den geschäftsführenden Gesellschafter aufwandswirksam in Ansatz zu bringen. Der Ertragswert ergibt sich dann durch Multiplikation der bereinigten Durchschnittsgewinne vergangener Jahre mit einem Kalkulationszinssatz. Als Orientierungsgröße für den Kalkulationszinssatz gilt die langfristige Rendite des öffentlichen Kapitalmarktes.

$$\text{Ertragswert} = \frac{\text{Reingewinn}}{\text{Kalkulationszins}} \times 100$$

Allerdings wird der Verkäufer eines Unternehmens mit niedrigem Ertragswert wohl kaum bereit sein, sein Unternehmen unter dem höheren Substanzwert abzugeben.

Tip Ist der Übernahmepreis wesentlich überhöht, sollten Sie sich ein anderes Objekt suchen. Zahlen Sie keinen Liebhaberpreis! Die Fehleinschätzung des Unternehmenswertes kann unmittelbar die betriebliche und private Existenz bedrohen.

2.3 Die tätige Beteiligung

Wer eine selbständige Existenz anstrebt, aber kein neues Unternehmen aufbauen oder ein bereits bestehendes Unternehmen übernehmen will, aus welchen Gründen auch immer, kann als tätiger Gesellschafter in ein bestehendes Unternehmen einsteigen.

Viele Gründe sprechen für eine Partnerschaft. Allerdings müssen die Gesellschafter zwecks harmonischer Unternehmensführung zusammenpassen.

Auch tätige Beteiligungen werden durch öffentliche Förderprogramme finanziert. Minderheitsbeteiligungen können gefördert werden, sofern mit der Beteiligung eine wirtschaftlich ausreichende Lebensgrundlage (Vollexistenz) geschaffen wird und der Minderheitsgesellschafter einen hinreichenden unternehmerischen Einfluß hat. Die Bestellung als Geschäftsführer ist obligatorisch. Die Handlungsfähigkeit darf jedoch nicht durch Mitgeschäftsführer eingeschränkt sein.

2.4 Die Franchise-Gründung

Dem Existenzgründer wird die Möglichkeit geboten, ein fertiges Konzept zu kaufen. Dieses System heißt Franchising.

Unter Franchise versteht man eine umfassende Zusammenarbeit beim Vertrieb von Waren und/oder Dienstleistungen. Der Franchise-Geber liefert Know-

Der Deutsche Franchise-Verband e. V. (DFV) hat den Begriff »**Franchising**« folgendermaßen definiert:

Franchising ist ein vertikal-kooperativ organisiertes Absatzsystem rechtlich selbständiger Unternehmen auf der Basis eines vertraglichen Dauerschuldverhältnisses. Dieses System tritt am Markt einheitlich auf und wird geprägt durch das arbeitsteilige Leistungsprogramm der Systempartner sowie durch ein Weisungs- und Kontrollsystem eines systemkonformes Verhaltens. Das Leistungsprogramm des Franchise-Gebers ist das Franchise-Paket. Es besteht aus einem Beschaffungs-, Absatz- und Organisationskonzept, dem Nutzungsrecht an Schutzrechten, der Ausbildung des Franchise-Nehmers und der Verpflichtung des Franchise-Gebers, den Franchise-Nehmer aktiv und laufend zu unterstützen und das Konzept ständig weiterzuentwickeln.

Der Franchise-Nehmer ist im eigenen Namen und für eigene Rechnung tätig; er hat das Recht und die Pflicht, das Franchise-Paket gegen Entgelt zu nutzen. Als Leistungsbeitrag liefert er Arbeit, Kapital und Information.

how, Nutzungsrechte, Image, eine erprobte Strategie und die Unterstützung im Alltagsgeschäft an den Franchise-Nehmer. Dafür erhält der Franchise-Geber eine entsprechende Vergütung.

Jedes Franchise-System muß einen **Wettbewerbsvorsprung** aufweisen. Das können neue Produkte, neue Problemlösungen, ein hoher Rationalisierungsgrad oder ein besonderes Marketingkonzept sein. Aufgrund der gemeinsamen Marke, der Werbung und dem koordinierten Vorgehen der gesamten Organisation entwickelt sich ein hoher Bekanntheitsgrad mit starkem Image. Klar definierte Standards sind jederzeit einzuhalten. Jedes Franchise-System ist auf Expansion ausgerichtet. Ein erfolgreiches Geschäftskonzept bietet die Gewähr, nach einer gewissen Zeit an vielen Orten vertreten zu sein.

Der Franchise-Nehmer erhofft sich vom Franchise-System einen wirtschaftlichen Erfolg. Dafür setzt er sein Kapital und seine Arbeitskraft ein. Dieser Einsatz wird durch die Weisungen und die Kontrolle der Franchise-Zentrale unterstützt. Sie stellt damit sicher, daß der Partner vor Ort seine Arbeitskraft und die vom Franchise-Geber zur Verfügung gestellten Instrumente konsequent nach der erfolgreich erprobten Marketingkonzeption des Systems zum beiderseitigen Vorteil einsetzt.

Eine weitergehende Variante des Franchising ist das sogenannte **Master-Franchising**. Hierbei wird dem Franchise-Nehmer das Recht und die Pflicht übertragen, eine Region oder ein ganzes Land mit Franchise-Betrieben aufzubauen.

Der **Franchise-Vertrag** beschreibt das gemeinsame Ziel und regelt die Zusammenarbeit. Er dokumentiert die Vereinbarungen und ist im Falle von Streitigkeiten rechtlich ein Beweismittel. Der Franchise-Vertrag ist gesetzlich vorgeschrieben.

Bei einem Franchise-Vertrag handelt es sich in der Regel um einen komplizierten Typenkombinationsvertrag, der auf der Vertragsfreiheit nach § 305 BGB beruht. Je nach Konzeption kann er Elemente verschiedener Vertragstypen (Lizenzvertrag, Know-how-Vertrag, Vertretungs-, Geschäftsbesorgungs- und Dienstvertrag) umfassen. Seit dem 1. Februar 1989 ist die neue EU-Gruppenfreistellungsverordnung für Franchise-Vereinbarungen bei den meisten Franchise-Verträgen wesentliche Grundlage. Die Erstellung und Überprüfung eines Franchise-Vertrages sollte unbedingt nach deutschem und europäischem Recht durch spezialisierte Rechtsanwälte erfolgen.

In Deutschland gibt es inzwischen hunderte von Franchise-Angeboten, jedoch nicht alle sind seriös. Der Franchise-Interessent hat die Qual der Wahl auch hinsichtlich der Geschäftszweige, in denen Franchise-Konzepte verwirklicht werden. So gibt es z. B. erst seit kurzem Nachhilfeschulen, private Arbeitsvermittlung, Büroservice, Bausanierung und Preisagenturen. Lassen Sie sich nicht von unrealistischen Versprechungen blenden. Das »schnelle Geld« ist als Franchise-Nehmer meist nicht zu verdienen. Auch ist eine Franchise-Gründung nicht ohne Risiko. Eine umfassende Information vor Vertragsabschluß ist deshalb unumgänglich. Nehmen Sie Kontakt mit dem Deutschen Franchise-Verband e.V. [→Adressenverzeichnis] auf, der auch Vertragsüberprüfungen vornimmt.

Prüfen Sie kritisch jedes Franchise-Angebot. Dabei sollten Sie u. a. folgende Kriterien berücksichtigen:
- Seit wann existiert der Franchise-Geber?
- Wieviele Franchise-Nehmer gibt es bereits?
- Welche Schutzrechte bietet der Franchise-Geber?
- Welche Wettbewerbsvorteile bietet das Konzept?
- Wie sind die Marktverhältnisse (evtl. am Wunschstandort)?
- Welche Leistung bietet der Franchise-Geber?
- Gibt es ein Franchise-Handbuch, das das Franchise-System komplett dokumentiert?
- Welche Gewinnchance bietet das Franchise-System?
- Welche Gebühren werden erhoben?
- Wird die Möglichkeit geboten, Franchise-Nehmer kennenzulernen?
- Ist der Franchise-Geber Mitglied im Deutschen Franchise-Verband e.V. (DFV)?

! **Tip** Die jährlich stattfindende Internationale Franchise-Messe wendet sich vor allem an Existenzgründungsinteressierte. Lassen Sie sich vom DFV den Ort und Termin der nächsten Veranstaltung mitteilen.

Nicht alle Franchise-Konzepte werden öffentlich gefördert. Lassen Sie sich deshalb vom Franchise-Geber eine Bescheinigung der Deutschen Ausgleichsbank (DtA) vorlegen, die bestätigt, daß einer öffentlichen Förderung von Franchise-Nehmern dieses Systems im Grundsatz nichts entgegensteht. Die Deutsche Ausgleichsbank versendet kostenlos das Faltblatt »Franchise: Chancen für Existenzgründer«. Es gibt potentiellen Franchise-Nehmern wertvolle Tips.

Präambel	Philosophie des Geschäftskonzeptes.
Vertragsgegenstand	Leistungskatalog des Franchise-Gebers, der in der Regel auch das Nutzungsrecht an einem oder mehreren Schutzrechten umfaßt.
Pflichten des Franchise-Gebers	Unterstützung bei der Errichtung des Betriebes, laufende Betreuung sowie stetige Weiterentwicklung des Systems.
Pflichten des Franchise-Nehmers	Einsatz von Arbeitskraft und Kapital.
Gebühren	Der Franchise-Geber verlangt eine Eintrittsgebühr für seine Vorleistungen und laufende meist umsatzbezogene Gebühren für die Betreuung. Die Gebühren sollten angemessen sein.
Übertragbarkeit	Recht des Franchise-Nehmers, den Betrieb weiterveräußern zu können.
Wettbewerbsabrede (Konkurrenzklausel)	Einschränkung der Handlungsfreiheit des Franchise-Nehmers nach Beendigung des Vertrages.
Bezugsbindung	Eine Bezugsbindung ist nur zulässig für Ware, die der Franchise-Geber selbst herstellt.
Preisbindungen	Preisbindungen sind grundsätzlich verboten.
Gebietsschutz	Ein absoluter Gebietsschutz für Franchise-Nehmer ist nicht möglich. Franchise-Geber können sich jedoch verpflichten, im jeweiligen Gebiet des Partners selbst keine Filialen zu eröffnen und keinen neuen Franchise-Nehmer dafür zu gewinnen (Gebietsschutz).
Vertragsdauer	In der Regel für einen überschaubaren Zeitraum von 5 bis 10 Jahre unter Einschluß einer Option. Nicht ungewöhnlich sind jedoch auch Verträge, die über 10 Jahre oder sogar über 20 Jahre fest abgeschlossen werden. Ausschlaggebend sind die jeweilige Branche, die Höhe der Investition, die Partnerauswahl durch den Franchise-Geber und dessen Geschäftsphilosophie.
Kündigungsfrist	Stellen Sie sicher, daß Sie niemals während der Vertragslaufzeit aus dem Vertrag geworfen werden.

Abb. 20: Wichtige Regelungen im Franchise-Vertrag

Vorteile für den Franchise-Nehmer
- fertiges Unternehmenskonzept
- Zugriff auf Know-how und langjährige Erfahrung des Systems
- eingeführte Marke, überregionales Image
- Wettbewerbsvorsprung durch neues neues Produkt, neue Problemlösung, hoher Rationalisierungsgrad oder ein besonderes Marketingkonzept
- hohe Sicherheit bei der Investitionsentscheidung
- Arbeitsteilung mit dem Franchise-Nehmer
- Vorteile des Großeinkaufs
- Schulung, laufende Beratung, Hilfestellung, Weiterbildung durch den Franchise-Geber

Nachteile für den Franchise-Nehmer
- eingeengte unternehmerische Freiheit
- wirtschaftlicher Erfolg hängt erheblich von der Qualität des Franchise-System ab
- kaum Gestaltungsspielraum für individuelle Wünsche
- Beendigung der selbständigen Existenz durch Ablauf der Vertragsdauer
- unangemessen hohe Franchise-Gebühren mindern die Rentabilität

3 Die Rechtsform

Für die Teilnahme am Geschäftsverkehr steht eine Anzahl von Rechtsformen zur Verfügung. Den Eigentümern oder Gründern von Unternehmen bleibt es in der Regel weitgehend selbst überlassen, nach welchen Gesichtspunkten sie ihre Entscheidung für eine bestimmte Rechtsform treffen.

Einzelunternehmen
- Kleingewerbe
- Einzelkaufmann
- Freier Beruf

Personengesellschaften
- Gesellschaft des bürgerlichen Rechts (GbR) bzw BGB-Gesellschaft
- Offene Handelsgesellschaft (OHG)
- Kommanditgesellschaft (KG)
- Partnerschaftsgesellschaft (PartG)
- Stille Gesellschaft

Kapitalgesellschaften
- Gesellschaft mit beschränkter Haftung (GmbH)
- Kommanditgesellschaft auf Aktien (KGaA)
- Aktiengesellschaft (AG)

Mischformen
- GmbH & Co. KG

Abb. 21: Überblick über die wichtigsten Rechtsformen

3.1 Handelsrechtliche Grundlagen

Während das Bürgerliche Gesetzbuch (BGB) für den privaten Rechtsverkehr gilt, enthält das Handelsgesetzbuch (HGB) ein Sonderrecht für die wirtschaftliche Betätigung bestimmter gewerblicher Unternehmen, um den Erfordernissen des Handelsverkehr gerecht zu werden. Dabei versteht das HGB unter dem Begriff »Handel« nicht nur die Güterverteilung vom Hersteller zum Verbraucher (Groß- und Einzelhandel), sondern umfaßt auch die rechtlichen Verhältnisse der Industrie und weitgehend die des Handwerks sowie die Urerzeugung von Grund- und Rohstoffen.

Das Handelsrecht ist Kaufmannsrecht. Handelsgeschäfte sind alle Geschäfte eines Kaufmanns, die zum Betrieb seines Handelsgewerbes gehören (§ 343 HGB).

Kaufmann
ist nur derjenige, der ein Handelsgewerbe betreibt (§ 1 Abs. 1 HGB).

Der Kaufmann ist verpflichtet, seine Firma zur Eintragung in das Handelsregister beim zuständigen Amtsgericht anzumelden (§ 29 HGB). Wenn das Unternehmen nach Art und Umfang einen in kaufmännischer Weise eingerichteten Geschäftsbetrieb erfordert, hat die Eintragung nur deklaratorische, d. h. bestätigende Wirkung.

Gewerbe
Jede selbständige, planmäßige, auf Dauer und Gewinnerzielung angelegte Tätigkeit mit Ausnahme derjenigen Tätigkeiten, die nicht erlaubt sind oder nach der Verkehrsanschauung oder Kraft Gesetzes (z. B. freiberufliche Tätigkeiten) nicht als Gewerbe gelten. Derjenige, der ein Gewerbe ausübt, ist ein Gewerbetreibender.

Handelsgewerbe
Handelsgewerbe ist jedes Gewerbe, wenn das Unternehmen nach Art und Umfang einen in kaufmännischer Weise eingerichteten Geschäftsbetrieb erfordert (§ 1 Abs. 2 HGB) oder die Firma freiwillig in das Handelsregister eingetragen ist.

Kannkaufmann nach § 2 HGB
- ist derjenige, der ein Gewerbe betreibt,
- das nach Art und Umfang einen in kaufmännischer Weise eingerichteten Geschäftsbetrieb *nicht* erfordert (§ 1 Abs. 2 HGB),
- wenn die Firma des Unternehmens in das Handelsregister *freiwillig* eingetragen ist. Die freiwillige Eintragung hat hier konstitutive, d. h. die Kaufmannseigenschaft erst begründende Wirkung.
  Eine Löschung der Firma auf Antrag findet nur statt, sofern das Unternehmen ein nach Art und Umfang einen in kaufmännischer Weise eingerichteten Geschäftsbetrieb *nicht* erfordert.

Kannkaufmann nach § 3 HGB
- ist derjenige, der einen Betrieb der Land- oder Forstwirtschaft betreibt (§ 3 Abs. 1 HGB),

- unabhängig von Art und Umfang des Geschäftsbetriebes
- die Firma des Unternehmens in das Handelsregister *freiwillig* eingetragen ist. Die freiwillige Eintragung hat hier konstitutive, d.h. die Kaufmannseigenschaft erst begründende Wirkung.
  Eine Löschung der Firma auf Antrag findet nur statt, sofern das Unternehmen ein nach Art und Umfang einen in kaufmännischer Weise eingerichteten Geschäftsbetrieb *nicht* erfordert (§ 3 Abs. 2 HGB).

Gleiches gilt für ein mit dem Betrieb der Land- oder Forstwirtschaft verbundenes Unternehmen, das nur ein Nebengewerbe des land- oder forstwirtschaftlichen Unternehmens darstellt.

Handelsgesellschaft
Die für Kaufleute geltenden Vorschriften gelten nach § 6 Abs. 1 HGB auch für Handelsgesellschaften.

Handelsgesellschaften sind Personengesellschaften, deren Zweck auf den Betrieb eines gewerblichen Unternehmens gerichtet ist, das nach Art und Umfang einen in kaufmännischer Weise eingerichteten Geschäftsbetrieb erfordert (§ 105 i.V.m. § 1 Abs. 2 HGB) oder dessen Firma in das Handelsregister eingetragen ist (§ 105 Abs. 2 i.V.m. § 2 HGB) sowie alle Kapitalgesellschaften aufgrund ihrer Rechtsform ohne Rücksicht auf den Gegenstand des Unternehmens, unabhängig von Art und Umfang des Geschäftsbetriebes.

Personengesellschaften
- Offene Handelsgesellschaft (OHG)
- Kommanditgesellschaft (KG)

Kapitalgesellschaften
- Gesellschaft mit beschränkter Haftung (GmbH)

Abb. 22: Handelsgesellschaften

Gewerbe nach §§ 1, 2 HGB			
Nach Art oder Umfang *keine* kfm. Einrichtung erforderlich + unterbliebene (freiwillige) Eintragung im Handelsregister	Nach Art oder Umfang *keine* kfm. Einrichtung erforderlich + (freiwillige) Eintragung im Handelsregister [Kannkaufmann]	Nach Art und Umfang kfm. Einrichtung erforderlich [Istkaufmann] + unterbliebene (obligatorische) Eintragung im Handelsregister	Nach Art und Umfang kfm. Einrichtung erforderlich [Istkaufmann] + (obligatorische) Eintragung im Handelsregister
Nichtkaufmann (Kleingewerbe)	**Kaufmann**	**Kaufmann**	**Kaufmann**

Abb. 23: Kaufmannsarten (Forts. nächste Seite)

Gewerbe nach § 3 HGB (Land- und Forstwirtschaft)			
Nach Art oder Umfang *keine* kfm. Einrichtung erforderlich + unterbliebene (freiwillige) Eintragung im Handelsregister	Nach Art oder Umfang *keine* kfm. Einrichtung erforderlich + (freiwillige) Eintragung im Handelsregister [Kannkaufmann]	Nach Art und Umfang kfm. Einrichtung erforderlich + unterbliebene (freiwillige) Eintragung im Handelsregister	Nach Art und Umfang kfm. Einrichtung erforderlich + (freiwillige) Eintragung im Handelsregister [Kannkaufmann]
Nichtkaufmann (Kleingewerbe)	**Kaufmann**	**Nichtkaufmann**	**Kaufmann**

Abb. 23: Kaufmannsarten

Die kaufmännische Einrichtung
Unternehmen, die nach Art oder Umfang keinen in kaufmännischer Weise eingerichteten Geschäftsbetrieb erfordern, haben die Möglichkeit zum freiwilligen Erwerb der Kaufmannseigenschaft, indem sie beantragen, in das Handelsregister eingetragen zu werden. Für diejenigen, die von dieser Möglichkeit keinen Gebrauch machen, besteht ab dem Zeitpunkt, in dem sie einen Umfang erreichen, der einen kaufmännischen Geschäftsbetrieb erforderlich macht, die Verpflichtung, sich in das Handelsregister eintragen zu lassen.

Es ist in der Praxis oft schwierig zu erkennen, welcher Art ein Unternehmen ist und welchen Umfang es aufweisen muß, um den Erfordernissen der kaufmännischen Einrichtung zu genügen. Für die Beurteilung kann die Rechtsprechung herangezogen werden. Es kommt immer auf die Gesamtwürdigung aller Indizien an.

- Beurteilung nach der Art des Unternehmens:
  Vielfalt der hergestellten oder vertriebenen Erzeugnisse oder der erbrachten Leistungen, Art der Geschäftsabwicklung (Inanspruchnahme von Kredit, Gewährung von Kredit, Wechselgeschäfte, bargeldloser Zahlungsverkehr, Bargeschäfte), Arbeit im Schichtbetrieb, Erfordernis langfristiger Dispositionen, Übernahme von Gewährleistungsverpflichtungen, Schwierigkeit der Kalkulation.
- Beurteilung nach dem Umfang des Unternehmens:
  Es kommt entscheidend auf den Umsatz, die Vielfalt der Geschäftsbeziehungen (Anzahl der Lieferanten und Abnehmer), die Anzahl der Geschäftsvorfälle, die Zahl der Betriebsstätten und der Beschäftigten sowie die Höhe des Anlage- und Betriebsvermögen an.

Die branchenspezifischen Richtwerte können bei den Industrie- und Handelskammern erfragt werden.

Geschäftsbetrieb	Eintragung in das HR erforderlich
Produktion	600.000 DM
Großhandel	600.000 DM
Einzelhandel	500.000 DM
Dienstleistungen	350.000 DM
Handelsvertreter (Provision)	240.000 DM
Gaststätten (nur mit Speisen)	600.000 DM
Hotels (ohne Gaststätten)	500.000 DM

Abb. 24: Branchenspezifische Umsatzzahlen (Kammerbezirk Berlin)

Maßgebend für die Beurteilung des Erfordernisses einer kaufmännischen Einrichtung sind die Verhältnisse im Zeitpunkt der Entscheidung über die Eintragung. Bloße Zukunftserwartungen hinsichtlich der Art und des Umfangs des Unternehmens sind nicht zu berücksichtigen, es sei denn, daß diese anhand konkreter Tatsachen glaubhaft gemacht werden.

Bei gemischten Betrieben (Handwerksbetriebe, denen ein Handelsbetrieb angeschlossen ist) sind die Eintragungsvoraussetzungen für das gesamte Unternehmen zu beurteilen.

Die Firma

Die Firma ist der Name, unter dem der Kaufmann seine Geschäfte betreibt und seine Unterschrift abgibt (§ 17 Abs. 1 HGB). Grundsätzlich dürfen nur Kaufleute eine Firma führen, die in das Handelsregister eingetragen ist.

Nach dem Gesetz sind folgende Firmierungsgrundsätze zu beachten:

- Firmenwahrheit
  Der Firmenname muß der Wahrheit entsprechen. Er darf keine Angaben enthalten, die geeignet sind, über geschäftliche Verhältnisse irrezuführen (§ 18 Abs. 2 HGB).
- Firmenklarheit
  Der Firmenname muß aus sich heraus verständlich sein. Er darf nicht zu Zweifeln oder falschen Schlußfolgerungen führen.
- Firmenunterscheidbarkeit (Firmenausschließlichkeit)
  Die Firmennamen müssen sich deutlich voneinander unterscheiden, damit möglichst keine Verwechselungen auftreten. Um unzumutbare Anforderungen an die Unterscheidbarkeit zu vermeiden, ist dieses Erfordernis auf denselben Ort bzw. dieselbe Gemeinde räumlich beschränkt (§ 30 HGB). Identische oder ähnliche Firmen außerhalb desselben Ortes oder derselben Gemeinde stehen deshalb handelsrechtlich der Eintragung im Handelsregister nicht entgegen. Es könnte jedoch aus wettbewerbsrechtlichen Gründen gem. § 16 UWG ein Unterlassungsanspruch begründet sein.
- Firmeneinheit
  Für ein Unternehmen darf nur eine Firma geführt werden.

Die Bestimmungen über die Firma dienen nicht nur dem Interesse des einzelnen Kaufmanns, sondern haben zugleich eine Schutzfunktion gegenüber den Geschäftspartnern und auch gegenüber der Allgemeinheit. So bringt die Führung einer Firma für den Kaufmann nicht nur Vorteile mit sich, sondern sie stellt teilweise auch strengere Anforderungen an das Verhalten im Geschäftsverkehr:

- Schutz der Firma vor Verwechslungen.
- Recht auf Bildung griffiger Firmennamen. Zulässig sind Personen-, Sach-, Phantasiefirmen bzw. Mischfirmen. Der starke Einfluß der Werbung hat zur Folge, daß wohlklingende und einprägsame Namen zunehmend wichtiger werden.
- Der Kaufmann kann unter seiner Firma klagen und verklagt werden (§ 17 Abs. 2 HGB). Da nur der Einzelkaufmann neben seinem bürgerlichen Namen den handelsrechtlichen Namen (seine Firma) nach § 17 Abs. 1 HGB führt, ist die Vorschrift des Abs. 2 nur für ihn von Bedeutung. Er kann im Rahmen von Handelsgeschäften sowohl unter seinem bürgerlichen Namen als auch unter seinem u. U. davon abweichenden Firmennamen z. B. Geschäftsforderungen einklagen oder zur Zahlung von Lieferantenschulden verklagt werden. Juristische Personen und Personengesellschaften führen dagegen nur einen Namen, ihre Firma. Infolgedessen können sie nur unter dieser klagen und verklagt werden.
- Die Firma ist unabhängig sowohl vom Namenswechsel des Inhabers als auch vom Inhaberwechsel (§§ 21, 22 und 24 HGB). Diese Verselbständigung der Firma ist eine der wichtigsten Regelungen zugunsten des Kaufmanns. Sie ermöglicht die Begründung bzw. die Erhaltung und Steigerung des Firmenwertes, d. h. des Wertes, der in dem Ansehen liegt, das ein Unternehmen aufgrund seines eingeführten Namens im Verkehr genießt (good will).
- Nur Kaufleute untereinander können einen vom gesetzlichen abweichenden Gerichtsstand vereinbaren (§§ 38 Abs. 1 ZPO).
- Nur der Kaufmann kann im Rechtsstreit vor der Zivilkammer eines Landgerichts einen Antrag auf Verweisung an eine Kammer für Handelssachen stellen (§ 98 GVG).
- Das Schweigen eines Kaufmanns, der ein Angebot auf Abschluß eines Geschäftsbesorgungsvertrages erhält, gilt gem. § 362 BGB als dessen Annahme. Der Kaufmann ist zur unverzüglichen Antwort verpflichtet.
- Gem. § 377 HGB muß der Käufer die Ware unverzüglich untersuchen und, wenn sich ein Mangel zeigt, dem Verkäufer unverzüglich davon Anzeige machen. Unterläßt dies der Käufer, so gilt die Ware als genehmigt, d. h. der Käufer verliert alle Rechte, die er sonst wegen des Mangels hätte. Diese Rügepflicht besteht nach § 378 BGB auch bei Falschlieferung oder Mengenfehlern.
- Der gesetzliche Zinssatz für Handelsgeschäfte beträgt 5% (§ 352 HGB). Zinsen können vom Tag der Fälligkeit an gefordert werden. Der Geschäftspartner muß nicht in Verzug gesetzt werden (§ 353 HGB).

- Nur der Kaufmann ist berechtigt, eine oder mehrere selbständige Zweigniederlassungen im Sinne der §§ 13 ff. HGB zu gründen.
- Nur der Kaufmann kann Prokura erteilen.
- Nur der Kaufmann ist handelsrechtlich verpflichtet, Handelsbücher zu führen, sowie Inventuren und Bilanzen aufzustellen (§§ 38 ff. HGB).
- Nur der Kaufmann wird in das Handelsregister eingetragen (§ 29 HGB).
- Eine Vertragsstrafe, die von einem Kaufmann im Betrieb seines Handelsgewerbes versprochen ist, kann nicht wegen unverhältnismäßiger Höhe kraft Urteils herabgesetzt werden (§§ 348, 351 HGB i.V.m. § 343 BGB).
- Hat ein Kaufmann eine Bürgschaft übernommen, so kann er die Einrede der Vorausklage nicht geltend machen, d.h., er kann sich nicht darauf berufen, daß der Gläubiger zuerst die Zwangsvollstreckung gegen den Hauptschuldner versuchen muß, ehe er sich an den Bürgen hält (§§ 349, 351 HGB i.V.m. § 771 BGB).
- Übernimmt ein Kaufmann eine Bürgschaft, gibt er ein Schuldversprechen oder ein Schuldanerkenntnis ab, so sind die entsprechenden Erklärungen auch formlos gültig, müssen also nicht in der sonst notwendigen Schriftform abgegeben werden (§§ 350 BGB).
- Das dem Schutz des Käufers dienende Abzahlungsgesetz gilt nicht, wenn der Empfänger der Ware Kaufmann ist (§ 8 AbzG).
- Viele Banken und Handelsunternehmen machen die Aufnahme einer Geschäftsverbindung von der Kaufmannseigenschaft abhängig.

Die Firma muß zur Kennzeichnung des Kaufmanns geeignet sein und Unterscheidungskraft besitzen (§ 18 Abs. 1 HGB). Daraus folgt für die **Firmenbildung:**

- Der Firma muß Unterscheidungskraft und damit Kennzeichnungswirkung (Namensfunktion) zukommen,
- die Gesellschaftsverhältnisse (Rechtsformhinweis) und
- die Haftungsverhältnisse müssen ersichtlich sein.

Es besteht das Recht, traditionelle Geschäftsnamen/Etablissementbezeichnungen zu führen. Dies betrifft besonders Gaststätten, Hotels, Apotheken und Kinos. Bezeichnungen wie »Zum goldenen Löwen«, »Park Hotel«, »Filmtheater Hollywood«, »Apotheke am Rathaus« sind zulässig.

Das Handelsregister

Jeder Kaufmann hat seine Firma und den Ort seiner Handelsniederlassung bei dem Amtsgericht (Registergericht), in dessen Bezirk sich die Niederlassung befindet, zur Eintragung in das Handelsregister anzumelden (§ 29 HGB).

Das Handelsregister dient vor allem der Sicherheit des Geschäftsverkehrs, indem darin gewisse tatsächliche und rechtliche Verhältnisse eingetragen werden.

Man unterscheidet das Handelsregister, **Abteilung A (HRA)** und das Handelsregister, **Abteilung B (HRB)**:

- In der Abteilung A werden die Einzelkaufleute, die Offenen Handelsgesellschaften und die Kommanditgesellschaften eingetragen. Dieser Abteilung sind vor allem zu entnehmen: Sitz und Rechtsform des Unternehmens, sein Inhaber bzw. seine Gesellschafter, bei Kommanditgesellschaften die Höhe der Kommanditeinlage (eine Einlage kann bei Einzelkaufleuten, bei Gesellschaftern einer Offenen Handelsgesellschaft und den Komplementären einer Kommanditgesellschaft nicht erscheinen, da diese mit ihrem gesamten Vermögen haften), die Bestellung oder Abbestellung von Prokuristen, ein möglicher Haftungsausschluß bei Geschäftsübernahme, die Eröffnung, Einstellung oder Aufhebung eines Vergleichs- oder Konkursverfahrens, sowie die Auflösung einer Gesellschaft und das Erlöschen der Firma.

- In der Abteilung B werden die Aktiengesellschaften, die Kommanditgesellschaften auf Aktien, die Gesellschaften mit beschränkter Haftung sowie die Versicherungsvereine auf Gegenseitigkeit eingetragen. Diese Abteilung gibt vor allem Aufschluß über Sitz, Rechtsform und Gegenstand des Unternehmens; bei der Aktiengesellschaft ergeben sich aus der Eintragung die Höhe des Grundkapitals und die Mitglieder des Vorstandes, bei der Kommanditgesellschaft auf Aktien die Höhe des Grundkapitals und die persönlich haftenden Gesellschafter, bei der GmbH des Stammkapitals, der oder die Geschäftsführer, ferner bei allen Rechtsformen die Bestellung und Abberufung von Prokuristen, die Eröffnung, Einstellung oder Aufhebung des Vergleichs- oder Konkursverfahren sowie die Auflösung der Gesellschaft und das Erlöschen der Firma.

Aus dem Zweck des Handelsregisters folgt:

1. Das Register sowie die zum Handelsregister eingereichten Schriftstücke können von jedermann eingesehen werden (§ 9 HGB). Auch kann von den Eintragungen und den zum Handelsregister eingereichten Schriftstücken eine Abschrift gefordert werden (§ 9 Abs. 2 HGB). Die Eintragungen werden durch die Veröffentlichung im Bundesanzeiger und mindestens in einem anderen Blatt bekanntgemacht (§ 10 HGB). Die beim Gericht aufbewahrte Zeichnung der Firma ermöglicht die Feststellung der Echtheit der im Geschäftsverkehr abgegebenen Unterschriften.
2. Die Eintragungen genießen öffentlichen Glauben. Das bedeutet, daß derjenige, in dessen Angelegenheiten eine Tatsache einzutragen war, sich einem Dritten gegenüber nicht auf diese Tatsache berufen kann, solange sie nicht tatsächlich eingetragen und bekanntgemacht ist, es sei denn, der Dritte hätte diese Tatsache ohnehin gekannt (§ 15 Abs. 1 HGB).

3.2 Die Wahl der passenden Rechtsform

Die Wahl der Rechtsform bedeutet eine wichtige unternehmerische Entscheidung, die in der Regel langfristig getroffen wird. Da die persönlichen, wirtschaftlichen, rechtlichen und steuerlichen Aspekte, die für die Entscheidung einer bestimmten Rechtsform maßgebend sind, dem zeitlichen Wandel unterliegen, gibt es keine optimale, sondern nur eine individuell wirtschaftlich zweckmäßigste Rechtsform.

! **Tip** Prüfen Sie zuerst, welche Rechtsformen für Ihr Vorhaben *tatsächlich* zur Verfügung stehen!

Für die Gründung stehen zwar alle Rechtsformen zur Auswahl, es müssen jedoch bestimmte rechtliche Voraussetzungen erfüllt sein. Fehlt es z. B. nach Art oder Umfang des Unternehmens an dem Erfordernis der kaufmännischen Einrichtung, ist also die Voraussetzung der Kaufmannseigenschaft nicht erfüllt, so kommen verschiedene Rechtsformen erst durch freiwillige Eintragung in das Handelsregister in Frage. Allerdings muß bei unterlassener freiwilliger Eintragung beachtet werden, daß früher oder später die Kaufmannseigenschaft eintreten kann, die eine Umwandlung erforderlich macht. Wichtig ist dann auch die Kontinuität der Geschäftsbezeichnung (Firma).

Ist die früher einmal gewählte Rechtsform vom wirtschaftlichen Standpunkt aus nicht mehr die zweckmäßigste, so kann ein Wechsel der Rechtsform notwendig werden. Jedoch ist die Umwandlung in eine andere Rechtsform ein komplizierter und kostspieliger Vorgang.

Zur Gründung oder Umwandlung eines Unternehmens ist zu empfehlen, die spezifischen Entscheidungskriterien der in betracht kommenden Rechtsformen miteinander zu vergleichen.

- Rechtsgestaltung
- Haftung der Eigentümer für die Verbindlichkeiten des Unternehmens
- Leitungsbefugnis (Geschäftsführung, Vertretung)
- Gewinn- und Verlustverteilung
- Finanzierungsmöglichkeiten
- Steuerbelastung
- Nachfolgeregelungen
- Gründungskosten, Gründungsaufwand
- Publizitätszwang

Abb. 25: Entscheidungskriterien für die Wahl der Rechtsform

3.3 Die Einzelunternehmen

Die am weitesten verbreitete Rechtsform, sowohl für bereits bestehende Unternehmen als auch bei Neugründungen ist das Einzelunternehmen. Ein Einzelunternehmen liegt dann vor, wenn der Unternehmer ein Unternehmen allein, d. h. ohne Gesellschafter betreibt. Die Aufnahme *stiller* Gesellschafter ist jederzeit möglich.

Eine Einzelunternehmung kann nur von einer natürlichen Person gegründet und betrieben werden. Der Unternehmer ist für sein Unternehmen voll verantwortlich. Er haftet unmittelbar, unbeschränkt mit seinem gesamten privaten und betrieblichen Vermögen für alle Verbindlichkeiten seiner Unternehmung.

Gründung ohne Partner (evtl. mit einem stillen Gesellschafter) **Einzelunternehmen**			Gründung mit einem oder mehreren Partnern **Gesellschaft**				
Kleingewerbe	**Einzelkaufmann**	**Freier Beruf**	**GbR**	**OHG**	**KG**	**PartG**	**GmbH**
Nach Art oder Umfang *keine* kfm. Einrichtung erforderlich	Nach Art und Umfang kfm. Einrichtung erforderlich		Nach Art oder Umfang *keine* kfm. Einrichtung erforderlich	Nach Art und Umfang kfm. Einrichtung erforderlich	Nach Art und Umfang kfm. Einrichtung erforderlich		
Keine Eintragung im Handelsregister	Eintragung im Handelsregister		*Keine* Eintragung im Handelsregister	Eintragung im Handelsregister	Eintragung im Handelsregister	Eintragung im Partnerschaftsregister	Eintragung im Handelsregister
Nichtkfm. Gewerbe	**Kfm. Gewerbe**	**Freiberufliche Tätigkeit**	**Nichtkfm. Gewerbe oder freiberufliche Tätigkeit**	**Kfm. Handelsgewerbe**	**Kfm. Handelsgewerbe**	**Freiberufliche Tätigkeit**	**Gewerbe oder freiberufliche Tätigkeit**
Nach Art oder Umfang *keine* kfm. Einrichtung erforderlich	Nach Art oder Umfang kfm. Einrichtung erforderlich		Nach Art oder Umfang *keine* kfm. Einrichtung erforderlich	Nach Art oder Umfang *keine* kfm. Einrichtung erforderlich	Nach Art oder Umfang *keine* kfm. Einrichtung erforderlich		
Freiwillige Eintragung im Handelsregister	Unterlassene Eintragung im Handelsregister		Freiwillige Eintragung im Handelsregister	Freiwillige Eintragung im Handelsregister	Freiwillige Eintragung im Handelsregister	Eintragung im Partnerschaftsregister	Eintragung im Handelsregister
Kleingewerbe wird zum Einzelkaufmann	**Kfm. Gewerbe**		**GbR wird zur OHG**	**Kfm. Handelsgewerbe**	**Kfm. Handelsgewerbe**	**Freiberufliche Tätigkeit**	**Gewerbe oder freiberufliche Tätigkeit**

Abb. 26: Voraussetzungen für die Wahl der Rechtsform

Einzelunternehmen	
gewerblich	**nichtgewerblich**
Kleingewerbe Einzelkaufmann	Freie Berufe

Abb. 27: Einzelunternehmen

Vorteile:
- eigener Herr im Haus, große Entscheidungsfreiheit
- kein Mindestkapital notwendig
- keine besonderen Gründungszwänge, das Unternehmen entsteht mit der Aufnahme des Geschäftsbetriebes
- hohe Kreditwürdigkeit aufgrund persönlicher Haftung
- Beginn der gewerblichen Geschäftstätigkeit als Kleingewerbetreibender möglich
- geringe Gründungskosten
- hohes Ansehen im Geschäftsverkehr

Nachteile:
- unbeschränkte Haftung mit Geschäfts- und Privatvermögen
- der Erfolg des Unternehmens hängt von einer einzelnen Person ab
- Finanzierung allein ohne Partner, schmale Kapitalbasis

3.3.1 Das Kleingewerbe

In der Regel beginnt der gewerbliche Existenzgründer, der die Rechtsform des Einzelunternehmens wählt, als sog. Kleingewerbetreibender. Die Geschäftstätigkeit erfordert nach Art oder Umfang noch keinen in kaufmännischer Weise eingerichteten Geschäftsbetrieb. Eine Eintragung im Handelsregister ist allerdings freiwillig möglich. Für Kleingewerbetreibende gilt ausschließlich das Bürgerliche Gesetzbuch (BGB).

Die Gründung eines Kleingewerbes unterliegt, von gewerberechtlichen Vorschriften abgesehen, keinen besonderen Gründungszwängen. Das Unternehmen entsteht mit Aufnahme des Geschäftsbetriebes.

Name des Kleingewerbes (Geschäftsbezeichnung)
Wegen der fehlenden Kaufmannseigenschaft ist der Kleingewerbetreibende nicht berechtigt, eine Firma zu führen. Das Unternehmen hat stattdessen einen Namen, mit dem der Kleingewerbetreibende sein Unternehmen im Geschäftsverkehr repräsentiert. Der Name des Unternehmens muß den Familiennamen mit mindestens einem ausgeschriebenen Vornamen beinhalten (§ 15b GewO). Darüber hinaus ist es dem Kleingewerbetreibenden unbenommen, seinem Namen einen Tätigkeitshinweis anzufügen (Kunstschlosserei, Computerservice). Das darf jedoch nicht den Eindruck einer im Handelsregister eingetragenen Firma erwecken.
Beispiele: Modeschmuck Brunhilde Hämmerling; Karl Schulze, Buchhandel

3.3.2 Der Einzelkaufmann

Einzelkaufmann ist jeder, der ohne Partner ein Gewerbe betreibt, es sei denn, das Unternehmen erfordert nach Art oder Umfang keinen in kaufmännischer Weise eingerichteten Geschäftsbetrieb. Fehlt es an einem nach Art oder Umfang in kaufmännischer Weise eingerichteten Geschäftsbetrieb, besteht die Möglichkeit zum freiwilligen Erwerb der Kaufmannseigenschaft, indem die Eintragung in das Handelsregister beantragt wird. Für diejenigen, die von dieser Möglichkeit keinen Gebrauch machen (Kleingewerbe), entsteht die Kaufmannseigenschaft zum Einzelkaufmann in dem Augenblick, in dem Art und Umfang des Unternehmens einen kaufmännischen Geschäftsbetrieb erfordert. Das entbindet allerdings nicht von der Verpflichtung zur Eintragung in das Handelsregister.

Firma

Die Firma des Einzelkaufmanns kann als Personen-, Sach- oder Phantasiefirma gebildet werden. Auch Mischformen sind zulässig. Notwendige Bezeichnung der Firma (§ 19 Abs. 1 Nr. 1 HGB): eingetragener Kaufmann, eingetragene Kauffrau oder eine Abkürzung e.K., e.Kfm., e.Kfr.

Beispiele: Dachdeckermeister Wolfgang Bender e.K., Exquisit Moden Gisela Müller e.Kfr., Alimex e.K., Müller eingetragener Kaufmann.

Auf allen Geschäftsbriefen des Einzelkaufmanns, die an einen bestimmten Empfänger gerichtet werden, müssen seine Firma, die Bezeichnung der Firma, der Ort seiner Handelsniederlassung, das Registergericht und die Nummer, unter der die Firma in das Handelsregister eingetragen ist, angegeben werden (§ 37a Abs. 1 HGB). Bei Mitteilungen oder Berichten, die im Rahmen einer bestehenden Geschäftsverbindung ergehen und für die üblicherweise Vordrucke verwendet werden, in denen lediglich die im Einzelfall erforderlichen besonderen Angaben eingefügt zu werden brauchen, gilt dies allerdings nicht (§ 37a Abs. 2 HGB).

3.3.3 Der Freie Beruf

Freie Berufe fallen in den Bereich der nichtgewerblichen Unternehmen. Zu den Freien Berufe zählen die heilkundlichen Berufe (z. B. Ärzte, Zahnärzte, Apotheker, Psychotherapeuten, Krankengymnasten), rechts- und wirtschaftsberatende Berufe (z. B. Rechtsanwälte, Steuerberater, Wirtschaftsprüfer, Unternehmensberater), technische und naturwissenschaftliche Berufe (z. B. Architekten, beratende Ingenieure, vereidigte Sachverständige) und Kulturberufe (z. B. Künstler, Journalisten, Übersetzer, Schriftsteller). Angehörige Freier Berufe erbringen aufgrund besonderer beruflicher Qualifikation persönlich, eigenverantwortlich und fachlich unabhängig geistige, schöpferische Leistungen im Interesse ihrer Auftraggeber und der Allgemeinheit. Ihre Berufsausübung unterliegt in der Regel spezifischen Berufszulassungs- und Berufsausübungsbestimmungen für den jeweiligen Berufsstand.

§ 18 Abs. 1 EStG Einkünfte aus freiberuflicher Tätigkeit

Zu der freiberuflichen Tätigkeit gehören die selbständig ausgeübte wissenschaftliche, künstlerische, schriftstellerische, unterrichtende oder erzieherische Tätigkeit, die selbständige Berufstätigkeit der Ärzte, Zahnärzte, Tierärzte, Rechtsanwälte, Notare, Patentanwälte, Vermessungsingenieure, Ingenieure, Architekten, Handelschemiker, Wirtschaftsprüfer, Steuerberater, beratenden Volks- und Betriebswirte, vereidigten Buchprüfer (vereidigten Bücherrevisoren), Steuerbevollmächtigten, Heilpraktiker, Dentisten, Krankengymnasten, Journalisten, Bildberichterstatter, Dolmetscher, Übersetzer, Lotsen und ähnliche Berufe

Name des Freiberuflers (Geschäftsbezeichnung)
Wegen der fehlenden Kaufmannseigenschaft ist der Freiberufler nicht berechtigt, eine Firma zu führen. Er verwendet stattdessen seinen Namen, mit dem er sein Unternehmen (Praxis, Kanzlei, Büro) im Geschäftsverkehr repräsentiert. Es ist ihm freigestellt, ob er mit oder ohne Verwendung seines Vornamens auftritt. Jedoch spricht ein gewisses Eigeninteresse des Freiberuflers für eine ohnehin vollständige Namens- und Adressenangabe, um für ihn nachteiligen Verwechslungen vorzubeugen. Der Zusatz des Geschäftszwecks darf nicht über die geschäftlichen Verhältnisse und persönlichen Qualifikationen irreführen oder einen im Handelsregister eingetragenen Gewerbebetrieb vortäuschen. Möglicherweise enthalten auch die standesrechtlichen Bestimmungen gewisse Verhaltensregeln für das Auftreten im Geschäftsverkehr.
Beispiele: Jürgen Simon, Rechtsanwalt, Fachanwalt für Steuerrecht; Dipl.-Ing. Horst Becker, Sachverständiger für Kfz.-Wesen; Herbert Müller Unternehmensberatung.

3.4 Die Gesellschaften

Mehrere Personen vereinbaren, sich zur Erreichung eines gemeinsamen Zwecks zusammenzuschließen und auf dessen Verwirklichung hinzuarbeiten. **Personengesellschaften** sind auf die Person der einzelnen Gesellschafter ausgerichtet (persönliche Mitarbeit und insbesondere die persönliche Haftung der einzelnen Gesellschafter). **Kapitalgesellschaften** sind Gesellschaften mit eigener Rechtspersönlichkeit (juristische Person), deren Gesellschafter mit einem Geschäftsanteil beteiligt sind, ohne persönlich für die Verbindlichkeiten der Gesellschaft zu haften. Das Haftungskapital der Gesellschafter beschränkt sich daher auf das Stammkapital.

Gesellschaften	
Personengesellschaften	**Kapitalgesellschaften**
Gesellschaft des bürgerlichen Rechts (GbR) Offene Handelsgesellschaft (OHG) Kommanditgesellschaft (KG) GmbH & Co. KG Stille Gesellschaft Partnerschaftsgesellschaft (PartG)	Gesellschaft mit beschränkter Haftung (GmbH)

Abb. 28: Gesellschaftsformen

Der Gesellschaftsvertrag

Wird ein Unternehmen mit Partnern gegründet, sollte ein schriftlicher Gesellschaftsvertrag abgeschlossen werden, selbst wenn die Schriftform nicht vorgeschrieben ist. Bei der Rechtsform einer Kapitalgesellschaft ist der Gesellschaftsvertrag notariell zu beurkunden.

Gesellschaftsvertrag	
Personengesellschaften	**Kapitalgesellschaften**
I.d.R. formfrei (mündlich, schriftlich oder notariell beurkundet), für den Partnerschaftsvertrag ist Schriftform vorgesehen	Notarielle Form ist gesetzlich vorgeschrieben

Abb. 29: Formen des Gesellschaftsvertrages

Die Formfreiheit ist allerdings dann eingeschränkt, wenn eine Verpflichtungserklärung eines Beteiligten eine bestimmte Form bedarf. So müssen z. B. Verträge über den Erwerb von Grundstücken notariell beurkundet werden. Verpflichtet sich also ein Gesellschafter, ein Grundstück in das Gesellschaftsvermögen einzubringen, so muß der Gesellschaftsvertrag vor dem Notar geschlossen werden.

Das Gesetz stellt an den Inhalt des Gesellschaftsvertrages geringe Anforderungen. Bei der GbR reicht die rechtsgeschäftliche Verpflichtung zum Zusammenwirken für einen näher beschriebenen Zweck und die Beiträge der Gesellschafter. Die Gesellschafter der Personenhandelsgesellschaften müssen sich darüber hinaus über die Firma einigen. Bei der KG müssen die Kommanditisten erklären, in welcher Höhe sie eine Kommanditeinlage übernehmen werden.

Nach dem Grundsatz der Vertragsfreiheit besteht Freiheit hinsichtlich der inhaltlichen Ausgestaltung, die nur dadurch beschränkt ist, daß Verträge gegen zwingende Gesetzesvorschriften oder gegen die guten Sitten verstoßen, nichtig sind (§§ 134, 138 BGB). Verträge sind so auszulegen, wie es dem wirklichen Willen der Parteien entspricht (§§ 133, 157 BGB).

Die Gesellschafter können die gesetzlichen Regeln nach ihren Bedürfnissen abändern. Nur wenige Vorschriften sind unabdingbar.

Der Gesellschaftsvertrag sollte u. a. folgende Regelungen enthalten:

- Rechtsform
- Firma bzw. Name und Sitz der Gesellschaft
- Gegenstand des Unternehmens bzw. Zweck der Gesellschaft
- Beginn und Dauer der Gesellschaft, Geschäftsjahr
- Kündigung der Gesellschaft
- Einlagen bzw. Beiträge der Gesellschafter
- Gesellschafterkonten
- Gesellschaftskapital, Gesellschafterdarlehen
- Bewertung bereits erbrachter Leistungen und/oder einzubringender Vermögensgegenstände
- Verteilung der Stimmrechte
- Geschäftsführung und Vertretung
- Haftung
- Gesellschafterversammlung
- Jahresabschluß, Gewinn- und Verlustverteilung und Regelung der Entnahmerechte
- Ausscheiden eines Gesellschafters durch Kündigung, Ausschließung, Konkurs, Tod eines Gesellschafters
- Entgelt bei Ausscheiden
- Firmenfortführung bei Ausscheiden eines Gesellschafters
- Auflösung der Gesellschaft und Verteilung der Vermögenswerte
- Wettbewerbsabsprachen unter den Gesellschaftern
- Schlußbestimmungen

Bei den folgenden Gesellschaftsverträgen handelt es sich um beispielhafte Muster ohne Gewähr. Es existiert keine Standartformulierung. Der Inhalt des Vertrages muß immer die besonderen Umstände des Einzelfalls berücksichtigen und auf die individuellen Bedürfnisse der Gesellschafter angepaßt werden.

! **Tip** Sie sollten die endgültige Formulierung Ihres Gesellschaftsvertrages unbedingt mit einem Anwalt oder mit dem beurkundenden Notar absprechen.

3.4.1 Die Gesellschaft des bürgerlichen Rechts (GbR)

Gesetzliche Grundlagen: §§ 705–740 BGB

Bei einer Gesellschaft des bürgerlichen Rechts (GbR) bzw. BGB-Gesellschaft handelt es sich um einen vertraglichen Zusammenschluß mehrere Gesellschafter zur Erreichung eines gemeinsamen Zwecks.

Für die Entstehung einer GbR müssen folgende Voraussetzungen erfüllt sein:

1. Mehrere Gesellschafter
   Die Gesellschafter können neben natürlichen und juristischen Personen auch andere nicht rechtsfähige Personenvereinigungen sein. Die Gesellschaft muß von mehreren, mindestens aber von zwei Personen gegründet werden. Die GbR gilt dann automatisch als aufgelöst, sobald nur noch ein Gesellschafter übrig bleibt.
2. Gemeinsamer Zweck der Gesellschafter
   In der Regel liegt der gemeinsame Zweck im Streben nach wirtschaftlichem Erfolg. Durch gemeinsame Zusammenarbeit im Rahmen eines kooperativen Geschäftsbetriebes (gemeinsame Nutzung von Personal, der Büro- und Geschäftsausstattung, des Maschinenparks usw.) können erhebliche Kosten eingespart werden. Auch kann ein wirtschaftliches Risiko auf mehrere Schultern verteilt werden. Möglich ist auch die Verfolgung ideeller und gemeinnütziger Interessen. Der Zweck kann dauernd (Dauergesellschaft) oder aber auch nur vorübergehend (Gelegenheitsgesellschaft) sein. Ausgeschlossen ist das Betreiben eines Handelsgewerbes.
3. Gesellschaftsvertrag
   Der Gesellschaftsvertrag kann formlos geschlossen werden. Zumindest aus Beweisgründen ist jedoch die Schriftform zu empfehlen. Die Gesellschaft entsteht in der Regel mit dem Abschluß des Gesellschaftsvertrages. Im Gesellschaftsvertrag müssen mindestens der gemeinsame Zweck der Gesellschafter (Gesellschaftszweck) und die Beiträge der Gesellschafter festgelegt werden.

Die GbR eignet sich besonders für Existenzgründer als Einstiegsgesellschaft, die sich mit geringem Kapitaleinsatz zum Betreiben eines Gewerbes oder eines Freien Berufs zusammenschließen wollen. Eine Eintragung im Handelsregister ist nicht möglich. Nimmt der Geschäftsbetrieb eines Gewerbes jedoch einen solchen Umfang an, daß er in kaufmännischer Weise eingerichtet sein muß, liegt keine GbR mehr vor, sondern es entsteht aufgrund des gesetzlichen Rechtsformzwanges auch ohne Eintragung im Handelsregister eine OHG. Es besteht auch die Möglichkeit zum freiwilligen Erwerb der Kaufmannseigenschaft, indem die Eintragung in das Handelsregister als OHG oder KG beantragt wird.

Tip Freiberufler, die sich zusammenschließen wollen, sollten vorher prüfen, ob nicht die Gründung einer Partnerschaftsgesellschaft sinnvoller ist. **!**

Beispiele für Eignung der GbR

- Arbeitsgemeinschaften im Baugewerbe (ARGE)
  für die Durchführung von Großprojekten, z. B. Autobahnbau, Kraftwerksbau, Brückenbau usw.
- Gesellschaften zwischen Angehörigen Freier Berufe
  z. B. Ärzte, Zahnärzte, Krankengymnasten, Ingenieure, Architekten, Unternehmensberater, Sachverständige, Steuerberater, Rechtsanwälte usw.

Alle Gesellschafter müssen die Voraussetzungen zu dem Freien Beruf erfüllen. Ist dies nicht der Fall, so ist die Gesellschaft als Gewerbebetrieb anzusehen.

- Gesellschaften zwischen Handwerkern
  z. B. Dachdecker – Zimmerer, Maurer – Fliesenleger usw.
  Es reicht aus, daß nur ein Gesellschafter in die Handwerksrolle eingetragen ist.
- Gemeinschaftlicher Gewerbebetrieb durch Nichtkaufleute
  z. B. Einzelhandel von Zeitungen und Zeitschriften, Betrieb eines Sonnenstudios usw.
- Projektgesellschaften
  z. B. Entwicklung einer Maschine, Durchführung einer Messe usw.

Für die GbR gelten folgende Grundsätze:
Im Zweifel haben alle Gesellschafter gleiche Beiträge zu leisten. Jeder Gesellschafter hat eine Stimme ohne Rücksicht auf die Höhe seiner Kapitaleinlage und seine Stellung und Tätigkeit in der GbR. Die Geschäfte werden von allen Gesellschaftern gemeinschaftlich geführt, so daß für jedes Geschäft die Zustimmung aller Gesellschafter erforderlich ist. Jeder Gesellschafter hat gleichen Anteil an Gewinn und Verlust. Jeder Gesellschafter ist berechtigt, die GbR jederzeit zu kündigen. Die Kündigung, der Tod eines Gesellschafters sowie die Eröffnung des Konkursverfahrens über das Vermögen eines Gesellschafters lösen die GbR auf und führen zur Abwicklung.

Der **Geschäftsführer** ist grundsätzlich zur unentgeltlichen Geschäftsführung verpflichtet, da seine Tätigkeit als seine Beitragsleistung zur Förderung des Gesellschaftszwecks angesehen wird.

Für die Verbindlichkeiten der Gesellschaft **haftet** das Gesellschaftsvermögen und das private Vermögen jedes Gesellschafters. Durch ausdrückliche Vereinbarung besteht die Möglichkeit, die Haftung auf das Gesellschaftsvermögen zu begrenzen. Die Gesellschafter der GbR erteilen hierbei Vollmacht zu ihrer Vertretung nur insoweit, daß sie den Gläubigern nur mit dem Gesellschaftsvermögen verpflichtet werden dürfen, daß aber das Privatvermögen der Gesellschafter nicht mithaftet. Im Geschäftsverkehr muß der Vertragspartner ausdrücklich auf diese Haftungsbeschränkung hingewiesen werden.

Die Beiträge der Gesellschafter und die für die Gesellschaft erworbenen Gegenstände werden gemeinschaftliches Vermögen. Wegen der gesamthänderischen Bindung kann ein Gesellschafter nicht allein über seinen Anteil am Gesellschaftsvermögen verfügen. Der Gewinn der Gesellschaft wird nach dem Gesetz grundsätzlich erst nach der Auflösung verteilt. Allerdings kann im Gesellschaftsvertrag etwas Abweichendes vereinbart werden. Ist dies geschehen, so besteht ein Anspruch auf Feststellung und Auszahlung des Gewinns am Ende jedes Geschäfts- bzw. Kalenderjahres.

Die GbR ist keine selbständige Rechtsperson und zivilrechtlich weder aktiv noch passiv parteifähig. Daraus ergeben sich folgende Konsequenzen:
- Die Gesellschaft kann nicht selbst Trägerin von Rechten und Pflichten sein. So steht z. B. das Eigentum der in die Gesellschaft eingebrachter Sachen der Gemeinschaft der Gesellschafter zu.
- Die Gesellschaft kann nicht Vertragspartei sein, sondern nur die einzelnen Gesellschafter.
- Die Gesellschaft kann weder Gläubigerin noch Schuldnerin sein.
- Die Gesellschaft ist nicht parteifähig. Sie kann weder klagen noch kann sie verklagt werden. Alle Gesellschafter müssen gemeinsam klagen bzw. müssen gemeinsam verklagt werden.
- Die GbR darf keine eigene Firma führen.

Nach neuester Rechtsprechung (Aktz. XI ZR 154/96) hat der BGH die Rechtsfähigkeit der GbR bzgl. der Scheckhandhabung anerkannt. Das bedeutet, daß die GbR Schecks ausstellen kann und für die Bezahlung der Schecks einstehen muß.

Pflichten der Gesellschafter

Die Gesellschafter haben neben ihren Rechten auch eine ganze Reihe von Pflichten zu erfüllen, die sich aus dem Gesetz und dem Gesellschaftsvertrag ergeben:
- Beitragspflicht
  Um die Erreichung des Gesellschaftszweckes zu fördern, sind die Gesellschafter verpflichtet, vereinbarte Beiträge zu leisten. Art und Umfang der Beitragsleistung sind aus dem Gesellschaftsvertrag zu entnehmen. Es können Geldleistungen, Arbeitsleistungen, Dienstleistungen Werkleistungen, Sachleistungen und sonstige Leistungen sein, die einmalig oder wiederholt erfolgen.
- Treuepflicht
  Alle Gesellschafter unterliegen einer Treuepflicht untereinander und gegenüber der Gesellschaft. Sie haben alles zu unterlassen, was der Gesellschaft schadet. Drohende Gefahren sind von der Gesellschaft abzuwenden. Alle Geschäftsgeheimnisse und sonstige Internas sind zu wahren. Ausgeschiedene Gesellschafter sind weiterhin an ihre Treuepflicht gebunden. Betreibt die Gesellschaft ein Gewerbe, unterliegt jeder Gesellschafter einem Wettbewerbsverbot, auch wenn dies nicht im Gesellschaftsvertrag ausdrücklich geregelt worden ist.
- Pflicht zur Geschäftsführung
  Allen Gesellschaftern steht grundsätzlich das Recht und die Pflicht zu, die Geschäfte der Gesellschaft gemeinschaftlich zu führen. Abweichendes kann jedoch im Gesellschaftsvertrag vereinbart werden.

Name der GbR (Geschäftsbezeichnung)

Wegen der fehlenden Kaufmannseigenschaft ist die GbR nicht berechtigt, eine Firma zu führen. Die Gesellschaft hat stattdessen einen Namen, mit dem die

Gesellschafter ihr Unternehmen im Geschäftsverkehr repräsentieren. Der Name der Gesellschaft muß die Familiennamen mit mindestens einem ausgeschriebenen Vornamen beinhalten. Bei mehr als zwei Gesellschaftern genügen zwei Vor- und Nachnamen mit einem Zusatz (& Co.), aus dem hervorgeht, daß noch weitere Gesellschafter vorhanden sind. Der Zusatz des Geschäftszwecks (Möbeltischlerei, Computerservice) ist erlaubt.
Beispiele: Modeschmuck Gerhard Schultze, Heidelinde Freudenberg & Co., Schlüsseldienst Hermann Schmidt und Ferdinand Müller, ggf. mit Zusatz GbR.

Vorteile der GbR:

- kein Mindestkapital notwendig,
- hohes Maß an Gestaltungsfreiheit,
- vielseitig anwendbar,
- Haftungsbeschränkung durch Ausgestaltung der Vertretung,
- schnelle und flexible Anpassung des Gesellschaftsvertrages an geänderte Bedürfnisse der Gesellschafter aufgrund des fehlenden Registerzwanges.

Nachteile der GbR:

- Vorrang der gesetzlichen Vorschriften, falls im Gesellschaftsvertrag nichts geregelt ist,
- gesamtschuldnerische Haftung aller Gesellschafter,
- grundsätzlich volle persönliche Haftung der Gesellschafter,
- hohes Maß an gegenseitigem Vertrauen der Gesellschafter notwendig,
- Auflösung der Gesellschaft durch Tod oder Kündigung eines Gesellschafters.

Muster ohne Gewähr

Gesellschaftsvertrag

über die Errichtung einer Gesellschaft bürgerlichen Rechts (GbR) zwischen

1. Herrn Klaus-Dieter Lehmann, Goethestraße 42, 14193 Berlin und
2. Frau Christiane Schweitzer, Mühlenweg 2a, 12683 Berlin.

§ 1 Name, Sitz

(1) Der Name der Gesellschaft lautet:
»Informationstechnik Klaus-Dieter Lehmann und Christiane Schweitzer GbR«.

(2) Der Sitz der Gesellschaft ist Berlin.

§ 2 Zweck der Gesellschaft

(1) Der Zweck der Gesellschaft ist die Entwicklung und die Erbringung von Dienstleistungen der Telekommunikations- und Informationstechnik sowie der Handel mit Hard- und Software.

(2) Die Gesellschaft darf alle Geschäfte tätigen, die den Zweck des Unternehmens fördern.

§ 3 Beginn und Dauer der Gesellschaft, Geschäftsjahr, Kündigung

(1) Die Gesellschaft beginnt am 1. August 1997. Sie ist auf unbestimmte Zeit errichtet.

(2) Das Geschäftsjahr ist das Kalenderjahr.

(3) Die Gesellschaft kann mit einer Frist von sechs Monaten zum Ende eines Geschäftsjahres gekündigt werden. Die Kündigung bedarf zu ihrer Wirksamkeit der Schriftform gegenüber den Mitgesellschaftern.

§ 4 Beiträge der Gesellschafter

(1) Die Gesellschafter sind am Gesellschaftsvermögen mit folgenden Anteilen beteiligt:

Herr Klaus-Dieter Lehmann mit	50%,
Frau Christiane Schweitzer mit	50%.

(2) Die Gesellschafter Herr Klaus-Dieter Lehmann und Frau Christiane Schweitzer haben ihre Einlagen in Höhe von je 20.000 DM sofort auf das Konto der Gesellschaft einzuzahlen.

(3) Die Gesellschafter sind verpflichtet, ihre volle Arbeitskraft dem gemeinsamen Betrieb zur Verfügung zu stellen. Jede unentgeltliche oder entgeltliche Nebentätigkeit ist nur mit Zustimmung der Mitgesellschafter zulässig.

(4) Die Gesellschafter sind zu Nachschüssen weder berechtigt noch verpflichtet.

§ 5 Geschäftsführung, Vertretung, Haftung

(1) Jeder Gesellschafter ist zur Geschäftsführung allein berechtigt.

(2) Jeder Gesellschafter ist berechtigt, die Gesellschaft bis nur zur Höhe des Geschäftsvermögens zu vertreten. Im Rahmen der Vertretung hat der handelnde Gesellschafter den Vertragspartner darauf hinzuweisen, daß die Gesellschafter nur mit ihrem Anteil am Gesellschaftsvermögen für die Gesellschaftsschulden haften.

(3) Jeder Gesellschafter ist auch befugt, Rechtsgeschäfte mit sich selbst oder mit sich als Vertreter Dritter vorzunehmen (Befreiung von § 181 BGB).

(4) Dauerschuldverhältnisse sowie Geschäfte mit einem Wert von mehr als 1.000 DM bedürfen der Zustimmung aller Gesellschafter.

(5) Die Gesellschafter haben einen Anspruch auf eine angemessene Vergütung ihrer Tätigkeit und auf Erstattung der mit der Geschäftsführung und Vertretung verbundenen üblichen und angemessenen Auslagen.

§ 6 Gesellschafterversammlung, Gesellschafterbeschlüsse

(1) Die Gesellschafterversammlung ist für alle zu treffenden Entscheidungen in Angelegenheiten der Gesellschaft zuständig. Jeder Gesellschafter ist zur Einberufung einer Gesellschafterversammlung berechtigt.

(2) Die Gesellschafterversammlung ist beschlußfähig, wenn alle Gesellschafter anwesend sind. Ansonsten ist mit einer Frist von 14 Tagen schriftlich unter Angabe der Tagesordnung erneut zur Gesellschafterversammlung einzuberufen, die dann ohne Rücksicht auf die Anzahl der anwesenden Gesellschafter beschlußfähig ist.

(3) Die Gesellschafterbeschlüsse werden, sofern dieser Vertrag oder das Gesetz nicht zwingend eine andere Mehrheit vorschreibt, mit einfacher Mehrheit aller vorhandenen Stimmen gefaßt. Beschlüsse über die Aufnahme neuer Gesellschafter, Änderungen des Gesellschaftsvertrages und der Auflösung der Gesellschaft bedürfen der Stimmen aller Gesellschafter.

(4) Den Gesellschaftern stehen Stimmen im Verhältnis ihrer jeweiligen Beteiligung am Gesellschaftsvermögen zu. Dabei entspricht jeder prozentuale Anteil eine Stimme.

(5) Über jede Gesellschafterversammlung ist ein Protokoll anzufertigen und jedem Gesellschafter unverzüglich zuzuleiten.

§ 7 Jahresabschluß, Gewinnverwendung

(1) Die Gesellschaft erstellt für das abgelaufene Geschäftsjahr eine Einnahme-Überschußrechnung. Die Ergebnisermittlung erfolgt nach den jeweiligen steuerrechtlichen Vorschriften.

(2) Der Jahresabschluß der Gesellschaft ist innerhalb der gesetzlichen Fristen aufzustellen und allen Gesellschaftern auszuhändigen.

(3) Die Gesellschafter nehmen am Ergebnis der Gesellschaft im Verhältnis ihrer jeweiligen Beteiligung am Gesellschaftsvermögen teil.

§ 8 Entnahmen

(1) Jeder Gesellschafter ist berechtigt, am Anfang jeden Monats seine vereinbarte Tätigkeitsvergütung und seine Auslagen zu entnehmen.

(2) Über darüber hinausgehende Entnahmen entscheidet die Gesellschafterversammlung. Dabei haben die Gesellschafter auf die Liquiditätslage der Gesellschaft Rücksicht zu nehmen.

§ 9 Verfügung eines Gesellschafters

(1) Die Übertragung oder die Belastung von Gesellschaftsanteilen bedarf der Zustimmung der Mitgesellschafter.

(2) Die Abtretung von Ansprüchen aus dem Gesellschaftsverhältnis ist ausgeschlossen.

§ 10 Tod eines Gesellschafters

(1) Stirbt ein Gesellschafter, so wird die Gesellschaft mit den Erben fortgesetzt. Die Erben sind von der Geschäftsführung und Vertretung ausgeschlossen. Sie haben zusammen das nach § 7 Abs. 3 vereinbarte Gewinnbezugsrecht des Erblassers.

(2) Die Erben sind berechtigt, innerhalb von drei Monaten seit Kenntnis vom Erbfall unter Einhaltung einer Frist von einem Monat ihr Ausscheiden aus der Gesellschaft zu erklären und das ihnen zustehende Auseinandersetzungsguthaben zu verlangen.

§ 11 Ausscheiden eines Gesellschafters

(1) Ein Gesellschafter scheidet aus der Gesellschaft aus,
   a) mit der Wirksamkeit der Kündigung des Gesellschafters,
   b) wenn über das Vermögen des Gesellschafters das Konkursverfahren eröffnet oder ein Antrag auf Eröffnung des Konkursverfahrens mangels Masse abgelehnt wird oder der Gesellschafter einen Antrag auf Eröffnung des gerichtlichen Vergleichsverfahrens über sein Vermögen gestellt hat,
   c) wenn Gläubiger Zwangsvollstreckungsmaßnahmen in den Geschäftsanteil des Gesellschafters betreiben,
   d) im Fall des Todes des Gesellschafters.

(2) Scheidet ein Gesellschafter aus der Gesellschaft aus, wird die Gesellschaft mit den verbleibenden Gesellschaftern fortgesetzt.

§ 12 Abfindung

(1) Auf den Tag des Ausscheidens ist eine Vermögensübersicht aufzustellen, in die alle Vermögensgegenstände und Schulden mit ihren wirklichen Werten einzustellen sind.

(2) Der ausgeschiedene Gesellschafter erhält als Abfindung den entsprechenden Anteil aus der Vermögensübersicht, der seiner Beteiligung am Gesellschaftsvermögen entspricht. Am Firmenwert sowie am Ergebnis schwebender Geschäfte ist der ausgeschiedene Gesellschafter nicht beteiligt.

(3) Das Auseinandersetzungsguthaben ist binnen sechs Monaten nach Feststellung ohne Verzinsung auszuzahlen.

(4) Können sich die Beteiligten über die Höhe der Abfindung nicht einigen, so wird diese durch einen von der Industrie- und Handelskammer zu Berlin zu benennenden vereidigten Sachverständigen mit bindender Wirkung für die Beteiligten festgestellt. Die Kosten des Schiedsgutachtens tragen die verbleibenden und ausscheidenden Gesellschafter je zur Hälfte.

§ 13 Schlußbestimmung

(1) Änderungen oder Ergänzungen dieses Vertrages bedürfen der Schriftform.

(2) Sollten einzelne Bestimmungen dieses Gesellschaftsvertrages ganz oder teilweise unwirksam sein, so werden die übrigen Bestimmungen dieses Vertrages hiervon nicht berührt. Die betreffende Bestimmung ist durch eine wirksame zu ersetzen, die den angestrebten wirtschaftlichen Zweck möglichst nahe kommt.

(3) Die Kosten diesen Vertrages trägt die Gesellschaft.

Berlin, den ....

(Klaus-Dieter Lehmann) (Christiane Schweitzer)

Abb. 30: Muster für den Gesellschaftsvertrag einer GbR (BGB-Gesellschaft)

3.4.2 Die Offene Handelsgesellschaft (OHG)

Gesetzliche Grundlagen: §§ 105–160 HGB. Die Vorschriften über die GbR sind ergänzend anzuwenden, soweit im Handelsrecht keine Regelungen enthalten sind.

Bei einer Offenen Handelsgesellschaft (OHG) handelt es sich um einen vertraglichen Zusammenschluß mehrerer Gesellschafter zu dem Zweck, ein Handelsgewerbe unter einer gemeinsamen Firma zu betreiben und bei der bei keinem der Gesellschafter die Haftung gegenüber den Gesellschaftsgläubigern beschränkt ist.

Für die Entstehung einer OHG müssen folgende Voraussetzungen erfüllt sein:

1. Mehrere Gesellschafter
   Die Gesellschafter können sowohl natürlichen als auch juristischen Personen sein. Auch kann eine OHG oder KG Gesellschafterin einer anderen OHG sein, nicht jedoch eine GbR. Die Gesellschaft muß von mehreren, mindestens aber von zwei Gesellschaftern gegründet werden. Die OHG gilt dann automatisch als aufgelöst, sobald nur noch ein Gesellschafter übrig bleibt.
2. Betrieb eines Handelsgewerbes
   Ein Handelsgewerbe ist jedes Gewerbe, wenn das Unternehmen nach Art und Umfang einen in kaufmännischer Weise eingerichteten Geschäftsbetrieb erfordert (§ 1 Abs. 2 HGB), oder das Unternehmen nach Art oder Umfang keinen in kaufmännischer Weise eingerichteten Geschäftsbetrieb erfordert (§ 2 HGB) und die Firma in das Handelsregister eingetragen ist.
3. Gemeinschaftliche Firma
   Die Firma der OHG kann als Personen-, Sach- oder Phantasiefirma gebildet werden. Auch Mischformen sind zulässig. Notwendige Bezeichnung der Firma (§ 19 Abs. 1 Nr. 2 HGB): offene Handelsgesellschaft oder die Abkürzung OHG.
   Beispiele: Bender & Co. OHG, Müller, Meier und Schulze OHG, Schneider, Becker & Müller OHG.
   Wenn in der OHG keine natürliche Person persönlich haftet, muß die Firma eine Bezeichnung enthalten, welche die Haftungsbeschränkung kennzeichnet (§ 19 Abs. 2 HGB).
   Beispiel: Andromeda beschränkt haftende OHG.
   Auf allen Geschäftsbriefen der OHG, die an einen bestimmten Empfänger gerichtet werden, müssen die Rechtsform und der Sitz der Gesellschaft, das Registergericht und die Nummer, unter der die Gesellschaft in das Handelsregister eingetragen ist, angegeben werden (§ 125a Abs. 1 HGB). Für Vordrucke und Bestellscheine gilt dies allerdings nicht (§ 125a Abs. 2 HGB). Ist kein Gesellschafter eine natürliche Person, sind auf den Geschäftsbriefen ferner die

Firmen der Gesellschafter anzugeben sowie die für die Gesellschafter nach § 35a GmbHG vorgeschriebenen Angaben.

4. Gesellschaftsvertrag
   Der Gesellschaftsvertrag kann formfrei geschlossen werden. Zumindest aus Beweisgründen ist jedoch die Schriftform zu empfehlen. Es muß jedoch stets der Wille der Beteiligten erkennbar werden, einen gemeinsamen Zweck gerade mit Hilfe einer Gesellschaft zu verfolgen. Die OHG entsteht im Innenverhältnis bereits mit Abschluß des Gesellschaftsvertrages.

Die OHG eignet sich für kleine und mittlere gewerbliche Unternehmen mit überschaubarem Risiko, wenn Arbeitskraft, Kenntnisse, Vermögen und Kredit eines Existenzgründers nicht ausreichen, ein Einzelunternehmen erfolgreich zu führen. Die Gesellschafter schließen sich zusammen, um mit persönlichem Einsatz einen wirtschaftlichen Erfolg zu erzielen. Wegen der unbeschränkt persönlichen Haftung ist ein hohes Maß an gegenseitigem Vertrauen erforderlich. Der Gesellschafterkreis sollte deshalb überschaubar sein.

Die OHG besitzt keine eigene Rechtspersönlichkeit, obwohl ihr das Gesetz in mancher Hinsicht die Rechtsstellung einer juristischen Person einräumt:

- Die OHG kann unter ihrer Firma klagen und verklagt werden.
- Die OHG kann unter ihrer Firma Rechte erwerben und Verbindlichkeiten eingehen.
- Die OHG kann Eigentum an Grundstücken erwerben.
- Aus einem Urteil gegen die OHG kann in das Gesellschaftsvermögen vollstreckt werden.
- Über das Vermögen der OHG kann ein selbständiges Vergleichs- oder Konkursverfahren durchgeführt werden.

Für die OHG gelten folgende Grundsätze:
Jeder Gesellschafter ist zur **Geschäftsführung** berechtigt und verpflichtet (§ 114 Abs. 1 HGB). Davon abweichend kann nach § 114 Abs. 2 HGB die Geschäftsführungsbefugnis ausschließlich an einen oder mehrere Gesellschafter übertragen werden. Es gilt der Grundsatz der Einzelgeschäftsführung.

Die Entscheidungsfindung und Willensbildung vollzieht sich durch **Gesellschafterbeschlüsse**. Eines Beschlusses bedürfen z.B. außergewöhnliche Geschäftsführungsmaßnahmen nach § 116 Abs. 2 HGB, die Feststellung des erwirtschafteten Jahresergebnisses oder die einvernehmliche Auflösung der Gesellschaft nach § 131 Nr. 2 HGB. Außerdem kann der Gesellschaftsvertrag Maßnahmen aufzählen, die der Geschäftsführung einzelner Gesellschafter entzogen sind und per Gesellschafterbeschluß entschieden werden. Zur Mitwirkung an Gesellschafterbeschlüssen sind alle Gesellschafter grundsätzlich nicht nur berechtigt, sondern auch verpflichtet. Die Gesellschafterbeschlüsse müssen grundsätzlich einstimmig gefaßt werden (§ 119 Abs. 1 HGB). Der Gesellschaftsvertrag kann die Entscheidung durch Mehrheitsbeschlüsse zulassen.

Grundlage der **Gewinn- und Verlustverteilung** ist die durch Gesellschafterbeschluß und Unterzeichnung festgestellte Bilanz (§ 120 Abs. 1 HGB). Weist die

Muster ohne Gewähr

Gesellschaftsvertrag

zwischen
1. Herrn Christian Engelbrecht, Holunderweg 23, 10829 Berlin und
2. Herrn Michael Krause, Am Falkenhorst 3, 14473 Potsdam.

§ 1 Firma, Sitz
(1) Die Gesellschaft ist eine Offene Handelsgesellschaft und führt die Firma »Engelbrecht Metallbau OHG«.
(2) Der Sitz der Gesellschaft ist Berlin.

§ 2 Gegenstand des Unternehmens
(1) Der Gegenstand der Gesellschaft ist die Entwicklung, die Herstellung und der Vertrieb von Metallerzeugnissen aller Art.
(2) Die Gesellschaft ist berechtigt, auch andere Erzeugnisse herzustellen, zu bearbeiten und zu vertreiben. Ferner darf die Gesellschaft gleichartige oder ähnliche Unternehmen errichten und sich an solchen Unternehmen beteiligen. Sie darf auch Zweigniederlassungen errichten.

§ 3 Beginn und Dauer der Gesellschaft, Geschäftsjahr, Kündigung
(1) Die Gesellschaft beginnt am 1. Januar 1998. Sie wird auf unbestimmte Zeit errichtet.
(2) Das Geschäftsjahr ist das Kalenderjahr.
(3) Die Gesellschaft kann mit einer Frist von 12 Monaten zum Ende eines Geschäftsjahres gekündigt werden. Die Kündigung bedarf zu ihrer Wirksamkeit der Schriftform gegenüber den Mitgesellschaftern.
(4) Eine Kündigung der Gesellschaft ist erstmals zum 31. Dezember 1999 zulässig.

§ 4 Einlagen der Gesellschafter
(1) An der Gesellschaft beteiligt sind
Herr Christian Engelbrecht mit einer Einlage von 60.000 DM und
Herr Michael Krause mit einer Einlage von 40.000 DM.
(2) Die Einlagen sind Bareinlagen. Sie sind mit Unterzeichnung dieses Vertrages auf das Konto der Gesellschaft einzuzahlen.

§ 5 Gesellschafterkonten
(1) Jeder Gesellschafter hat ein festes und ein variables Kapitalkonto.
(2) Das feste Kapitalkonto dient der Verbuchung der Einlagen der Gesellschafter nach § 4. Es ist für die Beteiligung des Gesellschafters am Gesellschaftsvermögen maßgeblich.
(3) Das variable Kapitalkonto dient der Verbuchung von Gewinn- und Verlustanteilen sowie von Entnahmen des Gesellschafters. Der jeweilige Saldo ist mit 2% über dem jeweiligen Bundesbankdiskontsatz zu verzinsen. Die Zinsen werden nur am Jahresende errechnet und dem variablen Kapitalkonto zu- bzw. abgeschrieben.

§ 6 Geschäftsführung, Vertretung
(1) Jeder Gesellschaft ist zur Geschäftsführung und Vertretung allein berechtigt und verpflichtet.

(2) Jeder Gesellschafter ist auch befugt, Rechtsgeschäfte mit sich selbst oder mit sich als Vertreter Dritter vorzunehmen (Befreiung von § 181 BGB).
(3) Dauerschuldverhältnisse sowie Geschäfte mit einem Wert von mehr als 5.000 DM bedürfen der Zustimmung aller Gesellschafter.

§ 7 Vergütung
(1) Die Tätigkeit der Gesellschafter wird auch in Verlustjahren mit einem Vorabgewinn in Höhe von 80.000 DM p.a. entgolten. Alle drei Jahre ist von den Gesellschaftern über ein Anpassung der Tätigkeitsvergütung an die Entwicklung der allgemeinen Lebenshaltungskosten zu verhandeln.
(2) Die Gesellschafter verpflichten sich, ihre gesamte Arbeitskraft der Gesellschaft zur Verfügung zu stellen. Ist ein Gesellschafter dazu nicht mehr in der Lage oder willens, ist die Tätigkeitsvergütung in angemessenem Umfang herabzusetzen.
(3) Weitere Einzelheiten werden in den Dienstverträgen geregelt.

§ 8 Urlaub, Verhinderung
(1) Jeder Gesellschafter hat Anspruch auf sechs Wochen Urlaub im Jahr. Der Urlaub ist so zwischen den Gesellschaftern abzustimmen, daß die Belange der Gesellschaft möglichst wenig beeinträchtigt werden.
(2) Im Falle von Krankheit oder sonstiger unverschuldeter Verhinderung wird die Tätigkeitsvergütung drei Monate weitergewährt.

§ 9 Gesellschafterversammlung, Beschlußfassung, Stimmrecht
(1) Die Gesellschafterversammlung ist für alle zu treffenden Entscheidungen in Angelegenheiten der Gesellschaft zuständig. Sie findet mindestens einmal jährlich am Sitz der Gesellschaft statt. Jeder Gesellschafter ist zur Einberufung einer Gesellschafterversammlung berechtigt. Die Einberufung hat schriftlich unter Angabe der Tagesordnung mit einer Frist von zwei Wochen zu erfolgen.
(2) Jeder Gesellschafter kann sich in der Gesellschafterversammlung nur von einem anderen Gesellschafter oder von einem Dritten vertreten lassen, der zur beruflichen Verschwiegenheit verpflichtet ist. Die Vollmacht bedarf der Schriftform.
(3) Die Gesellschafterbeschlüsse können auch schriftlich, telefonisch, telegrafisch oder durch Telefax gefaßt werden, wenn sich alle Gesellschafter mit der Art der Beschlußfassung außerhalb der Gesellschafterversammlung einverstanden sind. Der Wortlaut ist dann von allen Gesellschaftern nachträglich zu unterzeichnen.
(4) Die Gesellschafterbeschlüsse werden mit einfacher Mehrheit der Stimmen aller Gesellschafter gefaßt, sofern dieser Vertrag oder das Gesetz nicht zwingend eine andere Mehrheit vorschreibt. Beschlüsse über die Aufnahme neuer Gesellschafter, Änderungen des Gesellschaftsvertrages und der Auflösung der Gesellschaft bedürfen der Stimmen aller Gesellschafter.
(5) Das Stimmrecht der Gesellschafter richtet sich nach dem Verhältnis ihrer festen Kapitalkonten. Dabei entspricht jede volle 1.000 DM eines festen Kapitalkontos eine Stimme.

§ 10 Jahresabschluß, Gewinnverwendung
(1) Der Jahresabschluß der Gesellschaft ist innerhalb der gesetzlichen Fristen nach handelsrechtlichen Grundsätzen unter Beachtung der steuerrechtlichen Gewinnermittlungsvorschriften aufzustellen. Dabei sind die Verzinsung der variablen Kapitalkonten und die Tätigkeitsvergütungen der Gesellschafter im Verhältnis der Gesellschafter untereinander als Aufwand bzw. als Ertrag zu behandeln.

(2) Die Gesellschafter nehmen im Verhältnis ihrer festen Kapitalkonten am Ergebnis der Gesellschaft teil.
(3) Solange alle Gesellschafter nicht etwas Abweichendes beschließen, sind 30% der jeweiligen Gewinnanteile der Gesellschafter in eine Rücklage einzustellen.

§ 11 Entnahmen
(1) Jeder Gesellschafter ist berechtigt, am Anfang jeden Monats seine vereinbarte Tätigkeitsvergütung zu entnehmen.
(2) Guthaben auf den variablen Kapitalkonten können jederzeit entnommen werden, sofern die Liquidität der Gesellschaft nicht gefährdet wird.
(3) Darüber hinausgehende Entnahmen an Gesellschafter sind nur mit der Zustimmung aller Gesellschafter möglich.

§ 12 Verfügung eines Gesellschafters
(1) Die Übertragung oder die Belastung von Gesellschaftsanteilen bedarf der Zustimmung aller Gesellschafter.
(2) Die Abtretung von Ansprüchen aus dem Gesellschaftsverhältnis ist ausgeschlossen.

§ 13 Tod eines Gesellschafters
(1) Stirbt ein Gesellschafter, so wird die Gesellschaft mit den Erben fortgesetzt. Die Erben sind von der Geschäftsführung und Vertretung ausgeschlossen. Sie erhalten zusammen das in § 10 Abs. 2 vereinbarte Gewinnbezugsrecht des Erblassers.
(2) Wird der Kapitalanteil des verstorbenen Gesellschafters in eine Kommandit- oder stille Beteiligung umgewandelt, so haben die Nachfolger nur die gesetzlichen Rechte und Pflichten als Kommanditisten bzw. stille Gesellschafter mit der Maßgabe, daß sie den Gewinnanteil des Verstorbenen, in unveränderter Höhe beanspruchen können.
(3) Die Erben sind berechtigt, innerhalb von drei Monaten seit Kenntnis vom Erbfall unter Einhaltung einer Frist von einem Monat ihr Ausscheiden aus der Gesellschaft zu erklären und das ihnen zustehende Auseinandersetzungsguthaben zu verlangen.

§ 14 Ausschließung
Gesellschafter, die in ihrer Person einen wichtigen Grund im Sinne des § 133 Abs. 1 HGB erfüllen, können durch einstimmigen Beschluß aller übrigen Gesellschafter aus der Gesellschaft ausgeschlossen werden.

§ 15 Ausscheiden eines Gesellschafters
(1) Ein Gesellschafter scheidet aus der Gesellschaft aus,
   a) mit der Wirksamkeit der Kündigung des Gesellschafters,
   b) wenn über das Vermögen des Gesellschafters das Konkursverfahren eröffnet oder ein Antrag auf Eröffnung des Konkursverfahrens mangels Masse abgelehnt wird oder der Gesellschafter einen Antrag auf Eröffnung des gerichtlichen Vergleichsverfahrens über sein Vermögen gestellt hat,
   c) wenn Gläubiger Zwangsvollstreckungsmaßnahmen in den Gesellschaftsanteil des Gesellschafters betreiben,
   d) mit dem Zugang eines Ausschließungsbeschlusses gem. § 14,
   e) im Fall des Todes des Gesellschafters.

(2) Scheidet ein Gesellschafter aus der Gesellschaft aus, wird die Gesellschaft unter Beibehaltung der bisherigen Firma mit den verbleibenden Gesellschaftern fortgesetzt. Verbleibt nur noch ein Gesellschafter, ist er berechtigt, das Unternehmen mit allen Aktiven und Passiven fortzuführen.

§ 16 Abfindung

(1) Auf den Tag des Ausscheidens ist eine Auseinandersetzungsbilanz aufzustellen, in die alle Aktiva und Passiva der Gesellschaft mit ihrem wirklichen Wert einzustellen sind. Der ausscheidende Gesellschafter bzw. seine Erben erhalten den ihrem festen Kapitalkonto entsprechenden Anteil am sich hieraus ergebenden Gesellschaftsvermögen. Am Firmenwert sowie am Ergebnis schwebender Geschäfte ist der ausscheidende Gesellschafter nicht beteiligt.

(2) Das Abfindungsguthaben ist in sechs gleichen Jahresraten auszuzahlen, wobei die erste Rate drei Monate nach Feststellung des Abfindungsguthabens zur Zahlung fällig ist. Die fünf weiteren Raten sind jeweils mit Beginn des Monats des darauffolgenden Jahres fällig, in dem die erste Rate fällig war. Eine frühere Zahlung der Abfindung ist jederzeit möglich.

(3) Bis zur Fälligkeit der ersten Rate ist die Abfindung unverzinslich. Danach ist der jeweils offenstehende Betrag der Abfindung mit jährlich 2% über dem jeweiligen Bundesbankdiskontsatz, höchstens mit jährlich 8% zu verzinsen. Die Zinsen sind jeweils mit den Raten auszuzahlen.

§ 17 Wettbewerbsverbot

(1) Kein Gesellschafter darf während seiner Zugehörigkeit zur Gesellschaft und dem auf das Ausscheiden folgenden Jahr ohne Einwilligung der anderen Gesellschafter in dem Geschäftszweig der Gesellschaft Geschäfte für eigene oder fremde Rechnung vornehmen, noch solche durch Dritte vornehmen zu lassen oder sich an einem Konkurrenzunternehmen für eigene oder fremde Rechnung mittelbar oder unmittelbar beteiligen oder betätigen.

(2) Im Falle der Zuwiderhandlung gegen das Wettbewerbsverbot gem. Abs. 1 hat der Zuwiderhandelnde für jeden Fall der Zuwiderhandlung eine Vertragsstrafe von 10.000 DM an die Gesellschaft zu zahlen. Der Rechtsanspruch auf Schadenersatz oder Unterlassung wird durch die Zahlung der Vertragsstrafe nicht berührt.

§ 18 Schlußbestimmungen

(1) Mündliche Nebenabreden zu diesem Vertrag wurden nicht getroffen.

(2) Änderungen und Ergänzungen des Vertrages bedürfen der Schriftform.

(3) Sollten einzelne Bestimmungen dieses Gesellschaftsvertrages ganz oder teilweise unwirksam sein, so werden die übrigen Bestimmungen dieses Vertrages hiervon nicht berührt. Die betreffende Bestimmung ist durch eine wirksame zu ersetzen, die den angestrebten wirtschaftlichen Zweck möglichst nahe kommt.

(4) Die Kosten dieses Vertrages und seiner Durchführung trägt die Gesellschaft.

Berlin, den	....	....
	(Christian Engelbrecht)	(Michael Krause)

Abb. 31: Muster für den Gesellschaftsvertrag einer OHG

Bilanz einen Gewinn aus, sind nach § 121 Abs. 1 HGB zunächst die Kapitalanteile der Gesellschafter mit 4% zu verzinsen. Reicht der Gewinn nicht aus, die Kapitalanteile mit 4% zu verzinsen, ist der erwirtschaftete Gewinn insgesamt im Verhältnis der Anteile zu verteilen (§ 121 Abs. 1 Satz 2 HGB). Der Rest des Jahresgewinnes sowie ein erwirtschafteter Verlust sind nach Köpfen zu verteilen (§ 121 Abs. 3 HGB).

Jeder Gesellschafter ist berechtigt, bis zum Betrag von 4% seines Kapitalanteiles für das letzten Geschäftsjahres zu entnehmen (§ 122 HGB).

Nach § 125 Abs. 1 HGB ist jeder Gesellschafter berechtigt, die Gesellschaft allein zu vertreten (Einzelvertretung). Davon abweichend kann nach § 125 Abs. 2 HGB vereinbart werden, daß die Gesellschaft von allen oder von mehreren Gesellschaftern nur in Gemeinschaft vertreten wird (Gesamtvertretung). Die Vertretungsmacht erstreckt sich auf alle gerichtlichen und außergerichtlichen Handlungen (§ 126 Abs. 1 HGB). Eine Beschränkung des Umfangs der Vertretungsmacht ist Dritten gegenüber unwirksam (§ 126 Abs. 2 HGB).

Für die **Verbindlichkeiten** der Gesellschaft haftet das Gesellschaftsvermögen. Daneben haftet jeder Gesellschafter unbeschränkt mit seinem privaten Vermögen (§ 128 HGB). Die Gesellschafter haften gesamtschuldnerisch. Es haftet also nicht jeder Gesellschafter anteilig, sondern jeder auf die ganze Leistung oder den ganzen Betrag. Wann eine Verbindlichkeit der OHG gegenüber einem Dritten entstanden ist, spielt für die persönliche Haftung des Gesellschafters keine Rolle, weil der Gesellschafter auch für Schulden haftet, die vor seiner Aufnahme in die OHG bereits entstanden sind. Ebensowenig endet die Haftung mit dem Ausscheiden aus der OHG. Für Verbindlichkeiten, die bereits während seiner Mitgliedschaft entstanden sind, haftet der Gesellschafter noch fünf Jahre lang weiter, gerechnet von der Eintragung seines Ausscheidens im Handelsregister an. Tritt ein neuer Gesellschafter in eine bestehende OHG ein, haftet er neben den anderen Gesellschaftern auch für die Verbindlichkeiten der OHG, die vor seinem Eintritt in die OHG begründet worden sind.

Nach § 131 Nr. 4, 6 HGB hat das **Ausscheiden eines Gesellschafters** durch den Tod eines Gesellschafters oder durch Kündigung die Auflösung der Gesellschaft zur Folge. Scheidet ein Gesellschafter aus, kann die Gesellschaft unter den übrigen Gesellschaftern fortgeführt werden, wenn im Gesellschaftsvertrag eine sog. Fortsetzungsklausel vereinbart worden ist.

Vorteile der OHG:
- hohes Ansehen im Geschäftsverkehr,
- hohe Kreditwürdigkeit aufgrund persönlicher Haftung,
- flexible Gestaltung des Gesellschaftsvertrages.

Nachteile der OHG:
- volle persönliche Haftung,
- hohes Maß an gegenseitigem Vertrauen notwendig.

3.4.3 Die Kommanditgesellschaft (KG)

Gesetzliche Grundlagen: §§ 161–177a HGB. Die Vorschriften über die OHG sind ergänzend anzuwenden

Bei einer Kommanditgesellschaft (KG) handelt es sich um einen vertraglichen Zusammenschluß mehrerer Gesellschafter zu dem Zweck, ein Handelsgewerbe unter einer gemeinsamen Firma zu betreiben und bei der bei einem oder mehreren der Gesellschafter die Haftung gegenüber den Gesellschaftsgläubigern beschränkt ist, während mindestens ein Gesellschafter gegenüber den Gesellschaftsgläubigern unbeschränkt haftet.

Für die Entstehung einer KG müssen folgende Voraussetzungen erfüllt sein:

1. Mehrere Gesellschafter
   Die Gesellschafter können sowohl natürlichen als auch juristischen Personen sein. Der wesentlichste Unterschied zur OHG ist die Haftungsbeschränkung einzelner Gesellschafter. Jede KG muß mindestens einen persönlich haftenden Gesellschafter (Komplementär) und mindestens einen beschränkt haftenden Kommanditisten haben. Auch eine GmbH kann persönlich haftende Gesellschafterin sein. Eine KG kann auch Gesellschafterin einer OHG sein.
2. Betrieb eines Handelsgewerbes
   Ein Handelsgewerbe ist jedes Gewerbe, wenn das Unternehmen nach Art und Umfang einen in kaufmännischer Weise eingerichteten Geschäftsbetrieb erfordert (§ 1 Abs. 2 HGB) oder das Unternehmen nach Art oder Umfang keinen in kaufmännischer Weise eingerichteten Geschäftsbetrieb erfordert (§ 2 HGB) und die Firma in das Handelsregister eingetragen ist.
3. Gemeinschaftliche Firma
   Die Firma der KG kann als Personen-, Sach- oder Phantasiefirma gebildet werden. Auch Mischformen sind zulässig. Notwendige Bezeichnung der Firma (§ 19 Abs. 1 Nr. 3 HGB): Kommanditgesellschaft oder die Abkürzung KG.
   Beispiele: Bender KG, Müller, Argus KG, Schneider, Becker & Co. KG.
   Wenn in der KG keine natürliche Person persönlich haftet, muß die Firma eine Bezeichnung enthalten, welche die Haftungsbeschränkung kennzeichnet (§ 19 Abs. 2 HGB).
   Beispiel: Andromeda beschränkt haftende KG.
   Auf allen Geschäftsbriefen der KG, die an einen bestimmten Empfänger gerichtet werden, müssen die Rechtsform und der Sitz der Gesellschaft, das Registergericht und die Nummer, unter der die Gesellschaft in das Handelsregister einbgetragen ist, angegeben werden (§ 177a i.V.m. § 125a HGB). Bei Gesellschaften, bei der kein Gesellschafter eine natürliche Person ist, sind auf den Geschäftsbriefen der Gesellschaft ferner die Firmen der Gesellschafter

anzugeben sowie für die Gesellschafter, die nach § 35a GmbHG für Geschäftsbriefe vorgeschriebenen Angaben.

4. Gesellschaftsvertrag
   Der Gesellschaftsvertrag kann formfrei geschlossen werden. Zumindest aus Beweisgründen ist jedoch die Schriftform zu empfehlen. Es muß jedoch stets der Wille der Beteiligten erkennbar werden, einen gemeinsamen Zweck gerade mit Hilfe einer Gesellschaft zu verfolgen. Die KG entsteht im Innenverhältnis bereits mit Abschluß des Gesellschaftsvertrages.

Die Gründung einer KG bietet die Möglichkeit, den persönlichen Einsatz einzelner Gesellschafter mit der kapitalmäßigen Beteiligung anderer zu kombinieren. Sie eignet sich daher zur Verbreiterung der Kapitalbasis eines schon vorhandenen Einzelunternehmens oder einer OHG, falls die zukünftige Geschäftsentwicklung eine Ausdehnung der Eigenkapitalbasis erfordert und der entscheidende Einfluß im Unternehmen nicht aufgegeben werden soll.

Die KG besitzt keine eigene Rechtspersönlichkeit, obwohl ihr das Gesetz in mancher Hinsicht die Rechtsstellung einer juristischen Person einräumt:
- Die KG kann unter ihrer Firma klagen und verklagt werden.
- Die KG kann unter ihrer Firma Rechte erwerben und Verbindlichkeiten eingehen.
- Die KG kann Eigentum an Grundstücken erwerben.
- Aus einem Urteil gegen die KG kann in das Gesellschaftsvermögen vollstreckt werden.
- Über das Vermögen der KG kann ein selbständiges Vergleichs- oder Konkursverfahren durchgeführt werden.

Für die KG gelten folgende Grundsätze:
Die **Geschäftsführung** obliegt den Komplementären. Die Kommanditisten sind von der Geschäftsführung ausgeschlossen und haben nur ein Widerspruchsrecht bei ungewöhnlichen Geschäften (§ 164 HGB). Das Gesetz geht davon aus, daß die Beteiligung der Kommanditisten eher finanzieller Natur ist und sie sich nicht in die laufenden Angelegenheiten der Gesellschaft einzumischen haben. Jedoch kann der Gesellschaftsvertrag davon ohne weiteres abweichen und Kommanditisten mit der Geschäftsführung betrauen.

Die **Kontrollrechte** des Kommanditisten sind gegenüber einem persönlich haftenden Gesellschafter eingeschränkt. Er kann nur abschriftlich Mitteilungen des Jahresabschlusses verlangen und darf dessen Richtigkeit unter Einsicht in die Bücher und Papiere der Gesellschaft prüfen (§ 166 Abs. 1 HGB).

Für den Kommanditisten gilt kein **Wettbewerbsverbot** (§ 165 HGB). Es dürfte auch unwirksam sein, ein solches Verbot im Gesellschaftsvertrag zu vereinbaren, wenn es darauf gerichtet ist, dem Kommanditisten zu verbieten, im Handelszweig der KG Geschäfte zu machen. Anders ist es, wenn der Kommanditist seine Arbeitskraft überwiegend der Gesellschaft zur Verfügung stellt und einen maßgeblichen Einfluß auf die Geschäftsleitung besitzt.

Grundlage der **Gewinn- und Verlustverteilung** ist die durch Gesellschafterbeschluß und Unterzeichnung festgestellte Bilanz. Der jedem Gesellschafter zukommende Gewinn wird seinem Kapitalanteil zugeschrieben. Jedoch wird dem Kommanditisten nach § 167 Abs. 2 HGB Gewinne nur so lange zugeschrieben, bis sein Kapitalanteil die bedungene Einlage erreicht. Nach § 167 Abs. 3 HGB nimmt der Kommanditist an einem Verlust nur bis zu seinem Kapitalanteil und seiner rückständigen Einlage teil.

Weist die Bilanz einen Gewinn aus, werden nach den §§ 168 Abs. 1, 121 Abs. 1,2 HGB zunächst die Kapitalanteile aller Gesellschafter mit 4% verzinst. Reicht der Gewinn nicht aus, die Kapitalanteile mit 4% zu verzinsen, ist der erwirtschaftete Gewinn insgesamt im Verhältnis der Anteile zu verteilen. Der restliche Gewinn wird nach einem den Umständen angemessenen Verhältnis der Anteile verteilt (§ 168 Abs. 2 HGB).

Das **Entnahmerecht** des Kommanditisten ist beschränkt. Er kann nach § 169 Abs. 1 HGB nur auf ihn entfallende Gewinnanteile entnehmen, die seinen Kapitalanteil übersteigen.

Die Kommanditisten sind von der **Vertretung** der KG ausgeschlossen (§ 170 HGB). Die KG wird nur durch die persönlich haftenden Gesellschafter (Komplementäre) vertreten. Einem Kommanditisten kann jedoch Einzelvollmacht, Prokura oder Handlungsvollmacht erteilt werden.

Der Kommanditist haftet den Gläubigern der Gesellschaft persönlich, aber beschränkt auf den Betrag seiner Haftsumme (§ 171 Abs. 1 HGB). Die Haftsumme ist der Betrag, der im Handelsregister eingetragen wird. Die Einlage ist der Betrag, den der Kommanditist der Gesellschaft schuldet.

Für Geschäfte, die vor der Eintragung der KG in das Handelsregister vorgenommen wurden, haftet der Kommanditist nach § 176 Abs. 1 Satz 1 HGB ebenso unbeschränkt wie persönlich haftende Gesellschafter (Komplementäre), wenn sie dem Geschäftsbeginn zugestimmt haben und dem Geschäftspartner ihre Stellung als Kommanditist nicht bekannt war. Um dies zu vermeiden, empfiehlt sich die Regelung, den Eintritt in die Gesellschaft aufschiebend bedingt mit der Eintragung im Handelsregister wirksam werden zu lassen.

Wer in eine bestehende KG als Kommanditist eintritt, haftet nach § 173 HGB für die vor seinem Eintritt begründeten Verbindlichkeiten der Gesellschaft. Scheidet ein Kommanditist aus der Gesellschaft aus, haftet er für die vor seinem Ausscheiden begründeten Verbindlichkeiten 5 Jahre fort, gerechnet von der Eintragung seines Ausscheidens im Handelsregister. Hat er allerdings die Haftsumme geleistet, ist er von seiner Haftung befreit. Ist dem Kommanditisten bei seinem Ausscheiden die Einlage ganz oder teilweise erstatten worden, haftet er gegenüber den Gläubigern bis zur Höhe seiner Haftsumme.

Der **Tod eines Kommanditisten** löst die Gesellschaft nicht auf (§ 177 HGB). Dessen Erben rücken in die Gesellschafterstellung nach.

Muster ohne Gewähr

Gesellschaftsvertrag

zwischen
1. Herrn Roland Tiedemann, Rosenweg 32, 04209 Leipzig,
2. Herrn Willi Wacker, Klosterstraße 23, 04103 Leipzig und
3. Frau Martina Tüchtig, Lindenstraße 69, 041109 Leipzig

§ 1 Firma, Sitz

(1) Die Gesellschaft ist eine Kommanditgesellschaft und führt die Firma »Tiedemann Modeschmuck KG«.

(2) Der Sitz der Gesellschaft ist Leipzig.

§ 2 Gegenstand des Unternehmens

(1) Der Gegenstand des Unternehmens ist das Design, die Herstellung und der Vertrieb von Modeschmuck.

(2) Die Gesellschaft kann Geschäfte jeder Art tätigen, die dem Gesellschaftszweck unmittelbar oder mittelbar dienen.

(3) Die Gesellschaft kann gleichartige oder ähnliche Unternehmen errichten und sich an solchen Unternehmen beteiligen. Sie kann auch Zweigniederlassungen errichten.

§ 3 Beginn und Dauer der Gesellschaft, Geschäftsjahr, Kündigung

(1) Die Gesellschaft wird auf unbestimmte Dauer errichtet.

(2) Das Geschäftsjahr ist das Kalenderjahr.

(3) Die Gesellschaft kann mit einer Frist von 12 Monaten zum Ende eines Geschäftsjahres gekündigt werden. Die Kündigung bedarf zu ihrer Wirksamkeit der Schriftform gegenüber den Mitgesellschaftern.

(4) Eine Kündigung der Gesellschaft ist bis zum 31. Dezember 2001 ausgeschlossen.

§ 4 Einlagen der Gesellschafter

(1) Die Gesellschafter sind Herr Roland Tiedemann als persönlich haftender Gesellschafter (Komplementär) sowie Herr Willi Wacker und Frau Martina Tüchtig als Kommanditisten.

(2) Die Gesellschaft hat ein Festkapital von 150.000 DM, an dem die Gesellschafter folgendermaßen beteiligt sind:

Herr Roland Tiedemann mit einer Einlage in Höhe von	100.000 DM,	
Herr Willi Wacker mit einer Einlage in Höhe von	25.000 DM	und
Frau Martina Tüchtig mit einer Einlage in Höhe von	25.000 DM.	

(3) Die Einlagen sind Bareinlagen. Sie sind mit Unterzeichnung dieses Vertrages auf das Konto der Gesellschaft einzuzahlen.

§ 5 Gesellschafterkonten

(1) Jeder Gesellschafter hat ein festes und ein variables Kapitalkonto.

(2) Das feste Kapitalkonto dient der Verbuchung der Einlagen der Gesellschafter nach § 4. Es ist für die Beteiligung des Gesellschafters am Gesellschaftsvermögen maßgeblich.

(3) Das variable Kapitalkonto dient der Verbuchung von Gewinn- und Verlustanteilen sowie von Entnahmen des Gesellschafters. Der jeweilige Saldo ist mit 2% über dem jeweiligen Bundesbankdiskontsatz zu verzinsen. Die Zinsen werden nur am Jahresende errechnet und dem variablen Kapitalkonto zu- bzw. abgeschrieben.

§ 6 Geschäftsführung und Vertretung

(1) Zur Geschäftsführung und Vertretung der Gesellschaft ist der persönlich haftende Gesellschafter allein berechtigt und verpflichtet.

(2) Der persönlich haftende Gesellschafter ist auch befugt, Rechtsgeschäfte mit sich selbst oder mit sich als Vertreter Dritter vorzunehmen (Befreiung von § 181 BGB).

§ 7 Vergütung

(1) Die Tätigkeit des persönlich haftenden Gesellschafters wird auch in Verlustjahren mit einem Vorabgewinn in Höhe von 80.000 DM p.a. entgolten. Alle drei Jahre ist von den Gesellschaftern über eine Anpassung der Tätigkeitsvergütung an die Entwicklung der allgemeinen Lebenshaltungskosten zu verhandeln.

(2) Die Übernahme der persönlichen Haftung wird dem persönlich haftenden Gesellschafter mit einer Haftungsprämie in Höhe von 10% seiner Einlage auch in Verlustjahren entgolten. Die Haftungsprämie ist jeweils am Ende eines Geschäftsjahres zur Zahlung fällig.

§ 8 Gesellschafterversammlung

(1) Auf den Gesellschafterversammlungen werden die Beschlüsse der Gesellschafter gefaßt.

(2) Die Einberufung der Gesellschafterversammlung erfolgt durch den persönlich haftenden Gesellschafter schriftlich unter Angabe der Tagesordnung mit einer Frist von zwei Wochen. Die Gesellschafterversammlungen finden am Sitz der Gesellschaft statt.

(3) Die Gesellschafterversammlung ist beschlußfähig, wenn die anwesenden und vertretenen Gesellschafter drei Viertel aller Stimmen auf sich vereinigen. Ist eine ordnungsgemäß einberufene Gesellschafterversammlung beschlußunfähig, so ist eine neue Gesellschafterversammlung mit gleicher Tagesordnung unter Einhaltung der in Abs. 2 genannten Form- und Fristvorschriften einzuberufen. Diese Gesellschafterversammlung ist ohne Rücksicht auf die Zahl der Stimmen der anwesenden und vertretenen Gesellschafter beschlußfähig.

(4) Jeder Gesellschafter kann sich in der Gesellschafterversammlung nur von einem anderen Gesellschafter oder von einem Dritten vertreten lassen, der in solchen Fällen zur Berufsverschwiegenheit verpflichtet ist. Die Vollmacht bedarf der Schriftform.

§ 9 Gesellschafterbeschlüsse

(1) Die Gesellschafterbeschlüsse werden mit einfacher Mehrheit der abgegebenen Stimmen gefaßt, sofern dieser Vertrag oder das Gesetz nicht zwingend eine andere Mehrheit vorschreibt.

(2) Die Feststellung des Jahresabschlusses und die Beschlußfassung über die Gewinnverwendung bedürfen der Mehrheit von drei Viertel aller abgegebenen Stimmen.

(3) Beschlüsse über die Aufnahme neuer Gesellschafter, Änderungen des Gesellschaftsvertrages und der Auflösung der Gesellschaft bedürfen der Stimmen aller Gesellschafter.

(4) Das Stimmrecht der Gesellschafter richtet sich nach dem Verhältnis ihrer festen Kapitalkonten. Dabei entspricht jede volle 1.000 DM eines festen Kapitalanteils eine Stimme.

§ 10 Jahresabschluß, Gewinnverwendung

(1) Der persönlich haftende Gesellschafter hat innerhalb der gesetzlichen Frist den Jahresabschluß nach handelsrechtlichen Vorschriften unter Beachtung der steuerrechtlichen Vorschriften über die Gewinnermittlung aufzustellen. Der Entwurf des Jahresabschlusses ist den Gesellschaftern unverzüglich, mindestens jedoch 14 Tage vor der Gesellschafterversammlung zuzuleiten.

(2) Die Gesellschafter nehmen im Verhältnis ihrer festen Kapitalkonten am Ergebnis der Gesellschaft teil.

(3) Solange alle Gesellschafter nicht etwas Abweichendes beschließen, sind 30% der jeweiligen Gewinnanteile der Gesellschafter in eine Rücklage einzustellen..

§ 11 Entnahmen

(1) Der persönlich haftende Gesellschafter ist berechtigt, die Tätigkeitsvergütung und die Haftungsprämie zum jeweiligen Fälligkeitszeitpunkt zu entnehmen. Die Auszahlung an die Kommanditisten beschließt die Gesellschafterversammlung.

(2) Die Gesellschafter sind berechtigt, die auf die Beteiligung an der Gesellschaft entfallenden laufend veranlagten Steuern zu entnehmen.

(3) Das Entnahmerecht der Kommanditisten ist ausgeschlossen, wenn das Verlustvortragskonto nicht ausgeglichen ist oder durch die Entnahme unausgeglichen wird.

(4) Sämtliche Entnahmen werden auf den variablen Kapitalkonten verbucht.

§ 12 Verfügung eines Gesellschafters

(1) Die Übertragung oder die Belastung von Gesellschaftsanteilen bedarf der Zustimmung aller Gesellschafter.

(2) Die Abtretung von Ansprüchen aus dem Gesellschaftsverhältnis ist ausgeschlossen.

§ 13 Tod eines Gesellschafters

(1) Stirbt ein Gesellschafter, so wird die Gesellschaft mit den Erben fortgesetzt. Die Erben des persönlich haftenden Gesellschafters sind von der Geschäftsführung und Vertretung ausgeschlossen. Sie erhalten zusammen das in § 10 Abs. 2 vereinbarte Gewinnbezugsrecht des Erblassers.

(2) Wird der Kapitalanteil des verstorbenen persönlich haftenden Gesellschafters in eine Kommanditbeteiligung umgewandelt, so haben die Nachfolger nur die gesetzlichen Rechte und Pflichten als Kommanditisten mit der Maßgabe, daß sie den Gewinnanteil des Verstorbenen, ausgenommen dessen Gehaltsbezüge, in unveränderter Höhe beanspruchen können.

(3) Die Erben sind berechtigt, innerhalb von drei Monaten seit Kenntnis vom Erbfall unter Einhaltung einer Frist von einem Monat ihr Ausscheiden aus der Gesellschaft zu erklären und das ihnen zustehende Auseinandersetzungsguthaben zu verlangen.

§ 14 Ausschließung

Gesellschafter, die in ihrer Person einen wichtigen Grund im Sinne des § 133 Abs. 1 HGB erfüllen, können durch einstimmigen Beschluß aller übrigen Gesellschafter aus der Gesellschaft ausgeschlossen werden.

§ 15 Ausscheiden eines Gesellschafters

(1) Ein Gesellschafter scheidet aus der Gesellschaft aus,
   a) mit der Wirksamkeit der Kündigung des Gesellschafters,

b) wenn über das Vermögen des Gesellschafters das Konkursverfahren eröffnet oder ein Antrag auf Eröffnung des Konkursverfahrens mangels Masse abgelehnt wird oder der Gesellschafter einen Antrag auf Eröffnung des gerichtlichen Vergleichsverfahrens über sein Vermögen gestellt hat,

c) wenn Gläubiger Zwangsvollstreckungsmaßnahmen in den Geschäftsanteil des Gesellschafters betreiben,

d) mit dem Zugang eines Ausschließungsbeschlusses gem. § 14,

e) im Fall des Todes des Gesellschafters.

(2) Scheidet ein Gesellschafter aus der Gesellschaft aus, wird die Gesellschaft unter Beibehaltung der bisherigen Firma mit den verbleibenden Gesellschaftern fortgesetzt. Verbleibt nur noch ein Gesellschafter, ist er berechtigt, das Unternehmen mit allen Aktiven und Passiven fortzuführen.

§ 16 Abfindung

(1) Auf den Tag des Ausscheidens ist eine Auseinandersetzungsbilanz aufzustellen, in die alle Aktiva und Passiva der Gesellschaft mit ihrem wirklichen Wert einzustellen sind. Der ausscheidende Gesellschafter bzw. seine Erben erhalten den ihrem festen Kapitalkonto entsprechenden Anteil am sich hieraus ergebenden Gesellschaftsvermögen. Am Firmenwert sowie am Ergebnis schwebender Geschäfte ist der ausscheidende Gesellschafter nicht beteiligt.

(2) Das Abfindungsguthaben ist in sechs gleichen Jahresraten auszuzahlen, wobei die erste Rate drei Monate nach Feststellung des Abfindungsguthabens zur Zahlung fällig ist. Die fünf weiteren Raten sind jeweils mit Beginn des Monats des darauffolgenden Jahres fällig, in dem die erste Rate fällig war. Eine frühere Zahlung der Abfindung ist jederzeit möglich.

(3) Bis zur Fälligkeit der ersten Rate ist die Abfindung unverzinslich. Danach ist der jeweils offenstehende Betrag der Abfindung mit jährlich 2% über dem jeweiligen Bundesbankdiskontsatz, höchstens mit 8% p.a. zu verzinsen. Die Zinsen sind jeweils mit den Raten auszuzahlen.

§ 17 Informations- und Überwachungsrechte

(1) Jeder Kommanditist ist berechtigt, von dem geschäftsführenden Gesellschafter Auskunft über die Lage der Gesellschaft insgesamt und über einzelne Geschäfte zu verlangen.

(2) Die Kommanditisten sind berechtigt, jederzeit Einsicht in den Jahresabschluß sowie die Bücher und Papiere der Gesellschaft zu nehmen.

§ 18 Wettbewerbsverbot

(1) Kein Gesellschafter darf während seiner Zugehörigkeit zur Gesellschaft und dem auf das Ausscheiden folgenden Jahr ohne Einwilligung der anderen Gesellschafter in dem Geschäftszweig der Gesellschaft Geschäfte für eigene oder fremde Rechnung vornehmen, noch solche durch Dritte vornehmen zu lassen oder sich an einem Konkurrenzunternehmen für eigene oder fremde Rechnung mittelbar oder unmittelbar beteiligen oder betätigen.

(2) Im Falle der Zuwiderhandlung gegen das Wettbewerbsverbot gem. Abs. 1 hat der Zuwiderhandelnde für jeden Fall der Zuwiderhandlung eine Vertragsstrafe von 10.000 DM an die Gesellschaft zu zahlen. Der Rechtsanspruch auf Schadenersatz oder Unterlassung wird durch die Zahlung der Vertragsstrafe nicht berührt.

§ 19 Liquidation der Gesellschaft

(1) Soweit die Gesellschafterversammlung nichts Abweichendes beschließt, erfolgt die Liquidation der Gesellschaft durch den persönlich haftenden Gesellschafter.

(2) Das nach Befriedigung der Gläubiger verbleibende Vermögen der Gesellschaft ist im Verhältnis der Geschäftsanteile unter die Gesellschafter aufzuteilen.

§ 20 Schlußbestimmungen

(1) Mündliche Nebenabreden zu diesem Vertrag wurden nicht getroffen.

(2) Änderungen oder Ergänzungen dieses Vertrages bedürfen der Schriftform.

(3) Sollten einzelne Bestimmungen dieses Gesellschaftsvertrages ganz oder teilweise unwirksam sein, so werden die übrigen Bestimmungen dieses Vertrages hiervon nicht berührt. Die betreffende Bestimmung ist durch eine wirksame zu ersetzen, die den angestrebten wirtschaftlichen Zweck möglichst nahe kommt.

(4) Die Kosten dieses Vertrages und seiner Durchführung trägt die Gesellschaft.

Leipzig, den ....

(Roland Tiedemann)

....

(Willi Wacker) (Martina Tüchtig)

Abb. 32: Muster für den Gesellschaftsvertrag einer KG

Vorteile der KG:

- Alleinentscheidungsrecht des Komplementärs,
- das Gesellschafterverhältnis untereinander kann im Gesellschaftsvertrag weitestgehend nach eigenen Vorstellungen geregelt werden,
- Haftungsbeschränkung für den Kommanditisten,
- für die Beteiligung der Kommanditsten ist kein Mindestkapital erforderlich,
- breitere Kapitalbasis,
- Übertragbarkeit der Gesellschaftsanteile.

Nachteile der KG:

- die unbeschränkte persönliche Haftung zumindest eines Gesellschafters, des Komplementärs.

3.4.4 Die stille Gesellschaft

Gesetzliche Grundlagen: §§ 230–237 HGB. Die Vorschriften über die GbR, OHG und KG sind ergänzend anzuwenden.

Die stille Gesellschaft ist ein Gesellschaftsverhältnis, das die Beteiligung am Gewinn eines Handelsgewerbes eines anderen durch Leistung einer Vermögenseinlage, die in das Vermögen des Inhabers des Handelsgewerbes übergeht, zum Inhalt hat.

Für die Entstehung einer stillen Gesellschaft müssen folgende Voraussetzungen erfüllt sein:

1. Gesellschaftsverhältnis zwischen stillem Gesellschafter und Inhaber
   Stiller Gesellschafter kann jede natürliche oder juristische Person sein. Auch eine andere Gesellschaft kann stiller Gesellschafter sein, z. B. eine OHG oder GbR. Geht der Inhaber mit mehreren Personen eine stille Gesellschaft ein, so begründet jede Gesellschaft ein selbständiges Rechtsverhältnis.
2. Betrieb eines Handelsgewerbes
   Das Handelsgewerbe kann sowohl als Einzelunternehmen als auch als Personen- oder Kapitalgesellschaft betrieben werden.
3. Leistung einer Vermögenseinlage
   Der stille Gesellschafter hat eine Einlage zu leisten, die in das Vermögen des Inhabers übergeht. Die Einlage kann jeder Vorteil sein, der als Geldbetrag bewertbar ist. Neben Bargeld können auch Know-how, Dienstleistungen oder Nutzungsrechte zur Verfügung gestellt werden. Die Bewertung der Einlage liegt im Ermessen der Beteiligten. Eine Sicherung der Einlage, z. B. durch Bestellung von Grundpfandrechten oder Sicherungsübereignungen ist möglich.
4. Gewinnbeteiligung
   Es muß sich um eine echte Gewinnbeteiligung handeln. Eine feste Verzinsung ist Darlehen, aber keine stille Gesellschaft. Die Beteiligung am Verlust kann ausgeschlossen werden.

Für die stille Gesellschaft gelten folgende Grundsätze:
Grundlage der **Gewinn- und Verlustverteilung** ist die Handelsbilanz. Der Gewinnanteil des stillen Gesellschafters wird nach § 232 Abs. 1 HGB an diesen ausbezahlt. An einem Verlust nimmt der stille Gesellschafter nur bis zum Betrag seiner eingezahlten oder rückständigen Einlage teil.

Der stille Gesellschafter hat kein Mitspracherecht in der Geschäftsführung. Ihm steht lediglich nach § 233 Abs. 1 HGB das Recht (**Kontrollrecht**) zu, die Abschrift des Jahresabschlusses zu verlangen und deren Richtigkeit durch Einsicht in die Bücher und Geschäftspapiere zu prüfen. Auf Antrag des stillen Gesellschafters kann das Gericht bei Vorliegen eines wichtigen Grundes die Mitteilung einer Bilanz und eines Jahresabschlusses oder sonstige Aufklärungen sowie die Vorlegung der Bücher und Papiere jederzeit anordnen (§ 233 Abs. 3 HGB).

Die **Haftung** des stillen Gesellschafters gegenüber Gläubigern ist auf die Einlage beschränkt.

Muster ohne Gewähr

Gesellschaftsvertrag

zwischen
Herrn Holger Friedemann, Waldweg 25, 60488 Frankfurt/Main
- Geschäftsinhaber der Fa. Elektroinstallation Holger Friedemann - und
Herrn Dr. Josef Haferkamp, Zahnarzt, Allensteiner Straße 67, 60386 Frankfurt/Main
- stiller Gesellschafter -

§ 1 Stille Einlage

(1) Herr Dr. Haferkamp beteiligt sich an dem Unternehmen des Herrn Friedemann als stiller Gesellschafter mit einer Einlage in Höhe von 100.000 DM.
(2) Die Einlage ist am 1.1.1998 zu leisten.

§ 2 Beginn und Dauer der Gesellschaft, Geschäftsjahr, Kündigung

(1) Die stille Gesellschaft beginnt am 1.1.1998 und endet am 31.12.2002. Sie verlängert sich jeweils um ein Jahr, wenn sie nicht sechs Monate zum jeweiligen Jahresende gekündigt wird.
(2) Die Gesellschaft kann jederzeit aus wichtigem Grund fristlos aufgekündigt werden.
(3) Das Geschäftsjahr ist das Kalenderjahr.

§ 3 Gewinnbeteiligung, Auszahlung

(1) Der stille Gesellschafter ist am Gewinn mit 10% beteiligt. Für die Gewinnermittlung ist die Steuerbilanz maßgeblich. Änderungen durch das Finanzamt sind zu berücksichtigen. Sonderabschreibungen nach steuerlichen Vorschriften bleiben unberücksichtigt.
(2) An einem etwaigen Verlust des Unternehmens ist der stille Gesellschafter nicht beteiligt.
(3) Spätestens sechs Monate nach Ablauf des Geschäftsjahres ist die Bilanz zu erstellen. Zum gleichen Zeitpunkt ist der Gewinnanteil auszuzahlen.

§ 4 Informations- und Überwachungsrecht des stillen Gesellschafters

Der stille Gesellschafter hat lediglich das Recht auf abschriftliche Mitteilung der Jahresbilanz und Prüfung ihrer Richtigkeit durch Einsicht in die Bücher und Geschäftspapiere. Mit der Prüfung kann eine sachkundige Person betraut werden.

§ 5 Sicherung der stillen Einlage

Herr Friedemann verpflichtet sich, zur Sicherung aller Ansprüche des stillen Gesellschafters aus diesem Vertrag dem stillen Gesellschafter sofort mit gesonderter Urkunde eine Grundschuld über 100.000 DM an seinem Grundstück Waldweg 25, 60488 Frankfurt/Main zu bestellen und in das Grundbuch eintragen zu lassen.

§ 6 Tod eines Gesellschafters

(1) Durch den Tod des Geschäftsinhabers wird die Gesellschaft nur dann aufgelöst, wenn seine Erben das Unternehmen nicht fortführen.
(2) Beim Tod des stillen Gesellschafters geht dessen stille Beteiligung auf die Ehefrau Veronika Haferkamp über.

§ 7 Auseinandersetzung, Abfindungsguthaben

(1) Das Abfindungsguthaben des stillen Gesellschafters bei Beendigung der Gesellschaft besteht aus seiner Einlage, dem auf seinem Privatkonto stehenden Betrag und seinem Gewinnanteil bis zum Tag seines Ausscheidens.

(2) Der stille Gesellschafter nimmt an den am Tag der Beendigung der Gesellschaft noch schwebenden Geschäften nicht teil.

(3) Das Abfindungsguthaben ist spätestens sechs Monate nach Beendigung der Gesellschaft auszuzahlen. Bei Zahlungsverzögerung ist der Anspruch mit 8% zu verzinsen.

(4) Wird die Gesellschaft infolge Kündigung aus einem wichtigen Grund, den der Geschäftsinhaber zu vertreten hat, aufgelöst, so ist das Abfindungsguthaben des stillen Gesellschafters sofort zur Zahlung fällig. Rückständige Zahlungen sind mit 8% zu verzinsen.

Frankfurt/Main, den ....

(Holger Friedemann) (Dr. Josef Haferkamp)

Abb. 33: Muster für den Gesellschaftsvertrag einer typischen stillen Gesellschaft

Vorteile für das Unternehmen:

- gute Finanzierungsmöglichkeiten, sowohl kurz- als auch langfristig,
- kein Mitspracherecht des stillen Gesellschafters in der Geschäftsführung,
- das »Entgelt« für die Einlage des stillen Gesellschafters wird nur bei Gewinn fällig,
- anonyme Beteiligung.

Nachteile für den stillen Gesellschafter:

- kein Mitspracherecht des stillen Gesellschafters in der Geschäftsführung.

Die atypische stille Gesellschaft

Bei der atypischen stillen Gesellschaft ist der stille Gesellschafter nicht nur am Gewinn und bei entsprechender Vereinbarung am Verlust der Gesellschaft, sondern auch an den während der Beteiligungszeit entsprechend stillen Reserven und hierdurch am Vermögenszuwachs des Unternehmens beteiligt. Bei Ausscheiden des atypischen stillen Gesellschafters hat er außer einem Anspruch auf Rückzahlung seines Guthabens auch einen Anspruch auf Abgeltung seines Anteils an den während der Vertragsdauer gebildeten stillen Reserven.

Die stille Gesellschaft kann vertraglich so ausgestaltet werden, daß der stille Gesellschafter zum Mitunternehmer i.S. des Einkommensteuergesetzes wird. Dann werden die Gewinn- und Verlustanteile des atypischen stillen Gesellschafters als (positive oder negative) Einkünfte aus Gewerbebetrieb angesehen. Dementsprechend sind diese Vergütungen nicht als Betriebsausgaben abzugsfähig.

3.4.5 Die Partnerschaftsgesellschaft (PartG)

Gesetzliche Grundlagen: §§ 1–11 PartGG. Die Vorschriften über die OHG sind ergänzend anzuwenden.

Die Partnerschaftsgesellschaft ist ein vertraglicher Zusammenschluß Angehöriger Freier Berufe zur Ausübung ihrer Berufe.

Seit dem 1. Juli 1995 gibt es die Gesellschaftsform für Freie Berufe. Es handelt sich praktisch um eine Art OHG, bei der als Partner nur Freiberufler zugelassen sind.

Für die Entstehung einer Partnerschaftsgesellschaft müssen folgende Voraussetzungen erfüllt sein:

1. Mehrere Gesellschafter
   Mindestens zwei Partner, die freiberuflich qualifiziert sein müssen, schließen einen Partnerschaftsvertrag.
2. Angehörige Freier Berufe in Ausübung ihrer Berufe
   Die freiberuflich qualifizierten Partner müssen die Freien Berufe entsprechend ihrer Qualifikationen ausüben. Das Partnerschaftsgesetz definiert nicht den Freien Beruf, sondern stellt einen Katalog von Berufen zur Verfügung, deren selbständige Berufstätigkeit als Ausübung eines Freien Berufes i.S. des Partnerschaftsgesetzes gilt.
3. Partnerschaftsvertrag
   Der Partnerschaftsvertrag entspricht dem Gesellschaftsvertrag der OHG und der GbR. Nach § 3 Abs. 1 PartGG bedarf der Partnerschaftsvertrag der Schriftform. Er ist von allen Partnern eigenhändig zu unterzeichnen. Der Partnerschaftsvertrag muß folgenden Mindestinhalt aufweisen (§ 3 Abs. 2 PartGG):
   - den Namen und den Sitz der Partnerschaft,
   - den Namen, den Vornamen, den Wohnort und den in der Partnerschaft ausgeübten Beruf jedes Partners und
   - den Gegenstand der Partnerschaft.
4. Eintragung in das Partnerschaftsregister
   Die Partnerschaft entsteht gem. § 7 Abs. 1 PartGG erst mit der Eintragung in das Partnerschaftsregister.

Die Ausübung eines Freien Berufs im Sinne dieses Gesetzes ist die **selbständige** Berufstätigkeit der Ärzte, Zahnärzte, Tierärzte, Heilpraktiker, Krankengymnasten, Hebammen, Heilmasseure, Diplom-Psychologen, Mitglieder der Rechtsanwaltskammern, Patentanwälte, Wirtschaftsprüfer, Steuerberater, beratenden Volks- und Betriebswirte, vereidigten Buchprüfer (vereidigte Buchrevisoren), Steuerbevollmächtigten, Ingenieure, Architekten, Handelschemiker, Lotsen, hauptberuflichen Sachverständigen, Journalisten, Bildberichterstatter, Dolmetscher, Übersetzer und ähnlicher Berufe sowie der Wissenschaftler, Künstler, Schriftsteller, Lehrer und Erzieher (§ 1 Abs. 2 PartGG).

Interprofessionelle Zusammenschlüsse
Grundsätzlich steht die Partnerschaft allen Freien Berufen offen. Das Partnerschaftsgesetz kennt keine Einschränkung der Kombination verschiedener Berufe. Letztendlich bleibt den einzelnen Berufsrechten die Entscheidung überlassen, ob ihre Angehörigen die neue Gesellschaftsform in Anspruch nehmen dürfen und mit welchen anderen Berufen sie sich zusammenschließen können. Das bedeutet, daß alle Freien Berufe i.S. des Gesetzes, die kein Berufsrecht haben, unbeschränkt mit anderen nichtreglementierten Freien Berufen in der Partnerschaft zusammenarbeiten können. Dasselbe gilt für alle diejenigen Freien Berufe, die zwar ein Berufsrecht besitzen, das aber keine einschränkende Regelung über die interprofessionelle Zusammenarbeit enthält.

Für die Partnerschaftsgesellschaft gelten folgende Grundsätze:
Da der **Gegenstand der Partnerschaft** in das Partnerschaftsregister eingetragen und veröffentlicht wird, sollte er klar und eindeutig festgelegt sein. Der Gegenstand kann sich nur auf eine freiberufliche Tätigkeit im Rahmen der Partnerschaftsvoraussetzungen des § 1 PartGG erstrecken. Geht der Gegenstand darüber hinaus, wird die Tätigkeit nicht mehr freiberuflich, sondern gewerblich eingeordnet und vom Registergericht abgelehnt.

Unter der **Geschäftsführung** sind alle Handlungen zu verstehen, die im Rahmen des gewöhnlichen Betriebs des Partnerschaftsunternehmens zu erbringen sind. Dazu gehören sämtliche direkt in Ausübung der freiberuflichen Dienstleistungen zu erbringenden geschäftlichen Tätigkeiten. Außergewöhnlicher Geschäftsführungsmaßnahmen sind je nach Einzelfall zu bestimmen und soweit wie möglich im Partnerschaftsvertrag aufzunehmen. Die Durchführung außergewöhnlicher Geschäfte bedarf eines Gesellschafterbeschlusses.

Alle Partner haften gesamtschuldnerisch für die Verbindlichkeiten der Partnerschaft (§ 8 Abs. 1 PartGG). Allerdings besteht die Möglichkeit, die **Haftung** für Ansprüche aus Schäden wegen fehlerhafter Berufsausübung unter Verwendung vorformulierter Vertragsbedingungen auf denjenigen zu beschränken, der innerhalb der Partnerschaft die berufliche Leistung zu erbringen oder verantwortlich zu leiten und zu überwachen hat (§ 8 Abs. 2 PartGG). Für einzelne Berufe kann durch Gesetz eine Beschränkung der Haftung für Ansprüche aus Schäden wegen fehlerhafter Berufsausübung auf einen bestimmten Höchstbetrag zugelassen werden, wenn zugleich eine Pflicht zum Abschluß einer Berufshaftpflichtversicherung der Partner oder der Partnerschaft begründet wird (§ 8 Abs. 3 PartGG).

Name der Partnerschaft
Die Partnerschaft muß den Namen eines Partners, kann aber auch die Namen mehrerer oder aller Partner enthalten und zusätzlich sämtliche Berufsbezeichnungen der in der Partnerschaft vertretenen Berufe sowie einen auf die Partnerschaft hinweisenden Zusatz »und Partner« oder »Partnerschaft« (§ 2 Abs. 1 PartGG). Die Beifügung von Vornamen ist nicht erforderlich. Auf allen Geschäftsbriefen der Partnerschaft, die an einen bestimmten Empfänger gerichtet

werden, müssen die Rechtsform und der Sitz der Gesellschaft, das Registergericht und die Nummer unter der die Gesellschaft in das Partnerschaftsregister eingetragen ist, angegeben werden (§ 7 Abs. 4 PartGG i.V.m. § 125a Abs. 1 Satz 1 HGB).
Beispiele: Mühlenhaupt und Partner, Dr. Hausmann Partnerschaft.

Nicht als Partnerschaftsgesellschaften organisierte Gesellschaften dürfen gem. § 11 PartGG die Bezeichnung »Partnerschaft« oder »und Partner« nicht mehr fortführen. Ein klärender Zusatz muß auf eine andere Rechtsform hinweisen, z. B. »Gesellschaft bürgerlichen Rechts«.

Vorteile gegenüber der GbR:
- die Rechtsfähigkeit.

Vorteile gegenüber der Freiberufler-GmbH:
- Image- und Seriositätsvorteil (keine Haftungsbeschränkung im Namen der Gesellschaft),
- vereinfachte Gewinnermittlung nach der Einnahmen-Überschußrechnung (§ 4 Abs. 3 EStG),
- erleichterte Rechnungslegung (keine Bilanzierungspflicht, keine Registerpublizität der Rechnungslegung, keine Prüfungspflichten),
- einfachere Besteuerung (keine Körperschaftssteuer, keine Gewerbesteuer),
- einfachere Gründung und Handhabung (keine Kapitalaufbringung und Kapitalerhaltung, keinen notariell beurkundeten Gesellschaftsvertrag).

Nachteile gegenüber der GbR:
- die Registrierung und deren Kosten.

Nachteile gegenüber der Freiberufler-GmbH:
- die Haftungsbeschränkung deckt nur vertragliche und berufliche Felder ab,
- das Ausscheiden eines Gesellschafters einer Zweipersonen-Partnerschaft beendet die Partnerschaft.

3.4.6 Die Gesellschaft mit beschränkter Haftung (GmbH)

Gesetzliche Grundlagen: §§ 1 ff. GmbHG.

> Die Gesellschaft mit beschränkter Haftung (GmbH) ist eine Kapitalgesellschaft mit eigener Rechtspersönlichkeit (juristische Person) zu jedem gesetzlich zulässigen Zweck, bei der die Haftung auf das Gesellschaftskapital beschränkt ist.

Eigene Rechtspersönlichkeit bedeutet, daß die die Gesellschaft selbst Träger eigener Rechte ist und selbständig im Rechtsverkehr - vertreten durch ihre Geschäftsführer - handelt. Sie schließt Verträge, hat eigenes Einkommen und Vermögen und muß Steuern bezahlen. Alle Handlungen, die das Unternehmen betreffen, werden der Gesellschaft und nicht den Gesellschaftern zugerechnet.

Beschränkte Haftung bedeutet, daß sich Gläubiger der Gesellschaft nur aus dem Gesellschaftsvermögen, nicht aber auch aus dem Privatvermögen der Gesellschafter befriedigen können. Das Vermögen der Gesellschaft steht den Gläubigern allerdings in seiner Gesamtheit zur Verfügung, also nicht nur bis zur Höhe des Betrages des Stammkapitals.

Gesellschaftsvertrag

Für die Gründung einer GmbH ist der Abschluß eines Gesellschaftsvertrages erforderlich, der notariell beurkundet und von allen Gesellschaftern unterschrieben werden muß. Der Gesellschaftsvertrag muß nach § 3 Abs. 1 GmbHG folgenden Mindestinhalt aufweisen:

- die Firma und den Sitz der Gesellschaft,
- den Gegenstand des Unternehmens,
- den Betrag des Stammkapitals,
- den Betrag der von jedem Gesellschafter auf das Stammkapital zu leistenden Einlage (Stammeinlage),
- die etwaige Zeitdauer der Gesellschaft,
- anderweitige Verpflichtungen der Gesellschafter über die vereinbarte Leistung von Kapitaleinlagen hinaus.

Der gesetzlich notwendige Inhalt muß im einzelnen je nach den Bedürfnissen und Wünschen der Beteiligten ergänzt werden.

Firma der Gesellschaft

Die Gesellschafter der GmbH haben relativ großen Spielraum bei der Namensgebung. Grundsätzlich muß die Firma den Zusatz »mit beschränkter Haftung« oder die Abkürzung »GmbH« enthalten (§ 4 GmbH). Es gibt folgende Möglichkeiten:

- Die Firma kann den Namen eines Gesellschafters oder auch die Namen mehrerer Gesellschafter enthalten. (Personenfirma). Die Vornamen können, müssen aber nicht angegeben werden.
  Beispiele: Horst Hübner GmbH (ein Gesellschafter), Horst Hübner & Co. GmbH (mindestens zwei Gesellschafter), Hübner, Schneider und Bergmann GmbH (drei Gesellschafter), Horst Hübner, Gerhard Schneider & Co. GmbH (mindestens drei Gesellschafter).
- Die Firma kann den Gegenstand des Unternehmens enthalten (Sachfirma).
  Beispiele: Kälteanlagenbau GmbH, Lagertechnik GmbH.
- Die Firma kann als Phantasiefirma zugelassen werden, wenn dadurch das Unternehmen unterscheidungskräftig bezeichnet wird.
  Beispiele: Andromeda GmbH, Polar GmbH, Quadriga GmbH.

- Die Firma kann eine Kombination aus Personen-, Sach- und Phantasiefirma sein (Mischfirma).
  Beispiele: Schneider Gebäudereinigung GmbH, WB-Tec Computersysteme GmbH.

Bei der Einbringung bzw. Umwandlung eines bestehenden Unternehmen in eine GmbH kann die bisherige Firma fortgeführt werden, wenn das Recht zur Firmenfortführung auf die GmbH übertragen worden ist. Der Wechsel der Gesellschafter einer GmbH ist auf die Firma ohne Einfluß. Jede Änderung der Firma bedeutet eine Änderung des Gesellschaftsvertrages.

Sitz der Gesellschaft
Als Sitz der Gesellschaft ist in der Regel der Ort zu bezeichnen, an dem die Gesellschaft einen Betrieb hat, oder an dem sich die Geschäftsleitung befindet oder die Verwaltung geführt wird (§ 4a GmbHG).

Gegenstand des Unternehmens
Der Gegenstand des Unternehmens kann nach § 1 GmbHG jeder beliebige Zweck sein. Er ist eindeutig im Gesellschaftsvertrag zu bezeichnen. Um das Betätigungsfeld der Gesellschaft nicht zu sehr einzuschränken, ist es zu empfehlen, zusätzlich eine Klausel aufzunehmen, die die Möglichkeit offenläßt, auch noch in anderen Wirtschaftsbereichen tätig zu werden.

Stammkapital und Stammeinlagen
Das Stammkapital ist der Vermögensgrundstock der GmbH und muß mindestens 25.000 EUR betragen. Der Betrag braucht nicht in voller Höhe, sondern nur zu einem Viertel eingezahlt sein, mindestens 12.500 EUR (einschließlich des Wertes einer Sacheinlage). Das Stammkapital setzt sich aus den Stammeinlagen der Gesellschafter zusammen. Die Stammeinlagen der einzelnen Gesellschafter können verschieden hoch sein. Der Mindestbetrag pro Einlage beträgt 100 EUR und muß durch 50 teilbar sein.

Die Einlage kann als Bar- und/oder als Sacheinlagen erbracht werden:

- Bareinlage
  Die Bareinlage ist auf ein Konto der GmbH einzuzahlen und muß zur freien Verfügung der Geschäftsführung stehen.
- Sacheinlage
  Als Einlage können auch Sachen oder Rechte (sog. Sachgründung) übertragen werden, z.B. Wertgegenstände, Betriebs- und Geschäftsausstattung, Maschinen, Kraftfahrzeuge, Grundstücke, Patente, Unternehmen. Die Sacheinlagen müssen schon vor der Anmeldung zur Eintragung in das Handelsregister zur freien Verfügung der Geschäftsführung stehen.
  Bei einer Sachgründung müssen der Anmeldung zur Eintragung in das Handelsregister beigefügt sein:
  - Ein von allen Gesellschaftern unterschriebener Sachgründungsbericht, in dem die für die Angemessenheit der Leistungen der Sacheinlagen wesentli-

che Umstände darzulegen sind. Wird ein Unternehmen eingebracht, so sind die Jahresergebnisse der beiden letzten Jahre anzugeben. Der Sachgründungsbericht ist kein Bestandteil des Gesellschaftsvertrages und bedarf daher nicht der notariellen Beurkundung.
- Unterlagen darüber, daß der Wert der Sacheinlagen dem Betrag der dafür übernommenen Stammeinlage entspricht. Bei eingebrachten Einzelgegenständen ist in der Regel ein Gutachten eines Sachverständigen einzureichen, bei neuen Gegenständen reicht normalerweise die Rechnung. Wird ein gesamtes Unternehmen eingebracht, so ist der letzte Jahresabschluß vorzulegen.
- Verträge, die den Festsetzungen der Sacheinlagen zugrunde liegen oder zu ihrer Ausführung geschlossen worden sind.

Bei Gesellschaften, die zwischen dem 1. Januar 1999 und dem 31. Dezember 2001 zum Handelsregister angemeldet und in das Register eingetragen werden, dürfen Stammkapital und Stammeinlagen auch auf DM lauten. Für Mindestbetrag und Teilbarkeit von Kapital, Einlagen und Geschäftsanteilen sowie für den Umfang des Stimmrechts gelten die zu dem vom Rat der EU unwiderruflich festgelegten Umrechnungskurs in DM umzurechnenden Beträge des Gesetzes in der ab dem 1. Januar 1999 geltenden Fassung (§ 86 Abs. 2 HGB): 1 EUR = 1,95583 DM.

Dauer der Gesellschaft

Die GmbH kann auf bestimmte oder unbestimmte Zeit gegründet werden. Soll die Gesellschaft nur für eine bestimmte Zeit bestehen, muß dies im Gesellschaftsvertrag festgelegt sein. Fehlt eine Vereinbarung über die Dauer im Gesellschaftsvertrag, bedarf es einem Beschluß der Gesellschafter, die GmbH aufzulösen.

Nebenleistungs- und Sonderpflichten

Nebenleistungs- und Sonderpflichten sind alle Pflichten, die im Gesellschaftsvertrag den Gesellschaftern gegenüber der GmbH auferlegt werden. Insbesondere handelt es sich dabei z. B. um Geldleistungen (z. B. Gesellschafterdarlehen), Dienstleistungen, Wettbewerbsverbot. Leistungen von Kapitaleinlagen fallen nicht darunter.

Nachschußpflicht

Die Gesellschafter können im Gesellschaftsvertrag beschließen, daß über den Betrag der Stammeinlagen hinaus weitere Einzahlungen (Nachschüsse) eingefordert werden können. Die Einzahlung der Nachschüsse hat nach Verhältnis der Geschäftsanteile zu erfolgen und kann der Höhe nach beschränkt werden. Sieht der Gesellschaftsvertrag eine unbeschränkte Nachschußpflicht vor, so hat jeder Gesellschafter das Recht, sich von der Zahlung des auf den Geschäftsanteil erforderlichen Nachschusses dadurch zu befreien, daß er innerhalb eines Monats nach der Aufforderung zur Einzahlung den Geschäftsanteil der Gesellschaft zur Befriedigung zur Verfügung stellt.

Geschäftsführung und Vertretung

Zur Vertretung der GmbH müssen ein oder mehrere Geschäftsführer bestellt werden. Es können auch Nichtgesellschafter sein. In jedem Fall empfiehlt es sich, mit den Geschäftsführern einen Anstellungsvertrag zu schließen, in dem Vertretungs- und Verwaltungsbefugnisse, Kontrolle der Geschäftsführung, Gehalt, Tantieme, Gratifikation, Aufwandsentschädigung, Urlaub, Spesen, Dauer des Anstellungsverhältnisses, Kündigungsmöglichkeiten usw. festzulegen sind. Die Bestellung der Geschäftsführer geschieht gem. § 46 Nr. 5 GmbHG entweder im Gesellschaftsvertrag oder durch Beschluß der Gesellschafter anläßlich der Errichtung der GmbH oder später.

Die Geschäftsführer vertreten gem. § 35 Abs. 2 GmbHG die Gesellschaft nach außen gerichtlich und außergerichtlich. Die Vertretungsmacht ist gem. § 37 Abs. 2 GmbHG nach außen grundsätzlich nicht beschränkt und nicht beschränkbar. Einschränkungen durch den Gesellschaftsvertrag oder durch Gesellschafterbeschlüsse wirken gem. § 37 Abs. 1 GmbHG nur im Innenverhältnis. Ist nur ein Geschäftsführer vorhanden, so vertritt er die Gesellschaft allein. Bei Bestellung mehrerer Geschäftsführer vertreten diese die Gesellschaft grundsätzlich zusammen (Gesamtvertretung, § 35 Abs. 2 Satz 2 GmbHG). Der Gesellschaftsvertrag kann jedoch vorsehen, daß auch bei mehreren Geschäftsführern die Gesellschaft durch einen Geschäftsführer allein (Einzelvertretung) oder durch zwei Geschäftsführer gemeinsam vertreten wird.

Es wird auch häufig im Gesellschaftsvertrag bestimmt, daß bei Bestellung von mehreren Geschäftsführern die Gesellschaft durch zwei Geschäftsführer gemeinschaftlich oder einen Geschäftsführer zusammen mit einem Prokuristen vertreten wird.

Nach § 181 BGB sind sog. Insichgeschäfte nicht gestattet. Das Verbot des Selbstkontrahierens bedeutet, daß der Geschäftsführer der GmbH, wenn es ihm nicht besonders gestattet ist, im Namen der GmbH mit sich im eigenen Namen ein Rechtsgeschäft nicht vornehmen darf, es sei denn, daß das Rechtsgeschäft ausschließlich in der Erfüllung einer Verbindlichkeit besteht. Eine Befreiung des Geschäftsführers von den Beschränkungen des § 181 BGB ist sinnvoll, besonders wichtig bei der Einmann-GmbH. Wird das Verbot des Selbstkontrahierens nicht beachtet, können sich daraus auch steuerliche Konsequenzen ergeben. Die Befreiung muß im Handelregister eingetragen sein.

Gesellschafterversammlung

Die Gesellschafter üben ihre Rechte in der Gesellschafterversammlung aus und bilden als solche ein Organ der Gesellschaft. Satzungsänderungen können nur von der Gesellschafterversammlung durchgeführt werden.

Die Einberufung geschieht durch die Geschäftsführer mittels eingeschriebenen Briefes mit einer Frist von mindestens einer Woche unter Angabe des Zwecks. Bei mehreren Geschäftsführern, auch bei Gesamtvertretung, genügt die Einberufung durch einen Geschäftsführer.

Die Beschlüsse der Gesellschafter erfolgen durch die Mehrheit der abgegebenen Stimmen. In bestimmten Fällen ist eine höhere Mehrheit für die Beschlußfassung vorgeschrieben. Zum Beispiel bedürfen Beschlüsse über eine Abänderung des Gesellschaftsvertrages einer Mehrheit von Dreivierteln der abgegebenen Stimmen. Für die Einmann-GmbH gilt, daß bei dieser unverzüglich nach der Beschlußfassung eine Niederschrift aufgenommen und unterschrieben werden muß.

Angaben auf Geschäftsbriefen
Auf allen Geschäftsbriefen, die an einen bestimmten Empfänger gerichtet werden, müssen die Rechtsform und der Sitz der Gesellschaft, das Registergericht des Sitzes der Gesellschaft und die Nummer, unter der die Gesellschaft in das Handelsregister eingetragen ist, sowie alle Geschäftsführer mit den Familiennamen und mindestens einem ausgeschriebenen Vornamen angegeben werden (§ 35a Abs. 1 GmbH). Dies gilt nicht bei Mitteilungen oder Berichten, die im Rahmen einer bestehenden Geschäftsverbindung ergehen und für die üblicherweise Vordrucke verwendet werden, in denen lediglich die im Einzelfall erforderlichen Angaben eingefügt zu werden brauchen (§ 35a Abs. 2 GmbHG). Bestellscheine gelten als Geschäftsbriefe i.S.d. § 35a Abs. 1 GmbHG.

Vorteile der GmbH:
- die Haftungsbeschränkung der Gesellschafter,
- der geringe Kapitalbedarf,
- die einfache Verwaltung der Gesellschaft durch Geschäftsführer und Gesellschafterversammlung,
- die einfache Veräußerung und Übertragung von GmbH-Anteilen,
- bei Insolvenz Risikoabwälzung auf die Gläubiger,
- bei Handwerksbetrieben: Selbst wenn keiner der Gesellschafter ein Handwerksmeister ist, kann ein Handwerksbetrieb durch Anstellung eines Meisters oder eines Ingenieurs mit 3jähriger Berufspraxis als fachlicher Betriebsleiter geführt werden,
- nur eingeschränkte Publizitätspflicht für kleine Gesellschaften,
- der Name des Gesellschafters braucht in der Firma nicht genannt werden (Sachfirma).

Nachteile der GmbH:
- geringes Vertrauen der Gläubiger insbesondere bei jungen Gesellschaften,
- aufgrund der geringen Kreditbasis wird persönliche Bürgschaft oder Schuldmitübernahme der Gesellschafter verlangt,
- höhere Gründungskosten als bei den Personengesellschaften,
- wie bei Zahlungsunfähigkeit ist auch bei Überschuldung der Geschäftsführer verpflichtet, die Eröffnung des Konkurs- oder des gerichtlichen Vergleichsverfahrens zu beantragen,
- aufwendiger Jahresabschluß,
- steuerliche Nachteile.

Muster ohne Gewähr

Gesellschaftsvertrag

§ 1 Firma und Sitz

(1) Die Firma der Gesellschaft lautet: »MedTech Manfred Schmidt GmbH«.
(2) Die Gesellschaft hat ihren Sitz in Berlin.

§ 2 Gegenstand des Unternehmens

(1) Der Gegenstand des Unternehmens ist der Groß- und Einzelhandel mit medizinischen Geräten aller Art.
(2) Die Gesellschaft ist berechtigt, weitere gleichartige oder ähnliche Unternehmen zu gründen, bestehende zu erwerben oder sich an diesen zu beteiligen sowie sämtliche Geschäfte zu betreiben, die geeignet sind, den Zweck der Gesellschaft zu fördern.

§ 3 Beginn und Dauer der Gesellschaft, Geschäftsjahr, Kündigung

(1) Die Gesellschaft beginnt mit der Eintragung in das Handelsregister. Ihre Dauer ist unbestimmt.
(2) Das Geschäftsjahr ist das Kalenderjahr.
(3) Die Gesellschaft kann mit einer Frist von sechs Monaten zum Ende eines Geschäftsjahres gekündigt werden. Die Kündigung bedarf zu ihrer Wirksamkeit der Schriftform gegenüber den Mitgesellschaftern.
(4) Eine Kündigung der Gesellschaft ist bis zum 31. Dezember 2001 ausgeschlossen.

§ 4 Stammkapital, Stammeinlagen

(1) Das Stammkapital der Gesellschaft beträgt 100.000 DM.
(2) Hiervon haben übernommen:
   a) Herr Manfred Schmidt, Dipl.-Ing.,
      eine Stammeinlage in Höhe von 60.000 DM,
   b) Herr Lothar Hildebrand, Dipl.-Betriebswirt,
      eine Stammeinlage in Höhe von 40.000 DM.
(3) Sämtliche Stammeinlagen sind in Geld zu leisten, und zwar zu je ein Viertel, mindestens jedoch mit 25.000 DM sofort. Über die Einzahlung der restlichen Stammeinlagen beschließt die Gesellschafterversammlung.

§ 5 Geschäftsführung und Vertretung

(1) Die Gesellschaft hat einen oder mehrere Geschäftsführer. Ist nur ein Geschäftsführer bestellt, so vertritt dieser die Gesellschaft allein.
(2) Sind mehrere Geschäftsführer bestellt, so wird die Gesellschaft durch zwei Geschäftsführer gemeinsam oder durch einen Geschäftsführer gemeinsam mit einem Prokuristen vertreten.
(3) Durch Beschluß der Gesellschafterversammlung kann jedem Geschäftsführer auch Einzelvertretungsbefugnis sowie die Befugnis erteilt werden, die Gesellschaft bei Rechtsgeschäften mit sich selbst oder als Vertreter eines Dritten (Befreiung von § 181 BGB) zu vertreten. Die Befugnis der übrigen Geschäftsführer zur Vertretung wird dadurch nicht berührt.

§ 6 Gesellschafterversammlung

(1) Die Gesellschafterversammlung ist für alle zu treffenden Entscheidungen in Angelegenheiten der Gesellschaft zuständig. Sie findet mindestens einmal jährlich zur Feststellung des Jahresabschlusses und zur Beschlußfassung über die Gewinnverwendung am Sitz der Gesellschaft statt.

(2) Jeder Geschäftsführer ist zur Einberufung einer Gesellschafterversammlung berechtigt. Die Einberufung hat unter Angabe der Tagesordnung mindestens 14 Tage vor dem Tag der Gesellschafterversammlung per Einschreiben an die Gesellschafter zu erfolgen.

(3) Die Gesellschafterversammlung ist beschlußfähig, wenn die anwesenden und vertretenen Gesellschafter drei Viertel aller Stimmen auf sich vereinigen. Ist eine ordnungsgemäß einberufene Gesellschafterversammlung beschlußunfähig, so ist eine neue Gesellschafterversammlung mit gleicher Tagesordnung unter Einhaltung der in Abs. 2 genannten Form- und Fristvorschriften einzuberufen. Diese Gesellschafterversammlung ist ohne Rücksicht auf die Zahl der Stimmen der anwesenden und vertretenen Gesellschafter beschlußfähig.

(4) Jeder Gesellschafter kann sich in der Gesellschafterversammlung nur von einem anderen Gesellschafter oder von einem Dritten vertreten lassen, der in solchen Fällen zur Berufsverschwiegenheit verpflichtet ist. Die Vollmacht bedarf der Schriftform.

(5) Über den Verlauf der Gesellschafterversammlung ist ein Protokoll anzufertigen, das insbesondere den Inhalt der gefaßten Beschlüsse und das jeweilige Abstimmungsergebnis festhält. Jeder Gesellschafter erhält unverzüglich eine Kopie des Protokolls.

§ 7 Gesellschafterbeschlüsse

(1) Die Gesellschafterbeschlüsse werden mit einfacher Mehrheit der abgegebenen Stimmen gefaßt, sofern dieser Vertrag oder das Gesetz nicht eine andere Mehrheit zwingend vorschreibt.

(2) Die Feststellung des Jahresabschlusses, die Beschlußfassung über die Gewinnverwendung sowie die Bestellung und Abberufung eines Geschäftsführers bedürfen der Mehrheit von drei Viertel aller abgegebenen Stimmen.

(3) Beschlüsse über die Aufnahme neuer Gesellschafter, Änderungen des Gesellschaftsvertrages und der Auflösung der Gesellschaft bedürfen der Stimmen aller Gesellschafter.

(4) Jede volle 1.000 DM eines Geschäftsanteils gewährt eine Stimme.

§ 8 Jahresabschluß, Gewinnverwendung

(1) Die Geschäftsführung hat innerhalb der gesetzlichen Frist den Jahresabschluß nach handelsrechtlichen Vorschriften unter Beachtung der steuerrechtlichlichen Vorschriften über die Gewinnermittlung mit Anhang und Lagebericht aufzustellen. Der Entwurf des Jahresabschlusses ist den Gesellschafter unverzüglich, mindestens jedoch 14 Tage vor der Gesellschafterversammlung zuzuleiten.

(2) Die Gesellschafter haben im Verhältnis ihrer Geschäftsanteile Anspruch auf die Ausschüttung von mindestens der Hälfte des Jahresergebnisses. Über die Verwendung des übrigen Jahresergebnisses beschließt die Gesellschafterversammlung.

§ 9 Verfügung eines Gesellschafters

(1) Die Übertragung oder Belastung von Geschäftsanteilen bedarf der Zustimmung aller Gesellschafter.

(2) Die Abtretung von Ansprüchen aus dem Gesellschaftsverhältnis ist ausgeschlossen.

§ 10 Tod eines Gesellschafters, Erbfolge

(1) Die Geschäftsanteile sind vererblich.

(2) Die Rechte mehrerer Erben können nur durch einen gemeinsamen Bevollmächtigten wahrgenommen werden.

§ 11 Einziehung von Geschäftsanteilen

(1) Die Einziehung von Geschäftsanteilen ist mit Zustimmung des betreffenden Gesellschafters jederzeit zulässig.

(2) Ein Geschäftsanteil kann auch gegen den Willen des betroffenen Gesellschafters eingezogen werden,

a) mit der Wirksamkeit der Kündigung des Gesellschafters,

b) wenn über das Vermögen eines Gesellschafters das Konkursverfahren oder ein gerichtliches Vergleichsverfahren eröffnet wird,

c) wenn Gläubiger Zwangsvollstreckungsmaßnahmen in den Geschäftsanteil des Gesellschafters betreiben.

(3) Die Einziehung bedarf eines Gesellschafterbeschlusses, wobei dem betroffenen Gesellschafter kein Stimmrecht zusteht.

(4) Statt der Einziehung können die Gesellschafter beschließen, daß der Geschäftsanteil an einen oder mehrere Gesellschafter oder an Dritte ganz oder teilweise abgetreten wird.

§ 12 Abfindung

(1) In den Fällen der Einziehung von Geschäftsanteilen hat der betroffene Gesellschafter Anspruch auf eine Abfindung. Das Abfindungsguthaben errechnet sich aus dem Anteil des ausgeschiedenen Gesellschafters aus den Buchwerten der Jahresabschlußbilanz, die dem Ausscheiden des Gesellschafters vorangeht. Ein Firmenwert und spätere Wertveränderungen werden nicht berücksichtigt.

(2) Das Abfindungsguthaben ist in sechs gleichen Halbjahresraten auszuzahlen, wobei die erste Rate am 31. Dezember des Jahres fällig ist, in dem das Ausscheiden stattfindet. Liegen zwischen dem Zeitpunkt des Ausscheidens und dem folgenden 31. Dezember weniger als drei Monate, so wird die erste Rate am 30. Juni des nächsten Jahres fällig. Eine frühere Zahlung der Abfindung ist jederzeit möglich.

(3) Bis zur Fälligkeit der ersten Rate ist die Abfindung unverzinslich. Danach ist der jeweils offenstehende Betrag der Abfindung mit jährlich 2% über dem jeweiligen Bundesbankdiskontsatz, höchstens mit 8% p.a. zu verzinsen. Die Zinsen sind jeweils mit den Raten auszuzahlen.

§ 13 Wettbewerbsverbot

(1) Kein Gesellschafter darf während seiner Zugehörigkeit zur Gesellschaft und dem auf das Ausscheiden folgenden Jahr ohne Einwilligung der anderen Gesellschafter in dem Geschäftszweig der Gesellschaft Geschäfte für eigene oder fremde Rechnung vornehmen noch solche durch Dritte vornehmen zu lassen oder sich an einem Konkurrenzunternehmen für eigene oder fremde Rechnung mittelbar oder unmittelbar beteiligen oder betätigen.

(2) Im Falle der Zuwiderhandlung gegen das Wettbewerbsverbot gem. Abs. 1 hat der Zuwiderhandelnde für jeden Fall der Zuwiderhandlung eine Vertragsstrafe von 10.000 DM an die Gesellschaft zu zahlen. Der Rechtsanspruch auf Schadenersatz oder Unterlassung wird durch die Zahlung der Vertragsstrafe nicht berührt.

§ 14 Liquidation der Gesellschaft

(1) Soweit die Gesellschafterversammlung nichts Abweichendes beschließt, erfolgt die Liquidation der Gesellschaft durch die Geschäftsführer.

(2) Das nach Befriedigung der Gläubiger verbleibende Vermögen der Gesellschaft ist im Verhältnis der Geschäftsanteile unter die Gesellschafter aufzuteilen.

§ 15 Schlußbestimmungen

(1) Soweit in diesem Gesellschaftsvertrag keine besonderen Regelungen getroffen sind, gelten die gesetzlichen Bestimmungen.

(2) Sollten einzelne Bestimmungen dieses Gesellschaftsvertrages ganz oder teilweise unwirksam sein, so werden die übrigen Bestimmungen dieses Vertrages hiervon nicht berührt. Die betreffende Bestimmung ist durch eine wirksame zu ersetzen, die den angestrebten wirtschaftlichen Zweck möglichst nahe kommt.

(3) Die Veröffentlichungen der Gesellschaft erfolgen nur im Bundesanzeiger.

§ 16 Gründungskosten

Die Gründungskosten werden bis zu einem Betrag von 5.000 DM von der Gesellschaft übernommen. Darüber hinausgehende Gründungskosten tragen die Gesellschafter im Verhältnis ihrer Geschäftsanteile.

Berlin, den ....

(Manfred Schmidt) (Lothar Hildebrand)

Berlin, den ....

(Notar)

Abb. 34: Muster für den Gesellschaftsvertrag einer GmbH

Die Gründung einer GmbH durch eine Person (Einmann-GmbH)

Eine GmbH kann auch durch eine Person allein gegründet werden. Auch hier gilt ein Mindeststammkapital in Höhe von 25.000 EUR. Die Anmeldung darf gem. § 7 Abs. 2 Satz 3 GmbHG erst erfolgen, wenn die nach den allgemeinen Vorschriften vorgeschriebenen Einzahlungen geleistet sind und der Gesellschafter für den übrigen Teil der Geldanlage eine Sicherheit bestellt hat.

3.4.7 Die GmbH & Co. KG

Gesetzliche Grundlagen: §§ 161–177a HGB. Die Vorschriften über die OHG sind ergänzend anzuwenden.

Bei einer GmbH & Co. KG handelt es sich um eine Kommanditgesellschaft, deren Zweck auf den Betrieb eines Handelsgewerbe unter gemeinschaftlicher Firma gerichtet ist, und bei der bei einem oder mehreren der Gesellschafter die Haftung gegenüber den Gesellschaftsgläubigern beschränkt ist (Kommanditisten), während eine juristische Person, nämlich eine GmbH die Stellung des persönlich haftenden Gesellschafters (Komplementär) einnimmt.

Es handelt sich um zwei selbständige Unternehmen, für die die jeweiligen Rechtsregeln zu beachten sind.

Die GmbH & Co. KG eröffnet die Möglichkeit der Haftungsbeschränkung, d.h. keine natürliche Person haftet unbeschränkt persönlich. Zum anderen kann eine gesellschaftsfremde Person über die GmbH zum Geschäftsführer mit Vertretungsbefugnis nach außen zu bestellen.

Die GmbH & Co. KG wird wie jede andere KG durch einen Gesellschaftsvertrag errichtet. Je nach Ausgangslage kann die Gründung der GmbH & Co. KG folgendermaßen vorgenommen werden:

- Sowohl die GmbH als auch die KG werden neu gegründet.
- In einer bestehenden KG übernimmt eine GmbH die bisher von einer natürlichen Person eingenommene Stellung des Komplementärs. Der bisherige Komplementär überträgt seinen Gesellschaftsanteil an die GmbH und scheidet aus der KG aus, er wird Kommanditist oder alle bisherigen Komplementäre bringen ihre Gesellschaftsanteile in die GmbH ein.
- Ist die GmbH bereits vorhanden, ist lediglich noch der Abschluß eines Kommanditgesellschaftsvertrag mit den Kommanditisten erforderlich.

Die GmbH & Co. KG ist als Handelsgesellschaft zum Handelsregister anzumelden.

Geschäftsführung und Vertretung

Soweit der Gesellschaftsvertrag nichts anderes regelt, ist der Komplementär zur Geschäftsführung berufen. Vertretungsberechtigt ist immer nur der Komplementär. Da es sich bei der GmbH & Co. KG beim Komplementär um eine GmbH handelt, ist es möglich, jede natürliche Person zum Geschäftsführer zu berufen, wodurch auch die KG durch eine gesellschaftsfremde Person vertreten wird.

Firma der GmbH & Co. KG
Die Firma der GmbH & Co. KG kann als Personen-, Sach- oder Phantasiefirma gebildet werden. Auch Mischformen sind zulässig. Wenn in einer KG keine natürliche Person persönlich haftet, muß die Firma eine Bezeichnung enthalten, welche die Haftungsbeschränkung kennzeichnet (§ 19 Abs. 2 HGB).

Beispiele: Arthur Becker Tiefbauunternehmung GmbH & Co. KG; Bormann Containerdienst GmbH & Co. KG

Bestandteile der Firma der GmbH, die deren Gesellschaftsgegenstand entnommen sind, wie z.B. Verwaltungsgesellschaft, Geschäftsführungsgesellschaft, Besitzgesellschaft, Beteiligungsgesellschaft, können in der Firma der KG als irreführend weggelassen werden, wenn die KG einen anderen Gesellschaftszweck verfolgt.

Sind neben der GmbH noch weitere persönlich haftende Gesellschafter in der KG vorhanden, so kann die Firma auch mit dem Namen eines anderen Komplementärs gebildet werden. Der Name der GmbH braucht dann gar nicht mehr in der Firma angegeben werden.

Angaben auf Geschäftsbriefen
Auf allen Geschäftsbriefen der GmbH & Co. KG, die an einen bestimmten Empfänger gerichtet werden, müssen die Rechtsform und der Sitz der Gesellschaft, das Registergericht und die Nummer, unter der die Gesellschaft in das Handelsregister eingetragen ist (§ 177a i.V.m. § 125a HGB), ferner die Firma der Komplementär-GmbH, deren Handelsregisternummer sowie deren Geschäftsführer (§ 35a GmbHG) angegeben werden.

Vorteile der GmbH & Co. KG:
- Möglichkeit der Haftungsbeschränkung,
- Möglichkeit zur Bestellung einer gesellschaftsfremden Person zum Geschäftsführer mit Vertretungsbefugnis.

Nachteile der GmbH & Co. KG:
- hohe Gründungskosten,
- aufwendiger Jahresabschluß.

Rechtsform	Kleingewerbetreibender	Einzelkaufmann	GbR/BGB-Gesellschaft	OHG	KG	GmbH
Rechtsgestaltung	Einzelunternehmung	Einzelunternehmung	Personengesellschaft Personenzusammenschluß durch Vertrag zu einem beliebigen Zweck	Personengesellschaft Personenzusammenschluß durch Vertrag zu dem Zweck, ein Handelsgewerbe zu betreiben	Personengesellschaft Personenzusammenschluß durch Vertrag zu dem Zweck, ein Handelsgewerbe zu betreiben	Kapitalgesellschaft Notariell beurkundeter Gesellschaftsvertrag, Entstehung durch Eintragung im Handelsregister
Gesetzl. Grundlagen		§§ 1 ff. HGB	§§ 705 bis 740 BGB	§§ 105 bis 160 HGB	§§ 161 bis 177a HGB	§§ 1 ff. GmbHG
Firma	Keine Firma Vor- und Zuname des Inhabers	Personen-, Sach-, Phantasiefirma bzw. Mischfirma	Keine Firma Vor- und Zuname aller Gesellschafter	Personen-, Sach-, Phantasiefirma bzw. Mischfirma	Personen-, Sach-, Phantasiefirma bzw. Mischfirma	Personen-, Sach-, Phantasiefirma bzw. Mischfirma
Rechtliche Selbständigkeit Rechtsfähigkeit	Rechtlich unselbständig rechtsfähig	Rechtlich unselbständig rechtsfähig	Rechtlich unselbständig nicht rechtsfähig	Rechtlich selbständig im Außenverhältnis ohne Rechtsfähigkeit	Rechtlich selbständig im Außenverhältnis ohne Rechtsfähigkeit	Juristische Person rechtsfähig
Vermögen			Gesamthandsvermögen	Gesamthandsvermögen	Gesamthandsvermögen	Stammkapital

Abb. 35: Übersicht der Rechtsformen

Rechtsform	Kleingewerbetreibender	Einzelkaufmann	GbR/BGB-Gesellschaft	OHG	KG	GmbH
Haftung der Eigentümer für die Verbindlichkeiten des Unternehmens	Inhaber haftet unbeschränkt mit Geschäfts- und Privatvermögen	Inhaber haftet unbeschränkt mit Geschäfts- und Privatvermögen	Gesellschafter haften unbeschränkt mit Geschäfts- und Privatvermögen. Haftungsbeschränkung auf das Gesellschaftsvermögen unter best. Voraussetzungen möglich	Gesellschafter haften unbeschränkt mit Geschäfts- und Privatvermögen	Komplementäre haften unbeschränkt mit Geschäfts- und Privatvermögen. Kommanditisten haften nur in Höhe ihrer Einlage	Gesellschafter haften ausschließlich mit ihrer Einlage (Stammkapital)
Geschäftsführung (Innenverhältnis)	Inhaber	Inhaber	Gemeinsame Geschäftsführung durch alle Gesellschafter (Einstimmigkeitsprinzip)	Jeder Gesellschafter ist bei gewöhnlichen Handlungen allein geschäftsführungsbefugt (Einstimmigkeitsprinzip)	Jeder Komplementär ist Geschäftsführungsbefugt (Einstimmigkeitsprinzip), die Kommanditisten haben ein Widerspruchsrecht bei ungewöhnlichen Geschäften	Mehrheitsprinzip

Abb. 35: Übersicht der Rechtsformen (Fortsetzung)

Rechtsform	Kleingewerbe-treibender	Einzelkaufmann	GbR/BGB-Gesellschaft	OHG	KG	GmbH
Vertretung (Außenverhältnis)	Inhaber	Inhaber	*Alle* Gesellschafter gemeinsam Für jedes Geschäft ist die Zustimmung aller Gesellschafter erforderlich	Jeder Gesellschafter ist alleinvertretungsberechtigt	Jeder Komplementär ist alleinvertretungsberechtigt, die Kommanditisten sind von der Vertretung ausgeschlossen	Ein Geschäftsführer vertritt die Gesellschaft allein, bei mehreren Geschäftsführern vertreten sie gemeinschaftlich (Fremdorganschaft)
Kapitalausstattung	Kein Mindestkapital	Kein Mindestkapital	Kein Mindestkapital	Kein Mindestkapital	Kein Mindestkapital	25.000 EUR Die Stammeinlage jedes Gesellschafters muß mind. 100 EUR betragen. Auf jede Stammeinlage ist mind. ein Viertel sofort einzuzahlen, insges. mind. 12.500 EUR
HR-Eintragung	Nein	Ja	Nein	Ja	Ja	Ja
Kontrollrecht	Inhaber	Inhaber	Alle Gesellschafter	Alle Gesellschafter	Komplementäre Kommanditisten können Kopie des Jahresabschlusses verlangen und dessen Richtigkeit prüfen	Gesellschafterversammlung Aufsichtsrat bei mehr als 500 Arbeitnehmern

Abb. 35: Übersicht der Rechtsformen (Fortsetzung)

Rechtsform	Kleingewerbetreibender	Einzelkaufmann	GbR/BGB-Gesellschaft	OHG	KG	GmbH
Gewinnbeteiligung	Inhaber	Inhaber	Alle Gesellschafter zu gleichen Teilen	Zunächst Verzinsung der Geschäftseinlage mit 4 %, der Rest wird nach Köpfen verteilt	Zunächst Verzinsung der Geschäftseinlage mit 4 %, der Rest wird nach Köpfen verteilt	Verteilung nach der Höhe der Geschäftsanteile am Stammkapital
Tod eines Gesellschafters	Fortführung der Unternehmung bei Vorliegen einer Erbregelung möglich. Der Inhaberwechsel ist dem Gewerbeamt anzuzeigen	Fortführung der Unternehmung bei Vorliegen einer Erbregelung möglich, sonst Löschung von Amts wegen	Auflösung der Gesellschaft	Auflösung der Gesellschaft	Gesellschaft wird aufgelöst durch Tod eines Komplementärs. Beim Ausscheiden eines Kommanditisten besteht die Gesellschaft weiter, wenn noch mind. ein Kommanditist vorhanden ist	Gesellschaft besteht weiter
Gesellschaftsvertrag	–	–	Großer Gestaltungsspielraum	Großer Gestaltungsspielraum	Großer Gestaltungsspielraum	Eingeschränkter Gestaltungsspielraum
Rechnungslegung, Prüfung, Publizität	Wenig strenge Rechnungslegungsvorschrift, keine Prüfungs- und Publizitätspflicht	Wenig strenge Rechnungslegungsvorschrift, keine Prüfungs- und Publizitätspflicht		Wenig strenge Rechnungslegungsvorschrift, keine Prüfungs- und Publizitätspflicht	Wenig strenge Rechnungslegungsvorschrift, keine Prüfungs- und Publizitätspflicht	Gesetzliche Rechnungslegungsvorschrift, Prüfungs- und Publizitätspflicht

Abb. 35: Übersicht der Rechtsformen (Fortsetzung)

4 Die Betriebs-/Geschäftsräume

Für Ihr Vorhaben benötigen Sie Betriebs- und/oder Geschäftsräume. Nicht jede Wohnung können Sie so ohne weiteres in einen Betrieb umfunktionieren. Abgesehen von der Zustimmung des Vermieters ist eine **Zweckentfremdung von Wohnraum** nur mit Genehmigung der Kreisverwaltungsbehörde möglich. Die Genehmigung kann mit der Zahlung einer einmaligen Abstandssumme für die umzunutzenden Quadratmeter verbunden sein.

Nach den gesetzlichen Bestimmungen muß für jeden gewerblich genutzten Raum eine gewerbliche Genehmigung eingeholt werden. Hierzu ist ein Antrag auf Nutzung (bei Neubau) oder Nutzungsänderung (Änderung der Raumnutzung bei Wechsel der Betriebsart oder Änderung der Raumnutzung innerhalb eines bestehenden Betriebes) beim zuständigen Bauordnungsamt zu stellen.

Wenn Ihr Betrieb in Räumen untergebracht werden soll, die bisher anderweitig genutzt wurden (ehemalige Lagerhallen, anderes Gewerbe), handelt es sich baurechtlich um eine **Nutzungsänderung**. Der **Nutzungsänderungsantrag** muß durch folgende **Bauvorlagen** ergänzt werden:

- Katasterplan-Auszug (Maßstab 1:500/1000) mit gekennzeichnetem Standort,
- Grundriß-Zeichnung der zu ändernden Räume mit Eintragung der geplanten Nutzung,
- ausführliche Betriebsbeschreibung (Formular).

Diese Unterlagen sind üblicherweise in dreifacher Anfertigung einzureichen.

Desweiteren ist der **Stellplatznachweis** (Kfz.-Parkplätze für Beschäftigte, Kunden, Lieferanten usw.) zu führen. Die erforderliche Anzahl der Stellplätze ist im Vorgespräch mit dem Bauordnungsamt zu erfahren. Sie ist abhängig von der Betriebsart, Betriebsgröße, Kundenfrequenz usw.

Der Antrag auf Nutzungsänderung kann sowohl vom Eigentümer als auch vom Mieter gestellt werden. Die genehmigte Nutzungsänderung ist an die Liegenschaft gebunden und nicht an die Person des Betriebsinhabers.

Unter Umständen ist auch die Änderung oder Erweiterung der Produktion eine antragspflichtige Maßnahmen. Beispielsweise könnte der Betrieb an Auflagen gebunden sein.

Vor Beginn von Umbaumaßnahmen und Nutzungsänderungen sollten Sie deshalb unbedingt Auskünfte bei der Baubehörde, beim Gewerbeamt und den Gewerbeaufsichtsamt einholen, ggf. in der Form eines schriftlichen Vorbescheids.

Zunächst sollten Sie Ihren **Raumbedarf** ermitteln. Der zentrale Betriebsraum (Ladengeschäft, Werkstatt oder Büro), in dem die eigentliche Betriebsleistung erbracht wird, steht im Mittelpunkt. Planen Sie, wie viele Quadratmeter erforderlich sind und berücksichtigen Sie auch zukünftige Erweiterungsmöglichkeiten. Dabei müssen Sie auch die notwendigen Nebenräume zählen wie z. B. Lager, Hof- und Verkehrsflächen, Garagen, Büro- und Archivräume und die Sozialräume für die Mitarbeiter (Toiletten, Wasch- und Umkleideräume, Aufenthaltsräume). Über die notwendige Größe und Ausstattung gibt die Arbeitsstättenverordnung (ArbStättV) Auskunft. Daneben sind die Unfallverhütungsvorschriften (UVV) der jeweiligen Berufsgenossenschaft und die Emissionsschutzgesetze TA-Lärm und TA-Luft zu beachten.

Die **Arbeitsstättenverordnung (ArbStättV)** und die **Arbeitsstättenrichtlinien (ArbStättR)** machen Vorgaben zu

- Raumabmessung/Raumhöhe
- Tragfähigkeit
- Beleuchtung
- Verkehrswege
- Toiletten, Sozialräume
- Lärm
- Klima (Temperatur, Lüftung)

Allgemeine Anforderungen an die Arbeitsstätte (§ 3 ArbStättV)

(1) Der Arbeitgeber hat

1. die Arbeitsstätte nach dieser Verordnung, den sonst geltenden Arbeitsschutz- und Unfallverhütungsvorschriften und nach den allgemein anerkannten sicherheitstechnischen, arbeitstechnischen und hygienischen Regeln sowie den sonstigen gesicherten arbeitswissenschaftlichen Erkenntnissen einzurichten und zu betreiben
2. den in der Arbeitsstätte beschäftigten Arbeitnehmern die Räume und Einrichtungen zur Verfügung zu stellen, die in dieser Verordnung vorgeschrieben sind.

Genehmigungsbedürftigen Anlagen

Die Errichtung und der Betrieb von Anlagen, die aufgrund ihrer Beschaffenheit oder ihres Betriebes in besonderem Maße geeignet sind, schädliche Umwelteinwirkungen hervorzurufen oder in anderer Weise die Allgemeinheit oder die Nachbarschaft zu gefährden, erheblich zu benachteiligen oder erheblich zu belästigen, sowie von ortsfesten Abfallentsorgungsanlagen zur Lagerung oder Behandlung von Abfällen bedürfen einer Genehmigung (§ 4 Abs. 1 BImSchG). In der Verordnung über genehmigungsbedürftige Anlagen (4. BImSchV) sind genehmigungsbedürftige Anlagen einzeln aufgeführt.

5 Die Betriebs- und Geschäftsausstattung

Die Ausstattung der Betriebs- und Geschäftsräume hat sich nach dem Geschäftszweck zu orientieren. Insbesondere bei der Erstausstattung sollten Prestigevorstellungen in den Hintergrund treten. Auch gebrauchte Einrichtungsgegenstände erfüllen den gleichen Zweck und schonen das Budget.

Teilen Sie das Unternehmen in Funktionsbereiche auf und planen entsprechend die Einrichtung:

- Büroausstattung
  - Schreibtische, Drehstühle, Schreibtischlampen, Aktenschränke
  - Besuchertische, Besucherstühle
  - Personalcomputer, Laser- oder Tintenstrahldrucker
  - Standardsoftware (Textverarbeitung, Tabellenkalkulation, Datenbank), Anwendungs-/Branchensoftware
  - Telefonanlage, Anrufbeantworter, Telefax, Handy
  - Kopiergerät
  - Diktiergeräte
  - Schreibpapier, Briefbögen, Briefumschläge, Formulare, Schreibmaterial, Büroklammern usw.
- Ladenausstattung
  - Verkaufstresen
  - Regale
- Werkstattausstattung
  - Maschinen, Anlagen, Geräte
  - Werkzeuge
- Lagerausstattung
  - Regale
  - Behälter
- Ausstattung der Sozialräume

6 Die Betriebsorganisation

Das gesamte betriebliche Geschehen vollzieht sich nach bestimmten Regelungen. Die Gesamtheit aller Regelungen, deren sich die Betriebsführung bedient, nennt man Organisation. Die Organisation zielentsprechend zu gestalten ist also eine Aufgabe der Betriebsführung. Die Regelungen gewährleisten, daß eine bestimmte Ordnung im betrieblichen Ablauf herrscht. Sie stellen Anweisungen

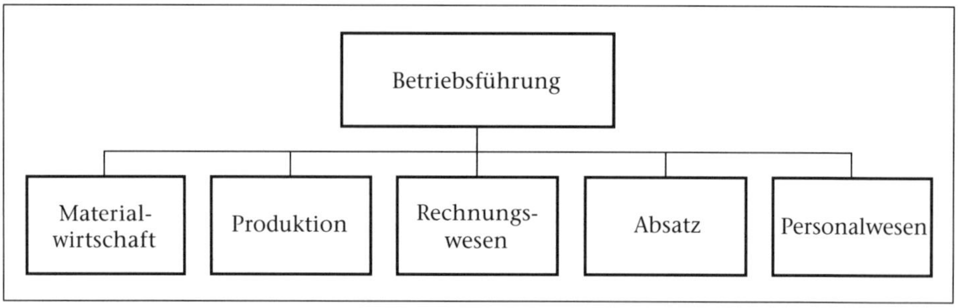

Abb. 36: Funktionsbereiche eines Unternehmens

der Betriebsführung dar, bestimmte Vorgänge in den einzelnen Tätigkeitsbereichen auszuführen.

Der Existenzgründer muß im Rahmen der Realisierung seines Vorhabens in der Regel alle betrieblichen Funktionen wahrnehmen. Deshalb ist die Kenntnis kaufmännischer Grundlagen unbedingt erforderlich. Der Betriebsablauf muß so gestaltet (organisiert) sein, damit unnütze Kosten, Zeitverluste und Streß vermieden werden.

7 Das betriebliche Personalwesen

Das betriebliche Personalwesen ist ein wichtiger Funktionsbereich in einem Unternehmen. Es umfaßt alle Tätigkeiten, die mit Personal zu tun haben. Entscheidet sich der Existenzgründer, Personal einzustellen, so muß er diesbezüglich organisatorische Maßnahmen treffen. Selbst wenn nur ein einziger Mitarbeiter beschäftigt werden soll, ist ein Mindestmaß an Personalverwaltung erforderlich.

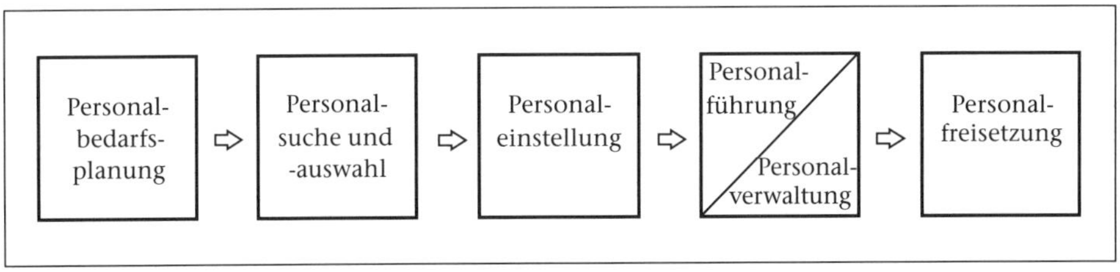

Abb. 37: Aufgaben des betrieblichen Personalwesens

7.1 Die wichtigsten arbeitsrechtlichen Bestimmungen

Betriebsverfassungsgesetz (BetrVG)

- Es muß ein **Betriebsrat** errichtet werden, wenn mindestens fünf ständig wahlberechtigte Arbeitnehmer, von denen drei wählbar sind, einen Betriebsrat wählen. Wahlberechtigt sind alle Arbeitnehmer, die das 18. Lebensjahr vollendet haben. Wählbar sind alle Wahlberechtigten, die sechs Monate dem Betrieb angehören. Der Betriebsrat besteht in Betrieben mit in der Regel von 5 bis 20 wahlberechtigten Arbeitnehmern aus einer Person. In Betrieben mit mehr Arbeitnehmern erhöht sich die Zahl der Betriebsratsmitglieder.
- Es muß eine **Jugend- und Auszubildendenvertretung** errichtet werden, wenn mindestens fünf Arbeitnehmer, die das 18. Lebensjahr noch nicht vollendet haben oder die zu ihrer Berufsausbildung beschäftigt sind und das 25.

Lebensjahr noch nicht vollendet haben, eine Jugend- und Auszubildendenvertretung wählen. Wählbar sind alle Arbeitnehmer, die das 25. Lebensjahr noch nicht vollendet haben und dem Betrieb sechs Monate angehören. Die Jugend- und Auszubildendenvertretung besteht in Betrieben mit in der Regel von 5 bis 20 wahlberechtigten Arbeitnehmern aus einem Jugend- und Auszubildendenvertreter. In Betrieben mit mehr Arbeitnehmern erhöht sich die Zahl der Jugend- und Auszubildendenvertreter.

- **Unterrichtungs- und Erörterungspflicht des Arbeitgebers**
  Der Arbeitgeber hat den Arbeitnehmer über dessen Aufgabe und Verantwortung sowie über die Art seiner Tätigkeit und ihre Einordnung in den Arbeitsablauf des Betriebes zu unterrichten. Er hat den Arbeitnehmer vor Beginn der Beschäftigung über die Unfall- und Gesundheitsgefahren, denen dieser bei der Beschäftigung ausgesetzt ist, soweit über die Maßnahmen und Einrichtungen zur Abwendung dieser Gefahren zu belehren. Über Veränderungen in seinem Arbeitsbereich ist der Arbeitnehmer rechtzeitig zu unterrichten. Der Arbeitgeber hat den Arbeitnehmer über die aufgrund einer Planung von technischen Anlagen, von Arbeitsverfahren und Arbeitsabläufen oder der Arbeitsplätze vorgesehenen Maßnahmen und ihre Auswirkungen auf seinen Arbeitsplatz, die Arbeitsumgebung sowie auf Inhalt und Art seiner Tätigkeit zu unterrichten. Sobald feststeht, daß sich die Tätigkeit des Arbeitnehmers ändern wird und seine beruflichen Kenntnisse und Fähigkeiten zur Erfüllung seiner Aufgaben nicht ausreichen, hat der Arbeitgeber mit dem Arbeitnehmer zu erörtern, wie dessen berufliche Kenntnisse und Fähigkeiten im Rahmen der betrieblichen Möglichkeiten den künftigen Anforderungen angepaßt werden können.
- **Anhörungs- und Erörterungsrecht des Arbeitnehmers**
  Der Arbeitnehmer hat das Recht, in betrieblichen Angelegenheiten, die seine Person betreffen, von den nach Maßgabe des organisatorischen Aufbaus des Betriebes hierfür zuständigen Personen gehört zu werden. Er ist berechtigt, zu Maßnahmen des Arbeitgebers, die ihn betreffen, Stellung zu nehmen sowie Vorschläge für die Gestaltung des Arbeitsplatzes und des Arbeitsablaufs zu machen.
- Der Betriebsrat hat, soweit eine gesetzliche oder tarifliche Regelung nicht besteht, in folgenden Angelegenheiten **Mitbestimmungsrechte**:
  - Fragen der Ordnung des Betriebes und des Verhaltens der Arbeitnehmer im Betrieb
  - Beginn und Ende der täglichen Arbeitszeit einschließlich der Pausen sowie Verteilung der Arbeitszeit auf die einzelnen Wochentage
  - Vorübergehende Verkürzung oder Verlängerung der betriebsüblichen Arbeitszeit
  - Zeit, Ort und Art der Auszahlung der Arbeitsentgelte
  - Aufstellung allgemeiner Urlaubsgrundsätze und des Urlaubsplans
  - Einführung und Anwendung von technischen Einrichtungen, die dazu bestimmt sind, das Verhalten oder die Leistung der Arbeitnehmer zu überwachen

- Regelungen über die Verhütung von Arbeitsunfällen und Berufskrankheiten
- Form, Ausgestaltung und Verwaltung von Sozialeinrichtungen
- Fragen der betrieblichen Lohngestaltung, insbesondere die Aufstellung von Entlohnungsgrundsätzen und die Einführung und Anwendung von neuen Entlohnungsmethoden sowie deren Änderung
- Festsetzung der Akkord- und Prämiensätze und vergleichbarer leistungsbezogener Entgelte

• **Gestaltung von Arbeitsplatz, Arbeitsablauf und Arbeitsumgebung:**
  - Der Arbeitgeber hat den Betriebsrat über die Planung von Neu-, Um- und Erweiterungsbauten von Fabrikations-, Verwaltungs- und sonstigen betrieblichen Räumen, von technischen Anlagen, von Arbeitsverfahren und Arbeitsabläufen oder der Arbeitsplätze rechtzeitig unter Vorlage der erforderlichen Unterlagen zu unterrichten. Der Arbeitgeber hat mit dem Betriebsrat die vorgesehenen Maßnahmen und ihre Auswirkungen auf die Arbeitnehmer rechtzeitig zu beraten.
  - Werden die Arbeitnehmer durch Änderungen der Arbeitsplätze, des Arbeitsablaufs oder der Arbeitsumgebung, die den gesicherten arbeitswissenschaftlichen Erkenntnissen über die menschengerechte Gestaltung der Arbeit offensichtlich widersprechen, in besonderer Weise belastet, so kann der Betriebsrat angemessene Maßnahmen zur Abwendung, Milderung oder zum Ausgleich der Belastung verlangen.

• Der Arbeitgeber hat den Betriebsrat über die **Personalplanung** rechtzeitig und umfassend zu unterrichten. Arbeitgeber und Betriebsrat haben im Rahmen der betrieblichen Personalplanung die **Berufsbildung** zu fördern.

• Der Betriebsrat ist vor jeder **Kündigung** zu hören. Der Arbeitgeber hat ihm die Gründe für die Kündigung mitzuteilen. Eine ohne Anhörung des Betriebsrates ausgesprochene Kündigung ist unwirksam.

Tarifvertragsgesetz (ZVG)

• Der Tarifvertrag regelt die Rechte und Pflichten der Tarifvertragsparteien und enthält Rechtsnormen zum Inhalt, Abschluß und zur Beendigung von Arbeitsverhältnissen sowie zu betriebliche und betriebsverfassungsrechtliche Fragen. Tarifvertragsparteien sind Gewerkschaften, einzelne Arbeitgeber sowie Vereinigungen von Arbeitgebern.

• Die Mitglieder der Tarifvertragsparteien und der Arbeitgeber, der selbst Partei des Tarifvertrages ist, sind tarifgebunden. Die Rechtsnormen des Tarifvertrages, die den Inhalt, den Abschluß oder die Beendigung von Arbeitsverhältnisse ordnen, gelten unmittelbar und zwingend zwischen den beiderseits Tarifgebundenen, die unter den Geltungsbereich des Tarifvertrages fallen.

• Ein Tarifvertrag kann auf Antrag einer Tarifvertragspartei für allgemeinverbindlich erklärt werden.

Beschäftigungsförderungsgesetz (BeschFG) – Gesetz über arbeitsrechtliche Vorschriften zur Beschäftigungsförderung

- Bis Ende des Jahres 2000 ist es zulässig, befristete Arbeitsverträge bis zur Dauer von 2 Jahren abzuschließen, ohne daß dafür ein sachlicher Grund vorliegen muß. Befristete Arbeitsverhältnisse dürfen bis zu einer Gesamtdauer von zwei Jahren höchstens dreimal verlängert werden. Daneben ist eine Befristung rechtlich dann zulässig, wenn ein sachlicher Grund gegeben ist (z. B. Erprobung, Vertretung, Aushilfe, Drittmittelfinanzierung). Arbeitnehmer ab einem Alter von 60 Jahren dürfen auch für mehr als zwei Jahren befristet beschäftigt werden.
- Auch Auszubildende dürfen nach ihrer Prüfung bis zu zwei Jahren befristet beschäftigt werden.
- Der Arbeitgeber darf einen teilzeitbeschäftigten Arbeitnehmer nicht wegen der Teilzeitarbeit gegenüber vollzeitbeschäftigten Arbeitnehmern unterschiedlich behandeln, es sei denn, daß sachliche Gründe eine unterschiedliche Behandlung rechtfertigen.

Nachweisgesetz (NachwG) – Gesetz über den Nachweis der für ein Arbeitsverhältnis geltenden wesentlichen Bedingungen

- Der Arbeitgeber ist verpflichtet, den Arbeitnehmer spätestens einen Monat nach dem vereinbarten Beginn des Arbeitsverhältnisses schriftlich über folgende Punkte zu informieren:
  1. der Name und die Anschrift der Vertragsparteien,
  2. der Zeitpunkt des Beginns des Arbeitsverhältnisses,
  3. bei befristeten Arbeitsverhältnissen: die vorhersehbare Dauer des Arbeitsverhältnisses,
  4. der Arbeitsort oder, falls der Arbeitnehmer nicht nur an einem bestimmten Arbeitsort tätig sein soll, ein Hinweis darauf, daß der Arbeitnehmer an verschiedenen Orten beschäftigt werden kann,
  5. die Bezeichnung oder allgemeine Beschreibung der vom Arbeitnehmer zu leistenden Tätigkeit,
  6. die Zusammensetzung und die Höhe des Arbeitsentgelts einschließlich der Zuschläge, der Zulagen, Prämien und Sonderzahlungen sowie anderer Bestandteile des Arbeitsentgelts und deren Fälligkeit,
  7. die vereinbarte Arbeitszeit,
  8. die Dauer des jährlichen Erholungsurlaubs,
  9. die Fristen für die Kündigung des Arbeitsverhältnisses,
  10. ein in allgemeiner Form gehaltener Hinweis auf die Tarifverträge, Betriebs- und Dienstvereinbarungen, die auf das Arbeitsverhältnis anzuwenden sind.
- Eine Änderung der wesentlichen Vertragsbedingungen ist dem Arbeitnehmer spätestens einen Monat nach der Änderung schriftlich mitzuteilen. Bei einer Änderung der gesetzlichen Vorschriften, Tarifverträge, Betriebs- oder Dienstvereinbarungen und ähnlichen Regelungen, die für das Arbeitsverhältnis gelten ist eine Mitteilung nicht erforderlich.

- Das Nachweisgesetz gilt nicht für Arbeitnehmer, die als vorübergehende Aushilfe oder mit Gelegenheitsarbeit von nicht mehr als 400 Stunden im Jahr eingestellt werden. Außerdem gilt es nicht für geringfügig Beschäftigte, die eine hauswirtschaftliche, erzieherische oder pflegerische Tätigkeit in einem Familienhaushalt ausüben.

Arbeitszeitgesetz (ArbZG)
- Die regelmäßige **Arbeitszeit** darf pro Werktag die Dauer von acht Stunden nicht überschreiten. Sie kann auf bis zu zehn Stunden nur verlängert werden, wenn innerhalb von sechs Kalendermonaten oder innerhalb von 24 Wochen im Durchschnitt acht Stunden werktäglich nicht überschritten werden. In einem Tarifvertrag oder aufgrund eines Tarifvertrages in einer Betriebsvereinbarung können abweichende Regelungen zugelassen werden.
- Die Arbeit ist durch in voraus feststehende **Ruhepausen** von mindestens 30 Minuten bei einer Arbeitszeit von mehr als sechs bis zu neun Stunden und 45 Minuten bei einer Arbeitszeit von mehr als neun Stunden insgesamt zu unterbrechen.
- Sonderregelungen gelten für die Beschäftigung **weiblicher Arbeitnehmer**, für sogenannte **gefährliche Arbeiten**, **Nachtarbeit** und **Schichtdienst**.

Arbeitsstättenverordnung (ArbStättV)
- Diese Rechtsvorschrift verpflichtet Sie, die Arbeitsstätten so einzurichten und zu unterhalten, daß die Arbeitnehmer gegen Gefahren für Leben und Gesundheit soweit wie möglich geschützt sind.
- Zu den Arbeitsstätten zählen unter anderem Arbeitsräume in Gebäuden, Arbeitsplätze auf dem Betriebsgelände, Verkaufsstände, Lager- und Nebenräume, Pausenräume und Sanitärräume. Für Frauen und Männer sind z.B. getrennte Toilettenräume zu schaffen, wenn Sie mehr als fünf Arbeitnehmer verschiedenen Geschlechts beschäftigen.
- Es gibt auch Hinweise auf die erforderliche Raumgröße, Temperatur, Beleuchtung und Belüftung, das Erstellen und Auslegen von Flucht- und Rettungsplänen und vieles andere mehr.
- Sie sollten sich rechtzeitig beim Gewerbeaufsichtsamt über die Vorschriften informieren, da deren Einhaltung erhebliche Investitionen erfordern können.

Bundesurlaubsgesetz (BUrlG) – Mindesturlaubsgesetz für Arbeitnehmer
- Jeder Arbeitnehmer hat im Kalenderjahr einen gesetzlichen Anspruch auf bezahlten **Erholungsurlaub** von mindestens 24 Werktagen.
- Ärztlich nachgewiesene Tage der **Arbeitsunfähigkeit** während des Urlaubs dürfen auf den Jahresurlaub nicht angerechnet werden. Das gleiche gilt für Kur- und Heilverfahren, soweit ein Anspruch auf Fortzahlung des Arbeitsentgelts nach den gesetzlichen Vorschriften über die Entgeltfortzahlung im Krankheitsfall besteht.
- Das Urlaubsentgelt bemißt sich nach dem durchschnittlichen Arbeitsver-

dienst, das der Arbeitnehmer in den letzten dreizehn Wochen vor dem Beginn des Urlaubs erhalten hat, mit Ausnahme des zusätzlich für Überstunden gezahlten Arbeitsverdienstes.

Kündigungsschutzgesetz (KSchG)

- Das Gesetz dient zum Schutz vor sozial ungerechtfertigten Kündigungen. Die **Kündigung** des Arbeitsverhältnisses gegenüber einem Arbeitnehmer, dessen Arbeitsverhältnis länger als sechs Monate bestanden hat, ist rechtsunwirksam, wenn sie sozial ungerechtfertigt ist. Sozial ungerechtfertigt ist eine Kündigung, wenn sie nicht in der Person oder im Verhalten des Arbeitnehmers begründet ist oder sich nicht durch dringende betriebliche Erfordernisse, die einer Weiterbeschäftigung des Arbeitnehmers in diesem Betrieb entgegenstehen, begründen läßt.
- Die Grundsätze der sozialen Auswahl gelten dann nicht, wenn betriebstechnische, wirtschaftliche oder sonstige berechtigte betriebliche Bedürfnisse die Weiterbeschäftigung eines oder mehrerer bestimmter Arbeitnehmer bedingen und damit der Auswahl nach sozialen Gesichtspunkten entgegenstehen.
- Vom Kündigungsschutz sind Arbeitnehmer in Betrieben ausgenommen, die nicht mehr als 5 Arbeitnehmer beschäftigen. Dabei werden Teilzeitbeschäftigte mit einer wöchentlichen Arbeitszeit bis zu 20 Stunden als halbe Arbeitskraft berücksichtigt.

Bürgerliches Gesetzbuch (BGB)

§ 622 Kündigungsfrist bei Arbeitsverhältnissen

- Das Arbeitsverhältnis eines Arbeitnehmers kann mit einer Frist von vier Wochen zum Fünfzehnten oder zum Ende eines Kalendermonats gekündigt werden. Für eine Kündigung durch den Arbeitgeber beträgt die Kündigungsfrist, wenn das Arbeitsverhältnis
  2 Jahre bestanden hat, 1 Monat zum Ende eines Kalendermonats,
  5 Jahre bestanden hat, 2 Monate zum Ende eines Kalendermonats,
  8 Jahre bestanden hat, 3 Monate zum Ende eines Kalendermonats,
  10 Jahre bestanden hat, 4 Monate zum Ende eines Kalendermonats,
  12 Jahre bestanden hat, 5 Monate zum Ende eines Kalendermonats,
  15 Jahre bestanden hat, 6 Monate zum Ende eines Kalendermonats,
  20 Jahre bestanden hat, 7 Monate zum Ende eines Kalendermonats.
  Bei der Berechnung der Beschäftigungsdauer werden Zeiten, die vor der Vollendung des fünfundzwanzigsten Lebensjahres des Arbeitnehmers liegen, nicht berücksichtigt.
- Während einer vereinbarten Probezeit, längstens für die Dauer von sechs Monaten, kann das Arbeitsverhältnis mit einer Frist von zwei Wochen gekündigt werden.
- Durch Tarifvertrag können abweichende Regelungen vereinbart werden. Im Geltungsbereich eines solchen Tarifvertrages gelten die abweichenden tarif-

vertraglichen Bestimmungen zwischen nichttarifgebundenen Arbeitgebern und Arbeitnehmern, wenn ihre Anwendung zwischen ihnen vereinbart ist.
- Einzelvertraglich können längere Kündigungsfristen vereinbart werden. Die Kündigungsfrist des Arbeitnehmers darf jedoch nicht länger sein als die Kündigungsfrist des Arbeitgebers.

§ 626 Fristlose Kündigung
- Ein Arbeitsverhältnis kann sowohl vom Arbeitgeber als auch vom Arbeitnehmer aus wichtigem Grund ohne Einhaltung einer Kündigungsfrist gekündigt werden, wenn Tatsachen vorliegen, welche die Fortsetzung des Arbeitsverhältnisses bis zum Ablauf der Kündigungsfrist oder bis zu der vereinbarten Beendigung des Arbeitsverhältnisses nicht zugemutet werden kann.
- Die Kündigung kann nur innerhalb von zwei Wochen erfolgen. Der Kündigende muß dem anderen Teil auf Verlangen den Kündigungsgrund unverzüglich schriftlich mitteilen.

§ 613a Rechte und Pflichten bei Betriebsübergang
- Geht ein Betrieb oder Betriebsteil durch ein Rechtsgeschäft auf einen anderen Inhaber über, so tritt dieser in die Rechte und Pflichten aus den im Zeitpunkt des Übergangs bestehenden Arbeitsverhältnissen ein. Sind diese Rechte und Pflichten tarifvertraglich oder durch eine Betriebsvereinbarung geregelt, so werden sie Inhalt des Arbeitsverhältnisses zwischen dem neuen Inhaber und dem Arbeitnehmer und dürfen nicht vor Ablauf eines Jahres nach dem Zeitpunkt des Übergangs zum Nachteil des Arbeitnehmers geändert werden.
- Der bisherige Arbeitgeber haftet neben dem neuen Inhaber für Verpflichtungen aus dem Arbeitsverhältnis, soweit sie vor dem Zeitpunkt des Übergangs entstanden sind und vor Ablauf von einem Jahr nach diesem Zeitpunkt fällig werden, als Gesamtschuldner.
- Die Kündigung des Arbeitsverhältnisses eines Arbeitnehmers durch den bisherigen Arbeitgeber oder durch den neuen Inhaber wegen des Übergangs des Betriebs oder Betriebsteils ist unwirksam.

Berufsbildungsgesetz (BBiG)
- Es sind die gesetzlichen Anforderungen an die **Berufsausbildung**, **berufliche Fortbildung** und die **berufliche Umschulung** geregelt.
- Wer einen Auszubildenden zur Berufsausbildung einstellt, hat mit diesem einen **Berufsausbildungsvertrag** zu schließen.
- Während der Probezeit kann das Berufsausbildungsverhältnis jederzeit ohne Einhalten einer Kündigungsfrist gekündigt werden. Nach der Probezeit kann das Berufsausbildungsverhältnis nur aus einem wichtigen Grund ohne Einhalten einer Kündigungsfrist gekündigt werden, oder vom Auszubildenden mit einer Kündigungsfrist von vier Wochen, wenn er die **Berufsausbildung** aufgeben oder sich für eine andere Berufstätigkeit ausbilden lassen will. Die

Kündigung muß schriftlich erfolgen. Erfolgt die Kündigung nach der Probezeit, ist außerdem die Angabe der Kündigungsgründe erforderlich.
- Auszubildende darf nur einstellen, wer persönlich geeignet ist. Auszubildende darf nur ausbilden, wer **persönlich und fachlich geeignet** ist. Auszubildende dürfen nur eingestellt werden, wenn die **Ausbildungsstätte** nach Art und Einrichtung für die Berufsausbildung geeignet ist und eine angemessene Zahl von Fachkräften vorhanden ist. Die zuständige Stelle hat darüber zu wachen, daß die personliche und fachliche Eignung sowie die Eignung der Ausbildungsstätte vorliegen.

Jugendarbeitsschutzgesetz (JArbSchG) – Gesetz zum Schutze der arbeitenden Jugend
- Das Gesetz gilt für die Beschäftigung von Personen, die noch nicht 18 Jahre alt sind.
- Die Beschäftigung von Kindern unter 13 Jahren ist verboten. Ausnahme: Beschäftigung zum Zweck der Arbeits- und Beschäftigungstherapie, im Rahmen eines Betriebspraktikums während der Vollzeitschulpflicht und in Erfüllung einer richterlichen Weisung. Außerdem können Kinder bei kulturellen Veranstaltungen eingesetzt werden.
- Kinder über 13 Jahren können mit der Einwilligung der Personensorgeberechtigten mit leichten und für Kinder geigneten Arbeiten beschäftigt werden. Der Arbeitgeber ist verpflichtet, die Personensorgeberechtigten über mögliche Gefahren sowie über alle zu ihrer Sicherheit und ihrem Gefahrenschutz getroffenen Maßnahmen zu unterrichten. Die Arbeitszeit ist generell auf 2 Stunden begrenzt. In landwirtschaftlichen Familienbetrieben ist eine tägliche Beschäftigung von 3 Stunden möglich. Eine Beschäftigung zwischen 18 Uhr und 8 Uhr sowie während des Schulunterrichts oder vor dem Schulunterricht ist nicht möglich. Es gilt der Grundsatz der 5-Tage-Woche.
- Vollzeitschulpflichtige Jugendliche (über 15 Jahre) können wie Kinder unter 13 Jahre und wie Kinder über 13 Jahre beschäftigt werden.
- Jugendliche, die älter als 14 Jahre sind, aber das 18. Lebensjahr noch nicht vollendet haben, dürfen täglich nicht länger als acht Stunden und wöchentlich nicht mehr als 40 Stunden beschäftigt sein.
- Akkordarbeit und sonstige tempoabhängige Arbeiten dürfen Jugendliche nicht ausführen.
- Es bestehen besondere Ruhe- und Urlaubsregelungen.
- Ein Jugendlicher darf nur beschäftigt werden, wenn er innerhalb der letzten vierzehn Monate vor Aufnahme der Beschäftigung ärztlich untersucht wurde und eine Bescheinigung des Arztes vorliegt, daß gegen die beabsichtigte Tätigkeit keine ärztlichen Bedenken bestehen (Erstuntersuchung). Ein Jahr nach Aufnahme der ersten Beschäftigung hat eine Nachuntersuchung zu erfolgen.
- Arbeitgeber, die regelmäßig mindestens einen Jugendlichen beschäftigen, haben das Jugendarbeitsschutzgesetz und die Anschrift der zuständigen Aufsichtsbehörde an geeigneter Stelle im Betrieb zur Einsicht auszulegen oder

auszuhändigen. Arbeitgeber, die regelmäßig mindestens drei Jugendliche beschäftigen, haben einen Aushang über Beginn und Ende der regelmäßigen täglichen Arbeitszeit und der Pausen der Jugendlichen an geeigneter Stelle im Betrieb anzubringen.
- Arbeitgeber haben ein Verzeichnis der beschäftigten Jugendlichen unter Angabe des Vor- und Familiennamens, des Geburtsdatums, der Wohnanschrift und das Datum des Beginns der Beschäftigung zu führen.

Schwerbehindertengesetz (SchwbG) – Gesetz zur Sicherung der Eingliederung Schwerbehinderter in Arbeit, Beruf und Gesellschaft

- Schwerbehinderte haben einen Grad der Behinderung von mindestens 50. Auf Antrag beim Arbeitsamt und nach Anerkennung durch die Hauptfürsorgestelle können auch Personen mit einem Grad der Behinderung von weniger als 50, aber mindestens 30 Schwerbehinderten gleichgestellt werden, wenn sie infolge ihrer Behinderung ohne die Gleichstellung einen geeigneten Arbeitsplatz nicht bekommen oder nicht behalten können.
- Private Arbeitgeber mit mindestens 16 Arbeitsplätzen haben mindestens 6% der Arbeitsplätze mit Schwerbehinderten zu besetzen. Für jeden dieser nicht mit einem Schwerbehinderten besetzten Arbeitsplätze ist eine Ausgleichsabgabe in Höhe von 200 DM je Monat zu entrichten.
- Arbeitgeber haben ein Verzeichnis der beschäftigten Schwerbehinderten, Gleichgestellten und sonstigen anrechnungsfähigen Personen laufend zu führen. Die Anzahl der Arbeitsplätze und deren Besetzung mit dem o.g. Personenkreises sind dem zuständigen Arbeitsamt unter Beifügung einer Durchschrift für die Hauptfürsorgestelle einmal jährlich anzuzeigen.
- Die Kündigungsfrist für Schwerbehinderte beträgt mindestens vier Wochen. Jede Kündigung durch den Arbeitgeber bedarf der vorherigen Zustimmung der Hauptfürsorgestelle.
- Schwerbehinderte haben Anspruch auf einen bezahlten zusätzlichen Urlaub von fünf Arbeitstagen im Kalenderjahr. Tarifliche, betriebliche oder sonstige Urlaubsregelungen für Schwerbehinderte können einen längeren Zusatzurlaub vorsehen.

Heimarbeitsgesetz (HAG)

- Beschäftigte **Heimarbeiter** sind in einer besonderen Liste auszuweisen. Diese Liste ist im Ausgaberaum der Heimarbeit an gut sichtbarer Stelle auszuhängen sowie halbjährlich dem zuständigen Arbeitsamt zuzusenden.
- In den Räumen der Ausgabe und Abnahme der Heimarbeit sind Entgeltverzeichnisse und Nachweise über die sonstigen Vertragsbedingungen offen auszulegen. Die Entgeltverzeichnisse müssen die Entgelte für jedes einzelne Arbeitsstück enthalten.
- Jedem Heimarbeiter ist ein Entgeltbuch auszuhändigen. Darin sind die Daten jeder Ausgabe und Abnahme von Arbeit, deren Art und Umfang und die gezahlten Entgelte einzutragen.

Entgeltfortzahlungsgesetz (EFZG) – Gesetz über die Zahlung des Arbeitsentgelts an Feiertagen und im Krankheitsfall

- Arbeitnehmer, die infolge Krankheit arbeitsunfähig werden, haben für die Dauer von sechs Wochen einen Anspruch auf Lohn- oder Gehaltsfortzahlung in Höhe von 100% des für die maßgebende regelmäßige Arbeitszeit zustehende Arbeitsentgelts. Überstundenvergütungen werden dabei nicht berücksichtigt.
- Für die infolge eines gesetzlichen Feiertags ausgefallene Arbeitszeit hat der Arbeitgeber dem Arbeitnehmer das Arbeitsentgelt zu zahlen, das er ohne den Arbeitsausfall erhalten hätte.
- Arbeitnehmer, die ein neues Arbeitsverhältnis eingehen und innerhalb der ersten vier Wochen arbeitsunfähig erkranken, erhalten keine Entgeltfortzahlung, sondern Krankengeld von ihrer Krankenkasse. Am Anschluß daran steht allerdings die Lohn- oder Gehaltsfortzahlung zu, und zwar bis zu sechs Wochen.

Mutterschutzgesetz (MuSchG) – Gesetz zum Schutze der erwerbstätigen Mutter

- Werdende Mütter dürfen in den letzten sechs Wochen vor und bis zum Ablauf von acht Wochen nach der Entbindung nicht beschäftigt werden, sowie wenn nach einem ärztliches Attest das Leben oder die Gesundheit von Mutter oder Kind bei Weiterbeschäftigung gefährdet ist.
- Es gelten zeitliche Einschränkungen für bestimmten Tätigkeiten.
- Der Arbeitgeber darf während einer Schwangerschaft und vier Monate nach der Entbindung grundsätzlich keine Kündigung aussprechen.
- Frauen, die Anspruch auf Mutterschaftsgeld haben, erhalten für die Zeit der Schutzfristen sowie für den Entbindungstag von ihrem Arbeitgeber einen Zuschuß in Höhe des Unterschiedsbetrages zwischen 25 DM und des durchschnittlichen kalendertäglichen Nettoarbeitsentgelts.

Bundeserziehungsgeldgesetz (BErzGG) – Gesetz über die Gewährung von Erziehungsgeld und Erziehungsurlaub

- Arbeitnehmer haben Anspruch auf Erziehungsurlaub bis zur Vollendung des dritten Lebensjahres eines Kindes, sofern der mit dem Arbeitnehmer in einem Haushalt lebende andere Elternteil erwerbstätig oder arbeitslos ist oder sich in Ausbildung befindet. Während des Erziehungsurlaubs ist Erwerbstätigkeit zulässig, wenn die wöchentliche Arbeitszeit 19 Stunden nicht übersteigt. Der Erziehungsurlaub muß spätestens vier Wochen vor Beginn beim Arbeitgeber geltend zu machen. Der Arbeitgeber kann den zustehenden Erholungsurlaub um den Erziehungsurlaub anteilig kürzen.
- Für den Arbeitnehmer besteht während des Erziehungsurlaubs eine Arbeitsplatzgarantie. Der Arbeitgeber darf das Arbeitsverhältnis ab dem Zeitpunkt der Geltendmachung des Erziehungsurlaubs, höchstens jedoch sechs Wochen vor Beginn und während des Erziehungsurlaubs nicht kündigen.

7.2 Die Personalbedarfsplanung

Alle Aufgaben im Unternehmen kann der Existenzgründer auf Dauer nicht allein erledigen. Irgendwann kommt der Wunsch und die Notwendigkeit, Mitarbeiter einzustellen. Vor der Einstellung von Personal sollte jedoch überlegt werden, ob es nicht sinnvoll ist, professionelle Dienstleister, z.B. Buchführungshelfer bzw. Steuerberater, Schreibbüros usw. zu beauftragen. Bei kurzzeitigem Personalbedarf können auch Personalüberlassungsunternehmen weiterhelfen. Der Personalbedarf sollte rechtzeitig erkannt und geplant werden. Die **Analyse der Positionsanforderungen** setzt zunächst eine exakte **Stellenbeschreibung** voraus, die neben der Feststellung der einzelnen Tätigkeiten auch Anforderungen, die aus der organisatorischen Eingliederung und aus den Kommunikationsbeziehungen zu anderen Stellen resultieren, umfassen sollte. Die Positionsanforderungen müssen danach personenunabhängig mit Hilfe bestimmter Leistungskriterien ermittelt werden. Sie ergeben ein **Anforderungsprofil**, das an technische und organisatorische Änderungen anpassungsfähig sein sollte. Die Auswahlkriterien, mit deren Hilfe das Anforderungsprofil ermittelt werden soll, müssen zu Beginn des Auswahlprozesses festgelegt werden, damit eine möglichst sachbezogene Personalauswahl möglich ist.

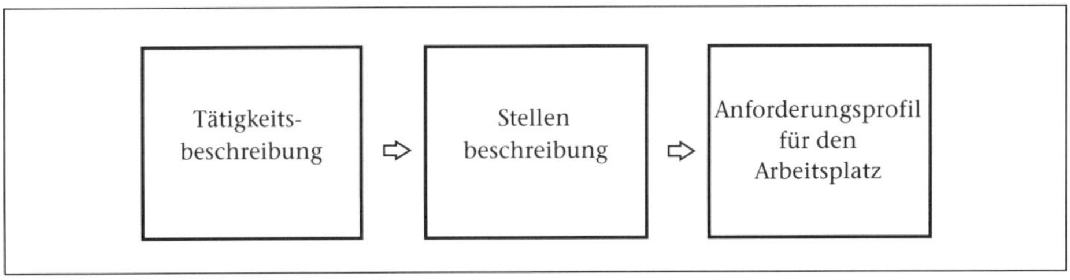

Abb. 38: Personalbedarfsplanung

Das **Anforderungsprofil** ist die Grundlage für die Anwerbung von Kandidaten. Es könnte im wesentlichen durch folgende Kriterien beschrieben werden:

- Beschreibung der einzelnen Tätigkeiten bzw. der Aufgaben,
- die gewünschte Ausbildung, evtl. Branchenerfahrung,
- das Lebensalter,
- die Anforderungen, z.B. Kompetenzen und Verantwortung,
- die Arbeitszeit,
- der Arbeitsraum und die Ausstattung,
- die Bandbreite der Arbeitsvergütung.

7.3 Die Personalsuche und -auswahl

Die Anwerbung von Kandidaten kann über eine interne oder eine externe Stellenanwerbung erfolgen. Für die interne Stellenanwerbung durch eine innerbetriebliche Stellenausschreibung sind kleine Unternehmen nicht geeignet. Es dürfte sich aber als zweckmäßig erweisen, zunächst einmal in der eigenen Familie Umschau zu halten. Auch aus steuerlichen und sozialversicherungsrechtlichen Gründen könnte es sinnvoll sein, die Ehefrau zu beschäftigen. Zur externen Stellenbesetzung kann das Unternehmen an potentielle Bewerber z.B. durch Aushang in Schulen oder Hochschulen, Stellenanzeigen in Zeitungen oder Zeitschriften oder über die Arbeitsvermittlung durch das Arbeitsamt herantreten.
Bei der Personalsuche per **Zeitungsanzeige** unterscheidet man zwischen der offenen Stellenanzeige und der Chiffreanzeige. Die offene Stellenanzeige enthält den Namen des inserierenden Unternehmens. Sie legt dem Bewerber nicht nur offen, wo er sich bewirbt, sie gibt dem Bewerber vielmehr auch die Möglichkeit, sich gezielt zu bewerben. Es stellt auch eine gute Möglichkeit dar, den Bekanntheitsgrad in der Region zu erhöhen. Die Chiffreanzeige enthält nicht den Namen des inserierenden Unternehmens. Qualifizierte Bewerber neigen wenig dazu, sich auf Chiffreanzeigen zu bewerben. Zeitungsanzeigen, die von Personalberatern aufgegeben werden, gewährleisten, daß Sperrvermerke des Bewerbers beachtet werden.

Das arbeitsrechtliche EG-Anpassungsgesetz (§ 611b BGB) vom 21. August 1980 besagt, daß ein Arbeitsplatz nicht nur für Männer oder für Frauen ausgeschrieben werden soll, es sei denn, für die Ausübung der Tätigkeit ist ein bestimmtes Geschlecht unverzichtbare Voraussetzung.

Die Bewerber werden aufgefordert, sich schriftlich mit den üblichen **Bewerbungsunterlagen** zu bewerben. Der Mindestumfang der Bewerbungsunterlagen besteht in der Regel aus dem Bewerbungsanschreiben, dem tabellarischen Lebenslauf, einem Lichtbild und Zeugniskopien. Eventuell kann auch um Mitteilung des frühestmöglichen Eintrittstermins und Gehaltsvorstellung gebeten werden.

Die Bewerbungsunterlagen werden analysiert und bewertet. Die **Bewerbervorauswahl** erfolgt durch Vergleich mit dem **Anforderungsprofil**. Es werden diejenigen Kandidaten ausgewählt, welche die Kriterien am besten erfüllen und dann zum Vorstellungsgespräch eingeladen.

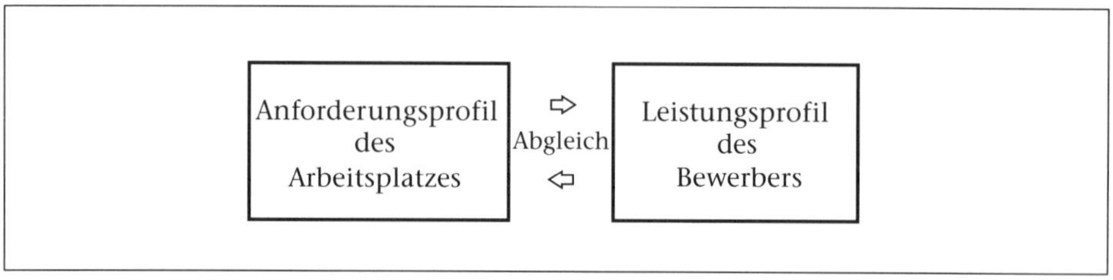

Abb. 39: Bewerberauswahl

Das **Vorstellungsgespräch** ist dann die entscheidende Auswahlmethode. Es ist folgender Ablauf denkbar:

1. Begrüßung
2. Lockere Atmosphäre herstellen. Dem Bewerber eine Tasse Kaffee anbieten.
3. Der Bewerber stellt sich vor. Er berichtet über seinen Ausbildung und seinem beruflichen Werdegang.
4. Vorstellung des Unternehmens und des zu besetzenden Arbeitsplatz, evtl. mit Rundgang.
5. Befragung des Bewerbers
6. Vertragsverhandlungen
7. Abschluß des Gespräches. Das Ergebnis des Gesprächs dem Bewerber sofort oder schriftlich mitteilen.

Die Personalauswahl hat eine entscheidende Bedeutung für ein junges Unternehmen, denn der Anteil der Personalkosten ist meistens nicht unerheblich. Eine Fehlbesetzung kann den Betriebserfolg in Frage stellen.

Der Bewerber, der die Anforderungen am besten erfüllt und einverstanden ist mit den Vertragsbedingungen, wird eingestellt. Allen übrigen Bewerber muß abgesagt werden. Selbstverständlich erhalten diese auch ihre Bewerbungsunterlagen zurück. Das Bewerberanschreiben verbleibt im Unternehmen. Der **Absagebrief** sollte so abgefaßt sein, daß der Bewerber nicht entmutigt wird. Er soll einen guten Eindruck vom Unternehmen behalten.

7.4 Die Personaleinstellung

Vor der Einstellung von Mitarbeitern sollte sich der Existenzgründer mit den tarifvertraglichen und arbeitsrechtlichen Bestimmungen vertraut machen. Begünstigt eine tarifvertragliche Regelung die Mitarbeiter gegenüber den gesetzlichen Bestimmungen, ist der Tarifvertrag maßgebend, wenn für den Betrieb eine Tarifbindung besteht oder der Tarifvertrag für allgemeinverbindlich erklärt wurde. Darüber hinaus gehen die einzelvertraglichen Vereinbarungen, welche die Arbeitnehmer günstiger stellen, den tarifvertraglichen Regelungen vor.

Tip Beachten Sie insbesondere bei der Einstellung von Minderjährigen und Schwerbehinderten die einschlägigen Gesetze [→Jugendarbeitsschutzgesetz, →Schwerbehindertengesetz]. !

Einstellung von ausländischen Arbeitnehmern aus EU- und EFTA-Staaten
EU-Angehörige und Angehörige der EFTA-Staaten Island, Norwegen und der Färoer Inseln benötigen vor der Arbeitsaufnahme eine **Aufenthaltserlaubnis**. Sie können diese stets im Inland bei der für den gewöhnlichen Aufenthalt zuständigen Ausländerbehörde beantragen. Sie sind vom Erfordernis der Aufenthalts-

erlaubnis befreit, soweit sie sich auf Arbeitssuche befinden (insgesamt befristet auf drei Monate seit der Einreise). Von dem Erfordernis der Aufenthaltserlaubnis gibt es eine Reihe von Ausnahmen, z. B. für kurzfristige Tätigkeiten, Montagearbeiten und dergleichen. EU-Angehörige und EFTA-Angehörige (ausgenommen Schweiz und Liechtenstein) benötigen keine **Arbeitserlaubnis.**

Einstellung von ausländischen Arbeitnehmern aus Nicht-EU-Staaten
Arbeitnehmer aus Nicht-EU-Staaten dürfen nur dann beschäftigt werden, wenn sie eine gültige **Aufenthaltsgenehmigung** *und* **Arbeitserlaubnis** vorlegen. Zuständig für die Erteilung der **Aufenthaltsgenehmigung** ist die Ausländerbehörde. Besitzt der Ausländer noch keine Aufenthaltsgenehmigung, so benötigt er zur Einreise regelmäßig ein Visum. Ein Touristenvisum genügt nicht, da dieses ein Verbot der Arbeitsaufnahme in der Bundesrepublik Deutschland enthält. Das Visum muß der Ausländer bei der Vertretung der Bundesrepublik Deutschland an seinem Wohnsitz im Ausland beantragen, ausgenommen Staatsangehörige aus der Schweiz, aus Liechtenstein und aus den USA. Diese können die Aufenthaltsgenehmigung in Deutschland beantragen. Staatsangehörige aus Nicht-EU-Staaten (ausgenommen die EFTA-Staaten Island, Norwegen und die Färoer Inseln), benötigen eine gültige **Arbeitserlaubnis.** Diese ist beim zuständigen Arbeitsamt vor Arbeitsbeginn zu beantragen. Von dem Erfordernis der Aufenthaltsgenehmigung und der Arbeitserlaubnis gibt es eine Reihe von Ausnahmen, z. B. für kurzfristige Tätigkeiten, Montagearbeiten und dergleichen.

Der **Arbeitsvertrag** regelt die rechtlichen Beziehungen zwischen Arbeitgeber und dem einzelnen Arbeitnehmer. Es gibt keine Formvorschriften. Auch mündlich geschlossene Arbeitsverträge sind rechtsgültig. Zur Klarstellung und aus Beweisgründen ist der Abschluß eines schriftlichen Arbeitsvertrages empfehlenswert.

Aufgrund des Nachweisgesetzes ist der Arbeitgeber verpflichtet, den Arbeitnehmer spätestens einen Monat nach dem vereinbarten Beginn des Arbeitsverhältnisses schriftlich über die Vertragsbedingungen zu informieren.

Ein **unbefristeter Arbeitsvertrag** (Dauerarbeitsvertrag) kann beendet werden durch

- einseitige Erklärung (Kündigung) des Arbeitgebers
- einseitige Erklärung (Kündigung) des Arbeitnehmers
- vertragliche Vereinbarung (Aufhebungsvertrag) zwischen Arbeitgeber und Arbeitnehmer

Ein **befristeter Arbeitsvertrag** endet ohne diesbezügliche Erklärung oder Vereinbarung, da er von vornherein für eine bestimmte Zeitdauer geschlossen wurde. Ein befristeter Arbeitsvertrag darf grundsätzlich nur abgeschlossen werden, wenn für die Befristung ein sachlicher Grund gegeben ist, z. B. wenn der Arbeitnehmer im Falle freier Entscheidung eine Befristung wünscht, zum Zweck der Erprobung, zur Aushilfe, zur Vertretung (u. a. bei Auslandsseinsatz,

Muster ohne Gewähr

Arbeitsvertrag

Zwischen

.... und
(Arbeitgeber)

.... wird folgender Arbeitsvertrag geschlossen:
(Arbeitnehmer)

1. Tätigkeitsbereich
Herr/Frau .... wird als .... eingestellt. Die Firma .... ist berechtigt, Sie auch mit anderen Ihren Fähigkeiten entsprechende gleichwertige Aufgaben zu übertragen.

2. Beginn des Arbeitsverhältnisses/Probezeit
Das Arbeitsverhältnis beginnt am .... und ist auf unbestimmte Zeit abgeschlossen. Die ersten 6 Monate gelten als Probezeit, in der das Vertragsverhältnis mit einer Kündigungsfrist von zwei Wochen gelöst werden kann.

3. Vergütung
Für Ihre Tätigkeit erhalten Sie ein monatliches Bruttogehalt in Höhe von DM ...., zahlbar jeweils zum Monatsende.

4. Sonderzahlungen
Die Zahlung der Weihnachtsgratifikation in Höhe von DM .... erfolgt freiwillig und unter Vorbehalt des jederzeitigen Widerrufs. Auch durch mehrmalige Zahlungen wird ein Rechtsanspruch für die Zukunft nicht begründet.

5. Urlaub
Ihr Erholungsurlaub beträgt .... Arbeitstage je Kalenderjahr. Er ist rechtzeitig vor dem beabsichtigten Urlaubsantritt zu beantragen und auf die betrieblichen Erfordernisse abzustimmen.

6. Arbeitszeit
Die betriebliche Arbeitszeit erstreckt sich von .... bis .... Uhr an den Arbeitstagen von Montag bis Freitag bei einer wöchentlichen Arbeitszeit von .... Stunden und einer Mittagspause von einer halben Stunde.

7. Arbeitsverhinderung
Bei Erkrankung oder sonstiger unverschuldeter Arbeitsverhinderung sind Sie verpflichtet, die Firma .... unter Angabe der Gründe sofort zu verständigen oder verständigen lassen. Sie werden innerhalb von drei Kalendertagen eine ärztliche Arbeitsunfähigkeitsbescheinigung vorlegen, aus der sich die voraussichtliche Krankheitsdauer ergibt.

8. Kündigung
Die Kündigung des Arbeitsverhältnisses richtet sich nach den gesetzlichen Vorschriften. Die Kündigung hat schriftlich zu erfolgen.

9. Erlöschen von Ansprüchen
Alle Ansprüche, die sich aus diesem Vertrag ergeben, sind von den Parteien innerhalb von 6 Monaten nach ihrer Entstehung zu erheben.

10. Schlußbestimmungen
Mündliche Nebenabreden sind nicht getroffen. Änderungen dieses Arbeitsvertrages bedürfen der schriftlichen Bestätigung.

.............................., den............ ....
(Arbeitgeber) (Arbeitnehmer)

Abb. 40: Muster für einen Arbeitsvertrag

Mutterschutz, Erziehungsgeld), zur Aus- und Fortbildung des Arbeitnehmers, im Saisongewerbe. Das Beschäftigungsförderungsgesetz ermöglicht bis Ende des Jahres 2000 bei Neueinstellung den Abschluß eines befristeten Arbeitsvertrag auch ohne Vorliegen eines sachlichen Grundes.

Bei Beginn der Beschäftigung hat sich der Arbeitgeber den **Sozialversicherungsausweis** vorlegen zu lassen. Kann der Arbeitnehmer den Ausweis nicht vorlegen, so hat er dies unverzüglich nachzuholen. Es empfiehlt sich, eine Fotokopie des Ausweises zu den Personalunterlagen zu nehmen und darauf das Datum zu vermerken, an dem das Original vorgelegt wurde. So kann sich nämlich der Arbeitgeber vor Erstattung von zu Unrecht gezahlten Sozialleistungen schützen.

Legt der Arbeitnehmer den Sozialversicherungsausweis nicht innerhalb von drei Tagen nach Beginn der Beschäftigung vor, so ist der Arbeitgeber verpflichtet, dies durch eine **Kontrollmeldung** unverzüglich anzuzeigen. Im übrigen wird durch die Kontrollmeldung die Vorlage des Sozialversicherungsausweises nicht etwa überflüssig.

Arbeitnehmer in Branchen, wie z. B. dem Baugewerbe, in denen der Sozialversicherungsausweis mit einem Foto zu versehen ist, müssen den Ausweis bei Ausübung der Beschäftigung stets mitführen und auf Verlangen den Kontrollbehörden vorzuzeigen. Hierauf muß der Arbeitgeber die Arbeitnehmer ausdrücklich hinweisen.

7.5 Die Personalverwaltung

Grundlage für eine rationelle Personalverwaltung sind aufbereitete Informationen, auf die regelmäßig zurückgegriffen werden müssen. Dazu gehören mindestens die Personalakten, eine Personalkartei und diverse Personalstatistiken.

Die **Personalakte** dient dazu, alle Unterlagen eines Mitarbeiters, die für sein Arbeitsverhältnis von Bedeutung sind, geordnet aufzubewahren. Für die Verwaltung empfiehlt es sich, jedem Mitarbeiter bei der Einstellung eine Personalnummer zuzuordnen. Die Personalakte sollte regelmäßig um alle Unterlagen und Änderungen ergänzt werden, die das Arbeitsverhältnis eines Mitarbeiters betreffen. Neben der offiziellen Personalakte, die zentral in der Personalabteilung geführt wird, darf es keine weiteren Personalakten über einen Mitarbeiter im Betrieb geben. Jeder Mitarbeiter hat nach § 83 BetrVG das Recht, in seine Personalakte Einsicht zu nehmen.

1. Personalien	2. Arbeitsvertrag	3. Tätigkeiten
- Personalfragebogen - Bewerbungsanschreiben - Lebenslauf - Lichtbild - Zeugnisse - polizeiliches Führungszeugnis - ärztliches Attest - Familienstandsänderungen	- Arbeitsvertrag - Zusatzvereinbarungen - Änderung der Bezüge	- Tätigkeitsberichte - Beurteilung von Vorgesetzten - Beförderungen - Disziplinarmaßnahmen - Aus- und Weiterbildung - Vollmachten
4. Bezüge	**5. Abwesenheiten**	**6. Schriftverkehr**
- Grundgehalt - Sonderzahlungen - Vorschüsse - Darlehen, Beihilfen - Lohnsteuer, Kirchensteuer, Solidaritätszuschlag - Sozialversicherung - Lohnpfändungen	- Urlaub - Krankheitsnachweise - unentschuldigte Abwesenheit - Arbeitsunfälle	- Briefe - Mitteilungen

Abb. 41: Beispiel für den Aufbau und Inhalt einer Personalakte

Die **Personalkartei** beinhaltet in knapper, übersichtlicher Form alle wichtigen Daten der Mitarbeiter. Die Kartei sollte immer auf dem neuesten Stand gehalten werden. Neben der Verwaltung ist es auch aus organisatorischen Gründen sinnvoll, in einem übersichtlichen Jahreskalender die geplanten und tatsächlichen Abwesenheiten jedes Mitarbeiters einzutragen.

Die Entgeltrechnung (Lohnbuchhaltung)

Jeder Arbeitnehmer hat einen vertraglichen Anspruch auf eine Vergütung seiner Leistung. Grundlage ist der vereinbarte Bruttolohn für Arbeiter bzw. das vereinbarte Bruttogehalt für Angestellte. Zur Errechnung des Nettoverdienstes sind eine Reihe jeweils gültiger gesetzlichen Vorschriften und Bestimmungen zu berücksichtigen. Die mit der **Nettorechnung** ermittelten Nettoverdienste müssen dann zur Zahlung aufbereitet und an die unterschiedlichen Empfänger geleistet werden. Dazu müssen mit der Zahlungsrechnung die Daten in unterschiedlicher Weise ausgegeben werden:

- Mitarbeiterabrechnung
- Steuerabrechnung
- Sozialversicherungsabrechnung

7.5.1 Die Mitarbeiterabrechnung

Das vereinbarte Entgelt der Mitarbeiter vermindert sich um Steuern und Sozialversicherungsbeiträge. Oftmals ist das so ermittelte Nettoentgelt für die Mitarbeiter noch nicht der Auszahlungsbetrag, denn vom Nettoentgelt müssen eventuell noch vermögenswirksame Leistungen, Lohnpfändungen, Darlehensrückzahlungen, Vorschußzahlungen abgezogen werden.

	Bruttolohn bzw. Bruttogehalt	4.500,00 DM
+	Vermögenswirksame Leistungen	52,00 DM
+	Fahrgeldzuschuß	30,00 DM
=	Gesamtbrutto	4.582,00 DM
-	Lohnsteuer, Steuerklasse III	373,66 DM
-	Kirchensteuer 9%	33,62 DM
-	Solidaritätszuschlag 5,5%	13,53 DM
-	Krankenversicherung (TK) 6,6%	302,41 DM
-	Pflegeversicherung 0,85%	38,95 DM
-	Rentenversicherung 9,75%	446,75 DM
-	Arbeitslosenversicherung 3,25%	148,92 DM
=	Nettoentgelt	3.224,16 DM
-	Vermögenswirksame Leistungen	52,00 DM
=	Auszahlung	3.172,16 DM

Abb. 42: Beispiel einer Lohn- bzw. Gehaltsabrechnung

Für jeden Mitarbeiter muß eine **Entgeltabrechnung** erstellt werden. In ihr sind alle Abrechnungsdaten der Brutto-, Netto- und Zahlungsrechnung auszuweisen. Neben den Beträgen der betrachteten Periode können auch die aufgelaufenen Summen des Kalenderjahres ausgedruckt werden. Damit kann die Entgeltabrechnung auch als Verdienstbescheinigung verwandt werden.

Für das Unternehmen und die Lohnsteuerprüfung ist zum Jahresende oder zum Ende eines Arbeitsverhältnisses ein **Lohnkonto** auszudrucken. In ihm sind nach der Lohnsteuer-Durchführungsverordnung (LStDV) je Abrechnungszeitraum folgende Daten auszuweisen:

- Personalien des Arbeitnehmers,
- Beschäftigungsbeginn, Beschäftigungsende,
- Art der Beschäftigung,
- bei Versicherungsfreiheit oder Befreiung von der Versicherungspflicht die dafür maßgebenden Angaben,
- geleistete Stunden,
- Bruttoentgelt,
- beitragspflichtiges Arbeitsentgelt bis zur Beitragsbemessungsgrenze der Rentenversicherung,
- bei Arbeitsausfall durch Kurzarbeit bzw. im Baugewerbe durch schlechtes Wetter: gezahltes Kurzarbeiter- bzw. Winterausfallgeld sowie das meldepflichtige Ausfallentgelt,
- Beitragsgruppenschlüssel,
- Einzugsstelle für den GSV-Beitrag,
- der vom Beschäftigten zu tragende Anteil am GSV-Beitrag, getrennt nach Beitragsgruppen,
- Lohn- und Kirchensteuerdaten,
- Abzugswerte und Zahlungen,
- Nettoverdienst,
- Zahlungsbetrag.

Kurzarbeitergeld (Kug)
Kurzarbeitergeld wird Arbeitnehmern bei vorübergehendem erheblichen Arbeitsausfall in Betrieben oder Betriebsabteilungen gewährt, wenn zu erwarten ist, daß dadurch den Arbeitnehmern die Arbeitsplätze und dem Betrieb die eingearbeiteten Arbeitnehmer erhalten bleiben. Nach den Gesamtumständen des Einzelfalls muß mit einer gewissen Wahrscheinlichkeit in absehbarer Zeit für die weitaus überwiegende Zahl der Kurzarbeiter wieder mit dem Übergang zur Vollarbeit zu rechnen sein.

Kurzarbeitergeld kommt nur dann in Betracht, wenn der Arbeitsausfall auf wirtschaftliche Ursachen einschließlich betrieblicher Strukturveränderungen oder auf einem unabwendbaren Ereignis beruht und unvermeidbar ist. Der Anspruch auf Kurzarbeitergeld ist jedoch ausgeschlossen, wenn der Arbeitsausfall überwiegend branchenüblich, betriebsüblich bzw. saisonbedingt ist oder ausschließlich auf betriebsorganisatorischen Gründen beruht.

Der Arbeitsausfall im Unternehmen muß einen bestimmten Umfang erreichen. Dieser liegt vor, wenn im jeweiligen Kalendermonat (Anspruchszeitraum) mindestens ein Drittel der in dem Betrieb oder der Betriebsabteilung tatsächlich beschäftigten Arbeitnehmer von einem Entgeltausfall von jeweils mehr als 10% ihres monatlichen Bruttoentgelts betroffen ist.

Die Bezugsdauer von Kurzarbeitergeld ist auf sechs Monate begrenzt. Das Bundesministerium für Arbeit (BMA) sieht für außergewöhnliche Verhältnisse auf dem Arbeitsmarkt eine längere Bezugsdauer vor.

Die Höhe des Kurzarbeitergeldes richtet sich nach der Nettoentgeltdifferenz im Anspruchszeitraum sowie dem Leistungssatz und der Leistungsgruppe. Die

Nettoentgeltdifferenz entspricht dem Unterschiedsbetrag zwischen dem pauschalierten Nettoentgelt aus dem Sollentgelt und dem pauschalierten Nettoentgelt aus dem Istentgelt. Sollentgelt ist das Bruttoarbeitsentgelt, das der Arbeitnehmer ohne den Arbeitsausfall in dem Anspruchszeitraum erzielt hätte. Entgelt für Mehrarbeit bleibt unberücksichtigt. Istentgelt ist das Bruttoarbeitsentgelt, das der Arbeitnehmer in dem Anspruchszeitraum tatsächlich erzielt hat. Sowohl Sollentgelt als auch Istentgelt werden auf den nächsten durch 50 teilbaren DM-Betrag gerundet.

Das Kurzarbeitergeld beträgt 67% der Nettoentgeltdifferenz im Anspruchszeitraum (Leistungssatz 1) bei Arbeitnehmern, auf deren Lohnsteuerkarte ein Kinderfreibetrag mit einem Zähler von mindestens 0,5 eingetragen ist oder bei denen ein zu berücksichtigendes Kind durch eine Bescheinigung des Arbeitsamtes nachgewiesen ist, bei allen anderen Arbeitnehmern 60% (Leistungssatz 2).

Das Bundesministerium für Arbeit und Sozialordnung (BMA) legt jeweils für ein Kalenderjahr die für die Berechnung des Kurzarbeitergeldes maßgebenden pauschalierten monatlichen Nettoarbeitsentgelte fest. Entsprechende Tabellen sind beim Arbeitsamt erhältlich. Die zutreffende Leistungsgruppe (A bis E) ist abhängig von der Lohnsteuerklasse, die sich aus der Lohnsteuerkarte ergibt.

Die Höhe der Beiträge zur Kranken-, Pflege- und Rentenversicherung richtet sich für die Zeit des Bezuges von Kurzarbeitergeld nach 80% des Unterschiedsbetrages zwischen dem Sollentgelt (Bruttoarbeitsentgelt, das der Arbeitnehmer ohne den Arbeitsausfall im Anspruchszeitraum = Kalendermonat erzielt hätte) und dem Istentgelt (Bruttoarbeitsentgelt, das er im Anspruchszeitraum tatsächlich erzielt hat). Die Beiträge zur Arbeitslosenversicherung sind nur aus dem Istentgelt zu zahlen.

Witterungsbedingter Arbeitsausfall

Witterungsbedingter Arbeitsausfall liegt nur vor, wenn dieser ausschließlich durch zwingende Witterungsgründe verursacht ist und an einem Arbeitstag mindestens eine Stunde der regelmäßigen betrieblichen Arbeitszeit ausfällt (Ausfalltag).

Bevor Arbeitnehmern des Baugewerbes Winterausfallgeld durch das Arbeitsamt gezahlt wird, ist nach den §§ 3, 4 BRTV-Bau vom Arbeitgeber eine **Winterausfallgeld-Vorausleistung** zu erbringen. Zum Ausgleich dieser Vorausleistung sind von den betroffenen Arbeitnehmern Arbeitszeitguthaben anzusparen. Hierbei sind zwei unterschiedliche Modelle anwendbar:

- Die Ansparung eines Arbeitszeitguthabens im Umfang von 50 Stunden (sog. **Ansparkonto**), das in vollem Umfang für witterungsbedingte Arbeitsausfälle in der Schlechtwetterzeit einzusetzen ist.
- Die Vereinbarung einer von der tariflichen Arbeitszeitverteilung abweichenden Arbeitszeit. Es kann geregelt werden, daß in einem zwölfmonatigen Ausgleichszeitraum bis zu 150 Stunden durch Vorarbeit und 50 Stunden durch

Nacharbeit auf einem Arbeitszeitkonto angespart werden (sog. **Ausgleichskonto**), wovon bis zu 120 Stunden für witterungsbedingte Arbeitsausfälle in der Schlechtwetterzeit einzusetzen sind.

Die Schlechtwetterzeit ist die Zeit vom 1. Januar bis 31. März.

Die Winterausfallgeld-Vorausleistung soll das Arbeitsentgelt bei witterungsbedingtem Arbeitsausfall in der Schlechtwetterzeit für mindestens 120 Stunden ersetzen, in angemessener Höhe im Verhältnis zum Winterausfallgeld stehen und durch Tarifvertrag, Betriebsvereinbarung oder Arbeitsvertrag geregelt sein.

In der Sozialversicherung wird die Winterausfallgeld-Vorausleistung dem tatsächlich erzielten Arbeitsentgelt gleichgestellt, ist also in voller Höhe (unter Berücksichtigung der Beitragsbemessungsgrenzen) beitragspflichtig.

Mit dem **Wintergeld** und dem **Winterausfallgeld (WAG)** will die Bundesanstalt für Arbeit (BA) die ganzjährige Beschäftigung im Baugewerbe fördern. Arbeitnehmer in der Bauwirtschaft haben einen Anspruch auf Wintergeld in der Förderungszeit zur Abgeltung witterungsbedingter Mehraufwendungen für geleistete Arbeitsstunden (Mehraufwands-Wintergeld) und in der Schlechtwetterzeit als Zuschuß zu einer Winterausfallgeld-Vorausleistung (Zuschuß-Wintergeld), Anspruch auf Winterausfallgeld bei witterungsbedingtem Arbeitsausfall in der Schlechtwetterzeit im Anschluß an eine Winterausfallgeld-Vorausleistung. Förderungszeitraum ist die Zeit vom 15. Dezember bis zum letzten Kalendertag des Monats Februar. Schlechtwetterzeit ist die Zeit vom 1. Januar bis 31. März.

Nach den tarifvertraglichen Regelungen des Bauhauptgewerbes (BRTV-Bau) müssen witterungsbedingte Arbeitsausfälle für mindestens 50 Stunden und können bis zu 120 Stunden durch Vor- und Nacharbeit (Arbeitszeitkonten) ausgeglichen werden. Ist ein Arbeitszeitausgleich über 50 Stunden hinaus nicht möglich, zahlt die Bundesanstalt für Arbeit (BA) ab der 51. Ausfallstunde das Winterausfallgeld (WAG), das aus einer Umlage der Bauarbeitgeber finanziert wird. Aus dieser Umlage wird auch ein Zuschuß zu den allein vom Arbeitgeber zu tragenden Sozialversicherungsbeiträgen in Höhe von 50% gezahlt. Ab der 121. Ausfallstunde zahlt die Bundesanstalt für Arbeit (BA) das Winterausfallgeld aus den Beiträgen zur Arbeitslosenversicherung.

Die Höhe des Winterausfallgeldes (WAG) richtet sich wie beim Kurzarbeitergeld nach der Nettoentgeltdifferenz im Abrechnungszeitraum (Kalendermonat) sowie dem Leistungssatz und der Leistungsgruppe.

Das Winterausfallgeld (WAG) beträgt 67% der Nettoentgeltdifferenz im Anspruchszeitraum (Leistungssatz 1) bei Arbeitnehmern, auf deren Lohnsteuerkarte ein Kinderfreibetrag mit einem Zähler von mindestens 0,5 eingetragen ist oder bei denen ein zu berücksichtigendes Kind durch eine Bescheinigung des Arbeitsamtes nachgewiesen ist, bei allen anderen Arbeitnehmern 60% (Leistungssatz 2).

Das Bundesministerium für Arbeit und Sozialordnung (BMA) legt jeweils für ein Kalenderjahr die für die Berechnung des Winterausfallgeldes (WAG) maßgebenden pauschalierten monatlichen Nettoarbeitsentgelte fest. Entsprechende Tabellen sind beim Arbeitsamt erhältlich. Die zutreffende Leistungsgruppe (A bis E) ist abhängig von der Lohnsteuerklasse, die sich aus der Lohnsteuerkarte ergibt.

Das Winterausfallgeld (WAG) sowie die Beitragszuschüsse zur Sozialversicherung werden vom Arbeitgeber gezahlt und auf Antrag vom zuständigen Arbeitsamt erstattet. Für den Antrag gilt eine Ausschlußfrist, die am 15. des übernächsten Kalendermonats nach dem Kalendermonat endet, in dem die Ausfalltage liegen.

Die Höhe der Beiträge zur Kranken-, Pflege- und Rentenversicherung richtet sich für die Zeit des Bezuges von Winterausfallgeld (WAG) nach 80% des Unterschiedsbetrages zwischen dem Sollentgelt (Bruttoarbeitsentgelt, das der Arbeitnehmer ohne den Arbeitsausfall im Anspruchszeitraum = Kalendermonat erzielt hätte) und dem Istentgelt (Bruttoarbeitsentgelt, das er im Anspruchszeitraum tatsächlich erzielt hat). Die Beiträge zur Arbeitslosenversicherung sind nur aus dem Istentgelt zu zahlen.

In der Förderungszeit wird Arbeitern zusätzlich zum Lohn für jede geleistete Arbeitsstunde ein **Mehraufwands-Wintergeld (MWG)** vom Arbeitsamt in Höhe von 2 DM gezahlt. Mit dieser Leistung werden Mehraufwendungen pauschal abgegolten, die Arbeitnehmern durch eine Arbeitsleistung in der witterungsbedingten Jahreszeit entstehen. Förderungszeit ist die Zeit vom 15. Dezember bis zum letzten Kalendertag des Monats Februar.

Das Mehraufwands-Wintergeld (MWG) ist nicht lohnsteuerpflichtig und stellt kein Entgelt i.S. der Sozialversicherung dar. Es wird vom Arbeitgeber gezahlt und auf Antrag vom zuständigen Arbeitsamt erstattet. Für den Antrag gilt eine Ausschlußfrist, die am 15. des übernächsten Kalendermonats nach dem Kalendermonat endet, in dem die Ausfalltage liegen.

Arbeitnehmer, die einen Anspruch auf eine Winterausfallgeld-Vorausleistung haben, die niedriger ist, als der Anspruch auf das ohne den witterungsbedingten Arbeitsausfall erzielte Arbeitsentgelt, haben in der Schlechtwetterzeit einen Anspruch auf ein **Zuschuß-Wintergeld (ZWG)**. Die Schlechtwetterzeit ist die Zeit vom 1. Januar bis 31. März. Das Zuschuß-Wintergeld beträgt 2 DM für jede Ausfallstunde.

Das Zuschuß-Wintergeld (ZWG) ist sozialversicherungsfrei. Es wird vom Arbeitgeber gezahlt und auf Antrag vom zuständigen Arbeitsamt erstattet. Für den Antrag gilt eine Ausschlußfrist, die am 15. des übernächsten Kalendermonats nach dem Kalendermonat endet, in dem die Ausfalltage liegen.

7.5.2 Die Steuerabrechnung

Die von den Arbeitnehmereinkommen einbehaltenen Steuerbeträge (Lohnsteuer, Kirchensteuer je nach Konfessionszugehörigkeit, Solidaritätszuschlag) müssen dem zuständigen Finanzamt mit der **Lohnsteuer-Anmeldung** mitgeteilt und abgeführt werden. Der **Abführungszeitraum** ist

- spätestens der zehnte Tag nach Ablauf eines jeden Kalendermonats, wenn die abzuführende Lohnsteuer für das vorangegangene Kalenderjahr mehr als 6.000 DM betragen hat,
- spätestens der zehnte Tag nach Ablauf eines jeden Kalendervierteljahres, wenn die abzuführende Lohnsteuer für das vorangegangene Kalenderjahr mehr als 1.600 DM, aber nicht mehr als 6.000 DM betragen hat,
- spätestens der zehnte Tag nach Ablauf eines jeden Kalenderjahres, wenn die abzuführende Lohnsteuer für das vorangegangene Kalenderjahr nicht mehr als 1.600 DM betragen hat.

Hat der Betrieb im vorangegangenen Kalenderjahr noch nicht bestanden, so ist die auf einen Jahresbetrag umgerechnete, für den ersten vollen Kalendermonat nach der Eröffnung des Betriebes abzuführende Lohnsteuer maßgebend.

Im Falle nicht rechtzeitiger Abführung der Steuerabzugsbeträge ist ein Säumniszuschlag zu entrichten. Der Säumniszuschlag beträgt 1 % des rückständigen Steuerbetrages für jeden angefangenen Monat der Säumnis.

Arbeitsverhältnisse **geringfügig Beschäftigter**[1], deren wöchentliche Arbeitszeit unter 15 Stunden beträgt und monatlich nicht mehr als 630 DM verdienen, sind steuerfrei. Mehrere geringfügige Beschäftigungsverhältnisse werden zusammengerechnet. Die Steuerfreiheit gilt nicht für Nebenbeschäftigungen beim selben Arbeitgeber. Um Mißbrauch zu verhindern, müssen alle geringfügigen Beschäftigungen sozialversicherungsrechtlich gemeldet und auf der Lohnsteuerkarte vermerkt werden.

7.5.3 Die Sozialversicherungsabrechnung

Grundsätzlich unterliegt jeder Arbeitnehmer der Pflichtmitgliedschaft zur gesetzlichen Sozialversicherung. Zu den Trägern der Sozialversicherung gehören

- die Krankenversicherung (KV)
- die Pflegeversicherung (PV)
- die Rentenversicherung (RV)
- Arbeitslosenversicherung (ALV)
- die Unfallversicherung (UV)

Für die Mitgliedschaft sind Beiträge fällig, die jeweils zur Hälfte vom Arbeitgeber und Arbeitnehmer getragen werden. Grundlage für die Berechnung der Beiträge zur Kranken-, Pflege-, Renten- und Arbeitslosenversicherung für die versicherungspflichtigen Arbeitnehmer sind das Arbeitsentgelt im Sinne der Sozialversicherung, der Beitragssatz und die Beitragszeit. Zur Ermittlung der Beiträge wird zunächst der Versichertenanteil, also der Entgeltabzug, ermittelt. Er wird entweder aus der Beitragstabelle abgelesen oder errechnet, indem das

---

1 Gem. Neuregelung der geringfügigen Beschäftigung, vorgesehen zum 1. April 1999, unter Vorbehalt der gesetzlichen Beschlußfassung.

erzielte beitragspflichtige Arbeitsentgelt mit der Hälfte des in Betracht kommenden Beitragssatzes multipliziert wird. Der Gesamtbeitrag ergibt sich durch Verdoppelung des (kaufmännisch) gerundeten Versichertenanteils.
Für die Beitragsberechnung wird das beitragspflichtige Arbeitsentgelt lediglich bis zur Höhe der jeweiligen **Beitragsbemessungsgrenzen** berücksichtigt. Beiträge oberhalb dieser Grenze bleiben beitragsfrei und werden bei der Bemessung der Leistungen ebenfalls nicht mitgerechnet. Die Beitragsbemessungsgrenzen werden jährlich neu festgelegt.

Lohnabrechnungszeitraum	**Alte Bundesländer**		**Neue Bundesländer**	
	KV/PV	**RV/ALV**	**KV/PV**	**RV/ALV**
Jahr	76.500,00 DM	102.000,00 DM	64.800,00 DM	86.400,00 DM
Monat	6.375,00 DM	8.500,00 DM	5.400,00 DM	7.200,00 DM
Woche	1.487,50 DM	1.983,33 DM	1.260,00 DM	1.680,00 DM
Kalendertag	212,50 DM	283,33 DM	180,00 DM	240,00 DM

Abb. 43: Beitragsbemessungsgrenzen 1999

Während es für die Rentenversicherung, Arbeitslosenversicherung und der Pflegeversicherung bundeseinheitliche Beitragssätze gilt, sind die Krankenversicherungsbeiträge unterschiedlich. In den Bundesländern, die zur Finanzierung der ersten Stufe der Pflegeversicherung einen Feiertag gestrichen haben, tragen Arbeitnehmer und Arbeitgeber des Gesamtbeitrag weiterhin je zur Hälfte. Da der Freistaat Sachsen kein Feiertag abgeschafft hat, trägt dort der Arbeitgeber nur die Hälfte der Differenz zum bisherigen Beitrag der ersten Stufe (Arbeitnehmeranteil: 1,35 %, Arbeitgeberanteil: 0,35 %).

Sozialversicherung	**Alte Bundesländer**	**Neue Bundesländer**
Krankenversicherung	∅ 13,6 %	∅ 14,0 %
Pflegeversicherung	1,7 %	1,7 %
Rentenversicherung[1]	19,5 %	19,5 %
Arbeitslosenversicherung	6,5 %	6,5 %

Abb. 44: Beitragssätze 1999

Für **geringfügig Beschäftigte**[2], deren wöchentliche Arbeitszeit unter 15 Stunden beträgt und monatlich nicht mehr als 630 DM verdienen, muß der Arbeitgeber eine Sozialversicherungspauschale (12 % für die Rentenversicherung und

1 Seit 1. April 1999 (bis 31. März 1999 jeweils 20,3 %).

2 Gem. Neuregelung der geringfügigen Beschäftigung, vorgesehen zum 1. April 1999, unter Vorbehalt der gesetzlichen Beschlußfassung.

10 % für die Krankenversicherung) abführen. Ein Rentenanspruch entsteht dadurch nur, wenn der Arbeitnehmer den Pauschalbeitrag des Arbeitgebers zur Rentenversicherung auf den vollen Beitragssatz aufstockt. Er erwirbt mit der Zuzahlung von derzeit 7,5 % entsprechend der gesamten Beitragsleistung einen Anspruch auf Leistungen aus der gesetzlichen Rentenversicherung. Ein eigenständiges neues Krankenversicherungsverhältnis entsteht nicht. Mehrere geringfügige Beschäftigungsverhältnisse werden zusammengerechnet. Die Regelung gilt nicht für Nebenbeschäftigungen beim selben Arbeitgeber. Um Mißbrauch zu verhindern, müssen alle geringfügigen Beschäftigungen sozialversicherungsrechtlich gemeldet und auf der Lohnsteuerkarte vermerkt werden.

Für **geringverdiende Arbeitnehmer**, deren wöchentliche Arbeitszeit mindestens 15 Stunden beträgt und monatlich nicht mehr als 630 DM verdienen, sind die Beiträge zur Kranken-, Pflege-, Renten- und Arbeitslosenversicherung vom Arbeitgeber allein zu entrichten.

Beträge zur Arbeitslosenversicherung werden nicht fällig, wenn Arbeitnehmer unter 18 Stunden wöchentlich arbeiten. Dies gilt auch bei mehreren Arbeitsverhältnissen. Die Höhe des Einkommens bleibt unberücksichtigt.

Die Beitragspflicht besteht grundsätzlich für die Dauer der versicherungspflichtigen Beschäftigung. Erstreckt sich die Beitragspflicht auf den gesamten Abrechnungszeitraum, so werden die Beiträge nach dem üblichen Berechnungsverfahren ermittelt. Besteht nicht für den gesamten Abrechnungszeitraum Beitragspflicht, z. B. wegen Bezugs von Krankengeld, so werden die Beitragsbemessungsgrenzen für den Kalendertag mit der Anzahl der Beitragstage multipliziert.

Beitragsfreiheit besteht für Zeiten mit Anspruch auf

- Krankengeld,
- Verletztengeld,
- Überbrückungsgeld während medizinischer Reha-Maßnahmen (aus der Renten- oder Unfallversicherung),
- Versorgungskrankengeld (bei nach dem Versorgungsrecht entschädigungspflichtigen Krankheiten),
- Mutterschaftsgeld (6 Wochen vor und bis zu 12 Wochen nach der Entbindung) und
- während des Erziehungsurlaubs.

Beitragsfreiheit besteht allerdings nicht, wenn der Anspruch auf die genannten Geldleistungen ruht, weil der Arbeitnehmer sein volles Arbeitsentgelt weiter erhält. Beitragsfreiheit besteht ferner nicht, wenn in Fällen der stufenweisen Wiedereingliederung in das Erwerbsleben ein Teil des vollen Arbeitsentgelts gezahlt wird oder wenn bezahlte Freischichttage anfallen.

Einmalzahlungen werden grundsätzlich dem Entgeltabrechnungszeitraum der Auszahlung zugeordnet.

Bei der **Beschäftigung von Studenten** ist folgendes zu beachten: In der Regel sind Studenten, soweit ihre Eltern bei einer gesetzlichen Krankenversicherung

Mitglied sind, bis zum 25. Lebensjahr kostenlos familienversichert. Der Versicherungsschutz verlängert sich um den jeweils abgeleisteten gesetzlichen Wehr- bzw. Zivildienst. Wenn der Student die Altersgrenze überschreitet, muß er sich selbst in der Studentischen Krankenversicherung versichern und einen Monatsbeitrag zur Kranken- und Pflegeversicherung zahlen. Diese kostengünstige Versicherung ist allerdings nicht mehr möglich, wenn einer versicherungspflichtigen Beschäftigung nachgegangen oder eine hauptberuflich selbständige Erwerbstätigkeit ausgeübt wird. Dies gilt auch, wenn die Altersgrenze von 30 Jahren überschritten bzw. 14 Semester absolviert wurden. Versicherungspflichtig ist eine Beschäftigung, die mehr als 20 Stunden wöchentlich oder den Zeitraum von zwei Monaten übersteigt, es sei denn, die Beschäftigung beschränkt sich auf die Semesterferien. Von der Pflichtversicherung können sich Studenten wiederum zugunsten einer privaten Kranken- und Pflegeversicherung befreien lassen. Studenten sind rentenversicherungspflichtig, wenn sie regelmäßig monatlich mehr als 630 DM verdienen. Nach wie vor brauchen Studenten keine Beiträge zur Arbeitslosenversicherung zahlen.

Das für den Arbeitgeber vorgeschriebene **Meldeverfahren** gilt für die Kranken-, Pflege-, Renten- und Arbeitslosenversicherung. Die Meldungen betrifft nicht nur diejenigen Arbeitnehmer, die mindestens in einem Versicherungszweig versicherungspflichtig sind, sondern auch Arbeitnehmer, die zwar in allen Versicherungszweigen versicherungsfrei sind, für die aber der Arbeitgeberanteil von Beiträgen gezahlt wird, wie z. B. der halbe Beitrag zur Arbeitslosenversicherung für Arbeitnehmer, die wegen Vollendung des 65. Lebensjahres arbeitslosenversicherungsfrei sind, oder der halbe Rentenversicherungsbeitrag für beschäftigte Bezieher einer Altersrente. Meldungen sind auch dann erforderlich, wenn wegen Geringfügigkeit der Beschäftigung weder Versicherungs- noch Beitragspflicht besteht. Wichtig für das Meldeverfahren ist die **Betriebsnummer** des Arbeitgebers, die vom zuständigen Arbeitsamt vergeben wird. Die Meldungen werden für alle zu meldenden Sachverhalte auf den bundeseinheitlichen Meldevordrucken erstattet.

Für die Abgabe der Meldungen gibt es Fristen, die dem Arbeitgeber einen gewissen Spielraum lassen. Fällt das Ende einer Meldefrist auf einen Samstag, einen Sonntag oder einen gesetzlichen Feiertag, so verlängert sie sich auf den nächstfolgenden Werktag.

Arbeitgeber des Baugewerbes, Schaustellergewerbes, der Gebäudereinigungsunternehmen, von Gaststätten- und Beherbergungsbetrieben, des Personen- und Güterbeförderungsgewerbes sowie Unternehmen, die sich am Auf- und Abbau von Messen und Ausstellungen beteiligen, haben für jeden Beschäftigten spätestens am Tag der Arbeitsaufnahme eine **Sofortmeldung** über den Beginn der Beschäftigung zu erstatten. Diese zusätzliche Meldung entfällt, wenn die normale Anmeldung innerhalb der genannten Frist erstattet wird.

Die Beitragspflicht entsteht, sobald der Arbeitnehmer die Auszahlung des Arbeitsentgelts verlangen kann. Auf die tatsächliche Auszahlung kommt es nicht an. Zahlungspflichtig für die Beiträge aufgrund Versicherungspflicht ist grundsätzlich allein der Arbeitgeber, und zwar auch für die Arbeitnehmeranteile. Da-

Meldetatbestand	Meldung Abgabegrund	Frist
Beginn der Versicherungs-/Beitragspflicht	Anmeldung	2 Wochen
Beginn einer geringfügigen Beschäftigung	Anmeldung	1 Woche
Beginn einer Beschäftigung im Baugewerbe usw.	Sofortmeldung	Tag des Beginns
Nichtvorlage des Sozialversicherungsausweises	Kontrollmeldung	unverzüglich
Unterbrechung der Entgeltzahlung um mehr als 1 Kalendermonat	Abmeldung	2 Wochen nach Ende des ersten Monats
Ende der Versicherungs-/Beitragspflicht	Abmeldung	6 Wochen
Ende des Arbeitsverhältnisses/der Versicherung im Monat nach dem Ende der Entgeltzahlung	Abmeldung	6 Wochen
Ende einer geringfügigen Beschäftigung	Abmeldung	1 Woche
Leiharbeitsverhältnis	Kontrollmeldung	2 Wochen, jeweils Beginn und Ende
Veränderung im Beschäftigungsverhältnis Veränderung im Versicherungsverhältnis	Abmeldung Anmeldung	6 Wochen 2 Wochen
Änderung der Art der geringfügigen Beschäftigung	Ab- und Anmeldung	1 Woche
Versicherung zum Jahreswechsel	Jahresmeldung	bis 15.4.
Stornierung von fehlerhaft gemeldeten Daten	Stornierung	unverzüglich
Änderung des Namens und der Staatsangehörigkeit	Änderung	unverzüglich
Einmalzahlung	Sofortmeldung	unverzüglich

Abb. 45: Meldefristen für die Sozialversicherung

gegen bleibt ein freiwillig versichertet Arbeitnehmer für die Zahlung der Beiträge verantwortlich, selbst wenn der Arbeitgeber die Überweisung an die Krankenversicherung vornimmt.

Grundsätzlich werden die Beiträge für den jeweiligen Monat in der ersten Hälfte des Folgemonats fällig. Arbeitgeber haben für Beiträge, die nicht bis zum Ablauf des Fälligkeitstages gezahlt wurden, für jeden angefangenen Monat der Säumnis einen **Säumniszuschlag** in Höhe von 1% der (auf volle 100 DM-Beträge nach unten gerundet) rückständigen Beiträge zu entrichten.

Der Arbeitgeber übernimmt für die Arbeitnehmer die Beitragsentrichtung. Die Beiträge werden für die Kranken-, Pflege-, Renten- und Arbeitslosenversicherung als **Gesamtsozialversicherungsbeitrag** an die gesetzlichen Krankenversicherungen als zuständige **Einzugsstellen** entrichtet. Von dort aus erfolgt die Weiterleitung an die jeweils zuständigen Sozialversicherungsträger.

Der Arbeitgeber ist gesetzlich verpflichtet, neben den Lohnunterlagen für jeden Abrechnungszeitraum eine Beitragsabrechnung, die sog. **Krankenkassenliste**, zu erstellen. Die Krankenkassenliste soll dazu dienen, die Prüfung der Lohnunterlagen sicherzustellen und die richtige Eintragung in den Beitragsnachweis zu gewährleisten. In dieser Krankenkassenliste sind alle Arbeitnehmer des Betriebes getrennt nach den zuständigen gesetzlichen Krankenversicherungen (Einzugsstellen) zu erfassen, die Sortierfolge muß den Lohnunterlagen entsprechen.

Die Krankenkassenliste muß für jeden Arbeitnehmer mindestens folgende Angaben enthalten:
- Familien- und Vorname und ggf. betriebliches Ordnungsmerkmal,
- beitragspflichtiges Arbeitsentgelt bis zur Beitragsbemessungsgrenze in der Rentenversicherung,
- Beitragsgruppenschlüssel,
- Sozialversicherungstage,
- Gesamtsozialversicherungsbeitrag, nach Beitragsgruppen getrennt,
- bei **Arbeitsausfall** durch Kurzarbeit oder im Baugewerbe durch Schlechtwetter: gezahltes Kurzarbeiter- bzw. Winterausfallgeld, meldepflichtiges Ausfallentgelt bis zur Beitragsbemessungsgrenze der Rentenversicherung und hierauf entfallenden Beiträge zur Kranken-, Pflege- und Rentenversicherung.

Träger der **gesetzlichen Unfallversicherung** sind die nach Branchen ausgerichteten verschiedenen **Berufsgenossenschaften**. Jedes Unternehmen ist gesetzlich zur Mitgliedschaft in einer Berufsgenossenschaft verpflichtet. Versichert sind alle Arbeitnehmer und Auszubildende.

Die Unfallversicherung ist eine Haftpflichtversicherung der Arbeitgeber. Sie soll Arbeitsunfälle und Berufskrankheiten verhüten und nach Eintritt eines Schadenfalls den Verletzten, seine Angehörigen und seine Hinterbliebenen entschädigen
- durch Wiederherstellung der Erwerbsfähigkeit,
- durch Arbeits- und Berufsförderung und durch Erleichterung der Verletzungsfolgen,
- durch Leistungen in Geld an den Verletzten, seine Angehörigen und seine Hinterbliebenen.

Die Berufsgenossenschaften finanzieren sich ausschließlich aus den Beiträgen der Mitgliedsunternehmen. Die Höhe der **Beiträge** ergeben sich aus:
- der Unfall- und Berufskrankheitengefährdung in einem Unternehmen (Gefahrklasse),
- der Lohn- und Gehaltssumme der Mitarbeiter im Unternehmen,

- Anzahl, Schwere und Kosten der Unfälle und Berufskrankheiten im Unternehmen (Zuschlag oder Nachlaß).

Durch die Gefahrklasse wird erreicht, daß Branchen mit großem Unfallrisiko höhere Beiträge zahlen müssen. Das Zuschlag- und Nachlaßverfahren aufgrund der Unfälle würdigt unmittelbar finanziell das Engagement der Unternehmen in der Arbeitssicherheit und im Gesundheitsschutz.

Den Beitrag trägt der Arbeitgeber allein. Im Durchschnitt aller Branchen und Gefahrklassen betrug 1997 der Beitragssatz 1,42% der gezahlten Löhne und Gehälter.

Die Unternehmen sind nicht verpflichtet, jede Neueinstellung oder Entlassung der Berufsgenossenschaft mitzuteilen, da diese mit dem jährlichen Lohnsummennachweis erfaßt werden.

7.5.4 Die Personalstatistiken

Durch Personalstatistiken sollen alle Beziehungen zwischen dem Betrieb und der Belegschaft, soweit sie sich in Zahlen ausdrücken lassen, erfaßt und ausgewertet werden. Beispiele: Personalstruktur, Personalbewegungen (Fluktuation), Ausfallzeiten, Löhne und Gehälter, Personalzusatzkosten.

Die Personalzusatzkosten

Zu den sozialen Leistungen des Unternehmens gehören alle Geld-, Sach- und Dienstleistungen, welche das Unternehmen den Mitarbeitern über das vereinbarte Entgelt hinaus gewährt. Sie sind entweder *durch Gesetz* vorgeschrieben (z. B. Lohnfortzahlung im Krankheitsfall, Beiträge zur Berufsgenossenschaft, Arbeitgeberanteile zur Sozialversicherung, *durch Tarifvertrag* oder *Betriebsvereinbarungen* festgelegt (z. B. Pensionszahlungen, Urlaubsgeld) oder werden *freiwillig* gewährt (z. B. zusätzliche Altersversorgung, Weihnachtsgeld).

Alle Aufwendungen des Arbeitgebers für Arbeitnehmer, die nicht in direktem Zusammenhang mit der eigentlichen Arbeitsleistung stehen, werden als **Personalzusatzkosten** oder **Lohnnebenkosten** bezeichnet.

Das folgende Beispiel zeigt, daß die personalabhängigen Kosten und die personalabhängigen gesetzlichen Sozialkosten insgesamt 69,2% des Entgelts für die tatsächlich geleistete Arbeit ausmachen. Auf die Arbeitsstunde mit einem Stundenlohn von 20,00 DM entfallen demnach 13,84 DM Personalzusatzkosten. Die Arbeitsstunde kostet also in Wirklichkeit 33,84 DM. Im Durchschnitt aller Branchen betragen die Personalzusatzkosten ca. 80%.

Personal- und Personalzusatzkosten 1999

Arbeitstage und bezahlte Frei- und Ausfallzeiten

Nominelle Arbeitstage [1]	261 Tage	1.983,6 Std.
Bezahlte Feiertage [2]	5 Tage	38,0 Std.
Lohnfortzahlung bei Krankheit [3]	14 Tage	106,4 Std.
Urlaubstage [4]	30 Tage	228,0 Std.
Verpflichtungen nach dem BetrVG [5]	1 Tag	7,6 Std.
Sonstige bezahlte Frei- u. Ausfallzeiten [6]	0,5 Tage	3,8 Std.
Geleistete Arbeitstage	210,5 Tage	1.599,8 Std.

A. Personalabhängige Kosten in absoluten Beträgen und in % des Entgelts für geleistete Arbeit

Entgelt für geleistete Arbeit [7]	1.599,8 Std.	31.996,00 DM	100,0%	100,0%
Bezahlte Feiertage	38,0 Std.	760,00 DM	2,4%	
Lohnfortzahlung bei Krankheit	106,4 Std.	2.128,00 DM	6,6%	
Urlaubstage	228,0 Std.	4.560,00 DM	14,2%	
Verpflichtungen nach dem BetrVG	7,6 Std.	152,00 DM	0,5%	
Sonstige bezahlte Frei- u. Ausfallzeiten	3,8 Std.	76,00 DM	0,3%	24,0%
Tarifliches Urlaubsgeld [8]		1.653,00 DM	5,1%	
Betriebliche Sonderzahlungen [9]		1.653,00 DM	5,1%	
Vermögenswirksame Leistungen [10]		624,00 DM	2,0%	12,2%
Bruttojahresverdienst		43.602,00 DM		36,2%

B. Vom Arbeitgeber zu tragende personalabhängige gesetzliche Sozialkosten

	Anteil am Bruttojahresverdienst			
Rentenversicherung [14]	9,75%	4.251,20 DM	13,3%	
Arbeitslosenversicherung	3,25%	1.417,07 DM	4,4%	
Krankenversicherung [11]	∅ 6,80%	2.964,94 DM	9,3%	
Pflegeversicherung	0,85%	370,62 DM	1,2%	
Berufsgenossenschaft [12]	1,42%	619,15 DM	1,9%	
SchwbG, BetrAVG	1,80%	784,84 DM	2,5%	
Arbeitssicherheitsgesetz	0,20%	87,20 DM	0,2%	
Freiwillige soziale Leistungen [13]	0,20%	87,20 DM	0,2%	33,0%
		10.582,22 DM		69,2%

Abb. 46: Beispiel für die Berechnung der Personalzusatzkosten
(Erläuterungen siehe nächste Seite)

Erläuterung

1) Maßgebende regelmäßige Arbeitszeit: 38 Stunden pro Woche bzw. 7,6 Stunden pro Tag
2) Bezahlte Feiertage 1999 bundesweit 5 Tage:
   01.01.1999 Neujahr, 02.04.1999 Karfreitag, 05.04.1999 Ostermontag, 13.05.1999 Christi Himmelfahrt, 24.05.1999 Pfingstmontag.
3) Lohnfortzahlung bei Krankheit
   Arbeitnehmer waren 1997 durchschnittlich 18,5 Kalendertage, also über zweieinhalb Wochen krankgeschrieben Das haben Berechnungen des Wissenschaftlichen Instituts der AOK (WIdO), Bonn nach Auswertung der Arbeitsunfähigkeitsmeldungen der AOK-Mitglieder ergeben. Damit sank der durchschnittliche Krankenstand auf 5,1 % gegenüber 5,3 % im Vorjahr. Der Krankenstand ist in allen Branchen rückläufig. Am stärksten hat er sich im Baugewerbe, im Verkehrs- und Transportgewerbe sowie in der Energiewirtschaft reduziert. Den höchsten Krankenstand haben mit 6,1 % erneut die öffentlichen Verwaltungen aufgewiesen, den niedrigsten mit 3,4 % die Banken und Versicherungen.
   Es besteht ein Anspruch auf Lohn- und Gehaltsfortzahlung in Höhe von 100 % des für die maßgebende regelmäßige Arbeitszeit zustehende Arbeitsentgelt.
4) Urlaubstage
   30 Arbeitstage für Arbeiter und Angestellte, unabhängig vom Alter
5) Verpflichtungen nach dem BetrVG
   4 Betriebsversammlungen à 2 Stunden
6) Sonstige bezahlte Frei- und Ausfallzeiten
   Bezahlte Arbeitsversäumnis infolge eigener Eheschließung (2 Tage), Eheschließung von Kindern (1 Tag), eines Umzuges (1 Tag) usw.
7) Entgelt für geleistete Arbeit
   Annahme eines Bruttoverdienstes von 20,- DM pro Stunde bzw. 3.306,- DM pro Monat. Die Höhe des Verdienstes übt keinen Einfluß auf die prozentualen Werte der Zusatzkosten aus.
8) Tarifliches Urlaubsgeld
   Durchschnittlich 50 % eines Monatsverdienstes
9) Betriebliche Sonderzahlungen (z. B. Weihnachtsgeld, Jahresbonus usw.)
   Durchschnittlich 50 % eines Monatsverdienstes
10) Vermögenswirksame Leistungen
    624,- DM lt. Tarifvertrag
11) Krankenversicherung
    Durchschnittlicher Beitragssatz aller Krankenkassen für 1999: 13,6 % (alte Bundesländer) bzw. 14,0 % (neue Bundesländer)
12) Berufsgenossenschaft
    Im Durchschnitt aller Branchen und Gefahrklassen betrug 1997 der Beitragssatz 1,42 % der gezahlten Löhne und Gehälter.
13) Freiwillige soziale Kosten
    Z.B. für Betriebsausflug, Weihnachtsfeier, Jubiläumsgeschenke usw.
14) Rentenversicherung
    Beitragssatz bis 31. März 1999 20,3 %, ab 1. April 1999 19,5 %

Die gesetzlichen Feiertage

Die Feiertagsgesetze der Länder regeln zum Teil neben den gesetzlichen noch die (staatlich) geschützten (kirchlichen) Feiertage, an denen meist bis zum Ende des Hauptgottesdienstes die Läden geschlossen zu halten sind und den konfessionsangehörigen Arbeitnehmern Gelegenheit zu geben ist, am Hauptgottesdienst teilzunehmen.

	BW	BY	B	BB	BR	HH	HE	MV	NS	NRW	RP	SL	SN	SA	SH	TH
Neujahr	•	•	•	•	•	•	•	•	•	•	•	•	•	•	•	•
Karfreitag	•	•	•	•	•	•	•	•	•	•	•	•	•	•	•	•
Ostermontag	•	•	•	•	•	•	•	•	•	•	•	•	•	•	•	•
1. Mai	•	•	•	•	•	•	•	•	•	•	•	•	•	•	•	•
Christi Himmelfahrt	•	•	•	•	•	•	•	•	•	•	•	•	•	•	•	•
Pfingstmontag	•	•	•	•	•	•	•	•	•	•	•	•	•	•	•	•
Tag der deutschen Einheit	•	•	•	•	•	•	•	•	•	•	•	•	•	•	•	•
1. Weihnachtsfeiertag	•	•	•	•	•	•	•	•	•	•	•	•	•	•	•	•
2. Weihnachtsfeiertag	•	•	•	•	•	•	•	•	•	•	•	•	•	•	•	•
Heilige Drei Könige	•	•												•		
Fronleichnam	•	•					•			•	•	•				+
Maria Himmelfahrt		+										•				
Reformationstag				•				•					•	•		×
Allerheiligen	•	•								•	•	•				+
Buß- und Bettag													•			
Zahl der Feiertage Insgesamt	12	(13) 12	9	10	9	9	10	10	9	11	11	12	11	11	9	(10,11) 9

Abb. 47: Übersicht über die gesetzlichen Feiertage

- • Gesetzlicher Feiertag
- \+ Gesetzlicher Feiertag nur in Gebieten mit überwiegend katholischer Bevölkerung
- × Gesetzlicher Feiertag nur in Gebieten mit überwiegend evangelischer Bevölkerung

BW Baden Württemberg
BY Bayern
B Berlin
BB Brandenburg
BR Bremen
HH Hamburg
HE Hessen
MV Mecklenburg-Vorpommern
NS Niedersachsen
NRW Nordrhein-Westfalen
RP Rheinland-Pfalz
SL Saarland
SN Sachsen
SA Sachsen-Anhalt
SH Schleswig-Holstein
TH Thüringen

7.6 Die Personalführung

Die Personalführung dient dazu, den Personaleinsatz so zu gestalten, daß die Unternehmensziele und Entscheidungen möglichst reibungslos durchgesetzt werden. Die Aufgabe wird durch die Führungskräfte wahrgenommen.

Zu den wichtigsten **Führungsfunktionen** gehören Delegieren, Motivieren und Entwickeln der Mitarbeiter. Ein **Delegieren** liegt vor, wenn den Mitarbeitern Aufgaben mit den dazu erforderlichen Kompetenzen und der daraus resultierenden Handlungsverantwortung übertragen werden. Das **Motivieren** ist auf die primär psychologisch bedingten Verhaltensweisen der Mitarbeiter orientiert. Eine positive oder negative Einstellung zur Arbeit beeinflußt deren Ergebnis. Neben der angemessenen Vergütung gelten als besonders motivationsfördernd Anerkennung, Verantwortung, Mitspracherechte. Überwachungen und Kontrollen wirken sich negativ auf die Arbeitszufriedenheit aus. Die Dynamik des Wirtschaftslebens verlangt von allen Mitarbeitern die generelle Bereitschaft zu einer ständigen Anpassung an die wandelnden Anforderungen. Damit der richtige Mann und die richtige Frau auch in Zukunft am richtigen Platz sind, hat die Personalführung das **Entwickeln** der Mitarbeiter zu fördern. Die Mitarbeiter sind deshalb hinreichend zu qualifizieren.

Der **Führungsumfang** beschreibt den Grad der Beteiligung der Mitarbeiter an der Personalführung. Generell unterscheidet man zwischen der autoritären und der kooperativen Führung. Bei der **autoritären Führung** dominiert der Vorgesetzte gegenüber den Untergebenen. An der **kooperativen Führung** nehmen sowohl Vorgesetzte als auch Untergebene teil.

Der Führungsstil charakterisiert die Verhaltensweise des Vorgesetzten gegenüber den Untergebenen. Während die **traditionellen Führungsstile** auf befehlende Willensdurchsetzung beruhen, zeichnen sich **moderne Führungsstile** durch eine beratende Willensdurchsetzung aus. Beispiele für moderne Führungsstile sind der kooperative Führungsstil und der Team-Führungsstil.

7.7 Die Personalfreisetzung

Die Beendigung eines Arbeitsverhältnisses erfolgt durch Zeitablauf eines befristeten Arbeitsvertrages, durch Abschluß eines Aufhebungsvertrages oder durch Kündigung.

Die Kündigung ist eine einseitige, empfangsbedürftige, rechtsgestaltende Willenserklärung, durch die das Arbeitsverhältnis für die Zukunft aufgelöst werden soll. Sie kann sowohl vom Arbeitgeber wie auch vom Arbeitnehmer ausgehen. Die Kündigung bedarf keiner Annahme durch deren Empfänger. Sie wird jedoch erst wirksam, wenn sie dem anderen Vertragspartner zugeht, also so in den Machtbereich des Empfängers gelangt, daß dieser unter gewöhnlichen Umständen von ihr Kenntnis nehmen kann.

Die Kündigung ist formlos möglich, es sei denn, durch Arbeitsvertrag oder Tarifvertrag ist etwas anderes festgelegt (Ausnahme: Berufsausbildungsverhältnis, § 15 Abs. 3 BBiG. Schriftform und evtl. Angabe der Kündigungsgründe erforderlich). Trotz der grundsätzlichen Formfreiheit sollte eine Kündigung in jedem Fall – aus Beweisgründen – schriftlich erfolgen. Die Kündigung muß deutlich und zweifelsfrei erfolgen. Sowohl die außerordentliche als auch die ordentliche Kündigung ist grundsätzlich ohne Angabe des Kündigungsgrundes wirksam. Bei der außerordentlichen Kündigung muß der Kündigende dem Arbeitnehmer gegenüber den Grund auf Verlangen unverzüglich schriftlich mitteilen (§ 626 Abs. 2 Satz 3 BGB). Die Angabe des Grundes kann wegen entsprechendem Tarifvertrag, Betriebsvereinbarung oder Arbeitsvertrag erforderlich sein.

Der **Betriebsrat** muß gem. § 102 BetrVG zur Kündigung angehört werden. Die ordentliche Kündigung ohne vorherige Anhörung des Betriebsrates ist nichtig. Der Arbeitgeber muß angeben: die betreffene Person, Art der Kündigung (ordentliche oder außerordentliche), Kündigungstermine und Kündigungsgründe. Da der Betriebsrat eine Woche Bedenkzeit hat, kann der Arbeitgeber die Kündigung vorher nicht aussprechen. Der Betriebsrat hat jedoch nur ein Anhörungsrecht, kein Mitbestimmungsrecht, es sei denn, daß durch Betriebsvereinbarung etwas anderes bestimmt ist.

Die ordentliche Kündigung

Die ordentliche Kündigung wird unter Einhaltung einer bestimmten Frist ausgesprochen. Es gelten einheitliche gesetzliche Kündigungsfristen für Arbeiter und Angestellte. Die gesetzliche Grundkündigungsfrist beträgt für Arbeitnehmer und Arbeitgeber gleichermaßen vier Wochen zum Fünfzehnten oder zum Ende eines Kalendermonats (§ 622 Abs. 1 BGB). Ab einer Beschäftigungsdauer von zwei Jahren hat der Arbeitgeber eine längere Kündigungsfrist einzuhalten (§ 622 Abs. 2 BGB).

Es muß geprüft werden, ob der Arbeitnehmer **Kündigungsschutz** hat, d.h. ob seine Kündigung gerechtfertigt sein muß. Der allgemeine Kündigungsschutz findet nur Anwendung, wenn im Betrieb in der Regel mehr als fünf Arbeitnehmer beschäftigt sind (§ 23 Abs. 1 KSchG) und wenn zum Zeitpunkt der Kündigung des Arbeitnehmers dessen Arbeitverhältnis im selben Betrieb bei Zugang der Kündigung länger als sechs Monate bestanden hat (§ 1 Abs. 1 KSchG). Soweit das Kündigungsschutzgesetz Anwendung findet, ist die ordentliche Kündigung nur zulässig, wenn sie durch einen anerkannten Kündigungsgrund sozial gerechtfertigt ist. Zwar ist bei einer sozial ungerechtfertigten Kündigung diese nicht automatisch nichtig, jedoch hat der betroffene Arbeitnehmer innerhalb von drei Wochen nach Zugang der Kündigung ein Klagerecht auf Feststellung, daß das Arbeitsverhältnis durch die Kündigung nicht aufgelöst ist (Kündigungsschutzklage).

Wenn das KSchG anwendbar ist und die Kündigungsschutzklage fristgerecht erhoben wurde, muß das Gericht prüfen, ob die Kündigung sozial gerechtfertigt ist. Der Arbeitgeber muß also beweisen, daß es sich entweder um eine betriebsbedingte Kündigung (dringende betriebliche Erfordernisse), um eine personenbedingte oder um eine verhaltensbedingte Kündigung handelt.

Bestimmte Personengruppen stehen unter besonderem Kündigungsschutz. Die ordentliche Kündigung ist gesetzlich ausgeschlossen. Darunter fallen folgende Arbeitnehmer:

- Betriebsratsmitglieder,
- Schwerbehinderte,
- werdende Mütter bis zum Ablauf von 4 Monaten nach der Entbindung,
- Erziehungsgeldberechtigte während des Erziehungsurlaubs.

1. Die personenbedingte Kündigung

Die personenbedingte Kündigung wegen Krankheit ist sozial gerechtfertigt nach § 1 KSchG, wenn bei Zugang der Kündigung mit häufigen Fehlzeiten in der Zukunft aufgrund eines Rückblicks in die Vergangenheit gerechnet werden muß oder eine langanhaltende Krankheit noch andauert und ihr Ende nicht absehbar ist. Weiter müssen die Fehlzeiten eine unzumutbare Beeinträchtigung betrieblicher Interessen zur Folge haben. Bei dauernder Arbeitsunfähigkeit muß keine gesonderte Beeinträchtigung dargelegt werden. Wird wegen Krankheit gekündigt, ist keine vorherige Abmahnung erforderlich.

2. Die verhaltensbedingte Kündigung

Durch die verhaltensbedingte Kündigung soll es dem Arbeitgeber ermöglicht werden, auf Vertragspflichtverletzungen des Arbeitnehmers zu reagieren. Liegt ein verhaltensbedingter Grund im Sinne des § 1 KSchG vor, so ist die Kündigung sozial gerechtfertigt und der Arbeitnehmer hat keinen Anspruch auf eine Abfindung. Für eine verhaltensbedingte Kündigung kommen vor allem folgende Gründe in Betracht: Verletzung von Nebenpflichten (z. B. wiederholte Nichtbeachtung der Anzeige- und Nachweispflicht im Krankheitsfall, wiederholte Unpünktlichkeit), Nichterfüllung oder Schlechterfüllung der Arbeitspflicht und Verletzung von Treuepflichten gegenüber dem Arbeitgeber.

Die Anforderungen an einem verhaltensbedingten Grund sind allerdings sehr hoch. Vor Ausspruch einer verhaltensbedingten Kündigung ist eine vorherige vergebliche **Abmahnung** nötig. Sie ist ausnahmsweise entbehrlich, wenn sie im Hinblick auf die Einsichts- oder Handlungsfähigkeit des Arbeitnehmers keinen Erfolg verspricht oder wenn das Verhalten schon zu nicht behebbaren schwerwiegenden Folgen geführt hat. Auch bei Fehlverhalten im Vertrauensbereich bedarf es einer vorherigen Abmahnung, wenn der Arbeitnehmer mit vertretbaren Gründen annehmen konnte, sein Verhalten sei nicht vertragswidrig oder es werde vom Arbeitgeber zumindest nicht als ein erhebliches, dem Bestand des Arbeitsverhältnisses gefährdendes Fehlverhalten angesehen.

Eine Abmahnung ist im übrigen schon zulässig, wenn der Arbeitgeber einen objektiven Verstoß des Arbeitnehmers gegen seine Pflichten feststellt. Gründe für eine Abmahnung können beispielsweise sein: Alkoholgenuß während der Arbeitszeit trotz Alkoholverbots, Arbeitsverweigerung, Unfreundlichkeit gegenüber Kunden, wiederholte Unpünktlichkeit. Soll auf die Abmahnung eine spätere Kündigung gestützt werden, so muß der Arbeitnehmer aufgefordert werden, sein vertragswidriges Verhalten abzustellen mit dem Hinweis, daß andernfalls das Arbeitsverhältnis gefährdet werde. Die Abmahnung sollte aus Beweisgründen möglichst schriftlich erfolgen. Für die Formulierung ist zu beachten:

- Das Fehlverhalten muß genau bezeichnet und spezifiziert sein.
- Es muß darauf hingewiesen werden, daß dieses Verhalten nicht gebilligt wird.
- Es muß auf die Konsequenz hingewiesen werden, daß im Wiederholungsfall das Arbeitsverhältnis gefährdet ist.

Hierdurch soll es dem Arbeitgeber möglich sein, auf Vertragsverletzungen des Arbeitnehmers zu reagieren. Eine vorherige vergebliche Abmahnung ist nötig. Abmahnungsberechtigt sind alle Mitarbeiter, die befugt sind, verbindliche Anweisungen bzgl. des Ortes, der Zeit sowie der Art und Weise der arbeitsvertraglich geschuldeten Leistung zu erteilen. Die erfolgte Abmahnung gehört in die Personalakte.

3. Die betriebsbedingte Kündigung

Sie soll dem Arbeitgeber ermöglichen, im Interesse der Rentabilität des Unternehmens, den Personalbestand an den Personalbedarf anzupassen.

Folgende Voraussetzungen müssen erfüllt sein:

1. Tatsächlicher Wegfall des konkreten Arbeitsplatzes
2. Ursache für den Wegfall

   Es müssen **dringende betriebliche Erfordernisse** für eine Kündigung vorliegen, wenn die Durchführung oder eingeleitete Durchführung einer unternehmerischen Entscheidung zum Wegfall einer Beschäftigungsmöglichkeit führt. Eine Beschäftigungsmöglichkeit entfällt immer dann, wenn der Arbeitnehmer nicht mehr vertragsgerecht beschäftigt werden kann.
3. Unmöglichkeit der Weiterbeschäftigung
4. Die soziale Auswahl

   Der Arbeitgeber hat bei der Auswahl der Arbeitnehmer soziale Gesichtspunkte ausreichend zu berücksichtigen. Er darf den sozial schutzwürdigeren Arbeitnehmer nicht vor dem weniger schutzbedürftigen Arbeitnehmer kündigen. In die soziale Auswahl sind nur solche Arbeitnehmer einzubeziehen, die dem Betrieb länger als 6 Monate angehören und deren Arbeitsverhältnis ordentlich gekündigt werden kann. Die in die soziale Auswahl einbezogenen Arbeitnehmer müssen nach ihrem Arbeitsvertragsinhalt, d.h. gemäß ihrer geschuldeten Arbeitsleistung horizontal miteinander vergleichbar sein.

   Soziale Auswahlkriterien:

   - Dauer der Betriebszugehörigkeit
   - Lebensalter
   - tatsächlich bestehende Unterhaltsverpflichtungen des Arbeitnehmers
   - andere soziale Gesichtspunkte, z.B. Schwerbehinderung des Arbeitnehmers, Chance auf dem Arbeitsmarkt usw.

Nach § 1 Abs. 3 Satz 2 KSchG gelten die Grundsätze der sozialen Auswahl dann nicht, wenn betriebstechnische, wirtschaftliche oder sonstige **berechtigte betriebliche Erfordernisse** die Weiterbeschäftigung eines oder mehrerer bestimmter Arbeitnehmer bedingen und damit der Auswahl nach sozialen Gesichtspunkten entgegenstehen. Es werden also weniger strenge Anforderungen gestellt. Die Überwindung der sozialen Auswahl ist mithin bereits dann möglich, wenn die Weiterbeschäftigung eines bestimmten Arbeitnehmers im Interesse eines geordneten Betriebsablaufs erforderlich ist. Insoweit können Leistungsstarke von der sozialen Auswahl ausgenommen werden.

Die außerordentliche (fristlose) Kündigung

Nach § 626 BGB kann eine **Kündigung aus wichtigem Grund** ohne Einhaltung einer Kündigungsfrist erfolgen. Ein wichtiger Grund zur Kündigung liegt dann vor, wenn der Vertragspartner seine Vertragspflichten grob verletzt hat. Die Kündigung muß innerhalb von zwei Wochen nachdem der Kündigungsberechtigte von den für die Kündigung maßgeblichen Tatsachen Kenntnis erlangt hat, erfolgen und es dem Kündigenden nicht zugemutet werden kann, den Ablauf der ordentlichen Kündigungsfrist anzuwarten.

Bei schweren Vertragsverletzungen (z.B. beharrliche Arbeitsverweigerung, schwere Verstöße gegen die betriebliche Ordnung, strafbare Handlungen wie Diebstahl, Unterschlagung, Sachbeschädigung, Betrug, grobe Beleidigung) ist der Arbeitgeber grundsätzlich berechtigt, anstelle einer ordentlichen verhaltensbedingten Kündigung eine außerordentliche Kündigung auszusprechen.

Arbeitnehmer, die unter besonderem Kündigungsschutz stehen, z.B. Betriebsratsmitglieder, Schwerbehinderte, werdende Mütter bis zum Ablauf von 4 Monaten nach der Entbindung, Erziehungsgeldberechtigte während des Erziehungsurlaubs und Auszubildende können nur durch außerordentliche Kündigung gekündigt werden.

Die außerordentliche Kündigung muß ebenso wie die ordentliche Kündigung von einer Vertragspartei der anderen erklärt werden. Auch hier muß der Betriebsrat *vor* Ausspruch der Kündigung angehört werden.

Die Änderungskündigung

Die Änderungskündigung kombiniert eine Kündigung mit dem Angebot, die vertraglichen Arbeitsbedingungen zu ändern (§ 2 Satz 1 KSchG). Die Kündigung wird i.S. der Auflösung des Arbeitsverhältnissen nur dann wirksam, wenn der Arbeitnehmer das Änderungsangebot nicht annimmt.

Abb. 48: Schritte für eine rechtswirksame Kündigung

8 Das betriebliche Rechnungswesen

Unter dem Begriff »betriebliches Rechnungswesen« faßt man sämtliche Verfahren zusammen, deren Aufgabe es ist, alle im Betrieb auftretenden Geld- und Leistungsströme, die vor allem durch den Prozeß der betrieblichen Leistungserstellung und -verwertung (betrieblicher Umsatzprozeß) hervorgerufen werden, mengen- und wertmäßig zu erfassen und zu überwachen.

Kontroll- und Dokumentationsaufgabe, Dispositionsaufgabe
Die Hauptaufgabe des betrieblichen Rechnungswesens liegt in der Kontrolle der Wirtschaftlichkeit und Rentabilität des Betriebes sowie in der Bereitstellung von Unterlagen für auf die Zukunft gerichteten Planungsüberlegungen der Geschäftsleitung.

Rechenschaftslegungs- und Informationsaufgabe
Neben diesen betriebsinternen Aufgaben erfüllt das Rechnungswesen auch die externen Aufgaben der (freiwilligen oder gesetzlich vorgeschriebenen) Rechenschaftslegung und Information über die Vermögens- und Ertragslage des Betriebes.

Aus den Verschiedenheit der Aufgaben kann man das betriebliche Rechnungswesen folgendermaßen einteilen:
1. Finanzbuchhaltung (Geschäftsbuchhaltung)
2. Kostenrechnung (Betriebsbuchhaltung)
3. Betriebswirtschaftliche Statistik und Vergleichsrechnung
4. Planungsrechnung

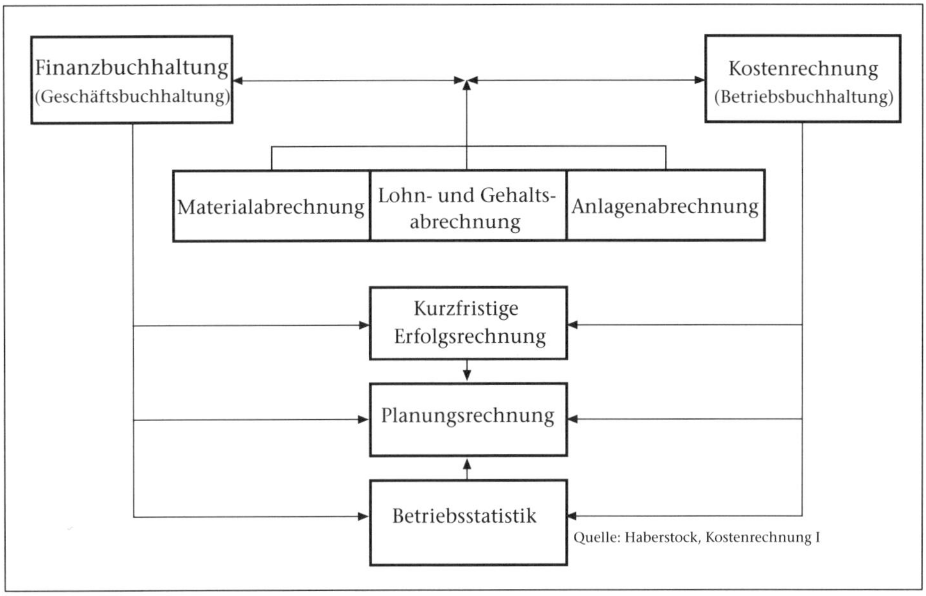

Abb. 49: Teilbereiche des betrieblichen Rechnungswesens

8.1 Die Finanzbuchhaltung

Die Finanzbuchhaltung hat folgende Aufgaben:
- Ermittlung des Jahreserfolges durch Aufstellung der GuV
- Ermittlung der Vermögens- und Schuldbestände durch Aufstellung der Bilanz

Die Finanzbuchhaltung, auch Geschäftsbuchhaltung genannt, erfüllt diese Aufgaben durch eine belegmäßige Erfassung aller wirtschaftlich bedeutsamen Geschäftsvorfälle, die chronologisch aufgezeichnet und im System der doppelten Buchführung auf Bestands- und Erfolgskonten verbucht werden.

Unternehmen, die im Handelsregister eingetragen sind, müssen nach den Vorschriften des Handelsgesetzbuchs (HGB) ihre Geschäfte in Form der doppelten Buchführung aufzeichnen und über das Geschäftsvermögen sowie den Unternehmenserfolg einen Jahresabschluß (Bilanz nebst Gewinn- und Verlustrechnung) erstellen.

Gewerbliche Unternehmen, die nicht im Handelsregister eingetragen sind, müssen nach der **Abgabenordnung** (§ 141 AO) dennoch in gleichem Umfang Bücher führen, wenn eine der folgenden Voraussetzungen vorliegen:
- Jahresumsätze mehr als 500.000 DM oder
- Betriebsvermögen mehr als 125.000 DM oder
- Gewinn aus Gewerbebetrieb von mehr als 48.000 DM.

Besteht keine Buchführungspflicht, so ist der Gewinn nach § 4 Abs. 3 EStG durch Gegenüberstellung von Betriebseinnahmen und Betriebsausgaben (Einnahme-Überschußrechnung) festzustellen. Liegt mindestens eine der o.g. Voraussetzungen vor, tritt die Buchführungspflicht jedoch erst ein, wenn die Finanzbehörde zur Buchführung auffordert. Die Buchführungspflicht beginnt mit dem Kalenderjahr, das auf die Bekanntgabe folgt. Der Gewinn ist dann nach § 4 Abs. 1 EStG oder § 5 EStG durch Betriebsvermögenvergleich zu ermitteln.

Die Buchführung soll einen möglichst sicheren Einblick in die Vermögens-, Finanz- und Ertragslage des Unternehmens ermöglichen. Sie ist daher nach den Vorschriften des Handelsgesetzbuchs sowie den steuerrechtlichen Vorschriften (EStG, AO, KöStG, GewStG) unter Beachtung der »Grundsätze ordnungsgemäßer Buchführung« (§ 145 Abs. 1 AO) aufzustellen. Sondervorschriften für Gesellschaften mit beschränkter Haftung enthält das GmbH-Gesetz.

Alle Geschäftsvorfälle sind zeitnah, in zeitlicher Reihenfolge vollständig und richtig zu buchen. Erkennt das Finanzamt die Ordnungsgemäßheit der Buchführung nicht an, kommt es zu einer Schätzung der Steuerbemessungsgrundlage, die meist ungünstiger für den Steuerpflichtigen ausfällt.

Zum Gliedern der Buchführung sollte ein **Kontenrahmen** verwenden werden, der die Anforderungen an die Buchführung und an den Jahresabschluß erfüllt. Der am häufigsten verwendete Kontenrahmen ist der Industrie-Kontenrahmen (IKR). Kontenrahmen für andere Branchen, z.B. Großhandels-Kontenrahmen, Einzelhandels-Kontenrahmen lehnen sich an den Industrie-Kontenrahmen an. Der Kontenrahmen besteht aus 10 Kontenklassen mit den Ziffern 0 bis 9. Innerhalb jeder Kontenklasse unterscheidet man 10 Kontengruppen, die jeweils in einzelne Kontenarten (Konten) unterteilt sind.

Kontenklasse 0, 1, 2	Kontenklasse 3, 4	Kontenklasse 5	Kontenklasse 6, 7	Kontenklasse 8	Kontenklasse 9
Aktivkonten	Passivkonten	Ertragskonten	Aufwandskonten	Bilanz und V+G-Konto	frei für Kalkulation
Bilanzkonten		Erfolgskonten			

Abb. 50: Kontenrahmen

In jedem Unternehmen stellt man bei der Einrichtung der Buchhaltung einen **Kontenplan** auf. In ihm sind alle vorkommenden Konten vorhanden. Andere Konten dürfen bei der Verbuchung von Geschäftsvorfällen nicht benutzt werden. Die Kontenklassen und die Kontengruppen sind dabei obligatorisch und entsprechen denjenigen des jeweiligen Kontenrahmens. Die einzelnen Kontenarten können nach den unternehmensspezifischen Erfordernissen angepaßt werden.

Die Buchführung ist so zu organisieren, daß sie bei den vielen Buchungsfällen leistungsfähig ist und vor allem übersichtlich bleibt. Es hat sich folgende **Grundorganisation in der Buchführung** durchgesetzt:

1. Grundlage der Buchführung ist das Inventarverzeichnis.
2. Aus dem Inventar wird die Eröffnungsbilanz erstellt. Diese wird in das **Bilanzbuch** eingetragen.
3. Das Bilanzkonto wird in die einzelnen Konten (Aktivkonten, Passivkonten) aufgelöst. Diese Konten befinden sich im **Hauptbuch**. Außerdem enthält das Hauptbuch noch die Erfolgskonten aus dem Kontenplan. Es werden nur die Anfangsbestände aus der Eröffnungsbilanz in diese Konten übertragen.
4. Die täglich anfallenden Buchungen verbucht man im **Grundbuch (Journal)**. Am Monatsende addiert man das Grundbuch auf und überträgt die Summen auf die Konten des Hauptbuchs, so daß ein Konto im Hauptbuch außer dem Anfangsbestand nur noch die 12 Monatsumsätze im Soll und Haben enthält.
5. Jede Buchführung benötigt zusätzlich noch verschiedene **Nebenbücher**, z. B.:
   - Im **Kassenbuch** werden alle Einnahmen und Ausgaben, die mit dem Betrieb zusammenhängen, täglich vollständig eingetragen. Der Barbestand, der sich aus dem Kassenbuch errechnet, muß mit dem tatsächlichen Bestand an Bargeld übereinstimmen.
   - Jeder Gewerbebetrieb ist gem. § 143 Abs. 1 AO verpflichtet, ein **Wareneingangsbuch** zu führen. Hierin werden alle eingekauften Halb- und Fertig-

waren, aber auch Roh- und Hilfsstoffe laufend eingetragen. Die Aufzeichnungen müssen folgende Angaben enthalten: den Tag des Wareneingangs oder das Datum der Rechnung, den Namen oder die Firma und die Anschrift des Lieferers, die handelsübliche Bezeichnung der Ware, den Preis der Ware und einen Hinweis auf den Beleg.
- Ein **Warenausgangsbuch** braucht gem. § 144 Abs. 1 AO nur geführt werden, wenn Waren an andere gewerbliche Unternehmer geliefert werden. Die Aufzeichnungen müssen folgende Angaben enthalten: den Tag des Warenausgangs oder das Datum der Rechnung, den Namen oder die Firma und die Anschrift des Abnehmers, die handelsübliche Bezeichnung der Ware, den Preis der Ware und einen Hinweis auf den Beleg.
- In der **Kundenkartei** wird das Konto Kundenforderungen nach den einzelnen Kunden aufgelöst, so daß schnell feststellbar ist, wieviel von jedem einzelnen Kunden zu fordern ist. Dies ist besonders wichtig für ein gut funktionierendes Mahnwesen.
- In der **Lieferantenkartei** wird das Konto Verbindlichkeiten nach den einzelnen Lieferanten aufgelöst, so daß schnell feststellbar ist, wieviel an jeden einzelnen Lieferanten zu zahlen ist.

Für jede Buchung muß ein Beleg vorhanden sein. Die Buchungsbelege sind fortlaufend zu numerieren. Nach der Buchung auf den einzelnen Konten müssen alle Belege (Rechnungen, Quittungen, Gutschriften, Bankauszüge, Lieferscheine, Kassenbons usw.) systematisch geordnet werden.

Alle Kosten, die mit der Existenzgründung im Zusammenhang stehen, aber bereits vor der Existenzgründung anfallen, können als sog. vorweggenommene Betriebsausgaben steuerlich geltend gemacht werden.

! **Tip** Gewöhnen Sie sich schon rechtzeitig an, sämtliche relevanten Belege zu Sammeln. Achten Sie darauf, daß die Mehrwertsteuer gesondert ausgewiesen ist, damit Sie diese als Vorsteuer vom Finanzamt zurückerhalten.

Die Aufzeichnungen brauchen nicht nur in gebundenen Büchern, sondern können auch bei Verwendung eines Computers auf ausgedruckten Listen oder elektronischen Datenträgern erstellt werden.

Für die Buchführungsunterlagen sind folgende **Aufbewahrungsfristen** zu beachten:
- mindestens zehn Jahre für Handelsbücher, Inventare und Bilanzen,
- mindestens zehn Jahre für erhaltene Geschäftsbriefe, Kopien abgesandter Geschäftsbriefe, Buchungsbelege und sonstige Unterlagen, die für die Besteuerung von Bedeutung sind.

Die Aufbewahrungsfristen beginnen jeweils mit dem Kalenderjahr, das dem maßgeblichen Geschäftsjahr folgt. Die Aufbewahrungsfristen laufen jedoch nicht ab, soweit und solange die Unterlagen für Steuern von Bedeutung sind, für die die Festsetzungsverjährung nach § 169 AO noch nicht abgelaufen ist (§ 147 AO).

Verschiedene Steuergesetze (z. B. Umsatzsteuergesetz, Einkommensteuergesetz) stellen weitere Anforderungen an die Organisation der Buchführung:

Nach dem **Umsatzsteuergesetz (UStG)** müssen für die Berechnung der Mehrwertsteuer als Zahlungsverpflichtung oder der Vorsteuer als Erstattungsanspruch erkennbar sein
- die vereinbarten Entgelte für die erbrachten Lieferungen oder Leistungen, getrennt nach den unterschiedlichen Mehrwertsteuersätzen und steuerfreien Umsätzen,
- die eingehenden Lieferantenrechnungen und die darin enthaltene Vorsteuer,
- die aus dem Ausland bezogenen Lieferungen nach Menge, Nettowarenwert und darauf entfallende Einfuhrumsatzsteuer.

Nach dem **Einkommensteuergesetz (EStG)** ist für jeden Arbeitnehmer ein **Lohnkonto** zu führen, auf dem die Angaben aus der Lohnsteuerkarte zu vermerken sind, ebenso Art und Höhe des gezahlten Entgelts, einschließlich der steuerfreien Bezüge und der einbehaltenen oder übernommenen Lohnsteuer. Die Aufzeichnungen müssen bis zum Ablauf des 6. Kalenderjahres, das dem Jahr der letzten Eintragung folgt, aufbewahrt werden. Das Finanzamt prüft die Einhaltung dieser Vorschrift.

Die gesetzlichen Sozialabgaben müssen ebenfalls einbehalten und abgeführt werden. Auch diese Vorgänge sind auf Konten separat zu erfassen. Prüfungen führen die Krankenkassen durch, die das Ergebnis auch den übrigen Versicherungsträgern mitteilen.

Das **Inventar** stellt die Grundlage der Buchführung dar. Nach § 240 HGB hat jeder Kaufmann zu Beginn seiner Geschäftstätigkeit und zum Schluß eines jeden Geschäftsjahrs sämtliche Vermögenswerte und Schulden nach Art, Menge und Wert genau zu verzeichnen. Das Bestandsverzeichnis ist, versehen mit Ort und Datum der Bestandsaufnahme, zu unterschreiben.

Die **Inventur** ist die Bestandsaufnahme zum Erstellen eines Inventars. Je nach Art, Menge und Wert der aufzunehmenden Vermögensgegenstände werden folgende Inventurverfahren unterschieden:
- Körperliche Bestandsaufnahme,
- Buch- und belegmäßige Aufnahme,
- Stichprobeninventur mit Hilfe anerkannter mathematisch-statistischer Methoden.

Die Inventur des Umlaufvermögens kann in der Praxis zu einem großen Arbeitsaufwand innerhalb weniger Tage führen. Folgende Systeme sind daher je nach Art und Umfang der Vermögenswerte anwendbar:
- Stichtagsinventur (Inventur am Bilanzstichtag),
- ausgeweitete Stichtagsinventur (Inventur in der Zeit von zehn Tagen vor und zehn Tagen nach Bilanzstichtag, bei zwischenzeitlichen Veränderungen sind Belege zu erstellen),
- permanente Inventur (körperliche Bestandsaufnahme, über das Geschäftsjahr verteilt, und Fortschreibung über Kartei),

- vor- oder nachverlegte Stichtagsinventur (innerhalb von drei Monaten vor oder zwei Monaten nach Bilanzstichtag durchgeführte Inventur und Fortschreibungsverfahren).

Die Bewertung der Vermögensgegenstände im Inventar geschieht nach dem Niederstwertprinzip. Als Wertobergrenze gelten die (fortgeschriebenen) Anschaffungs- oder Herstellungskosten. Als Vereinfachungsverfahren sind neben der Stichprobeninventur für bestimmte Vermögensgegenstände die Gruppenbewertung, die Festbewertung und die Verbrauchsfolgeverfahren (Fifo-, Lifo- und Hifo-Methode) zugelassen.

Das betriebliche Anlagevermögen muß separat nachgewiesen werden. Dabei ist jeder Vermögensgegenstand auf einer gesonderten **Anlagenkarte** detailliert zu erfassen.

Anlagenkarte	
Anlagen-Nr.:	02.473
Anlagengruppe:	Betriebs- und Geschäftsausstattung
Gegenstand:	Personalcomputer
Fabrikat:	Quadriga
Lieferant:	Heilmann Computertechnik GmbH
Standort:	Auftragsbearbeitung
Datum der Anschaffung:	18.03.1999
Anschaffungskosten:	4.500,00 DM
Nutzungsdauer:	3 Jahre
Abschreibungsverfahren:	linear
Abschreibungsbetrag p.a.:	1.500,00 DM

		kumulierte AfA
Anschaffungskosten – AfA 1999	4.500,00 DM - 1.500,00 DM	 1.500,00 DM
= Restbuchwert am 31.12.1999 – AfA 2000	3.000,00 DM - 1.500,00 DM	 3.000,00 DM
= Restbuchwert am 31.12.2000 – AfA 2001	1.500,00 DM 1.499,00 DM	 4.499,00 DM
= Restbuchwert am 31.12.2001 – AfA 20...	1,00 DM DM	 DM
= Restbuchwert am 31.12.20...	DM	DM

Abb. 51: Beispiel für eine Anlagenkarte

Inventar
zum 31.12.19...... Firma: ....

	DM	DM
A. Anlagevermögen		
I. Immaterielle Vermögensgegenstände		
1. Lizenz von Fa. ...., erworben am	....	
2. Patent Nr. ...., erworben am	....	....
II. Sachanlagen		
1. Grundstücke und Bauten		
a) Gebäude auf Grundstück	....	
b) Lagerhalle auf Grundstück	....	
2. Technische Anlagen und Maschinen		
a) Laserschneidmaschine, Anlagen-Nr.	....	
b) Drehmaschine, Anlagen-Nr.	....	
3. Andere Anlagen, Betriebs- und Geschäftsausstattung		
a) Personalcomputer, Fabrikat ...., Anlagen-Nr.	....	
b) 2 Schreibtische, Fabrikat ...., Anlagen-Nr.	....	
c) Personenkraftwagen, Fabrikat ...., Anlagen-Nr.	....	....
III. Finanzanlagen		
Kapitaleinlage bei ....GmbH, in		....
Summe Anlagevermögen		
B. Umlaufvermögen		
I. Vorräte		
1. Roh-, Hilfs- und Betriebsstoffe		
a) 625 kg Edelstahl V2A, Artikel-Nr.	....	
b) 425 kg Baustahl St 34, Artikel-Nr	....	
c) 100 Liter Bohröl, Artikel-Nr.	....	
2. Unfertige Erzeugnisse		
a) 120 Stück Artikel-Nr.	....	
b) 59 Stück Artikel-Nr.	....	
3. Fertige Erzeugnisse und Waren		
a) 628 Stück Artikel-Nr.	....	
b) 241 Stück Artikel-Nr.	....	....
II. Forderungen aus Lieferungen und Leistungen		
a) Lieferung Fa. ...., Rechnung vom	....	
b) Lieferung Fa. ...., Rechnung vom	....	....
III. Wertpapiere		
1. 10 Aktien der Fa. ...., erworben am	....	
2. Bundesobligationen, Nennwert .... DM, erworben am	....	....
IV. Schecks, Kassenbestand, Postgiroguthaben, Guthaben bei Kreditinstituten		
1. Scheck-Nr. ...., ausgestellt von	....	
2. Kassenbestand	....	
3. Postgiroamt ...., Girokonto-Nr.	....	
4. XYZ Bank, Girokonto-Nr.	....	....
Summe Umlaufvermögen		

C. Verbindlichkeiten		
1. Verbindlichkeiten gegenüber Kreditinstituten		
a) XYZ Bank, Darlehnskonto-Nr.	....	
b) XYZ Bank, Girokonto-Nr.	....	
2. Verbindlichkeiten aus Lieferungen und Leistungen		
a) Rechnung von Fa. .... vom	....	
b) Rechnung von Fa. .... vom	....	
Summe Verbindlichkeiten		

Abb. 52: Beispiel für ein Inventar

Nach § 242 HGB hat jeder Kaufmann zu Beginn seiner Geschäftstätigkeit und für den Schluß eines jeden Geschäftsjahrs einen **Jahresabschluß** durchzuführen. Der Umfang des Jahresabschlusses richtet sich nach der gewählten Rechtsform. Während Einzelkaufleute und Personengesellschaften nur die Bilanz und die Gewinn- und Verlustrechnung (GuV) aufzustellen haben, müssen Kapitalgesellschaften den Jahresabschluß noch um einen sog. Anhang (Erläuterung zur Bilanz und GuV) sowie den Lagebericht ergänzen.

	Einzelkaufleute und Personengesellschaften	**Kapitalgesellschaften**
Bilanz GuV	× ×	× ×
Anhang Lagebericht		× ×

Abb. 53: Umfang des Jahresabschlusses

Die Gliederung für den Jahresabschluß, sonstige Informationspflichten, Aufstellungs-, Prüfungs- und Offenlegungspflichten sind für kleine, mittelgroße und große Kapitalgesellschaften unterschiedlich geregelt. Die Anforderungen an die Rechnungsregelung einer Kapitalgesellschaft nehmen mit steigender Unternehmensgröße zu. Die jeweiligen Größenklassen sind in § 267 HGB festgelegt.

Kapitalgesellschaften	**Bilanzsumme [Mio. DM]**	**Umsatz [Mio. DM]**	**Arbeitnehmer [Ø]**
Kleine Mittelgroße Große	bis 5,31 bis 21,24 über 21,24	bis 10,62 bis 42,48 über 42,48	bis 50 bis 250 über 250
Große	Alle Kapitalgesellschaften mit börsennotierten Wertpapieren		

Abb. 54: Größenklassen der Kapitalgesellschaften

Liegen mindestens zwei der Merkmale Bilanzsumme, Jahresumsatz und Anzahl der Arbeitnehmer im Jahresdurchschnitt an zwei aufeinanderfolgenden Abschlußstichtagen vor, ergeben sich für Kapitalgesellschaften folgende Anforderungen an die Rechnungslegung:

Kapitalgesellschaften	**Große**	**Mittelgroße**	**Kleine**
Aufstellung des Jahresabschlusses	Bilanz, GuV, Anhang, Lagebericht		Bilanz, GuV, Anhang
Aufstellungsgrundsätze	• Grundsätze ordnungsgemäßer Buchführung (GoB) • Klarheit und Übersichtlichkeit • Vermittlung eines den tatsächlichen Verhältnissen entsprechenden Bildes der Vermögens-, Finanz- und Ertragslage • Grundsätze für die Gliederung der Bilanz und der GuV		
Aufstellungsfrist	3 Monate	3 Monate	6 Monate
Bilanzfeststellung	8 Monate	8 Monate	11 Monate
Pflichtprüfung	ja	ja	nein
Offenlegung	ja	ja	ja
Ort der Offenlegung	Handelsregister und Bundesanzeiger	Handelsregister	Handelsregister
• Bilanz	vollständig	verkürzt	verkürzt
• GuV	vollständig	verkürzt	nicht erforderlich
• Anhang	vollständig	verkürzt	verkürzt
• Lagebericht	vollständig	vollständig	nicht erforderlich
Offenlegungsfrist: unverzüglich, spätestens innerhalb von	9 Monate	9 Monate	12 Monate

Abb. 55: Anforderungen an den Jahresabschluß

In der **Eröffnungsbilanz** werden die in dem Inventar zusammengestellten Vermögenswerte (Aktiva) den Schulden (Passiva) gegenübergestellt. Das eingebrachte Eigenkapital ergibt sich aus der Summe der (bewerteten) Gegenstände des Anlage- und Umlaufvermögens, vermindert um das gesamte Fremdkapital.

Aktiva	Bilanz (Eröffnungsbilanz) zum ....19.... Passiva
Anlagevermögen (Grundstücke, Gebäude, Maschinen, Betriebs- und Geschäftsausstattung) **Umlaufvermögen** (Material, Waren, Guthaben, Bargeld)	**Eigenkapital** (Wert der selbsteingebrachten Vermögensgegenstände, Bargeld) **Fremdkapital** (Bankkredite, sonstige Darlehen, Lieferantenverbindlichkeiten)
Bilanzsumme	Bilanzsumme

Abb. 56: Eröffnungsbilanz

Die **Bilanz** ist in Kontoform aufzustellen. Dabei haben die Kapitalgesellschaften auf beiden Seiten die nach § 266 HGB bezeichneten Posten gesondert und in der vorgeschriebenen Reihenfolge auszuweisen. Kleine Kapitalgesellschaften brauchen nur eine verkürzte Bilanz aufzustellen.

Aktiva	**Bilanz** zum 31.12.19.... der Fa.		Passiva
	DM		DM
A. Anlagevermögen		A. Eigenkapital	
I. Immaterielle Vermögensgegenstände	....	I. Gezeichnetes Kapital	....
II. Sachanlagen	....	II. Kapitalrücklage	....
III. Finanzanlagen	....	III. Gewinnrücklagen	....
		IV. Gewinn-/Verlustvortrag	....
		V. Jahresüberschuß/-fehlbetrag	....
B. Umlaufvermögen		B. Rückstellungen	
I. Vorräte	....	C. Verbindlichkeiten	
II. Forderungen und sonstige Vermögensgegenstände	....	D. Rechnungsabgrenzungsposten	
III Wertpapiere	....		
IV. Schecks, Kassenbestand, Bundesbank- u. Postgiroguthaben, Guthaben bei Kreditinstituten	....		
C. Rechnungsabgrenzungsposten			
Bilanzsumme	....	Bilanzsumme	....

Abb. 57: Beispiel für eine Bilanz in Form der verkürzten Darstellung für kleine Kapitalgesellschaften

Die **Gewinn- und Verlustrechnung (GuV)** ist nach § 275 HGB in Staffelform entweder nach dem gebräuchlichen Gesamtkostenverfahren oder dem Umsatzkostenverfahren aufzustellen. Das Umsatzkostenverfahren stellt besondere Anforderungen an das betriebliche Rechnungswesen (z. B. an die Kostenrechnung).

Gewinn- und Verlustrechnung zum 31.12.19.... der Fa.	
	DM
1. Umsatzerlöse	....
2. Erhöhung oder Verminderung des Bestandes an fertigen und unfertigen Erzeugnissen	....
3. andere aktivierte Eigenleistungen	....
4. sonstige betriebliche Erträge	....
5. Materialaufwand:	
a) Aufwendungen für Roh-, Hilfs- und Betriebsstoffe und für bezogene Waren	....
b) Aufwendungen für bezogene Leistungen	....
(Rohergebnis)	(..................)
6. Personalaufwand:	
a) Löhne und Gehälter	....
b) soziale Abgaben und Aufwendungen für Altersversorgung und für Unterstützung	....
davon für Altersversorgung	....
7. Abschreibungen:	
a) auf immaterielle Vermögensgegenstände des Anlagevermögens und Sachanlagen sowie auf aktivierte Aufwendungen für die Ingangsetzung und Erweiterung des Geschäftsbetriebs	....
b) auf Vermögensgegenstände des Umlaufvermögens, soweit diese die in der Kapitalgesellschaft üblichen Abschreibungen überschreiten	....
8. sonstige betriebliche Aufwendungen	....
(Betriebsergebnis)	(..................)
9. Erträge und Beteiligungen	....
10. Erträge aus anderen Wertpapieren und Ausleihungen des Finanzanlagevermögens	....
11. sonstige Zinsen und ähnliche Erträge	....
12. Abschreibungen auf Finanzanlagen und auf Wertpapiere des Umlaufvermögens	....
13. Zinsen und ähnliche Aufwendungen	....
14. Ergebnis der gewöhnlichen Geschäftstätigkeit	....
15. außerordentliche Erträge	....
16. außerordentliche Aufwendungen	....
17. außerordentliches Ergebnis	....
18. Steuern vom Einkommen und vom Ertrag	....
19. sonstige Steuern	....
20. Jahresüberschuß	....

Abb. 58: Beispiel für eine Gewinn- und Verlustrechnung (nach dem Gesamtkostenverfahren)

Steuerpflichtige, die nicht aufgrund gesetzlicher Vorschriften verpflichtet sind, Bücher zu führen und Jahresabschlüsse zu machen, können als Gewinn den Überschuß der Betriebseinnahmen über die Betriebsausgaben (**Einnahme-Überschußrechnung**) nach § 4 Abs. 3 EStG ermitteln. Diese Möglichkeit haben Kleingewerbetreibende und grundsätzlich Angehörige der Freien Berufe.

Bei der vereinfachten Gewinnermittlung werden die Betriebseinnahmen und die Betriebsausgaben grundsätzlich im Zeitpunkt des Zahlungsflusses erfaßt. Das Zu- und Abflußprinzip gem. § 11 EStG entscheidet nach der zeitlichen Zuordnung und nicht nach der wirtschaftlichen Zugehörigkeit des Geldflusses. Die Vereinnahmung richtet sich danach, ob der Empfänger die wirtschaftliche Verfügungsmacht über das Geld oder den Geldwert erlangt hat. Bei der Verausgabung ist der Verlust der wirtschaftlichen Verfügungsmacht entscheidend.

Von dem Zu- und Abflußprinzip gibt es verschiedene Ausnahmen. Die wichtigsten Ausnahmen sind die regelmäßig wiederkehrenden Zahlungen (z. B. Miete, Zinsen, Löhne) und die Anschaffungskosten für Wirtschaftsgüter des Anlagevermögens (Abschreibungen). In diesen Fällen erfolgt die jahresmäßige Zuordnung nach der wirtschaftlichen Zugehörigkeit der Geschäftsvorfälle. Dagegen sind Telefongebühren und Umsatzsteuer-Vorauszahlungen keine regelmäßig wiederkehrenden Ausgaben. Sie werden stets zum Abflußzeitpunkt erfaßt.

Die Vereinfachung der Einnahme-Überschußrechnung besteht darin, daß die Bestände des Betriebsvermögens unberücksichtigt bleiben. Die bei bilanzierungspflichtigen Unternehmen erforderliche Bestandsaufnahme entfällt. Jedoch sind die Vorschriften über die Absetzung für Abnutzung (AfA) anzuwenden.

Eine Gliederung der Einnahmen ist nur erforderlich, wenn die Umsätze unterschiedlichen Umsatzsteuersätzen unterliegen. Andererseits sind die Betriebsausgaben getrennt zu erfassen.

Alle Vermögensgegenstände sind besonders aufzuzeichnen, und zwar mit dem Tag der Anschaffung, den Anschaffungskosten, der Nutzungsdauer sowie der Höhe der jährlichen Abschreibungen.

Sondergebiete des Rechnungswesens:

- Die **Materialabrechnung**, auch Lagerbuchhaltung genannt, erfaßt die Bestände sowie die Zu- und Abgänge an Werkstoffen (Roh-, Hilfs- und Betriebsstoffen).
- Die **Lohn- und Gehaltsabrechnung** dient als Bruttoabrechnung der Ermittlung von Personalaufwand und -kosten sowie als Nettoabrechnung der Ermittlung der an die Arbeitnehmer auszuzahlenden Beträge.
- Die **Anlagenabrechnung**, auch Anlagen- oder Betriebsmittelkartei genannt, erfaßt die Bestände an Betriebsmitteln sowie ihre Veränderungen, außerdem die entsprechenden Aufwendungen und Kosten. Sie enthält alle technisch und wirtschaftlich bedeutsamen Daten der Betriebsmittel, insbesondere die voraussichtliche Nutzungsdauer und die entsprechenden Abschreibungen.

Einnahme-Überschußrechnung zum 31.12.19.... der Fa.	
	DM
I. Betriebseinnahmen, einschl. MWSt.	....
1. Warenerlöse	....
2. Honorare	....
3. Provisionen	....
4. Veräußerungserlös betrieblicher Wirtschaftsgüter	....
5. Erstattete Vorsteuer des Finanzamtes	....
6. Private Kfz.-Nutzung	....
7. Private Telefonnutzung	....
8. Sonstige Betriebseinnahmen	....
Summe der Betriebseinnahmen	....
II. Betriebsausgaben, netto	....
1. Wareneinkauf	....
2. Löhne und Gehälter, einschl. LSt, KiSt	....
3. Soziale Aufwendungen	....
4. Mietaufwendungen	....
5. Energiekosten	....
6. Büromaterial	....
7. Kosten des häuslichen Arbeitszimmern	....
8. Reisekosten	....
9. Bewirtungskosten	....
10. Fachliteratur	....
11. Kfz-Kosten	....
12. Telefonkosten	....
13. Porto	....
14. Werbung	....
15. Versicherungen	....
16. Restbuchwerte ausgeschiedener Wirtschaftsgüter	....
17. Geringwertige Wirtschaftsgüter	....
18. Abschreibungen lt. Anlageverzeichnis	....
19. Zinsen	....
20. Gezahlte Vorsteuern	....
21. Umsatzsteuerzahlungen an das Finanzamt	....
22. Sonstige Betriebsausgaben	....
Summe der Betriebsausgaben	....
III. Gewinn	
Summe der Betriebseinnahmen	....
Summe der Betriebsausgaben	....
Gewinn	....
.... (Ort, Datum) .... (Unterschrift)	

Abb. 59: Beispiel für eine Einnahme-Überschußrechnung

Die Abschreibungen
Bei der **Feststellung des Betriebsvermögens** müssen die Bewertungsvorschriften nach den §§ 252–256 HGB und § 6 EStG beachtet werden.

Die Vermögensgegenstände des Anlage- und Umlaufvermögens sind höchstens mit den Anschaffungs- oder Herstellungskosten, vermindert um Abschreibungen anzusetzen. **Abnutzbare Gegenstände des Anlagevermögens**, deren Wertminderungen auf technische Abnutzung oder wirtschaftliche Entwertung zurückzuführen sind, unterliegen einer planmäßigen Abschreibung (Absetzung für Abnutzung/AfA). Während Grund und Boden zu den nicht abnutzbaren Wirtschaftsgütern zählen, sind Gebäude abnutzbare Wirtschaftsgüter, die auch abgeschrieben werden können. **Immaterielle Wirtschaftsgüter des Anlagevermögens** dürfen nur abgeschrieben werden, wenn sie entgeltlich erworben worden sind. Konzessionen, gewerbliche Schutzrechte und ähnliche Rechte sowie der **derivate Geschäfts- oder Firmenwert** gelten als abnutzbare Wirtschaftsgüter des Anlagevermögens. Für die Bewertung der **Vermögensgegenstände des Umlaufvermögens** gilt das Niederstwertprinzip. Danach muß der Börsen- oder Marktpreis (§ 252 Abs. 3 Satz 1 HGB) angesetzt werden, falls dieser niedriger ist als die Anschaffungs- oder Herstellungskosten, oder ein niedrigerer, am Abschlußstichtag sog. beizulegender Wert (§ 252 Abs. 3 Satz 2 HGB), wenn kein Börsen- oder Marktpreis feststellbar ist.

Die Abschreibungen vermindern die Wertansätze in der Bilanz und erhöhen entsprechend den Aufwand in der GuV-Rechnung. Somit dienen die Abschreibungen der periodengerechten Verteilung der Anschaffungs- oder Herstellungskosten auf die Jahre der Nutzung.

Anschaffungskosten sind gem. § 255 Abs. 1 HGB Aufwendungen, die geleistet werden, um einen Vermögensgegenstand zu erwerben (Anschaffungspreis) und ihn in einen betriebsbereiten Zustand zu versetzen. Zu den Anschaffungskosten gehören auch die Nebenkosten sowie die nachträglichen Anschaffungskosten abzüglich etwaiger Anschaffungspreisminderungen. **Herstellungskosten** sind gem. § 255 Abs. 2 HGB Aufwendungen, die durch den Verbrauch von Gütern und die Inanspruchnahme von Diensten für die Herstellung eines Vermögensgegenstandes entstehen. Dazu gehören die Materialeinzelkosten, die Fertigungseinzelkosten und die Sondereinzelkosten der Fertigung. Angemessene Teile der notwendigen Materialgemeinkosten, der notwendigen Fertigungsgemeinkosten und des Wertverzehrs des Anlagevermögens, soweit er durch die Fertigung veranlaßt ist, dürfen eingerechnet werden.

Abnutzbare Gegenstände des Anlagevermögens, die selbständig genutzt werden können, lassen sich im Jahr der Anschaffung oder Herstellung in voller Höhe als Betriebsausgaben absetzen, wenn die Anschaffungs- oder Herstellungskosten (ohne Umsatzsteuer) 800 DM nicht übersteigen (**geringwertige Wirtschaftsgüter**).

Zur Orientierung für die Festlegung der **betriebsgewöhnlichen Nutzungsdauer** dienen die von der Finanzverwaltung herausgegebenen sog. **AfA-Tabellen**.

Als **Abschreibungsverfahren** sind steuerlich zulässig:
- die lineare Abschreibung (§ 7 Abs. 1 EStG) und
- die degressive Abschreibung (§ 7 Abs. 2 EStG).

Die **lineare Abschreibung** verteilt die Abschreibungsbeträge gleichmäßig auf die Nutzungsdauer:

$$\text{Jährliche Abschreibung} = \frac{\text{Anschaffungs- oder Herstellungskosten [DM]}}{\text{Nutzungsdauer [Jahre]}}$$

Die lineare Abschreibung geht davon aus, daß die Wertminderung während der Nutzungsdauer gleichmäßig erfolgt. Das ist jedoch häufig nicht der Fall. In der Regel sind die Wertminderungen von Anlagegütern in den ersten Jahren besonders hoch.

Die **degressive Abschreibung** berücksichtigt eine stärkere Entwertung von Anlagegütern zu Beginn der Nutzungsdauer. Es wird ein jährlich konstanter Prozentsatz vom jeweiligen Buchwert als Abschreibung verrechnet. Der anzusetzende Abschreibungssatz darf höchstens das Dreifache des linearen Abschreibungssatzes betragen. Nach § 7 Abs. 3 EStG kann jederzeit von der degressiven zur linearen Abschreibung gewechselt werden, wobei sich die Abschreibung dann nach dem noch vorhandenen Restwert und der Restnutzungsdauer richtet. Ein Wechsel von der linearen zur degressiven Abschreibung ist nicht zulässig.

Das Beispiel zeigt, daß mit der degressiven Abschreibungsmethode eine Abschreibung auf Null nicht erreicht wird. Man kann den Restbuchwert im letz-

	lineare Abschreibung		**degressive Abschreibung**	
	Anschaffungskosten: 100.000 DM Nutzungsdauer: 10 Jahre Abschreibungssatz: 10%		Anschaffungskosten: 100.000 DM Nutzungsdauer: 10 Jahre Abschreibungssatz: 30%	
Jahr	**Abschreibung [DM]**	**Restbuchwert [DM]**	**Abschreibung [DM]**	**Restbuchwert [DM]**
1	10.000	90.000	30.000	70.000
2	10.000	80.000	21.000	49.000
3	10.000	70.000	14.000	34.300
4	10.000	60.000	10.290	24.010
5	10.000	50.000	7.203	16.807
6	10.000	40.000	5.042	11.765
7	10.000	30.000	3.530	8.235
8	10.000	20.000	2.471	5.764
9	10.000	10.000	1.729	4.035
10	9.999	1	1.211	2.824

Abb. 60: Beispiel für lineare und degressive Abschreibung

ten Jahr abschreiben oder die degressive Abschreibung mit der linearen Abschreibung kombinieren. Bei der Kombination der degressiven mit der linearen Abschreibung wird nach einigen Jahren degressiver Abschreibung auf die lineare Abschreibung übergegangen. Die Division des noch vorhandenen Restbuchwertes durch die Jahre der Restnutzungsdauer ergibt den linearen (Rest-)Abschreibungssatz. In der Praxis wird für den Übergang das Jahr ausgewählt, in dem die lineare Abschreibung zu höheren Abschreibungsbeträgen führt. Das 8. Jahr würde sich für einen Übergang eignen. Statt 2.471 DM würde der lineare Abschreibungsbetrag 2.745 DM betragen.

8.2 Die Kostenrechnung

Die Kostenrechnung hat folgende Aufgaben:
- Kontrolle der Wirtschaftlichkeit
- Kalkulation der betrieblichen Leistungen

Die Kostenrechnung, auch Betriebsbuchhaltung genannt, ist im Gegensatz zur Finanzbuchhaltung in ihrem Schwerpunkt nach innen gerichtet. Sie verfolgt den Weg der Produktionsfaktoren im betrieblichen Kombinationsprozeß und beschränkt sich dabei auf die rechnerische Erfassung jenes Werteverzehrs, der durch die Leistungserstellung und Leistungsverwertung verursacht wird, nämlich die Kosten.

Die Kostenrechnung gliedert sich in drei Teilbereiche:
- Die **Kostenartenrechnung** dient der Erfassung und Gliederung aller im Laufe der jeweiligen Abrechnungsperiode angefallenen Kostenarten.
- In der **Kostenstellenrechnung** werden dann die Kosten auf die Betriebsbereiche (Kostenstellen) verteilt, in denen sie angefallen sind. Diese Verteilung wird mit Hilfe des Betriebsabrechnungsbogens vorgenommen und verfolgt einen doppelten Zweck:
  Einmal muß man für die Kostenkontrolle und -beeinflussung wissen, wo die Kosten entstanden sind, und zum anderen ist eine genaue Stückkostenberechnung nur möglich, wenn die betrieblichen Leistungen mit den Kosten derjenigen Stellen belastet werden, die diese Leistungen erbringen.
- Die **Kostenträgerrechnung** (Selbstkostenrechnung, Stückkostenrechnung, Kalkulation) hat die Aufgabe, für alle erstellten Güter und Dienstleistungen (Kostenträger) die Stückkosten zu ermitteln.

Kostenartenrechnung	⇨	Kostenstellenrechnung	⇨	Kostenträgerrechnung
Welche Kosten sind insgesamt in welcher Höhe angefallen?		**Wo** sind die Kosten in welcher Höhe angefallen?		**Wofür** sind die Kosten in welcher Höhe pro Stück angefallen?

Abb. 61: Teilbereiche der Kostenrechnung

Die Kostenarten- und Kostenstellenrechnung faßt man gelegentlich unter dem Begriff **Betriebsabrechnung** zusammen. Die Kostenrechnung besteht dann aus Betriebsabrechnung und Kalkulation.

8.2.1 Die Kostenartenrechnung

Die geordnete Erfassung der Kosten wird in Zusammenarbeit mit der Finanzbuchhaltung, der Lohn- und Gehaltsabrechnung, der Materialabrechnung und der Anlagenabrechnung vorgenommen.

Kosten sind der bewertete Verzehr von Gütern und Dienstleistungen, der zur Erstellung und zum Absatz der betrieblichen Leistungen sowie zur Aufrechterhaltung der Betriebsbereitschaft (Kapazitäten) erforderlich ist.

Die **kalkulatorischen Kosten** werden eigens für Zwecke der Kostenrechnung ermittelt. Dazu zählen:

- **kalkulatorischer Unternehmerlohn**
  Der kalkulatorische Unternehmerlohn wird nur in Einzelunternehmen und Personengesellschaften angesetzt, wo der Unternehmer kein als Betriebsausgaben abzugsfähiges Gehalt bezieht. Für die Ermittlung der Höhe des kalkulatorischen Unternehmerlohnes richtet man sich i.d.R. nach dem durchschnittlichen Gehalt eines leitenden Angestellten in einer vergleichbaren Position in einem vergleichbaren Betrieb.
- **kalkulatorische Abschreibungen**
  Die kalkulatorischen Abschreibungen erfassen den verursachungsgerechten Werteverzehr am Anlagevermögen. Sie gehen nicht von der Anschaffungs- bzw. Herstellungskosten aus, sondern von den Wiederbeschaffungskosten.
- **kalkulatorische Zinsen**
  Die kalkulatorischen Zinsen werden auf das gesamte betriebsnotwendige Kapital, also auch auf das Eigenkapital bezogen. Das Eigenkapital verursacht zwar keine Zinszahlungen, es verursacht aber einen Nutzenentgang, nämlich die Zinsen, die der Kapitaleigner bei anderweitiger Anlage erzielen könnte.
- **kalkulatorische Miete**
  Die kalkulatorische Miete wird verrechnet, wenn der Einzelunternehmer oder Personengesellschafter Privaträume für betriebliche Zwecke zur Verfügung stellt.

Nach der Art der Verrechnung unterscheidet man zwischen Einzel- und Gemeinkosten. **Einzelkosten** lassen sich direkt den betrieblichen Leistungen zurechnen, d.h. sie werden unmittelbar aus der Kostenartenrechnung ohne Verrechnung über die Kostenstellen auf die Kostenträger kalkuliert. **Sondereinzelkosten** sind zwar nicht pro Stück, aber pro Auftrag erfaßbar. Zu den Sondereinzelkosten der Fertigung zählt man z.B. die Kosten für Modelle. Sondereinzelkosten des Vertriebs sind Kosten für Verpackungsmaterial, Fracht usw. **Gemeinkosten** sind nur indirekt den Kostenträgern zurechenbar. Sie sind nicht von *einem* Produkt allein verursacht worden. Sie werden deshalb abrechnungstechnisch über die einzelnen Kostenstellen geleitet und mit Hilfe besonderer Bezugsgrößen verteilt.

8.2.2 Die Kostenstellenrechnung

In der Kostenstellenrechnung werden die einzelnen Kostenarten auf die Kostenstellen verteilt. Die verursachungsgerechte Verteilung der Gemeinkosten geschieht im **Betriebsabrechnungsbogen (BAB)**. Im Rahmen der innerbetrieblichen Leistungsverrechnung werden die Hilfskostenstellen den Hauptkostenstellen zugeordnet, danach die gegenseitigen Leistungen der Hauptkostenstellen verrechnet. Werden dann die Einzel- und Gemeinkosten je Hauptkostenstelle addiert, erhält man die gesamten Kosten für die jeweilige Kostenstelle. Die Kostenentwicklung kann kontrolliert werden, wenn die tatsächlich entstandenen Kosten mit den vorkalkulierten Plankosten verglichen werden. Die mit Hilfe des Betriebsabrechnungsbogens ermittelten Kosten sind Grundlage für die **Preiskalkulation**.

Kostenstellen / **Kostenarten**	**Hilfskostenstellen**		**Hauptkostenstellen**			
	Energie-versorgung	Wasser-versorgung	Fertigung	Material	Verwaltung	Vertrieb
Einzelkosten - Fertigungsmaterial - Fertigungslöhne Gemeinkosten - Gehälter - Miete - Strom - Wasser - kalk. Abschreibungen - kalk. Zinsen						

Abb. 62: Betriebsabrechnungsbogen (BAB)

8.2.3 Die Kostenträgerrechnung

Die Aufgabe der Kostenträgerrechnung bestehen darin, die Herstell- und Selbstkosten der Kostenträger zu ermitteln.

Werden die gesamten in einer Abrechnungsperiode angefallenen Kosten – nach Kostenträgern gegliedert – ermittelt, so liegt eine **Kostenträgerzeitrech-**

nung vor. Die **Kostenträgerstückrechnung (Kalkulation)** ermittelt die Selbst- bzw. Herstellkosten der betrieblichen Leistungseinheiten.

Für die Preiskalkulation müssen die Stückkosten bekannt sein, die sich anhand einer Division der Gesamtkosten des Betriebes durch die hergestellte Stückzahlen ermitteln lassen.

Sicherer ist es, in einer **Zuschlagskalkulation** die Einzel- und Gemeinkosten zu trennen. Während die Einzelkosten den Leistungen verursachungsgerecht direkt zugerechnet werden, sind die Gemeinkosten durch Zuschlagssätze zu berücksichtigen. Die jeweiligen Zuschlagssätze werden im Betriebsabrechnungsbogen ermittelt, indem die Einzel- und Gemeinkosten je Hauptkostenstelle ins Verhältnis gesetzt werden.

	Materialeinzelkosten
+	Materialgemeinkosten
=	Materialkosten
	Fertigungseinzelkosten
+	Fertigungsgemeinkosten
+	Sondereinzelkosten der Fertigung
=	Fertigungskosten
	Materialkosten
+	Fertigungskosten
=	Herstellkosten
+	Verwaltungsgemeinkosten
+	Vertriebsgemeinkosten
=	Selbstkosten
+	Gewinnzuschlag
=	Verkaufspreis (netto, ohne MwSt.)

Abb. 63: Schema der Zuschlagskalkulation

Bedenken Sie, daß Sie bei überhöhten Preisen keine Abnehmer für Ihre Produkte bzw. Dienstleistungen finden und bei zu niedrigen Preisen Verluste machen. Die Selbstkosten stellen die äußerste Preisuntergrenze dar. Erst bei Preisen oberhalb der Selbstkosten wird ein Gewinn erwirtschaftet.

Die traditionellen Kalkulationsverfahren haben den Nachteil, daß man für das einzelne Erzeugnis nicht erkennen kann, was es zum Betriebsergebnis beigetragen hat. Das liegt daran, daß in der Vollkostenrechnung auch die fixen Kosten (Kosten der Betriebsbereitschaft) proportional den Erzeugnissen nicht verursachungsgerecht zugerechnet werden. Die **Teilkostenrechnung** versucht, die Mängel der Vollkostenrechnung zu vermeiden und in größerem Maße dem Kostenverursachungsprinzip Rechnung zu tragen. Die angefallenen Kosten werden zunächst wie bei der Vollkostenrechnung nach Kostenstellen erfaßt. Auf den Kostenstellen erfolgt eine Trennung der Vollkosten in fixe und variable Bestandteile. Bei der Weiterverrechnung auf die Kostenträger werden nur die proportionalen Kosten berücksichtigt.

Die Teilkostenrechnung wird durch Einbeziehung der Erlöse zur **Deckungsbeitragsrechnung.** Sie dient der Ermittlung der Deckungsbeiträge von Produkten bzw. Produktgruppen sowie der kurzfristigen Ermittlung des gesamten Unternehmenserfolges. Die Deckungsbeiträge ergeben sich aus der Differenz zwischen den Erlösen der Erzeugnisse und jeweiligen Produkten zugerechneten variablen Kosten. Die zunächst auf den Kostenstellen verbliebenen fixen Kosten werden als Gesamtsumme von der Summe aller Deckungsbeiträge abgesetzt. Was übrig bleibt, ist der Unternehmenserfolg.

	Produkt 1	**Produkt 2**	**Produkt 3**	**Summe**
Erlöse - variable Kosten	80.000 DM 35.000 DM	40.000 DM 30.000 DM	30.000 DM 15.000 DM	150.000 DM 80.000 DM
Deckungsbeitrag - fixe Kosten	45.000 DM	10.000 DM	15.000DM	70.000 DM 40.000 DM
Erfolg				30.000 DM

Abb. 64: Beispiel einer Deckungsbeitragsrechnung

8.3 Die betriebswirtschaftliche Statistik und Vergleichsrechnung

Die betriebswirtschaftliche Statistik beschäftigt sich mit der Zusammenstellung und Auswertung interessanter Zahlen, die nicht schon laufend in anderen Bereichen des Rechnungswesens verarbeitet werden. Beispiele: Aufstellung von Umsatz-, Kosten- oder Unfallstatistiken, die Ermittlung von Kennziffern (z. B. Produktivität), die Durchführung von zwischenbetrieblichen Vergleichen usw.

Durch Vergleichen von betrieblichen Tatbeständen und Entwicklungen oder durch Feststellung von Beziehungen und Zusammenhängen zwischen betrieblichen Größen werden neue zusätzliche Erkenntnisse über betriebliche Vorgänge und Erscheinungen gewonnen.

Die Vergleichsrechnung (Betriebsvergleich) kann als **Zeitvergleich** die Entwicklung bestimmter betrieblicher Größen im Zeitablauf (z. B. Umsatzentwicklung) erfassen, als **Verfahrensvergleich** die Wirtschaftlichkeit verschiedener Verfahren (z. B. Fertigungsverfahren) ermitteln oder als **Soll-Ist-Vergleich** Soll-Werte, d. h. vorgegebene Richtgrößen (z. B. Plankosten) den Ist-Werten, d. h. den tatsächlich angefallenen Größen, gegenüberstellen.

Sie kann ferner als zwischenbetrieblicher Vergleich Betriebe derselben oder verschiedener Branchen vergleichen oder Kennzahlen des eigenen Betriebes an Hand von Branchendurchschnittszahlen (Richtzahlen) überprüfen.

8.4 Die Planungsrechnung

Die Planungsrechnung beschäftigt sich mit der Vorbereitung unternehmerischer Entscheidungen in allen Betriebsbereichen. Sie stellt eine mengen- und wertmäßige Schätzung der erwarteten betrieblichen Entwicklung dar und hat die Aufgabe, die betriebliche Planung in Form von Voranschlägen der zukünftigen Ausgaben und Einnahmen zahlenmäßig zu konkretisieren. Als Basis dient das bereits von der Buchhaltung, der Bilanz, der Kostenrechnung und der betriebswirtschaftlichen Statistik erfaßte und verarbeitete Zahlenmaterial. Da jedoch jede Planung in die Zukunft gerichtet ist, müssen auch die geschätzten Zukunftserwartungen in die Berechnung einbezogen werden.

9 Das Marketing

Unter Marketing versteht man die konsequente Ausrichtung des Unternehmens auf den Absatzmarkt. Es ist eine **marktorientierte Konzeption** der Unternehmensführung, um die Ziele des Unternehmens zu erreichen. Das in der Regel wichtigste Ziel, die Gewinnerzielung, kann nur erreicht werden, wenn die Leistungen des Unternehmens, die Produkte und/oder Dienstleistungen auch verkauft werden. Im Mittelpunkt aller Überlegungen muß deshalb der Kunde mit all seinen Bedürfnissen und Wünschen sein. Die Aufgabe der Unternehmensführung wird darin gesehen, die Ansprüche der Kunden möglichst optimal zu befriedigen. Nur zufriedene Kunden sichern den Unternehmenserfolg.

Die **Marketingziele**, z.B. Steigerung des Absatzes, Erhöhung des Marktanteils, des Bekanntheitsgrades der Produkte, der Kundenzufriedenheit usw. werden in Abstimmung mit den Unternehmenszielen definiert.

Grundlage für die Marketingkonzeption stellen **marktbezogene Informationen** dar. Es ist deshalb organisatorisch sicherzustellen, daß die Unternehmensführung laufend über Kundenwünsche und -verhaltensweisen, über Maßnahmen der Konkurrenz, über Trends, aber auch über die Wirkung eigener Marketingmaßnahmen unterrichtet wird.

Die marktbezogenen Informationen zu beschaffen und für unternehmerische Entscheidungen bereitzustellen ist Aufgabe der **Marktforschung**. Verfahren der Marktforschung sind die Primärforschung und die Sekundärforschung. Bei der **Primärforschung** werden repräsentative Daten unmittelbar durch Befragung und Beobachtung erhoben. Die Methoden haben jedoch den gravierenden Nachteil, daß sie recht kostspielig sind. Für Existenzgründer ist deshalb aus Kostengründen die **Sekundärforschung** besser geeignet. Hier wird bereits vorhandenes Zahlenmaterial (betriebsinterne Unterlagen, Adreßbücher, Branchenbücher, Veröffentlichungen der statistischen Ämter, Veröffentlichungen der Kammern und Verbände, Zeitungs-, Zeitschriftenartikel, Preislisten, Kataloge, Offenlegung im Handelsregister usw.) ausgewertet.

Die **Marktanalyse** stellt nur die gegenwärtigen Marktverhältnisse dar. Erst die **Marktuntersuchung** zeigt durch laufende Beschaffung der Daten die Entwicklung der Marktverhältnisse im Zeitablauf.

Die Marktforschung liefert **quantitative (objektive) Daten** über die Marktlage und Marktentwicklung sowie **qualitative (subjektive)** Daten über Kaufentscheidungsprozesse.

Quantitative (objektive) Marktdaten	Qualitative (subjektive) Marktdaten
• Abnehmerstruktur Anzahl der potentiellen Kunden, Einteilung der potentiellen Kunden nach Banchen, Regionen, Alter, Berufe, Einkommen, usw., Ermittlung des Bedarfs • Konkurrenzanalyse Anzahl der Konkurrenten, Informationen über die Konkurrenten (Umsätze, Anzahl der Beschäftigten), Untersuchung der Produkte (technische Eigenschaften, Patente, Lizenzen, Vor- und Nachteile), Analyse der Marktaktivitäten (Preise, Werbung) • Marktgrößen Marktvolumen, Marktpotential, Marktanteil	Einflußgrößen für Kaufentscheidungsprozesse: • Emotionen (Empfindungen, Gefühle) • Motive des menschlichen Handelns • Reaktionen auf Maßnahmen

Abb. 65: Quantitative und qualitative Marktdaten

! **Tip** Beobachten Sie sehr genau Ihre Wettbewerber. Lernen Sie aus deren Aktivitäten und überlegen sich, wie Sie es noch besser machen können.

Das Marktpotential ist die in einer Periode auf einem Markt von allen Wettbewerbern *theoretisch* realisierbare Absatzmenge (bzw. Umsatz). Das **Marktvolumen** ist die in einer Periode auf einem Markt von allen Wettbewerbern *tatsächlich* realisierbare Absatzmenge (bzw. Umsatz). Werden beide Größen zueinander in Relation gesetzt, stellt das Ergenbis die **Marktsättigung** in Prozent des Marktpotentials dar.

$$\text{Marktsättigung} = \frac{\text{Marktvolumen}}{\text{Marktpotential}} \times 100$$

Der Anteil des Marktvolumens, den ein Unternehmen in einer Periode auf einem Markt tatsächlich realisiert, wird **Marktanteil** bezeichnet.

$$\text{Marktanteil} = \frac{\text{Absatzvolumen}}{\text{Marktvolumen}} \times 100$$

Die **Marketingplanung** umfaßt alle Maßnahmen zur Erreichung der Marketingziele. Auf der Grundlage aller Informationen aus der Marktforschung werden alternative Strategien zur Zielerreichung entwickelt. Diejenige Strategie ist dann optimal, wenn durch den Einsatz der **marketingpolitischen Instrumente** die vorgegebenen Ziele verwirklicht werden. Entscheidend ist nicht die Optimierung jedes einzelnen Instruments, sondern die optimale Kombination der Marketinginstrumente (**Marketing-Mix**).

Zu den marketingpolitischen Instrumente gehören:
- die Produktpolitik,
- die Vertriebspolitik,
- die Preispolitik und
- die Kommunikationspolitik.

Wirtschaftlicher Wettbewerb bedeutet, das Verhalten auf den Abschluß von Geschäften mit Kunden derart auszurichten, um den Absatz von Produkten oder Dienstleistungen zu Lasten der Mitbewerber zu fördern. Es werden Kunden gewonnen, auf die auch der Mitbewerber rechnet, oder es werden dem Mitbewerber Kunden abgenommen, die dieser bereits hat. Nachteile, die ein Mitbewerber dadurch erleidet, muß er hinnehmen, auch dann, wenn er vom Markt verdrängt wird.

Grundlage des funktionierenden wirtschaftlichen Wettbewerbs ist der freie Wettbewerb. Es muß jedem gestattet sein, sich mit anderen Anbietern auf einem bestimmten Markt um Geschäftsabschlüsse zu bemühen. Jeder Wettbewerber muß seine Leistung ungehindert anbieten und für sie werben können, damit es dem Kunden aufgrund eines Vergleichs der Angebote möglich ist, die Leistung zu wählen, die ihm nach Preis, Qualität und Service als die für ihn geeigneteste erscheint. Ob ein echter Leistungsvergleich vorliegt, bestimmt sich nach dem Verhalten des einzelnen Wettbewerbers auf dem Markt. Dieser handelt wettbewerbswidrig, wenn er sich im Geschäftsverkehr zu Zwecken des Wettbewerbs einen ungerechtfertigten Vorsprung zu verschaffen sucht. Gem. § 1 UWG (Generalklausel) sind alle wettbewerblichen Handlungen verboten, die gegen die guten Sitten verstoßen. Was als lauter oder unlauter zu gelten hat, ergibt sich aus der Rechtsprechung.

Während das **Gesetz gegen unlauteren Wettbewerb (UWG)** unlautere Wettbewerbshandlungen bekämpft, sichert das **Gesetz gegen Wettbewerbsbeschränkungen (Kartellgesetz – KartG)** den freien Wettbewerb gegen Beschränkungen.

Ein Kartell liegt dann vor, wenn sich unter Wahrung der rechtlichen und wirtschaftlichen Selbständigkeit mehrere Unternehmen vertraglich in ihrem Verhalten gegenüber Dritten zusammenschließen, um durch Beschränkung des wechselseitigen Wettbewerbs auf die Marktverhältnisse Einfluß zu nehmen. Das gemeinsame Verhalten kann sich auf die Konditionen, die Rabatte und die Preise, auch auf die Herstellung, den Absatz und die Absatzgebiete erstrecken.

Recht gegen unlauteren Wettbewerb	**Recht gegen Wettbewerbsbeschränkungen**
• Gesetz gegen unlauteren Wettbewerb (UWG) • Zugabeverordnung (ZugabeVO) • Gesetz über Preisnachlässe (Rabattgesetz - RabattG) • Gesetz über den Widerruf von Haustürgeschäften und ähnlichen Geschäften (Haustürwiderrufsgesetz - HTWG) • Gesetz über den Ladenschluß (LadenschlußG) • Verordnung zur Regelung der Preisangaben (Preisangabenverordnung - PAngV) • Gesetz über den Schutz von Marken und sonstigen Kennzeichen (Markengesetz - MarkenG)	• Gesetz gegen Wettbewerbsbeschränkungen (Kartellgesetz - KartG)

Abb. 66: Wettbewerbsrecht

Zielsetzung des Wettbewerbsrechts in der freien Marktwirtschaft ist es, den freien Wettbewerb im Interesse aller Marktteilnehmer (Mitbewerber und Kunden) und der Allgemeinheit zu schützen. Bei allen Marketingaktivitäten müssen Sie deshalb das Wettbewerbsrecht immer strikt beachten. Nur so können Sie unangenehme Abmahnungen vermeiden.

Lockvogel-Angebote sind verboten. Das sind Angebote, wenn die besonders preisgünstig angebotene Ware überhaupt nicht oder nicht in ausreichender Menge zur Verfügung stehen. Der Kunde wird in das Geschäft angelockt und muß dann feststellen, daß ähnliche oder vergleichbare Waren nur zu erheblich teureren Preisen zu erwerben sind.

Es ist unzulässig, auf Kunden einen **Kaufzwang** auszuüben. Das ist dann der Fall, wenn der Kunde gegen seinen Willen zum Vertragsabschluß gedrängt wird.

Reißerische Werbung ist unzulässig, wenn die Werbemaßnahme so aufdringlich ist, daß sie den Kunden belästigt.

Telefon-Werbung, d.h. fernmündliches Ansprechen mit dem Ziel, zu einem Geschäftsabschluß zu kommen, ist wettbewerbsrechtlich nur dann zulässig, wenn zwischen den Parteien bereits Geschäftsbeziehungen bestanden haben.

Telefax-Werbung ist bei entsprechender Üblichkeit der jeweiligen Branche zulässig, es sei denn, sie erreicht ein solches Ausmaß, daß sie zu einem nicht unerheblichen Papierverbrauch führt oder den Anschluß für längere Zeit blokkiert.

Brief-Werbung ist grundsätzlich zulässig, da der Empfänger meist schon äußerlich, spätestens beim Öffnen des Umschlags erkennen kann, daß er ein Werbeschreiben vor sich hat, das er sofort wegschmeißen kann.

Preisausschreiben, Gewinnspiele und Verlosungen sind als aleotorische (vom Zufall abhängige) Werbemittel grundsätzlich zulässig, wenn sie dazu veranstaltet werden oder geeignet sind, die Aufmerksamkeit auf das Unternehmen bzw. das Produkt oder Dienstleistung zu lenken. Unlauter werden diese Werbemittel erst dann, wenn sie entweder mit dem Absatz gekoppelt werden oder auf den Kunden einen psychischen oder moralischen Kaufzwang ausüben.

Vergleichende Werbung war bisher nur in Ausnahmefällen für den System-, Abwehr-, Auskunfts- und Fortschrittsvergleich zugelassen. Nach neuester Rechtsprechung ist die vergleichende Werbung grundsätzlich dann zulässig, wenn es sich um Waren oder Dienstleistungen für den gleichen Bedarf oder dieselbe Zweckbestimmung handelt und objektiv eine oder mehrere wesentliche, relevante, nachprüfbare und typische Eigenschaften, zu denen auch der Preis gehören kann, verglichen werden.

Irreführende Werbung ist verboten. Nach § 3 UWG (kleine Generalklausel) dürfen im geschäftlichen Verkehr zu Zwecken des Wettbewerbs keine irreführenden Angaben über geschäftliche Verhältnisse gemacht werden. Das gilt insbesondere für Angaben über die Beschaffenheit, den Ursprung, die Herstellungsart oder die Preisbemessung einzelner Waren oder gewerblicher Leistungen oder des gesamten Angebots über Preislisten, über die Art des Bezugs oder die Bezugsquelle von Waren, über den Besitz von Auszeichnungen, über den Anlaß oder den Zweck des Verkaufs oder über die Menge der Vorräte. Erlaubt ist es, die gegenwärtig geforderten eigenen Preise mit den vom Hersteller unverbindlich empfohlenen Preise zu vergleichen.

Die Werbung des Herstellers mit dem Hinweis auf seine **Herstellereigenschaft** (als Produzent) ist im Zusammenhang mit dem Verkauf von Waren nur dann zulässig, wenn er ausschließlich an den Endverbraucher verkauft oder an den Endverbraucher zu den seinen Wiederverkäufern oder gewerblichen Verbrauchern eingeräumten Preisen verkauft oder unmißverständlich darauf hinweist, daß die Preise beim Verkauf an den Endverbraucher höher liegen als beim Verkauf an Wiederverkäufer oder gewerbliche Verbraucher, oder dies sonst für den letzten Verbraucher offenkundig ist (§ 6a Abs. 1 UWG).

Verboten ist die **progressive Kundenwerbung (Schneeballsystem)**. Es werden Nichtkaufleute zur Abnahme von Waren, gewerblichen Leistungen oder Rechten durch das Versprechen besonderer Vorteile (Preisnachlässe, Provisionen, Prämien u. a.) veranlaßt, die ihnen für den Fall gewährt werden, daß sie andere zum Abschluß gleichartiger Geschäfte veranlassen, denen ihrerseits nach der Art dieser Werbung derartige Vorteile für eine entsprechende Werbung weiterer Kunden gewährt werden.

Verboten sind **Verkaufsveranstaltungen und Sonderveranstaltungen** im Einzelhandel, die außerhalb des regelmäßigen Geschäftsverkehrs zur Beschleunigung des Warenabsatzes angekündigt oder durchgeführt werden und den Eindruck besonderer Kaufvorteile hervorrufen (§ 7 Abs. 1 UWG), es sei denn, daß es sich um Sonderangebote handelt, durch die einzelne nach Güte oder Preis gekennzeichnete Waren angeboten werden (§ 7 Abs. 2 UWG). Ausgenommen vom Verbot sind **Saisonschlußverkäufe**, **Jubiläumsverkäufe** (§ 7 Abs. 3 UWG) und **Räumungsverkäufe** (§ 8 UWG). Zugelassen sind Räumungsverkäufe nur noch infolge eines Schadens, der durch Feuer, Wasser, Sturm oder ein vom Veranstalter nicht zu vertretendes vergleichbares Ereignis verursacht wurde oder vor Durchführung eines nach den baurechtlichen Vorschriften anzeige- oder genehmungspflichtigen Umbauvorhabens den Umständen nach eine Räumungszwangslage hervorgerufen hat (§ 8 Abs. 1 UWG) sowie wegen Aufgabe des gesamten Geschäftsbetriebs (§ 8 Abs. 2 UWG). Um die wiederholte Durchführung von Räumungsverkäufen wegen Aufgabe des gesamten Geschäftsbetriebs zu verhindern, müssen zwischen solchen Räumungsverkäufen drei Jahre liegen (§ 8 Abs. 2 UWG). Räumungsverkäufe sind bei der zuständigen amtlichen Berufsvertretung von Handel, Handwerk und Industrie fristgemäß anzumelden (§ 8 Abs. 3 UWG). Nach Durchführung eines Räumungsverkaufs wegen Aufgabe des gesamten Geschäftsbetriebs ist es nicht nur dem Veranstalter, sondern jedem verboten, den Geschäftsbetrieb, dessen Aufgabe angekündigt worden ist, mittelbar oder unmittelbar fortzusetzen. Dem Veranstalter ist ferner verboten, vor Ablauf von zwei Jahren am selben Ort oder in benachbarten Gemeinden einen Handel mit den davon betroffenen Warengattungen aufzunehmen (§ 8 Abs. 6 UWG).

Nach der **Zugabeverordnung (ZugabeVO)** ist es verboten, im geschäftlichen Verkehr neben der Ware oder einer Leistung eine Zugabe (Ware oder Leistung) anzubieten, anzukündigen oder zu gewähren (§ 1 Abs. 1 ZugabeVO). Eine Zugabe liegt auch dann vor, wenn die Zuwendung nur gegen ein geringfügiges, offenbar bloß zum Schein verlangtes Entgelt gewährt wird. Das gleiche gilt, wenn zur Verschleierung der Zugabe eine Ware oder Leistung mit einer anderen Ware oder Leistung zu einem Gesamtpreis angeboten, angekündigt oder gewährt wird.

Ausnahmen gem. § 1 Abs. 2 ZugabeVO:
- Reklamegegenstände von geringem Wert, auf denen die werbende Firma gekennzeichnet sind,
- Barzahlungsrabatt,
- Mengenrabatt,
- handelsübliches Zubehör zur Ware oder handelsübliche Nebenleistungen,
- Kundenzeitschriften,
- Erteilung von Auskünften oder Ratschlägen,
- Versicherungen bei beaufsichtigten Versicherungsunternehmen zugunsten der Bezieher einer Zeitung oder Zeitschrift.

Das **Rabattgesetz (RabattG)** regelt diejenigen Rabatte, die dem Endverbraucher gewährt werden, und zwar sowohl für den Kauf von Waren als auch für Dienstleistungen des täglichen Bedarfs (§ 1 RabattG). Beim Rabatt handelt es sich um eine Preisermäßigung, die dem Kunden durch einen Nachlaß vom allgemein durch Preislisten, Kataloge, Werbung angekündigten oder konkret geforderten Preis gewährt wird. Das Rabattgesetz gestattet das Ankündigen und Gewähren von Rabatten im geschäftlichen Verkehr mit dem Endverbraucher nur in beschränktem Umfang. Zulässig sind Barzahlungsrabatt bis zu einer Höhe von 3% des Rechnungsbetrages durch Sofortabzug oder Gutschein (§§ 2 bis 4 RabattG), ferner Mengenrabatt durch Preisabzug oder Mehrlieferung (§ 7,8 RabattG) sowie Sonderrabatt für berufliche oder gewerbliche Verwerter, Großabnehmer und Werksangehörige (§ 9 RabattG). Andere Rabattformen sind gegenüber Endverbraucher unzulässig.

Nach dem **Haustürwiederrufsgesetz (HTWG)** wird eine auf den Abschluß eines Vertrages über eine entgeltliche Leistung gerichtete Willenserklährung, zu der der erklärende Kunde durch mündliche Verhandlungen an seinem Arbeitsplatz oder im Bereich einer Privatwohnung, anläßlich einer von der anderen Vertragspartei durchgeführten Freizeitveranstaltung oder im Anschluß an ein überraschendes Ansprechen in Verkehrsmitteln oder im Bereich öffentlich zugänglicher Verkehrswege bestimmt worden ist, erst wirksam, wenn der Kunde sie nicht innerhalb einer Frist von einer Woche schriftlich widerruft (§ 1 Abs. 1 HTWG). Ein Recht auf Widerruf besteht nicht, wenn die mündlichen Verhandlungen, auf denen der Abschluß des Vertrags beruht, auf vorhergehende Bestellung des Kunden geführt worden sind oder die Leistung bei Abschluß der Verhandlungen sofort erbracht und bezahlt wird und das Entgelt 80 DM nicht übersteigt oder die Willenserklährung von einem Notar beurkundet worden ist (§ 1 Abs. 2 HTWG). Die Widerrufsfrist beginnt erst mit der Aushändigung einer schriftlichen Belehrung über das Recht zum Widerruf, die der Kunde zu unterschreiben hat. Unterbleibt diese Belehrung, so erlischt das Widerrufsrecht des Kunden erst einen Monat nach beiderseits vollständiger Erbringung der Leistung (§ 2 Abs. 1 HTWG).

Das **Ladenschlußgesetz (LadenschlG)** gilt nur für den Einzelhandel. Die Verkaufsstellen sind für den geschäftlichen Verkehr an Sonn- und Feiertagen, montags bis freitags bis 6 Uhr und ab 20 Uhr (Bäckereien bis 5.30 Uhr), samstags bis 6 Uhr und ab 16 Uhr, an den vier aufeinanderfolgenden Samstagen vor dem 24. Dezember bis 6 Uhr und ab 18 Uhr, am 24. Dezember, wenn dieser Tag auf einen Werktag fällt, bis 6 Uhr und ab 14 Uhr geschlossen zu halten (§ 3 Abs. 1 LadenschlG). Ausnahmen gibt es gem. § 4 Abs. 1 LadenschlG für Apotheken (Bereitschaftsdienst während der Nacht und an Sonn- und Feiertagen), gem. § 5 LadenschlG für Zeitschriftenkioske, die an Samstagen durchgehend von 6 Uhr bis 19 Uhr und an Sonn- und Feiertagen von 11 Uhr bis 13 Uhr geöffnet sein dürfen, gem. § 6 LadenschlG für Tankstellen (ganztägige Öffnung erlaubt), gem. § 7 Abs. 1 LadenschlG für Warenautomaten (ganztägige Benutzung erlaubt), gem. § 8 Abs. 1 LadenschlG für Verkaufsstellen auf Personenbahnhöfen (ganztägige Öffnung für die Abgabe von Reisebedarf erlaubt), gem. § 9

Abs. 1 LadenschlG für Verkaufsstellen auf Flughäfen (ganztägige Öffnung für die Abgabe von Reisebedarf erlaubt), gem. § 10 Abs. 1 LadenschlG für Kur- und Erholungsorte. Das Ladenschlußgesetz gilt ausschließlich für den Verkauf von Waren. Deshalb ist das gewerbliche Waschen von Kraftfahrzeugen oder auch das Vermieten bespielter Videokassetten abends nach 20 Uhr bzw. an Sonn- und Feiertagen erlaubt. Das Friseurhandwerk fällt unter das Ladenschlußgesetz.

Nach der Verordnung über den Verkauf bestimmter Waren an Sonn- und Feiertagen dürfen nunmehr an Sonn- und Feiertagen folgende Verkaufsstellen geöffnet sein: für frische Milch für die Dauer von zwei Stunden, für Bäcker- und Konditorwaren für die Dauer von drei Stunden, für Blumen für die Dauer von zwei Stunden und für Zeitungen für die Dauer von fünf Stunden.

Die **Preisangabenverordnung (PAngV)** bezieht sich auf den Verkauf von Waren und der Erbringung von Dienstleistung an den Endverbraucher. Wer an Endverbraucher gewerbs- oder geschäftsmäßig oder regelmäßig Waren anbietet oder unter Angabe von Preisen wirbt, muß die Preise angeben, die einschließlich der Umsatzsteuer und sonstiger Preisbestandteile als Endpreise zu bezahlen sind (§ 1 Abs. 1 PAngV). Ausgestellte Waren (Schaufenster, Verkaufsraum) sind durch Preisschilder zu kennzeichnen (§ 2 Abs. 1 PAngV). Wer Dienstleistungen anbietet, muß gut sichtbar ein Preisverzeichnis aufhängen, aus dem die Preise für seine wesentlichen Leistungen oder seine Verrechnungssätze entnommen werden können (§ 3 Abs. 1 PAngV). Inhaber von Gaststätten haben Preisverzeichnisse für Speisen und Getränke aufzustellen und in hinreichender Zahl auf den Tischen aufzulegen und jedem Gast vor Entgegennahme von Bestellungen und auf Verlangen bei Abrechnung vorzulegen (§ 5 Abs. 1 PAngV). Neben dem Eingang zur Gaststätte ist ein Preisverzeichnis anzubringen, aus dem die Preise für die wesentlichen Getränke und bei regelmäßigem Angebot warmer Speisen an jedermann die Preise für die Gedecke und Tagesgerichte ersichtlich sind (§ 5 Abs. 2 PAngV). Inhaber von Selbstbedienungsgaststätten, Erfrischungshallen, Kiosken, Stehbierhallen, Bierzelten und ähnlichen Betrieben haben Preisverzeichnisse anzubringen, aus denen die Preise der angebotenen Speisen und Getränke ersichtlich sind (§ 5 Abs. 3 PAngV). Inhaber von Beherbergungsbetrieben haben in jedem zur Beherbergung dienenden Zimmer ein Preisverzeichnis anzubringen, aus dem der Zimmerpreis je nach Art der Vermietung und ggf. der Frühstückspreis ersichtlich sind (§ 5 Abs. 4 PAngV).

Das **Markengesetz (MarkenG)** schützt Marken und sonstige Kennzeichen (geschäftliche Bezeichnungen und geografische Herkunftsangaben (§ 1 MarkenG). Schutzfähig als Marke sind alle Zeichen (Wörter, Abbildungen, Buchstaben, Zahlen, Hörzeichen, dreidimensionale Gestaltungen einschl. der Form einer Ware oder ihrer Verpackung sowie sonstige Aufmachungen einschl. Farben und Farbzusammenstellungen), die geeignet sind, Waren oder Dienstleistungen eines Unternehmens von denjenigen anderer Unternehmen zu unterscheiden (§ 3 Abs. 1 MarkenG). Der Markenschutz entsteht entweder durch die Eintragung eines Zeichens als Marke in das vom Patentamt in München geführte Register oder durch die Benutzung eines Zeichens im geschäftlichen Verkehr, soweit das Zeichen innerhalb beteiligter Verkehrskreise als Marke Verkehrsgeltung erworben hat (§ 4 MarkenG). Erst mit der Eintragung erlangt der Inhaber der Marke das ausschließliche Recht, die Marke auf Waren oder ihrer Aufmachung oder Verpackung anzubringen, unter der Marke Waren anzubieten bzw. in den Verkehr zu bringen, unter der Marke Dienstleistungen anzubieten oder zu erbringen, unter der Marke Waren ein- oder auszuführen, die Marke in Geschäftspapieren oder in der Werbung zu benutzen (§ 14 Abs. 3 MarkenG). Ohne Zustimmung des Inhabers der Marke ist die Nutzung eines mit der Marke identischen oder ähnlichen Zeichens im geschäftlichen Verkehr verboten (§ 14 Abs. 2 MarkenG).

9.1 Die Produktpolitik

Im Mittelpunkt der Marketingaktivitäten muß das Leistungsangebot des Unternehmens, das Produkt oder die Dienstleistung stehen. Die Produktpolitik ist darauf gerichtet, neue Produkte auf den Markt zu bringen (Produktinnovation), bereits auf dem Markt befindliche Produkte zu modifizieren (Produktvariation) oder bisherige Produkte aus dem Programm herauszunehmen (Produktelimination).

Maßnahmen der Produktpolitik sind:

- Produktentwicklung
  Sie erstreckt sich hinsichtlich des Verwendungszwecks auf die Eigenschaften, Handhabung, Design und Qualität der Produkte. Wichtig ist das Auffinden von **Problemlösungen** und das Absichern der Produkte mit Zusatzleistungen (z. B. Service). Es ist sinnvoll, die eigenen Produkte von den Konkurrenzprodukten deutlich abzuheben und die Austauschbarkeit zu reduzieren.
- Einführung neuer Produkte
  Einen großen Wettbewerbsvorsprung haben Neuheiten, die auf Basistechnologien beruhen (**Innovationen**). Bei der **Produktdifferenzierung** werden neue, *zusätzliche* Produkte auf den Markt gebracht. Damit können Sonderwünsche der Nachfrager besser gerecht werden. Die Ausweitung des Produktionsprogramms auf *andersartige* Produkte stellt die **Diversifikation** dar.
- Marktentwicklung
  Für bereits existierende Produkte werden neue Anwender gesucht.
- Marktdurchdringung
  Es sollen Produktpotentiale besser genutzt werden. Die Produkte werden gegenüber der Konkurrenz abgegrenzt und gegenüber den Abnehmern hervorgehoben (**Produktpositionierung**). Dadurch entsteht eine Produktidentität in Form einer Marke. Der Weg, um eine solche Positionierung durchzuführen, ist die **Marktsegmentierung**. Der Gesamtmarkt wird entsprechend der Segmentierungskriterien (Alter, Geschlecht, Nutzenerwartung usw.) in Teilmärkte zerlegt. Es ergeben sich Marktfelder, die dicht und weniger dicht besetzt sind. Freie Marktfelder besitzen ein hohes Potential zur Marktbearbeitung.

9.2 Die Vertriebspolitik

Darunter werden alle Maßnahmen verstanden, um die marktfähigen Leistungen zum Ort der Nachfrage zu bringen. Die Maßnahmen der Vertriebspolitik umfassen

- den Vertriebsweg
  Betriebseigen: Reisende, Versand; Betriebsfremd: Großhandel, Einzelhandel, Absatzmittler (Handelsvertreter, Kommissionäre)
- den Lieferservice/Kundendienst
  Der Lieferservice besteht aus den Komponenten Lieferzeit und Lieferbereitschaft (Zuverlässigkeit), die gegeneinander konkurrieren. Je kürzer die Lieferzeit, umso mehr muß die Lieferbereitschaft wegen hoher Lagerbestände und damit hoher Kosten finanziert werden. Bei technisch und qualitativ hochwertigen Leistungen spielt der Kundendienst eine wichtige Rolle. Es ist viel billiger, einen Stammkunden zu halten, als unzufriedene Kunden wiederzugewinnen (Kundenpflege).

9.3 Die Preispolitik

Die Preispolitik umfaßt alle Entscheidungen über die Preisfestsetzung für Produkte. Zwischen dem geforderten Preis und der absetzbaren Menge besteht ein direkter Zusammenhang. Steigende Preise bewirken in der Regel abnehmende, sinkende Preise zunehmende Verkaufsmengen. Wer Marktpreise durchsetzen will muß wissen, daß die Selbstkosten die absolute Untergrenze für die Preisfeststellung darstellt.

Allerdings wird der Einfluß des Preises auf die Kaufentscheidung häufig überschätzt. Denn erst wenn der Kunde vom Produkt überzeugt ist, akzeptiert er auch einen fairen Preis. Der Existenzgründer sollte nicht versuchen, über den Preis in den Markt zu kommen. Einmal eingeführte niedrige Preise sind später nur sehr schwer zu revidieren.

9.4 Die Kommunikationspolitik

Mit der Kommunikationspolitik wird dafür gesorgt, daß die Abnehmer alle notwendigen Informationen über die angebotenen Leistungen erhalten. Diese Informationen haben das Ziel, von der Vorteihaftigkeit des Angebots zu überzeugen und Kaufhandlungen auszulösen. Die Maßnahmen der Kommunikationspolitik sind nur dann nachhaltig wirksam, wenn durch ein einheitliches Erscheinungsbild (z.B. einprägsames Firmensignet) ein ganzheitliches Image vermittelt wird.

Maßnahmen der Kommunikationspolitik sind:

- Werbung

  Werbung ist die bewußte, zweckbezogene und zwangsfreie Kundenbeeinflussung. Mittels spezieller Werbemittel wird auf die Zielgruppe eingewirkt. Im Rahmen der Werbestrategien sind folgende Entscheidungen zu treffen:
  - Bestimmung der Werbeziele, z. B. Steigerung des Bekanntheitsgrades, Gewinn neuer Kunden, Verbesserung des Erscheinungsbildes (Images) des Unternehmens, Hervorhebung der Attraktivität usw.
  - Bestimmung der Werbeobjekte (marktfähige Leistungen, für die geworben werden soll), z. B. einzelnes Produkt (Artikel), Produkte, Sortiment oder ganzes Unternehmen.
  - Bestimmung der Werbesubjekte (Personenkreis, bei dem geworben werden soll), z. B. Heimwerker, Freiberufler, Haushalte in der Umgebung usw.
  - Bestimmung der Werbemittel (Instrumente, mit deren Hilfe geworben werden soll), z. B. Inserate, Prospekte, Werbegeschenke, Schaufenster, Außenfront usw.
  - Bestimmung der Werbeträger (Medien, durch die die Werbemittel an die Werbesubjekte herangeführt werden sollen), z. B. Zeitungen, (Fach-) Zeitschriften, Anzeigenblätter, Hörfunk, Fernsehen, Adreßbücher, Plakate, Baustellenschilder, Fahrzeuge, Direktmedien (Handzettel, Kataloge, Postwurfsendungen, Warenproben, Werbebriefe), Verpackung, Messen und Ausstellungen usw.
  - Bestimmung der Werbeperiode (zeitlicher Einsatz der Werbung), z. B. zu besonderen Anlässen wie Sommer-, Winterschlußverkauf, Weihnachten, Ostern.
  - Bestimmung des Werbegebiets (örtlicher Einsatz der Werbung), z. B. Stadtteil, Kreisgebiet, Bundesland usw.
  - Bestimmung des Werbebudgets (Werbekosten für die Maßnahmen)
- Verkaufsförderung (Promotion)

  Zeitlich begrenzte Aktionen und Maßnahmen, um den Verkauf zu stimulieren. Beispiele zur Verkaufsförderung sind:
  - Eröffnungsveranstaltungen,
  - optische Verkaufshilfen,
  - Regalpflege,
  - Abgabe von Proben und Muster, Überlassen von Produkten für Testzwecke,
  - Informationsveranstaltungen (Symposien),
  - Tag der offenen Tür mit Produktpräsentationen.
- Öffentlichkeitsarbeit (Publik Relation)

  Die interessierte Öffentlichkeit mit Informationen über das Unternehmen zu versorgen. Über vertrauensbildende Maßnahmen wird letztlich ein positives Firmenimage gebildet. Dazu zählen:
  - Spendenaktionen (Presse informieren),
  - Mitgliedschaft in Fördervereinen,
  - Tag der offenen Tür
  - Anbieten von Schülerpraktika.

! **Tip** Mit den Geschäftspapieren (Briefbögen, Visitenkarten und Kurzmitteilungen) beeinflussen Sie das Erscheinungsbild Ihres Unternehmens. Achten Sie darauf, das die Gestaltung zum Unternehmen paßt und einen positiven Eindruck hinterläßt.

Da Sie als Existenzgründer neu auf dem Markt auftreten, muß der Umfang an Werbung zwangsläufig größer sein als bei schon etablierten Unternehmen. Länger bestehende Unternehmen profitieren von einer gewissen Bekanntheit, von Erfahrungen, die bereits mit den Produkten gemacht worden sind und somit von Empfehlungen. Sie müssen deshalb regelmäßig und über einen längeren Zeitraum werben. Kaufreaktionen sind erst mit einer Zeitverschiebung zu erwarten. Das Werbebudget sollten Sie nicht zu knapp kalkulieren. Werbemaßnahmen für mindestens sechs Monate sollten Sie schon vorsehen.

10 Die Steuern

Die wichtigsten Steuern, die ein Selbständiger an das Finanzamt abzuführen hat, sind die Einkommensteuer (bei der GmbH die Körperschaftsteuer), die Gewerbesteuer und die Umsatzsteuer.

Unternehmensform	**Einzelunternehmen**		
Steuerarten	Kleingewerbe	Einzelkaufmann	Freie Berufe
Gewerbesteuer Umsatzsteuer	• •	• •	•
Einkommensteuer Solidaritätszuschlag Kirchensteuer	• [1)] • •	• [1)] • •	• [2)] • •

Unternehmensform	**Personengesellschaften**			
Steuerarten	GbR	PartG	OHG	KG
Gewerbesteuer Umsatzsteuer	• [4)] •	•	• •	• •
Einkommensteuer Solidaritätszuschlag Kirchensteuer	• [1), 2)] • •	• [2)] • •	• [1)] • •	• [1)] • •

Unternehmensform / Steuerarten	Kapitalgesellschaften	
	GmbH	Gesellschafter
Gewerbesteuer Umsatzsteuer	• •	
Körperschaftsteuer Solidaritätszuschlag	• •	
Einkommensteuer Solidaritätszuschlag Kirchensteuer		• [3] • •

Abb. 67: Steuerarten

[4] nur bei Gewerbebetrieben
Bemessungsgrundlage für das zu versteuernde Einkommen:
[1] Einkünfte aus Gewerbebetrieb
[2] Einkünfte aus selbständiger Arbeit
[3] Einkünfte aus Kapitalvermögen

10.1 Die Einkommensteuer (ESt)

Die Bemessungsgrundlage der Einkommensteuer ist das **zu versteuernde Einkommen**. Nach § 2 Abs. 4 EStG setzt sich das Einkommen aus sieben Einkunftsarten zusammen:

- Einkünfte aus land- und Forstwirtschaft
- Einkünfte aus Gewerbebetrieb
- Einkünfte aus selbständiger Arbeit
- Einkünfte aus nichtselbständiger Arbeit
- Einkünfte aus Kapitalvermögen
- Einkünfte aus Vermietung und Verpachtung
- sonstige Einkünfte

Einkommensteuerpflichtig sind nicht die Unternehmen selbst, sondern deren Inhaber. Diese müssen für sämtliche Einkünfte, die sie aus dem gewerblichen Unternehmen ihrer selbständigen Tätigkeit oder aus anderen Einkunftsarten beziehen, Einkommensteuer zahlen. Das zu versteuernde Einkommen ergibt sich aus der Summe dieser Einkünfte, die um pauschale oder tatsächlich entstandene Sonderausgaben sowie um individuelle oder pauschale Freibeträge gekürzt werden.

Einkünfte aus selbständiger Arbeit

Zu den Einkünften aus selbständiger Arbeit gehören die Einkünfte aus freiberuflicher Tätigkeit. Zu der freiberuflichen Tätigkeit gehören die selbständig ausgeübte wissenschaftliche, künstlerische, schriftstellerische, unterrichtende oder erzieherische Tätigkeit, die selbständige Berufstätigkeit der Ärzte, Zahnärzte, Tierärzte, Rechtsanwälte, Notare, Patentanwälte, Vermessungsingenieure, Ingenieure, Architekten, Handelschemiker, Wirtschaftsprüfer, Steuerberater, beratenden Volks- und Betriebswirte, vereidigten Buchprüfer (vereidigten Buchrevisoren), Steuerbevollmächtigten, Heilpraktiker, Dentisten, Krankengymnasten, Journalisten, Bildberichterstatter, Dolmetscher, Übersetzer, Lotsen und ähnliche Berufe.

Einkünfte aus Gewerbebetrieb

Zu den Einkünften aus Gewerbebetrieb gehören die Einkünfte aus gewerblichen Unternehmen, die Gewinnanteile der Gesellschafter einer OHG, einer KG und einer anderen Gesellschaft, bei der der Gesellschafter als Unternehmer (Mitunternehmer) des Betriebs anzusehen ist und die Vergütungen, die der Gesellschafter von der Gesellschaft für seine Tätigkeit im Dienst der Gesellschaft oder für die Hingabe von Darlehen oder für die Überlassung von Wirtschaftsgütern bezogen hat.

Die Einkünfte aus Gewerbebetrieb werden gemeinschaftlich für alle Gesellschafter im Verfahren der einheitlichen und gesonderten Gewinnfeststellung ermittelt. Sie werden anhand der Besteuerungsmerkmale des einzelnen Gesellschafters im Rahmen dessen persönlicher Einkommensteuer-Veranlagung erfaßt. Sind die Einkünfte aus Gewerbebetrieb insgesamt negativ, z. B. infolge eines hohen Verlustanteils, so darf der Gesellschafter sie sofort mit anderen positiven Einkünften des selben Veranlagungsjahres verrechnen bzw. nach den einkommensteuerlichen Vorschriften über den Verlustabzug zurück- bzw. vortragen lassen.

Verlustabzug

Verluste, die bei der Ermittlung des Gesamtbetrags der Einkünfte (GdE) nicht ausgeglichen werden, sind gem. § 10d EStG bis zu einem Betrag von insgesamt 10 Mio. DM wie Sonderausgaben vom Gesamtbetrag der Einkünfte des zweiten dem Veranlagungszeitraum vorangegangenen Kalenderjahrs zurückzutragen. Sofern der Abzug in diesem Jahr nicht ausgeschöpft werden kann, ist der Abzug in dem Veranlagungszeitraum vorangegangenen Jahr vorzunehmen. Für negative GdE ab Veranlagungszeitraum 1994 besteht ein Wahlrecht. Entweder kann der beschriebene Rücktrag gewählt werden oder ein Verlustvortrag. Bereits ergangene Steuerbescheide für die Vorjahre wären ggf. aufzuheben oder zu ändern.

Beispiel für das Verrechnen von Verlusten:

1996 zu versteuerndes Einkommen als Arbeitnehmer	70.000 DM
1997 zu versteuerndes Einkommen als Arbeitnehmer	80.000 DM
1998 Verlust aus selbständiger Tätigkeit	250.000 DM
1999 Gewinn aus selbständiger Tätigkeit	120.000 DM

Steuerliche Verlustverrechnung:

Die positiven Einkommen aus den Jahren 1996 und 1997 werden um den Verlustanteil des Jahres 1998 gekürzt, der verbleibende Verlustanteil wird in das Jahr 1999 vorgetragen und mit dem entstandenen Gewinn verrechnet.

	1996	1997	1998	1999
Steuerpflichtiges Einkommen aus unselbständiger Tätigkeit	70.000	80.000	-	-
Steuerpflichtiger Gewinn aus Unternehmertätigkeit	-	-	-250.000	+120.000
Steuerliche Verlustrücktragsrechnung			-250.000 +150.000 -100.000	
Steuerliche Verlustvortragsrechnung				+120.000 -100.000 + 20.000
Vorläufig zu versteuerndes Einkommen	70.000	80.000	0	20.000
Tatsächlich zu versteuerndes Einkommen nach Verlustverrechnung	0	0	0	20.000

Abb. 68: Beispiel für eine steuerliche Verlustrücktrags- und Verlustvortragsrechnung

Durch das Standortsicherungsgesetz können Sie auf Antrag die Möglichkeiten der Verlustverrechnung erweitern:

- Sie können auf einen Verlustrücktrag zugunsten des Vortrags insgesamt verzichten
- Sie können den gesamten Verlustrücktrag in dem zweiten, dem Veranlagungszeitraum der Verlustentstehung vorangegangenen Veranlagungszeitraum geltend zu machen
- Sie können den gesamten Verlust im Vorjahr geltend machen
- Sie können die aufgelaufenen Verluste teilweise in das eine oder andere Jahr zurücktragen.

Tarifbegrenzung bei gewerblichen Einkünften nach § 32c EStG[1]

Ab 1994 ist der Steuersatz für gewerbliche Einkünfte auf höchstens 47% begrenzt worden, während er für die anderen Einkünfte gleich geblieben ist. Die Tarifbegrenzung kommt nur dann zur Anwendung, wenn der Anteil der gewerblichen Einkünfte am zu versteuernden Einkommen mindestens 100.278 DM bzw. bei der Zusammenveranlagung mit dem Ehegatten (Splittingtabelle) 200.556 DM beträgt. Liegen die Einkünfte darüber, so wird ein **Entlastungsbetrag** zugebilligt.

---

1 Die erste Stufe der Steuerreform sieht zum 1. Januar 1999 eine Senkung des Spitzensteuersatzes für gewerbliche Einkünfte von 47% auf 45% vor. Zum Zeitpunkt der Drucklegung des Handbuchs ist allerdings noch keine gesetzliche Beschlußfassung erfolgt.

Zu versteuerndes Einkommen	201.366 DM
Gewerblicher Anteil am zu versteuernden Einkommen	140.616 DM
Ermittlung der festzusetzenden Einkommensteuer	
- Einkommensteuer für 201.366 DM	83.881 DM
- Einkommensteuer für 140.616 DM	51.684 DM
Berechnung des Entlastungsbetrages	
- Einkommensteuer für 100.224 DM	30.870 DM
+ 47% von 40.392 DM (140.616 DM - 100.224 DM)	18.984 DM
	49.854 DM
- Entlastungsbetrag (51.684 DM - 49.854 DM)	1.830 DM
Festzusetzende Einkommensteuer (83.881 DM - 1.830 DM)	82.051 DM

Abb. 69: Beispiel der Tarifbegrenzung
(Lediger Unternehmer mit Einkünften aus Gewerbebetrieb und Kapitalvermögen)

Auf die vom Finanzamt durch Bescheid festgesetzte voraussichtliche jährliche Einkommensteuerschuld haben Sie vierteljährlich Vorauszahlungen jeweils am 10. der Monate März, Juni, September und Dezember zu leisten. Gegen festgesetzte Vorauszahlungen können Sie Einspruch einlegen, wenn Sie begründen können, daß Ihre Einkommensteuerschuld wahrscheinlich niedriger sein wird als vom Finanzamt angenommen.

10.2 Die Körperschaftsteuer (KSt)[1]

Kapitalgesellschaften sind mit ihren Gewinnen eigenständig körperschaftsteuerpflichtig. Der Gewinn wird nach dem Einkommensteuergesetz ermittelt und um die im Körperschaftsteuergesetz (KStG) aufgeführten Kürzungs- oder Zurechnungspositionen modifiziert.

Einbehaltene Gewinne (»Gewinnrücklagen«), die der Selbstfinanzierung der Gesellschaft dienen, unterliegen derzeit einer 45%igen Körperschaftsteuer. Die an die Anteilseigner der Gesellschaft zur Ausschüttung vorgesehenen Gewinne (»Bruttodividende«) sind mit einem Steuersatz von 30% belastet und zusätzlich einer Kapitalertragsteuer von 25% unterworfen. Die Steuern führt die Gesellschaft direkt an das Finanzamt ab.

Die Bruttodividende unterliegt in vollem Umfang der persönlichen Einkommensteuerpflicht der Gesellschafter. Die bereits abgeführte Körperschaftsteuer

1 Die erste Stufe der Steuerreform sieht zum 1. Januar 1999 eine Senkung des Körperschaftsteuersatzes für einbehaltene Gewinne von 45% auf 40% vor. Zum Zeitpunkt der Drucklegung des Handbuchs ist allerdings noch keine gesetzliche Beschlußfassung erfolgt.

	I. Besteuerung der Kapitalgesellschaft	DM
	ausgeschütteter Gewinn vor Abzug der KSt (= Bruttodividende)	100,00
-	Körperschaftsteuer 45 %	45,00
		55,00
+	15 % (Minderung auf 30 % Körperschaftsteuer)	15,00
=	Bardividende	70,00
-	Kapitalertragsteuer (25 % der Bardividende)	17,50
=	vorläufige Nettodividende	52,50
	II. Besteuerung des Anteilseigners	
	vorläufige Nettodividende	52,50
+	vom Unternehmen geleistete Körperschaftsteuer	30,00
+	vom Unternehmen einbehaltene Kapitalertragsteuer	17,50
=	steuerpflichtiger Ertrag	100,00
-	Einkommensteuer (angenommen 40 %)	40,00
-	anrechenbare Körperschaftsteuer	30,00
-	anzurechnende Kapitalertragsteuer	17,50
=	Steuererstattung	7,50
	III. Nettoertrag des Anteilseigners	
	vorläufige Nettodividende	52,50
+	Steuererstattung	7,50
=	Nettodividende	60,00

Abb. 70: Beispiel für das Anrechnungsverfahren bei vollständiger Ausschüttung des Gewinns

und Kapitalertragsteuer wird dabei, wie eine Vorauszahlung, auf die individuelle Einkommensteuerschuld angerechnet, um eine steuerliche Doppelbelastung der Bruttodividende zu vermeiden. Dieses »Anrechnungsverfahren« gilt ausschließlich für die ausgeschütteten Gewinnanteile.

Wie bei der Einkommensteuer sind auf die voraussichtliche Körperschaftsteuerschuld vierteljährliche Vorauszahlungen zu leisten. Die Termine der Vorauszahlung sind jeweils der 10. März, Juni, September und Dezember.

10.3 Die Kirchensteuer (KiSt)

Grundlage der Besteuerung ist das Gesetz über die Erhebung von Steuern durch öffentlich-rechtliche Religionsgemeinschaften (Kirchensteuergesetz) in den einzelnen Bundesländern.

Die Kirchensteuern sind Geldleistungen, die von den Religionsgemeinschaften von ihren Mitgliedern aufgrund gesetzlicher Vorschriften erhoben werden.

Bundesland	Regelsteuersatz [%]	Kappungsgrenze [%]
Baden-Württemberg	8,0	3,5
Bayern	8,0	–
Berlin	9,0	3,0
Brandenburg	9,0	3,0
Bremen	8,0	3,0
Hamburg	8,0	3,0
Hessen	9,0	4,0
Mecklenburg-Vorpommern	9,0	–
Niedersachsen	9,0	3,5
Nordrhein-Westfalen	9,0	4,0
Rheinland-Pfalz	9,0	4,0
Saarland	9,0	4,0
Sachsen	9,0	3,5
Sachsen-Anhalt	9,0	3,5
Schleswig-Holstein	9,0	3,5
Thüringen	9,0	3,5

Abb. 71: Kirchen-Regelsteuersätze der Bundesländer

Sie wird zusammen mit der Einkommensteuer erhoben. Je nach Bundesland beträgt die Kirchensteuer 8 oder 9% des zu versteuernden Einkommens.

In den meisten Bundesländern wird die Kirchensteuer bei höheren Beträgen unterschiedlich von Amts wegen oder auf Antrag begrenzt (sog. Kappung). Außer in Bayern und Mecklenburg-Vorpommern ist das der Fall, wenn die Kirchensteuer je nach Bundesland durchschnittlich 3, 3,5 oder 4% des zu versteuernden Einkommens übersteigt.

Die Kirchensteuerpflicht erlischt u.a. durch Austritt. Dieser ist je nach Bundesland vor dem Amtsgericht, dem Standesamt, dem Notar oder vor kirchlichen Stellen zu erklären. Der Austritt wirkt monatlich, abhängig vom jeweiligen Bundesland, entweder mit Ablauf des Monats der Austrittserklärung oder mit Ende des Monats nach dem Kirchenaustritt.

Gezahlte Kirchensteuern sind im jeweiligen Kalenderjahr unbegrenzt abziehbare Sonderausgaben.

10.4 Der Solidaritätszuschlag (SolZ)

Zur Einkommen- und Körperschaftsteuer wird ein Solidaritätszuschlag in Höhe von 5,5% der Steuerschuld als Ergänzungsabgabe erhoben (§ 1 SolZG).

Der Solidaritätszuschlag bemißt sich nach der festgesetzten Einkommensteuer, verringert um die anzurechnende Körperschaftsteuer.

Der Solidaritätszuschlag wird bei den Vorauszahlungen auf die Einkommen- und Körperschaftsteuer schon vorweg erhoben. Bei der Jahresveranlagung wird der Zuschlag sodann auf die Jahressteuerschuld erhoben und ggf. mit dem Solidaritätszuschlag auf die Vorauszahlungen verrechnet.

10.5 Die Gewerbesteuer (GewSt)

Die Gewerbesteuer gehört zu den Realsteuern, deren Aufkommen den Gemeinden zufließen. Sie ist zwar im Gewerbesteuergesetz (GewStG) bundeseinheitlich geregelt, jedoch steht den Gemeinden das Recht zu, die Hebesätze entsprechend ihrem Finanzbedarf jährlich neu zu bestimmen. So kann der Hebesatz derzeit von ca. 300% bis über 500% betragen. Auf diese Weise können von Gemeinde zu Gemeinde erhebliche Unterschiede in der Gewerbesteuerbelastung der Unternehmen bestehen. Gewerbesteuerpflichtig sind alle inländischen Gewerbebetriebe und Kapitalgesellschaften.

Der Vergleich des Gewerbesteuer-Hebesatzes von Berlin mit den Gewerbesteuer-Hebesätzen einiger in unmittllbarer Umgebung befindlichen Gemeinden im Land Brandenburg zeigt die nicht unerhebliche Bedeutung des Gewerbesteuer-Hebesatzes als wichtiger Standortfaktor.

Stadt/Gemeinde	Gewerbesteuer-Hebesatz [%] 1998/99
Berlin	410
Mittenwalde	330
Teltow	320
Wildau	285
Falkensee	250
Hennigsdorf	220
Ludwigsfelde	150

Abb. 72: Gewerbesteuer-Hebesätze für Berlin und Umgebung

Die Gewerbesteuer ist als Betriebsausgabe abziehbar und mindert somit den zu versteuernden einkommen- oder körperschaftsteuerpflichtigen Gewinn.

Bemessungsgrundlage der Gewerbesteuer ist der Gewerbeertrag. Ausgangewert ist der nach den einkommen- und körperschaftsteuerlichen Vorschriften ermittelte Gewinn, korrigiert um die im Gewerbesteuergesetz genannten Hinzurechnungen und Kürzungen.

Wichtige Hinzurechnungen nach § 8 GewStG:

- die Hälfte der Zinsen für Dauerschulden (Laufzeit des Darlehens mehr als 12 Monate),
- Renten und dauernde Lasten, die wirtschaftlich mit der Gründung oder dem Erwerb des Betriebes (Teilbetriebes) oder eines Anteils am Betriebe zusammenhängen,
- Gewinnanteile stiller Gesellschafter,
- bestimmte (gezahlte) Miet- und Pachtzinsen,
- Spenden i.S. des § 9 Nr. 3 KStG.

Wichtige Kürzungen nach § 9 GewStG:

- 1,2% des Einheitswertes der Betriebsgrundstücke,
- bestimmte (erhaltene) Miet- und Pachtzinsen,
- Spenden, mit Ausnahme der Parteispenden.

Bei der Ermittlung des Gewerbeertrags entstandene Verluste können, falls Buchführungspflicht besteht, vorgetragen und von den positiven Gewerbeerträgen abgezogen werden. Im Gegensatz zum Einkommensteuerrecht besteht keine Möglichkeit des Verlustrücktrags.

Steuermeßzahl und Steuermeßbetrag
Um den Steuermeßbetrag zu bestimmen, muß der auf volle 100 DM nach unten abgerundete Gewerbeertrag (§ 11 Abs. 1 GewStG) mit einer Steuermeßzahl multipliziert werden. Die Steuermeßzahl beträgt einheitlich 5 %.

Bei Einzelunternehmen und Personengesellschaften ist gem. § 11 Abs. 1 Satz 3 GewStG ein Freibetrag in Höhe von 48.000 DM und eine Staffelung zu berücksichtigen. Das bedeutet, daß bis zu einem Gewinn in Höhe von 48.000 DM noch keine Gewerbesteuer bezahlt werden muß.

Durch eine Staffelung der Meßbeträge wird die Gewerbesteuer bei mittelständischen Gewerbebetrieben gemildert:

für die ersten	24.000 DM	1 %
für die weiteren	24.000 DM	2 %
für die weiteren	24.000 DM	3 %
für die weiteren	24.000 DM	4 %
für alle weiteren Beträge		5 %

Steuermeßbetrag = Gewerbeertrag × Steuermeßzahl

Die Ermittlung der Gewerbesteuer
Auf den Steuermeßbetrag wird der Hebesatz der Gemeinde angewendet.

Gewerbesteuerschuld = Steuermeßbetrag × Hebesatz

Auf die Gewerbesteuerschuld sind vierteljährliche Vorauszahlungen am 15. der Monate Februar, Mai, August und November zu leisten. Jährlich ist eine **Gewerbesteuererklärung** abzugeben.

10.6 Die Umsatzsteuer (USt)

Das Umsatzsteuergesetz (UStG) unterscheidet zwischen steuerpflichtigen und steuerfreien Umsätzen. Besteuert werden Lieferungen und sonstige Leistungen, der Eigenverbrauch sowie die Einfuhr von Gegenständen.

Die Umsatzsteuer ist im Preis der umgesetzten Güter und Leistungen enthalten. Bei Rechnungen bis einschließlich 200 DM (Kleinbetragsrechnungen) genügt die Angabe des enthaltenen Steuersatzes. Rechnungen über 200 DM müssen die enthaltene Umsatzsteuer gesondert auszuweisen.

Gewerbesteuer	Beispiel: **Personengesellschaft** (z. B. OHG) Gewerbeertrag 100.000,- DM Hebesatz 350%	Beispiel: **Kapitalgesellschaft** (z. B. GmbH) Gewerbeertrag 100.000,- DM Hebesatz 350%
Steuermeßbetrag = Gewerbeertrag × Steuermeßzahl	Gewerbeertrag 100.000,- DM Freibetrag 48.000,- DM 52.000,- DM 1% von 24.000,- DM 240,- DM 28.000,- DM 2% von 24.000,- DM 480,- DM 4.000,- DM 3% von 4.000,- DM 120,- DM 0,- DM 840,- DM	100.000,- DM × 5% = 5.000,- DM
Gewerbe- steuerschuld = Steuermeßbetrag × Hebesatz	840,- DM × 350% = 2.940,- DM	5.000,- DM × 350% = 17.500,- DM

Abb. 73: Beispiele für die Berechnung der Gewerbesteuer

Die Umsätze unterliegen grundsätzlich der Umsatzsteuer. Der Regelsteuersatz beträgt 16%. Einige Leistungen sind steuerfrei, z. B. Exporte oder unterliegen einem ermäßigtem Umsatzsteuersatz von 7%, z. B. für die Lieferung von Lebensmitteln, Druckerzeugnisse. Die Umsatzsteuerschuld gegenüber dem Finanzamt wird in der Weise ermittelt, daß die in Rechnung gestellte Umsatzsteuer (Mehrwertsteuer) um die in den Lieferantenrechnungen gesondert ausgewiesene Umsatzsteuer (Vorsteuer) zu kürzen ist. Der Besteuerung unterliegt also nur der im Unternehmen geschaffene »Mehrwert«.

Verkauf	
In Rechnung gestellt:	
Warenwert	1.000,- DM
16% Umsatzsteuer (Mehrwertsteuer)	160,- DM
Rechnungsbetrag	1.160,- DM
Einkauf	
Rechnung des Lieferanten:	
Warenwert	600,- DM
16% Umsatzsteuer (Vorsteuer)	96,- DM
Rechnungsbetrag	696,- DM
Umsatzsteuerschuld:	
In Rechnung gestellte (erhaltene) Mehrwertsteuer	160,- DM
Bezahlte Vorsteuer	96,- DM
An das Finanzamt abzuführende Umsatzsteuer	64,- DM

Abb. 74: Beispiel für die Berechnung der Umsatzsteuer

Über die umsatzsteuerpflichtigen Lieferungen und Leistungen an andere Unternehmen müssen Rechnungen ausgestellt werden, die folgende Angaben enthalten:

- Namen und Anschrift des Unternehmens,
- Namen und Anschrift des Leistungsempfängers,
- Menge und handelsübliche Bezeichnung des Gegenstandes oder Art und Umfang der erbrachten Leistung,
- Zeitpunkt der Lieferung oder sonstige Leistung,
- Entgelt für die Lieferung oder sonstige Leistung,
- die auf das Entgelt entfallende Mehrwertsteuer.

Die Umsatzsteuer bemißt sich nach den **vereinbarten Entgelten**. Sie wird geschuldet, sobald der Umsatz bewirkt und die Rechnung gestellt ist. Der Zeitpunkt des Rechnungsausgleichs durch Ihren Abnehmer ist unerheblich. Entsprechend kann auch die Vorsteuer abgezogen werden, sobald sie in Rechnung gestellt ist. Sollten Lieferungen oder Leistungen durch Gutschriften abrechnen werden, gelten unterschiedliche Kriterien für die umsatzsteuerliche Behandlung.

Wird Ihr Jahresumsatz insgesamt voraussichtlich 250.000 DM nicht überschreiten oder sind Sie von der Buchführungspflicht befreit, können Sie auf Antrag die Umsatzsteuer nach den **vereinnahmten Entgelten** ermitteln. Das heißt, Sie verrechnen die Mehrwert- oder Vorsteuerbeträge mit dem Finanzamt erst dann, wenn Sie die Steuer von Ihren Abnehmern erhalten oder sie selbst gezahlt haben.

! **Tip** Machen Sie von dieser Möglichkeit Gebrauch, wenn Sie die Voraussetzung dazu erfüllen. Sie können dann mit der Abführung der Steuer solange warten, bis Ihr Kunde die Rechnung beglichen hat.

Bei **Kleinunternehmen** wird die Umsatzsteuer nicht erhoben, wenn der Gesamtumsatz zuzüglich der darauf entfallenden Steuer im vorangegangenen Kalenderjahr 32.500 DM nicht überstiegen hat und im laufenden Kalenderjahr 100.000 DM voraussichtlich nicht überschreiten wird. Bei Aufnahme der unternehmerischen Tätigkeit im Laufe des Kalenderjahrs ist die Grenze von 32.500 DM maßgebend. In den Rechnungen darf keine Umsatzsteuer ausgewiesen werden, es besteht aber auch kein Recht zum Abzug der Vorsteuer.

! **Tip** Um vorsteuerabzugsberechtigt zu sein, können Sie jedoch bei Ihrem Finanzamt zur Umsatzsteuer »optieren« und Ihren Kunden die Mehrwertsteuer in Rechnung stellen. An dieser Erklärung sind Sie dann aber mindestens fünf Jahre gebunden.

Die **Umsatzsteuer-Voranmeldungen** sind bis zum 10. Tag nach Ablauf des Voranmeldungszeitraums nach amtlich vorgeschriebenem Vordruck beim Finanzamt abzugeben. Gleichzeitig ist die in der Voranmeldung berechnete Umsatzsteuer als Vorauszahlung an die Finanzkasse abzuführen. Unter bestimmten

Voraussetzungen kann das Finanzamt auf Antrag Dauerfristverlängerung für die Abgabe von Umsatzsteuer-Voranmeldungen gewähren.

Voranmeldungszeitraum ist für Unternehmer mit einer voraussichtlichen jährlichen Umsatzsteuerschuld von nicht mehr als 12.000 DM das Kalendervierteljahr, für die übrigen Unternehmer der Kalendermonat. Wird die jährliche Umsatzsteuerschuld voraussichtlich nicht mehr als 1.000 DM betragen, so kann Sie das Finanzamt von der Verpflichtung zur Abgabe von Umsatzsteuer-Voranmeldungen befreien. Vorauszahlungen brauchen Sie in diesem Fall nicht zu entrichten. Bei Aufnahme einer gewerblichen oder beruflichen Tätigkeit während des Kalenderjahres ist die voraussichtliche Umsatzsteuerschuld in eine Jahressteuer umzurechnen.

Zur Abgabe der **Umsatzsteuererklärung** sind verpflichtet:
Alle im Inland ansässigen Unternehmen,

- deren Gesamtumsatz zzgl. USt im vorangegangenen Kalenderjahr 32.500 DM überstiegen hat,
- mit einem Gesamtumsatz zzgl. USt im vorangegangenen Kalenderjahr bis zu 32.500 DM, wenn sie
  - zu Beginn des Kalenderjahres mit einem Gesamtumsatz zzgl. USt von mehr als 100.000 DM rechnen konnten oder
  - ihre im Kalenderjahr bewirkten Umsätze nach den allgemeinen Vorschriften des Umsatzsteuergesetzes versteuert haben oder
  - für das Kalenderjahr USt nach § 15a UStG schulden,
- die ihre gewerbliche oder berufliche Tätigkeit neu aufgenommen haben, wenn sie
  - bei der Aufnahme ihrer Tätigkeit mit einem Gesamtumsatz zzgl. USt von mehr als 32.500 DM im Kalenderjahr rechnen konnten oder
  - ihre im Kalenderjahr bewirkten Umsätze nach den allgemeinen Vorschriften zu versteuern haben oder
  - für das Kalenderjahr USt nach § 15a UStG schulden.

Beabsichtigen Sie, künftig auch in andere EU-Mitgliedstaaten zu liefern oder von dort Waren zu beziehen, benötigen Sie eine sog. **Umsatzsteuer-Identifikationsnummer** (USt-IdNr.). Die USt-IdNr. wird ausschließlich vom Bundesamt für Finanzen [→Adressenverzeichnis] auf schriftlichen Antrag erteilt. In dem formlosen Antrag sind Name und Anschrift des Antragstellers sowie die Steuernummer, unter der der Antragsteller umsatzsteuerlich geführt wird, anzugeben und das für die Umsatzbesteuerung zuständige Finanzamt zu bezeichnen (§ 27a Abs. 1 Satz 5, 6 UStG).

Bei der erstmaligen Aufnahme einer unternehmerischen Tätigkeit kann eine USt-IdNr. erst erteilt werden, wenn dem zuständigen Finanzamt der Beginn der unternehmerischen Tätigkeit angezeigt und mitgeteilt wurde, daß für die Teilnahme am innergemeinschaftlichen Handelsverkehr eine USt-IdNr. benötigt wird. Bei der steuerlichen Neuaufnahme können Sie gleichzeitig die Erteilung einer USt-IdNr. beantragen. Ihre Angaben werden dann automatisch an das Bundesamt für Finanzen weitergeleitet.

Nicht vorsteuerabzugsberechtigte Unternehmer und **Kleinunternehmer**, die § 19 Abs. 1 UStG anwenden, erhalten gem. § 27a Abs. 1 Satz 2, 3 nur dann eine USt-IdNr., wenn sie diese benötigen, weil ihre Bezüge aus anderen Mitgliedstaaten im Inland als innergemeinschaftliche Erwerbe zu besteuern sind. Gem. § 1a Abs. 3 UStG müssen diese Unternehmer Warenbezüge aus anderen Mitgliedstaaten nur dann als innergemeinschaftliche Erwerbe versteuern, wenn für den einzelnen Erwerber der Gesamtbetrag der für derartige Bezüge (aus allen anderen Mitgliedstaaten) gezahlten Entgelte (Nettopreise ohne USt) den Betrag von 25.000 DM im vorangegangenen Kalenderjahr überstiegen hat und/oder im laufenden Kalenderjahr voraussichtlich übersteigen wird. Wird diese Erwerbsschwelle nicht überschritten, wird deshalb grundsätzlich keine USt-IdNr. erteilt. Diese Erwerber können gem. § 1a Abs. 4 UStG jedoch gegenüber ihrem Finanzamt erklären, daß sie ihre Bezüge aus anderen Mitgliedstaaten auch unterhalb dieser Schwelle für mindestens 2 Jahre als innergemeinschaftliche Erwerbe im Inland versteuern wollen. In diesem Fall wird eine USt-IdNr. auch erteilt, wenn die Erwerbsschwelle nicht überschritten wird.

10.7 Die Grundsteuer (GrSt)

Die Grundsteuer wird ebenso wie die Gewerbesteuer von der Gemeinde erhoben, in deren Gebiet sich der Grundbesitz befindet.

Der Wert des Grundstücks wird nach dem Ertragswert festgelegt. Anhand des Ertragswertes wird ein **Steuermeßbetrag** (in der Regel 3,5 ‰ des Ertragswertes) für bebaute und unbebaute Grundstücke festgelegt, der dann von der Gemeinde mit dem Hebesatz für Grundvermögen multipliziert wird.

Bebaute Grundstücke werden nach dem Ertragswertverfahren mit dem 12,5fachen der Nettokaltmiete der letzten drei Jahre bewertet. Als Alterswertminderung werden 0,5 % abgezogen.

Grundsteuer = Ertragswert des Grundstücks × 3,5 ‰ × Hebesatz der Gemeinde

Die Grundsteuer ist als Betriebsausgabe abzugsfähig.
Die Grundsteuer wird zu je einem Viertel ihres Jahresbetrages am 15. der Monate Februar, Mai, August und November fällig.

10.8 Die Grunderwerbsteuer (GrESt)

Der Erwerb von Grundstücken unterliegt der Grunderwerbsteuer in Höhe von 3,5 % des Kaufpreises. Ist das Grundstück bebaut, gehört der Gebäudewert zur

Bemessungsgrundlage der Grunderwerbsteuer. Die Steuer entsteht bereits mit Abschluß des Kaufvertrages.

Grunderwerbsteuer = Kaufpreis des Grundstücks × 3,5 %

Die Grunderwerbsteuer ist keine Betriebsausgabe, sondern Teil der Anschaffungskosten. Sie ist daher mit dem Gebäude abzuschreiben.

11 Die Versicherungen

Das unternehmerische Risiko nimmt Ihnen kein Versicherungsunternehmen ab. Allerdings kann eine Versicherungspolice für den finanziellen Ausgleich sorgen. Für die persönlichen und betrieblichen Risiken sollten Sie sich immer fragen: **Was *muß* versichert werden?**

Eigensicherung des Existenzgründers	Betriebliche Risikoabsicherung
• Krankenversicherung – gesetzlich (freiwillige Versicherung) – privat • Pflegeversicherung – gesetzlich (freiwillige Versicherung) – privat • Rentenversicherung (Altersversorgung) – gesetzlich (Pflichtversicherung auf Antrag oder freiwillige Versicherung) – privat (Kapitallebensversicherung) • Unfallversicherung – gesetzlich (Pflichtversicherung gem. Satzung oder freiwillige Versicherung) – privat	• Sachversicherungen – Feuerversicherung – Einbruchdiebstahlversicherung – Leitungswasserversicherung – Glasversicherung – Transportversicherung – Maschinenversicherung – Sturm- und Hagelversicherung – Kfz.-Kaskoversicherung • Vermögensversicherung – Betriebshaftpflichtversicherung – Produkthaftpflichtversicherung – Umwelthaftpflichtversicherung – Betriebsunterbrechungsversicherung – Rechtsschutzversicherungen – Entgeltfortzahlungsversicherung

Abb. 75: Versicherungsarten

11.1 Die Eigensicherung des Existenzgründers

Mit dem Schritt in die Selbständigkeit verliert der Existenzgründer die soziale Sicherheit des Arbeitnehmers insbesondere in der Kranken-, Renten- und Arbeitslosenversicherung. Er nimmt nicht nur unternehmerische, sondern auch persönliche Risiken für sich und seine Familienangehörigen in Kauf. Um diese Risiken abzudecken, ist ein angemessener Versicherungsschutz notwendig.

Die **Versicherungspflicht** in der gesetzlichen Sozialversicherung besteht, von einigen Ausnahmen in der Rentenversicherung abgesehen, nicht für selbständige Erwerbstätige. Wann eine selbständige oder unselbständige Erwerbstätigkeit ausgeübt wird, hängt von der Beurteilung gesetzlich festgelegter Kriterien ab.

Erwerbsmäßig tätige Personen gelten als **scheinselbständige Arbeitnehmer**, wenn gem. § 7 Absatz 4 SGB IV mindestens *zwei* der folgenden vier Kriterien vorliegen:

- es werden mit Ausnahme von Familienangehörigen keine versicherungspflichtigen Arbeitnehmer beschäftigt,
- es wird regelmäßig und im wesentlichen nur für einen Auftraggeber gearbeitet,
- es werden für Beschäftigte typische Arbeitsleistungen erbracht, insbesondere unterliegen Weisungen des Auftraggebers und sind in die Arbeitsorganisation des Auftraggebers eingegliedert,
- nicht aufgrund unternehmerischer Tätigkeit am Markt auftreten.

Es wird dabei vermutet, daß eine Arbeitnehmerbeschäftigung vorliegt. Der Betroffene und sein Auftraggeber haben aber die Möglichkeit, diese Vermutung zu widerlegen, indem sie nachweisen, daß im konkreten Fall dennoch eine selbständige Tätigkeit vorliegt. Der Nachweis kann durch sämtlichen Tatsachen erfolgen, die die Selbständigkeit des Betroffenen belegen.

Ausgenommen von der gesamten Regelung sind **Handelsvertreter**, die im wesentlichen frei ihre Tätigkeit gestalten und über ihre Arbeitszeit bestimmen können. Abhängig beschäftigte und selbständige Handelsvertreter werden auch in der Sozialversicherung weiterhin nach den Vorschriften des Handelsgesetzbuches abgegrenzt.

Für die Entscheidung, ob ein Beschäftigungsverhältnis oder eine selbständige Tätigkeit vorliegt, ist eine **Gewichtung** und **Gesamtbetrachtung aller Umstände** maßgebend. Die endgültige Beurteilung kann sich wie bisher erst aus einer Gesamtschau und einer Gewichtung aller Umstände des Einzelfalls ergeben. Liegen sowohl Merkmale vor, die für eine Beschäftigung sprechen, also auch solche, die eher auf die Selbständigkeit hindeuten, kommt es darauf an, welche Merkmale in ihrer Bedeutung überwiegen.

Falls die Betroffenen oder ihre Auftraggeber die Einstufung als scheinselbständiger Arbeitnehmer nach den obigen Kriterien nicht widerlegen, werden sie im Sozialversicherungsrecht wie Arbeitnehmer behandelt. Es besteht dann Versicherungspflicht in allen Zweigen der Sozialversicherung, und der Auftraggeber hat ebenso wie bei Arbeitnehmern den Sozialversicherungsbeitrag zur Hälfte zu zahlen.

Bei scheinselbständigen Arbeitnehmern, deren Beschäftigung nach dem Einkommensteuerrecht als selbständige Tätigkeit bewertet wird, gilt als Arbeitsentgelt ein Einkommen in Höhe der **Bezugsgröße**, die dem Durchschnittsarbeitsentgelt aller Versicherten entspricht, bei Nachweis eines niedrigeren oder höheren Einkommens jedoch dieses Einkommen (§ 14 Abs. 4 SGB IV). Für die Rentenversicherung ist mindestens jedoch ein Siebtel der Bezugsgröße zugrunde zu legen (§ 162 Nr. 5 SGB VI).

Gesellschafter	Versicherungsrechtliche Beurteilung
einer GbR	Grundsätzlich keine Versicherungspflicht
einer OHG	Grundsätzlich keine Versicherungspflicht
einer Partnerschaftsgesellschaft	Grundsätzlich keine Versicherungspflicht
einer KG	*Komplementär:* Grundsätzlich keine Versicherungspflicht *Kommanditist:* Versicherungspflicht, wenn er weder aufgrund seiner Kapitalbeteiligung noch nach den ihm im Gesellschaftsvertrag eingeräumten Befugnissen maßgeblichen Einfluß in der KG besitzt.
einer GmbH	Grundsätzlich keine Versicherungspflicht, wenn der Gesellschafter aufgrund seines Kapitalanteils maßgeblichen Einfluß auf die GmbH nehmen kann oder als deren Mitarbeiter (z. B. als Geschäftsführer) beherrschend im Unternehmen tätig ist.

Abb. 76: Versicherungsrechtliche Beurteilung von Gesellschaftern

Ob **Gesellschafter von Personen- und Kapitalgesellschaften** versicherungspflichtig sind, ist individuell nach den tatsächlichen Verhältnissen zu beurteilen. Dabei kommt es darauf an, inwieweit sie zu der Gesellschaft in einem Beschäftigungsverhältnis gegen Entgelt stehen. Haftet der Gesellschafter als Mitunternehmer der Gesellschaft persönlich unbeschränkt, so ist er nicht Arbeitnehmer im sozialversicherungsrechtlichen Sinne und daher nicht versicherungspflichtig.

Familienangehörige sind nur dann versicherungspflichtig, wenn tatsächlich ein abhängiges Beschäftigungsverhältnis und nicht lediglich eine Mithilfe vorliegt. Ein Beschäftigungsverhältnis mit einem Familienangehörigen ist insbesondere dann anzunehmen, wenn er in den Betrieb als Arbeitnehmer eingegliedert ist und die Beschäftigung, für die sonst eine andere Arbeitskraft benötigt würde, auch tatsächlich ausübt. Ferner muß für die Arbeitsleistung ein angemessenes Entgelt gezahlt werden.

11.1.1 Die Krankenversicherung

Selbständig Erwerbstätige haben zwei Möglichkeiten für ihren Krankenversicherungsschutz:
- als freiwilliges Mitglied in der gesetzlichen Krankenversicherung (GKV) zu bleiben oder
- eine private Krankenversicherung (PKV) abzuschließen.

11.1.1.1 Die gesetzliche Krankenversicherung

Wer noch als Arbeitnehmer in einer gesetzlichen Krankenversicherung versichert ist, sollte rechtzeitig, jedoch innerhalb von drei Monaten nach dem Ausscheiden aus der versicherungspflichtigen Beschäftigung seine Krankenversicherung auf die Möglichkeit der freiwilligen Weiterversicherung ansprechen. Nach Ablauf der 3-Monatsfrist ist es in der Regel nicht möglich, bei einer gesetzlichen Krankenkasse wieder Mitglied zu werden.
Das Recht zur freiwilligen Versicherung in der gesetzlichen Krankenversicherung haben Personen, die als Mitglied aus der Versicherungspflicht ausgeschieden sind, wenn sie unmittelbar vor dem Ausscheiden aus der Versicherungspflicht bzw. Mitgliedschaft ununterbrochen mindestens 12 Monate oder in den letzten fünf Jahren vor dem Ausscheiden aus der Versicherungspflicht bzw. Mitgliedschaft mindestens 24 Monate in der gesetzlichen Krankenversicherung versichert waren.

Derjenige, der seine Krankenversicherung verläßt, kann als Selbständiger dort nicht wieder Mitglied werden. Lediglich im Falle einer Arbeitslosigkeit mit Leistungsbezug von Arbeitslosengeld oder Arbeitslosenhilfe erfolgt der Versicherungsschutz durch eine gesetzliche Krankenversicherung.

Soweit der Selbständige bisher in der gesetzlichen Krankenversicherung versichert war und seine Familienangehörigen ebenfalls Versicherungsschutz bekamen, bleiben die Familienmitglieder weiterhin auch ohne Beitragserhöhung bei der freiwilligen Versicherung mitversichert. Nach § 10 Abs. 3 SGB V sind die Kinder nicht mitversichert, wenn der mit den Kindern verwandte Ehegatte des Mitglieds nicht Mitglied einer Krankenkasse ist und sein Gesamteinkommen regelmäßig im Monat 1/12 der Jahresarbeitsentgeltgrenze übersteigt und regelmäßig höher als das Gesamteinkommen des Mitglieds ist. Aber auch Kinder, die aufgrund der Ausschlußregelung nicht familienversichert sind, können der gesetzlichen Krankenversicherung freiwillig beitreten.

Die freiwillig Versicherten haben in der gesetzlichen Krankenversicherung die Wahl, sich mit oder ohne Anspruch auf Krankengeld zu versichern. In der Regel wird der Anspruch auf Krankengeld erst ab Beginn der siebten Woche ausgelöst. Je nach Satzung der Krankenversicherung kann ein Leistungsbezug auch schon vor dem Ablauf von sechs Wochen erfolgen. Entsprechend der vereinbarten Leistungen sind die Beitragsätze gestaffelt. Eine Vereinbarung ohne Krankengeldanspruch ist zumindest dann sinnvoll, wenn über eine private Zusatzversicherung das Krankengeld gezahlt wird.

Die **Beiträge für freiwillig versicherte Mitglieder** in der gesetzlichen Krankenversicherung werden prozentual aus den beitragspflichtigen Einnahmen errechnet. Zu den beitragspflichtigen Einnahmen gehören Arbeitsentgelt sowie alle Einnahmen und Geldmittel, die für den Lebensunterhalt verbraucht werden oder verbraucht werden könnten ohne Rücksicht auf ihre steuerliche Behandlung bis zum kalendertäglichen Betrag der Beitragsbemessungsgrenze der Krankenversicherung. Der Beitragsbemessung im Kalenderjahr ist *mindestens* der neunzigste Teil der monatlichen Bezugsgröße zugrunde zu legen. Wird jedoch hauptberuflich eine selbständige Erwerbstätigkeit ausgeübt, gilt für die **Beitragsbemessung** die monatliche Beitragsbemessungsgrenze, bei Nachweis niedrigerer Beitragseinnahmen sind jedoch mindestens 75% der monatlichen Bezugsgröße für die Beitragsbemessung heranzuziehen. Bei selbständig Erwerbstätigen und Mitgliedern, bei denen die Höhe der beitragspflichtigen Einnahmen ungewß ist, erfolgt die Beitragsbemessung jeweils für ein Kalenderjahr im voraus und ist endgültig. Der Beitragsbemessung wird das Einkommen des Jahres zugrunde gelegt, für das ausreichende Einkommensunterlagen vorliegen. Dieses Jahreseinkommen soll mindestens um den Prozentsatz erhöht werden, um den sich die Beitragsbemessungsgrenze seit Ablauf des Jahres, in dem das Einkommen erzielt wurde, jeweils erhöht hat. Tritt im laufenden Kalenderjahr eine wesentliche Änderung der Verhältnisse ein, so wird das berücksichtigt, wenn eine entsprechende Erklärung abgegeben wird.

Inwieweit sich die **selbständige Nebentätigkeit** eines Arbeitnehmers auf die gesetzliche Krankenversicherung auswirkt, hängt vom Einzelfall ab. Ausschlaggebend für eine Versicherungsfreiheit ist der Umfang der selbständigen Tätigkeit, d.h., es ist festzustellen, ob der Arbeitnehmer hauptberuflich selbständig tätig wird. Hauptberuflich ist eine selbständige Erwerbstätigkeit dann, wenn sie von der wirtschaftlichen Bedeutung und dem zeitlichen Aufwand her die übrigen Erwerbstätigkeiten zusammen deutlich übersteigt und den Mittelpunkt der Erwerbstätigkeit darstellt. Personen, die mindestens einen Arbeitnehmer mehr als geringfügig in ihrem Betrieb beschäftigen, werden grundsätzlich als hauptberuflich selbständig erwerbstätig angesehen.

Bei Personen, die an mindestens 18 Stunden in der Woche als Arbeitnehmer arbeiten und deren monatliches Arbeitsentgelt mehr als 2.205,– DM (Hälfte der monatlichen Bezugsgröße) beträgt, besteht die widerlegbare Vermutung, daß für eine hauptberufliche selbständige Erwerbstätigkeit kein Raum bleibt.

11.1.1.2 Die private Krankenversicherung

Der Existenzgründer hat die Alternative, sich in der privaten Krankenversicherung (PKV) zu versichern. Die Leistungen richten sich in einer persönlichen Vertragsgestaltung nach den unterschiedlichen Bedürfnissen des Versicherungsnehmers. Die Beiträge hängen ab vom Alter, Geschlecht, Gesundheitszustand und der Qualität des gewünschten Versicherungsschutzes. Mit einer Selbstbeteiligung läßt sich der Beitrag reduzieren. Die meisten Versicherungsunternehmen gewähren bei Nichtinanspruchnahme von Leistungen Beitragsrückerstattungen. Nicht berufstätige Ehepartner und Kinder müssen eigene Beiträge zahlen.

Ein vollständiger privater Versicherungsschutz sollte mindestens dem Leistungsumfang der gesetzlichen Krankenversicherung entsprechen. Zur Vollversicherung gehören neben der ambulanten, stationären und zahnärztlichen Heilbehandlung auch die Krankentagegeldversicherung, die Pflegeversicherung und auf Wunsch die Versicherung eines Krankenhaustagegeldes. Das Krankentagegeld ist frei vereinbar. Selbständige können sich ab dem 4. Krankheitstag absichern.

11.1.2 Die Pflegeversicherung

Die soziale Pflegeversicherung wird von den Pflegekassen durchgeführt, die unter dem Dach der gesetzlichen Krankenkassen eingerichtet sind.

Die Pflegeversicherung folgt der Krankenversicherung. Wer in der gesetzlichen Krankenversicherung krankenversichert ist, kann nur dort pflegeversichert sein. Freiwillig Krankenversicherte sind in der sozialen Pflegeversicherung pflichtversichert. Für sie besteht jedoch die Möglichkeit, einen Befreiungsantrag innerhalb von 3 Monaten zu stellen, wenn der Nachweis einer entsprechenden privaten Versicherung erbracht werden kann. Jedoch ist mit einer privaten Krankenversicherung stets eine private Pflegeversicherung verbunden.

Derjenige, der seine gesetzliche Pflegeversicherung verläßt, kann als Selbständiger dort nicht wieder Mitglied werden. In der gesetzlichen Pflegeversicherung sind Ehepartner und Kinder kostenfrei mitversichert. Die private Pflegeversicherung erhebt dagegen für den Ehegatten einen zusätzlichen Beitrag. Kinder sind jedoch ebenfalls beitragsfrei pflegeversichert.

Der Beitragssatz in der Pflegeversicherung beträgt 1,7 %. Es gelten die für die gesetzlichen Krankenversicherungen vorgesehenen Beitragsbemessungsgrenzen.

11.1.3 Die Rentenversicherung

Selbständig Erwerbstätige haben i.d.R. zwei Möglichkeiten für ihre Altersversorgung:
- als Mitglied in der Rentenversicherung entweder pflichtversichert auf Antrag oder freiwillig versichert oder
- eine private Rentenversicherung abzuschließen.

11.1.3.1 Die gesetzliche Rentenversicherung

Die gesetzliche Rentenversicherung zahlt Alters-, Berufs- und Erwerbsunfähigkeitsrenten sowie Renten an Hinterbliebene. Außerdem können u. a. Heilbehandlungen, Berufsförderung sowie andere Leistungen zur Erhaltung, Besserung und Wiederherstellung der Erwerbsfähigkeit einschließlich wirtschaftlicher Hilfen in Anspruch genommen werden.
Zur gesetzlichen Rentenversicherung gehören die Rentenversicherung der Arbeiter, der Angestellten und die knappschaftliche Rentenversicherung. Die landwirtschaftlichen Alterskassen führen die Altershilfen für Landwirte durch.

Da in der gesetzlichen Rentenversicherung grundsätzlich alle Personen versichert werden, die als Arbeitnehmer beschäftigt sind, hat der Selbständige (von einigen Ausnahmen abgesehen) für diesen Versicherungsschutz selbst vorbeugende Maßnahmen zu treffen.

Art der Rentenversicherung	Träger der Rentenversicherung
Rentenversicherung der Arbeiter	Landesversicherungsanstalten (LVA) Seekasse Bundesbahnversicherungsanstalt
Rentenversicherung der Angestellten	Bundesversicherungsanstalt für Angestellte (BfA)
Knappschaftliche Rentenversicherung	Bundesknappschaft
Altershilfe für Landwirte	Landwirtschaftliche Alterskassen

Abb. 77: Träger der gesetzlichen Rentenversicherung

Die **selbständige Nebentätigkeit** bleibt rentenversicherungsfrei soweit es sich um eine geringfügig entlohnte selbständige Tätigkeit handelt. Dies ist der Fall, wenn regelmäßig weniger als 15 Stunden in der Woche ausgeübt werden und das Arbeitsentgelt monatlich entweder 630 DM oder bei höherem Einkommen 1/6 des Gesamteinkommens nicht übersteigt. Es müssen beide Voraussetzungen - die wöchentliche Höchstarbeitszeit und die Arbeitsentgeltgrenze - gegeben sein, um eine geringfügig entlohnte Tätigkeit festzustellen. Gleiches gilt auch, wenn innerhalb eines Jahres seit Aufnahme der Beschäftigung der Zeitraum von zwei Monaten oder 50 Arbeitstagen und die genannten Entgeltgrenzen nicht überstiegen werden. Sollten mehrere geringfügige Beschäftigungen ausgeübt werden, so sind diese zusammenzurechnen. Dann greift bei Überschreiten der Geringfügigkeitsgrenze die Pflichtversicherung.

Diejenigen, die in der Rentenversicherung keine 5 Jahre angehören, bekommen die Beiträge mit dem 65. Lebensjahr ausgezahlt.

Die Pflichtversicherung für Selbständige

Zu den pflichtversicherten Selbständigen gehören nach § 2 SGB VI:

- Lehrer und Erzieher, die im Zusammenhang mit ihrer selbständigen Tätigkeit keine versicherungspflichtigen Arbeitnehmer beschäftigen,
- Pflegepersonen, die in der Kranken-, Wochen-, Säuglings- oder Kinderpflege tätig sind und im Zusammenhang mit ihrer selbständigen Tätigkeit keine versicherungspflichtigen Arbeitnehmer beschäftigen,
- Hebammen und Entbindungspfleger,
- Seelotsen der Reviere im Sinne des Gesetzes über das Seelotsenwesen,
- Künstler und Publizisten nach näherer Bestimmung des Künstlersozialversicherungsgesetzes,
- Hausgewerbetreibende,
- Küstenschiffer und Küstenfischer, die zur Besatzung ihres Fahrzeuges gehören oder als Küstenfischer ohne Fahrzeug fischen und regelmäßig nicht mehr als vier versicherungspflichtige Arbeitnehmer beschäftigen,
- Handwerker, die in die Handwerksrolle eingetragen sind. Ist eine Personengesellschaft in die Handwerksrolle eingetragen, gilt als Handwerker, wer als Ge-

sellschafter in seiner Person die Voraussetzungen für die Eintragungen in die Handwerksrolle erfüllt,
- Personen, die im Zusammenhang mit ihrer selbständigen Tätigkeit mit Ausnahme von Familienangehörigen keine versicherungspflichtige Arbeitnehmer beschäftigen sowie regelmäßig und im wesentlichen nur für einen Auftraggeber tätig sind (**arbeitnehmerähnliche Selbständige**).

Unter bestimmten Voraussetzungen ist eine **Befreiung von der Versicherungspflicht** möglich. So können z.B. selbständig tätige Handwerker, wenn für sie mindestens 18 Jahre lang Pflichtbeiträge gezahlt worden sind, auf Antrag von der Versicherungspflicht befreit werden. Hierzu zählen auch die Beitragszeiten aus unselbständiger Tätigkeit. Auf die Möglichkeit der Befreiung wird von dem Versicherungsträger kurz vor Ablauf der Zeit automatisch hingewiesen.

Übt ein Handwerker neben seiner Selbständigkeit noch eine Arbeitnehmerbeschäftigung aus, so führt das zu einer **Mehrfachversicherung**. Das heißt, daß die Rentenversicherungspflicht sowohl für die selbständige als auch für die unselbständige Tätigkeit besteht. Die Versicherungspflicht für die selbständige Tätigkeit besteht aber nur, wenn der Handwerker diese auch tatsächlich ausübt. Der nicht versicherte Selbständige wird zum Pflichtversicherten, wenn er eine Arbeitnehmerbeschäftigung aufnimmt.

Arbeitnehmerähnliche Selbständige, die am 31. Dezember 1998 nicht versicherungspflichtig waren und ab 1. Januar 1999 versicherungspflichtig werden, können gem. § 231 Abs. 5 SGB VI mit Wirkung vom 1. Januar 1999 an bis zum 30. Juni 1999 eine Befreiung von der Versicherungspflicht beantragen, wenn sie vor dem 2. Januar 1999 das 50. Lebensjahr vollendet haben oder mit einem öffentlichen oder privaten Versicherungsunternehmen einen Lebens- oder Rentenversicherungsvertrag abgeschlossen haben, der so ausgestaltet ist oder bis zum 30. Juni 1999 so ausgestaltet wird, daß Leistungen für den Fall der Invalidität und des Erlebens des 60. oder eines höheren Lebensjahres sowie im Todesfall Leistungen an Hinterbliebene erbracht werden und für die Versicherung mindestens ebensoviel Beiträge aufzuwenden sind, wie Beiträge zur Rentenversicherung zu zahlen wären. Für eine Zusage auf eine betriebliche Altersversorgung, durch die die o.g. leistungs- und aufwandsbezogenen Voraussetzungen erfüllt werden, gilt entsprechendes.

Die Pflichtversicherung auf Antrag

Der selbständige Erwerbstätige hat die Möglichkeit – wenn er nicht bereits versicherungspflichtig ist –, sich auf Antrag pflichtversichern zu lassen. Hierdurch erlangt er denselben Versicherungsschutz wie die pflichtversicherten Selbständigen. Der Antrag auf Pflichtversicherung ist innerhalb von fünf Jahren nach Beginn der selbständigen Tätigkeit zu stellen. Nach der Bewilligung ist allerdings eine Rücknahme des Antrages nicht möglich, d.h. der Unternehmer bleibt für die Dauer der Selbständigkeit versicherungspflichtig.

Grundlage für die Beitragszahlung der auf Antrag versicherungspflichtigen Erwerbstätigen ist gem. § 165 Abs. 3 SGB VI das Arbeitseinkommen aus der versicherungspflichtigen Tätigkeit. Darunter ist der nach den allgemeinen Gewinnermittlungsvorschriften des Einkommensteuerrechts ermittelte Gewinn aus der versicherungspflichtigen selbständigen Tätigkeit zu verstehen. Einkommen ist als Arbeitseinkommen zu werten, wenn es als solches nach dem Einkommensteuerrecht zu bewerten ist. Als Arbeitseinkommen gelten auch die Einnahmen, die steuerrechtlich als Einkommen aus abhängiger Beschäftigung behandelt werden.

Versicherungspflichtige Selbständige haben gem. § 165 Abs. 1 SGB VI ohne Nachweis des tatsächlichen Arbeitseinkommens einen **Regelbeitrag** zu zahlen. Dazu wird ein Arbeitseinkommen in Höhe der **Bezugsgröße** (durchschnittliches Arbeitsentgelt aller Versicherten der Arbeiter- und Angestelltenversicherung) zugrunde gelegt. Im Jahr 1999 beträgt die monatliche Bezugsgröße in den alten Bundesländern 4.410,- DM (52.920,- DM p.a.) und in den neuen Bundesländern 3.710,- DM (44.520,- DM p.a.). Ein höheres oder niedrigeres Arbeitseinkommen für eine vom Regelbeitrag abweichende Beitragszahlung ist nachzuweisen. Es ist mindestens jedoch ein Siebtel der Bezugsgröße zugrunde zu legen.

	Bezugsgröße	**Beitragssatz**	**Regelbeitrag**
Alte Bundesländer	4.410,- DM	19,5%	859,95 DM
Neue Bundesländer	3.710,- DM	19,5%	723,45 DM

Abb. 78: Regelbeitrag 1999 für versicherungspflichtige Selbständige

Berufsanfänger haben bis zum Ablauf von drei Kalenderjahren nach der Aufnahme der selbständigen Tätigkeit die Möglichkeit, auf Antrag, ohne einen Einkommensnachweis führen zu müssen, Beiträge lediglich aus einem Betrag in Höhe von 50% der Bezugsgröße (halber Regelbeitrag) zu zahlen.

Die freiwillige Versicherung

Personen, die nicht pflichtversichert sind, haben das Recht, freiwillige Beiträge zur Rentenversicherung zu entrichten. Sie können jeden Betrag in vollen DM als Monatsbetrag selbst wählen. Die Beitragshöhe muß jedoch für 1999 monatlich mindestens 122,85 DM, höchstens 1.657,50 DM betragen. In den neuen Bundesländern kann unter bestimmten Voraussetzungen ein niedrigerer Mindestbeitrag zur Aufrechterhaltung der Anwartschaft für eine Rente wegen Berufs- bzw. Erwerbsunfähigkeit gezahlt werden. Die freiwilligen Beiträge können bis 31. März des Jahres, das dem Jahr folgt, für das sie gelten sollen, gezahlt werden.

Mit freiwilligen Beiträgen kann kein Schutz auf **Berufsunfähigkeitsrente** oder **Erwerbsunfähigkeitsrente** erworben werden, es sei denn, der Versicherte hatte am 31.12.1983 die Wartezeit von 60 Monaten erfüllt und ab 1.1.1984 *jeden* Monat mit einem Pflicht- oder freiwilligen Beitrag oder einer anderen rentenrechtlichen Zeit belegt.

Inwieweit eine freiwillige Weiterversicherung für den Existenzgründer angestrebt werden sollte, ist individuell für jede Person festzustellen. Auf jeden Fall sollten die Dienste der Auskunfts- und Beratungsstellen der LVA bzw. BfA in Anspruch genommen werden. Die freiwillige Weiterversicherung ist in der Regel dann sinnvoll, wenn die Anwartschaft für eine Rente wegen Berufs- oder Erwerbsunfähigkeit erhalten werden kann. Der Anspruch auf Altersruhegeld bleibt auf jeden Fall bestehen.

Eine freiwillige Weiterversicherung kann grundsätzlich nur bei dem Versicherungsträger erfolgen, der bisher die Beiträge erhalten hat. Für den Fall, daß man bisher nicht rentenversichert war, besteht ein Wahlrecht zwischen dem zuständigen Träger der Arbeiterrentenversicherung (LVA) oder der Bundesversicherungsanstalt für Angestellte (BfA).

11.1.3.2 Die private Rentenversicherung

Die private Rentenversicherung ist eine Kapitallebensversicherung ohne Todesfallschutz. Der Versicherungsnehmer zahlt einmalig oder regelmäßig Beiträge ein, dafür verspricht ihm das Versicherungsunternehmen eine lebenslange monatliche Leibrente. Wegen des fehlenden Hinterbliebenenschutz wird eine höhere Rendite geboten als bei Kapitallebensversicherungen. Ein Vorteil der privaten Rentenversicherung ist, daß nur der sogenannte Ertragsanteil der Monatsrente der Steuerpflicht unterliegt.

Die Berufsunfähigkeitsversicherung

Die Berufsunfähigkeitsversicherung bietet Schutz für alle, die sich umfassend für den Fall absichern, daß sie ihre Arbeitskraft verlieren. Normalerweise wird eine Berufsunfähigkeitsrente gezahlt, wenn der Versicherte länger als sechs Monate durch Krankheit oder Unfall an der Berufsausübung gehindert ist. Und zwar so lange, bis er wieder seiner gewohnten Tätigkeit nachgehen kann, oder bis zum vereinbarten Ablauf der Versicherung. Außerdem entfällt jede weitere Beitragszahlung im Versicherungsfall.

Die **Berufsunfähigkeitszusatzversicherung** ist stets an eine Lebensversicherung gekoppelt, meist an eine Risiko- oder Kapitallebensversicherung. Die preiswerteste Variante ist die Kombination mit einer Risikolebensversicherung. Im Unterschied zur selbständigen Berufsunfähigkeitsversicherung bietet die Zusatzversicherung noch einen Hinterbliebenenschutz.

Im Versicherungsfall richten sich die Leistungen der Versicherungsunternehmen nach der Schwere der Schädigung. Schon bei Vertragsabschluß muß sich der Versicherungsnehmer entscheiden, ab welchem Invaliditätsgrad die Rente gezahlt werden soll. Dabei hat er zwei Möglichkeiten. Die Pauschalregelung verspricht die volle Rente, wenn der Versicherungsnehmer mindestens zu 50% berufsunfähig ist. Unterhalb dieser Grenze gibt es nichts. Beim Staffelsystem leisten die Versicherungsunternehmen schon ab 25% Berufsunfähigkeit, aber nur anteilig, entsprechend dem Grad der Invalidität. Die volle Rente gibt es ab 75%.

11.1.4 Die Arbeitslosenversicherung

Für Selbständige besteht keine Versicherungspflicht in der Arbeitslosenversicherung. Es ist auch keine freiwillige Versicherung möglich.

Bei Aufgabe der selbständigen Tätigkeit wird unter bestimmten Voraussetzungen **Arbeitslosengeld** gewährt. Es gilt folgender Grundsatz: Anspruch auf Arbeitslosengeld hat, wer in einer dreijährigen Rahmenfrist vor der Arbeitslosmeldung (Antragstellung) mindestens 360 Kalendertage beitragspflichtig beschäftigt war. Ein bereits bestehender Anspruch auf Arbeitslosengeld kann nur innerhalb von vier Jahren nach seiner Entstehung geltend gemacht werden.

11.1.5 Die Unfallversicherung

11.1.5.1 Die gesetzliche Unfallversicherung

Die gesetzliche Unfallversicherung ist ein Zweig der Sozialversicherung. Sie ist ebenso wie die anderen Versicherungszweige eine Pflichtversicherung. Träger der gesetzlichen Unfallversicherung sind 34 gewerbliche Berufsgenossenschaften [→Adressenverzeichnis], die See-Berufsgenossenschaft und 21 landwirtschaftliche Berufsgenossenschaften. Die gewerblichen Berufsgenossenschaften sind fachlich, d.h. nach Gewerbezweigen gegliedert. Sie haben sich zum Hauptverband der gewerblichen Berufsgenossenschaften (HVBG) mit Sitz in St. Augustin zusammengeschlossen, der bundesweit durch Landesverbände vertreten ist.

Die gesetzliche Unfallversicherung bietet Schutz vor allem für Unfälle bei der Arbeit (Arbeitsunfälle), auf dem Weg nach und von der Arbeitsstätte (Wegeunfälle) und bei Berufskrankheiten. Zu den Aufgaben und Leistungen gehört die Verhütung von Unfällen und Erste Hilfe, Leistungen zur Rehabilitation der Unfallverletzten sowie Entschädigung durch Geldleistungen.

Es sind folgende Geldleistungen vorgesehen:

- Leistungen an den Verletzten
  - Verletztengeld bei Arbeitsunfähigkeit und Übergandsgeld der Berufshilfe
  - Verletztenrente
- Bei Tod durch Arbeitsunfall
  - Sterbegeld
  - Kosten der Überführung des Verstorbenen an den Ort der Bestattung
  - Rente an die Hinterbliebenen

Die **Höhe der Beiträge** richtet sich nach der im abgelaufenen Jahr im Unternehmen gezahlten Lohn- und Gehaltssumme und nach Veranlagung des Unternehmens zu dem Gefahrtarif. Der Gefahrtarif berücksichtigt die unterschiedliche Unfallbelastung der einzelnen Unternehmenszweige. Darüber hinaus sind dem Unternehmen unter Berücksichtigung der anzuzeigenden Arbeitsunfälle Zuschläge aufzuerlegen oder Nachlässe zu bewilligen.

Grundsätzlich sind alle Personen versichert, die in einem Arbeits-, Dienst- oder Ausbildungsverhältnis beschäftigt sind. Inwieweit der Unternehmer selbst versicherungspflichtig ist, hängt von der jeweiligen Satzung der einzelnen Berufsgenossenschaften ab. Viele Berufsgenossenschaften haben Unternehmer und ihre im Unternehmen tätigen Ehegatten in den Versicherungsschutz mit einbezogen. Ansonsten besteht die Möglichkeit der freiwilligen Versicherung.

Folgende Berufsgenossenschaften haben durch ihre Satzung die **Versicherungspflicht für Unternehmer** eingeführt:
- Berufsgenossenschaft der keramischen und Glasindustrie
- Berufsgenossenschaft Druck und Papierverarbeitung
- Lederindustrie-Berufsgenossenschaft
- Textil- und Bekleidungs-Berufsgenossenschaft
- Berufsgenossenschaft Nahrungsmittel und Gaststätten
- Fleischerei-Berufsgenossenschaft
- Bau-Berufsgenossenschaft Hamburg
- Bau-Berufsgenossenschaft Hannover
- Bau-Berufsgenossenschaft Wuppertal
- Bau-Berufsgenossenschaft Frankfurt am Main
- Südwestliche Bau-Berufsgenossenschaft
- Württembergische Bau-Berufsgenossenschaft
- Bau-Berufsgenossenschaft Bayern und Sachsen
- Berufsgenossenschaft für den Einzelhandel
- Berufsgenossenschaft der Straßen, U-Bahnen und Eisenbahnen
- Berufsgenossenschaft für Fahrzeughaltungen
- Binnenschiffahrts-Berufsgenossenschaft
- Berufsgenossenschaft für Gesundheitsdienst und Wohlfahrtspflege

Soweit keine Versicherungspflicht besteht, ist jedem Unternehmer zu empfehlen, sich **freiwillig** bei der Berufsgenossenschaft zu versichern. Bei relativ geringen Jahresbeiträgen wird erheblicher Versicherungsschutz gewährt. Die **Höhe des Beitrages** richtet sich nach der vom freiwillig Versicherten selbst gewählten Versicherungssumme und nach dem Gefahrtarif. Unerheblich ist der Familienstand des Versicherten, sein Alter oder sein tatsächliches Einkommen. Es werden grundsätzlich Jahresbeiträge erhoben. Im Versicherungsfall ist die Versicherungssumme nur für die Höhe zu gewährender Geldleistungen maßgebend. Ob Geldleistungen in Frage kommen oder nur Sachleistungen (Behandlungskosten) zu gewähren sind, richtet sich allein nach dem erlittenen Körperschaden.

Nicht nur gewerbliche Unternehmer können sich freiwillig versichern, auch Freiberufler haben diese Möglichkeit. Der Versicherungsschutz wird von der jeweils zuständigen Berufsgenossenschaft gewährt. Soweit eine Berufsgenossenschaft für den Bereich bzw. die Branche nicht existiert, tritt die Verwaltungs-Berufsgenossenschaft für den Versicherungsschutz ein.

Die freiwillige Versicherung beginnt mit dem Tag nach dem Eingang der Beitrittserklärung bei der jeweiligen Berufsgenossenschaft.

Die Rentenleistungen der Berufsgenossenschaften sind in der Höhe begrenzt. Es erfolgt keine Leistung bei Minderung der Erwerbsfähigkeit (Invalidität) unter 20%. Für Unfälle im Freizeitbereich werden überhaupt keine Leistungen erbracht. Daher ist eine private Unfallversicherung eine sinnvolle Ergänzung zur gesetzlichen Unfallversicherung.

11.1.5.2 Die private Unfallversicherung

Die private Unfallversicherung gilt weltweit für Unfälle im privaten und beruflichen Bereich und zahlt bei Invalidität eine Geldsumme. Im Versicherungsfall entscheidet die vereinbarte Versicherungssumme und der Invaliditätsgrad über die Höhe der Auszahlung. Die volle Leistung erhält nur, wer zu 100% invalide ist.

Beim Vertragsabschluß muß sich der Versicherungsnehmer für eine von drei verschiedenen Tarifformen entscheiden. Lineare Leistung: Das Versicherungsunternehmen zahlt den Teil der Versicherungssumme, der dem Invaliditätsgrad entspricht. Mehrleistung: Bei höheren Invaliditätsgraden wird die Leistung meist verdoppelt oder verdreifacht. Progression: Ab einem Invaliditätsgrad von meist 26% wird überproportional viel, bei 100% dann je nach Progression 225 oder 350% der Versicherungssumme.

Tip Prüfen Sie sehr genau, ob Sie eine private Unfallversicherung tatsächlich benötigen, denn das Risiko der Invalidität wird besser mit einer Berufsunfähigkeitsversicherung abgesichert. **!**

11.1.6 Die Lebensversicherung

Die Lebensversicherung dient der Absicherung der Familie des Unternehmer gegen die finanziellen Folgen des Todes des Unternehmers und zur Altersversorgung. Darüber hinaus kann sie als Sicherheit für den Einsatz von Fremdkapital und zur Tilgung von Krediten verwendet werden.

11.1.6.1 Die Risikolebensversicherung

Die reinste Form der Lebensversicherung ist die Risikolebensversicherung, die ausschließlich Todesfallschutz bietet. Sie eignet sich zur preisgünstigen Absicherung für die Familie oder von Krediten. Die Versicherungssumme wird ausgezahlt, wenn der Versicherungsnehmer stirbt.

Schon beim Vertragsabschluß muß sich der Versicherungsnehmer entscheiden, wie die Überschußbeteiligung verrechnet werden soll. Beim Bonussystem erhöhen die Überschüsse die Auszahlung im Todesfall. Alternativ kann der Versicherungsnehmer von vornherein eine niedrigere Versicherungssumme vereinbaren.

11.1.6.2 Die Kapitallebensversicherung

Der überwiegende Teil der Lebensversicherungen werden abgeschlossen, um Vermögen für das Alter anzusparen. Das geschieht mit der Kapitallebensversicherung, die den Hinterbliebenenschutz mit einem zusätzlichen Sparvertrag kombiniert. Die Kapitallebensversicherung ist (noch) mit einem Steuerprivileg verbunden. Die Auszahlung ist nach einer Vertragslaufzeit von mindestens zwölf Jahren steuerfrei.

Der Abschluß einer Kapitallebensversicherung ist Vertrauenssache. Beim Vertragsabschluß ist die Höhe der späteren Auszahlung ungewiß. Sicher ist dem Versicherungsnehmer lediglich die vereinbarte Versicherungssumme. Die endgültige Ablaufleistung ist Prognose.

! **Tip** Die Stiftung Warentest bewertet regelmäßig in »Finanztest« die Ablauf- und Rückkaufwerte der angebotenen Kapitallebensversicherungen. Nutzen Sie dieses Angebot!

11.2 Die betriebliche Risikoabsicherung

Als Unternehmer sind Sie vielen, unkalkulierbaren, unter Umständen existenzbedrohenden Risiken ausgesetzt. Verschaffen Sie sich erst einmal einen Überblick darüber, welchen Risiken Ihr Unternehmen ausgesetzt ist und welche Risiken Sie versichern wollen:

In einer **Risikoanalyse** müssen Sie Ihre Risiken frühzeitig erkennen, analysieren und Maßnahmen zu ihrer Vermeidung oder Verminderung ergreifen. Zu einer richtigen Beurteilung der Risiken bedarf es zuerst der Kenntnis der Risiken. Die großen Versicherungsgesellschaften haben Fachleute, die Ihnen die möglichen Schadenursachen und Möglichkeiten zur Vermeidung von Schadenfällen erläutern können.

Der Vorteil der Abwälzung des betrieblichen Risikos auf ein Versicherungsunternehmen ist dem Nachteil der **Prämienbelastung** gegenüberzustellen. Nicht alle Risiken müssen versichert werden. Es ist zu empfehlen, Risiken mit marginaler Bedeutung selbst zu tragen. Existenzbedrohende Schäden müssen unbedingt versichert sein.

! **Tip** Versichern Sie unbedingt zuerst diejenigen Risiken, bei denen ein Schaden die höchsten finanziellen Folgen für Ihr Unternehmen haben kann. Dann sichern Sie sich gegen Risiken ab, bei denen Schäden mit hoher Wahrscheinlichkeit zu erwarten sind.

Mit dem **Abschluß der Versicherung** gehen Sie i.d.R. langfristig eine Partnerschaft mit der Versicherungsgesellschaft ein. Wählen Sie das Versicherungsun-

Risiken für den Betrieb	Ursachen (Beispiele)	Risiko	
		selbst tragen	versichern
Sachrisiken	Feuer, Explosion, Blitzschlag	□	□
	Sturm, Hagel	□	□
	Leitungswasser	□	□
	Einbruchdiebstahl, Vandalismus	□	□
	Beschädigung	□	□
	Maschinenschaden	□	□
	Glasbruch	□	□
	Transportschaden	□	□
	Ausfall von Elektronikgeräten	□	□
	Kfz.-Schaden	□	□
Vermögensrisiken	Betriebsunterbrechung durch		
	– Feuer	□	□
	– Maschinenschaden	□	□
	– Energieausfall	□	□
	– Verseuchung	□	□
	– Computerausfall	□	□
	Ansprüche aus		
	– Berufs-/Betriebshaftpflicht	□	□
	– Umwelthaftpflicht	□	□
	– Produkthaftpflicht	□	□
	– Kraftfahrzeughaftpflicht	□	□
	Forderungsausfall	□	□
	Entgeltfortzahlung	□	□

Abb. 79: Betriebliche Risiken

ternehmen nicht allein nach der Höhe der Prämien aus, sondern Sie sollten auch weitere Faktoren berücksichtigen wie

- den Umfang und die Qualität der Beratung vor dem Vertragsabschluß,
- die Betreuung während der Versicherungsdauer,
- die schnelle und unbürokratische Abwicklung von Schadenfällen.

Achten Sie auf die richtige Versicherungssumme. Die Versicherungsunternehmen ersetzen Schäden nur in voller Höhe, wenn die im Vertrag aufgeführte Summe dem tatsächlichen Wert der versicherten Sachen entspricht.

Der Versicherungsschutz beginnt i.d.R. mit der Unterschrift auf dem Antrag und der unverzüglichen Zahlung der Versicherungsprämie. Wenn der Versicherer Sicherheitsvorkehrungen verlangt, sollte dies unverzüglich veranlaßt werden, da sonst der Versicherungsschutz gefährdet sein kann. Der Versicherungsschutz endet mit Ablauf der Vertragsdauer. Der Vertrag verlängert sich automatisch i.d.R. um ein weiteres Jahr, sofern nicht drei Monate vor diesem Termin eine schriftliche Kündigung beim Versicherer eingegangen ist.

11.2.1 Die Sachversicherungen

Im Anlage- und Umlaufvermögen stecken oft erhebliche Werte. Dieses Vermögen sollte durch Sachversicherungen ausreichend geschützt werden. Zu den wichtigsten Sachversicherungen zählen:

Die Feuerversicherung
Die Feuerversicherung ersetzt Schäden, die durch Brand, Explosion oder Blitzschlag an den versicherten Sachen (Gebäude, Betriebseinrichtung, Vorräte usw.) entstehen, sowie damit verbundene Aufräumungs-, Abbruch- und Feuerlöschkosten.

Die Einbruchdiebstahlversicherung
Die Einbruchdiebstahlversicherung leistet Ersatz, wenn versicherte Sachen entwendet, beschädigt oder zerstört werden. Versichert ist nur das Eigentum des Unternehmers. Fremdes Eigentum (z. B. geliehene Maschinen) können durch besondere Vereinbarungen in die Einbruchdiebstahlversicherung aufgenommen werden. Für besonders hohe Werte und größere Summen Bargeld werden Prämienzuschläge und entsprechende Sicherheitsbehältnisse der verschiedenen Geldschrank-Klassen gefordert.

Die Leitungswasserversicherung
Die Leitungswasserversicherung deckt Schäden an Gebäuden, Betriebseinrichtungen und Vorräten, die durch Wasser verursacht werden, wenn es aus Wasserleitungs-, Warmwasserversorgungs- oder Zentralheizungsanlagen unbeabsichtigt ausläuft. Wasserschäden, die durch Reinigungs-, Grund- oder Hochwasser entstehen, werden nicht erstattet.

Die Glasversicherung
Die Glasversicherung deckt Schäden, die durch Bruch von Glasscheiben entstehen. Sie trägt die Kosten für die neue Verglasung und die Einsetzarbeiten. Verkratzungen oder Beschädigungen an der Oberfläche sind jedoch nicht versichert.

Die Transportversicherung
Der Transport von Gütern bringt Risiken mit sich, für die es die unterschiedlichsten Ursachen gibt. Das liegt zum einen an der Ware selbst, die beispielsweise aufwendig zu transportieren, besonders empfindlich, leicht verderblich, zerbrechlich oder gar brisanter Art ist. Zum anderen bergen die Transportmittel

die vielfältigsten Risiken, z. B. Transportunfall, Brand, Explosion, höhere Gewalt, Elementarereignisse, Diebstahl, Unterschlagung, Beraubung, Beschädigung.

Der Versicherungsschutz gilt bei Verlusten und Beschädigungen (Sachschäden) von Transportgütern, die bei einer Beförderung mit allen üblichen Transportmitteln (Lkw, Eisenbahn, Schiff, Flugzeug) weltweit entstehen. Entschädigt werden nicht nur die Werte der Güter, sondern auch Beiträge, Kosten zur Feststellung von Schäden durch Dritte und Aufwendungen zur Abwendung und Minderung von Schäden.

Die Sturm- und Hagelversicherung

Die Sturm- und Hagelversicherung deckt Schäden, die durch unmittelbare Einwirkung von Sturm oder Hagel entstehen. Ebenso Schäden, wenn der Sturm umgestürzte Bäume oder Teile von Dächern auf versicherte Gegenstände geworfen hat. Nicht versichert sind Schäden, die durch Sturmflut, Eindringen von Schmutz oder Nässe durch nicht von Sturm oder Hagel zerstörte Türen oder Fenster entstanden sind. Nach den Versicherungsbedingungen liegt Sturm nur dann vor, wenn mindestens Windstärke 8 herrscht.

Die Maschinenversicherung

Auch bei ausgereifter Technik, sorgfältiger Wartung und fachmännischer Bedienung sind Maschinenschäden nicht vermeidbar. Die Maschinenversicherung leistet Entschädigung eintretender Schäden (Beschädigung oder Zerstörung) am Maschinenpark, z. B. durch Bedienungsfehler, Ungeschicklichkeit, Fahrlässigkeit, Böswilligkeit, Konstruktions-, Material- oder Ausführungsfehler, technische Gefahren, Sturm, Frost oder Eis.

Die Versicherung soll den gesamten Maschinenpark umfassen, mindestens aber eine geschlossene Betriebsabteilung. Der Versicherungsnehmer beteiligt sich an jedem Schaden mit einem im Maschinenverzeichnis angegebenen Selbstbehalt.

Einer besonderen Versicherung bedürfen fahrbare Geräte, insbes. von Baugeräten mit erweitertem Versicherungsschutz durch Einschluß von Schäden durch Brand, Blitzschlag, Explosion, höhere Gewalt, Transport- und Montageunfälle bzw. mit einem eingeschräntem Versicherungsschutz lediglich gegen Schäden durch von außen einwirkende Ereignisse (Unfallschäden).

Die Elektronikversicherung

Die Elektronikversicherung kommt für finanzielle Schäden an der Hardware auf. Versichert sind alle denkbaren Schadenursachen (Allgefahrendeckung).

Die Ausstellungsversicherung

Die Ausstellungsversicherung deckt Schäden am Stand, an Exponaten und – wenn gewünscht – auch die persönlichen Wertsachen des Standpersonals. Die Police schützt Unternehmen vor Verlusten oder Schäden während sämtlicher Transporte, beim Be- und Entladen sowie der gesamten Dauer der Ausstellung,

Beschädigungen durch Besucher an Messestand und Ausstellungsgütern, Schäden durch Feuer, Expolosion, Blitz und Leitungswasser. Der Versicherungsschutz gilt i.d.R. jedoch nur in Deutschland und in den angrenzenden Ländern. Für Unternehmen, die sich an den großen internationalen Messen beteiligen, bieten die deutschen Messegesellschaften preisgünstigen Versicherungsschutz für die Dauer der Ausstellung.

11.2.2 Die Vermögensversicherungen

Nicht nur Sachwerte, sondern auch finanzielle Belastungen und Vermögensverluste, die durch Ansprüche Dritter gegen das Unternehmen, den Inhaber oder die Arbeitnehmer des Betriebes entstehen können, sollten abgesichert werden.

Die Berufshaftpflichtversicherung
Die Berufshaftpflichtversicherung ist eine Vermögensschadenhaftpflichtversicherung insbesondere für Freiberufler und andere Selbständige. Sie tritt für finanzielle Verluste ein und wehrt ungerechtfertigte Ansprüche ab, die an den Versicherten gestellt werden. Für einige Berufsgruppen, z. B. für Wirtschaftsprüfer, Steuerberater, Notare ist eine Berufshaftpflichtversicherung gesetzlich vorgeschrieben.

Die Betriebshaftpflichtversicherung
Der Unternehmer haftet unbegrenzt für verschuldete Schäden. Grundsätzlich läßt sich diese Haftungsverpflichtung weder ausschließen noch ihrer Höhe nach begrenzen. Die Haftpflichtversicherung schützt den Versicherungsnehmer vor gesetzlichen Haftpflichtansprüchen. Mitversichert sind darüber hinaus seine Mitarbeiter. Gegenstand der Versicherung ist die gesetzliche Haftpflicht aus Eigenschaften, Rechtsverhältnissen und Tätigkeiten, die im Zusammenhang mit dem Betrieb stehen. Der Versicherungsschutz erstreckt sich auf das Betriebsstättenrisiko mit den Bereichen Grundstücke, Gebäude, Betriebsmittel und Personal und auf das Produktrisiko mit den Bereichen Beschaffung, Fertigung und Vertrieb.

Die Produkthaftpflichtversicherung
Der Hersteller von Produkten haftet für Schäden aus Produktmängeln auch dann, wenn ihn kein Verschulden trifft. Die Produkthaftpflichtversicherung kann mit der Betriebshaftpflichtversicherung kombiniert werden.

Die Umwelthaftpflichtversicherung
Seit dem 1.1.1991 ist das neue Umwelthaftpflichtgesetz (UmweltHG) in Kraft. Die Inhaber bestimmter, in einem Anhang zu diesem Gesetz aufgeführten Anlagen haften verschuldensunabhängig für Schäden durch Umwelteinwirkungen, die von diesen Anlagen ausgehen. Der Versicherungsschutz gilt für Ansprüche wegen Schäden durch Umwelteinwirkungen, die durch Stoffe, Erschüt-

terungen, Geräusche, Druck, Strahlen, Gase, Dämpfe, Wärme oder sonstige Erscheinungen verursacht werden und sich in Boden, Luft oder Wasser ausgebreitet haben.

Die Betriebsunterbrechungsversicherung
Betriebsunterbrechungen aufgrund von Sachschäden können schwerwiegende Folgen haben. So kann ein Sachschaden, wie z. B. die Beschädigung oder Zerstörung eines Betriebsbereiches oder einer Maschine den gesamten Betriebsablauf blockieren. Gegenstand der Versicherung sind Ertragsausfälle, die aufgrund einer Betriebsunterbrechung verursacht werden. Unterbrechungsschaden ist der entgehende Betriebsgewinn sowie die fortlaufenden Kosten, wie z. B. Miete, Gehälter oder Zinsen. Ersetzt werden Ertragsausfallschäden infolge eines Sachschadens durch Brand, Blitzschlag oder Explosion, Einbruchdiebstahl/ Vandalismus, Leitungswasser, Sturm oder Hagel.

Für kleine und mittlere Unternehmen ist die sogenannte **Klein-BU-Versicherung** besonders vorteilhaft. Sie deckt Schäden bis zu 750.000 DM Versicherungssumme, kann aber immer nur zusammen mit einer Sachversicherung (Feuer-, Einbruchdiebstahl-, Leitungswasser-, Sturmversicherung) abgeschlossen werden.

Die Rechtsschutzversicherungen

- **Berufs-Rechtsschutz für Selbständige**
  - bei arbeitsrechtlichen Streitigkeiten mit Arbeitnehmern (Arbeits-Rechtsschutz),
  - z. B. wegen Nichtbeachtung eines Umweltschutzgesetzes oder wegen fahrlässiger Körperverletzung (StrafRechtsschutz),
  - z. B. Schadenersatzansprüche gegen Dritte wegen Beschädigung von Betriebsmitteln (Schadenersatz-Rechtsschutz),
  - bei sozialgerichtlichen Auseinandersetzungen (Sozialgerichts-Rechtsschutz).
- **Verkehrs-Rechtsschutz**
  - bei Bußgeldbescheiden und Strafverfahren aufgrund von Verletzungen fahrlässiger Verkehrsdelikte (StrafRechtsschutz,
  - bei Führerscheinentzug (Verwaltungs-Rechtsschutz in Verkehrssachen),
  - Schadenersatzansprüche gegen Dritte (Schadenersatz-Rechtsschutz),
  - bei Streitigkeiten aus Kfz.-bezogenen Verträgen, z. B. Kauf-, Verkaufs-, Reparatur- und Versicherungsverträgen (Kfz.-Vertrags-Rechtsschutz),
  - bei Streitigkeiten in Kfz-bezogenen Steuersachen (Kfz.-Steuer-Rechtsschutz),
  - in verkehrsrechtlichen Verwaltungsverfahren.
- **Rechtsschutz für Eigentümer und Mieter von Grundstücken und Gebäuden**
  - bei nachbarrechtlichen Streitigkeiten gegenüber Eigentümer, Mieter oder Pächter,

- bei Streit über Miet- oder Pachtverträgen im betrieblichen wie im privaten Bereich,
- beim Einspruch gegen Kündigung,
- bei Auseinandersetzungen aufgrund des Wohnungseigentumsgesetzes.

• **Privatrechtsschutz**
  - beim Durchsetzen von Schadenersatzansprüche gegen Dritte (Schadenersatz-Rechtsschutz),
  - beim Vorwurf einer fahrlässigen Straftat (Straf-Rechtsschutz),
  - bei anwaltlicher Beratung in familien- und erbrechtlichen Fragen nach veränderter Rechtslage (Beratungs-Rechtsschutz),
  - bei Streitigkeiten aus Verträgen des täglichen Lebens, z. B. Kaufverträgen, Reparaturaufträgen, Reisebuchungen, Versicherungsverträgen (Vertrags-Rechtsschutz,
  - bei Streitigkeiten in Steuersachen (Steuer-Rechtsschutz).

• **Straf-Rechtsschutz**
  Strafrechtliche Risiken sind persönliche Risiken. Denn nicht das Unternehmen, sondern dessen Mitarbeiter, insbesondere Unternehmensleiter und Führungskräfte, werden als Verantwortliche persönlich belangt. Daher muß jeder, der in einem Unternehmen Verantwortung trägt, trotz aller Sorgfalt und Umsicht damit rechnen, in ein staatsanwaltliches Ermittlungs- oder gerichtliches Strafverfahren verwickelt zu werden. Besondere Bedeutung kommt in diesem Zusammenhang dem Vorwurf eines Organisationsverschuldens, also der Verletzung von Auswahlpflichten, Instruktions- und Anweisungspflichten, Kontroll- und Überwachungspflichten.
  Die Strafrechtschutz-Versicherung zahlt die Verfahrenskosten in allen Instanzen, also Honorare der Strafverteidiger, Honorare der Sachverständigen, Kosten einer Stellungnahme des Unternehmens, Kosten einer anwaltlichen Zeugenbetreuung, Gerichtskosten, Kosten der Nebenkläger, Zeugengebühren und Auslagen, Reisekosten, alle Vorschüsse auf diese Kosten.

Die Warenkreditversicherung

Warenkredit- und Investitionsgüter-Kreditversicherungen schützen vor Forderungsausfällen aus Lieferungen und Leistungen. Die Versicherungsunternehmen überwachen dabei die Kreditwürdigkeit der Abnehmer, warnen, wenn sich die wirtschaftliche Lage des Kunden verschlechtert. Darüber hinaus übernehmen sie fehlende oder nicht ausreichende Eigentumsvorbehalte, wenn Raten- oder Leasingzahlungen vereinbart sind. Tritt ein Ausfall ein, muß der Versicherungsnehmer einen Teil der nicht einzutreibenden Forderungen als Selbstbehalt übernehmen.

Die Exportkreditversicherung

Bei Lieferungen in das Ausland könnte eine Exportkreditversicherung in Frage kommen. Die Versicherungsunternehmen haben sehr unterschiedliche Bedingungen, die für den konkreten Einzelfall erfragt werden müssen. Teilweise wird die Prämie nicht nach der tatsächlichen Forderung, sondern nach dem letzten

Jahresumsatz des Versicherungsnehmers berechnet. Für jedes Land gelten andere Beitragssätze und andere Wartezeiten.

Die Entgeltfortzahlungsversicherung

Kleineren Unternehmen, insbesondere Handwerksbetrieben, wird das Risiko einer übermäßigen Belastung durch die Entgeltfortzahlung an arbeitsunfähige Arbeiter und Auszubildende sowie durch Aufwendungen nach dem Mutterschutzgesetz weitgehend abgenommen.

Die Entgeltfortzahlungsversicherung erfaßt Arbeitgeber, die in der Regel nicht mehr als 20 Arbeitnehmer beschäftigen. Die Arbeitgebervertreter im Verwaltungsrat der Krankenkasse können allerdings durch Satzungsbestimmung die Anzahl der Arbeitnehmer bis auf 30 erhöhen. Nicht mitzuzählen sind Auszubildende, Heimarbeiter sowie Wehr- und Zivildienstleistende. Unberücksichtigt bleiben auch Schwerbehinderte, ferner Arbeiter und Angestellte in einem Arbeitsverhältnis, in dem die regelmäßige Arbeitszeit wöchentlich höchstens zehn Stunden oder monatlich höchstens 45 Stunden beträgt. Andere Teilzeitbeschäftigte werden nur anteilig angesetzt: mit 0,5 bei einer wöchentlichen Arbeitszeit von mehr als 10 bis 20 Stunden, mit 0,75 bei einer wöchentlichen Arbeitszeit von mehr als 20 bis 30 Stunden, mit 1,0 bei einer wöchentlichen Arbeitszeit von mehr als 30 Stunden. Die Teilnahme an der Entgeltfortzahlungsversicherung wird bei der Eröffnung eines Betriebes und zum Beginn eines Kalenderjahres neu festgestellt.

Das Ausgleichsverfahren wird jeweils von der AOK, IKK, See-Krankenkasse oder der Bundesknappschaft durchgeführt, bei der der einzelne Arbeitnehmer Mitglied oder familienversichert ist. Für Arbeitnehmer, die bei keiner dieser Krankenkassen (sondern bei einer Betriebskrankenkasse, einer Ersatzkasse oder einem privaten Versicherungsunternehmen) versichert sind, ist die AOK zuständig, ansonsten bei Handwerksbetrieben die für den Betrieb zuständige IKK.

Die Mittel für die Entgeltfortzahlungsversicherung werden durch Umlagen (U1, U2) von den beteiligten Arbeitgebern aufgebracht. Die Höhe der Umlagesätze wird von den Arbeitgebervertretern im Verwaltungsrat der Krankenkasse festgelegt.

- **Ausgleich der Krankheitsaufwendungen (»U1«)**
  Die jeweilige Krankenkasse erstattet den an der Entgeltfortzahlungsversicherung beteiligten Arbeitgebern den größten Teil ihrer Aufwendungen für die gesetzliche Entgeltfortzahlung (ohne Einmalzahlungen) an Arbeiter und an Auszubildende. Der Erstattungssatz wird von den Arbeitgebervertretern im Verwaltungsrat der Krankenkasse beschlossen (AOK Berlin: 70%).
  Zur Berechnung der Umlage für den Ausgleich der Entgeltfortzahlung bei Krankheit (U1) ist das Arbeitsentgelt im Sinne der Sozialversicherung – höchstens bis zur Beitragsbemessungsgrenze der Rentenversicherung – der im Betrieb beschäftigten entgeltfortzahlungsberechtigten Arbeiter und Auszubildende maßgeben. Die Umlagebeiträge werden zusammen mit den Sozialver-

sicherungsbeiträgen in die Beitragsnachweise eingetragen und gezahlt. Die Umlage trägt der Arbeitgeber allein.

- **Ausgleich der Mutterschaftsaufwendungen** (»U2«)
  Die jeweilige Krankenkasse gleicht den an der Entgeltfortzahlungsversicherung beteiligten Arbeitgebern die Aufwendungen nach dem Mutterschutzgesetz aus (AOK: 100%).
  Den beteiligten Arbeitgebern wird der größte Teil folgender Aufwendungen nach dem Mutterschutzgesetz erstattet: Zuschuß des Arbeitgebers zum Mutterschaftsgeld für die Zeit der Schutzfristen vor und nach der Entbindung (Differenz zwischen dem Höchstbetrag des Mutterschaftsgeldes von 25 DM kalendertäglich und dem regelmäßigen Nettoentgelt), sowie das Arbeitsentgelt, das der Arbeitgeber zum Ausgleich einer Entgeltminderung zahlt, die durch ein Beschäftigungsverbot vor oder nach der Entbindung eingetreten ist. Für nicht gesetzlich krankenversicherungspflichtigen Frauen liegt der Höchstbetrag des Mutterschaftsgeldes bei 400 DM. Erstattet werden auch die vom Arbeitgeber zu tragenden Sozialversicherungsbeiträge, die auf das bei Beschäftigungsverboten außerhalb der Schutzfrist fortgezahlte Entgelt entfallen.
  Zur Berechnung der Umlage für den Ausgleich der Zahlungen bei Mutterschaft (U2) ist das Arbeitsentgelt im Sinne der Sozialversicherung - höchstens bis zur Beitragsbemessungsgrenze der Rentenversicherung - aller im Betrieb beschäftigten Angestellten, Arbeiter und Auszubildenden maßgeben. Die Umlagebeiträge werden zusammen mit den Sozialversicherungsbeiträgen in die Beitragsnachweise eingetragen und gezahlt. Die Umlage trägt der Arbeitgeber allein.

3. Kapitel: Die Planung der Finanzen

Die Finanzplanung ist eine Form der Planungsrechnung zur Vorbereitung unternehmerischer Entscheidungen. Es werden alle zukünftigen Zahlungsströme erfaßt, die durch die Leistungserstellung des Unternehmens ausgelöst werden.

Die Aufgaben der Finanzplanung:
- Ermittlung des erforderlichen Gesamtkapitalbedarfs
- Sicherung der Rentabilität
- Gewährleistung der jederzeitigen Zahlungsfähigkeit

Um das Ziel zu erreichen, müssen alle Teilpläne so aufeinander abgestimmt werden, daß das finanzielle Gleichgewicht des Unternehmens aufrechterhalten wird. Dabei sind Interdependenzen zu berücksichtigen.

Für den Existenzgründer ist die Finanzplanung keine leichte Aufgabe, da keine Daten aus der Vergangenheit zur Verfügung stehen. Große Probleme bereitet die richtige Prognose der Umsätze. Vermeiden Sie zu optimistische oder

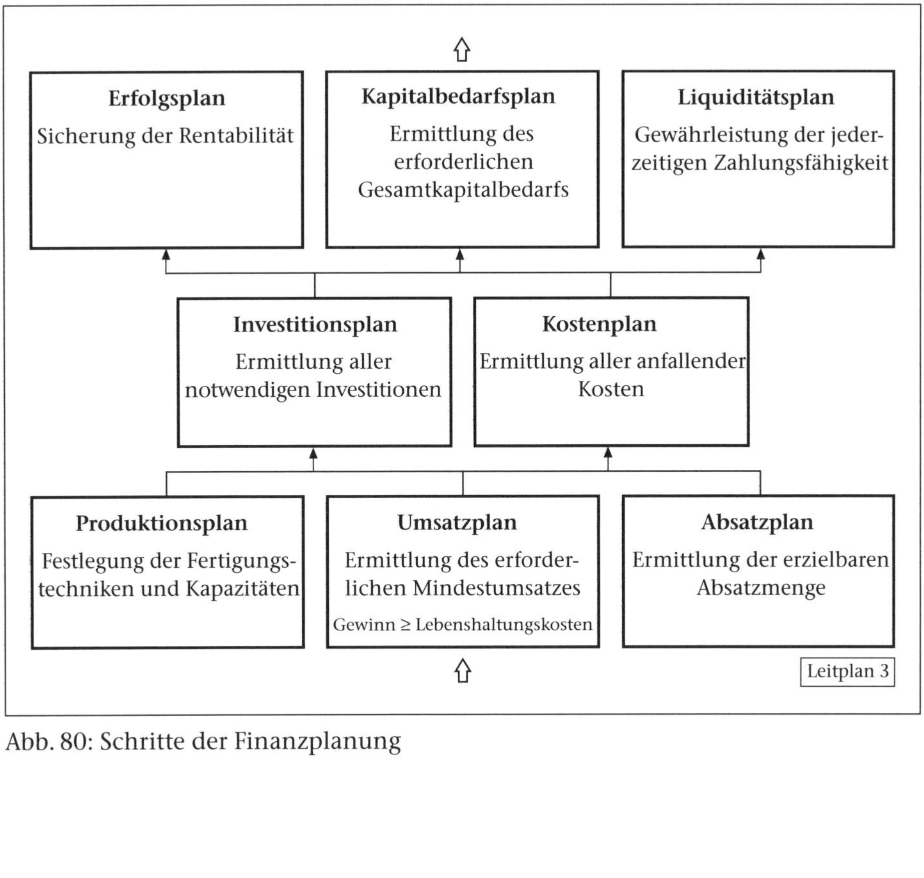

Abb. 80: Schritte der Finanzplanung

euphorischen Vorausschätzungen, die zu unrealistischen Vorstellungen über Zukunftsergebnisse führen.

Ohne Finanzplanung haben Sie kaum Chancen, durch eine Bank finanziert zu werden. Die Bank wird sich vergewissern, daß zum einen der Existenzgründer eine gewissenhafte betriebswirtschaftliche Planung durchgeführt hat, und zum anderen will die Bank auch die Überlebenschancen des Unternehmens einschätzen können.

1 Die Umsatzplanung

Unter Umsatz versteht man die Summe aller Erlöse für die verkauften Leistungseinheiten (Produkte oder Dienstleistungen) einer Unternehmung.

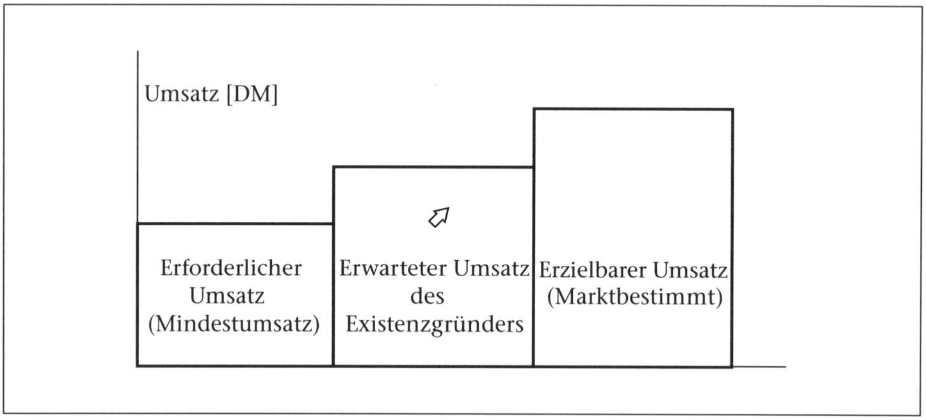

Abb. 81: Erwarteter Umsatz des Existenzgründers

Der **erforderliche Mindestumsatz** ergibt sich aus der Addition aller voraussichtlich anfallenden Kosten und dem erforderlichen Mindestgewinn. Der Mindestgewinn entspricht dem Betrag, der alle privaten Ausgaben des Existenzgründers und seiner Familie sicherstellen muß. Zu den privaten Ausgaben zählen auch die Tilgungsleistungen der aufgenommenen Kredite für das Unternehmen.

Beispiel: Private Ausgaben des Existenzgründers und seiner Familie = 6.000,– DM p.M. (Brutto), Summe aller Kosten (Material-, Personal-, Sachgemeinkosten, Zinsen und Abschreibungen) = 30.000,– DM p.M., 2 tilgungsfreie Jahre

$$Umsatz_{min} = 72.000 + 360.000 = 432.000 \text{ DM p.a. bzw. } 36.000 \text{ DM p.M.}$$

Bei der Berechnung des **Umsatzes** kann auf die Zahlen anderer Unternehmen zurückgegriffen werden. Die Ergebnisse von **Betriebsvergleichen** geben den Gewinn in Prozent des erzielten Umsatzes (einschließlich Mehrwertsteuer) an. Die **Richtsatzsammlung** zur Ermittlung des steuerpflichtigen Gewinns enthält für eine Vielzahl von Branchen Angaben über den Roh- und Reingewinn in Prozent der Umsätze (ohne Mehrwertsteuer). Es stellt ein Hilfsmittel für die Finanzverwaltung dar, z. B. bei der Schätzung des Gewinns von Gewerbetreibenden, wenn keine ordnungsgemäße Buchführung vorliegt.

Beispiel: Die Berechnung hat ergeben, daß sich der Gewinn pro Monat auf mindestens 6.000,– DM belaufen muß. Der Richtsatzsammlung für Gewerbetreibende kann entnommen werden, daß von der Mehrzahl der geprüften Unternehmen 16 % des wirtschaftlichen Umsatzes als Reingewinn erzielt wird.

$$\text{Umsatz} = \frac{\text{Reingewinn [DM]} \times 100}{\text{Richtsatz [\%]}} = \frac{72.000 \times 100}{16} = 450.000 \text{ DM p.a.}$$

Beispiel: Der Gewinn muß mindestens 72.000 DM p.a. betragen. Die Kalkulation hat ergeben, daß für den Materialeinsatz 270.000 DM p.a. aufgewendet werden müssen und 108.000 DM p.a. an sonstigen Kosten entstehen. Der Richtsatzsammlung für Gewerbetreibende kann entnommen werden, daß bei der Mehrzahl der geprüften Unternehmen die Handelsspanne (= Rohgewinn) 40 % beträgt.

$$\text{Umsatz} = \frac{\text{Rohgewinn [DM]} \times 100}{\text{Richtsatz [\%]}} = \frac{180.000 \times 100}{40} = 450.000 \text{ DM p.a.}$$

Bei Betriebsvergleichsergebnissen handelt es sich immer um Durchschnittszahlen. Über das konkrete Betriebsergebnis entscheiden immer Kosten und Erträge.

Der **erzielbare Umsatz** wird durch das Marktpotential bestimmt. Zur Ermittlung des Marktpotentials wird die Marktforschung herangezogen. Darunter versteht man die planmäßige und umfassende Untersuchung und Erfassung der Marktverhältnisse. Die Ergebnisse finden Eingang im **Absatzplan**. Der Existenzgründer wird den erzielbaren Umsatz aus dem Stand zwar nicht erreichen könne, sollte ihn aber anstreben. Dabei darf die Kapazität des Unternehmens nicht außer acht gelassen werden. So ist z. B. im Einzelhandel auf einer bestimmten Verkaufsfläche nur ein bestimmter maximaler Umsatz erzielbar. Das gleiche gilt für das Personal. Eine Arbeitskraft hat eine Kapazitätsgrenze, die den erzielbaren Umsatz begrenzt. Aufgabe der Umsatzplanung ist, die Absatzmöglichkeiten mit den vorhandenen Kapazitäten in Einklang zu bringen. Ist die Kapazität für den zu erwartenden Umsatz zu groß, so gefährden die zu hohen Kosten die Rentabilität des Unternehmens.

Die **Umsatzplanung** wird durch den Absatzplan und den Produktionsplan nach dem Abgleich der Kapazitäten bestimmt. Den Planumsatz errechnet man, indem die Menge der einzelnen Produkte mit dem erwarteten Verkaufspreis multipliziert. Im Umsatzplan läßt sich der Umsatz den einzelnen Monaten des Planjahres zuordnen. Eventuelle saisonale Einflüsse können dabei gut berücksichtigt werden.

Umsatzplan	**Januar DM**	**Februar DM**	**März DM**	**April DM**	**Dezember DM**	**Summe DM**
Produkt A Produkt B Produkt C						
Gesamtumsatz						

Abb. 82: Umsatzplan

Freiberufler erhalten für ihre Dienstleistungen Honorare (auf Stundenbasis, pro Tagewerk oder als Pauschalvergütung). Bei der Planung des Umsatzes ist zu berücksichtigen, daß für die Akquisition von Aufträgen, den Besuch von Kongressen, Tagungen, Weiterbildungsveranstaltungen usw. keine Honorare eingenommen werden. Der Auslastungsgrad der Arbeitszeit sollte nicht zu optimistisch gewählt werden.

Umsatz = Arbeitszeit [h/Woche] × 52 Wochen × ∅ Honorar [DM/h] × Auslastungsgrad (%)

2 Die Investitionsplanung

In der Investitionsplanung werden die für die geplante Leistungserstellung erforderlichen Vermögensgegenstände und deren Anschaffungskosten ermittelt. Dabei muß immer die Angemessenheit des Vorhabens bezüglich der vorhandenen finanziellen Mittel beachtet werden.

Die Kapazität des Unternehmens muß so dimensioniert sein, daß der erforderliche Mindestumsatz gewährleistet ist. Wird die Kapazität zu knapp dimensioniert, kann der erforderliche Mindestumsatz u. U. nicht realisiert werden. Ist andererseits die Kapazität für den zu erwartenden Umsatz zu groß, so gefährden zu hohen Kostenbelastungen die Rentabilität des Unternehmens.

Investitionsplan		
Anlagevermögen	DM	DM
Immaterielle Vermögensgegenstände		
• Patente	....	
• Lizenzen	....	
• Konzessionen	....	
• sonstige Rechte	....	....
Sachanlagevermögen		
• Immobilien		
– Grundstücke, Gebäude	....	
– Maklercourtage	....	
– Grunderwerbsteuer		
– Planungsaufwand (Architekt, Gutachter, Kommune)	....	
– Erschließungskosten	....	
– Aus-, Umbau- und Renovierungskosten	....	
• Produktionsanlagen, Maschinen, Werkzeuge (einschl. Fracht und Installationskosten)	....	
• Betriebs- und Geschäftsausstattung		
– Mobiliar (Möbel, Teppichböden, Schreibtischlampen, Dekoration)	....	
– Technische Einrichtungen (Telefonanlage, Telefax, Anrufbeantworter, Handy, Computer, Software, Drucker, Kopierer, Diktiergerät)	....	
– Büromaterial (Aktenordner, Papier, Schreibstifte, Heftklammern)	....	
• Fahrzeuge		
– Lkw, Pkw	....	
– Gabelstapler	....	....
Anlagevermögen, insges.		
Umlaufvermögen		
Vorräte (erstes Material- und Warenlager)		
• Roh-, Hilfs- und Betriebsstoffe	....	
• Handelsware	....	
• Einbauteile	....	
Umlaufvermögen, insges.		
Investitionen		

Abb. 83: Investitionsplan

Tip Stellen Sie eine optimale Kapazitätsauslastung sicher. Es ist sinnvoll, mit dem Unternehmen eher relativ klein anzufangen und dann je nach finanziellen Möglichkeiten allmählich zu wachsen.

Die Investitionsplanung beinhaltet folgende Teilaufgaben:
1. Konkretisierung der technischen und wirtschaftlichen Anforderungen
2. Ermittlung des erforderlichen betriebsnotwendigen Anlagevermögens
3. Kalkulation der Anschaffungskosten
4. Erstellung des Investitionsplans

Der **Investitionsplan** stellt das Ergebnis der Investitionsplanung dar. Er zeigt alle Vermögensgegenstände, die im Rahmen der Existenzgründung aufgrund der technischen und wirtschaftlichen Anforderungen angeschafft werden müssen. Zur Finanzierung der Anschaffungen wird der Investitionsplan in den Kapitalbedarfsplan übertragen.

3 Die Kostenplanung

Die Kostenplanung hat die Aufgabe, die künftigen betrieblichen Ausgaben mengen- und wertmäßige zu erfassen.

Der Vollzug der Existenzgründung verursacht sog. **Gründungskosten.** Falls ein Gewerbe betrieben werden soll, ist eine Gewerbeanmeldung obligatorisch, außerdem müssen vollkaufmännische Unternehmen in das Handelsregister eingetragen werden. Eventuell sind aufgrund rechtlicher Vorschriften bestimmte Genehmigungen und Abnahmen erforderlich.

Einmalige Kosten	DM
Gründungskosten	
• Existenzgründungs-, Umweltschutz-, Rechts-, Steuerberatung	....
• Gewerbeanmeldung	....
• Notar	....
• Kautionen	....
• Maklercourtage	....
• Gerichtskosten für HR-Eintragung und -Veröffentlichung	....
• Genehmigungen, Abnahmen	....
• Franchisegebühr	....
• Eröffnungswerbung	....

Abb. 84: Einmalige Kosten

Nach der Gründung entstehen **laufende Kosten**, für die noch kein ausreichender Deckungsbeitrag zur Verfügung steht. Deshalb müssen alle laufenden Kosten erfaßt werden, die in der Anlaufphase entstehen. Im wesentlichen sind dies:

Laufende Kosten	1. Monat DM	2. Monat DM	3. Monat DM
Material- und Wareneinsatz			
• Roh-, Hilfs- und Betriebsstoffe	....	....	....
• Handelsware	....	....	....
Personalkosten			
• Löhne und Gehälter der Mitarbeiter	....	....	....
• Entgelt für Aushilfen	....	....	....
• Eigenes Geschäftsführergehalt (bei Kapitalgesellschaften)	....	....	....
• Ehegattengehalt	....	....	....
• Sonderzahlungen (Urlaubsgeld, Weihnachtsgeld)	....	....	....
• Vermögenswirksame Leistungen	....	....	....
Soziale Abgaben			
• Rentenversicherung	....	....	....
• Arbeitslosenversicherung	....	....	....
• Krankenversicherung	....	....	....
• Pflegeversicherung	....	....	....
• Berufsgenossenschaft	....	....	....
• Aufwendungen für die Altersversorgung	....	....	....
Fremde Dienstleistungen			
• Steuerberatung, Buchhaltung, Rechtsberatung	....	....	....
• Notarielle Beurkundungen, Beglaubigungen	....	....	....
• Gebühren	....	....	....
• Genehmigungen, Abnahmen	....	....	....
• EDV-Beratung	....	....	....
• Unternehmensberatung	....	....	....
Mitgliedsbeiträge			
• IHK, HWK, Handwerksinnung	....	....	....
• (Berufs-/Fach-) Verbände	....	....	....
Raumkosten			
• Pacht	....	....	....
• Miete für Büro-, Produktions-, Verkaufs-, Lagerräume	....	....	....
• Miete für Garage, Stellflächen für Kraftfahrzeuge	....	....	....
• Nebenkosten (z. B. Hausmeister, Aufzug)	....	....	....
• Heizung, Strom, Gas, Wasser	....	....	....
• Reinigung	....	....	....
• Wartung, Reparaturen, Instandhaltung	....	....	....
Maschinen			
• Reparaturen	....	....	....
• Wartung, Pflege	....	....	....
Fahrzeuge			
• Treibstoffe	....	....	....
• Wartung, Pflege, Reparaturen	....	....	....
• Kfz.-Versicherung	....	....	....
• Kfz.-Steuer	....	....	....

Laufende Kosten	1. Monat DM	2. Monat DM	3. Monat DM
Leasing			
• Produktionsanlagen, Maschinen, Werkzeuge	....	....	....
• Betriebs- und Geschäftsausstattung	....	....	....
• Fahrzeuge	....	....	....
Vertriebskosten			
• Provisionen	....	....	....
• Reisekosten (Vertreter, Monteure)	....	....	....
• Werbung (Schaufensterdekoration, Anzeigen, Handzettel, Postwurfsendung, Mailings usw.)	....	....	....
• Präsentationen (intern, extern)	....	....	....
• Messen und Ausstellungen	....	....	....
• Frachten/Verpachung	....	....	....
Verwaltungskosten			
• Repräsentation	....	....	....
• Fachliteratur	....	....	....
• Reisekosten (Management)	....	....	....
• Büromaterial	....	....	....
• Telefon, Telefax, Porto	....	....	....
• Fotokopien	....	....	....
Steuern			
• Grundsteuer	....	....	....
• Grunderwerbsteuer	....	....	....
• Gewerbesteuer	....	....	....
Versicherungen			
• Feuerversicherung	....	....	....
• Betriebshaftpflichtversicherung	....	....	....
• Berufshaftpflichtversicherung	....	....	....
• Unfallversicherung	....	....	....
• Transportversicherung	....	....	....
• Kreditversicherung	....	....	....
• Diebstahlversicherung	....	....	....
Zinsen/Kreditbeschaffungskosten			
• Kreditzinsen	....	....	....
• Bürgschaftsprovision	....	....	....
• Bearbeitungsgebühr	....	....	....
• Kontoführungsgebühren	....	....	....
Abschreibungen			
• Grundstücke und Gebäude	....	....	....
• Maschinen und Anlagen	....	....	....
• Werkzeuge	....	....	....
• Fahrzeuge	....	....	....
• Büromaschinen (Postbearbeitung, EDV-Anlagen, Kopierer), Telefonanlage, Büromöbel	....	....	....

Abb. 85: Laufende Kosten

Da jedoch die Kostenplanung in die Zukunft gerichtet ist, müssen die Ausgaben geschätzt werden. Je unvollkommener die Informationen sind, die dem Existenzgründer zur Verfügung stehen, desto größer sind die Unsicherheiten, die in den Erwartungen stecken.

Es müssen Kosten berücksichtigt werden, denen keine Aufwendungen gegenüberstehen. Der kalkulatorische Unternehmerlohn ist das durchschnittliche Gehalt eines leitenden Angestellten in einer vergleichbaren Position in einem vergleichbaren Unternehmen. Die kalkulatorische Miete wird angesetzt, wenn das Unternehmen in eigenen Räumen arbeitet und deshalb keine Miete bezahlt. Der kalkulatorische Mietzins richtet sich nach den örtlichen Verhältnissen.

Laufende Kosten	1. Monat DM	2. Monat DM	3. Monat DM
Kalkulatorische Kosten			
• Kalkulatorischer Unternehmerlohn	....	....	....
• Kalkulatorische Miete	....	....	....

Abb. 86: Kalkulatorische Kosten

4 Die Kapitalbedarfsplanung

Der gesamte Kapitalbedarf für das betriebliche Anlage- und Umlaufvermögen, für die einmalig anfallenden Gründungskosten sowie für die Anlaufkosten bis zum ersten Geldeingang aus dem Umsatz, kann dem Investitionsplan und dem Kostenplan entnommen werden. Der Kapitalbedarf der Existenzgründung ist so zu planen, daß die Rentabilität sichergestellt und die Zahlungsfähigkeit jederzeit gewährleistet ist.

Das Ergebnis der Kapitalbedarfsplanung stellt der **Kapitalbedarfsplan** dar. Er legt die Höhe der Mittel fest, die für die Existenzgründung aufgebracht werden müssen. Der Kapitalbedarfsplan zeigt somit die Mittelverwendung.

Tip Versuchen Sie den Kapitalbedarf so genau wie möglich aber nicht zu knapp zu ermitteln.

Kapitalbedarfsplan	– für den Erwerb eines bestehenden Unternehmens – für die Neuerrichtung eines Unternehmens	
• Kaufpreis für das gesamte Unternehmen	....	
• Aus- und Umbaukosten, Renovierungskosten	....	
• Material-/Warenübernahme	....	
•	....	
Kaufpreis, insges.		

Anlagevermögen		
• Patente, Lizenzen, Konzessionen, sonstige Rechte	....	
• Immobilien einschl. Nebenkosten	....	
• Produktionsanlagen, Maschinen, Werkzeuge	....	
• Betriebs- und Geschäftsausstattung	....	
• Fahrzeuge		
– Lkw	....	
– Pkw	....	
Anlagevermögen, insges.		
Umlaufvermögen		
• Vorräte (Erstes Material- und Warenlager)		
– Roh-, Hilfs- und Betriebsstoffe	....	
– Handelsware	....	
– Einbauteile	....	
• Forderungen aus Lieferungen und Leistungen (Außenstände)	....	
Umlaufvermögen, insges.		
Betrieblicher Aufwand		
• Gründungskosten		
– Existenzgründungs-, Rechts-, Steuer- u. sonstige Beratung	....	
– Notar	....	
– Gerichtskosten für HR-Eintragung	....	
– Franchisegebühr	....	
– Mietkaution	....	
– Maklercourtage	....	
– Eröffnungswerbung	....	
• Betriebliche Anlaufkosten (Ausgaben bis zum ersten Geldeingang aus Umsatz, mindestens für 3 Monate)		
– Personal- und Sozialkosten	....	
– Beratungskosten	....	
– Eigenes Geschäftsführergehalt bei Kapitalgesellschaften	....	
– Raumkosten	....	
– Leasingkosten	....	
– Verwaltungskosten	....	
– Vertriebskosten	....	
– Werbekosten	....	
– Steuern	....	
– Zinsen/Kreditbeschaffungskosten, Kontoführungsgebühren	....	
– Versicherungen	....	
Betrieblicher Aufwand, insges.		
Privater Aufwand		
• Sicherstellung der priv. Lebensführung bei Nicht-Kapitalgesellschaften (für die ersten 4–6 Monate)	....	
• Tilgung von Krediten (für die ersten 4–6 Monate)	....	
Privater Aufwand, insges.		
Kapitalbedarf, insges.		

Abb. 87: Kapitalbedarfsplan

5 Die Erfolgsplanung

Die Erfolgsplanung dient der Ermittlung des nachhaltig erzielbaren Erfolges. Aus dem geplanten Umsatz und den kalkulierten Gesamtkosten läßt sich der Erfolgsplan entwickeln. Ziel der Erfolgsrechnung ist es, den **voraussichtlichen Gewinn** des Unternehmens zu ermitteln, denn die selbständige Existenz lohnt sich auf Dauer nur, wenn auch ein ausreichender Gewinn zu erwirtschaften ist.

Gewinn = Umsatz – Kosten

5.1 Der Mindestgewinn

Die Unternehmensgründung muß zumindest Erträge erwirtschaften, die alle privaten Ausgaben des Existenzgründers und seiner Familie sicherstellt. Längerfristig ist jedoch ein Gewinn erforderlich, der eine angemessene Vergütung für Ihre Arbeitsleistung und des Unternehmerrisikos beinhaltet.

Ermitteln Sie, wieviel Sie pro Jahr verdienen müssen, um zumindest Ihre private Lebensführung (und Ihrer Familie) zu decken. Beachten Sie dabei, daß Sie als Unternehmer die Sozialversicherungsbeiträge in voller Höhe tragen müssen. Die aufgenommenen Kredite für das Unternehmen müssen von Ihrem Einkommen (Gewinn nach Steuern) zurückgezahlt werden, denn anders als bei den Zinsen stellen die Tilgungsleistungen *keine* Betriebsausgaben dar.

	DM
Ausgaben der privaten Lebensführung	
• Lebensunterhalt der Familie	....
• Miete für die Wohnung	....
• soziale Absicherung	
– Krankenversicherung	....
– Pflegeversicherung	....
– Rentenversicherung	....
– Lebensversicherung	....
• sonstige vertragliche Verpflichtungen (Bausparkasse, Ratenzahlungen, Hypothekentilgungen usw.)	....
• private Nutzung des Kraftfahrzeuges	....
• Rücklagen für Urlaub, Krankheit usw.	....
Summe	....
Private Ausgaben für das Unternehmen	
• Tilgung der aufgenommenen Kredite	....
+ ESt, SolZ, ggf. KiSt	....
Mindestgewinn, der die private Lebensführung sicherstellt	....

Abb. 88: Mindestgewinn zur Deckung der privaten Lebensführung

Ein Unternehmen bietet nur dann eine auf Dauer gesicherte Existenzgrundlage, wenn der betriebliche Reingewinn nicht nur den Lebensunterhalt sowie die Eigenkapitalverzinsung deckt, sondern darüber hinaus auch die Substanzerhaltung des Unternehmens sicherstellt, die Finanzierung eines angemessenen Unternehmenswachstums zuläßt und die Bildung ausreichender Rücklagen ermöglicht, mit denen Risiken im Verlauf der unternehmerischen Tätigkeit gemeistert werden können.

5.2 Der Unternehmensgewinn

Die Existenzgründung lohnt sich nur dann, wenn auf Dauer ausreichend Gewinn erzielt wird. Damit eine bessere Beurteilung möglich ist, müssen Sie vor Ihrer Gründung unbedingt eine **Rentabilitätsvorschau** machen. Diese sollte mindestens die ersten drei Geschäftsjahre umfassen, denn das dritte Jahr ist besonders kritisch. Dann beginnt i.d.R. auch bei zinsgünstigen Krediten aus öffentlichen Förderprogrammen die Tilgung. Dies läßt dann die finanzielle Belastung sprunghaft ansteigen.

Rentabilitätsvorschau	1. Jahr		2. Jahr		3. Jahr	
	DM	%	DM	%	DM	%
Umsatz	....	100	....	100	....	100
– Material-/Wareneinsatz	....	......	....	......	....	......
= **Rohgewinn I**	....	......	....	......	....	......
– Personalkosten	....	......	....	......	....	......
= **Rohgewinn II**	....	......	....	......	....	......
Sachgemeinkosten						
• Steuerberatung, Buchführung	....	......	....	......	....	......
• Raumkosten	....	......	....	......	....	......
• Leasingraten	....	......	....	......	....	......
• Steuern, Abgaben, Beiträge	....	......	....	......	....	......
• Versicherungen	....	......	....	......	....	......
• Vertriebskosten	....	......	....	......	....	......
• Fahrzeugkosten	....	......	....	......	....	......
• Allg. Geschäfts- u. Verwaltungskosten	....	......	....	......	....	......
– Sachgemeinkosten, insgesamt	....	......	....	......	....	......
= **Erweiterter Cash-Flow**	....	......	....	......	....	......
– Zinsen	....	......	....	......	....	......
= **Cash-Flow**	....	......	....	......	....	......
– Abschreibungen	....	......	....	......	....	......
= **Reingewinn**	....	......	....	......	....	......

Abb. 89: Rentabilitätsvorschau

In der Regel werden Sie bei realistischer Betrachtung feststellen, daß mindestens im ersten Jahr der Existenzgründung ein niedriger Gewinn, evtl. sogar ein Verlust entsteht. Lassen Sie sich jedoch dadurch nicht entmutigen. Dies ergibt sich zum einen aus den einmalig anfallenden hohen Gründungskosten, zum anderen durch das noch nicht ausgeschöpfte Nachfragepotential. Stellen Sie bei der Betrachtung jedoch fest, daß im zweiten und dritten Jahr keine Besserung eintritt, müssen Sie Ihr Vorhaben noch einmal grundsätzlich überdenken.

6 Die Liquiditätsplanung

Unter der Liquidität versteht man die Aufrechterhaltung der jederzeitigen Zahlungsfähigkeit. Zahlungsunfähigkeit endet – auch bei rentabel arbeitenden Unternehmen – meist im Konkurs. Deshalb ist folgender Grundsatz zu beachten:

Liquidität vor Rentabilität !!

Bei der Aufrechterhaltung der Liquidität und deren Sicherung geht es in erster Linie um folgende Teilziele:
- Erhaltung des finanziellen Gleichgewichts
- Erhaltung der Kreditwürdigkeit
- Ermittlung der Zahlungsmittelbestände

Die Liquiditätsplanung verfolgt das Ziel, die betrieblichen Geldströme hinsichtlich der Höhe und des Zeitpunktes so aufeinander abzustimmen, daß bei möglichst geringem Fremdmittelbedarf die Zahlungen pünktlich vorgenommen werden können. Die Ausgaben sind möglichst unter Abzug von Skonto ohne Inanspruchnahme von Fremdmitteln vorzunehmen, das vorübergehend nicht benötigtes Kapital ist ertragreich anzulegen.

Sie müssen genau wissen, wann und in welcher Höhe Einnahmen und Ausgaben zu erwarten sind. Durch die Aufstellung eines **monatlichen Liquiditätsplans** erkennen Sie dann, ob sich die Geldströme ausgleichen. Einnahmen und Ausgaben sind nicht gleichmäßig über das Jahr verteilt. So können zeitweise Einnahmen erheblich unter den Ausgaben liegen. Kurzfristige Unterdeckung müssen dann durch kurzfristige Fremdmittel, z. B. Kontokorrentkredit ausgeglichen werden.

Die **Ausgaben** lassen sich relativ leicht aus dem Kostenplan entnehmen. Meist handelt es sich um regelmäßige Zahlungsverpflichtungen, die nach Höhe und Fälligkeit feststehen. Besonderer Beachtung bedarf es jedoch den unregelmäßigen Zahlungsverpflichtungen. Wegen unregelmäßiger Sonderzahlungen wie Urlaubs- und Weihnachtsgeld werden die Personalausgaben schwanken. Umfang und Zeitpunkt der Ausgaben für den Material- und Wareneinsatz entnehmen Sie Ihren Beschaffungsplänen. Die Ausgaben für Anlageinvestitionen ergeben sich aus dem Investitionsplan.

Die **Einnahmen** sind schwieriger zu planen. Die Möglichkeiten, auf das Zahlungsverhalten der Kunden einzuwirken, ist eingeschränkt. Allerdings können Sie durch Ihre Zahlungsbedingungen einen gewissen Einfluß ausüben, indem Sie höhere Skonti gewähren und/oder Zahlungsziele verkürzen. Schätzen Sie zunächst anhand Ihres Absatzplans Ihren voraussichtlichen Jahresumsatz, und verteilen diesen auf die jeweiligen Monate. Beachten Sie dabei saisonale Schwankungen.

Liquiditätsplan	Januar DM	Februar DM	März DM	April DM	Dezember DM
A. Liquide Mittel					
Kassenbestand	....	....	....	....	....
Bank- und Postscheckguthaben	....	....	....	....	....
Summe	....	....	....	....	....
B. Einnahmen					
Umsatzerlöse	....	....	....	....	....
Darlehen	....	....	....	....	....
Privateinzahlungen	....	....	....	....	....
Sonst. Einnahmen	....	....	....	....	....
Summe	....	....	....	....	....
Verfügbare Mittel (A + B)	....	....	....	....	....
C. Ausgaben					
Personal	....	....	....	....	....
Material-/Wareneinkauf	....	....	....	....	....
Miete, Nebenkosten	....	....	....	....	....
Verwaltung	....	....	....	....	....
Fahrzeuge	....	....	....	....	....
Reisen	....	....	....	....	....
Werbung	....	....	....	....	....
Vertrieb	....	....	....	....	....
Steuern	....	....	....	....	....
Versicherungen	....	....	....	....	....
Zinsen	....	....	....	....	....
Tilgung	....	....	....	....	....
Sonstige Ausgaben	....	....	....	....	....
Zwischensumme	....	....	....	....	....
Investitionen	....	....	....	....	....
Privatentnahmen	....	....	....	....	....
Summe	....	....	....	....	....
D. Ergebnis (Differenz)					
(+) Überdeckung	....	....	....	....	....
(–) Unterdeckung	....	....	....	....	....
Ausgleich durch KK-Kredit	....	....	....	....	....
E. Liquidität	....	....	....	....	....

Abb. 90: Liquiditätsplan

Aus der Differenz der Einnahmen und Ausgaben ergibt sich der monatliche Überschuß (Überdeckung) oder der monatliche Fehlbetrag (Unterdeckung). Die Einnahmen und Ausgaben werden sich nie ganz ausgleichen. Reagieren Sie deshalb rechtzeitig *vor* dem Entstehen einer Unterdeckung oder Überdeckung. Berücksichtigen Sie immer angemessene **Liquiditätsreserven.** Diese können Bargeld, Sichtguthaben oder ein nicht in Anspruch genommener Kontokorrentkredit sein.

Eine drohende Illiquidität können Sie u. a. durch folgende Maßnahmen vermeiden:

- Ausgaben vermindern und/oder verzögern
  - keine unnötigen Anschaffungen
  - Anschaffungen zurückstellen
  - Zahlungsziele verlängern
  - keine überhöhten Privatentnahmen
- Einnahmen erhöhen und/oder beschleunigen
  - sofortige Rechnungserstellung
  - Zahlungsziele verkürzen
  - Anzahlungen von Kunden vereinbaren
  - schnelles Mahnwesen
  - Barzahlung vereinbaren
  - Skonto gewähren als Anreiz
  - Lagerbestände durch günstige Preise senken
  - Forderungsabtretung an die Hausbank
- Befristete Erhöhung des Kreditrahmens durch die Hausbank

Mit Hilfe der Bilanz kann man durch die Ermittlung von **Liquiditätskennzahlen** zu Liquiditätsaussagen kommen. Sie werden durch Gegenüberstellung bestimmter Vermögenspositionen (kurzfristiger Deckungsmittel) und kurzfristiger Verbindlichkeiten gebildet und sollen Aussagen über die Zahlungsfähigkeit des Unternehmens machen.

$$\text{Liquidität 1. Grades} = \frac{\text{Zahlungsmittel}}{\text{kurzfristige Verbindlichkeiten}} \times 100$$

$$\text{Liquidität 2. Grades} = \frac{\text{kurzfristiges Umlaufvermögen}}{\text{kurzfristige Verbindlichkeiten}} \times 100$$

$$\text{Liquidität 3. Grades} = \frac{\text{gesamtes Umlaufvermögen}}{\text{kurzfristige Verbindlichkeiten}} \times 100$$

7 Die Betriebsvergleichsrechnung

Für die Betriebsvergleichsrechnung stehen **Betriebsvergleichszahlen** zur Verfügung. Betriebsvergleichszahlen sind Aufbereitungen statistischer Erhebungen, die in einer größeren Anzahl von Betrieben unterschiedlicher Branchen geordnet nach Betriebsgröße durchgeführt werden. Die Betriebsvergleiche enthalten, abhängig von der jeweiligen Branche, Angaben über typische Charaktermerkmale der jeweiligen Branche.

Betriebsvergleichszahl	**Dimension**
Umsatz (Absatz) je m^2 Geschäftsraum	[DM/m^2]
Umsatz (Absatz) je m^2 Verkaufsraum	[DM/m^2]
Anteil des Verkaufsraums am Gesamtgeschäftsraum	[%]
Geschäftsraumgröße je beschäftigte Person	[m^2/Person]
Lagerumschlag	[-]
Lagerbestand je m^2 Geschäftsraum	[DM/m^2]
∅ Verweildauer der Ware im Geschäft	[Tage]
∅ Lagerdauer	[Tage]
Instandhaltung, Reparaturen in % des Umsatzes	[%]
Material-/Wareneinsatz in % des Umsatzes	[%]
Miete für Geschäftsräume in % des Umsatzes	[%]
Energiekosten in % des Umsatzes	[%]
Personalkosten in % des Umsatzes	[%]
Werbekosten in % des Umsatzes	[%]
Betriebs- und Verwaltungskosten in % des Umsatzes	[%]
Gewerbesteuer in % des Umsatzes	[%]
Abschreibungen in % des Umsatzes	[%]
Alle übrigen Kosten in % des Umsatzes	[%]
Betriebsergebnis in % des Umsatzes	[%]
Rohgewinn I, II, Reingewinn in % des Umsatzes	[%]

Abb. 91: Betriebsvergleichszahlen

Mit Hilfe der Betriebsvergleichszahlen können Sie Ihre Finanzplanung kalkulieren und/oder verifizieren. U.a. werden folgende Betriebsvergleichszahlen angeboten:

- **Branchenbriefe der Volksbanken**
  Die Volksbanken bieten mehr als 150 Branchenbriefe an, die u.a. auch Betriebsvergleichszahlen enthalten. Die Branchenbriefe werden auf Anforderung jedesmal mit dem neuesten Stand ausgedruckt und mit der Post zugeschickt. Der Preis für jeden Brief beträgt z.Zt. 10,– DM inklusive Porto und Verpackung.
- **Betriebsvergleichszahlen der Handwerkskammern und Innungen**
  Alle Handwerkskammern und Innungen haben Betriebsvergleichszahlen. Betriebsvergleiche im Handwerk führt die Rationalisierungs-Gemeinschaft

Handwerk Schleswig-Holstein e. V., Russeer Weg 167, 2300 Kiel, Tel.: (04 31) 52 34 60, durch. Die kostenlose Teilnahme am Betriebsvergleich ist auf Betriebe in Schleswig-Holstein beschränkt. Die ermittelten Angaben sind jedoch auch bundesweit verwertbar.

- **Richtsatz-Sammlung für Gewerbetreibende**
  Bei der Richtsatz-Sammlung handelt es sich um amtliche Steuerrichtsätze. Diese bietet gleichzeitig wichtige Informationen zur Branchensituation. Außerdem sind sie für die Finanzverwaltung Anhaltspunkt, Umsätze und Gewinne der Gewerbetreibenden zu überprüfen und evtl. bei Fehlen anderer geeigneter Unterlagen zu schätzen (§ 162 AO).
  Die Richtsätze sind für die einzelnen Gewerbeklassen auf der Grundlage von Betriebsergebnissen zahlreicher geprüfter Unternehmen ermittelt worden, die nach Art und Größe den Betrieben entsprechen, auf die sie angewendet werden sollen. Das sind im allgemeinen Betriebe bis zu 1,2 Mio. DM Umsatz. Die Richtsätze werden jährlich neu ermittelt.
  Die Richtsätze orientieren sich an den Verhältnissen in einem Normalbetrieb. Sie werden in Prozentsätzen des wirtschaftlichen Umsatzes für den Rohgewinn (Rohgewinn I bei Handelsbetrieben, Rohgewinn II bei Handwerks- und gemischten Betrieben), für den Halbreingewinn und den Reingewinn ermittelt. Bei Handelsbetrieben wird daneben der Rohgewinn-Aufschlagssatz angegeben.
  Die Richtsatz-Sammlung für Gewerbetreibende können Sie beziehen vom: Verlag Wachsmann & Co. GmbH, Margarethenstr. 24–26, 41061 Mönchengladbach, Tel.: (0 21 61) 1 50 41.
- **Vergleichszahlen für Freiberufler**
  Das Statistische Bundesamt ermittelt regelmäßig Strukturdaten für Freie Berufe. Diese Daten geben Aufschluß über die durchschnittlichen Gesamtkosten und den durchschnittlichen Reinertrag.
  Für folgende Freie Berufe stehen Vergleichszahlen zur Verfügung: Architektenbüros, Arztpraxen, Zahnarztpraxen, Ingenieurbüros für bautechnische Gesamt- und technische Fachplanung, Praxen von Steuerberatern, Steuerbevollmächtigten und Wirtschaftsprüfern, Rechtsanwaltpraxen mit und ohne Notariat.
  Neben dem Reinertrag in Prozent der Einnahmen werden folgende Kostenarten in Prozent der Einnahmen veröffentlicht: Strom, Gas, Wasser und Heizung, Personal, Mieten und Pachten, Kraftfahrzeughaltung, Reisen, Versicherungsprämien, Steuerliche Abschreibungen.
  Diese Angaben können Sie dem Statistischen Jahrbuch für die Bundesrepublik Deutschland entnehmen. Das Statistische Jahrbuch erscheint jährlich im Verlag Netzler & Poeschel.
- **Betriebsvergleichszahlen der DATEV**
  Die DATEV (Datenverarbeitungsorganisation des steuerberatenden Berufes in der Bundesrepublik Deutschland) bietet Betriebsvergleichszahlen, die allerdings nur über den Steuerberater erhältlich sind.

- **Betriebsvergleiche für den Einzel- und Großhandel**
  Das Institut für Handelsforschung an der Universität zu Köln, Säckinger Str. 5, 5000 Köln 41, Tel.: (0221) 4702280 erstellt jährlich Betriebsvergleiche für den Einzel- und Großhandel. Zu beziehen sind diese Betriebsvergleiche vom Verlag Otto Schwartz & Co., Annastr. 7, 37075 Göttingen, Tel.: (0551) 31051. Eine zusätzliche Auswertung führt das Institut für Handelsforschung für Einzelhandelsfachgeschäfte in Nordrhein-Westfalen durch. Auch diese Publikation ist über den Verlag Otto Schwarz & Co., Annastr. 7, 37075 Göttingen, Tel.: (051) 31051 zu beziehen.
  Über die Forschungsstelle für den Handel Berlin (FfH) e.V., Fehrbelliner Platz 3, 10707 Berlin, Tel.: (030) 863094–0, gibt es für den Großhandel folgende Betriebsvergleiche: Großhandel mit Schreib-, Papierwaren- und Bürobedarf, Großhandel für Heizungs-, Lüftungs- und Klimabedarf, Großhandel mit Baustoffen, Tabakwaren-Großhändler und Automatenaufsteller.

4. Kapitel: Die Planung der Finanzierung

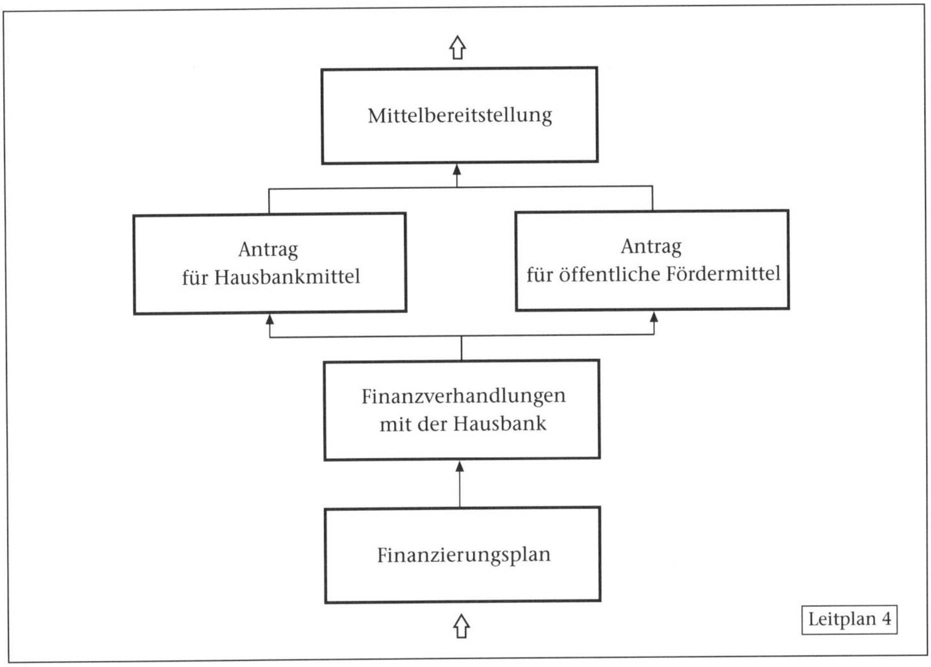

Abb. 92: Schritte der Finanzierungsplanung

1 Die Gründungsfinanzierung

Die finanzielle Absicherung des Unternehmens ist eine der wichtigsten Aufgaben des Existenzgründers. Der Erfolg wird im wesentlichen durch das **Finanzierungskonzept** bestimmt. Erst eine gute Finanzierung schafft die Grundlage für den erfolgreichen Aufbau des Unternehmens.

Der häufigste Grund des Scheiterns von Existenzgründungen sind Finanzierungsfehler!

Wichtig ist die Angemessenheit der Finanzierung. Finanzieren Sie Ihr Vorhaben weder zu knapp noch zu üppig. Achten Sie bei der Planung darauf, daß der Kapitaldienst immer gewährleistet ist.

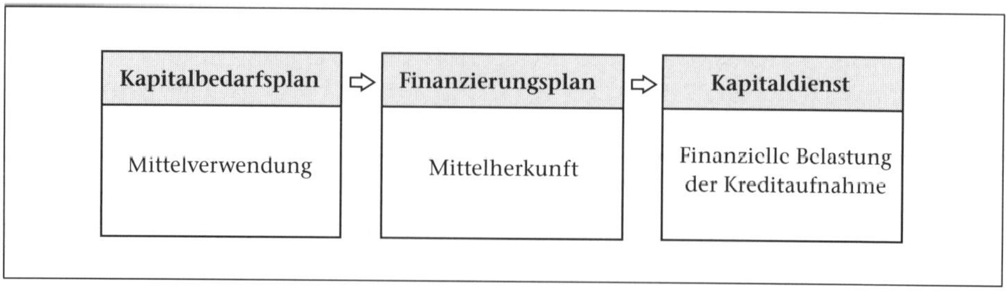

Abb. 93: Finanzierungskette

1.1 Der Finanzierungsbedarf

Zur Ermittlung des Finanzierungsbedarfs für die Existenzgründung wird der Kapitalbedarfsplan herangezogen. Wegen der unterschiedlichen Bindungsdauer des Kapitalbedarfs muß unbedingt die Fristigkeit berücksichtigt werden. Das erste Material- und Warenlager unterliegt grundsätzlich der langfristigen Bindung. Die Dauer des Kapitalbedarfs für Maschinen und Anlagen sollte die Abschreibungsdauer nicht unterschreiten. Betriebsmittel haben grundsätzlich kurzfristigen Charakter.

- Langfristiger Kapitalbedarf (über fünf Jahre)
  für Anschaffungen, die dem Unternehmen längerfristig dienen, z. B. Grundstücke, Gebäude, Maschinen, Fahrzeuge usw. Das eingesetzte Kapital fließt erst über mehrere Jahre durch verdiente Abschreibungen zurück.
- Mittelfristiger Kapitalbedarf
  für Anschaffungen, die dem Unternehmen mittelfristig dienen
- Kurzfristiger Kapitalbedarf (bis zu einem Jahr)
  zur Betriebsmittelfinanzierung, z. B. Löhne und Gehälter, Miete, Material usw.

1.2 Die Finanzmittelherkunft

Zur Finanzierung der Existenzgründung ist zunächst möglichst viel Eigenkapital einzusetzen, unter Beachtung der Finanzierungsregeln zusätzliches Fremdkapital.

Tip Planen Sie die Finanzierung Ihrer Existenzgründung so sorgfältig wie nur möglich. Beachten Sie dabei die Finanzierungsregeln.

Kapitalbedarfsplan		
	DM	DM
Langfristiger Kapitalbedarf		
• Kaufpreis für das gesamte Unternehmen	....	
• Aus- und Umbaukosten, Renovierungskosten	....	
• Patente, Lizenzen, Konzessionen, sonstige Rechte	....	
• Immobilien einschl. Nebenkosten	....	
• Produktionsanlagen, Maschinen, Werkzeuge	....	
• Betriebs- und Geschäftsausstattung	....	
• Fahrzeuge		
– Lkw	....	
– Pkw	....	
• Vorräte (erstes Material- und Warenlager)		
– Roh-, Hilfs- und Betriebsstoffe	....	
– Handelsware	....	
– Einbauteile	....	
• Gründungskosten		
– Existenzgründungs-, Rechts-, Steuer- u. sonstige Beratung	....	
– Notar	....	
– Gerichtskosten für HR-Eintragung und Veröffentlichung	....	
– Mietkaution	....	
– Maklercourtage	....	
– Franchisegebühr	....	
– Eröffnungswerbung	....	
Langfristiger Kapitalbedarf, insges.		
Kurzfristiger Kapitalbedarf		
• Betriebliche Anlaufkosten (Ausgaben bis zum ersten Geldeingang aus Umsatz/Betriebsmittelbedarf)		
– Personal- und Sozialkosten	....	
– Eigenes Geschäftsführergehalt bei Kapitalgesellschaften	....	
– Beratungskosten	....	
– Raumkosten	....	
– Leasingraten	....	
– Verwaltungskosten	....	
– Vertriebskosten	....	
– Werbekosten	....	
– Forderungen aus Lieferungen und Leistungen	....	
– Steuern	....	
– Zinsen/Kreditbeschaffungskosten, Kontoführungsgebühren	....	
– Versicherungen	....	
• Privatentnahmen		
– für die private Lebensführung bei Nicht-Kapitalgesellschaften	....	
– für die Tilgung von Krediten	....	
Kurzfristiger Kapitalbedarf, insges.		
Kapitalbedarf, insges.		

Abb. 94: Modifizierter Kapitalbedarfsplan nach Fristigkeit der Bindung

1.2.1 Die Eigenfinanzierung

Quellen des Eigenkapitals sind:

- Eigene Mittel (Ersparnisse und Vermögenswerte),
- Sachmittel, die in den Betrieb eingebracht werden können,
- haftendes Kapital von Teilhabern,
- Beteiligungen von Kapitalbeteiligungsgesellschaften
- Zuschüsse, Investitionszulagen
- Eigenleistungen (z. B. Umbau oder Renovierung)

Kapitalbeteiligungsgesellschaften (Venture-Capital-Gesellschaften) bieten attraktive Finanzierungsmöglichkeiten für technologieorientierte Existenzgründer ohne bankübliche Sicherheiten. Sie stellen Beteiligungen in Form von Einlagen als Stamm- oder Grundkapital oder als stille Beteiligungen zur Verfügung, die während der Laufzeit eine feste Verzinsung und/oder eine Beteiligung am Gewinn der Gesellschaft vorsehen. Gerade für innovative Unternehmensgründer ist es schwer, Geldgeber zu finden. Die Finanzierung ist mit mehr oder weniger intensiver Managementberatung und -betreuung verbunden. Die Kapitalbeteiligungsgesellschaften werden von Geldinstituten und privaten Investoren getragen. Welche Gesellschaft für welches Projekt am besten geeignet ist, kann beim Bundesverband Deutscher Kapitalbeteiligungsgesellschaften e.V. (BVK) [→Adressenverzeichnis] erfragt werden.

Zur Finanzierung betrieblicher Vorhaben wie Bau-, Maschinen- und Einrichtungsinvestitionen, Warenlageraufstockung, Innovationen, Markterschließung usw. gewähren die öffentlich geförderten **Mittelständischen Beteiligungsgesellschaften (MBG)** [→Adressenverzeichnis] Beteiligungen in Form von typisch stillen Beteiligungen bis zur Höhe von 2 Mio. DM. Empfänger sind kleine und mittlere Unternehmen, denen die Beteiligung mit einer Laufzeit von bis zu 15 Jahren gewährt wird. Mittelständische Kapitalbeteiligungsgesellschaften (MBG) sind in allen Bundesländern vertreten.

Je mehr Eigenkapital Sie haben, desto besser:

- als Sicherheits- und Risikopolster
  um finanzielle Engpässe zu vermeiden, die zum Konkurs führen
- als Zeichen für die Kreditwürdigkeit
  gegenüber Geldgebern. Denn wer bereit ist, auch eigenes Geld zu riskieren, erweckt mehr Vertrauen bei Kreditgebern.

Der Eigenkapitalanteil sollte **nicht unter 20%** liegen !

1.2.2 Die Fremdfinanzierung

Die Gründung eines eigenen Unternehmens erfordert meist einen so hohen Kapitaleinsatz, der die eigenen finanziellen Möglichkeiten übersteigt. Wenn das vorhandene Eigenkapital nicht ausreicht, muß über eine optimale Fremdfinanzierung nachgedacht werden.

Es gibt eine Vielzahl von Möglichkeiten, Fremdkapital zu beschaffen. Dabei handelt es sich um Kredite. Quellen sind:

- Langfristiger Bankkredit (Investitionskredit)
  zur langfristigen Finanzierung des Anlagevermögens (Grundstücke, Gebäude, Maschinen, Kraftfahrzeuge usw.),
- öffentliche Finanzierungshilfen
  zur langfristigen Finanzierung des Anlagevermögens (Grundstücke, Gebäude, Maschinen, Kraftfahrzeuge usw.),
- Kredit von Verwandten und Freunden,
- Lieferantenkredit
  zur kurzfristigen Finanzierung des Umlaufvermögens (Warenfinanzierung),
- Kontokorrentkredit
  zur kurzfristigen Finanzierung des Umlaufvermögens (Betriebsmittelfinanzierung),
- Einrichtungskredit
  zur langfristigen Finanzierung des Geschäftsausstattung. In einigen Branchen sind Lieferanten (z. B. Brauereien) bereit, ihre Kunden zu unterstützen. Dies ist in der Regel mit dem Abschluß von Lieferverträgen gekoppelt, die die unternehmerische Entscheidungsfreiheit stark einschränken.

Beim **Kontokorrentkredit** stellen die Kreditinstitute den Unternehmen für ihr Geschäftskonto, über das alle laufenden Zahlungen abgewickelt werden, einen Kreditrahmen (ähnlich dem Dispositionskredit für Privatkunden) zur Verfügung. Die Kreditausnutzung ergibt sich aus den täglichen Dispositionen bis zur vereinbarten Obergrenze. Zu verzinsen ist nur die tatsächliche Inanspruchnahme des Kredits.

Faustregel für den Kontokorrent-Kreditrahmen: **1 Monatsumsatz**

Die Konditionen sind von Bank zu Bank sehr unterschiedlich. Sie hängen stark vom Verhandlungsgeschick des Existenzgründer ab. Es ist zu empfehlen, klare Vereinbarungen mit der Hausbank zu treffen.

Für den in Anspruch genommenen Kredit sind Zinsen fällig, die meist höher sind als für ein langfristigen Investitionskredit. Letztendlich hängt die Höhe des Zinssatzes von der Bonität des Unternehmens, den Sicherheiten und von der Größenordnung des Kredites ab.

Wird die vereinbarte Kreditlinie allerdings überschritten, so wird in der Regel ein Überziehungszins fällig, der dem Kontokorrentzins hinzugerechnet wird.

Für die Bereitstellung des Kreditrahmens stellen manche Banken zusätzlich noch eine Kreditprovision in Rechnung.

Tip Vermeiden Sie möglichst die Überziehung der eingeräumten Kontokorrent-Linie. Zeichnet sich allerdings eine Überziehung ab, sollten Sie dies vorher mit Ihrer Bank absprechen. Häufen sich jedoch die Überziehungen, müssen Sie mit Ihrer Bank über eine Erhöhung der Kreditlinie verhandeln.

!

Der **Lieferantenkredit** gewährt ein Zahlungsziel zwischen dem Zeitpunkt der Lieferung der Ware und der Bezahlung der Rechnung. Dem Kunden wird häufig eine Zahlungsfrist eingeräumt. Er hat dann die Gelegenheit, innerhalb dieses Zeitraumes die Ware zu verarbeiten oder zu verkaufen. Allerdings ist der Lieferantenkredit ein sehr teurer Kredit.

Trotz der hohen Zinsbelastung wird der Lieferantenkredit gern in Anspruch genommen, da er ohne Formalitäten gewährt wird. Außerdem müssen keine Sicherheiten gestellt werden. In der Regel wird die Ware unter Eigentumsvorbehalt geliefert.

Beispiel: Für eine Warenlieferung im Wert von 1.000,– DM wird die folgende Zahlungsvereinbarung getroffen: »Zahlung innerhalb von 14 Tagen nach Rechnungsdatum mit Abzug von 2% Skonto oder innerhalb von 30 Tagen ohne jeden Abzug.«

Falls der Kunde die Ware erst nach 30 Tagen ohne Abzug von Skonto bezahlt, nimmt er einen Lieferantenkredit für 16 Tage in Anspruch. Dieser kostet

$$\frac{\text{Skontosatz in }\%\times 360}{\text{Zahlungsziel [Tage]} - \text{Skontofrist [Tage]}} = \frac{2\times 360}{30-14} = 45\,\%\text{ p.a.}$$

Ist der Kunde allerdings klever, nimmt er das Skontoangebot in Anspruch. Er zieht vom Rechnungsbetrag 20,– DM ab und finanziert den Kaufpreis der Ware durch einen Kontokorrent-Kredit (z. B. 11% Zinsen p.a.). Für die 16 Tage zahlt er 4,79 DM Zinsen. Es bleibt ein Überschuß in Höhe von 15,21 DM. Daraus folgt, daß durch die Ausnutzung des Skontos ein Ertrag von 1,52% entsteht.

! **Tip** Vermeiden Sie den teuren Lieferantenkredit. Vereinbaren Sie stattdessen mit Ihrer Bank eine höhere Kontokorrent-Kreditlinie.

Das **Leasing** stellt eine Alternative zu traditionellen Finanzierungsformen dar. Auf der Grundlage eines Leasingvertrages überläßt der Leasing-Geber dem Leasing-Nehmer ein Wirtschaftsgut über einen bestimmten Zeitraum gegen Entgelt zur Nutzung. Der Leasing-Nehmer mietet also ein Wirtschaftsgut, anstatt zu kaufen. Nach dem Verpflichtungscharakter des Vertrages unterscheidet man:

- **Operating-Leasing**
  Das Operating-Leasing stellt ein kurzfristiger Mietvertrag (Laufzeit 3–5 Jahre) dar, der vom Mieter und auch vom Vermieter unter Einhaltung einer bestimmten Frist jederzeit kündbar ist. Nahezu alle Risiken liegen beim Vermieter.
- **Finance-Leasing**
  Zwischen dem Leasing-Nehmer und dem Leasing-Geber wird ein langfristiger Vertrag geschlossen, der über einen längeren Zeitraum hinweg unkündbar ist. Während dieser Grundmietzeit, die kürzer als die betriebsgewöhnliche Nutzungsdauer des Wirtschaftsgutes ist, trägt der Leasing-Nehmer das volle Investitionsrisiko und in der Regel auch die Wartungskosten.

Leasingverträge sind auf die Bedürfnisse der gewerblichen Wirtschaft zugeschnitten. Es besteht ein großer Verhandlungsspielraum.

Eine **Bürgschaft** wird notwendig, wenn für langfristige Kredite mit regelmäßiger Tilgung bankmäßige Sicherheiten nicht oder nicht mit erforderlichem Umfang zur Verfügung stehen. Diese kann entweder von dritter Seite (z. B. Verwandten, Lieferanten des Existenzgründers) gewährt werden, es kann aber auch die Ausfallbürgschaft einer **Bürgschaftsbank** [→Adressenverzeichnis] beantragt werden. Bürgschaftsbanken sind Selbsthilfeeinrichtungen der mittelständischen gewerblichen Wirtschaft. Den Großteil des Risikos tragen Bund und Land in Form von Rückbürgschaften. Es können Ausfallbürgschaften bis zu einer Höhe von 1,5 Mio. DM übernommen werden. Die Höhe des Bürgschaft ist grundsätzlich auf 80% des Kreditbetrages begrenzt. Die restlichen 20% bleiben im Eigenrisiko der Hausbank. Für die Bürgschaft ist eine einmalige Bearbeitungsgebühr (i.d.R. 1,0%) sowie laufende Provisionen (i.d.R. 1,0% p.a.) des Bürgschaftsobligos zu zahlen.

Die Bürgschaft entbindet den Kreditnehmer nicht von der Haftung für den Kreditbetrag. Es wird nur die fehlende Sicherheit ausgeglichen.

1.3 Die Finanzierungsregeln

Hinweise für die zweckmäßige Finanzierung einer Existenzgründung bilden die sog. Finanzierungsregeln, die darauf abstellen, wie lange die Mittel im Unternehmen gebunden sind.

Goldene Finanzierungsregel
Die Kapitalüberlassungs- und Kapitalbindungsdauer muß übereinstimmen (Fristenkongruenz von Mittelherkunft und Mittelverwendung).

Goldene Bilanzregel
Die goldene Bilanzregel besagt in ihrer engsten Fassung, daß das Anlagevermögen mit Eigenkapital zu finanzieren sei, in einer weiteren Fassung, daß das Anlagevermögen langfristig, also mit Eigenkapital und langfristigem Fremdkapital finanziert werden müsse. Diese Faustregel kann dahingehend erweitert werden, daß alles langfristig gebundene Kapital auch langfristig zu finanzieren ist. Das bedeutet, daß zum Anlagevermögen auch die langfristig gebundenen Teile des Umlaufvermögens (sog. eiserner Bestand zur Aufrechterhaltung der Betriebsbereitschaft) zu zählen sind. Die übrigen Teile des Umlaufvermögens können kurzfristig finanziert werden.

Die **Anlagenfinanzierung** ist wesentlich für die Beurteilung der Kapitalausstattung eines Unternehmens. Anlagegegenstände sind langfristig gebundenes Kapital und müssen daher auch entsprechend durch langfristiges Kapital finanziert werden.

$$\text{Anlagendeckung} = \frac{\text{Eigenkapital}}{\text{Anlagevermögen}} \times 100$$

$$\text{Anlagendeckung} = \frac{\text{langfristiges Kapital}}{\text{Anlagevermögen}} \times 100$$

1.4 Der Finanzierungsplan

Im Finanzierungsplan wird die Mittelherkunft dargestellt. Es wird aufgezeigt, welche Finanzierungsquellen zur Deckung des benötigten Anlage- und Umlaufvermögens sowie der Anlaufkosten notwendig sind. Dadurch werden Liquiditätsengpässe von vornherein vermieden. Grundlage für den Finanzierungsplan ist der Kapitalbedarfsplan.

Finanzierungsplan		
	DM	DM
Eigenmittel		
• Bereits vorhandene liquide Mittel	....	
• Bis zur Betriebseröffnung zusätzlich zur Verfügung stehende liquide Mittel	....	
• Eigenleistungen (z. B. bei Umbau oder Renovierung)	....	
• Investitionszuschüsse	....	
• ERP-Eigenkapitalhilfe (EKH)	....	
• Zuschuß (z. B. Meistergründungsprämie)	....	
Eigenfinanzierung		
Fremdmittel		
Langfristige Fremdfinanzierung		
• Fördermittel	....	
• Hausbankmittel	....	
• Sonstige Fremdfinanzierung, z. B. Verwandten- oder Versicherungsdarlehen, Verkäuferdarlehen	....	
Langfristige Fremdmittel, insges.		
Kurzfristige Fremdfinanzierung		
• Kontokorrentkredit der Hausbank	....	
• Lieferantenkredite, Wechselkredite usw.	....	
Kurzfristige Fremdmittel, insges.		
Finanzierungsmittel, insges.		

Abb. 95: Finanzierungsplan

1.5 Die Kreditverhandlungen

Für den Existenzgründer ist der Weg zur Bank unumgänglich. Der erste Kontakt wird in der Regel mit der Hausbank hergestellt. Da die Kreditkonditionen der Banken oft erheblich voneinander abweichen, sollten Sie sich auch bei anderen Banken Angebote einholen.

Die Geschäftsbeziehungen zwischen dem Kunden und seiner Bank bilden ein gegenseitiges Vertrauensverhältnis. Der Kreditgeber gründet sein Vertrauen auf die in der Zukunft liegende Rückzahlung des überlassenen Kapitals. Trotz fundierter Unternehmensplanung bleibt durch den Zeitfaktor immer eine Unsicherheit beim Einschätzen der wirtschaftlichen Entwicklung eines Kreditnehmers. Diese Unwägbarkeit gleicht üblicherweise die Vereinbarung von Sicherheiten aus.

Machen Sie zu Ihrer **Kreditanfrage** hinreichend genaue Angaben zur **Kredithöhe** und zum **Verwendungszweck**. Als Grundlage dient der Kapitalbedarfsplan und der darauf aufbauende Finanzierungsplan. Bestehen Sie auf die Einbeziehung von öffentlichen Fördermitteln. Legen Sie der Bank Ihr komplettes Unternehmenskonzept vor, aus dem sich die Marktchancen Ihrer Geschäftsidee unter Berücksichtigung der Konkurrenzsituation und flankierendem Marketingkonzept entnehmen lassen.

Die **Kreditprüfung** besteht aus der Kreditwürdigkeitsprüfung und der Kreditfähigkeitsprüfung. Der Umfang der Kreditprüfung hängt vom beabsichtigten Kreditvolumen, der beabsichtigten Kreditüberlassungsdauer und der Qualität der Kreditbesicherung ab. Dabei spielt es keine Rolle, ob Kredite aus Mitteln der Bank oder aus öffentlichen Mitteln gewährt werden soll.

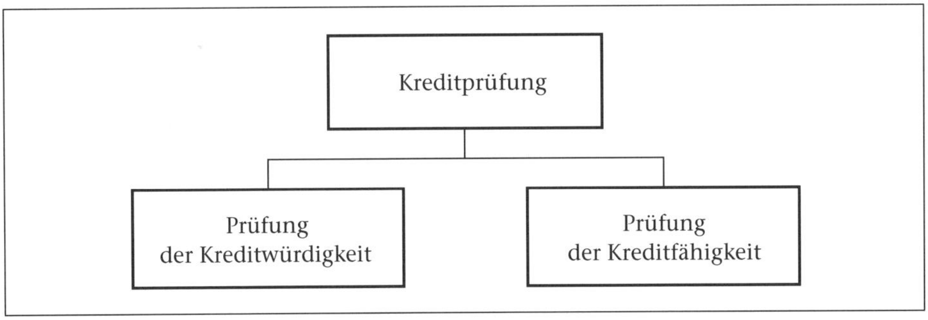

Abb. 96: Teilbereiche der Kreditprüfung

Die wichtigsten Pflichten des Kreditnehmers (und der Bank) sind in den »Allgemeinen Geschäftsbedingungen (AGB)«, den »Allgemeinen Bedingungen für gewerbliche Darlehen« und im Kreditwesengesetz (KWG) geregelt. § 18 KWG verlangt von den Kreditinstituten, die **Kreditwürdigkeit** von Kreditnehmern sorgfältig zu prüfen.

Bei der **Kreditwürdigkeitsprüfung** stellt die Bank auf das Vertrauen in die für die Kreditrückzahlung verantwortliche Person ab. Dabei werden folgende Kriterien berücksichtigt:

- Persönliche Voraussetzungen
  Die allgemeinen persönlichen und wirtschaftlichen Verhältnisse (bestehende Verbindlichkeiten, bisherige Kontenführung), Branchenkenntnisse, beruflicher Werdegang, Schul-, Aus- und Fortbildung, Art der Lebensführung
- Alter, Familienstand
- Motive für den Schritt in die Selbständigkeit

Die **Kreditfähigkeitsprüfung** besteht aus der rechtlichen und wirtschaftlichen Kreditfähigkeit. Während der Antragsteller bei der **rechtlichen Kreditfähigkeit** fähig sein muß, rechtsgültige Kreditgeschäfte abzuschließen, muß er bei der **wirtschaftlichen Kreditfähigkeit** zukünftig in der Lage sein, den vereinbarten Kapitaldienst in vollem Umfang und termingerecht zu gewährleisten. Zur Offenlegung der wirtschaftlichen Verhältnisse im Rahmen der Existenzgründung ist die Finanzierungsplanung sehr gut geeignet.

Kredite werden nur gewährt, wenn ausreichende **Sicherheiten** zur Verfügung stehen. Die Höhe der Bewertung richtet sich nach dem jeweiligen Wertansatz.

Art der Sicherheit	Wertansatz
Sicherungsübereignung (z. B. Maschinen, Geräte, Fahrzeuge, Einrichtungen, Warenlager usw.) Die sicherungsübereigneten Gegenstände bleiben im Besitz des Unternehmens bzw. des Unternehmers, Eigentümer wird die Bank.	Preis, den die Bank bei einer Veräußerung voraussichtlich erzielen kann.
Grundschuld bzw. Hypothek	i.d.R. bis zu 60% des Verkehrswertes
Risikolebensversicherung	nach Vereinbarung
Bürgschaft der Ehefrau oder Dritter (z. B. Lieferanten, Bürgschaftsbank usw.)	nach Vereinbarung
Kapitallebensversicherung	Rückkaufwert
Festgelder, Sparguthaben, Sparbriefe	in voller Höhe
Festverzinsliche Wertpapiere	i.d.R. 75% des Kurswertes
Aktien	i.d.R. 50% des Kurswertes
Forderungsabtretung	abhängig von der Bonität des Schuldners

Abb. 97: Kreditsicherheiten

Für das **Kreditgespräch** mit der Bank sollten Sie sich gut vorbereiten. Damit das Gespräch in Ihrem Sinne verläuft, sollten Sie folgendermaßen vorgehen:

- Verabreden Sie möglichst rechtzeitig ein Gesprächstermin.
- Schaffen Sie Vertrauen und geben Sie von sich aus alle notwendigen Informationen.
- Zeigen Sie, daß Sie von Ihrem Vorhaben total überzeugt sind.
  Für die Kredite haften Sie persönlich. Ihre Bank wird mißtrauisch, wenn Sie an einer Begrenzung der Haftung interessiert sind. Kreditinstitute unterstützen nicht gern Existenzgründer, die selbst Zweifel am eigenen Erfolg haben.
- Legen Sie der Bank folgende Unterlagen vor:
  - Unternehmenskonzept (Business-Plan)
  - Investitionsplan (mit Angeboten bzw. Kostenschätzungen), Kostenplan
  - Ertragsvorschau (Rentabilitätsvorschau)
  - Lebenslauf, beruflicher Werdegang
  - Ausbildungsnachweise (bei zulassungspflichtigen Gewerben: Prüfungen, Befähigungsnachweise)
  - Unbedenklichkeitsbescheinigung des Finanzamtes (Nachweis, daß keine Steuerschulden bestehen)
  - Selbstauskunft
  - Aufstellung des privaten Vermögens und der Schulden
  - Aufstellung der Lebenshaltungskosten (Miete, Nebenkosten, Versicherungen, Nahrungsmittel, Schulden usw.)
  - Kauf-, Miet- oder Pachtvertrag, Gesellschaftsvertrag
  - bei fertigem Objekt: Fotos
- Lassen Sie sich nicht unter Druck setzen. Geben Sie Ihre Unterschrift erst dann, wenn Sie sich ganz sicher sind.

Tip Akzeptieren Sie nicht zu leichtfertig jede angebotene Kondition. Haben Sie keine Scheu, das Gespräch mit der Bitte um Bedenkzeit abzubrechen. !

Das Ergebnis des Kreditgesprächs sollte ein optimaler **Finanzierungsmix** aus öffentlichen Mitteln und Hausbankmitteln sein. Dementsprechend werden die **Kreditanträge** formuliert.

Die ERP-Eigenkapitalhilfe (EKH) mit ihren günstigen Konditionen sollte immer einbezogen werden. Sie bleibt jedoch i.d.R. auf 25% der Investition beschränkt. 15% der benötigten Gesamtsumme sollte als Eigenmittel zur Verfügung stehen. Somit sind noch 60% ungedeckt. 42% der gesamten Investitionssumme können durch ein ERP-Darlehen finanziert werden. Mehr ist nicht möglich, weil die Grenze für öffentliche Mittel die förderfähige Bemessungsgrundlage in den alten Ländern zwei Drittel (67%) der Investition, in den neuen Bundesländern 85% nicht überschreiten darf. Weitere 8% der benötigten Gesamtsumme lassen sich über das DtA-Existenzgründungsprogramm finanzieren. Unter Einbeziehung öffentlicher Mittel sind bis zu 75% der Investition möglich. Werden diese 75% allerdings nicht in vollem Umfang durch öffentliche Mittel ausgeschöpft, so kann der Anteil des DtA-Existenzgründungsprogramms bis zu dieser Grenze ausgedehnt werden. Die restlichen 10% werden i.d.R. über einen Kredit von der Hausbank abgedeckt. Die Förderprogramme der Bundesländer sollten unbedingt mit in die Planung einbezogen werden.

Beispiel: Gründung einer Möbeltischlerei
Zu finanzieren sind:
- ein Hallenneubau für die Fertigung von Fenstern, Türen und Rolläden aus Holz und Kunststoff,
- die entsprechenden Maschinen und Geräte zur Produktion,
- ein Fahrzeug (Transporter),
- das Material- und Warenlager,
- die Markterschließungsaufwendungen für Eröffnungswerbung, Besuch von Fachmessen und -ausstellungen bis zu 6 Monaten nach der Geschäftseröffnung, Kapitalbindung im ersten Geschäftsjahr durch erstmalige Einräumung von Zahlungszielen sowie
- der Betriebsmittelbedarf für die laufenden Kosten in den ersten Monaten.

Investitionsplan	
Bau- und Baunebenkosten	250.000 DM
Maschinen und Geräte	90.000 DM
Fahrzeug	30.000 DM
Material- und Warenlager	30.000 DM
Markterschließung	40.000 DM
Summe Investitionen	440.000 DM
Betriebsmittelbedarf	100.000 DM

Finanzierungsplan	
Eigenmittel	66.000 DM
ERP-Eigenkapitalhilfe (EKH)	110.000 DM
ERP-Existenzgründungs-Darlehen	185.000 DM
DtA-Existenzgründungs-Darlehen	35.000 DM
Hausbankdarlehen	44.000 DM
Summe Finanzierungsmittel	440.000 DM
DtA-Betriebsmittel-darlehen	100.000 DM

Sicherheitenplan	
Kapitalbedarf, insges.	540.000 DM
- Eigenmittel	66.000 DM
- ERP-Eigenkapitalhilfe (EKH)	110.000 DM
- Sicherungsübereignung	60.000 DM
- Rückkaufwert Lebensversicherung	60.000 DM
- Haftungsfreistellung	128.000 DM
Fehlende Sicherheiten	116.000 DM

Abb. 98: Beispiel für ein Finanzierungsmix

Die Handwerkskammer hat eine uneingeschränkt positive Stellungnahme abgegeben. Die Rentabilitätsvorschau läßt eine langfristige tragfähige Vollexistenz erwarten.

Alle Anforderungen und Fördergrenzen sind beachtet:
- Es sind 15% Eigenmittel vorhanden. Zusammen mit der ERP-Eigenkapitalhilfe (EKH) machen sie 40% der Investitionen aus.
- Das ERP-Existenzgründungsdarlehen überschreitet nicht die Höchstgrenze von 50% der Investition. Alle öffentlichen Fördermittel zusammen bleiben unter 67% (Höchstgrenze in den alten Bundesländern).
- Die öffentlichen Fördermittel (ERP) und das DtA-Darlehen beschränken sich auf 75% der Investitionen.
- Der Anteil des Warenlagers bleibt unter 30%.
- Die Markterschließungsaufwendungen können bis max. 10% der Investition mitfinanziert werden.
- Es sind nicht genügend Sicherheiten vorhanden. Die Hausbank beantragt für das ERP-Existenzgründungsdarlehen und die DtA-Darlehen eine Haftungsfreistellung von 40% (Höchstgrenze in den alten Bundesländern). Die restliche fehlende Sicherheit übernimmt eine Bürgschaftsbank (80% des Kreditbetrages) und die Hausbank (20% des Kreditbetrages).

Das erfolgreiche Ergebnis der Kreditanfrage ist die Kreditzusage.

Tip Sollte die Hausbank Ihren Kreditantrag trotz aller Bemühungen ablehnen, so lassen Sie sich auf jeden Fall die Gründe dafür nennen, damit Sie Ihr Konzept auf eventuelle Schwachstellen überarbeiten können. **!**

1.6 Der Kapitaldienst

Nach dem erfolgreichen Abschluß der Kreditverhandlungen muß der **Kapitaldienst** berechnet werden. Für jeden Kredit ist die Tilgung, der Zins und die Gesamtbelastung in absoluten Beträgen für die kommenden Jahre in eine Tabelle einzutragen Die Summe der jährlichen Gesamtbelastung geht in die Erfolgsrechnung und in die Liquiditätsrechnung ein.

Aus der Rentabilitätsvorschau muß nun ermittelt werden, ob aus dem zu erwartenden Betriebsergebnis der Kapitaldienst erbracht werden kann und auch für die Deckung der privaten Ausgaben ausreichende Mittel erwirtschaftet werden. Der **Cash-Flow** stellt die verfügbaren erarbeiteten Mittel dar. In dem **erweiterten Cash-Flow** sind die Abschreibungen und die Fremdkapitalzinsen enthalten. Werden die Abschreibungen voll als Finanzierungsmittel eingesetzt, muß berücksichtigt werden, was aus den Abschreibungen für Neuinvestitionen eingesetzt werden soll.

Kapitaldienst					
Nr.	Finanzierungsart und Konditionen	Betrag [DM]	1. Jahr		
			Tilgung [DM]	Zins [DM]	Gesamt [DM]
1					
2					
3					
4					
5					
Summe					

Abb. 99: Kapitaldienst

Für den Kapitaldienst stehen somit zur Verfügung:

	Zinsen	.... DM
+	Abschreibungen	.... DM
+	Einkommenüberschuß	.... DM
–	Neuinvestitionen	.... DM
=	Kapitaldienstgrenze	.... DM

Die **Kapitaldienstgrenze** wird in den ersten beiden Jahren in der Regel nur mit den Zinsen belastet. Ab dem dritten Jahr erhöht sich die Beanspruchung dann jedoch wegen der Einsetzung der Tilgung. Beruhigend ist, daß in den tilgungsfreien Jahren eine ausreichende Liquiditätsreserve verbleibt. Damit können unvorhergesehene Einflüsse während der Anlaufphase bewältigt werden.

2 Die Förderprogramme zur Finanzierung der Existenzgründung

Die Förderprogramme sollen den Aufbau eines leistungsfähigen und breitgefächerten Mittelstand unterstützen. Grundsätzlich muß jede Beihilfe (Förderung) – entweder als Einzelmaßnahme oder als Förderprogramm – bei der Europäischen Union (EU) notifiziert, d. h. angemeldet und von der EU-Kommission genehmigt werden. Ausgenommen von der Notifizierungspflicht sind sog. »de minimis«-Beihilfen. Das ist dann der Fall, wenn der beizulegende Beihilfebetrag

(Subventionswert), den dasselbe Unternehmen innerhalb von 36 Monaten erhält, den absoluten Höchstbetrag (»de minimis«-Schwellenwert) von 100.000 EUR (195.583 DM) nicht übersteigt.

Bestimmte Beihilfen dürfen nur zugunsten sogenannter KMU (kleine und mittlere Unternehmen gewährt werden. Zur Zeit enthält der »Gemeinschaftsrahmen für staatliche Beihilfen an kleine und mittlere Unternehmen« folgende Definition für **kleine und mittlere Unternehmen (KMU):** Betriebe, die

- nicht mehr als 250 Personen beschäftigen *und* entweder
- einen Jahresumsatz von höchstens 40 Mio. EUR (78,2 Mio. DM) erzielen *oder* eine Jahresbilanzsumme von höchstens 27 Mio. EUR (52,8 Mio. DM) haben *und*
- nicht zu 25% oder mehr des Kapitals oder der Stimmanteile im Besitz eines oder mehrerer Unternehmen gemeinsam stehen, welche die Definition der KMU bzw. der kleinen Unternehmen nicht erfüllen (Unabhängigkeitskriterium).

Die Definition für **kleine Unternehmen** (KU) spielt beispielsweise in der Regionalförderung eine große Rolle: Betriebe, die

- weniger als 50 Personen beschäftigen *und* entweder
- einen Jahresumsatz von höchstens 7 Mio. EUR (13,7 Mio. DM) erzielen *oder* eine Jahresbilanzsumme von höchstens 5 Mio. EUR (9,8 Mio. DM) haben *und*
- nicht zu 25% oder mehr des Kapitals oder der Stimmanteile im Besitz eines oder meherer Unternehmen gemeinsam stehen, welche die Definition der KMU bzw. der kleinen Unternehmen nicht erfüllen (Unabhängigkeitskriterium).

Bei großen Unternehmen ist ein Einzelnotizifierungsverfahren bei der Europäischen Kommission erforderlich.

Existenzgründungen werden durch Bund, Länder und Europäische Union (EU) gefördert.

Förderprogramme des Bundes	Förderprogramme der Länder	Förderprogramme der EU
• Darlehen • Beteiligungen • Bürgschaften • Investitionszuschüsse • Investitionszulagen • Sonderabschreibungen	• Darlehen • Beteiligungen • Bürgschaften • Zuschüsse	• Darlehen • Beteiligungen • Zuschüsse

Abb. 100: Förderprogramme des Bundes, der Länder und der Europäischen Union

Die **Förderprogramme der Europäischen Union** sind für den durchschnittlichen Existenzgründer wenig geeignet. Aktuelle Informationen über die ausgeschriebenen Programme sind sehr schwer zugänglich. Außerdem ist das Antragsverfahren kompliziert und zeitaufwendig. Die Anträge müssen oft in einer zweiten EU-Sprache gestellt werden. Viele Programme verlangen Partnerschaften zwischen den Unternehmen aus verschiedenen EU-Staaten.

Wer sich für EU-Programme interessiert, sollte deshalb professionelle Hilfe in Anspruch nehmen. Erste Anlaufstellen sind die **Relay Centres** und die **European Information Centres** [→Adressenverzeichnis]. Dort informieren Experten über alle aktuellen EU-Programme, suchen die passende Förderung heraus und sind bei der Antragstellung behilflich. Die Grundberatung ist kostenlos. Für die Bewerbung ist eine Gebühr zu zahlen, allerdings nur im Erfolgsfall.

Bei einer gemeinschaftlichen Existenzgründung kann i.d.R. *jeder* Partner die öffentlichen Fördermittel in Anspruch nehmen, bis hin zur Ausschöpfung der jeweiligen Programm-Höchstbeträge.

Die Förderprogramme unterliegen ständigen Änderungen. Eine Gewähr über die folgenden Angaben kann deshalb nicht übernommen werden. Maßgeblich ist immer der Text der jeweils gültigen Förderrichtlinie.

2.1 Die Förderprogramme des Bundes

Die ERP-Programme

Die ERP-Kredite aus dem Sondervermögen des Bundes sind eine wichtige Finanzierungshilfe bei der Gründung und zur Finanzierung eines leistungsfähigen Mittelstandes. Grundsätzlich kann jede volkswirtschaftlich förderungswürdige Investition von mittelständischen Unternehmen und Angehörigen Freier Berufe (meist ausgenommen sind Heilberufe) zur Schaffung und Erhaltung von Arbeitsplätzen gefördert werden. Angehörige der Heilberufe, z. B. Ärzte, Zahnärzte, Apotheker usw. haben die Möglichkeit, EKH-Darlehen sowie Bürgschaften zur Absicherung benötigter Kredite (ggf. auch der Kredite von KfW und DtA) in Anspruch zu nehmen.

Kleine und mittlere Unternehmen	Umweltschutz und Energieeinsparung	Sonstige Maßnahmen
• Regionalprogramm • Existenzgründungen • Aufbauprogramm • Kapitalbeteiligungen • Darlehen an Bürgschaftsbanken	• Rationelle Energieverwendung • Abwasserreinigung • Luftreinhaltung • Abfallwirtschaft	• Exportfinanzierung

Abb. 101: Schwerpunkte der ERP-Förderung

Ausschließlich in den neuen Bundesländern kommt das ERP-Aufbauprogramm zum Einsatz. Das ERP-Regionalprogramm dagegen ist für Antragsteller aus den alten Bundesländern bestimmt. Die übrigen Programme, insbesondere für Existenzgründungen und Umweltschutz, stehen Kreditnehmern in den neuen wie in den alten Bundesländern offen, in den neuen Bundesländern jedoch zu günstigeren Konditionen.

In den alten Bundesländern ist die ERP-Förderung angesichts des vordringlichen Bedarfs in den neuen Bundesländern auf die wesentlichen Programme und Verwendungszwecke (Existenzgründungsförderung, betriebliche Umweltschutzmaßnahmen, Flankierung der Regionalförderung) konzentriert worden.

Der ERP-Kredit unterscheidet sich mit Ausnahme der Konditionen im wesentlichen nicht vom kommerziellen Investitionskredit einer Bank oder Sparkasse. Er wird nicht vom Bundesministerium für Wirtschaft und Technologie (Verwaltung des ERP-Sondervermögens) unmittelbar gewährt, sondern über eines der Hauptleihinstitute des ERP-Sondervermögens - Kreditanstalt für Wiederaufbau (KfW), Frankfurt/Main; Deutsche Ausgleichsbank (DtA), Bonn - an die Hausbank des Kreditnehmers geleitet, die für die Kreditrückzahlung in der Regel auch die Haftung übernimmt.

Für den ERP-Kredit gelten die Allgemeinen Bedingungen für die Vergabe von ERP-Mitteln.

Anträge auf Gewährung eines ERP-Kredites können bei einem beliebigen Kreditinstitut nach Wahl des Antragstellers gestellt werden. Die Banken oder Sparkassen beraten auch, welche Finanzierungsmöglichkeiten bestehen und prüfen die Anträge und die Kreditwürdigkeit der Antragsteller. Sie übernehmen im allgemeinen die volle Haftung für den Kredit und leiten die Unterlagen an das für die Programmdurchführung zuständige Hauptleihinstitut.

Soweit für einzelne Programme nichts anderes bestimmt ist, entscheidet das Hauptleihinstitut über die Gewährung des Kredits und stellt bei positiver Entscheidung die bewilligten Mittel dem Kreditinstitut zur Auszahlung an den Kreditnehmer zur Verfügung.

Die Hauptleihinstitute stellen darüber hinaus auch eigene Mittel für die gleichen Vorhaben zur Verfügung. Die ebenfalls langfristig bereitstehenden Mittel sind besonders interessant zur Ergänzung oder anstelle von ERP-Krediten, da diese oftmals vom Höchstbetrag her limitiert oder an strengere Voraussetzungen geknüpft sind. So gewähren z. B. die KfW und die DtA Investitionsdarlehen verschiedener Art auf dem Gebiet des Umweltschutzes und zur Finanzierung gewerblicher Unternehmen.

Vorteile der ERP-Kredite

- günstiger Zins, fest über die volle Laufzeit
- lange Laufzeiten
- keine Tilgung in den ersten Jahren
- jederzeit vorzeitige Rückzahlbarkeit ohne Mehrkosten

Allgemeine Bedingungen für die Vergabe von ERP-Mitteln
(vom 17. Januar 1997)

1. Förderungswürdigkeit
Die ERP-Mittel dienen der Förderung der deutschen Wirtschaft. Es werden nur Vorhaben berücksichtigt, die volkswirtschaftlich förderungswürdig sind, die wettbewerbs- und Leistungsfähigkeit der geförderten Unternehmen steigern und einen nachhaltigen wirtschaftlichen Erfolg erwarten lassen. ERP-Mittel sollen nur gewährt werden, wenn die Durchführung des Vorhabens ohne diese Förderung wesentlich erschwert würde. Dabei sind auch die wirtschaftlichen Gesamtverhältnisse der Eigentümer zu berücksichtigen. Sanierungsfälle sind ausgeschlossen.

2. Investitionsfinanzierung
Die ERP-Mittel werden für die Finanzierung von Investitionen mit langfristigen Finanzierungsbedarf zur Verfügung gestellt. Die Laufzeit von ERP-Darlehen soll die betriebsgewöhnliche Nutzungsdauer nicht überschreiten; bei Bauten darf sie höchstens 20 Jahre betragen. Im Interesse einer baldigen Wiederverwendung der ERP-Mittel für neue Vorhaben soll die nach Lage des Falles kürzestmögliche Laufzeit vereinbart werden. Verschiedene Laufzeiten können zu einer Durchschnittslaufzeit zusammengefaßt werden.

3. Anteilsfinanzierung
Die ERP-Mittel dienen nur der anteiligen Finanzierung des Vorhabens. Der Empfänger hat sich entsprechend seiner Vermögenslage und Ertragskraft in angemessenem Umfang mit Eigenmitteln und anderen Fremdmitteln an der Gesamtfinanzierung zu beteiligen. Ermäßigen sich die Kosten des Vorhabens oder erhöhen sich andere öffentliche Finanzierungsmittel, werden die ERP-Mittel anteilig gekürzt.

4. Nachfinanzierung
Die ERP-Mittel dürfen nicht für Vorhaben gewährt werden, mit deren Durchführung im Zeitpunkt der Antragstellung bereits begonnen worden ist.

5. Doppelförderung
Die ERP-Mittel dürfen für ein Vorhaben nicht aus verschiedenen Ansätzen im ERP-Wirtschaftsplan gewährt werden. Sie sollen auch nicht neben Zuwendungen aus dem Bundeshaushalt zur Verfügung gestellt werden.

6. Kooperation
Vorhaben kleiner und mittlerer Unternehmen, die diese unter Wahrung ihrer rechtlichen und wirtschaftlichen Selbständigkeit zum Zwecke der zwischenbetrieblichen Zusammenarbeit (Kooperation) durchführen, sollen bevorzugt berücksichtigt werden.

7. Besicherung
Die ERP-Mittel werden grundsätzlich von Kreditinstituten vergeben, die für die Darlehen die volle Haftung übernehmen. Die ERP-Darlehen sind banküblich abzusichern, u. U. durch Bürgschaften der Bürgschaftsbanken/Kreditgarantiegemeinschaften oder der Länder.

8. Rückzahlung
Die ERP-Darlehen sollen in gleichen Halbjahresraten getilgt werden. Sie können vom Endkreditnehmer jederzeit ohne vorherige Kündigung ganz oder teilweise zurückgezahlt werden.

9. Zweckbindung
Die ERP-Mittel sind für den nach den Richtlinien festgelegten Zweck zu verwenden. Sie sind zurückzuzahlen, wenn sie bestimmungswidrig verwendet werden oder die Voraussetzungen für ihre Gewährung sich nachträglich ändern oder entfallen.

10. Vergütung für Kreditinstitute
Die Vergütung für Kreditinstitute ist in dem Zinssatz für ERP-Darlehen enthalten. Sofern ERP-Darlehen an öffentliche Stellen oder deren Unternehmen gewährt werden, sind sie unmittelbar von den Hauptleihinstituten (Kreditanstalt für Wiederaufbau, Frankfurt/Main; Deutsche Ausgleichsbank, Bonn) auszuzahlen.

11. Antragsunterlagen
Der Antrag auf Gewährung von ERP-Mitteln muß eine Beurteilung des Vorhabens ermöglichen und sollte deshalb u. a. folgende Angaben enthalten:
- Beschreibung des Unternehmens einschließlich der in den jeweiligen Einzelrichtlinien vorgesehenen Antragsberechtigung,
- letzte Jahresabschlüsse oder vergleichbare Unterlagen,
- Beschreibung des Vorhabens unter Berücksichtigung des in den jeweiligen Einzelrichtlinien vorgesehenen Verwendungszwecks,
- Kosten- und Finanzierungsplan,
- künftige Erfolgserwartungen,
- Besicherungsvorschlag,
- ggf. Nachweis der fachlichen Eignung.

Erforderlichenfalls kann ein Fachgutachten verlangt werden. Zur Vereinfachung stehen Antragsvordrucke zur Verfügung. Der Antrag muß die Versicherung enthalten, daß die Angaben vollständig und richtig sind. Die Angaben über die Antragsberechtigung und über den Verwendungszweck sind subventionserheblich im Sinne von § 264 StGB in Verbindung mit § 2 Subventionsgesetz.

12. Rechtsanspruch
Ein Rechtsanspruch auf ERP-Mittel besteht nicht. Die Gewährung und Bemessung der einzelnen Darlehen richtet sich nach dem Umfang der vorhandenen Mittel.

13. Auskunftspflicht, Prüfung
Den Beauftragten des ERP-Sondervermögens sind auf Verlangen erforderliche Auskünfte zu erteilen, Einsicht in Bücher und Unterlagen sowie Prüfungen zu gestatten. ERP-Mittel dürfen nur gewährt werden, wenn der Antragsteller sich damit einverstanden erklärt hat, daß das Bundesministerium für Wirtschaft und Technologie dem Wirtschaftsausschuß des Deutschen Bundestages im Einzelfall den Namen des Antragstellers, Höhe und Zweck des Darlehens in vertraulicher Weise bekannt gibt, sofern der Wirtschaftsausschuß dies beantragt.
Der Antragsteller muß ebenfalls damit einverstanden sein, daß die Bundesregierung Name, Anschrift, Wirtschaftszweig, Beihilfebetrag, förderfähige Kosten des Vorhabens und Gesamtkosten des Vorhabens an die Europäische Kommission übermittelt, sofern er zu den 50 am meisten Begünstigten im jeweiligen ERP-Programm gehört.

Abb. 102: Allgemeine Bedingungen für die Vergabe von ERP-Mitteln

Das **ERP-Eigenkapitalhilfeprogramm (EKH-Programm)** ist ein außerordentlich attraktives Förderprogramm für Existenzgründer. Die Eigenkapitalhilfe ist ein eigenkapitalähnliches Darlehen, das zu einer ausreichender Eigenkapitalbasis im Zusammenhang mit Gründungen und Erwerb von Unternehmen bzw. freiberuflichen Existenzen sowie Übernahme von tätigen Beteiligungen beitragen soll. Heilberufe (z. B. Ärzte, Zahnärzte, Apotheker, Masseure, Heilpraktiker, Krankengymnasten und Tierärzte) werden in allen Bundesländern gefördert.

An die Förderung werden u. a. folgende Bedingungen gestellt:
- Der Nachweis eines nachhaltig tragfähigen Unternehmenskonzeptes,
- Qualifikation des Antragstellers,
- unzureichende Eigenmittel,
- mittelständischer Charakter sowie rechtliche und wirtschaftliche Selbständigkeit des Unternehmens,
- Antragstellung vor Beginn des Vorhabens.

Die Eigenkapitalhilfe (EKH) wird nur gewährt, wenn ohne sie die Durchführung des Vorhabens, insbesondere wegen einer nicht angemessenen Basis an haftendem Kapital, wesentlich erschwert würde. Der Antragsteller muß vorhandene eigene Mittel in angemessenem Umfang für die Finanzierung des Vorhabens zur Verfügung stellen. Es gilt Subsidiarität zu eigenen Mitteln und sonstigen Finanzierungsmöglichkeiten.

Im Zeitpunkt der Antragstellung darf mit der Durchführung des Vorhabens noch nicht begonnen worden sein.

Vom Antragsteller wird erwartet, daß er die Schwerpunkte seiner unternehmerischen/freiberuflichen Tätigkeit darlegt sowie anhand geeigneten Zahlenmaterials die **Erfolgsaussichten** seines Vorhabens begründet. Aus dem Vorhabenskonzept und aus der Umsatz-, Kosten- und Ertragsvorschau muß hervorgehen, daß eine nachhaltig tragfähige Vollexistenz erwartet werden kann. Diese einzureichenden Unterlagen sollten insbesondere enthalten:
- Entwicklung der Marktbedingungen,
- Standortwahl und -qualität mit den Faktoren Einzugsgebiet, Nachfragepotential, Versorgungs- und Konkurrenzsituation,
- Konkurrenzfähigkeit des eigenen Leistungs- bzw. Lieferangebotes, insbesondere hinsichtlich Qualität, Service, Präsentation und Preis,
- Einschätzung der Wirtschaftlichkeit durch eine realistische Umsatz-, Kosten- und Ertragsvorschau über mehrere Jahre.

Außerdem ist die Stellungnahme einer unabhängigen fachlich kompetenten Stelle beizufügen. Aufgabe dieser Stelle ist es, die Tragfähigkeit und die Angemessenheit des Vorhabens sowie die Qualifikation des Antragstellers unter Berücksichtigung der örtlichen Verhältnisse zu beurteilen. Von der Stelle wird erwartet, daß sie das Vorhabenskonzept und die Umsatz- und Ertragsvorschau einer kompetenten Prüfung unterzieht. Grundsätzlich steht es dem Antragsteller frei, an welche gutachterlich tätige Stelle (z. B. Kammer, Berufsvertreter, Unternehmensberater, Wirtschaftsprüfer) er sich wendet.

Anträge auf Gewährung eines Eigenkapitalhilfe-Darlehens können bei einem beliebigen Kreditinstitut nach Wahl des Antragstellers gestellt werden. Die Banken oder Sparkassen beraten auch, welche Finanzierungsmöglichkeiten bestehen, prüfen die Anträge und leiten die Unterlagen an die Deutsche Ausgleichsbank (DtA) weiter. Die Deutsche Ausgleichsbank (DtA) entscheidet über die Gewährung des Darlehens und stellt bei positiver Entscheidung die bewilligten Mittel dem Kreditinstitut zur Auszahlung an den Kreditnehmer zur Verfügung. Der Darlehensvertrag über die Eigenkapitalhilfe kommt zwischen dem Antragsteller und seiner Hausbank zustande. Die bestimmungsgemäße Verwendung der Mittel ist gegenüber der Hausbank nachzuweisen.

Formale Prüfung	Inhaltliche Prüfung
• Unternehmerische Selbständigkeit • Rechtzeitige Antragstellung • Subsidiarität der Finanzierung	• Förderfähigkeit • Unternehmens-/Vorhabenskonzept • Qualifikation des Antragstellers • Tragfähigkeit der Existenz

Abb. 103: Prüfungskriterien der Deutschen Ausgleichsbank (DtA)

Vorteile der Eigenkapitalhilfe (EKH)
- besonders günstiger Zins, fest für die ersten 10 Jahre
- sehr lange Laufzeiten
- keine Tilgung in den ersten 10 Jahren
- außer der persönlichen Haftung des Antragstellers sind keine weiteren Sicherheiten erforderlich

Nach einem Urteil des Bundesgerichtshofs (BGH) darf die Vergabe öffentlich geförderter Darlehen zur Existenzgründung nicht mehr generell von der Mithaftung des Ehepartners abhängig gemacht werden. Es ist sittenwidrig, die Haftung des Ehepartners unabhängig von dessen Leistungsfähigkeit zu verlangen (Aktz: XI ZR 50/96).

Tip Es besteht kein Rechtsanspruch auf ERP-Mittel !!
Seien Sie deshalb sorgfältig mit der Ausarbeitung Ihres Antrages und reichen ein *überzeugendes* Unternehmenskonzept ein. Die Ablehnungsquote ist insbesondere bei den EKH-Mitteln relativ hoch. Sie gefährden Ihre Existenzgründung, wenn Sie unnötigerweise teuer finanzieren müssen. !

Das Bürgschaftsprogramm
In allen Bundesländern stehen Bürgschaftsbanken zur Verfügung, die sich der Besicherung von Krediten vor allem für Existenzgründer und mittelständische Betriebe annehmen, soweit diese nicht über bankübliche Sicherheiten verfügen und das Unternehmenskonzept tragfähig ist. Bürgschaftsbanken sind

Selbsthilfeeinrichtungen der privaten Wirtschaft, die durch 80%ige Rückbürgschaften des Bundes und des jeweiligen Landes unterstützt werden.

Begünstigt sind Betriebe des privaten gewerblichen Mittelstandes (Handwerk, Handel, Kleinindustrie, Gaststätten- und Dienstleistungsgewerbe usw.) sowie Angehörige Freier Berufe.

Die Bürgschaften werden gegenüber den Kreditinstituten (Hausbank) übernommen, soweit der Kreditnehmer ausreichende Sicherheiten nicht stellen kann. Sie decken bis zu 80% des Ausfalls (Selbstbehalt des Kreditgebers 20%). Der Höchstbetrag der Bürgschaft darf 1,5 Mio. DM im Einzelfall nicht übersteigen. Die Laufzeit der verbürgten Kredite darf bis zu 15 Jahren, bei Bauvorhaben 23 Jahren betragen.

Die Bürgschaftsbanken erheben eine einmalige Bearbeitungsgebühr und eine laufende Bürgschaftsprovision.

Die Bürgschaft ist über die jeweilige Hausbank bei der Bürgschaftsbank des Landes zu beantragen, in dem der begünstigte Betrieb seinen Sitz hat.

Das Programm der Bundesanstalt für Arbeit

Im Rahmen der Arbeitsförderung gewährt das regional zuständige Arbeitsamt Unterstützungen für Existenzgründer:

- **Leistungen zur Aufnahme einer selbständigen Tätigkeit nach § 57 SGB III (Überbrückungsgeld)**
  Arbeitnehmer, die durch Aufnahme einer selbständigen Tätigkeit die Arbeitslosigkeit beenden oder vermeiden und davor mindestens vier Wochen Arbeitslosengeld, Arbeitslosenhilfe oder Kurzarbeitergeld nach § 175 SGB III bezogen haben oder in einer Maßnahme zur Arbeitsbeschaffung nach den §§ 260 bis 271 SGB III oder in einer Strukturanpassungsmaßnahme nach den §§ 272 bis 279 SGB III beschäftigt gewesen sind, können vom Arbeitsamt zur Sicherung des Lebensunterhalts und zur sozialen Sicherung in der Anlaufphase der Existenzgründung ein Überbrückungsgeld erhalten. Voraussetzung dafür ist u.a., daß eine fachkundige Stelle, z.B. die IHK oder die HWK die Tragfähigkeit der Existenzgründung positiv beurteilt.
  Das Überbrückungsgeld wird im Regelfall für die Dauer von 6 Monaten (in Ausnahmefällen auch für einen kürzeren Zeitraum) in Höhe des Betrages geleistet, den der Arbeitnehmer als Arbeitslosengeld zuletzt bezogen hat oder bei Arbeitslosigkeit hätte beziehen können. Es umfaßt auch die auf das Arbeitslosengeld oder auf die Arbeitslosenhilfe allgemein entfallenden Sozialversicherungsbeiträge, die das Arbeitsamt getragen hat oder hätte tragen müssen.
- **Einstellungszuschuß bei Neugründungen nach §§ 225 bis 228 SGB III**
  Arbeitgeber, die vor nicht mehr als zwei Jahren eine selbständige Tätigkeit aufgenommen haben, nicht mehr als fünf Arbeitnehmer beschäftigen, können für die unbefristete Beschäftigung eines zuvor arbeitslosen förderungsbedürftigen Arbeitnehmers auf einem neu geschaffenen Arbeitsplatz einen Zuschuß zum Arbeitsentgelt erhalten.

Unter der Voraussetzung, daß eine fachkundige Stelle dem Unternehmen die Tragfähigkeit des Vorhabens bescheinigt, kann das Arbeitsamt die Einstellung von Arbeitslosen mit einem Zuschuß in Höhe von 50% des berücksichtigungsfähigen Arbeitsentgelts für höchstens zwölf Monate unterstützen. Es können höchstens zwei Arbeitnehmer gleichzeitig gefördert werden.

Alle Leistungen sind nur im Rahmen der vorhandenen Haushaltsmittel möglich. Informationen erteilen die Arbeitsämter. Sie nehmen auch die entsprechenden Anträge entgegen.

Tip Bei Arbeitslosigkeit sollten Sie unbedingt noch *vor* der Existenzgründung mit Ihrem Arbeitsvermittler Kontakt aufnehmen. Das Überbrückungsgeld wird nur gewährt, wenn der Antrag *vor* Aufnahme der selbständigen Tätigkeit gestellt wird. **!**

Programm	Verwendungszweck	Anspruchsberechtigte
ERP-Eigenkapitalhilfeprogramm (EKH-Programm)	Darlehen zur Gründung, Erwerb von Betrieben, Übernahme tätiger Beteiligungen	Existenzgründer im Bereich der mittelständischen gewerblichen Wirtschaft u. d. Freien Berufe
ERP-Eigenkapitalhilfeprogramm – Partnerschaftskapital –	Darlehen zur Finanzierung von Investitionen zusammen mit einem Beteiligungspartner	Unternehmen der mittelständischen gewerblichen Wirtschaft und der Freien Berufe in den neuen Bundesländern
Eigenkapitalergänzungsprogramm (EKE-Programm)	Darlehen zur Finanzierung von Gründungen, Expansionsmaßnahmen oder der Markteinführung von Innovationen	Unternehmen der mittelständischen gewerblichen Wirtschaft in den neuen Bundesländern
ERP-Existenzgründungsprogramm	Darlehen zur Gründung, Erwerb von Betrieben, Übernahme tätiger Beteiligungen	Existenzgründer im Bereich der gewerblichen Wirtschaft und der Freie Berufe (ohne Heilberufe)
ERP-Aufbauprogramm	Darlehen zur Errichtung, Übernahme, Erweiterung, Umstellung, grundlegenden Rationalisierung von Betrieben	Kleine und mittlere Unternehmen der gewerblichen Wirtschaft, Freie Berufe (ohne Heilberufe) in den neuen Bundesländern
ERP-Regionalprogramm	Darlehen zur Errichtung, Erweiterung, Umstellung, grundlegenden Rationalisierung von Betrieben	Kleine und mittlere Unternehmen der gewerblichen Wirtschaft in den Gebieten der GA in den alten Bundesländern und Berlin (West)

ERP-Beteiligungs-programm	Haftendes Eigenkapital zur Errichtung, Erweiterung, Umstellung, grundlegenden Rationalisierung von Betrieben	Kleine und mittlere Unternehmen der gewerblichen Wirtschaft
DtA-Existenz-gründungsprogramm	Darlehen zur Errichtung, Erwerb von Betrieben, Übernahme tätiger Beteiligungen, Investitionen zur Festung selbständiger Existenzen	Existenzgründer, kleine und mittlere Unternehmen der gewerblichen Wirtschaft und Angehörige der Freien Berufe
DtA-Existenzgründungsprogramm – Betriebsmittel –	Darlehen für immaterielle Investitionen, insbes. Aufwendungen zur Markterschließung, Betriebsmittelbedarf	Existenzgründer, kleine und mittlere Unternehmen der gewerblichen Wirtschaft und Angehörige der Freien Berufe
DtA-Betriebsmittel-Ergänzungsprogramm	Darlehen zur Finanzierung des Liquiditätsbedarfes, der durch schleppendes Zahlungsverhalten ihrer Auftraggeber entstanden ist	Kleine Unternehmen der gewerblichen Wirtschaft und wirtschaftsnahe Freie Berufe in den neuen Bundesländern
DtA-Bürgschafts-programm	Bürgschaften zur Errichtung, Erweiterung, Umstellung oder Modernisierung von Betrieben	Kleine und mittlere Unternehmen der gewerblichen Wirtschaft in den neuen Bundesländern
FUTOUR	Zuschüsse und stille Beteiligungen zur Gründung besonders innovativer technologieorientierter Unternehmen	Kleine und mittlere Unternehmen der gewerblichen Wirtschaft in den neuen Bundesländern
KfW-Mittelstands-programm	Darlehen zur Errichtung, Sicherung, Erweiterung, Übernahme von Betrieben	Kleine und mittlere Unternehmen der gewerblichen Wirtschaft, Freie Berufe
KfW-Mittelstands-programm – Liquiditätshilfe –	Darlehen zur Beseitigung von Liquiditätsengpässen	Kleine und mittlere Unternehmen der gewerblichen Wirtschaft, Freie Berufe
Gemeinschaftsaufgabe »Verbesserung der regionalen Wirtschaftsstruktur« (GA)	Investitionszuschüsse zur Errichtung, Erweiterung, Umstellung, Erwerb von Betrieben	Unternehmen der gewerblichen Wirtschaft in den neuen Bundesländern und Berlin (Ost) und ausgewiesene Gebiete in den alten Bundesländern und Berlin (West)

Abb. 104: Übersicht über die Förderprogramme des Bundes für Existenzgründer

2.1.1 ERP-Eigenkapitalhilfeprogramm (EKH-Programm) zur Förderung selbständiger Existenzen in den alten Bundesländern und Berlin (West)

Förderziel/Verwendungszweck

Mit der Eigenkapitalhilfe können zusätzliche risikotragende Mittel zur Verstärkung der Eigenkapitalbasis für angemessene und erfolgversprechende Vorhaben im Bereich der mittelständischen gewerblichen Wirtschaft und der Freien Berufe (einschließlich Heilberufe) in den alten Bundesländern und Berlin (West) zur Verfügung gestellt werden. Die Fördermittel haften unbeschränkt und erfüllen somit Eigenkapitalfunktion.

Es können folgende Vorhaben gefördert werden:

a) Gründung einer selbständigen gewerblichen oder freiberuflichen Existenz, auch durch tätige Beteiligung mit hinreichendem unternehmerischen Einfluß oder Übernahme (soweit die Eigenkapitalhilfe zur wirtschaftlichen Fortführung des Unternehmens erforderlich ist),
b) Festigung einer selbständigen gewerblichen oder freiberuflichen Existenz bis 2 Jahre nach der Existenzgründung.

Die Mittel aus der Eigenkapitalhilfe sind als haftende Mittel ausschließlich und unmittelbar für diese Vorhaben einzusetzen.

Förderart

Es wird ein zinsverbilligtes Eigenkapital-Darlehen gewährt.

Förderumfang und Konditionen ERP-/DtA-Konditionen Faxabruf: (0228) 831-3300

Bemessungsgrundlage für die Eigenkapitalhilfe sind die betriebsnotwendigen Investitionen bzw. ein zu zahlender Kaufpreis sowie Markterschließungsaufwendungen mit längerfristiger Kapitalbindung bis zu 10% der Bemessungsgrundlage. Unternehmen bis zu 50 Beschäftigten können zur Beschaffung bzw. Aufstockung des Waren-, Material- und Ersatzteillagers bis zu 30% der Bemessungsgrundlage ansetzen.

Die eingesetzten eigenen Mittel sollen 15% der Bemessungsgrundlage nicht unterschreiten. Sie können mit Eigenkapitalhilfe bis auf höchstens 40% der Bemessungsgrundlage aufgestockt werden.

Höchstbetrag:	1 Mio. DM insgesamt je Antragsteller für alle Vorhaben
Mindestbetrag:	5.000 DM
Bearbeitungsgebühr:	2,0% der gewährten Eigenkapitalhilfe (einmalig)
Garantieentgelt:	0,7% p.a. der jeweils valutierenden Eigenkapitalhilfe
Laufzeit:	Max. 20 Jahre, längstens bis zur Vollendung des 70. Lebensjahres des Antragstellers
Auszahlung:	96%
Zinssatz:	0% im 1. und 2. Jahr, 3,0% im 3. Jahr, 4,0% im 4. Jahr, 5,0% im 5. Jahr, 6,0% (effektiv 5,57%) im 6. bis 10. Jahr.

	Am Ende des 10. Jahres erfolgt eine Neufestsetzung unter Berücksichtigung des ggf. veränderten Zinsniveaus für die Restlaufzeit.
Tilgung:	Nach 10 tilgungsfreien Jahren in 20 gleichen Halbjahresraten
Sicherheiten:	Persönliche Haftung des Antragstellers. Mithaftung des Ehepartners soweit Vermögensverfügungen zu seinen Gunsten erfolgt sind, die nicht gebräuchlichen Gelegenheitsgeschenken entsprechen. Für den Fall etwaiger Ansprüche auf Zugewinnausgleich muß sich der Ehegatte verpflichten, die Interessen des geförderten Vorhabens angemessen zu berücksichtigen. Bankübliche Sicherheiten sind nicht zu stellen.

Antragsberechtigte

Natürliche Personen, die eine fachliche und kaufmännische Qualifikation nachweisen können. Für Aussiedler gelten erleichterte Bedingungen.

Antragsberechtigt sind Personen aus allen Mitgliedsstaaten der EU und der EFTA, aus anderen Staaten nur dann, wenn eine Aufenthaltsberechtigung oder eine unbefristete Aufenthaltserlaubnis vorliegt oder zu erwarten ist.

Spezielle Voraussetzungen

Es werden nur Vorhaben gefördert, die eine nachhaltig tragfähige selbständige Vollexistenz erwarten lassen.

Der Antragsteller muß vorhandene eigene Mittel in angemessenem Umfang für die Finanzierung des Vorhabens zur Verfügung stellen. Als eigene Mittel gelten bare und unbare Vermögenswerte. Eigenkapitalhilfe wird nur gewährt, wenn ohne sie die Durchführung des Vorhabens wesentlich erschwert sein würde (Subsidaritätsprinzip).

Der Antragsteller sollte sich hinsichtlich seines Vorhabens fachlich beraten lassen. Dem Antrag ist die Stellungnahme einer unabhängigen, fachlich kompetenten Stelle beizufügen.

Es gelten die »Allgemeinen Bedingungen für die Vergabe von ERP-Mitteln«, mit Ausnahme der Nr. 7.

Kombinierbarkeit

Eine Kombination mit anderen Förderprogrammen ist möglich.

Antragstellung

Die Anträge sind bei jedem Kreditinstitut (Hausbank) auf den entsprechenden Vordrucken zur Weiterleitung an die Deutsche Ausgleichsbank (DtA) zu stellen.

Antragsfristen

Im Zeitpunkt der Antragstellung darf mit der Durchführung des Vorhabens noch nicht begonnen worden sein.

Weitere Informationen
Einzelheiten über das Programm sind der Broschüre »Wir fördern Existenzgründungen, Umweltschutz und neue Technologien« der Deutschen Ausgleichsbank (DtA) oder »ERP 1998« des Bundesministeriums für Wirtschaft und Technologie (BMWi) zu entnehmen. Auskünfte erteilen die Wirtschaftsministerien der Länder und die Deutsche Ausgleichsbank (DtA).

2.1.2 ERP-Eigenkapitalhilfeprogramm (EKH-Programm) zur Förderung selbständiger Existenzen in den neuen Bundesländern und Berlin (Ost)

Förderziel/Verwendungszweck
Mit der Eigenkapitalhilfe können zusätzliche risikotragende Mittel zur Verstärkung der Eigenkapitalbasis für angemessene und erfolgversprechende Vorhaben im Bereich der mittelständischen gewerblichen Wirtschaft und der Freien Berufe (einschließlich Heilberufe) in den neuen Bundesländern und Berlin (Ost) zur Verfügung gestellt werden. Die Fördermittel haften unbeschränkt und erfüllen somit Eigenkapitalfunktion.

Es können folgende Vorhaben gefördert werden:
a) Gründung einer selbständigen gewerblichen oder freiberuflichen Existenz, auch durch tätige Beteiligung mit hinreichendem unternehmerischen Einfluß oder Übernahme (soweit die Eigenkapitalhilfe zur wirtschaftlichen Fortführung des Unternehmens erforderlich ist),
b) Festigung einer selbständigen gewerblichen oder freiberuflichen Existenz bis 4 Jahre nach der Existenzgründung,
c) Finanzierung eines tragfähigen Unternehmenskonzeptes zusammen mit einem Beteiligungspartner (Partnerschaftskapital).

Die Mittel aus der Eigenkapitalhilfe sind als haftende Mittel ausschließlich und unmittelbar für diese Vorhaben einzusetzen.

Förderart
Es wird ein Eigenkapitalhilfe-Darlehen gewährt.

Förderumfang und Konditionen ERP-/DtA-Konditionen Faxabruf: (0228) 831-3300
a)–b) Bemessungsgrundlage für die Eigenkapitalhilfe sind die betriebsnotwendigen Investitionen bzw. ein zu zahlender Kaufpreis, jeweils einschließlich der Beschaffung bzw. Aufstockung des Waren-, Material- und Ersatzteillagers, ferner Markterschließungsaufwendungen mit längerfristiger Kapitalbindung bis zu 10% der Bemessungsgrundlage.
Die eingesetzten eigenen Mittel sollen 15% der Bemessungsgrundlage nicht unterschreiten. Sie können mit Eigenkapitalhilfe bis auf 40% der Bemessungsgrundlage aufgestockt werden. Bei Festigungsinvestitionen kann Eigenkapitalhilfe unter Anrechnung anderer öffentlicher Mittel mit

Haftkapitalcharakter bis auf 100% der Bemessungsgrundlage aufgestockt werden, sofern hierdurch erst eine angemessene Basis an haftendem Kapital, jedoch nicht mehr als 40% des Betriebsvermögens nach Abschluß der Festigungsinvestition erreicht wird.

c) Die Eigenkapitalhilfe wird bis zur Höhe des 2,5fachen des eingezahlten haftenden Beteiligungsbetrages des Partners gewährt, soweit hierdurch erst eine angemessene Basis an haftendem Kapital, jedoch nicht mehr als 40% des Betriebsvermögens erreicht wird.
Die Partnerschaftseinlage muß mindestens 75.000 DM betragen.
Das Darlehen ist für Anlageinvestitionen, Lagerinvestitionen (einmal pro Antragsteller), Markterschließungsaufwendungen mit absehbar längerfristiger Kapitalbindung, Erwerb von Patenten, Konzessionen und Lizenzen sowie für Forschungs- und Entwicklungsaufwendungen zu verwenden.

Höchstbetrag:	a)–b) 1 Mio. DM insgesamt je Antragsteller für alle Vorhaben, 2 Mio. DM bei Privatisierungs- und Reprivatisierungsfällen je Antragsteller. c) 5 Mio. DM bei Partnerschaftsbeteiligungen
Mindestbetrag:	5.000 DM
Bearbeitungsgebühr:	2% der gewährten Eigenkapitalhilfe (einmalig)
Garantieentgelt:	0,7% p.a. der jeweils valutierenden Eigenkapitalhilfe. Das Garantieentgelt für die zinslosen Jahre ist in den ersten Jahren mit Zinsverpflichtungen nachzuentrichten.
Laufzeit:	Max. 20 Jahre, längstens bis zur Vollendung des 70. Lebensjahres des Antragstellers
Auszahlung:	96%
Zinssatz:	0% im 1. und 2. Jahr, 3,0% im 3. Jahr, 4,0% im 4. Jahr, 5,0% im 5. Jahr, 5,5% (effektiv 5,29%) im 6. bis 10. Jahr. Am Ende des 10. Jahres erfolgt eine Neufestsetzung unter Berücksichtigung des ggf. veränderten Zinsniveaus für die Restlaufzeit.
Tilgung:	Nach 10 tilgungsfreien Jahren in 20 gleichen Halbjahresraten.
Sicherheiten:	a)–b) Persönliche Haftung des Antragstellers. Mithaftung des Ehepartners soweit Vermögensverfügungen zu seinen Gunsten erfolgt sind, die nicht gebräuchlichen Gelegenheitsgeschenken entsprechen. Für den Fall etwaiger Ansprüche auf Zugewinnausgleich muß sich der Ehegatte verpflichten, die Interessen des geförderten Vorhabens angemessen zu berücksichtigen. Bankübliche Sicherheiten sind nicht zu stellen. c) Selbstschuldnerische Haftung.

Antragsberechtigte

a)–b) Natürliche Personen, die eine fachliche und kaufmännische Qualifikation nachweisen können. Für Aussiedler gelten erleichterte Bedingungen. Antragsberechtigt sind Personen aus allen Mitgliedsstaaten der EU und der EFTA, aus anderen Staaten nur dann, wenn eine Aufenthaltsberechtigung oder eine unbefristete Aufenthaltserlaubnis vorliegt oder zu erwarten ist.

c) Rechtlich und wirtschaftlich selbständige Unternehmen der mittelständischen Wirtschaft und freiberufliche Praxen, die bereits bestehen oder sich in Gründung befinden, sofern sich ein unternehmerisch kompetenter Partner am Gesellschaftskapital mit bis zu 49% langfristig beteiligt. Partner können natürliche oder juristische Personen bzw. Personengesellschaften sein, die zur angemessenen Management-Unterstützung befähigt und bereit sind. Treuhänder, Ehegatten, Verwandte und Verschwägerte nach §§ 1589, 1590 BGB können nicht, Unternehmensberater nur in Ausnahmefällen als Partner anerkannt werden. Die Beteiligung des Partners darf nicht mit öffentlichen Mitteln oder Gewährleistungen gefördert sein. Eine Absicherung der Partnerbeteiligung im Unternehmen und wechselseitige Partnerschaften sind nicht zulässig.

Spezielle Voraussetzungen

a)–b) Es werden nur Vorhaben gefördert, die eine nachhaltig tragfähige selbständige Vollexistenz erwarten lassen.
Der Antragsteller muß vorhandene eigene Mittel in angemessenem Umfang für die Finanzierung des Vorhabens zur Verfügung stellen. Als eigene Mittel gelten bare und unbare Vermögenswerte. Eigenkapitalhilfe wird nur gewährt, wenn ohne sie die Durchführung des Vorhabens wesentlich erschwert sein würde (Subsidaritätsprinzip).
Der Antragsteller sollte sich hinsichtlich seines Vorhabens fachlich beraten lassen. Dem Antrag ist die Stellungnahme einer unabhängigen, fachlich kompetenten Stelle beizufügen.

c) Die Beteiligung des Partners muß zum Zwecke der nachhaltigen Steigerung der Wettbewerbs- und Leistungsfähigkeit des Unternehmens erfolgen. Die Stellungnahme einer unabhängigen fachlich kompetenten Stelle ist beizubringen.
Die Deutsche Ausgleichsbank kann vom Antragsteller und vom Partner Angaben und Nachweise, insbesondere über Beteiligungsverhältnisse und eventuelle Treuhandverhältnisse, über alle wirtschaftlichen Beziehungen zwischen dem Antragsteller, seinen Inhabern und dem Partner sowie über die Finanzierung der Partnerbeteiligung verlangen.
Alle von dem Partner aufgrund seiner Beteiligung an dem Unternehmen erbrachten finanziellen Leistungen müssen langfristig, mindestens jedoch für fünf Jahre gebunden sein. Für den Fall einer Kündigung dieser Beteiligung besitzt die Deutsche Ausgleichsbank das Recht zur Kündigung des EKH-Partnerschaftsdarlehens oder zur Anpassung der Konditionen an

das Marktzinsniveau. Das gleiche gilt in Fällen der Rückgewährung der Partnereinlage oder der Vereinbarung unangemessener Entgelte zu Lasten des geförderten Unternehmens.

Es gelten die »Allgemeinen Bedingungen für die Vergabe von ERP-Mitteln«, mit Ausnahme der Nr. 7.

Kombinierbarkeit
Eine Kombination mit anderen Förderprogrammen ist möglich.

Antragstellung
Die Anträge sind bei jedem Kreditinstitut (Hausbank) auf den entsprechenden Vordrucken zur Weiterleitung an die Deutsche Ausgleichsbank (DtA) zu stellen.

Antragsfristen
Im Zeitpunkt der Antragstellung darf mit der Durchführung des Vorhabens noch nicht begonnen worden sein. Das gilt auch für die Einbringung der Partnereinlage.

Weitere Informationen
Einzelheiten über das Programm sind der Broschüre »Wir fördern Existenzgründungen, Umweltschutz und neue Technologien« der Deutschen Ausgleichsbank (DtA) oder »ERP 1998« des Bundesministeriums für Wirtschaft und Technologie (BMWi) zu entnehmen. Auskünfte erteilen die Wirtschaftsministerien der Länder und die Deutsche Ausgleichsbank (DtA).

2.1.3 Eigenkapitalergänzungsprogramm (EKE-Programm) zur Förderung selbständiger Existenzen in den neuen Bundesländern und Berlin (Ost)

Förderziel/Verwendungszweck
Finanzierung von Gründungen, Expansionsmaßnahmen oder zur Markteinführung von Innovationen in einer in den neuen Bundesländern und Berlin (Ost) gelegenen Betriebsstätte. Die Fördermittel haften unbeschränkt und erfüllen somit Eigenkapitalfunktion.

Förderart
Es wird ein Darlehen gewährt.

Förderumfang und Konditionen ERP-/DtA-Konditionen Faxabruf: (0228) 831-3300
Bemessungsgrundlage ist die Summe der immateriellen Investitionen. Hierbei handelt es sich insbesondere um branchenübliche Markterschließungskosten mit absehbar längerfristiger Kapitalbindung, Produktentwicklungs- und Markt-

einführungskosten, vorhabensbezogene Schulungsmaßnahmen sowie Kosten einer zeitlich befristeten Managementunterstützung.

Soweit die Fördermöglichkeiten aus dem Eigenkapitalhilfeprogramm ausgeschöpft sind, können auch Investitionen in das Anlagevermögen und das Warenlager einbezogen werden.

Das Darlehen wird bis 60% der Bemessungsgrundlage gewährt, soweit hierdurch erst eine angemessene Basis an haftendem Kapital erreicht wird, keinesfalls jedoch mehr als 40% des Betriebsvermögens nach Verwirklichung des Unternehmenskonzeptes und unter Anrechnung anderer öffentlicher Mittel mit Haftkapitalcharakter.

Höchstbetrag:	5 Mio. DM
Mindestbetrag:	30.000 DM
Bearbeitungsgebühr:	2,0% des gewährten Darlehens
Laufzeit:	20 Jahre
Auszahlung:	100%
Zinssatz:	Z.Zt. 7,1% p.a. fest für die ersten 10 Jahre, danach Kapitalmarktkonditionen
Tilgung:	Nach 10 tilgungsfreien Jahren in 20 gleichen Halbjahresraten
Sicherheiten:	Selbstschuldnerische Haftung

Antragsberechtigte

Selbständige Unternehmen der mittelständischen gewerblichen Wirtschaft mit einem Jahresumsatz bis 250 Mio. DM.

Spezielle Voraussetzungen

Das Darlehen wird nur gewährt, wenn die Hausbank sich mit mindestens 40% an der Finanzierung des Vorhabens durch ein langfristiges, nachrangig besichertes Darlehen im eigenen Obligo und zu angemessenen Konditionen beteiligt. Sie darf zur Absicherung Bürgschaften oder Haftungsentlastungen des Bundes oder der Länder nicht in Anspruch nehmen.

Dem Antrag auf Gewährung von Eigenkapitalergänzungsdarlehen sind ein fundiertes Unternehmenskonzept sowie ein Kosten- und Finanzierungsplan beizufügen. Außerdem ist die Stellungnahme einer unabhängigen, fachlich kompetenten Stelle beizubringen (z.B. Kammer, Wirtschaftsprüfer, Unternehmensberater, Steuerberater).

Kombinierbarkeit

Eine Kombination mit anderen Förderprogrammen ist möglich.

Antragstellung

Die Anträge können über jedes Kreditinstitut (Hausbank) bei der Deutschen Ausgleichsbank (DtA) gestellt werden.

Antragsfristen
Im Zeitpunkt der Antragstellung darf mit der Durchführung des Vorhabens noch nicht begonnen worden sein.

Weitere Informationen
Einzelheiten über das Programm sind der Broschüre »Wir fördern Existenzgründungen, Umweltschutz und neue Technologien« der Deutschen Ausgleichsbank (DtA) zu entnehmen. Auskünfte erteilen die Wirtschaftsministerien der Länder und die Deutsche Ausgleichsbank (DtA).

2.1.4 ERP-Darlehen zur Förderung der Existenzgründung (ERP-Existenzgründungsprogramm)

Förderziel/Verwendungszweck
Hilfe bei der Finanzierung folgender Vorhaben im Rahmen der Existenzgründung:

- Errichtung von Unternehmen sowie hiermit im Zusammenhang stehende Investitionen innerhalb von drei Jahren,
- Übernahme oder tätige Beteiligung (soweit das Existenzgründungsdarlehen zur wirtschaftlichen Fortführung des Unternehmens erforderlich ist) sowie Folgeinvestitionen innerhalb von drei Jahren,
- Beschaffung eines ersten Lagers an Material, Handelsware und Ersatzteilen sowie deren Aufstockung innerhalb von drei Jahren.

Förderart
Es werden zinsgünstige langfristige Darlehen gewährt.

Förderumfang und Konditionen in den neuen Bundesländern und Berlin

ERP-/DtA-Konditionen Faxabruf: (0228) 831-3300

Bemessungsgrundlage sind die betriebsnotwendigen Investitionen bzw. ein zu zahlender Kaufpreis für einen zu übernehmenden Betrieb oder Geschäftsanteil sowie die Beschaffung bzw. Aufstockung des Waren-, Material- und Ersatzteillagers. Zusätzlich können bis zu 10% für branchenübliche Markterschließungsaufwendungen mit absehbar längerfristiger Kapitalbindung berücksichtigt werden.

Höchstbetrag:	2 Mio. DM pro Kalenderjahr und Antragsteller, jedoch maximal 75% der förderfähigen Bemessungsgrundlage, in Berlin (West) maximal 50%.
Laufzeit:	Bis zu 15 Jahre, bis zu 20 Jahre für Bauvorhaben, davon jeweils höchstens 5 Jahre tilgungsfrei.
Auszahlung:	100%
Zinssatz:	Z.Zt. 3,75% p.a. für die neuen Bundesländer und Berlin (Ost), z.Zt. 4,25% p.a. für Berlin (West) fest für 10 Jahre.

	Bei länderer Laufzeit ist der bei Ablauf der 10 Jahre maßgebliche ERP-Zins für Neuzusagen fest für die Restlaufzeit.
Tilgung:	Nach Ablauf der tilgungsfreien Anlaufjahre in gleichhohen halbjährlichen Raten. Während der Tilgungsfreijahre sind lediglich die Zinsen auf die ausgezahlten Kreditbeträge zu leisten.
Sicherheiten:	Vom Kreditnehmer sind bankübliche Sicherheiten zu stellen. Hierzu zählen z. B. Grundschulden, Sicherungsübereignung von Maschinen, Bürgschaften usw.

Förderumfang und Konditionen in den übrigen Bundesländern

ERP-/DtA-Konditionen Faxabruf: (0228) 831-3300

Bemessungsgrundlage sind die betriebsnotwendigen Investitionen bzw. ein zu zahlender Kaufpreis für einen zu übernehmenden Betrieb oder Geschäftsanteil sowie die Beschaffung bzw. Aufstockung des Waren-, Material- und Ersatzteillagers. Zusätzlich können bis zu 10% für branchenübliche Markterschließungsaufwendungen mit absehbar längerfristiger Kapitalbindung berücksichtigt werden.

Höchstbetrag:	1 Mio. DM pro Kalenderjahr und Antragsteller, jedoch maximal 50% der förderfähigen Bemessungsgrundlage.
Laufzeit:	Bis zu 10 Jahre, bis zu 15 Jahre für Bauvorhaben, davon jeweils höchstens 3 Jahre tilgungsfrei.
Auszahlung:	100%
Zinssatz:	Z.Zt. 4,25% p.a. fest für 10 Jahre. Bei längerer Laufzeit des Darlehens ist der bei Ablauf der 10 Jahre maßgebliche ERP-Zins für Neuzusagen fest für die Restlaufzeit.
Tilgung:	Nach Ablauf der tilgungsfreien Anlaufjahre in gleichhohen halbjährlichen Raten. Während der Tilgungsfreijahre sind lediglich die Zinsen auf die ausgezahlten Kreditbeträge zu leisten.
Sicherheiten:	Vom Kreditnehmer sind bankübliche Sicherheiten zu stellen. Hierzu zählen z. B. Grundschulden, Sicherungsübereignung von Maschinen, Bürgschaften usw.

Antragsberechtigte

Existenzgründer im Bereich der gewerblichen Wirtschaft sowie Angehörige der Freien Berufe mit Ausnahme der Heilberufe. Für Aussiedler gelten erleichterte Bedingungen.

Spezielle Voraussetzungen

Das geförderte Vorhaben muß für den Antragsteller eine selbständige Existenz als Haupterwerbsgrundlage darstellen. Voraussetzung ist, daß der Antragsteller

über die erforderliche fachliche und kaufmännische Qualifikation für die unternehmerische Tätigkeit verfügt.
Es gelten die »Allgemeinen Bedingungen für die Vergabe von ERP-Mitteln«.

Kombinierbarkeit
Eine Kombination mit anderen Förderprogrammen ist möglich. Die ERP-Mittel dürfen zusammen mit anderen öffentlichen Mitteln (z. B. Investitionszuschüssen, Landesdarlehen, Eigenkapitalhilfe) die förderfähige Bemessungsgrundlage in den alten Bundesländern und Berlin (West) 66 ⅔%, in den neuen Bundesländern und Berlin (Ost) 85 % nicht überschreiten.

Besondere Hinweise
Die Hausbank kann für Vorhaben in den neuen Bundesländern und Berlin (Ost) auf Antrag von der Möglichkeit einer teilweisen Haftungsfreistellung Gebrauch machen.

Antragstellung
Die ERP-Darlehen werden von der Deutschen Ausgleichsbank (DtA) zur Verfügung gestellt. Die Anträge können auf den dafür vorgesehenen Vordrucken bei jedem Kreditinstitut (Hausbank) gestellt werden.

Antragsfristen
Im Zeitpunkt der Antragstellung darf mit der Durchführung des Vorhabens noch nicht begonnen worden sein.

Weitere Informationen
Einzelheiten über das Programm sind der Broschüre »Wir fördern Existenzgründungen, Umweltschutz und neue Technologien« der Deutschen Ausgleichsbank (DtA) oder »ERP 1998« des Bundesministeriums für Wirtschaft und Technologie (BMWi) zu entnehmen. Auskünfte erteilen die Wirtschaftsministerien der Länder und die Deutsche Ausgleichsbank (DtA).

2.1.5 ERP-Darlehen zur Förderung von betrieblichen Aufbauinvestitionen (ERP-Aufbauprogramm) in den neuen Bundesländern und Berlin (Ost)

Förderziel/Verwendungszweck
Langfristige Mittelbereitstellung zur Finanzierung der Errichtung oder Übernahme, Erweiterung, Umstellung oder grundlegender Rationalisierung von Betrieben in den neuen Bundesländern und Berlin (Ost). Gefördert werden der Erwerb von Grundstücken und Gebäuden, Bauinvestitionen, die Anschaffung von Maschinen und Fahrzeugen, die Betriebs- und Geschäftsausstattung, der Erwerb immaterieller Wirtschaftsgüter, die Kaufpreisfinanzierung im Rahmen von Firmenerwerb, Investitionen, die nur der Ersatzbeschaffung dienen, wer-

den nicht gefördert. Ausgeschlossen sind ferner Umschuldungen und Nachfinanzierungen sowie die Finanzierung von Betriebsmitteln.

Förderart
Es werden zinsgünstige Kredite gewährt.

Förderumfang und Konditionen KfW-Konditionen Faxabruf: (069) 7431-4214

Höchstbetrag:	I.d.R. 2 Mio. DM, jedoch max. 75% der förderfähigen Investitionskosten.
Laufzeit:	Bis zu 15 Jahre, bis zu 20 Jahre bei Bauvorhaben, davon jeweils höchstens 5 Jahre tilgungsfrei.
Auszahlung:	100%
Zinssatz:	Z.Zt. 3,75% (effektiv 3,80%) p.a. fest für 10 Jahre. Bei längerer Laufzeit gilt der bei Ablauf der 10jährigen Zinsbindungsfrist maßgebliche ERP-Zinssatz für Neuzusagen fest für die Restlaufzeit.
Tilgung:	Nach Ablauf der tilgungsfreien Anlaufjahre in gleichhohen halbjährlichen Raten. Während der Tilgungsfreijahre sind lediglich die Zinsen auf die ausgezahlten Kreditbeträge zu leisten.
Sicherheiten:	Vom Kreditnehmer sind bankübliche Sicherheiten zu stellen. Hierzu zählen z.B. Grundschulden, Sicherungsübereignung von Maschinen, Bürgschaften usw.

Antragsberechtigte
Kleine und mittlere Unternehmen der gewerblichen Wirtschaft (produzierendes Gewerbe, Handwerk, Handel, sonstige Dienstleistungsgewerbe) und Angehörige der Freien Berufe (ausgenommen Heilberufe).

Spezielle Voraussetzungen
Es gelten die »Allgemeinen Bedingungen für die Vergabe von ERP-Mitteln«.

Antragstellung
Die Anträge sind bei jedem Kreditinstitut (Hausbank) auf den entsprechenden Vordrucken zur Weiterleitung an die Kreditanstalt für Wiederaufbau (KfW) zu stellen.

Antragsfristen
Die Anträge müssen vor Beginn der Maßnahme gestellt werden.

Kombinierbarkeit
Eine Kombination mit anderen Förderprogrammen ist möglich.

Besondere Hinweise
Bei Krediten, die den Betrag von 4 Mio. DM nicht überschreiten, ist eine 50%ige Haftungsfreistellung des durchleitenden Kreditinstitutes möglich. Die

Haftungsfreistellung kann für die gesamte Laufzeit oder für die Dauer der ersten 5 Jahre festgelegt werden. Für die Dauer der Haftungsfreistellung erhöht sich der Zinssatz um 0,5 % p.a.

Weitere Informationen
Einzelheiten über das Programm sind der Broschüre »ERP 1998« des Bundesministeriums für Wirtschaft und Technologie (BMWi) zu entnehmen. Auskünfte erteilt die Kreditanstalt für Wiederaufbau (KfW).

2.1.6 ERP-Darlehen an kleine und mittlere Unternehmen in den regionalen Fördergebieten (ERP-Regionalprogramm)

Förderziel/Verwendungszweck
Investitionen in den alten Bundesländern einschließlich Berlin (West) von bestehenden oder neu gegründeten Unternehmen in Gebieten der Gemeinschaftsaufgabe »Verbesserung der regionalen Wirtschaftsstruktur« (GA-Fördergebiete) zur Errichtung, Erweiterung, grundlegenden Rationalisierung und Umstellung von Betrieben, für die keine Investitionszuschüsse der Gemeinschaftsaufgabe eingesetzt werden. Hierzu zählen z.B. Erwerb von Grundstükken und Gebäuden, Bauinvestitionen, Anschaffung von Maschinen und Fahrzeugen, Betriebs- und Geschäftsausstattung, Erwerb immaterieller Wirtschaftsgüter. Ausgeschlossen sind Umschuldung bzw. Nachfinanzierung von Investitionsvorhaben sowie die Finanzierung von Betriebsmitteln.

Förderart
Es werden zinsgünstige Kredite gewährt.

Förderumfang und Konditionen KfW-Konditionen Faxabruf: (069) 7431-4214

Höchstbetrag:	1 Mio. DM, jedoch max. 50 % der förderfähigen Investitionskosten.
Laufzeit:	Bis zu 10 Jahre, bis zu 15 Jahre bei Bauvorhaben, davon jeweils höchstens 2 Jahre tilgungsfrei.
Auszahlung:	100 %
Zinssatz:	Z.Zt. 4,25 % (effektiv 4,32 %) p.a. fest für 10 Jahre. Bei längerer Laufzeit gilt der bei Ablauf der 10jährigen Zinsbindungsfrist maßgebliche ERP-Zinssatz für Neuzusagen fest für die Restlaufzeit.
Tilgung:	Nach Ablauf der tilgungsfreien Anlaufjahre in gleichhohen halbjährlichen Raten. Während der Tilgungsfreijahre sind lediglich die Zinsen auf die ausgezahlten Kreditbeträge zu leisten.
Sicherheiten:	Vom Kreditnehmer sind bankübliche Sicherheiten zu stellen. Hierzu zählen z.B. Grundschulden, Sicherungsübereignung von Maschinen, Bürgschaften usw.

Antragsberechtigte
Kleine und mittlere Unternehmen der gewerblichen Wirtschaft.

Spezielle Voraussetzungen
Es gelten die »Allgemeinen Bedingungen für die Vergabe von ERP-Mitteln«.

Antragstellung
Die Anträge sind bei jedem Kreditinstitut (Hausbank) auf den entsprechenden Vordrucken zur Weiterleitung an die Kreditanstalt für Wiederaufbau (KfW) zu stellen.

Antragsfristen
Die Antragstellung muß vor Beginn des Vorhabens erfolgen.

Kombinierbarkeit
Eine Kombination mit anderen Förderprogrammen ist möglich, nicht jedoch mit Zuschüssen aus Mitteln aus der Gemeinschaftsaufgabe »Verbesserung der regionalen Wirtschaftsstruktur«.

Weitere Informationen
Einzelheiten über das Programm sind der Broschüre »ERP 19998« des Bundesministeriums für Wirtschaft und Technologie (BMWi) zu entnehmen. Auskünfte erteilen die Wirtschaftsministerien der Länder und die Kreditanstalt für Wiederaufbau (KfW).

2.1.7 ERP-Darlehen zur Förderung von Beteiligungen an kleinen und mittleren Unternehmen (ERP-Beteiligungsprogramm)

Förderziel/Verwendungszweck
Erweiterung der Eigenkapitalbasis oder Konsolidierung der Finanzverhältnisse von Unternehmen der gewerblichen Wirtschaft durch Bereitstellung von Haftungskapital über private Kapitalbeteiligungsgesellschaften. Zu diesem Zweck erhalten Kapitalbeteiligungsgesellschaften aus dem ERP-Beteiligungsprogramm Refinanzierungskredite.

Es werden vornehmlich folgende Vorhaben finanziert: Kooperationen, Innovationen, Umstellungen bei Strukturwandel sowie Errichtungen, Erweiterungen, grundlegende Rationalisierungen oder Umstellungen von Betrieben. Unter bestimmte Voraussetzungen können auch Beteiligungen übernommen werden bei Erbauseinandersetzungen oder in Ausnahmefällen beim Ausscheiden von Gesellschaftern.

Förderart
Bereitstellung von haftendem Eigenkapital zu günstigen Konditionen.

Förderumfang und Konditionen KfW-Konditionen Faxabruf: (069) 7431-4214

Beteiligungshöhe:	In der Regel bis zu 1 Mio. DM in den alten Bundesländern und in Berlin (West), bis zu 2 Mio. DM in den neuen Bundesländern und in Berlin (Ost), jedoch soll die Beteiligung das vorhandene Eigenkapital nicht übersteigen.
Beteiligungsentgelt:	Nach freier Vereinbarung, jedoch darf die Gesamtbelastung aus der Beteiligung für den Beteiligungsnehmer im Durchschnitt der vereinbarten Beteiligungsdauer 12% p.a. der Beteiligungssumme nicht übersteigen. Zumindest ein Teil des Beteiligungsentgeltes ist gewinnabhängig zu vereinbaren.
Dauer der Beteiligung:	Bis zu 10 Jahre in den alten Bundesländern und in Berlin (West), bis zu 15 Jahre in den neuen Bundesländern und in Berlin (Ost), (mittlere Laufzeit bei Ablösung der Beteiligung in Raten).
Beteiligungsform:	Jede Beteiligungsform ist zulässig.
Kündigungsrecht:	Für die Beteiligungsnehmer jederzeit ganz oder teilweise mit einer Frist von 12 Monaten. Dabei ist die Vereinbarung eines Aufgelds zwischen den Beteiligten erlaubt.

Antragsberechtigte
Kleine und mittlere Unternehmen der gewerblichen Wirtschaft.

Spezielle Voraussetzungen
Es gelten die »Allgemeinen Bedingungen für die Vergabe von ERP-Mitteln«.

Antragstellung
Die Anträge können nur bei privaten Kapitalbeteiligungsgesellschaften gestellt werden.

Antragsfristen
Die Antragstellung muß vor Beginn des Vorhabens erfolgen.

Kombinierbarkeit
Eine Kombination mit anderen Förderprogrammen ist möglich.

Weitere Informationen
Einzelheiten über das Programm sind der Broschüre »ERP 1998« des Bundesministeriums für Wirtschaft und Technologie (BMWi) zu entnehmen. Auskünfte erteilen die Wirtschaftsministerien der Länder, die Kreditanstalt für Wiederaufbau (KfW) und private Kapitalbeteiligungsgesellschaften.

2.1.8 DtA-Existenzgründungsprogramm

Förderziel/Verwendungszweck

a) Gründung einer gewerblichen oder freiberuflichen selbständigen Existenz, auch durch Erwerb eines Unternehmens oder einer tätigen Beteiligung,
b) Investitionen zur Festigung einer selbständigen Existenz, z. B. Errichtung von Filialen, Erweiterung oder Umstellung des Sortiments, Produkt- oder Dienstleistungsangebots, Aufstockung des Material-, Ersatzteil- oder Warenlagers, Standortsicherung (z. B. Erwerb bisher gemieteter Betriebsräume), Verlagerung des Betriebsstandortes in Gewerbegebiete,
c) Investitionen für neue oder neuartige Produkte bzw. Verfahren (Innovationen),
d) Übernahme von Betrieben oder Betriebsteilen im Zuge von Ausgliederungsmaßnahmen der öffentlichen Hand (Privatisierung) und damit in Zusammenhang stehende Investitionen,
e) Errichtung und Schaffung zusätzlicher sozialversicherungspflichtiger Dauerarbeitsplätze,
f) Immaterielle Investitionen, insbes. Qualifizierungs- und Weiterbildungskosten (Humankapitalinvestitionen), Aufwendungen zur Markterschließung sowie der Betriebsmittelbedarf.

Alle Maßnahmen können innerhalb von 8 Jahren nach Geschäftseröffnung mitfinanziert werden.

Ausgeschlossen sind die Umschuldung bzw. Nachfinanzierung bereits abgeschlossener Investitionsvorhaben. Es werden keine Sanierungsfälle gefördert !

Förderart

Es wird ein Darlehen gewährt.

Förderumfang und Konditionen ERP-/DtA-Konditionen Faxabruf: (0228) 831-3300

Der Antragsteller soll sich mit eigenen und sonstigen Mitteln in angemessenem Umfang an dem Vorhaben beteiligen.

Finanzierungsanteil:	a)–e)	Unter Einbeziehung öffentlicher Mittel bis zu 75% der Investitionen. Bei materiellen Investitionen zur Schaffung von zusätzlichen Arbeitsplätzen bis zu 100% der Investitionen, max. 50.000 DM je zusätzlichem Arbeitsplatz. Bei der Schaffung von zusätzlichen Arbeitsplätzen ohne gleichzeitige materielle Investitionen 50.000 DM je zusätzlichem Arbeitsplatz.
	f)	Bis zu 100%
Höchstbetrag:	In der Regel 4 Mio. DM	
Mindestbetrag:	5.000 DM	

Laufzeit:	a)–e)	Bis zu 10 Jahre, davon bis zu 2 Jahre tilgungsfrei, oder bis zu 20 Jahre, davon bis zu 3 Jahre tilgungsfrei.
	f)	5 Jahre, rückzahlbar in einer Summe am Ende der Laufzeit, oder 6 Jahre, davon 1 Jahr tilgungsfrei.
Auszahlung:	a)–e)	Z.Zt. 96%
	f)	100%
Zinssatz:	a)–e)	Bei einer Laufzeit bis zu 10 Jahre z.Zt. 3,50% (effektiv 4,31%) p.a.
	a)–e)	Bei einer Laufzeit bis zu 20 Jahre z.Zt. 3,80% (effektiv 4,44%) p.a. für die ersten 10 Jahre, danach Kapitalmarktkonditionen.
	f)	Bei einer Laufzeit von 5 Jahre z.Zt. 5,25% (effektiv 5,36%) p.a.
	f)	Bei einer Laufzeit von 6 Jahre z.Zt. 4,75% (effektiv 4,84%) p.a.
Sicherheiten:		Vom Kreditnehmer sind banküblich Sicherheiten zu stellen. Hierzu zählen z. B. Grundschulden, Sicherungsübereignung von Maschinen, Bürgschaften usw.

Kombinierbarkeit
Eine Kombination mit anderen Förderprogrammen ist möglich.

Antragsberechtigte
Natürliche Personen, kleine und mittlere Unternehmen der gewerblichen Wirtschaft und Angehörige der Freien Berufe, einschließlich Heilberufe. Für Aussiedler gelten erleichterte Bedingungen.

Antragstellung
Die DtA-Darlehen werden von der Deutschen Ausgleichsbank (DtA) zur Verfügung gestellt. Die Anträge können auf den dafür vorgesehenen Vordrucken bei jedem Kreditinstitut (Hausbank) eingereicht werden.

Antragsfristen
Mit dem zu finanzierenden Vorhaben soll bei Antragstellung noch nicht begonnen worden sein.

Besondere Hinweise
Auf Wunsch der Hausbank gewährt die Deutsche Ausgleichsbank (DtA) für Vorhaben in den neuen Bundesländern und Berlin (Ost) eine 50%ige Haftungsfreistellung, für Vorhaben in den alten Bundesländern und Berlin (West) eine 40%ige Haftungsfreistellung bei Darlehen bis zu 4 Mio. DM. Bei Inanspruchnahme der Haftungsfreistellung erhöht sich der Zinssatz um 0,5% p.a.

Weitere Informationen
Einzelheiten über das Programm sind der Broschüre »Wir fördern Existenzgründungen, Umweltschutz und neue Technologien« der Deutschen Ausgleichsbank (DtA) zu entnehmen. Auskünfte erteilt die Deutsche Ausgleichsbank (DtA).

2.1.9 DtA-Betriebsmittel-Ergänzungsprogramm (BME-Programm) in den neuen Bundesländern und Berlin (Ost)

Förderziel/Verwendungszweck
Finanzierung des Liquiditätsbedarfes in den neuen Bundesländern und Berlin (Ost), der durch schleppendes Zahlungsverhalten ihrer Auftraggeber entstanden ist.

Förderart
Es wird ein Darlehen gewährt.

Förderumfang und Konditionen ERP-/DtA-Konditionen Faxabruf: (0228) 831-3300

Finanzierungsanteil:	Bis zur Höhe des aktuellen Forderungsbestandes aus Lieferungen und Leistungen, jedoch nicht mehr als 40% des Umsatzes der letzten zwölf Monate
Höchstbetrag:	In der Regel 4 Mio. DM
Laufzeit:	6 Jahre, davon 1 Jahr tilgungsfrei
Auszahlung:	100%
Zinssatz:	7,75% (effektiv 7,99%) p.a.
Sicherheiten:	Vom Kreditnehmer sind bankübliche Sicherheiten zu stellen. Hierzu zählen z.B. Grundschulden, Sicherungsübereignung von Maschinen, Bürgschaften usw.

Spezielle Voraussetzungen
Der Antragsteller hat sich zur Inanspruchnahme einer laufenden fachlichen Beratung mit dem Ziel der Verbesserung des Forderungsmanagements zu verpflichten oder es ist auf andere Weise nachzuweisen, daß ein qualifiziertes Forderungsmanagement sichergestellt ist.

Antragsberechtigte
Kleine Unternehmen der gewerblichen Wirtschaft sowie wirtschaftsnahe Freie Berufe, die i.d.R. nicht mehr als 20 Mitarbeiter beschäftigen.

Antragstellung
Die Darlehen werden von der Deutschen Ausgleichsbank (DtA) zur Verfügung gestellt. Die Anträge können auf den dafür vorgesehenen Vordrucken bei jedem Kreditinstitut (Hausbank) eingereicht werden.

Besondere Hinweise
Die Deutsche Ausgleichsbank gewährt eine 80%ige Haftungsfreistellung, deren Kosten bereits im Zinssatz berücksichtigt sind. Die Hausbank trägt die verbleibenden 20% des Risikos, die nicht gesondert oder vorrangig besichert werden dürfen.

Weitere Informationen
Einzelheiten über das Programm sind der Broschüre »Wir fördern Existenzgründungen, Umweltschutz und neue Technologien« der Deutschen Ausgleichsbank (DtA) zu entnehmen. Auskünfte erteilt die Deutsche Ausgleichsbank (DtA).

2.1.10 DtA-Bürgschaftsprogramm für Vorhaben in den neuen Bundesländern und Berlin (Ost)

Förderziel/Verwendungszweck
Finanzierung des Erwerbs von Betrieben oder der Durchführung förderungswürdiger Investitionen in den neuen Bundesländern und Berlin (Ost). Durch die Investitionen sollen Betriebsstätten errichtet, erweitert, umgestellt oder modernisiert werden.

Förderart
Bürgschaften für langfristige Investitionskredite, auch für mittel- und langfristige Betriebsmittelkredite, deren Gewährung in einem sachlichen Zusammenhang mit der Durchführung von Investitionen stehen.

Bürgschaftsumfang und Konditionen
Die Bürgschaften werden als anteilige Ausfallbürgschaften übernommen, soweit der Kredit durch bankübliche Sicherheiten nicht gedeckt werden kann. Sie decken höchstens 80% des Ausfalls an Kapital, Zinsen, Provisionen und Kosten. Der Selbstbehalt der Hausbank beträgt mindestens 20%.

Der Mindestbetrag der Bürgschaftssumme der Deutschen Ausgleichsbank beträgt in der Regel 1 Mio. DM. Der Höchstbetrag von 20 Mio. DM sollte in der Regel nicht überschritten werden.

Die Laufzeit der verbürgten Investitionskredite soll die voraussichtliche Nutzungsdauer der finanziellen Investitionen nicht übersteigen. Bei Betriebsmittelkrediten ist eine planmäßige Tilgung vorzusehen. Die Höchstlaufzeit der Bürgschaft beträgt 15 Jahre, bei Krediten für Bauinvestitionen 23 Jahre.

Der Kreditnehmer hat soweit wie möglich Sicherheiten zur Verfügung zu stellen. Bei haftungsbeschränkenden Rechtsformen sollen grundsätzlich alle Gesellschafter, die einen wesentlichen Einfluß auf den Kreditnehmer ausüben können, für den Kredit mithaften.

Für die Bearbeitung eines Bürgschaftsantrages werden einmalige Gebühren in Form eines Antragsentgeltes und einer Bearbeitungsgebühr erhoben. Das Antragsentgelt wird bei Antragstellung fällig und bei positiver Entscheidung über den Bürgschaftsantrag auf die Bearbeitungsgebühr angerechnet. Bei Rücknahme oder Ablehnung des Bürgschaftsantrages werden 50% des Antragsentgeltes erstattet.

Darüber hinaus erhält die Deutsche Ausgleichsbank (DtA) ein laufendes Bürgschaftsentgelt.

Antragsberechtigte
Mittelständische Unternehmen der gewerblichen Wirtschaft, die sich ganz oder mehrheitlich in privater Hand befinden.

Antragstellung
Die Bürgschaftsanträge sind von der Hausbank auf dem entsprechenden Formular an die Deutsche Ausgleichsbank (DtA) zu richten. Die Erklärungen des Kreditnehmers sind auf dem Vordruck der DtA zu leisten. Für den verbürgten Kredit ist ein schriftlicher Kreditvertrag mit der Hausbank abzuschließen.

Weitere Informationen
Einzelheiten über das Programm sind der Broschüre »Wir fördern Existenzgründungen, Umweltschutz und neue Technologien« der Deutschen Ausgleichsbank (DtA) zu entnehmen. Auskünfte erteilt die Deutsche Ausgleichsbank (DtA).

2.1.11 Förderung und Unterstützung von technologieorientierten Unternehmensgründungen (FUTOUR) in den neuen Bundesländern und Berlin (Ost)

Förderziel/Verwendungszweck
Starthilfe für die Existenzgründung besonders innovativer technologieorientierter Unternehmen, die sich unmittelbar vor oder bereits in der Gründungsphase (bis zu drei Jahren nach erfolgter Gründung) befinden. Ausbau von innovativen, mittelständigen Wirtschaftsstrukturen in den neuen Bundesländern und verstärkte Umsetzung wissenschaftlicher Erkenntnisse in vermarktbare technische Innovationen.

Die Förderung umfaßt folgende drei Phasen:

a) Machbarkeitsprüfung/Konzeptionsphase,
   um die prinzipielle technische Machbarkeit der Innovation bzw. die Vermarktungsmöglichkeiten ausreichend zu klären sowie die technischen und wirtschaftlichen Risiken und Aussichten für eine erfolgversprechende Unternehmensgründung hinreichend zu beurteilen,

b) FuE-Phase
bis zum marktfähigen Produkt, Verfahren bzw. zur marktfähigen technischen Dienstleistung,
c) Nachentwicklungsphase
für die Durchführung weiterer FuE-Arbeiten, deren Notwendigkeit für den Erfolg der Unternehmensgründung sich im Zuge der FuE-Phase ergeben hat.

Förderart
Gewährt werden
- nicht rückzahlbare Zuschüsse,
- projektbezogene stille Beteiligungen, für die das BMBF eine Ausfallbürgschaft in Höhe von bis zu 85% übernimmt.

Förderumfang und Konditionen
a) Nicht rückzahlbare Zuschüsse als Anteilsfinanzierung von bis zu 70% der zuwendungsfähigen Ausgaben, höchstens jedoch 50.000 DM. Die Förderdauer soll ein Jahr nicht überschreiten.
b) Der enthaltene Anteil an industrieller Forschung kann mit einem Fördersatz von max. 70% der Ausgaben bezuschußt werden. Arbeiten, die der vorwettbewerblichen Entwicklung zuzurechnen sind, können bis zu 45% der Ausgaben bezuschußt werden. Die maximale Höhe der Zuwendung beträgt 800.000 DM.
Die Zuwendung kann entweder vollständig als finanzieller Zuschuß gewährt werden oder wahlweise als Kombination von Zuschuß und projektbezogenen stillen Beteiligungen.
Zuschuß und Beteiligung können zusammen max. 1,5 Mio. DM betragen, höchstens jedoch 90% der zuwendungsfähigen Ausgaben.
c) Es kann eine Aufstockung der projektbezogenen stillen Beteiligung bis zu max. 500.000 DM gewährt werden.

Antragsberechtigte
Personen, die die Absicht haben, ein technologieorientiertes Unternehmen mit Geschäftsbetrieb und wirtschaftlichem Schwerpunkt in den neuen Bundesländern und Berlin (Ost) zu gründen, oder technologieorientierte Unternehmen der gewerblichen Wirtschaft mit Geschäftsbetrieb und wirtschaftlichem Schwerpunkt in den neuen Bundesländern und Berlin (Ost), die zum Zeitpunkt der Antragstellung nicht älter als 3 Jahre sind und grundsätzlich nicht mehr als 10 Mitarbeiter haben.

Gründer sind im Unternehmen arbeitende Gesellschafter. Sie
- müssen zum Zeitpunkt der Bewilligung mindestens 51% der Anteile am Unternehmen haben,
- dürfen andere Beschäftigungsverhältnisse als in dem geförderten Unternehmen nicht eingehen oder beibehalten sowie keine weitere aktive Beteiligung in anderen Unternehmen ausüben,

- müssen ihren Wohnsitz in der Nähe des Geschäftsbetriebes haben.

Mindestens ein Gründer muß über kommerzielle Grundkenntnisse verfügen, Träger des technischen Fachwissens (Schlüsselposition) sein und als solcher mindestens 26% der Anteile des Unternehmens halten.

Spezielle Voraussetzungen
Unternehmensgründungen werden gefördert, wenn die zu entwickelnden und zu vermarktenden Produkte, Verfahren und wissenschaftlich-technischen Dienstleistungen deutliche Wettbewerbsvorteile und nachträgliche Marktchancen aufgrund der darin enthaltenen hohen wissenschaftlich-technischen Innovation bei der Umsetzung in Unternehmen erwarten lassen, deren Durchführung eigene Entwicklungsaufwendungen mit erheblichem wissenschaftlich-technischen Risiko erfordert, sie technisch und wirtschaftlich machbar erscheinen und die finanziellen Möglichkeiten der Gründer zur Durchführung des Projektes als nicht ausreichend erscheinen.

Antragstellung
Das Antragsverfahren beginnt mit der Übergabe eines formlosen Ideenpapiers. Auf der Grundlage des Ideenpapiers sowie einer Beratung mit dem Antragsteller erfolgt durch den Projektträger eine Bewertung der Erfolgsaussichten und eine Empfehlung zum weiteren Vorgehen, im positiven Fall die Empfehlung zur eigentlichen Antragstellung.

Ideenpapiere bzw. Förderanträge sind an folgende Projektträger zu richten:

- für Vorhaben mit fachlicher Ausrichtung auf Biotechnologie, Biomedizin, Umwelt, Energie, Materialforschung und Chemie
  Forschungszentrum Jülich GmbH, Projektträger BEO, Außenstelle Berlin, Breite Str. 3, 10178 Berlin,
- für Vorhaben sonstiger Fachgebiete
  VDI/VDE Technologiezentrum Informationstechnik GmbH, Rheinstr. 10 B, 14513 Teltow.

Bei der Antragstellung ist dem jeweiligen Projektträger mitzuteilen, ob die Absicht besteht, eine projektbezogene stille Beteiligung einzugehen. Der Antrag für eine solche stille Beteiligung an die Beteiligungsgesellschaft ist dem Förderantrag beizufügen.

Über die Förderung mittels Zuwendung entscheidet das BMBF. Über die Beteiligungen entscheidet der Beteiligungsgeber, z.B. die Technologie-Beteiligungs-Gesellschaft mbH (tbg) der Deutschen Ausgleichsbank oder eine geeignete private Beteiligungsgesellschaft zu gleichen Bedingungen.

Antragsfristen
Anträge für die Forschungs- und Entwicklungsphase können bis zum 31. Dezember 1999 gestellt werden. Vorhaben zur Machbarkeitsprüfung/Konzeptionsphase müssen so rechtzeitig beendet werden können, daß noch eine fristge-

rechte Antragstellung für die Forschungs- und Entwicklungsphase möglich ist. Ein Antrag auf eine stille Beteiligung in der Nachentwicklungsphase kann frühestens ein halbes Jahr vor Ablauf der Forschungs- und Entwicklungsphase gestellt werden.

Kombinierbarkeit
Eine weitere Förderung aus technologieorientierten Zuschußprogrammen des Bundes, des Landes und der EU ist nicht möglich. Eine Kombination mit Kreditprogrammen ist möglich.

Weitere Informationen
Einzelheiten über das Programm sind der Broschüre »Wir fördern Existenzgründungen, Umweltschutz und neue Technologien« der Deutschen Ausgleichsbank (DtA) und »Förderung und Unterstützung von technologieorientierten Unternehmensgründungen in den neuen Bundesländern und Berlin (Ost)« des Bundesministeriums für Bildung und Forschung (bmb+f) zu entnehmen. Auskünfte erteilen das Bundesministerium für Bildung und Forschung (bmb+f), das VDI/VDE Technolgiezentrum Informationstechnik, das Forschungszentrum Jülich, Projektträger Biologie, Energie, Ökologie (BEO) sowie die Technologie-Beteiligungs-Gesellschaft mbH (tbg) der Deutschen Ausgleichsbank.

2.1.12 KfW-Mittelstandsprogramm

Förderziel/Verwendungszweck
Finanzierung von Investitionen, die einer langfristigen Mittelbereitstellung bedürfen. Hierzu zählen: Erwerb von Grundstücken und Gebäuden, Bauinvestitionen, Anschaffung von Maschinen und Fahrzeugen, Betriebs- und Geschäftsausstattung, Vorhaben im Rahmen der Forschung und Entwicklung neuer Produkte, Erwerb immaterieller Wirtschaftsgüter, Kaufpreisfinanzierung im Rahmen von Firmenerwerb oder MBO/MBI. Ausgeschlossen sind Umschuldung bzw. Nachfinanzierung bereits abgeschlossener Investitionsvorhaben.

Förderart
Es werden zinsgünstige Kredite gewährt.

Förderumfang und Konditionen KfW-Konditionen Faxabruf: (069) 7431-4214

Kredithöchstbetrag: 10 Mio. DM, jedoch max. 3/4 der förderfähigen Investitionen bei Vorhaben von Unternehmen mit einem Jahresumsatz unter 100 Mio. DM, max. 2/3 der förderfähigen Investitionen bei Vorhaben mit einem Jahresumsatz ab 100 Mio. DM.

Laufzeit:	a) Bis zu 10 Jahre, davon höchstens 2 Jahre tilgungsfrei, b) bis zu 12 Jahre endfälliges Darlehen, c) bis zu 20 Jahre bei höchstens 3 tilgungsfreien Jahren für Investitionsvorhaben, bei denen mindestens 2/3 der förderfähigen Kosten auf Grunderwerb und/oder gewerbliche Baukosten entfallen.
Auszahlung:	96%
Zinssatz:	zu a) 3,50% (effektiv 4,31%) p.a. fest für die gesamte Laufzeit. zu b) 4,20% (effektiv 4,72%) p.a. fest für die gesamte Laufzeit. zu c) 3,80% (effektiv 4,44%) p.a. fest für die ersten 10 Jahre, danach werden neue Konditionen vereinbart oder 4,20% (effektiv 4,74%) p.a. fest für die gesamte Laufzeit.
Zusageprovision:	0,25% p.M., beginnend einen Monat nach Zusagedatum für noch nicht ausgezahlte Kreditbeträge.
Zusagegebühr:	Einmalig 0,25% des Kreditbetrages.
Tilgung:	Nach Ablauf der tilgungsfreien Anlaufjahre in gleichhohen halbjährlichen Raten. Während der Tilgungsfreijahre sind lediglich die Zinsen auf die ausgezahlten Kreditbeträge zu leisten. Bei endfälligen Darlehen erfolgt die Rückzahlung in einer Summe am Ende der Laufzeit.
Sicherheiten:	Vom Kreditnehmer sind bankübliche Sicherheiten zu stellen. Hierzu zählen z.B. Grundschulden, Sicherungsübereignung von Maschinen, Bürgschaften usw.

Antragsberechtigte
Mittelständische Unternehmen der gewerblichen Wirtschaft (produzierendes Gewerbe, Handwerk, Handel, sonstiges Dienstleistungsgewerbe) und Angehörige der Freien Berufe.

Antragstellung
Die Anträge sind bei jedem Kreditinstitut (Hausbank) auf den entsprechenden Vordrucken zur Weiterleitung an die Kreditanstalt für Wiederaufbau (KfW) zu stellen.

Antragsfristen
Die Anträge müssen vor Beginn der Maßnahme gestellt werden.

Kombinierbarkeit
Eine Kombination mit anderen Förderprogrammen ist möglich.

Besondere Hinweise

Die Kreditanstalt für Wiederaufbau (KfW) ist auf Wunsch bereit, den Zinssatz erst zum Zeitpunkt der Inanspruchnahme festzulegen (Kreditoption). Hiervon ausgeschlossen sind endfällige Darlehen. Es gelten besondere Konditionen.

Bei Krediten in die neuen Bundesländer und nach Berlin (Ost), die den Betrag von 4 Mio. DM nicht überschreiten, ist eine 50%ige Haftungsfreistellung des durchleitenden Kreditinstitutes möglich. Von dieser Möglichkeit ausgeschlossen sind endfällige Darlehen. Die Haftungsfreistellung kann für die Dauer der ersten 5 Jahre oder für die gesamte Kreditlaufzeit festgelegt werden. Für die Dauer der Haftungsfreistellung erhöht sich der Zinssatz um 0,5% p.a.

Weitere Informationen

Einzelheiten über das Programm sind dem Merkblatt der Kreditanstalt für Wiederaufbau (KfW) zu entnehmen. Auskünfte erteilt die Kreditanstalt für Wiederaufbau (KfW).

2.1.13 KfW-Mittelstandsprogramm – Liquiditätshilfe

Förderziel/Verwendungszweck

Liquiditätshilfe an Unternehmen mit vorübergehenden Liquiditätsengpässen aber positiven Zukunftsaussichten. Die Kredite dienen der langfristigen Finanzierung von Liquiditätsbedarf und sind einsetzbar für die Behebung von vorübergehenden Liquiditätsengpässen (z.B. aufgrund von verzögerten Forderungseingängen, Forderungsausfällen usw.), aber auch zur Verbesserung der Finanzierungsstruktur (z.B. Umschuldung von Kontokorrentkrediten und anderer kurzfristig fälliger Passiva) und für eine Ausweitung der Unternehmensaktivität (z.B. Vergrößerung des Warenlagers, Aufstockung der Betriebsmittel oder des Bestands an Kundenforderungen).

Förderart

Es werden zinsgünstige Kredite gewährt.

Förderumfang und Konditionen Kfw-Konditionen Faxabruf: (069) 7431-4214

Kreditbetrag:	Bis zu 30% der letzten festgestellten Bilanzsumme, max. 10 Mio. DM
Laufzeit:	Bis zu 6 Jahre, davon höchstens 1 Jahr tilgungsfrei.
Auszahlung:	96%
Zinssatz:	Z.Zt. 3,50% (effektiv 4,77%) p.a.
Zusageprovision:	0,25% pro Monat, beginnend einen Monat nach Zusagedatum für noch nicht ausgezahlte Kreditbeträge.
Tilgung:	Nach Ablauf des tilgungsfreien Anlaufjahres in gleichhohen halbjährlichen Raten. Während des Tilgungsfreijahres sind lediglich die Zinsen auf den ausgezahlten Kreditbetrag zu leisten.

Sicherheiten:	Vom Kreditnehmer sind bankübliche Sicherheiten zu stellen. Hierzu zählen z. B. Grundschulden, Sicherungsübereignung von Maschinen, Bürgschaften usw.

Antragsberechtigte
Mittelständische Unternehmen der gewerblichen Wirtschaft (produzierendes Gewerbe, Handwerk, Handel, sonstiges Dienstleistungsgewerbe) und Angehörige der Freien Berufe.

Jedes Unternehmen kann die Liquiditätshilfe nur einmal beantragen. Aufstockungen bis zum Höchstbetrag sind jedoch möglich.

Antragstellung
Die Anträge können bei jedem Kreditinstitut (Hausbank) gestellt werden.

Kombinierbarkeit
Eine Kombination mit anderen Förderprogrammen ist möglich.

Besondere Hinweise
Bei Krediten in die alten Bundesländer und Berlin (West), die den Betrag von 2 Mio. DM nicht überschreiten, ist gegen einen Zinsaufschlag von 0,5% p.a. eine 40%ige Haftungsfreistellung des durchleitenden Kreditinstituts möglich.

Bei Krediten in die neuen Bundesländer und Berlin (Ost), die den Betrag von 4 Mio. DM nicht überschreiten, ist gegen einen Zinsaufschlag von 0,5% p.a. eine 50%ige Haftungsfreistellung des durchleitenden Kreditinstituts möglich.

Weitere Informationen
Auskünfte erteilt die Kreditanstalt für Wiederaufbau (KfW).

2.1.14 Gemeinschaftsaufgabe (GA) »Verbesserung der regionalen Wirtschaftsstruktur«

Förderziel/Verwendungszweck
Es können Vorhaben der gewerblichen Wirtschaft einschließlich Fremdenverkehrsgewerbe sowie wirtschaftsnahe Infrastrukturvorhaben gefördert werden, durch die die Wettbewerbs- und Anpassungsfähigkeit der Wirtschaft gestärkt und neue Arbeitsplätze geschaffen bzw. vorhandene Arbeitsplätze gesichert werden.

Die Fördermittel dürfen nur in denjenigen Fördergebieten eingesetzt werden, die im Rahmenplan ausgewiesenen sind. Die Fördergebiete werden folgendermaßen unterteilt:

- A-Fördergebiete – Fördergebiete mit ausgeprägtem Entwicklungsrückstand, dazu gehören die ausgewiesenen Gebiete in den neuen Bundesländern,

- B-Fördergebiete – Fördergebiete mit besonders schwerwiegenden Strukturproblemen, dazu gehören die ausgewiesenen Gebiete in den neuen Bundesländern einschließlich Berlin,
- C-Fördergebiete – Fördergebiete mit schwerwiegenden Strukturproblemen, dazu gehören die ausgewiesenen Gebiete in den alten Bundesländern.

Förderart
Die Fördermittel werden als Zuschüsse gewährt.

Förderumfang und Konditionen
Zu den förderfähigen Investitionen gehören:
- Errichtung einer Betriebsstätte,
- Erweiterung einer Betriebsstätte,
- Umstellung oder grundlegende Rationalisierung/Modernisierung einer Betriebsstätte,
- Erwerb einer stillgelegten oder von der Stillegung bedrohten Betriebsstätte,
- Verlagerung einer Betriebsstätte.

Je nach Fördergebiet können die förderfähigen Investitionskosten durch einen Investitionszuschuß aus Mitteln der Gemeinschaftsaufgabe und sonstigen Fördermitteln um nachstehende Sätze verbilligt werden:

A-Fördergebiete	50% bei Betriebsstätten gem. KMU-Definition, 35% bei sonstigen Betriebsstätten
B-Fördergebiete	43% bei Betriebsstätten gem. KMU-Definition, 28% bei sonstigen Betriebsstätten
C-Fördergebiete	28% bei Betriebsstätten gem. KMU-Definition, 18% bei sonstigen Betriebsstätten

Bei Vorhaben von Unternehmen, die die KMU-Definition nicht erfüllen, dürfen die förderfähigen Kosten in den C-Fördergebieten durch Investitionsbeihilfen ohne regionale Zielsetzung um bis zu weitere 10%-Punkte verbilligt werden.

In den B-Fördergebieten (mit Ausnahme des Westteils der Stadt Berlin) können besonders strukturwirksame Ansiedlungsinvestitionen, die sich im internationalen Standortwettbewerb befinden, auf Antrag eines Landes und mit Zustimmung des Planungsausschusses in begründeten Ausnahmefällen bis zur Höhe der in den A-Fördergebieten geltenden Förderhöchstsätze gefördert werden.

Die genannten Fördersätze sind Förderhöchstsätze, die im Einzelfall nur bei Vorliegen besonderer Struktureffekte ausgeschöpft werden können.

Ein besonderer Struktureffekt kann unterstellt werden, wenn das Vorhaben in besonderer Weise geeignet ist, quantitativen und qualitativen Defiziten der Wirtschaftsstruktur und des Arbeitsplatzangebotes in dem Fördergebiet entgegenzuwirken, z. B. durch

- Investitionen, die zur Hebung bzw. Stabilisierung der Beschäftigung in Regionen mit schwerwiegenden Arbeitsmarktproblemen beitragen,
- Investitionen, die die regionale Innovationskraft stärken,
- Investitionen im Zusammenhang mit Existenzgründungen,
- Investitionen, die Arbeits- und Ausbildungsplätze für Frauen und Jugendliche schaffen.

Für Investitionsvorhaben, welche die Voraussetzungen für eine Förderung mit GA-Mitteln erfüllen, können modifizierte Ausfallbürgschaften von den Ländern gewährt werden. Der Bund übernimmt hierfür mit gesonderter Erklärung bis zum Gesamtbetrag von 20 Mio. DM je Einzelfall und Jahr eine Garantie von 50%.

Spezielle Voraussetzungen

Ein Investitionsvorhaben kann gefördert werden, wenn es geeignet ist, durch Schaffung von zusätzlichen Einkommensquellen das Gesamteinkommen in dem jeweiligen Wirtschaftsraum unmittelbar und auf Dauer nicht unwesentlich zu erhöhen (Primäreffekt). Der Primäreffekt kann als erfüllt angesehen werden, wenn in der zu fördernden Betriebsstätte überwiegend Güter hergestellt oder Leistungen erbracht werden, die ihrer Art nach regelmäßig überregional abgesetzt werden. Eine Förderung ist auch dann möglich, wenn im Einzelfall die in der Betriebsstätte hergestellten Güter oder erbrachten Dienstleistungen tatsächlich überwiegend überregional abgesetzt werden und dadurch das Gesamteinkommen in dem jeweiligen Wirtschaftsraum unmittelbar und auf Dauer nicht unwesentlich erhöht wird. Als überregional ist i.d.R. ein Absatz außerhalb eines Radius von 50 km von der Gemeinde, in der die Betriebsstätte liegt, anzusehen. Für die neuen Länder und Ost-Berlin beträgt dieser Radius 30 km.

Die durch Investitionszuschüsse geförderten Wirtschaftsgüter müssen mindestens drei Jahre nach Abschluß des Investitionsvorhabens in der geförderten Betriebsstätte verbleiben.

Antragsberechtigte

Unternehmen der gewerblichen Wirtschaft einschließlich des Beherbergungsgewerbes. Vorrangig werden Produktions-, Dienstleistungs- und Handwerksbetriebe gefördert, die einer Aufstellung im jeweils geltenden Rahmenplan (Positivliste) zugeordnet werden können. Neben freiberuflich Tätigen sind weitere Branchen von der Förderung ausgeschlossen (Negativliste).

Antragstellung

Die Anträge auf Zuschüsse nehmen die Wirtschaftsministerien der Länder bzw. von diesen benannten Stellen entgegen. Die Antragsformulare sind bei den antragsannehmenden Stellen erhältlich.

Antragsfristen
Die Anträge auf Zuschüsse müssen vor Beginn des Investitionsvorhabens gestellt werden.

Kombinierbarkeit
Die Förderhöchstsätze können entweder voll durch GA-Mittel oder durch Kumulierung mit anderen Beihilfen ausgeschöpft werden.

Weitere Informationen
Bekanntmachung der Regelungen und Fördergebiete des 27. Rahmenplans der Gemeinschaftsaufgabe »Verbesserung der regionalen Wirtschaftsstruktur« für den Zeitraum 1997 bis 2000 (2001) vom 30. Januar 1998.

Auskünfte erteilen das Bundesministerium für Wirtschaft und Technologie (BMWi), die Wirtschaftsministerien der Länder, die antragannehmenden Stellen und die Wirtschaftsförderungsgesellschaften.

2.1.15 Investitionszulage für betriebliche Investitionen in den neuen Bundesländern und in Berlin (InvZulG 1999)

Förderziel
Anregung der Investitionsbereitschaft der Unternehmer, um die Wirtschaftskraft in den neuen Bundesländern und in Berlin zu stärken sowie um Arbeitsplätze zu schaffen und zu erhalten.

Förderart
Steuerfreie Investitionszulagen für die Anschaffung und Herstellung von neuen abnutzbaren beweglichen Wirtschaftsgütern des Anlagevermögens, außer für Luftfahrzeuge, Personenkraftwagen und geringwertigen Wirtschaftsgüter, die mindestens 3 Jahre nach ihrer Anschaffung oder Herstellung als Anlagevermögen eines Betriebes oder einer Betriebsstätte im Fördergebiet verbleiben.

Förderumfang und Konditionen
Investitionen in Betrieben des verarbeitenden Gewerbes und der produktionsnahen Dienstleistungen werden steuerlich gefördert mit der Gewährung von Investitionszulagen. Begünstigt sind die Investitionen in den Jahren 1999 bis 2004, wobei ein Teil der Regelungen bis zum 31. Dezember 2001 befristet ist (Handwerk, Groß- und Einzelhandel). Zulagen in folgender Höhe sind vorgesehen:

- 10% (kleine und mittlere Betriebe 20%) für neue bewegliche Anlagegüter im verarbeitenden Gewerbe und bei bestimmten produktionsnahen Dienstleistungen,
- 10% für bewegliche Anlagegüter von kleinen und mittleren Betrieben des Handwerks und des innerstädtischen Groß- und Einzelhandels,

- 10% für neue Betriebsgebäude im verarbeitenden Gewerbe, bei bestimmten produktionsnahen Dienstleistungen sowie kleinen und mittleren Betrieben des Handwerks und des innerstädtischen Groß- und Einzelhandels.

Antragsberechtigte
Steuerpflichtigte im Sinne des Einkommen- und Körperschaftsteuergesetzes sowie Personengesellschaften.

Antragstellung
Bei den örtlich zuständigen Finanzämtern auf den dort erhältlichen Vordrucken.

Antragsfristen
Der Antrag ist spätestens bis zum 30. September des Kalenderjahres abzugeben, das dem Wirtschaftsjahr folgt, in dem die begünstigten Investitionen vorgenommen werden, die Anzahlungen auf Anschaffungskosten geleistet wurden oder die Teilherstellungskosten entstanden sind.

Kombinierbarkeit
Die Investitionszulage kann kumulativ zu Zuschüssen im Rahmen der Gemeinschaftsaufgabe »Verbesserung der regionalen Wirtschaftsstruktur« mit den Sonderabschreibungen in Anspruch genommen werden.

Weitere Informationen
Einzelheiten sind der Broschüre »Wirtschaftliche Förderung in den neuen Bundesländern« des Bundesministeriums für Wirtschaft und Technologie (BMWi) zu entnehmen. Auskünfte erteilen die zuständigen Finanzämter und die Industrie- und Handelskammern.

2.1.16 Sonderabschreibungen und Ansparabschreibungen zur Förderung kleiner und mittlerer Unternehmen (§ 7g EStG)

Bei neuen beweglichen Wirtschaftsgütern des Anlagevermögens können neben der linearen oder degressiven Abschreibung im Jahr der Anschaffung oder Herstellung und in den vier folgenden Jahren Sonderabschreibungen bis zu insgesamt 20% in Anspruch genommen werden.

Voraussetzung ist, daß im Zeitpunkt der Anschaffung oder Herstellung des Wirtschaftsgutes

- das Betriebsvermögen des Betriebes, zu dessen Anlagevermögen das Wirtschaftsgut gehört, nicht mehr als 400.000,– DM beträgt und
  das Wirtschaftsgut

- im Jahr der Inanspruchnahme von Sonderabschreibungen im Betrieb des Steuerpflichtigen ausschließlich oder fast ausschließlich betrieblich genutzt wird
- mindestens ein Jahr nach seiner Anschaffung oder Herstellung in einer inländischen Betriebsstätte dieses Betriebes verbleibt.

Kleine und mittlere Betriebe, die die o.g. Voraussetzungen erfüllen, können ferner für die künftige Anschaffung oder Herstellung von abschreibungsfähigen, beweglichen Wirtschaftsgütern eine gewinnmindernde Rücklage von max. 50% **(Ansparabschreibung)** bilden. Das jeweilige Wirtschaftsgut ist bis zum Ende des zweiten auf die Bildung der Rücklage folgenden Wirtschaftsjahres anzuschaffen oder herzustellen. Die Rücklage ist dann sowie bei Überschreiten dieser Frist gewinnerhöhend aufzulösen. Die am Bilanzstichtag gebildeten Rücklagen dürfen je Betrieb des Steuerpflichtigen den Betrag von 300.000 DM nicht übersteigen.

Wird die Rücklage von einem Existenzgründer im Wirtschaftsjahr der Betriebseröffnung und den fünf folgenden Wirtschaftsjahren (Gründungszeitraum) gebildet, gilt folgende Regelung:

- das begünstigte Wirtschaftsgut wird voraussichtlich bis zum Ende des fünften auf die Bildung der Rücklage folgenden Wirtschaftsjahres angeschafft oder hergestellt,
- der Höchstbetrag für im Gründungszeitraum gebildete Rücklagen beträgt 600.000 DM und
- die Rücklage ist spätestens am Ende des fünften auf ihre Bildung folgenden Wirtschaftsjahrs gewinnerhöhend aufzulösen.

Sowohl Sonderabschreibung als auch die Ansparabschreibung sind bei der betrieblichen Gewinnermittlung im Rahmen der jährlichen Steuererklärung beim zuständigen Finanzamt geltend zu machen.

2.2 Die Förderprogramme der Länder

Alle Bundesländer stellen eine Vielzahl eigener Förderprogramme zur Verfügung, die allerdings einem ständigen Wandel unterliegen. Die folgende Übersicht zeigt ausgewählte Programme, die ausschließlich zur Finanzierung von Existenzgründungen von Bedeutung sind. Bei den angegebenen Konditionen ist zu beachten, daß diese von den Marktbedingungen abhängen und laufend geändert werden. Die hier angegebenen Konditionen basieren auf dem Stand Januar 1999.

Auf Bürgschafts- und Kapitalbeteiligungsprogramme, die es in allen Bundesländern gibt, wird nicht näher eingegangen, da sich diese kaum voneinander unterscheiden. Förderprogramme für kleine und mittlere Unternehmen, z.B. Förderung von Forschung und Entwicklung, Förderung von Messebeteiligungen, Förderung von Qualitätsmanagement usw. können auch von Existenzgründern in Anspruch genommen werden.

Tip Für jedes Bundesland gibt es eine Broschüre mit den jeweils geltenden Förderprogrammen. Fordern Sie unbedingt die Broschüre Ihres Bundeslandes [→Literaturverzeichnis] bei dem zuständigen Wirtschaftsministerium [→Adressenverzeichnis] an. Der Bezug ist kostenlos.

> Die Förderprogramme der Länder gelten nur für Vorhaben innerhalb der jeweiligen Landesgrenzen. Der Wohnort des Antragstellers ist dabei i.d.R. unerheblich.

2.2.1 Baden-Württemberg

2.2.1.1 Förderung von Existenzgründungen und Existenzfestigungen

Kurzbeschreibung der Förderung/Verwendungszweck
Gründung, Übernahme eines Unternehmens, Übernahme einer tätigen Beteiligung, Investitionen zur Existenzfestigung in einem Zeitraum von fünf Jahren nach Gründung, Übernahme oder Beteiligungserwerb, Erstausstattung und eventuelle Aufstockung des Waren-, Material oder Ersatzteillagers, erster Bedarf an Betriebsmitteln.

Förderart
Es werden zinsgünstige Darlehen gewährt.

Förderumfang und Konditionen LAKRA-Konditionen Faxabruf: (07 11) 1 22-26 74

Höchstbetrag:	1 Mio. DM, jedoch bis zu 25% der Investitionskosten und der Kosten für die Material- und Warenerstausstattung bzw. der Kosten für die Warenaufstockung (bei Existenzfestigungen). Für den über die Material- und Warenerstausstattung hinausgehenden Betriebsmittelbedarf kann ein zusätzliches Darlehen in Höhe von 2/3 der förderfähigen Kosten gewährt werden (Zusatzdarlehen).
Mindestbetrag:	10.000 DM
Laufzeit:	Bis zu 8 Jahre, bis zu 12 Jahre bei Bauvorhaben (ausnahmsweise bis 15 Jahre), davon jeweils höchstens 2 Jahre tilgungsfrei
Zinssatz:	Z.Zt. 3,50% p.a.
Auszahlung:	98%
Sicherheiten:	Es sind bankübliche Sicherheiten zu stellen.
Bearbeitungsgebühr:	0,3%, einmalig, mindestens jedoch 200 DM.

Antragsberechtigte
Nachwuchskräfte des Handwerks, des Handels, der Industrie, des Dienstleistungs- und Kleingewerbes, des Hotel- und Gaststättengewerbes sowie der in der Wirtschaft tätigen Freien Berufe, die über die für eine Existenzgründung erforderliche fachliche und kaufmännische Vorbildung verfügen.

Antragsberechtigt sind nicht nur Existenzgründer, die sich zum ersten Mal selbständig machen, sondern auch solche, die sich erneut einer selbständigen Tätigkeit als Hauptberuf zuwenden. Förderbar ist auch ein gleitender Übergang in die Selbständigkeit, sofern die persönlichen und fachlichen Voraussetzungen erfüllt sind und die Vollexistenz innerhalb eines Zeitraums von drei Jahren erreicht werden kann.

Antragstellung
Die Anträge sind vor Beginn des Vorhabens auf den dafür vorgesehenen Vordrucken über jedes Kreditinstitut (Hausbank) bei der Landeskreditbank Baden-Württemberg (LAKRA) einzureichen.

Kombinierbarkeit
Eine Kombination mit anderen Förderprogrammen ist möglich. Zusammen mit Bundesprogrammen nicht mehr als 2/3 des Bedarfs.

Besondere Hinweise
Auf Wunsch der Hausbank gewährt die Landeskreditbank Baden-Württemberg (LAKRA) eine 50%ige Haftungsfreistellung, die im Einzelfall auf 100.000 DM begrenzt ist. Für die Übernahme der Haftungsfreistellung entstehen dem Endkreditnehmer keine zusätzlichen Kosten.

Weitere Informationen
Einzelheiten über das Programm sind der Broschüre »Wege zur Selbständigkeit« der Landeskreditbank Baden-Württemberg (LAKRA) zu entnehmen. Allgemeine Auskünfte erteilen das Wirtschaftsministerium Baden-Württemberg und die Landeskreditbank Baden-Württemberg (LAKRA). Beratung im konkreten Einzelfall führt u. a. das Informationszentrum für Existenzgründungen des Landesgewerbeamts Baden-Württemberg (ifex) durch.

2.2.1.2 Förderung technologieorientierter Unternehmensgründungen

Kurzbeschreibung der Förderung/Verwendungszweck
Gründung eines Unternehmens, in dem moderne Technologien angewendet werden, Übernahme eines Unternehmens oder Erwerb einer Beteiligung an einem Unternehmen, wenn im Zuge der Übernahme bzw. Beteiligungserwerbs moderne Technologien in dem Unternehmen eingeführt werden, Investitionen zur Existenzfestigung in einem Zeitraum von fünf Jahren nach Gründung,

Übernahme oder Beteiligungserwerb, Erstausstattung und eventuelle Aufstokkung des Waren-, Material- oder Ersatzteillagers, erster Bedarf an Betriebsmitteln.

Förderart
Es werden zinsgünstige Darlehen gewährt.

Förderumfang und Konditionen LAKRA-Konditionen Faxabruf: (07 11) 1 22-26 74

Höchstbetrag:	1 Mio. DM, jedoch bis zu 42% der Investitionskosten und der Kosten für die Material- und Warenerstausstattung bzw. der Kosten für die Warenaufstockung (bei Existenzfestigungen). Für den über die Material- und Warenerstausstattung hinausgehenden Betriebsmittelbedarf kann ein zusätzliches Darlehen in Höhe von 2/3 der förderfähigen Kosten gewährt werden (Zusatzdarlehen).
Mindestbetrag:	10.000 DM
Laufzeit:	Bis zu 8 Jahre, bis zu 12 Jahre bei Bauvorhaben (ausnahmsweise bis 15 Jahre), davon jeweils höchstens 2 Jahre tilgungsfrei
Zinssatz:	Z.Zt. 2,75% p.a.
Auszahlung:	98%
Sicherheiten:	Es sind bankübliche Sicherheiten zu stellen.
Bearbeitungsgebühr:	0,3%, einmalig, mindestens jedoch 200 DM.

Antragsberechtigte
Fachlich und kaufmännisch vorgebildete Gründer von Unternehmen, in denen moderne Technologien angewendet werden.

Antragstellung
Die Anträge sind vor Beginn des Vorhabens auf den dafür vorgesehenen Vordrucken über jedes Kreditinstitut (Hausbank) bei der Landeskreditbank Baden-Württemberg (LAKRA) einzureichen.

Kombinierbarkeit
Eine Kombination mit anderen Förderprogrammen ist möglich. Zusammen mit Bundesprogrammen nicht mehr als 2/3 des Bedarfs.

Besondere Hinweise
Auf Wunsch der Hausbank gewährt die Landeskreditbank Baden-Württemberg (LAKRA) eine 50%ige Haftungsfreistellung, die im Einzelfall auf 100.000 DM begrenzt ist. Für die Übernahme der Haftungsfreistellung entstehen dem Endkreditnehmer keine zusätzlichen Kosten.

Weitere Informationen
Einzelheiten über das Programm sind der Broschüre »Wege zur Selbständigkeit« der Landeskreditbank Baden-Württemberg (LAKRA) zu entnehmen. Allgemeine Auskünfte erteilen das Wirtschaftsministerium Baden-Württemberg und die Landeskreditbank Baden-Württemberg (LAKRA). Beratung im konkreten Einzelfall führt u.a. das Informationszentrum für Existenzgründungen des Landesgewerbeamts Baden-Württemberg (ifex) durch.

2.2.1.3 Liquiditätshilfeprogramm

Kurzbeschreibung der Förderung/Verwendungszweck
Nachhaltige Sicherung von Arbeitsplätzen: Konsolidierung oder Übernahme eines Unternehmens, Investitionen und Umschuldungen nur in begründeten Ausnahmefällen.

Förderart
Es werden zinsgünstige Darlehen gewährt.

Förderumfang und Konditionen LAKRA-Konditionen Faxabruf: (07 11) 1 22-26 74

Darlehenshöhe:	Die Darlehenshöhe bestimmt sich nach den Erfordernissen des Einzelfalls.
Laufzeit:	Bis zu 4 Jahre, davon 0 Jahre tilgungsfrei, bis zu 6 Jahre, davon höchstens 1 Jahr tilgungsfrei, bis zu 8 Jahre, davon 2 Jahre tilgungsfrei
Zinssatz:	Z.Zt. 3,20% p.a. bei einer Laufzeit bis zu 4 Jahre

Antragsberechtigte
Unternehmen der gewerblichen Wirtschaft i.d.R. bis 300 Mitarbeiter.

Antragstellung
Die Anträge sind vor Beginn des Vorhabens auf den dafür vorgesehenen Vordrucken über jedes Kreditinstitut (Hausbank) bei der Landeskreditbank Baden-Württemberg (LAKRA) einzureichen.

Weitere Informationen
Einzelheiten über das Programm sind der Broschüre »Wege zur Selbständigkeit« der Landeskreditbank Baden-Württemberg (LAKRA) zu entnehmen. Allgemeine Auskünfte erteilen das Wirtschaftsministerium Baden-Württemberg und die Landeskreditbank Baden-Württemberg (LAKRA). Beratung im konkreten Einzelfall führt u.a. das Informationszentrum für Existenzgründungen des Landesgewerbeamts Baden-Württemberg (ifex) durch.

2.2.2 Bayern

2.2.2.1 Fortbildungsprämie zur Vorbereitung einer Existenzgründung

Kurzbeschreibung der Förderung/Verwendungszweck
Aufbau einer selbständigen gewerblichen Vollexistenz durch Neugründung, Erwerb oder Übernahme eines Unternehmens oder einer maßgeblichen Beteiligung von mindestens 25% an einer Kapitalgesellschaft und gleichzeitiger Einräumung der Geschäftsführerbefugnis innerhalb von 2 Jahren nach erfolgreichem Abschluß einer staatlich anerkannten Fortbildungsmaßnahme.

Förderart
Es wird ein Zuschuß gewährt.

Förderumfang und Konditionen
Der Zuschuß beträgt 5.000 DM, in den besonders ausgewiesenen regionalen Fördergebieten (Ziel-5b-Gebieten) 9.000 DM.

Spezielle Voraussetzungen
In den ersten 9 Monaten nach der Existenzgründung ist mindestens ein sozialversicherungspflichtiges Dauerarbeitsverhältnis mit mindestens 30 Wochenstunden oder zwei Ausbildungsverhältnisse zu schaffen.

Antragsberechtigte
Existenzgründer, die eine staatlich anerkannte Fortbildungsmaßnahme mit einer Prüfung nach § 46 BBiG bzw. § 46 HwO erfolgreich abgeschlossen haben.

Antragstellung
Die Anträge sind spätestens ein Jahr nach Aufnahme der selbständigen Tätigkeit auf den dafür vorgesehenen Vordrucken über die Handwerkskammer oder Industrie- und Handelskammer, in deren Bezirk die Existenzgründung erfolgt, an die für dieses Gebiet örtlich zuständige Regierung zu richten. Die Kammern nehmen die im Antragsvordruck vorgesehenen Bestätigungen vor.

Weitere Informationen
Einzelheiten über das Programm sind der Richtlinie für die Gewährung einer Prämie zur Fortbildung in Vorbereitung einer Existenzgründung (Fortbildungsprämie) des Bayerischen Staatsministeriums für Wirtschaft, Verkehr und Technologie und des Bayerischen Staatsministeriums für Arbeit und Sozialordnung, Familie, Frauen und Gesundheit zu entnehmen. Auskünfte erteilen die Handwerkskammern, Industrie- und Handelskammern und die Regierungen.

2.2.2.2 Mittelstandskreditprogramm

Kurzbeschreibung der Förderung/Verwendungszweck
Förderung von Investitionen zur Neuerrichtung von Betrieben, Betriebsübernahmen und tätigen Beteiligungen, bei erstmaligen Existenzgründungen auch die Anschaffung eines ersten Warenlagers, Rationalisierungen, Modernisierungen und Erweiterungen bestehender Betriebe.

Förderart
Es werden zinsgünstige Darlehen gewährt.

Förderumfang und Konditionen bei erstmaligen Existenzgründungen

Höchstbetrag:	40 % des förderfähigen Vorhabens von bis zu 2 Mio. DM, jedoch max. 600.000 DM
Mindestbetrag:	25.000 DM
Laufzeit:	8 Jahre, davon 2 Jahre tilgungsfrei, 15 Jahre bei Bauvorhaben, davon 4 Jahre tilgungsfrei
Zinssatz:	Z.Zt. 3,5 % p.a.
Auszahlung:	100 %
Bearbeitungsgebühr:	0,1 %, einmalig jeweils für die Hausbank und für die LfA

Förderumfang und Konditionen bei sonstigen Vorhaben

Höchstbetrag:	30 % des förderfähigen Vorhabens von bis zu 2 Mio. DM, jedoch max. 600.000 DM
Mindestbetrag:	25.000 DM
Laufzeit:	7 Jahre, 12 Jahre bei Bauvorhaben, davon jeweils 2 Jahre tilgungsfrei
Zinssatz:	Z.Zt. 4,5 % p.a. bzw. 3,5 % p.a. für Vorhaben im erweiterten Ziel-5b-Fördergebiet der EU, im erweiterten Verdichtungsraum Nürnberg/Fürth/Erlangen und im Verdichtungsraum Augsburg
Auszahlung:	100 %
Bearbeitungsgebühr:	0,1 %, einmalig jeweils für die Hausbank und für die LfA

Förderumfang und Konditionen zum Programmteil Lebensmitteleinzelhandel/Nahrungsmittelhandwerk
Gefördert werden Investitionen zur Gründung oder Sicherung von Betrieben des Lebensmitteleinzelhandels und im Ladenbereich des Nahrungsmittelhandwerks sowie in diesem Zusammenhang stehende Aufwendungen für ein erstes Warenlager bei Existenzgründungen bzw. eine erhebliche Ausweitung des Warenlagers im Rahmen von Erweiterungs-, Modernisierungs- und Rationalisierungsinvestitionen, wenn der investive Anteil mindestens 50 % der Gesamtaufwendungen des betreffenden Vorhabens erreicht.

Höchstbetrag:	50% des förderfähigen Vorhabens von bis zu 2 Mio. DM, jedoch max. 750.000 DM
Laufzeit:	7 Jahre, 12 Jahre bei Bauvorhaben, davon jeweils 2 Jahre tilgungsfrei
Zinssatz:	Z.Zt. 4,5% p.a. bzw. 3,5% p.a. für Existenzgründer sowie für Vorhaben im erweiterten Ziel-5b-Fördergebiet der EU, im erweiterten Verdichtungsraum Nürnberg/Fürth/Erlangen und im Verdichtungsraum Augsburg
Auszahlung:	100%
Bearbeitungsgebühr:	0,1%, einmalig jeweils für die Hausbank und für die LfA

Antragsberechtigte

Kleine und mittlere gewerbliche Unternehmen der Industrie, des Handwerks, des Handels, des Straßenverkehrsgewerbes, des Hotel- und Gaststättengewerbes sowie des sonstigen Dienstleistungsgewerbes.

Kombinierbarkeit

Das Darlehen ist – mit Ausnahme einer Regionalförderung und des Ergänzungsdarlehens II der LfA – mit anderen Förderprogrammen kombinierbar. Eine Kumulation mit der Regionalförderung ist nur bei Existenzgründungsvorhaben möglich.

Antragstellung

Die Anträge sind vor Beginn des Vorhabens auf den dafür vorgesehenen Vordrucken über jedes Kreditinstitut (Hausbank) an die Bayerische Landesanstalt für Aufbaufinanzierung (LfA) einzureichen.

Besondere Hinweise

Auf Wunsch der Hausbank kann für Darlehen bei erstmaligen Existenzgründungen eine 40%ige Haftungsfreistellung gewährt werden. Bei Antragstellern mit besonderen Qualifikationen kann eine erhöhte Haftungsfreistellung von 70% beantragt werden. Die Inanspruchnahme der Haftungsfreistellung erhöht den Zinssatz um 0,2% p.a. bzw. um 0,35% p.a.

Weitere Informationen

Einzelheiten über das Programm sind der Broschüre »Bayerische Finanzierungshilfen für die gewerbliche Wirtschaft« der Bayerischen Landesanstalt für Aufbaufinanzierung (LfA), des Bayerischen Staatsministeriums für Wirtschaft, Verkehr und Technologie und des Bayerischen Staatsministeriums für Landesentwicklung und Umweltfragen zu entnehmen. Auskünfte erteilen das Bayerische Staatsministerium für Wirtschaft, Verkehr und Technologie und die Bayerische Landesanstalt für Aufbaufinanzierung (LfA).

2.2.2.3 Beteiligungskapital für Existenzgründer

Kurzbeschreibung der Förderung/Verwendungszweck
Existenzgründern und Unternehmen in der Existenzfestigungsphase werden stille Beteiligungen angeboten, um eine solide Eigenkapitalausstattung der Unternehmen in der Gründungsphase sicherzustellen. Die Mittel dienen zur Mitfinanzierung des in Zusammenhang mit der Existenzgründung stehenden Investitions- und Betriebsmittelbedarfs.

Förderart
Es werden typisch stille Beteiligungen gewährt.

Förderumfang und Konditionen

Beteiligungshöhe:	40.000 DM bis 100.000 DM
Laufzeit:	10 Jahre (tilgungsfrei)
Zinssatz:	In den ersten fünf Beteiligungsjahren: 5,70% p.a. festes Entgelt (einschließlich Garantieprovision) 1,0% p.a. gewinnabhängiges Entgelt Ab dem sechsten Beteiligungsjahr: 6,70% p.a. festes Entgelt (einschließlich Garantieprovision) 2,0% p.a. gewinnabhängiges Entgelt
Rückzahlung:	Am Beteiligungsende zum Nominalwert
Bearbeitungsgebühr:	Einmalig 2,0%

Antragsberechtigte
Existenzgründer im Bereich der gewerblichen Wirtschaft sowie gewerbliche Unternehmer während der ersten drei Jahre nach Aufnahme der selbständigen Existenz.

Antragstellung
Für eine erste Beurteilung ist das (formlose) Gründungs- bzw. Unternehmenskonzept mit tabellarischem Lebenslauf bei der Bayerischen Landesanstalt für Aufbaufinanzierung (LfA), Abteilung K3 einzureichen.

Weitere Informationen
Einzelheiten über das Programm sind der Broschüre »Bayerische Finanzierungshilfen für die gewerbliche Wirtschaft« der Bayerischen Landesanstalt für Aufbaufinanzierung (LfA), des Bayerischen Staatsministeriums für Wirtschaft, Verkehr und Technologie und des Bayerischen Staatsministeriums für Landesentwicklung und Umweltfragen zu entnehmen. Auskünfte erteilen das Bayerische Staatsministerium für Wirtschaft, Verkehr und Technologie und die Bayerische Landesanstalt für Aufbaufinanzierung (LfA).

2.2.3 Berlin

2.2.3.1 Meistergründungsprämie für Existenzgründer

Kurzbeschreibung der Förderung/Verwendungszweck
Erleichterung von Existenzgründungen im Handwerksbereich. Gefördert werden Betriebsgründungen, Übernahmen von Betrieben und tätige Beteiligungen.

Förderart
Es wird ein bedingt rückzahlbarer Zuschuß gewährt.

Förderumfang und Konditionen
Der Zuschuß beträgt 20.000 DM.

Spezielle Voraussetzungen
In den ersten drei Jahren nach der Existenzgründung ist mindestens ein sozialversicherungspflichtiger Arbeitnehmer wenigstens 12 Monate zu beschäftigen (kein Auszubildender). Es darf keine unselbständige oder andere selbständige Tätigkeit neben dem Handwerksbetrieb ausgeübt werden.

Antragsberechtigte
Handwerksmeister, die sich innerhalb von 3 Jahren nach Ablegung der Meisterprüfung in diesem Handwerk erstmalig selbständig machen.

Antragstellung
Die Anträge sind spätestens 6 Monate nach Aufnahme der selbständigen Tätigkeit auf den dafür vorgesehenen Vordrucken über die Handwerkskammer Berlin an die Senatsverwaltung für Wirtschaft und Betriebe zu richten.

Kombinierbarkeit
Eine Kombination mit anderen Förderprogrammen ist möglich.

Weitere Informationen
Einzelheiten über das Programm sind der Broschüre »Förderfibel '98« der Senatsverwaltung für Wirtschaft und Betriebe zu entnehmen. Auskünfte erteilen die Senatsverwaltung für Wirtschaft und Betriebe und die Handwerkskammer Berlin.

2.2.3.2 Existenzgründungsdarlehen nach dem Arbeitsmarktpolitischen Rahmenprogramm (ARP)

Kurzbeschreibung der Förderung/Verwendungszweck

Förderung von Existenzgründern, die sich mit vergleichsweise niedrigem Kapitalaufwand selbständig machen wollen. Bei der Gewährung der Förderung sollen Frauen entsprechend ihrem Anteil an den Arbeitslosen berücksichtigt werden. Soweit besondere arbeitsmarkt- und frauenfördernde Struktureffekte nachgewiesen werden, sollen diese Vorhaben vorrangig Berücksichtigung finden.

Die Förderung ist zur Finanzierung der dazu erforderlichen Investitionen und Betriebsmittel einzusetzen.

Förderart

Es wird ein Existenzgründungsdarlehen auf Grundlage des Arbeitsmarktpolitischen Rahmenprogramms (ARP) im Rahmen der verfügbaren Mittel gewährt. Ein Rechtsanspruch besteht nicht.

Förderumfang und Konditionen

Höchstbetrag:	30.000 DM je Antragsteller. Bei Antragstellung mehrerer antragsberechtigter Personen für eine gemeinsame selbständige Existenzgründung beträgt der Höchstfördersatz 50.000 DM.
Bearbeitungsgebühr:	2,0 % des Darlehensbetrages (einmalig)
Laufzeit:	Bis zu 10 Jahre, davon höchstens 5 Jahre tilgungsfrei. Die Rückzahlung erfolgt in 10 gleichen Halbjahresraten.
Auszahlung:	100 % abzüglich der Bearbeitungsgebühr

Antragsberechtigte

Natürliche Personen im Land Berlin, die bei einem Berliner Arbeitsamt arbeitslos gemeldet bzw. bei einem Berliner Bezirksamt (Abt. Sozialwesen) leistungsberechtigt sind.

Die Förderung soll vorrangig Personen zur Verfügung gestellt werden, die eine Tätigkeit im gewerblichen oder im Dienstleistungsbereich aufnehmen.

Von einer Förderung ausgeschlossen sind jedoch Unternehmen der Land- und Forstwirtschaft, des Bauhauptgewerbes, des Fuhrgewerbes, Gastronomie- und Beherbergungsunternehmen, Hausverwaltungen sowie die in § 6 GewO vom 01.01.1987, geändert durch Gesetz vom 24.03.1997 (BGBl. I S. 594), genannten Berufe.

Spezielle Voraussetzungen

Es werden ausreichende betriebswirtschaftliche Kenntnisse und Branchenerfahrung des Gründers vorausgesetzt sowie die wirtschaftliche Tragfähigkeit des Vorhabens.

Antragstellung
Die Anträge sind vor der Gründung der selbständigen Existenz unter Verwendung der bei der Investitionsbank Berlin (IBB) erhältlichen Antragsformulare zusammen mit den darin benannten erforderlichen Unterlagen an die Investitionsbank zu richten.

Besondere Hinweise
Für die ersten drei Jahre nach Auszahlung des Darlehns hält die Investitionsbank Berlin (IBB) für die Fördernehmer das Angebot für eine begleitende Beratung und ein Controlling bereit. Die Kosten dafür sind von den Fördernehmern zu zahlen, die dieses Angebot in Anspruch nehmen.

Weitere Informationen
Einzelheiten über das Programm sind der Broschüre »Förderfibel ´98« der Senatsverwaltung für Wirtschaft und Betriebe zu entnehmen. Auskünfte erteilt die Investitionsbank Berlin (IBB).

2.2.4 Brandenburg

2.2.4.1 Förderung von Existenzgründungen im Handwerk (Meistergründungszuschuß)

Kurzbeschreibung der Förderung/Verwendungszweck
Aufbau einer selbständigen Existenz möglichst bald nach der Meisterprüfung. Gefördert wird die Gründung eines neuen Unternehmens, der Übernahme eines bestehenden Unternehmens und die tätige Beteiligung (mind. 50%) an einem Unternehmen in dem Handwerk, zu dessen Ausübung der Handwerksmeister berechtigt ist.

Förderart
Es wird ein bedingt rückzahlbarer Zuschuß gewährt.

Förderumfang und Konditionen
Der Zuschuß beträgt 10.000 DM.

Antragsberechtigte
Handwerksmeister, die innerhalb von 2 Jahren nach Ablegung der Meisterprüfung erstmalig eine selbständige Existenz gründen.

Spezielle Voraussetzungen
In den ersten drei Jahren nach der Betriebsgründung ist mindestens ein sozialversicherungspflichtiger Arbeitnehmer für mindestens 12 Monate zu beschäftigen oder zwei Auszubildende auszubilden.

Antragstellung
Die Anträge sind vor der Aufnahme der selbständigen Tätigkeit auf den dafür vorgesehenen Vordrucken über die Handwerkskammer, in deren Bezirk die Existenzgründung erfolgt, an die InvestitionsBank des Landes Brandenburg (ILB) zu richten.

Kombinierbarkeit
Sofern Fördermittel aus anderen Programmen des Landes Brandenburg (z. B. GA-Förderung) im Zeitraum der ersten 3 Jahre gewährt werden, ist eine Förderung ausgeschlossen.

Weitere Informationen
Einzelheiten über das Programm sind der Broschüre »Gründen, Festigen, Wachsen – Ein Leitfaden für Unternehmer im Land Brandenburg« des Ministeriums für Wirtschaft, Mittelstand und Technologie zu entnehmen. Auskünfte erteilen das Ministerium für Wirtschaft, Mittelstand und Technologie und die InvestitionsBank des Landes Brandenburg (ILB).

2.2.4.2 Mittelstandskreditprogramm

Kurzbeschreibung der Förderung/Verwendungszweck
Gefördert wird u. a. die Errichtung neuer Unternehmen, der Erwerb kleiner und mittlerer Unternehmen, der Erwerb einer tätigen Beteiligung an kleinen und mittleren Unternehmen, der Grundstückserwerb (ggf. mit Gebäude) inkl. Nebenkosten, bauliche Investitionen, die Anschaffung von Maschinen, Einrichtungen und Ausstattungen, die Anschaffung eines Waren-/Materiallagers in angemessenem Umfang und sonstige Betriebsmittel in Einzelfällen.

Förderart
Es werden zinsgünstige Kredite gewährt.

Förderumfang und Konditionen

Höchstbetrag:	1 Mio. DM, jedoch maximal 50% der förderfähigen Kosten
Mindestbetrag:	10.000 DM
Laufzeit:	Bis zu 10 Jahre, bis zu 15 Jahre bei Bauvorhaben, davon jeweils 2 Jahre tilgungsfrei
Zinssatz:	Z.Zt. 2,06% (effektiv 2,80%) p.a.
Auszahlung:	96%
Tilgung:	In gleichen Halbjahresraten
Sicherheiten:	Es sind bankübliche Sicherheiten zu stellen

Antragsberechtigte
Existenzgründer sowie Unternehmen der gewerblichen Wirtschaft (einschließlich Dienstleistungsunternehmen) mit max. 10 Mio. DM Jahresumsatz und nicht mehr als 50 Beschäftigten.

Spezielle Voraussetzungen
Der Eigenanteil soll 15 % der förderfähigen Investitionen möglichst nicht unterschreiten. Sind weniger Eigenmittel vorhanden, ist eine Förderung möglich, wenn das Vorhaben trotz des geringen Eigenkapitals wirtschaftlich sionnvoll und auf Dauer tragfähig erscheint.

Antragstellung
Die Anträge sind vor Beginn des Vorhabens auf den dafür vorgesehenen Vordrucken über jedes Kreditinstitut (Hausbank) bei der InvestitionsBank des Landes Brandenburg (ILB) einzureichen.

Kombinierbarkeit
Das Programm ist mit der Bundesförderung kombinierbar, jedoch nicht mit anderen Landesfördermitteln (Ausnahme: Meistergründungszuschuß).

Weitere Informationen
Einzelheiten über das Programm sind der Broschüre »Gründen, Festigen, Wachsen – Ein Leitfaden für Unternehmer im Land Brandenburg« des Ministeriums für Wirtschaft, Mittelstand und Technologie zu entnehmen. Auskünfte erteilen das Ministerium für Wirtschaft, Mittelstand und Technologie und die InvestitionsBank des Landes Brandenburg (ILB).

2.2.5 Bremen

2.2.5.1 Starthilfefonds

Kurzbeschreibung der Förderung/Verwendungszweck
Förderung kleinerer Gründungsvorhaben zur Finanzierung der betriebsnotwendigen Investitionen. Die (Teil-) Finanzierung von Immobilien ist ausgeschlossen.

Förderart
Es werden zinsgünstige Darlehen und Zuschüsse gewährt.

Förderumfang und Konditionen

Höchstbetrag:	100.000 DM
Laufzeit:	Bis zu 10 Jahre, davon 2 Jahre zins- und tilgungsfrei
Zinssatz:	Zum Diskontsatz der Deutschen Bundesbank

Für die Schaffung von zusätzlichen Ausbildungsplätzen während der Phase der Existenzgründung kann ein Zuschuß in Höhe von 10.000 DM pro geschaffenem und besetztem Ausbildungsplatz gewährt werden.

Antragsberechtigte
Existenzgründer sowie kleine Unternehmen aus den Bereichen Handel und Dienstleistungen, wenn diese im Rahmen bestehender Programme der EU oder des Bundes keine (ausreichenden) Hilfen zur Finanzierung ihrer Projekte bekommen können.

Antragstellung
Die Anträge sind auf den dafür vorgesehenen Vordrucken an die Wirtschaftsförderungsgesellschaft der Freien Hansestadt Bremen bzw. die Bremerhavener Gesellschaft für Investitionsförderung und Stadtentwicklung einzureichen.

Weitere Informationen
Einzelheiten über das Programm sind der Broschüre »B.E.G.IN Bremer Existenz Gründungs Initiative« des Senators für Wirtschaft, Mittelstand, Technologie und Europaangelegenheiten der Freien Hansestadt Bremen zu entnehmen. Auskünfte erteilt die Wirtschaftsförderungsgesellschaft der Freien Hansestadt Bremen bzw. die Bremerhavener Gesellschaft für Investitionsförderung und Stadtentwicklung.

2.2.6 Hamburg

2.2.6.1 Existenzgründungsprogramm

Kurzbeschreibung der Förderung/Verwendungszweck
Förderung der Gründung eines Unternehmens, des Erwerbs eines Unternehmens oder Betriebes, der Erweiterung eines Einzelunternehmens, der Beteiligung an der Gründung eines Unternehmens oder der Erwerb eines Unternehmensanteils zum Zweck der tätigen Teilhaberschaft (mindestens 25%) und der Existenzsicherung in den ersten drei Jahren.

Förderart
Es wird ein Zuschuß gewährt.

Förderumfang und Konditionen
Der Zuschuß beträgt 14% der Bemessungsgrundlage (70% der förderfähigen Investitionskosten, max. 1,4 Mio. DM), maximal 196.000 DM je Vorhaben.

Antragsberechtigte
Natürliche Personen, die in den letzten drei Jahren nicht selbständig gewesen sind und ein Unternehmen im Bereich des Handwerks oder ein sonstiges gewerbliches Unternehmen gründen, in dem überwiegend Güter hergestellt oder

Leistungen erbracht werden, die ihrer Art nach regelmäßig über die Grenzen der Wirtschaftsregion Hamburg hinaus abgesetzt werden.

Kombinierbarkeit
Wenn für das Vorhaben eine Förderung aus Förderprogrammen des Bundes in Betracht kommt, ist diese zunächst zu beantragen.

Antragstellung
Die Anträge sind vor Beginn des Vorhabens auf den dafür vorgesehenen Vordrucken über jedes Kreditinstitut (Hausbank) an die Bürgschaftsgemeinschaft Hamburg GmbH einzureichen.

Weitere Informationen
Einzelheiten über das Programm sind dem »Leitfaden Wirtschaftsförderung in Hamburg« der Wirtschaftsbehörde Hamburg, Abteilung Wirtschaftsförderung und der HWF Hamburgische Gesellschaft für Wirtschaftsförderung mbH zu entnehmen. Auskünfte erteilen die Bürgschaftsgemeinschaft Hamburg GmbH und die Wirtschaftsbehörde Hamburg, Abteilung Wirtschaftsförderung, Abteilung Wirtschaftsförderung.

2.2.6.2 Innovationsförderungsprogramm

Kurzbeschreibung der Förderung/Verwendungszweck
Förderung der Markteinführung neuer oder verbesserter Produkte, Produktions-, Distributionsverfahren oder -systeme.

Förderart
Es wird ein Zuschuß gewährt.

Förderumfang und Konditionen
Der Zuschuß beträgt 20% der Bemessungsgrundlage (70% der förderfähigen Investitionskosten, max. 1,4 Mio. DM), maximal 280.000 DM je Vorhaben.

Antragsberechtigte
Existenzgründer und kleine und mittlere Unternehmen im Bereich der gewerblichen Wirtschaft sowie in der Wirtschaft tätige Angehörige Freier Berufe.

Kombinierbarkeit
Wenn für das Vorhaben eine Förderung aus Förderprogrammen des Bundes in Betracht kommt, ist diese zunächst zu beantragen.

Antragstellung
Die Anträge sind vor Beginn des Vorhabens auf den dafür vorgesehenen Vordrucken über jedes Kreditinstitut (Hausbank) an die Bürgschaftsgemeinschaft Hamburg GmbH einzureichen.

Weitere Informationen
Einzelheiten über das Programm sind dem »Leitfaden Wirtschaftsförderung in Hamburg« der Wirtschaftsbehörde Hamburg, Abteilung Wirtschaftsförderung und der HWF Hamburgische Gesellschaft für Wirtschaftsförderung mbH zu entnehmen. Auskünfte erteilen die Bürgschaftsgemeinschaft Hamburg GmbH und die Wirtschaftsbehörde Hamburg, Abteilung Wirtschaftsförderung.

2.2.7 Hessen

2.2.7.1 Existenzgründungsprogramm

Kurzbeschreibung der Förderung/Verwendungszweck
Kredite für die Errichtung, Einrichtung und Übernahme von Betrieben, tätige Beteiligungen und für die Beschaffung eines ersten Warenlagers.

Förderart
Es werden zinsgünstige Kredite aus dem ERP-Existenzgründungsprogramm gewährt, die durch hessische Landesmittel zusätzlich verbilligt werden.

Förderumfang und Konditionen ERP-/DtA-Konditionen Faxabruf: (0228) 831-3300

Höchstbetrag:	200.000 DM, jedoch maximal 50% der Gründungsaufwendungen oder Folgeinvestitionen. Der Höchstbetrag kann auch durch mehrere Anträge ausgeschöpft werden.
Laufzeit:	Bis zu 10 Jahre, bis zu 15 Jahre bei Bauvorhaben, davon jeweils 2 bzw. 3 Jahre tilgungsfrei
Zinssatz:	Z.Zt. 3,25% p.a. (aufgrund der vom Land gewährten Zuschüsse 1,0%punkt unter dem ERP-Zinssatz)
Auszahlung:	100%
Sicherheiten:	Es sind bankübliche Sicherheiten zu stellen

Antragsberechtigte
Nachwuchskräfte aus Industrie, Handwerk, Handel und Kleingewerbe sowie dem Hotel- und Gaststättengewerbe.

Kombinierbarkeit
Kreditanträge über 200.000 DM können mit dem ERP-Existenzgründungsprogramm gesplittet werden.

Antragstellung
Die Anträge sind vor Beginn der Maßnahmen auf den für das ERP-Existenzgründungsprogramm vorgesehenen Vordrucken über jedes Kreditinstitut (Hausbank) bei der Deutschen Ausgleichsbank (DtA) einzureichen.

Weitere Informationen
Einzelheiten über das Programm sind der Broschüre »Förderprogramme für die gewerbliche Wirtschaft« des Hessischen Ministeriums für Wirtschaft, Verkehr und Landesentwicklung zu entnehmen. Auskünfte erteilt das Hessische Ministerium für Wirtschaft, Verkehr und Landesentwicklung.

2.2.8 Mecklenburg-Vorpommern

2.2.8.1 Existenzgründungsbeihilfe

Kurzbeschreibung der Förderung/Verwendungszweck
Anreiz zur Gründung eines Handerksbetriebes oder handwerksähnlichen Betriebes, landwirtschaftlichen oder forstwirtschaftlichen Betriebes, stationären Einzelhandelsbetriebes (ausgenommen ambulanter Handel, Verkaufsstände, Verkaufswagen), Dienstleistungsbetriebes (ausgenommen Finanz-, Versicherungs- und Maklerdienstleistungsgewerbe) oder produzierenden Gewerbebetriebes.

Förderart
Es wird eine Existenzgründungsbeihilfe als Zuschuß gewährt.

Förderumfang und Konditionen
Der Zuschuß beträgt pauschal 250,– DM pro voller Kalenderwoche und kann längstens für ein Jahr gewährt werden. Die Zeit, während der Überbrückungsgeld nach § 57 SGB III gezahlt worden ist, wird auf den Förderzeitraum angerechnet. Es besteht kein Rechtsanspruch.

Antragsberechtigte
Beim Arbeitsamt gemeldete Arbeitslose, Kurzarbeiter, ABM-Beschäftigte, Empfänger von Überbrückungsgeld, unmittelbar von Arbeitslosigkeit Bedrohte, Personen, die wegen der Betreuung und/oder Erziehung Familienangehöriger mindestens zwei Jahre vor Antragstellung aus dem Erwerbsleben ausgeschieden sind oder Absolventen einer Qualifizierungsmaßnahme für Existenzgründer.

Antragstellung
Die Anträge sind an das Sozialministerium des Landes Mecklenburg-Vorpommern, Referat 230, Werderstr. 124, 19055 Schwerin zu richten.

Weitere Informationen
Einzelheiten über das Programm sind der Broschüre »Förderinstrumente für Industrie, gewerbliche Wirtschaft und das Handwerk in Mecklenburg-Vorpommern« des Wirtschaftsministeriums Mecklenburg-Vorpommern zu entnehmen. Auskünfte erteilt das Sozialministerium Mecklenburg-Vorpommern.

2.2.8.2 Existenzgründerinnendarlehen

Kurzbeschreibung der Förderung/Verwendungszweck
Förderung von Investitionen zur Errichtung, Erweiterung und Verlagerung von Betrieben innerhalb von 2 Jahren seit Beginn der Gründung.

Förderart
Es wird ein zinsgünstiges Investitionsdarlehen gewährt. Es besteht kein Rechtsanspruch.

Förderumfang und Konditionen

Höchstbetrag:	100.000 DM
Mindestbetrag:	10.000 DM
Laufzeit:	Bis zu 10 Jahre, davon 2 Jahre tilgungsfrei
Zinssatz:	Durchschnittszinssatz des jeweils letzten halben Jahres, der vom Finanzministerium ermittelt wird, abzüglich 3%, mindestens jedoch 3% p.a. fest für die gesamte Laufzeit.
Auszahlung:	100%
Tilgung:	In gleichen vierteljährlichen Raten. Eine vorzeitige Tilgung ist jederzeit möglich.
Bearbeitungsgebühr:	2% des bewilligten Darlehens; es wird bei der ersten Auszahlung für den gesamten bewilligten Darlehensbetrag einbehalten.
Verwaltungskosten:	Die Bewilligungsbehörde ist berechtigt, für das Darlehen nach Ablauf eines Kalenderjahres seit Auszahlung für die Restlaufzeit einen Verwaltungskostenbeitrag vom Darlehensnehmer zu erheben. Der Verwaltungskostenbeitrag beträgt jährlich 0,5% vom jeweiligen Restkapital, mindestens jedoch 0,2% vom Ursprungskapital.
Sicherheiten:	Persönliche Haftung des Kreditnehmers in Kredithöhe.

Antragsberechtigte
Existenzgründerinnen und in Ausnahmefällen kleine und mittlere Unternehmen aus Handel, Handwerk, Dienstleistungen einschließlich Fremdenverkehr, der Freien Berufe und des produzierenden und verarbeitenden Gewerbes.

Antragstellung
Die Anträge sind auf den dafür vorgesehenen Vordrucken vor Beginn des Vorhabens beim Landesförderinstitut Mecklenburg-Vorpommern einzureichen.

Weitere Informationen
Einzelheiten über das Programm sind der Broschüre »Förderinstrumente für Industrie, gewerbliche Wirtschaft und das Handwerk in Mecklenburg-Vorpom-

mern« des Wirtschaftsministeriums Mecklenburg-Vorpommern zu entnehmen. Auskünfte erteilt das Landesförderinstitut Mecklenburg-Vorpommern.

2.2.9 Niedersachsen

Bei der Förderung von Existenzgründungen im *Handwerksbereich* entfällt die Rückzahlung des Darlehens in Höhe von 5.000 DM, wenn der Antragsteller ein Darlehen gem. Richtlinie des BMWi zur Förderung von beruflichen Fortbildungsmaßnahmen (BF-Darlehen) in Anspruch genommen hat und die Investitionsmaßnahme (Existenzgründung) innerhalb von 2 Jahren nach Abschluß dieser Ausbildung durchgeführt wird.

2.2.9.1 Landesdarlehen zur Wirtschaftsförderung

Kurzbeschreibung der Förderung/Verwendungszweck
Förderung im Rahmen der Errichtung einer neuen, Übernahme einer bestehenden Betriebsstätte oder einer tätigen Beteiligung zur Existenzgründung mit dem Ziel einer wirtschaftlich tragfähigen Vollexistenz, einschließlich der üblichen ersten Ausstattung mit einem Warenlager oder mit Roh-, Hilfs- und Betriebsstoffen.

Förderart
Es werden zinsgünstige Darlehen gewährt.

Förderumfang und Konditionen

Höchstbetrag:	100.000 DM, bis zu 100 % der förderfähigen Investitionsausgaben
Mindestbetrag:	15.000 DM
Laufzeit:	Bis zu 10 Jahre, bis zu 20 Jahre bei Bauvorhaben, davon jeweils höchstens 2 Jahre tilgungsfrei
Zinssatz:	Z.Zt. 2,25 % p.a. fest für eine Laufzeit bis zu 10 Jahre
Auszahlung:	96 %
Tilgung:	In gleichen Halbjahresraten. Eine vorzeitige Tilgung ist jederzeit möglich.
Sicherheiten:	Das Darlehen ist in bestmöglicher Weise zu sichern

Antragsberechtigte
Natürliche Personen, die ein gewerbliches Unternehmen aus Industrie, Handwerk, Handel, Bau-, Verkehrs- und Beherbergungsgewerbe oder einen gewerblichen produktionsnahen Dienstleistungsbetrieb gründen wollen.

Antragstellung
Die Anträge sind auf den dafür vorgesehenen Vordrucken über jedes Kreditinstitut (Hausbank) bei der Niedersächsischen Landestreuhandstelle für Wirtschaftsförderung, Hannover einzureichen.

Kombinierbarkeit
Bei der Beantragung anderer öffentlicher Finanzierungshilfen ist die Gewährung von Landesdarlehen ausgeschlossen. Eigene Mittel der KfW und der DtA gehören nicht zu den öffentlichen Finanzierungshilfen und können zur Finanzierung eingesetzt werden.

Besondere Hinweise
Bei Vorhaben mit förderfähigen Ausgaben bis zu 30.000 DM wird dem Kreditinstitut auf Antrag eine Haftungsfreistellung von 50% gewährt, wenn der Antragsteller vor der Gründung seinen Lebensunterhalt durch Leistungen des Arbeits- und/oder Sozialamtes gedeckt hat.

Weitere Informationen
Einzelheiten über das Programm sind dem Faltblatt »Wirtschaftsförderung in Niedersachsen« des Niedersächsischen Ministeriums für Wirtschaft, Technologie und Verkehr zu entnehmen. Auskünfte erteilt das Niedersächsische Ministerium für Wirtschaft, Technologie und Verkehr sowie die Niedersächsische Landestreuhandstelle für Wirtschaftsförderung.

2.2.9.2 Landesdarlehen zur Förderung von Existenzgründungen durch Frauen

Kurzbeschreibung der Förderung/Verwendungszweck
Förderung im Rahmen der Gründung einer neuen Existenz, der Übernahme einer bestehenden Betriebsstätte oder der Übernahme einer tätigen Beteiligung mit dem Ziel einer wirtschaftlich tragfähigen gewerblichen oder freiberuflichen Vollexistenz, einschließlich der üblichen ersten Ausstattung mit einem Warenlager oder mit Roh-, Hilfs- und Betriebsstoffen. Es muß sich nicht um die erstmalige Existenzgründung handeln. Es sollen allerdings mindestens 5 Jahre zwischen der letzten selbständigen Tätigkeit und der Antragstellung liegen.

Förderart
Es werden zinsgünstige Darlehen gewährt.

Förderumfang und Konditionen

Höchstbetrag:	100.000 DM, bis zu 100% der förderfähigen Investitionsausgaben
Mindestbetrag:	15.000 DM
Laufzeit:	Bis zu 10 Jahre, bis zu 20 Jahre für Bauvorhaben, davon jeweils höchstens 2 Jahre tilgungsfrei
Zinssatz:	Z.Zt. 2,25% (effektiv 4,05%) p.a. fest für eine Laufzeit bis zu 10 Jahre
Auszahlung:	96%
Tilgung:	In gleichen Halbjahresraten. Eine vorzeitige Tilgung ist jederzeit möglich.
Sicherheiten:	Das Darlehen ist in bestmöglicher Weise zu sichern

Antragsberechtigte
Frauen, die eine gewerbliche oder freiberufliche Existenz (einschließlich Angehörige der Heilberufe) gründen wollen.

Antragstellung
Die Anträge sind vor Beginn des Vorhabens auf den dafür vorgesehenen Vordrucken über jedes Kreditinstitut (Hausbank) bei der Niedersächsischen Landestreuhandstelle für Wirtschaftsförderung, Hannover einzureichen.

Kombinierbarkeit
Bei der Beantragung anderer öffentlicher Finanzierungshilfen ist die Gewährung von Landesdarlehen ausgeschlossen. Eigene Mittel der KfW und der DtA gehören nicht zu den öffentlichen Finanzierungshilfen und können zur Finanzierung eingesetzt werden.

Besondere Hinweise
Bei Vorhaben mit förderfähigen Ausgaben bis zu 30.000 DM wird dem Kreditinstitut auf Antrag eine Haftungsfreistellung von 50% gewährt, wenn die Antragstellerin vor der Gründung ihren Lebensunterhalt durch Leistungen des Arbeits- und/oder Sozialamtes gedeckt hat.

Weitere Informationen
Einzelheiten über das Programm sind dem Faltblatt »Wirtschaftsförderung in Niedersachsen« des Niedersächsischen Ministeriums für Wirtschaft, Technologie und Verkehr zu entnehmen. Auskünfte erteilt das Niedersächsische Ministerium für Wirtschaft, Technologie und Verkehr sowie die Niedersächsische Landestreuhandstelle für Wirtschaftsförderung.

2.2.10 Nordrhein-Westfalen

2.2.10.1 Meistergründungsprämie für Existenzgründer

Kurzbeschreibung der Förderung/Verwendungszweck
Erleichterung von Existenzgründungen im Handwerksbereich. Gefördert werden Betriebsgründungen, Übernahmen von Betrieben und tätige Beteiligungen mit mindestens 50%.

Förderart
Es wird ein bedingt rückzahlbarer Zuschuß gewährt.

Förderumfang und Konditionen
Der Zuschuß beträgt 20.000 DM.

Spezielle Voraussetzungen
Innerhalb der ersten zwei Jahre nach der Bewilligung der Zuwendung ist mindestens ein Arbeitnehmer für 24 Monate oder zwei Arbeitnehmer für 12 Mo-

nate zu beschäftigen. Es muß sich um sozialversicherungspflichtige Vollzeitkräfte oder eine entsprechende Anzahl von Teilzeitkräften handeln. Der Abschluß eines neuen Ausbildungsvertrages wird der Tätigkeit einer Vollzeitkraft für 12 Monate gleichgestellt. Der Nachweis ist spätestens zwei Jahre nach der Bewilligung der Zuwendung zu erbringen.

Antragsberechtigte
Handwerksmeister, die sich innerhalb von 3 Jahren und Handwerksmeisterinnen, die sich innerhalb von 5 Jahren nach Ablegung der Meisterprüfung erstmalig in einem Vollhandwerk selbständig machen.

Antragstellung
Die Anträge sind spätestens 12 Monate nach Aufnahme der selbständigen Tätigkeit auf den dafür vorgesehenen Vordrucken an die Handwerkskammer einzureichen, die ihrerseits nach der Prüfung die Weiterleitung an die Landes-Gewerbeförderungsstelle des nordrhein-westfälischen Handwerks (LGH) vornimmt.

Kombinierbarkeit
Die Prämie kann zusätzlich zu anderen Existenzgründungshilfen gewährt werden.

Weitere Informationen
Einzelheiten über das Programm sind der Broschüre »Mut zur Selbständigkeit – Meistergründungsprämie NRW« der Landes-Gewerbeförderungsstelle des nordrhein-westfälischen Handwerks zu entnehmen. Auskünfte erteilen alle Handwerkskammern in Nordrhein-Westfalen.

2.2.10.2 Gründungs- und Wachstumsfinanzierung

Förderziel/Verwendungszweck
Unterstützung bei der Finanzierung folgender Vorhaben im Rahmen der Existenzgründung und der Investitionstätigkeit junger Unternehmen:

a) Gründung einer gewerblichen oder freiberuflichen selbständigen Existenz, auch durch Erwerb eines Unternehmens oder einer tätigen Beteiligung,
b) Investitionen zur Festigung einer selbständigen Existenz,
c) Investitionen für neue oder neuartige Produkte, Dienstleistungen und Verfahren (Innovationen),
d) Sprunginvestitionen, d.h. Investitionen, die für das Unternehmen eine finanzielle Herausforderung darstellen,
e) Errichtung und Schaffung zusätzlicher sozialversicherungspflichtiger Dauerarbeitsplätze,
f) Betriebsmittel und immaterielle Investitionen.

Zusätzlich zu den genannten Investitionen können branchenübliche Markterschließungsaufwendungen mit absehbar längerfristiger Kapitalbindung in

Höhe von 10% der herkömmlichen Investitionen berücksichtigt werden. Darüber hinausgehende Markterschließungskosten können im Rahmen der Betriebsmittelfinanzierung berücksichtigt werden. Im übrigen kann der gesamte Betriebsmittelbedarf mit unterschiedlichen Darlehensvarianten (Laufzeit, Haftungsfreistellung) finanziert werden.

Alle Maßnahmen können innerhalb von 8 Jahren nach Geschäftseröffnung mitfinanziert werden. Für die Finanzierung von Sprunginvestitionen gilt diese zeitliche Begrenzung nicht.

Ausgeschlossen sind die Umschuldung bzw. Nachfinanzierung bereits abgeschlossener Investitionsvorhaben. Es werden keine Sanierungsfälle gefördert!

Förderart

Es wird ein Darlehen gewährt.

Förderumfang und Konditionen DtA-Konditionen Info-Line: (0228) 831-3300

Der Antragsteller soll sich mit eigenen und sonstigen Mitteln in angemessenem Umfang an dem Vorhaben beteiligen.

Finanzierungsanteil:	a)–d)	Unter Einbeziehung öffentlicher Mittel i.d.R. bis zu 75% der Investitionen. Bei Existenzgründungen und -festigungen der besonderen Zielgruppen beträgt der Finanzierungsanteil bei durch das Land NRW zinsverbilligten Darlehen bis zu 85%.
	e)	Bei materiellen Investitionen zur Schaffung von Arbeitsplätzen erhöht sich der Finanzierungsanteil von i.d.R. 75% um max. 50.000 DM je zusätzlichem Arbeitsplatz auf bis zu 100%, bei der Schaffung von Arbeitsplätzen ohne gleichzeitige materielle Investition beträgt der Finanzierungsanteil 50.000 DM je zusätzlichem Arbeitsplatz.
	f)	Bis zu 100%
Höchstbetrag:		In der Regel 4 Mio. DM Bei durch das Land NRW zinsverbilligten Darlehen für die besonderen Zielgruppen max. 300.000 DM innerhalb von 8 Jahren nach Gründung.
Laufzeit:	a)–e)	Bis zu 10 Jahre, davon höchstens 2 Jahre tilgungsfrei, oder bis zu 20 Jahre, davon höchstens 3 Jahre tilgungsfrei.
	f)	5 Jahre, rückzahlbar in einer Summe am Ende der Laufzeit, oder 6 Jahre, davon 1 Jahr tilgungsfrei.
Auszahlung:	a)–e)	Z.Zt. 96%
	f)	100%
Zinssatz:	a)–e)	Bei einer Laufzeit bis zu 10 Jahre Festzins für die gesamte Laufzeit. Das Land NRW verbilligt Darlehen nach b)-d) sowie Darlehen nach a) an besondere Zielgruppen, sofern jeweils

		die KMU-Definition der EU in der jeweils gültigen Fassung erfüllt wird.
	a)–e)	Bei einer Laufzeit bis zu 20 Jahre Festzins für die ersten 10 Jahre, danach wird der Zinssatz unter Zugrundelegung des ggf. geänderten Zinsniveaus für die Restlaufzeit neu festgelegt.
	f)	Bei einer Laufzeit von 5 Jahren Festzins für die gesamte Laufzeit.
	f)	Bei einer Laufzeit von 6 Jahren Festzins für die gesamte Laufzeit.
Sicherheiten:	Vom Kreditnehmer sind bankübliche Sicherheiten zu stellen. Hierzu zählen z. B. Grundschulden, Sicherungsübereignung von Maschinen, Bürgschaften usw.	

Kombinierbarkeit
Eine Kombination mit anderen Förderprogrammen ist möglich.

Antragsberechtigte
Natürliche Personen, kleine und mittlere Unternehmen der gewerblichen Wirtschaft und Angehörige der Freien Berufe, einschließlich Heilberufe.

Besondere Zielgruppen sind Frauen, erwerbswirtschaftliche Beschäftigungsinitiativen und Soziale Wirtschaftsbetriebe, die jeweils die Fördervoraussetzungen des ERP-Eigenkapitalhilfe- und des ERP-Existenzgründungsprogramms nicht erfüllen. Diese erhalten durch das Land Nordrhein-Westfalen eine besondere Förderung.

Antragstellung
Die Anträge können auf den dafür vorgesehenen Vordrucken bei jedem Kreditinstitut (Hausbank) eingereicht werden. Anträge im Rahmen dieses Programms, die mit anderen Förderprogrammen der Deutschen Ausgleichsbank (DtA) kombiniert werden, müssen der DtA zugeleitet werden, alle anderen Fälle der Investitions-Bank NRW.

Antragsfristen
Mit dem zu finanzierenden Vorhaben soll bei Antragstellung noch nicht begonnen worden sein.

Besondere Hinweise
Auf Wunsch der Hausbank gewährt die Deutsche Ausgleichsbank (DtA)
- eine 40%ige Haftungsfreistellung bei Darlehen bis zu 4 Mio. DM. Bei Inanspruchnahme der Haftungsfreistellung erhöht sich der Zinssatz um 0,5% p.a.
- eine 75%ige Haftungsfreistellung nach f) bis zu 300.000 DM. Bei Inanspruchnahme dieser Haftungsfreistellung erhöht sich der Zinssatz um 1,00% p.a.
- eine bis zu 75%ige Haftungsfreistellung bei Darlehen bis zu 300.000 DM an besondere Zielgruppen. Bei Inanspruchnahme dieser Haftungsfreistellung erhöht sich der Zinssatz um 1,00% p.a.

Weitere Informationen
Einzelheiten über das Programm sind der Broschüre »Programm Impulse für die Wirtschaft – Förderung für kleine und mittlere Unternehmen in NRW« des Ministeriums für Wirtschaft und Mittelstand, Technologie und Verkehr zu entnehmen. Auskünfte erteilt die Deutsche Ausgleichsbank (DtA) sowie die Investitions-Bank NRW.

2.2.11 Rheinland-Pfalz

2.2.11.1 Mittelstandsförderungsprogramm

Kurzbeschreibung der Förderung/Verwendungszweck
Finanzierung von Investitionen hinsichtlich Gründung, Sicherung und Ausbau selbständiger mittelständischer Existenzen, deren Leistungs- und Konkurrenzfähigkeit gestärkt und die Einführung neuer Technologien gefördert werden soll:

- Existenzgründung, Existenzsicherung
  Gründung einer ersten selbständigen Vollexistenz, auch durch Übernahme bestehender Betriebe oder einer tätigen Beteiligung sowie Investitionen, die innerhalb von fünf Jahren nach der Existenzgründung begonnen werden und der Existenzsicherung dienen.
- Errichtungsvorhaben
  - von Industrie-, Handwerks- und unternehmensbezogenen Dienstleistungsbetrieben,
  - von Beherbergungsbetrieben,
  - die Übernahme stilliegender oder von Stillegung bedrohter Betriebe der vorgenannten Wirtschaftsbereiche steht einer Betriebserrichtung gleich.
- Erweiterungsvorhaben
  - von Industrie-, Handwerks- und unternehmensbezogenen Dienstleistungsbetrieben,
  - von Beherbergungsbetrieben.
- Rationalisierung bzw. Modernisierung und Umstellung
  - Rationalisierung und Umstellung von Industrie-, Handwerks- und unternehmensbezogenen Dienstleistungsbetrieben,
  - Modernisierung von Beherbergungsbetrieben sowie Campingplätzen.
- Umweltschutz
  Errichtung, Änderung oder Erweiterung von Anlagen, die dem Umweltschutz dienen.
- Einführung neuer Technologien
  Aufnahme neuer technologisch fortschrittlicher Produkte in das Produktionsprogramm, Einführung neuer technologisch fortschrittlicher Produktionsverfahren.
- Kooperationen
  Kooperationsvorhaben von Industrie-, Handwerks-, Handels- und unterneh-

mensbezogenen Dienstleistungsbetrieben sowie Betrieben des Personen- und Güterkraftverkehrs, die eine nachhaltige Verbesserung der Wettbewerbsfähigkeit erwarten lassen.

- Nahversorgung in neuen Wohnsiedlungen
  Errichtung von Einzelhandelsbetrieben in neuen Wohnsiedlungen und neugeordneten Stadtteilen, die der angemessenen Versorgung der Bevölkerung mit Gütern und Dienstleistungen dienen.

Förderart
Es werden zinsverbilligte Darlehen gewährt.

Förderumfang und Konditionen
Das zinsverbilligte Darlehen wird zum Nennbetrag ausgezahlt. Der Zinssatz für den Letztkreditnehmer ist abhängig von der Lage am Kapitalmarkt und beträgt derzeit 3,0% p.a. für Vorhaben in strukturschwachen Gebieten bzw. 4,0% für Vorhaben außerhalb der regionalen Fördergebieten. Die Laufzeit der Darlehen beträgt bis 10 Jahre, davon 2 Jahre tilgungsfrei. Für Vorhaben, bei denen mindestens 50% der förderfähigen Kosten auf Baukosten entfallen, verlängert sich die Darlehenslaufzeit auf bis zu 15 Jahre, wobei die Zinsverbilligung nur für die ersten zehn Jahre gilt. Der Zinssatz für die ersten 10 Jahre beläuft sich derzeit auf 3,5% p.a. für Vorhaben in strukturschwachen Gebieten bzw. 4,5% für Vorhaben außerhalb der regionalen Fördergebieten.

Für Vorhaben in den regionalen Fördergebieten wird gegenüber den sonstigen Landesgebieten eine weitere Zinsverbilligung des Darlehens um einen Prozentpunkt gewährt.

Das zinsverbilligte Darlehen darf nicht mehr als 50% (in den regionalen Fördergebieten nicht mehr als 67%) der förderfähigen Gesamtkosten des Vorhabens und mindestens 15.000 DM betragen. Die förderfähigen Gesamtkosten können bis zu einem Betrag von 3 Mio. DM berücksichtigt werden.

Antragsberechtigte
Unternehmen der gewerblichen Wirtschaft sowie Angehörige freier Berufe, die überwiegend für die gewerbliche Wirtschaft tätig sind.

Antragstellung
Die Anträge sind auf den dafür vorgesehenen Vordrucken über jedes Kreditinstitut (Hausbank) bei der Investitions- und Strukturbank Rheinland-Pfalz (ISB) GmbH einzureichen.

Weitere Informationen
Einzelheiten über das Programm sind der Broschüre »Wirtschafts- und Agrarförderung '98« des Ministeriums für Wirtschaft, Verkehr, Landwirtschaft und Weinbau zu entnehmen. Auskünfte erteilt die Investitions- und Strukturbank Rheinland-Pfalz (ISB) GmbH.

2.2.11.2 Konsolidierungsprogramm für den Mittelstand

Kurzbeschreibung der Förderung/Verwendungszweck
Existenzgründung und Existenzsicherung, Übernahme von stilliegenden oder von Stillegung bedrohten Betrieben, Konsolidierung von Unternehmen bei Forderungsausfällen bzw. deutlich verzögerten Forderungseingängen, überhöhten Lieferantenverbindlichkeiten oder gravierenden Umsatzausfällen durch Konkurs von wichtigen Auftraggebern, als Folge des Truppenabzugs oder bei Eintritt von Elementarschadensereignissen.

Förderart
Es werden zinsverbilligte Darlehen gewährt.

Förderumfang und Konditionen
Die Darlehen sind auf maximal 50% des Gesamtkonsolidierungsbedarfs begrenzt. Bei Existenzgründungen/-sicherungen und Betriebsübernahmen gilt ein Höchstbetrag von 400.000 DM und bei Konsolidierungsdarlehen ein Höchstbetrag von 800.000 DM. Das Darlehen soll bei Existenzgründungen/-sicherungen einen Betrag von 20.000 DM und in den übrigen Fällen von 50.000 DM nicht unterschreiten.

Der Zinssatz ist abhängig von der Lage am Kapitalmarkt und liegt derzeit bei 5,00 bis 5,25% p.a. je nach Laufzeit. Die Laufzeit der Darlehen beträgt bei Konsolidierungsdarlehen maximal 8 Jahre und in den übrigen Fällen maximal 4 Jahre.

Antragsberechtigte
Gewerbliche Unternehmen, die im Durchschnitt der letzten drei Jahre vor Antragstellung weniger als 50 Arbeitskräfte beschäftigen und weniger als 10 Mio. DM Umsatzerlöse erzielt haben.

Antragstellung
Die Anträge sind auf den dafür vorgesehenen Vordrucken über jedes Kreditinstitut (Hausbank) bei der Investitions- und Strukturbank Rheinland-Pfalz (ISB) GmbH einzureichen.

Weitere Informationen
Einzelheiten über das Programm sind in der Broschüre »Wirtschafts- und Agrarförderung '98« des Ministeriums für Wirtschaft, Verkehr, Landwirtschaft und Weinbau zu entnehmen. Auskünfte erteilt die Investitions- und Strukturbank Rheinland-Pfalz (ISB) GmbH.

2.2.11.3 Fortbildungsprämie zur Vorbereitung einer Existenzgründung

Kurzbeschreibung der Förderung/Verwendungszweck
Aufbau einer ersten selbständigen Vollexistenz durch Neugründung, Erwerb oder Übernahme eines Unternehmens oder einer maßgeblichen tätigen Beteiligung von mindestens 25% innerhalb von 3 Jahren nach der erfolgreichen Ab-

legung einer qualifizierten Fortbildungsprüfung (Meisterprüfung im Handwerk, in der Industrie, im Hotel- und Gaststättengewerbe, in der Landwirtschaft, in der Hauswirtschaft, Fortbildungsprüfung zum Fachwirt, zum Fachkaufmann, staatliche Prüfung zum Techniker).

Förderart
Es wird eine Prämie gewährt.

Förderumfang und Konditionen
Die Prämie beträgt 5.000 DM.

Antragsberechtigte
Existenzgründer, die eine staatlich anerkannte Fortbildungsmaßnahme mit einer Prüfung nach § 45 HwO bzw. den §§ 46, 81, 95 BBiG oder die staatliche Prüfung zum Techniker erfolgreich abgeschlossen haben.

In Ausnahmefällen (Handwerk, Landwirtschaft) ist bei bereits bestehender Existenz eine Förderung auch dann möglich, wenn eine Meisterprüfung oder vergleichbare Prüfung innerhalb von 3 Jahren nach der Existenzgründung abgelegt wird.

Spezielle Voraussetzungen
Der Zuwendungsempfänger muß die selbständige Tätigkeit innerhalb von einem Jahr nach der Gewerbeanmeldung aufnehmen und diese danach mindestens 2 Jahre lang ausüben.

Antragstellung
Die Anträge sind spätestens ein Jahr nach Aufnahme der selbständigen Tätigkeit auf den dafür vorgesehenen Vordrucken über die zuständige Kammer, in deren Bezirk die Existenzgründung erfolgt, an das Ministerium für Wirtschaft, Verkehr, Landwirtschaft und Weinbau zu richten.

Weitere Informationen
Einzelheiten über das Programm sind in der Broschüre »Wirtschafts- und Agrarförderung '98« des Ministeriums für Wirtschaft, Verkehr, Landwirtschaft und Weinbau zu entnehmen. Auskünfte erteilen die Handwerkskammern, die Industrie- und Handelskammern und die Investitions- und Strukturbank Rheinland-Pfalz (ISB) GmbH.

2.2.12 Saarland

2.2.12.1 Startkapitalprogramm

Kurzbeschreibung der Förderung/Verwendungszweck
Erleichterung des Zugangs zum Kapitalmarkt für die Gründung selbständiger Existenzen. Das Startkapital kann sowohl für die Finanzierung von Investitionen als auch zur Darstellung des Betriebsmittelbedarfs verwendet werden.

Förderart
Es werden zinsgünstige Darlehen gewährt.

Förderumfang und Konditionen

Höchstbetrag:	I.d.R 30.000 DM, bei technologieorientierten Existenzgründungen (technologisch neue Produkte bzw. technologisch neue Produktionsverfahren) 50.000 DM
Mindestbetrag:	5.000 DM
Laufzeit:	Bis zu 10 Jahre, davon 2 Jahre tilgungsfrei
Auszahlung:	100%
Zinssatz:	Im 1. und 2. Jahr 0%, vom 3. bis 10. Jahr ein bei der Vergabe entsprechend den Marktkonditionen festgelegter Zinssatz. Bei Betriebsübernahmen wird die Zinsfreistellung in den ersten beiden Jahren nicht gewährt.
Tilgung:	Nach Ablauf der tilgungsfreien Jahre in vierteljährlichen Raten
Sicherheiten:	Vom Kreditnehmer sind bankübliche Sicherheiten zu stellen. Hierzu zählen z. B. Grundschulden, Sicherungsübereignung von Maschinen oder Bürgschaften des Saarlandes.

Antragsberechtigte
Existenzgründer im Bereich der gewerblichen Wirtschaft (ausgenommen Gaststättengewerbe) sowie in den Freien Berufen (ausgenommen Heilberufe).

Existenzgründer, die zunächst nebenberuflich tätig werden oder bereits nebenberufliche Einkünfte aus Gewerbebetrieb oder aus selbständiger Tätigkeit erzielt haben.

Kombinierbarkeit
Die Mittel aus diesem Programm sind grundsätzlich subsidiär zu anderen öffentlichen Fördermitteln einzusetzen. Bei Existenzgründungsvorhaben, deren Finanzierungsbedarf 50.000 DM nicht übersteigt, kann von der Beachtung des Subsidiaritätsprinzips abgesehen werden. In diesen Fällen kann der Finanzierungsanteil bis zu 40% des Finanzierungsbedarfs ausmachen, sofern die Gesamtfinanzierung durch Einsatz von Eigenmitteln oder anderen Kreditmitteln sichergestellt werden kann.

Die 40% Finanzierungsgrenze kann ausnahmsweise überschritten werden, wenn der Existenzgründer entsprechende Aufwendungen für die Berufsausbildung, eine berufliche Weiterqualifizierung nachweisen kann oder die Existenzgründung unmittelbar nach dem Studienabschluß an einer Universität, Fachhochschule oder einer vergleichbaren Bildungseinrichtung erfolgt.

Antragstellung
Die Anträge sind auf den dafür vorgesehenen Vordrucken über jedes Kreditinstitut (Hausbank) bei der Saarländischen Investitionskreditbank AG (SIKB) einzureichen.

Weitere Informationen

Einzelheiten über das Programm sind der Broschüre »Förderprogramme für Existenzgründer und -gründerinnen« des Ministeriums für Wirtschaft und Finanzen zu entnehmen. Auskünfte erteilt die Saarländischen Investitionskreditbank AG (SIKB).

2.2.12.2 MFP-Existenzgründungsprogramm

Kurzbeschreibung der Förderung/Verwendungszweck

Finanzierung von Investitionen zur Errichtung und Einrichtung von Betrieben, Übernahme von Betrieben oder tätigen Beteiligungen, Beschaffung eines ersten Warenlagers oder einer ersten Büroausstattung.

Förderart

Es werden zinsgünstige Darlehen gewährt.

Förderumfang und Konditionen

Höchstbetrag:	250.000 DM, bis zu 2/3 des zu fördernden Investitionsbetrages
Laufzeit:	Bis zu 15 Jahre (je nach Verwendungszweck), davon höchstens 2 Jahre tilgungsfrei
Auszahlung:	98,5 %
Zinssatz:	Z.Zt. 2,30 % bei einer Laufzeit bis zu 5 Jahre. Bei längerer Laufzeit z.Zt. 2,90 %. Nach 10 Jahren Laufzeit erfolgt eine Zinsanpassung.
Sicherheiten:	Vom Kreditnehmer sind bankübliche Sicherheiten zu stellen. Hierzu zählen z. B. Grundschulden, Sicherungsübereignung von Maschinen oder Bürgschaften des Saarlandes.

Antragsberechtigte

Nachwuchskräfte der gewerblichen Wirtschaft, insbesondere des produzierenden Gewerbes sowie des Gaststätten- und Beherbergungsgewerbes.

Kombinierbarkeit

Soweit Mittel aus sonstigen öffentlichen Kreditprogrammen eingesetzt werden können, ist in erster Linie auf diese Mittel zurückzugreifen. In solchen Fällen können Kredite aus dem Mittelstandsförderungsprogramm nur ergänzend eingesetzt werden.

Existenzgründer können zusätzlich auch Kredite nach dem MFP-Investitionsprogramm und dem MFP-Arbeitsplatzprogramm erhalten.

Antragstellung

Die Anträge sind auf den dafür vorgesehenen Vordrucken über jedes Kreditinstitut (Hausbank) bei der Saarländischen Investitionskreditbank AG (SIKB) einzureichen.

Weitere Informationen
Einzelheiten über das Programm sind der Broschüre »Förderprogramme für Existenzgründer und -gründerinnen« des Ministeriums für Wirtschaft und Finanzen zu entnehmen. Auskünfte erteilt die Saarländischen Investitionskreditbank AG (SIKB).

2.2.12.3 Ergänzungsfinanzierungsprogramm

Kurzbeschreibung der Förderung/Verwendungszweck
Finanzierung von Investitionen zur Errichtung und Einrichtung von Betrieben, Übernahme von Betrieben oder tätigen Beteiligungen, Beschaffung eines ersten Warenlagers oder einer ersten Büroausstattung.

Förderart
Es werden zinsgünstige Darlehen gewährt.

Förderumfang und Konditionen

Höchstbetrag:	300.000 DM, jedoch maximal 50% des zu fördernden Investitionsbetrages
Laufzeit:	Bis zu 15 Jahre (je nach Verwendungszweck), davon höchstens 2 Jahre tilgungsfrei
Auszahlung:	98,5%
Zinssatz:	Z.Zt. 3,95% bei einer Laufzeit bis zu 5 Jahre. Bei längerer Laufzeit z.Zt. 4,40%. Nach 10 Jahren Laufzeit erfolgt eine Zinsanpassung.
Sicherheiten:	Vom Kreditnehmer sind bankübliche Sicherheiten zu stellen. Hierzu zählen z. B. Grundschulden, Sicherungsübereignung von Maschinen oder Bürgschaften des Saarlandes.

Antragsberechtigte
Nachwuchskräfte der gewerblichen Wirtschaft, insbesondere des produzierenden Gewerbes sowie des Gaststätten- und Beherbergungsgewerbes sowie in der Wirtschaft freiberuflich Tätige (ausgenommen Heilberufe, Rechtsanwälte und Notare).

Antragstellung
Die Anträge sind auf den dafür vorgesehenen Vordrucken über jedes Kreditinstitut (Hausbank) bei der Saarländischen Investitionskreditbank AG (SIKB) einzureichen.

Weitere Informationen
Einzelheiten über das Programm sind den Broschüren »Förderprogramme für Existenzgründer und -gründerinnen« und »Förderung der mittelständischen

Wirtschaft im Saarland« des Ministeriums für Wirtschaft und Finanzen zu entnehmen. Auskünfte erteilt die Saarländische Investitionskreditbank AG (SIKB).

2.2.13 Sachsen

2.2.13.1 Existenzgründungsprogramm

Kurzbeschreibung der Förderung/Verwendungszweck
Finanzierung von Anschaffungs- und Herstellungskosten der im Anlagevermögen aktivierten und überwiegend eigenbetrieblich genutzten neuen oder gebrauchten Wirtschaftsgütern, von Anzahlungen für geleaste Wirtschaftsgüter, des ersten Warenlagers, soweit es angemessen ist, von Sortimentserweiterungen, Erweiterungen oder Umstellungen des Produkt- und/oder Dienstleistungsangebots.

Förderart
Es werden zinsgünstige Darlehen gewährt.

Förderumfang und Konditionen

Höchstbetrag:	70.000 DM
Mindestbetrag:	5.000 DM
Laufzeit:	Bis zu 10 Jahre, davon höchstens 2 Jahre tilgungsfrei
Zinssatz:	Z.Zt. 3,5 % p.a.
Auszahlung:	100 %
Tilgung:	Nach Ablauf der tilgungsfreien Jahre in vierteljährlichen Raten
Sicherheiten:	Es sind banküblich Sicherheiten zu stellen, ggf. Bürgschaft der Bürgschaftsbank Sachsen.

Antragsberechtigte
Existenzgründer in den Bereichen des Handwerks, des Handels, der Dienstleistungen einschließlich des Fremdenverkehrs

Spezielle Voraussetzungen
Der Eigenanteil an der Projektförderung soll 10 % der förderfähigen Kosten nicht unterschreiten und mindestens 2.000 DM betragen.

Antragstellung
Die Anträge sind auf den dafür vorgesehenen Vordrucken über jedes Kreditinstitut (Hausbank) bei der Sächsischen Aufbaubank (SAB) einzureichen.

Kombinierbarkeit
Die Fördermittel des Bundes und der EU sind vorrangig auszuschöpfen, soweit sie sich auf dieselbe Maßnahme beziehen. Die gleichzeitige Inanspruchnahme

von Fördermitteln aus dem Europäischen Sozialfonds ist grundsätzlich möglich. Die gleichzeitige Inanspruchnahme anderer Förderprogramme des Landes zur Förderung der Investitionsgüter, insbesondere des Programms zur Förderung von Frauen im ländlichen Raum, ist ausgeschlossen.

Weitere Informationen
Einzelheiten über das Programm sind der Broschüre »Förderfibel 1998« des Sächsischen Staatsministeriums für Wirtschaft und Arbeit zu entnehmen. Auskünfte erteilt die Sächsische Aufbaubank (SAB).

2.2.14 Sachsen-Anhalt

2.2.14.1 Existenzgründungszuschuß

Kurzbeschreibung der Förderung/Verwendungszweck
a) Entlastung und Verbesserung der Eigenkapitalsituation durch Zuwendungen zu den Ausgaben, die bei der Existenzgründung üblicherweise anfallen.
b) Abschwächung von Nachteilen, die Existenzgründern dadurch entstehen, daß sie in der besonders arbeitsintensiven Aufbauphase neben den beruflichen Belastungen eine Familie mit Kindern versorgen müssen.

Förderart
Einmalige nicht rückzahlbare Zuschüsse zu den Ausgaben, die innerhalb des ersten Jahres der Existenzgründung üblicherweise entstehen.

Förderumfang und Konditionen
a) 11.000 DM für
   - Beiträge und Gebühren (z. B. Gesellschaftsgründung, Gewerbeanmeldung),
   - Marketing,
   - Betriebsmittel,
   - Investitionen für Geschäftsausstattung bis zu 50 % dieser Ausgaben,
   - Miete für gewerblich genutzte Räume (auf 1.000 DM monatlich begrenzt).
b) 5.000 DM für
   Ausgaben, die innerhalb des ersten Jahres der Existenzgründung üblicherweise für Dienstleistungen zum Zweck der Haushaltsführung und für Kinderbetreuung entstehen (z. B. für eine Haushaltshilfe, Wäscherei, Babysitter).

Antragsberechtigte
Existenzgründer der gewerblichen Wirtschaft und der Freien Berufe, deren Gesamtaufwand 20.000 DM nicht unterschreiten und 200.000 DM nicht überschreiten darf.

Antragstellung
Die Anträge sind auf den dafür vorgesehenen Vordrucken beim Landesförderinstitut Sachsen-Anhalt einzureichen.

Kombinierbarkeit
Das Programm ist mit anderen Programmen kombinierbar. Allerdings erfolgt eine Begrenzung der öffentlichen Förderung auf 85% Finanzierungsanteil durch alle für die Existenzgründung gewährten Förderungen.

Weitere Informationen
Einzelheiten über das Programm sind der Broschüre »Förderung der mittelständischen Wirtschaft« des Ministeriums für Wirtschaft, Technologie und Europaangelegenheiten des Landes Sachsen-Anhalt zu entnehmen. Auskünfte erteilt das Landesförderinstitut Sachsen-Anhalt.

2.2.15 Schleswig-Holstein

2.2.15.1 Starthilfe für Existenzgründungen

Kurzbeschreibung der Förderung/Verwendungszweck
Förderung von erfolgversprechenden Existenzgründungsvorhaben, deren Mitfinanzierung von einer Bank oder Sparkasse wegen des hohen Verwaltungsaufwandes nicht möglich ist.

Förderart
Die Investitionsbank übernimmt die Hausbankfunktion auf Zeit und organisiert eine optimale Gesamtfinanzierung.

Förderumfang und Konditionen

Kredithöhe:	Investitionsvolumen mindestens 20.000 DM bis max. 200.000 DM und/oder Betriebsmittelbedarf mindestens 5.000 DM bis max. 50.000 DM
Zinssatz:	Es gelten die Konditionen der jeweils im Einzelfall eingesetzten Programme.
Laufzeit:	Es gelten die Konditionen der jeweils im Einzelfall eingesetzten Programme.
Sicherheiten:	Es sind werthaltige Sicherheiten anzubieten. Bei Kapitalgesellschaften muß der Gründer die Fremdmittel selbstschuldnerisch verbürgen.

Antragsberechtigte
Existenzgründer, die ein Gründungsvorhaben planen und die Voraussetzungen des ERP- Eigenkapitalhilfeprogramms erfüllen, d. h.

a) eine einschlägige berufliche Qualifikation haben,
b) eine selbständige gewerbliche oder freiberufliche Existenz gründen,
c) innerhalb von 2 Jahren ihre Existenzgründung festigen.

Antragstellung
Die Anträge sind auf den dafür vorgesehenen Vordrucken mit Empfehlungsschreiben des Kreditinstituts bei der Investitionsbank Schleswig-Holstein einzureichen. Die Hausbank bleibt kontoführende Stelle.

Weitere Informationen
Auskünfte erteilt die Investitionsbank Schleswig-Holstein oder eines ihrer Beratungszentren.

2.2.15.2 Existenzgründerinnenprogramm

Kurzbeschreibung der Förderung/Verwendungszweck
Förderung von erfolgversprechenden Existenzgründungsvorhaben von Frauen, deren Mitfinanzierung von einer Bank oder Sparkasse wegen des hohen Verwaltungsaufwandes nicht möglich ist.

Förderart
Die Investitionsbank übernimmt die Hausbankfunktion auf Zeit und organisiert eine optimale Gesamtfinanzierung.

Förderumfang und Konditionen

Kredithöhe:	Investitionsvolumen mindestens 20.000 DM bis max. 200.000 DM und/oder Betriebsmittelbedarf mindestens 5.000 DM bis max. 50.000 DM
Zinssatz:	Es gelten die Konditionen der jeweils im Einzelfall eingesetzten Programme.
Laufzeit:	Es gelten die Konditionen der jeweils im Einzelfall eingesetzten Programme.
Sicherheiten:	Es sind werthaltige Sicherheiten anzubieten. Bei Kapitalgesellschaften muß der Gründer die Fremdmittel selbstschuldnerisch verbürgen.

Antragsberechtigte
Frauen, die ein Existenzgründung planen und die Voraussetzungen des ERP-Eigenkapitalhilfeprogramms erfüllen, d. h.
a) eine einschlägige berufliche Qualifikation haben,
b) eine selbständige gewerbliche oder freiberufliche Existenz gründen,
c) innerhalb von 2 Jahren ihre Existenzgründung festigen.

Antragstellung
Die Anträge sind auf den dafür vorgesehenen Vordrucken mit Empfehlungsschreiben des Kreditinstituts bei der Investitionsbank Schleswig-Holstein einzureichen. Die Hausbank bleibt kontoführende Stelle.

Weitere Informationen
Auskünfte erteilt die Investitionsbank Schleswig-Holstein oder eines ihrer Beratungszentren.

2.2.16 Thüringen

2.2.16.1 Landesinvestitionsprogramm für den Mittelstand

Kurzbeschreibung der Förderung/Verwendungszweck
Gefördert werden Investitionsvorhaben, wenn die Gesamtmaßnahme im Rahmen der Gemeinschaftsaufgabe »Verbesserung der regionalen Wirtschaftsstruktur« (GA) nicht gefördert werden kann.

Förderart
Es werden zinsgünstige Darlehen gewährt.

Für besonders förderungswürdige Vorhaben können auch Investitionszuschüsse zusammen mit einem Darlehen oder anstelle eines Darlehens gewährt werden. Besonders förderwürdig sind Vorhaben, die zur Schaffung von Ausbildungsplätzen beitragen.

Förderumfang und Konditionen für Darlehen

Höchstbetrag:	Bis zu 85% des förderfähigen Investitionsvolumens, max. 500.000 DM.
Zinssatz:	Z.Zt. 3,5%, 2,0% bei erstmaliger Existenzgründung.
Laufzeit:	I.d.R. 10 Jahre, 15 Jahre bei Bauvorhaben, davon jeweils 2 Jahre tilgungsfrei, 5 Jahre ohne Tilgungsfreijahre bei Vorhaben mit kurzer Nutzungsdauer.
Auszahlung:	100%

Förderumfang und Konditionen für Zuschüsse
Der Zuschuß kann bis zu 25% der förderfähigen Investitionskosten, höchstens jedoch 50.000 DM betragen. Förderfähige Mindestinvestitionssumme: 20.000 DM.

Antragsberechtigte
Kleine und mittlere Unternehmen der gewerblichen Wirtschaft (insbesondere des Handwerks, des Handels, des Gaststätten- und Beherbergungs- sowie des Dienstleistungsgewerbes) und Angehörige von wirtschaftsnahen Freien Berufen. Zu den wirtschaftsnahen Freien Berufen im Sinne dieser Richtlinie gehö-

ren die Freien technischen und naturwissenschaftlichen Berufe, Bildende Künstler und Designer.

Antragstellung
Die Anträge für Darlehen sind auf den dafür vorgesehenen Vordrucken über jedes Kreditinstitut (Hausbank) bei der Thüringer Aufbaubank einzureichen. Zuschüsse sind direkt bei der Thüringer Aufbaubank zu beantragen.

Weitere Informationen
Einzelheiten über das Programm sind der Broschüre »Infrastrukturförderung – Technologie- und Einzelbetriebliche Förderung« des Thüringer Ministeriums für Wirtschaft und Infrastruktur zu entnehmen. Auskünfte erteilt die Thüringer Aufbaubank.

2.2.16.2 Meistergründungsprämie für Existenzgründer

Kurzbeschreibung der Förderung/Verwendungszweck
Erleichterung von Existenzgründungen im Handwerksbereich. Gefördert werden Betriebsgründungen, Übernahmen von Betrieben und tätige Beteiligungen mit mindestens 50%.

Förderart
Es wird ein einmaliger Zuschuß gewährt.

Förderumfang und Konditionen
Der Zuschuß beträgt 10.000 DM.

Spezielle Voraussetzungen
In den ersten 12 Monaten der Selbständigkeit ist mindestens ein sozialversicherungspflichtiger Arbeitnehmer oder ein Auszubildender einzustellen und wenigstens insgesamt 12 Monate zu beschäftigen. Es darf keine unselbständige oder andere selbständige Tätigkeit neben dem Handwerksbetrieb ausgeübt werden.

Antragsberechtigte
Handwerksmeister, die sich innerhalb von 3 Jahren nach Ablegung der Meisterprüfung in diesem Handwerk erstmalig selbständig machen und ihren Wohnsitz in Thüringen haben.

Antragstellung
Die Anträge sind spätestens 6 Monate nach Aufnahme der selbständigen Tätigkeit auf den dafür vorgesehenen Vordrucken bei der zuständigen Handwerkskammer einzureichen.

Kombinierbarkeit
Eine Kombination mit anderen Förderprogrammen ist möglich.

Weitere Informationen
Auskünfte erteilen das Thüringer Ministerium für Wirtschaft und Infrastruktur und die Handwerkskammern in Thüringen.

2.2.16.3 Existenzgründungsbeihilfe

Kurzbeschreibung der Förderung/Verwendungszweck
Beendigung von Arbeitslosigkeit und Schaffung neuer Beschäftigungsmöglichkeiten durch die Förderung von Existenzgründungen.

Förderart
Es wird eine Existenzgründungsbeihilfe als Zuschuß gewährt.

Förderumfang und Konditionen
Der Zuschuß beträgt 400,– DM pro Woche für die Dauer von höchstens 26 Wochen. Eine Förderung nach § 57 SGB III hat Vorrang und kann bis zu dieser Höhe aufgestockt werden. Ergänzende Förderung über 26 Wochen hinaus in Höhe von 300,– DM pro Woche bis zur Dauer von 52 Wochen (höchstens jedoch in Höhe von 18.200,– DM):

Spezielle Voraussetzungen
- Existenzgründung, die nach Konzeption und Marktsituation Erfolgsaussichten bietet
- Antragstellung vor Beginn der Existenzgründung
- Teilnahme an einer einschlägigen Qualifizierungsmaßnahme

Antragsberechtigte
Frauen, Jugendliche unter 25 Jahren, Langzeitarbeitslose, Rehabilitanden sowie Schwerbehinderte und Gleichgestellte i.S. der §§ 1 und 2 SchwbG nach mindestens dreimonatiger Arbeitslosigkeit.

Antragstellung
Die Anträge sind an das Thüringer Ministerium für Soziales und Gesundheit zu richten.

Weitere Informationen
Auskünfte erteilt das Thüringer Ministerium für Soziales und Gesundheit.

5. Kapitel: Die Beschaffung

Wenn die Finanzmittel zur Verfügung stehen, können die geplanten Investitionen endlich durchgeführt werden. Grundlage ist der Investitionsplan. Die Vorgaben aus dem Investitionsplan sind strikt einzuhalten.

Zum Komplex der Beschaffung gehört neben der Anschaffung des Anlagevermögens und des ersten Material- und Warenlagers auch die Sicherstellung von Lieferungen (Material, Waren, Energie- und Wasserversorgung) sowie von Dienstleistungen (Personal, Versicherungen, Post, Telekommunikation) für das eigene Unternehmen.

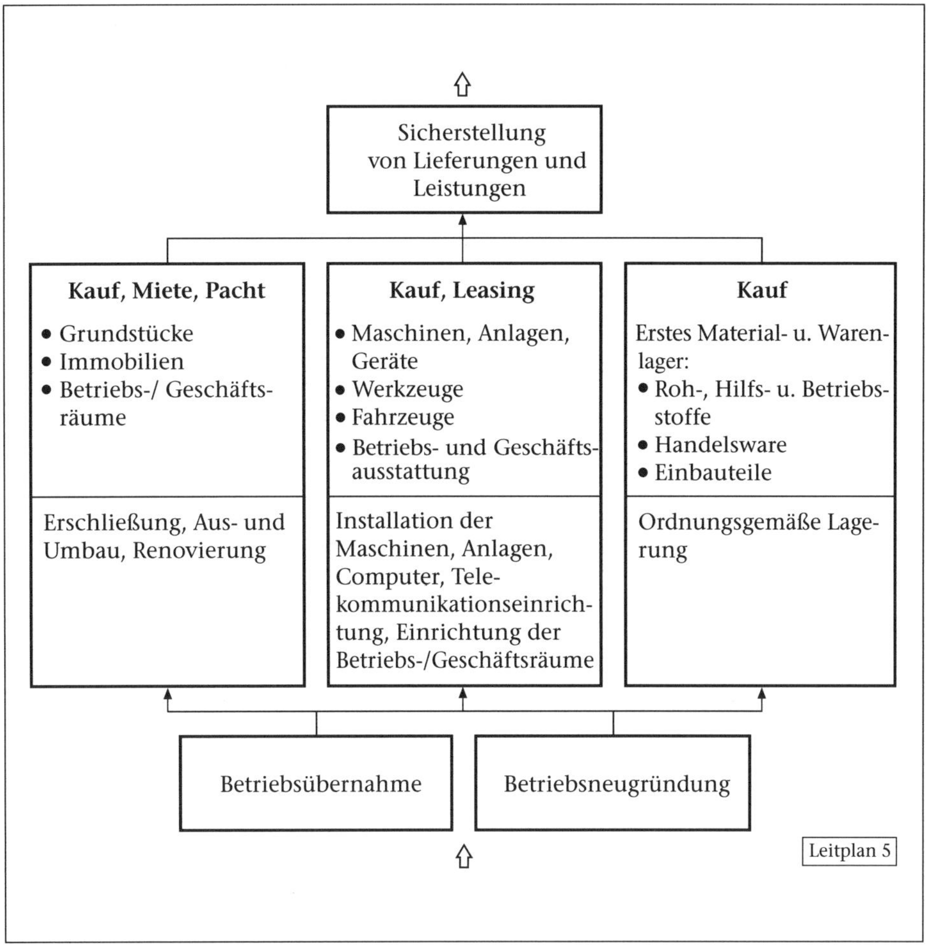

Abb. 105: Beschaffungsaktivitäten

Die Übernahme des ganzen Betriebes
Die Übernahme des ganzen Betriebes kann durch Kauf, Pacht oder tätige Beteiligung erfolgen. Für die Übernahme ist in der Regel keine gesetzliche Form vorgeschrieben. Nur bei vorhandenem Grundbesitz muß die Veräußerung durch einen Notar beurkundet werden. Die schriftliche Abfassung der Vereinbarungen ist jedoch aus Beweisgründen grundsätzlich zu empfehlen. Der **Kaufvertrag** sollte sämtliche Gegenstände (Inventar) sowie alle bestehenden Forderungen und Verbindlichkeiten enthalten. Sind Patente, Lizenzen, Warenzeichen und/oder sonstige gewerbliche Schutzrechte vorhanden, sind diese ebenfalls im Kaufvertrag aufzuführen. Bei Mietverhältnissen müssen Sie sich noch vor der Vertragsunterzeichnung mit dem Vermieter abstimmen. Der **Pachtvertrag** regelt das Nutzungsrecht der überlassenen Sachen, die Nutzungsdauer sowie die sonstigen Rechte und Pflichten. Der Pächter ist gesetzlich zur Erhaltung des Inventars verpflichtet. Verschleißteile sind zu ersetzen. Nach Vertragsende muß das Inventar einschließlich der ersatzweise angeschafften Gegenstände zurückgegeben werden. Für die Überlassung sind regelmäßige, i.d.R. monatliche Pachtzahlungen fällig.

! **Tip** *Kaufvertrag:* Verzichten Sie insbesondere bei teuren oder betriebswichtigen Maschinen und Anlagen nicht auf die Gewährleistungsverpflichtung des Verkäufers.
Pachtvertrag: Treffen Sie eine Vereinbarung darüber, wer für die Instandhaltung z.B. des Gebäudes, der Maschinen und Anlagen oder der Betriebs-/Geschäftsausstattung aufzukommen hat.

Eventuell ist die Vereinbarung eines Wettbewerbsklausel sinnvoll, das den bisherigen Unternehmer daran hindert, direkt oder indirekt gleichartige Aktivitäten am Ort oder in der Region aufzunehmen (Konkurrenzverbot). Müssen Sie für die Fortsetzung des Betriebes noch bestimmte Voraussetzungen erfüllen, z.B. behördliche Auflagen, Anschlußmietvertrag, sollten Sie im Vertrag eine aufschiebende Bedingung oder ein Rücktrittsrecht vereinbaren. Ist im Unternehmen Personal vorhanden, das Sie nicht übernehmen möchten, sollte noch vor der Übergabe des Unternehmens eine Lösung gefunden werden. Andernfalls gehen alle Arbeitsverhältnisse automatisch mit allen Rechten und Pflichten auf Sie über (§ 613a BGB).

Wer ein im Handelregister eingetragenes Unternehmen übernimmt und unter der bisherigen Firma fortführt, haftet gem. § 25 Abs. 1 HGB für alle im Unternehmen begründeten **Verbindlichkeiten** des früheren Inhabers. Die im Unternehmen begründeten Forderungen gelten den Schuldnern gegenüber als auf den Erwerber übergegangen, falls der bisherige Inhaber in die Fortführung der Firma eingewilligt hat. Gegen die Haftung der Verbindlichkeiten kann sich der Übernehmer gem. § 25 Abs. 2 HGB nur schützen, indem er mit dem Veräußerer eine abweichende Vereinbarung trifft, diese in das Handelsregister einträgt und bekanntmacht oder den betreffenden Gläubigern ausdrücklich mitteilt. Wird die Firma nicht fortgeführt, haftet der Erwerber gem. § 25 Abs. 3 HGB für frühere Verbindlichkeiten nur, wenn die Haftung vertraglich besonders vereinbart und die Übernahme der Verbindlichkeiten vom Erwerber handelsüblich bekanntgemacht worden ist.

Besteht das Vermögen des Veräußerers im wesentlichen aus dem Unternehmen, das übernommen wird, so liegt eine Vermögensübernahme gem. § 419 BGB vor, bei der der Erwerber sämtliche, ggf. auch die privaten Schulden des Veräußeres übernimmt und entsprechend dafür haftet. Die Schuldübernahme kann im Kaufvertrag nicht ausgeschlossen werden. Es kann lediglich ein Rücktritt des Übernehmers gegen den Veräußerer vereinbart werden.

Tip Erkundigen Sie sich vor Abschluß des Kaufvertrages über die Vermögensverhältnisse des Veräußerers. !

Wer ein Unternehmen als Ganzes übernimmt, haftet nach der Abgabenordnung dem Finanzamt für nicht bezahlte Umsatzsteuer, für nicht oder unvollständig abgeführte Lohnsteuer sowie der Gemeinde für nicht bezahlte Gewerbesteuer des Vorgängers. Die Haftung reicht nur zurück bis zum Beginn des Kalenderjahres, das vor dem Jahr des Erwerbs des Unternehmens liegt. Diese Haftung kann im Kaufvertrag nicht ausgeschlossen werden. Im Innenverhältnis kann vereinbart werden, daß der Veräußerer dem Erwerber die Steuernachforderungen ersetzt, die noch in die Zeit vor der Übergabe fallen. Um sicherzugehen, daß keine Steuerrückstände mehr bestehen, könnte sich der Veräußerer allerdings vom Finanzamt und bzgl. der Gewerbesteuer von der Gemeinde eine entsprechende Bescheinigung ausstellen lassen. Diese Bescheinigung sollte auch beinhalten, daß die fällige Umsatzsteuervoranmeldung und Lohnsteueranmeldungen abgegeben worden sind.

Wer ein im Handelsregister eingetragenes Unternehmen übernimmt, darf die **bisherige Firma** mit oder ohne Beifügung eines Nachfolgezusatzes fortführen, wenn der bisherige Inhaber ausdrücklich die Fortführung der Firma einwilligt. Ist das Unternehmen nicht im Handelsregister eingetragen, besteht grundsätzlich kein Recht auf Weiterführung des bisherigen Namens. Der Nachfolger muß also unter seinem eigenen Namen auftreten.

Bei der Übernahme sind alle **bestehenden Verträge** zu beachten. Jeder Schuldnerwechsel bedarf der Information und/oder Zustimmung der Gläubiger.

- Mietvertrag
  Ein Mietverhältnis kann nur mit Zustimmung des bisherigen Vermieters auf den Erwerber übertragen werden.
- Arbeitsverträge
  Bei der Übernahme tritt der Erwerber in alle Rechte und Pflichten aus den bestehenden Arbeitsverträgen ein.
- Kreditverträge
  Zum Übergang bestehender Kreditverträge ist grundsätzlich die Zustimmung der Kreditgeber erforderlich.

- Versicherungsverträge
  Der Erwerber tritt in der Regel in die bestehenden Verträge ein.
- Lieferverträge
  Sie sollten mit allen bisherigen Lieferanten Kontakt aufnehmen und Angebote abfordern

Die Beschaffungsplanung
Die Beschaffung muß so geplant sein, damit die benötigten Güter und Dienstleistungen wie erforderlich zum richtigen Zeitpunkt zur Verfügung stehen. Der Bedarf wird gemäß Produktions- bzw. Absatzplan ermittelt und im Investitionsplan determiniert. Zur Materialbedarfsermittlung stehen verschiedene Verfahren zur Verfügung, die in der Literatur zum Thema Materialwirtschaft ausführlich beschrieben werden.

Sachanlagen	Grundstücke, Immobilien
	Maschinen, Anlagen, Werkzeuge
	Betriebs- und Geschäftsausstattung
Material	Rohstoffe
	Hilfsstoffe
	Betriebsstoffe
Waren	Handelsware
	Einbauteile
Fremde Dienstleistungen	z. B. Buchführung, Transport

Abb. 106: Objekte der Beschaffung

Die Beschaffungsvorbereitung
Steht der Bedarf nach Art und Menge fest, muß die Bestellung wirtschaftlich und rechtlich entsprechend vorbereitet werden. Dabei besteht die wirtschaftliche Vorbereitung der Bestellung hauptsächlich aus der Beschaffungsmarktforschung und der Kontaktpflege mit den Lieferanten. Grundsätzlich müssen mehrere Angebote eingeholt und geprüft werden. Bewertungskriterien sind z. B. Preis, Qualität, Termineinhaltung usw.

Die Bestellung
Steht der günstigste Lieferant fest, kann die Bestellung erfolgen. Mit der Bestellung sind folgende Vereinbarungen zu treffen:
- Qualität
  Art, Beschaffenheit und Eigenschaften der zu liefernden Güter
- Menge
  in Stück oder nach Gewicht

- Preis und Zahlungsbedingungen
  Preis pro Mengeneinheit, Preiszuschläge, Preisnachlässe (Skonto, Bonus, Rabatt), Gesamtpreis, Zahlungstermin.
- Liefertermin und Lieferbedingungen
  Sofortige Lieferung oder zu einem späteren Termin. Der Erfüllungsort ist der Ort, an dem die geschuldete Leistung bewirkt wird.

Mit der Bestellung erklärt der Einkäufer den Willen, Güter nach den vereinbarten Bedingungen zu kaufen. Erfolgt die Bestellung infolge Annahme eines festen Angebots, dann kommt der Vertrag zwischen Käufer und Verkäufer zustande, sobald der Verkäufer die Bestellung erhalten hat. Die Bestellung infolge eines freibleibenden Angebots bedarf jedoch der Bestätigung des Verkäufers, damit der Vertrag zustande kommt. Die Bestellung ist der Antrag zur Schließung eines Vertrages, wenn sie ohne ein vorhergehendes Angebot erfolgt oder von einem solchen abweicht. Auch hier ist für den Abschluß des Vertrages die Bestätigung des Verkäufers erforderlich. Unter Kaufleuten bedeutet jedoch auch Stillschweigen die Annahme der Bestellung.

Tip Legen Sie Wert auf eine schriftliche Auftragsbestätigung. Diese ist nach ihrem Eingang unverzüglich inhaltlich zu prüfen. !

Für die Beschaffung kommen u. a. folgende Vertragsarten in Frage:

- Kaufvertrag (§ 433 ff. BGB)
  Durch den Kaufvertrag wird der Verkäufer einer Sache verpflichtet, dem Käufer die Sache zu übergeben und das Eigentum an der Sache zu verschaffen. Der Käufer ist verpflichtet, dem Verkäufer den vereinbarten Kaufpreis zu zahlen, und die gekaufte Sache abzunehmen.
- Werkvertrag (§§ 631 ff. BGB)
  Durch den Werkvertrag wird der Unternehmer zur Herstellung des versprochenen Werkes, der Besteller zur Entrichtung der vereinbarten Vergütung verpflichtet. Gegenstand des Werkvertrages kann sowohl die Herstellung oder Veränderung einer Sache als ein anderer durch Arbeit oder Dienstleistung herbeizuführender Erfolg sein.
- Werklieferungsvertrag (§ 651 ff. BGB)
  Verpflichtet sich der Unternehmer, das Werk aus einem von ihm zu beschaffenden Stoffe herzustellen, so hat er dem Besteller die hergestellte Sache zu übergeben und das Eigentum an der Sache zu verschaffen.
- Mietvertrag (§§ 535 ff. BGB)
  Der Vermieter ist verpflichtet, dem Mieter den Gebrauch der vermieteten Sache während der Mietzeit zu gewähren. Der Mieter ist verpflichtet, dem Vermieter den vereinbarten Mietzins zu entrichten.
- Pachtvertrag (§§ 581 ff. BGB)
  Der Verpächter ist verpflichtet, dem Pächter den Gebrauch des verpachteten Gegenstandes und den Genuß der Früchte, soweit sie nach den Regeln einer ordnungsmäßigen Wirtschaft als Ertrag anzusehen sind, während der Pacht-

zeit zu gewähren. Der Pächter ist verpflichtet, dem Verpächter den vereinbarten Pachtzins zu entrichten.
- Darlehensvertrag (§§ 607 ff. BGB)
  Wer Geld oder andere vertretbare Sachen als Darlehen empfangen hat, ist verpflichtet, dem Darlehengeber das Empfangene in Sachen von gleicher Art, Güte und Menge zurückzuerstatten.

Der **Mietvertrag** wirkt sich unmittelbar auf den Erfolg des Unternehmens aus. Insbesondere bei Klein- und Mittelbetrieben können Raumkosten und Vertragsbedingungen existenzbedrohend sein. Beim Abschluß des Mietvertrages sollte der Existenzgründer darauf achten, daß seine Interessen angemessen berücksichtigt werden. Wenn nicht Räume zu Wohnzwecken genutzt werden, handelt es sich bei dem Mietvertrag immer um einen **Gewerbemietvertrag**, auch wenn der Mieter freiberuflich tätig ist. In der Regel werden Sicherheitsleistungen verlangt. Statt in Geldleistungen können Kautionen auch in Form von Bankbürgschaften zur Verfügung gestellt werden.

! **Tip** Wenn Sie die Kaution in Bargeld leisten, achten Sie auf eine zinsbringende Anlage.

Zur Beschaffungsabwicklung sind alle Maßnahmen zu verstehen, die mit der Anlieferung der Waren und der Zahlungsabwicklung verbunden sind. Für die Warenannahme gilt eine unverzügliche Untersuchungspflicht.

Mit der Anlieferung der Waren ist die Überprüfung der Begleitpapiere und der Qualität der gelieferten Güter verbunden. Weist die Lieferung Mängel auf, müssen mit einer unverzüglichen Mängelanzeige entsprechende Reklamationsansprüche gegen den Lieferanten geltend gemacht werden. Die Mängelanzeige ist ein formloses Schreiben, aus dem die Art und der Umfang der Mängel hervorgeht. Liegen Sachmängel vor, hat der Käufer gem. den §§ 459 ff., 480 und 378 BGB das Recht auf
- Neulieferung bei Gattungskäufen,
- Wandlung, d.h. Rückgängigmachung des Kaufs,
- Minderung, d.h. Senkung des Preises oder Rückerstattung eines Teilbetrages, wenn die Rechnung bezahlt worden ist,
- Schadenersatz beim Fehlen von zugesicherten Eigenschaften.

Die **Beschaffung des Material- und Warenlagers** muß gut organisiert sein, damit die erforderlichen Mengen in bestimmter Qualität termingerecht verfügbar sind. Unterschätzen Sie nicht das Risiko, das von der Lagerhaltung ausgeht. Beim Aufbau des ersten Material- und Warenlagers erfolgt eine hohe Kapitalbindung, die dauernde Zinsaufwendungen hervorrufen. Zusätzlich steigt mit der Lagermenge das Risiko, daß die beschafften Güter verderben oder (technisch/modisch) veralten.

Zum Material- und Warenlager gehören

- Rohstoffe
  Stoffe, die unmittelbar in das hergestellte Produkt eingehen und dessen Hauptbestandteil bilden. Beispiele: Holz (Möbelherstellung), Papier (Bücher) usw.
- Hilfsstoffe
  Stoffe, die ebenfalls in das hergestellte Produkt eingehen, aber lediglich eine Hilfsfunktion erfüllen, da ihr mengen- und wertmäßiger Anteil gering ist. Beispiele: Schrauben, Leim, Lack usw.
- Betriebsstoffe
  Stoffe, die nicht in das hergestellte Produkt eingehen, sondern mittelbar oder unmittelbar bei der Herstellung des Produkts verbraucht werden. Beispiele: Energie (Strom, Gas), Schmierstoffe, Kühlstoffe usw.
- Handelsware
  Gekaufte Ware, die das eigene Produktionsprogramm ergänzen und neben den hergestellten Produkten verkauft werden.
- Einbauteile
  Zulieferteile mit hohem Reifegrad, die in das hergestellte Produkt eingehen. Beispiele: Kugellager und Zahnräder im Kfz.-Motor, Pumpe in der Waschmaschine usw.

Betriebsnotwendige Lieferungen	**Betriebsnotwendige Leistungen**
• Versorgung mit Roh-, Hilfs- und Betriebsstoffen, Handelsware • Energieversorgung Bezug von Strom und Gas • Wasserversorgung Bezug von Wasser	• Inanspruchnahme von Post- und Paket-Dienstleistungen: Deutsche Bundespost (Einrichten eines Postfachs), Kurierdienst, UPS, Fluggesellschaften, usw. • Eröffnung von Bankkonten Girokonto bei der Hausbank, evtl. noch bei einer anderen Bank, Postgirokonto • Einrichtung eines Telekommunikations-Hauptanschlusses (Telefon, Telefax) • Anmeldung eines Funktelefons (Handy) • Abschluß von Versicherungen Betriebliche Risikoabsicherung und Eigensicherung des Existenzgründers • Einstellung Personal Vollzeit- oder Teilzeitbeschäftigte • Entsorgung von Abfällen, Abwasser

Abb. 107: Sicherstellung von Lieferungen und Leistungen für das eigene Unternehmen

Bei der Disposition der Beschaffungsmengen sollten Sie folgendes beachten:
- Liquiditätsabfluß
- Kapitalbindung
- Lagerhaltungskosten
- Alterungsrisiko
- Preisentwicklung der Güter
- Abhängigkeit von Lieferanten

! **Tip** Vermeiden Sie eine zu hohe Kapitalbindung im Material- und Warenlager. Lassen Sie sich nicht von niedrigen Einkaufspreisen und hohen Rabatten verleiten, einen zu hohen Lagerbestand aufzubauen. Achten Sie auf die Lieferzeiten und bestellen rechtzeitig.

Achten Sie bei der Einrichtung des Telekommunikations-Hauptanschlusses auch auf die korrekte Eintragung in das Telefon- und Branchenbuch.

! **Tip** Eine wichtige Kaufmannsregel besagt: **der Gewinn liegt im Einkauf !** Akzeptieren Sie nicht zu leichtfertig Listenpreise. In der Regel haben Sie als Kunde immer die bessere Verhandlungsposition. Holen Sie sich Angebote mehrerer Lieferanten ein und verhandeln auf dieser Grundlage.

6. Kapitel: Die gesetzlichen Anmeldeformalitäten zur Existenzgründung

Die Gründung eines Unternehmens erfordert eine Vielzahl von Anmeldeformalitäten und die Beachtung von zahlreichen gesetzlichen Vorschriften. Die Errichtung von Anlagen mit besonderen Umwelteinflüssen muß nach dem Bundes-Immissionsschutzgesetz genehmigt werden. Die Anmeldeformalitäten sind rechtsformabhängig. Den geringsten Aufwand erfordert die Anmeldung eines Freien Berufs.

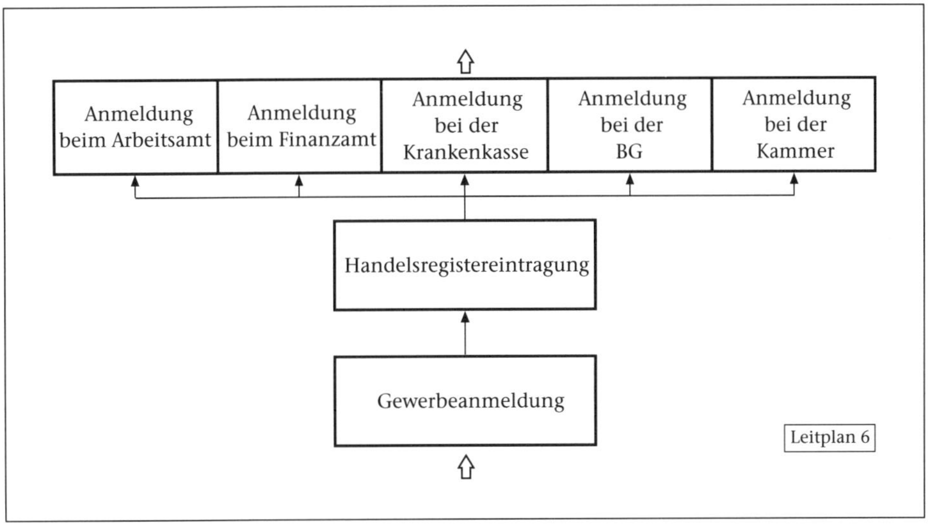

Abb. 108: Gesetzliche Anmeldeformalitäten

Anmeldung	**Einzelunternehmen**			**Gesellschaften**
	Kleingewerbe	Einzelkaufmann	Freie Berufe	GbR
Gewerbeanmeldung	•	•		• 2)
HR-/PR-Eintragung		•		
Finanzamt	•	•	•	•
Arbeitsamt 1)	•	•	•	•
Sozialversicherung 1)	•	•	•	•
IHK/HWK	•	•		• 2)

Anmeldung	**Gesellschaften**			
	PartG	OHG	KG	GmbH
Gewerbeanmeldung		•	•	•
HR-/PR-Eintragung	•	•	•	•
Finanzamt	•	•	•	•
Arbeitsamt[1]	•	•	•	•
Sozialversicherung[1]	•	•	•	•
IHK/HWK		•	•	•

Abb. 109: Rechtsformabhängige Anmeldungen

• [1] nur bei Beschäftigung von Arbeitnehmern
• [2] außer Freie Berufe

1 Die Gewerbeanmeldung

Jeder selbständige Betrieb eines stehenden Gewerbes muß bei der für den Betriebssitz zuständigen Gemeinde (Ordnungsamt bzw. Amt für öffentliche Ordnung) gemeldet sein. Es gilt eine **Anzeigepflicht** für

- den Beginn eines stehenden Gewerbes, einer Zweigniederlassung oder einer unselbständigen Zweigstelle,
- die Verlegung des Betriebes,
- den Wechsel des Geschäftsgegenstandes auf andere Waren oder Leistungen.

Die **Gewerbeanzeige** nach § 14 GewO erfolgt mit einem Vordruck, den die Gemeinde vorrätig hält. Der Vordruck ist vollständig, in der vorgeschriebenen Anzahl und gutleserlich auszufüllen. Die Gewerbeanzeige ist durch den Gewerbetreibenden persönlich oder auch durch einen Vertreter vorzunehmen. Bei Gesellschaften ist die Anzeige von sämtlichen Gesellschaftern vorzunehmen, die sich vertreten lassen können. Wird die Gewerbeanzeige persönlich erstattet, so ist zur Prüfung der Identität der Personalausweis oder Reisepaß vorzulegen. Wird die Anzeige durch einen Bevollmächtigten erstattet, so kann der Nachweis der Vollmacht verlangt werden. Die Gewerbeanzeige kann auch durch die Post erfolgen. In diesem Fall kann die Behörde einen Nachweis über die Identität des Gewerbetreibenden, z. B. mit der Bitte um persönliches Erscheinen fordern.

Die Aufnahme der gewerblichen Tätigkeit ist nicht Voraussetzung für die Anmeldung, sondern begründet erst die Anzeigepflicht. Das bedeutet, daß die Anzeige mit der ersten gewerblichen Handlung unverzüglich erfolgen muß.

Die Anzeige dient zur Überwachung der Gewerbeausübung. Die erhobenen Daten werden u. a. an folgende Ämter, Behörden und Institutionen weitergeleitet:

- Industrie- und Handelskammer (IHK)
- Handwerkskammer (HWK)
- Gewerbeaufsichtsamt

- Arbeitsamt
- Hauptverband der gewerblichen Berufsgenossenschaften zur Weiterleitung an die zuständige Berufsgenossenschaft
- Allgemeine Ortskrankenkasse (AOK)
- Registergericht
- Finanzamt
- Statistisches Landesamt

Innerhalb von drei Tagen nach Eingang der Anzeige wird deren Empfang von der Behörde auf einem Durchschlag (**Gewerbeschein**) bestätigt, unabhängig davon, ob eine für den Gewerbebetrieb erforderliche Erlaubnis erteilt worden ist oder nicht, da die Anmeldebehörde das Vorliegen derartiger Voraussetzungen nicht zu prüfen hat. Bei der Empfangsbescheinigung handelt es sich nur um eine Bestätigung, daß der Gewerbetreibende seiner gesetzlichen Pflicht nachgekommen ist. Die Behörde wird jedoch in der Regel auf die gesetzlichen Folgen des Fehlens einer erforderlichen Genehmigung oder Bedingung aufmerksam machen.

Wer ein **erlaubnispflichtiges Gewerbe** beginnen möchte, z.B. Betrieb einer Gaststätte oder einer Immobilienvermittlung, muß neben der Gewerbeanmeldung zusätzlich bei der hierfür zuständigen Behörde (Landratsamt oder Stadtverwaltung einer Kreisstadt bzw. kreisfreien Stadt) erforderliche Erlaubnis beantragen. Häufig ist auch dieses Formular bei der Gemeinde erhältlich. Dann kann der Erlaubnisantrag ebenso wie die Gewerbeanmeldung dort eingereicht werden. Auch muß die Erlaubnis persönlich unter Vorlage des Personalausweises oder Reisepasses beantragt werden. Außerdem sind ein Führungszeugnis und ein Auszug aus dem Gewerbezentralregister erforderlich. Beide Bescheinigungen müssen bei der Meldebehörde des Haupt- oder Nebenwohnsitzes persönlich beantragt werden. Der Antrag auf Erlaubnis wird erst entgegengenommen, wenn eine Quittung über die Beantragung dieser Bescheinigungen vorgelegt werden kann. Während das Führungszeugnis unmittelbar an die für die Erlaubnis zuständige Behörde geht, wird der Auszug aus dem Gewerbezentralregister dem Antragsteller zugeschickt.

Wird ein Gewerbe, zu dessen Ausübung eine Erlaubnis, Genehmigung, Konzession oder Bewilligung (Zulassung) erforderlich ist, ohne diese Zulassung betrieben, so kann die Fortsetzung des Betriebes von der zuständigen Behörde verhindert werden.

Da **Freie Berufe** kein Gewerbe ausüben, bedürfen diese auch keiner Gewerbeanmeldung.

Ein **Reisegewerbe** betreibt derjenige, wer gewerbsmäßig ohne vorhergehende Bestellung seiner gewerblichen Niederlassung oder ohne eine solche zu haben

- selbständig oder unselbständig in eigener Person Waren feilbietet, vertreibt oder ankauft, Leistungen anbietet oder Bestellungen auf Leistungen aufsucht oder
- selbständig unterhaltende Tätigkeit als Schausteller oder nach Schaustellerart ausübt.

Derjenige, der ein Reisegewerbe betreiben will, bedarf der Erlaubnis in Form einer **Reisegewerbekarte**. Die Reisegewerbekarte kann inhaltlich beschränkt, mit einer Befristung erteilt und mit Auflagen verbunden werden. Sie kann versagt werden, wenn die erforderliche Zuverlässigkeit für die beabsichtigte Tätigkeit fehlt.

Eine Reisegewerbekarte benötigt *nicht*, wer
- gelegentlich der Veranstaltung von Messen, Ausstellungen, öffentlichen Festen oder aus besonderem Anlaß mit Erlaubnis der zuständigen Behörde Waren feilbietet,
- selbstgewonnene Erzeugnisse der Land- oder Forstwirtschaft des Gemüse-, Obst- und Gartenbaus, der Geflügelzucht und Imkerei sowie der Jagd unf Fischerei vertreibt,
- Blindenwaren und Zusatzwaren im Sinne des Blindenwarenvertriebsgesetzes vertreibt und im Besitz eines Blindenwaren-Vertriebsausweises ist,
- aufgrund einer Erlaubnis des Milchgesetzes Milch oder bei dieser Tätigkeit auch Milcherzeugnisse ausgibt,
- Versicherungsverträge oder Bausparverträge vermittelt oder abschließt,
- aufgrund einer Erlaubnis ein Bewachungsgewerbe, ein Versteigerungsgewerbe, ein Gewerbe als Makler, Bauträger oder Baubetreuer ausübt.

Eine Reisegewerbekarte benötigt ebenfalls *nicht*, wer
- Waren feilbietet, vertreibt oder ankauft, Leistungen anbietet oder Bestellungen auf Leistungen aufsucht in der Gemeinde seines Wohnsitzes oder seiner gewerblichen Niederlassung, sofern die Gemeinde nicht mehr als 10.000 Einwohner zählt,
- von einer nicht ortsfesten Verkaufsstelle oder einer anderen Einrichtung in regelmäßigen, kürzeren Zeitabständen an derselben Stelle Lebensmittel oder andere Waren des täglichen Bedarfs vertreibt,
- Druckwerke auf öffentlichen Wegen, Straßen, Plätzen oder an anderen öffentlichen Orten feilbietet.

Als selbständiger Gewerbetreibender hat er jedoch den Beginn des reisegewerbekartenfreien Gewerbes der zuständigen Behörde nach § 55c GewO anzuzeigen.

Die zuständige Behörde kann für besondere Verkaufsveranstaltungen Ausnahmen von dem Erfordernis der Reisegewerbekarte zulassen.

Der Inhaber einer Reisegewerbekarte ist verpflichtet, sie während der Ausübung des Gewerbebetriebes bei sich zu führen, auf Verlangen den zuständigen Behörden vorzuzeigen und seine Tätigkeit auf Verlangen bis zur Herbeischaffung der Reisegewerbekarte einzustellen. Auf Verlangen hat er die von ihm geführten Waren vorzuführen.

Für die Erteilung, die Versagung, die Rücknahme und den Widerruf der Reisegewerbekarte ist die örtliche Gemeindebehörde zuständig, in deren Bezirk der Betroffene seinen gewöhnlichen Aufenthalt hat.

Handelsvertreter sind reisegewerbekartenfrei, soweit sie andere Personen im

Rahmen deren Geschäftsbetriebes aufsuchen. Nicht anzeigepflichtig ist die Teilnahme an einer Messe, an einer Ausstellung oder an einem Markt.

Kosten der Gewerbeanmeldung
Ob für die Gewerbeanzeige nach § 14 GewO Gebühren erhoben werden, ist nicht einheitlich geregelt. Die erforderliche Empfangsbescheinigung der Behörde nach § 15 Abs. 1 GewO ist hingegen gebührenpflichtig. Für die Erteilung einer persönlichen oder sachlichen Genehmigung wird regelmäßig eine Gebühr erhoben. Maßgebend sind landesrechtliche Gebührenvorschriften.

2 Die Anmeldung zum Handelsregister

Sowohl Einzelkaufleute als auch Handelsgesellschaften sind bei dem Gericht (Amtsgericht) in dessen Bezirk sie ihren Sitz haben, zur Eintragung in das Handelsregister anzumelden. Gewerbeunternehmen, die keinen nach Art oder Umfang einen in kaufmännischer Weise eingerichteten Geschäftsbetrieb erfordern sowie land- und forstwirtschaftliche Unternehmen und Nebengewerbe, die mit einem Betrieb der Land- und Forstwirtschaft verbunden sind, unabhängig von Art oder Umfang eines in kaufmännischer Weise eingerichteten Geschäftsbetriebes, können auf Antrag in das Handelsregister eingetragen werden. Das Handelsregister ist organisatorisch aufgeteilt in Registerabteilung A (Zuständigkeitsbereich: Einzelkaufleute, Offene Handelsgesellschaften und Kommanditgesellschaften) und Registerabteilung B (Zuständigkeitsbereich: Gesellschaften mit beschränkter Haftung)

Das Handelsregister ist ein öffentliches Register, das Auskunft über den rechtlichen Aufbau eines Unternehmens gibt. Jedermann hat das Recht, das Register und die hierzu eingereichten Schriftstücke einzusehen.

Registerabteilung A
Gem. § 29 HGB ist jeder **Kaufmann** verpflichtet, seine Firma und den Ort seiner Handelsniederlassung zur Eintragung in das Handelsregister anzumelden. Er hat seine Firma zur Aufbewahrung beim Gericht in öffentlich beglaubigter Form zu zeichnen.

Gem. § 106 Abs. 1 HGB ist eine Handelsgesellschaft durch sämtliche Gesellschafter zur Eintragung in das Handelsregister anzumelden. Die Unterschriften müssen von einem Notar beglaubigt sein. Der Notar besorgt in der Regel auch die sonstigen Anmeldungsformalitäten gegenüber dem Registergericht. Gleichzeitig mit der Anmeldung haben die (persönlich haftenden) Gesellschafter, welche die Gesellschaft vertreten sollen, ihre Unterschriften zur Aufbewahrung beim Gericht (ebenfalls notariell beglaubigt) zu zeichnen. Die Anmeldung hat zu enthalten (§ 106 Abs. 2 HGB):

- Den Namen, Vornamen, Geburtsdatum und Wohnort jedes Gesellschafters,
- die Firma der Gesellschaft und den Ort, wo sie ihren Sitz hat und
- den Zeitpunkt, in dem die Gesellschaft begonnen hat.

Handelt es sich bei der Handelsgesellschaft um eine Kommanditgesellschaft (KG), ist diese von allen Gesellschaftern einschließlich der Kommanditisten anzumelden. Die Anmeldung hat gem. § 162 Abs. 1 HGB zusätzlich zu enthalten:
- Die Bezeichnung der Kommanditisten und
- den Betrag jeder Einlage.

Der Gesellschaftsvertrag braucht der Anmeldung nicht beigefügt werden.

Registerabteilung B

Die Anmeldung der **Gesellschaft mit beschränkter Haftung (GmbH)** gem. § 7 Abs. 1 GmbHG hat durch den Geschäftsführer zu erfolgen. Bei mehreren Geschäftsführern muß die Anmeldung durch alle erfolgen, auch wenn jeder von ihnen allein zur Vertretung der Gesellschaft berechtigt ist. Die Unterschriften müssen von einem Notar beglaubigt sein. Der Notar besorgt in der Regel auch die sonstigen Anmeldungsformalitäten gegenüber dem Registergericht. Gleichzeitig mit der Anmeldung haben die Geschäftsführer ihre Unterschriften zur Aufbewahrung beim Gericht (ebenfalls notariell beglaubigt) zu zeichnen. Der Anmeldung sind gem. § 8 GmbhG beizufügen:
- Der notariell beurkundete Gesellschaftsvertrag und ggf. notariell beglaubigte Vollmachten, wenn ein Gesellschafter sich bei Abschluß des Vertrages vertreten ließ,
- die Legitimation der Geschäftsführer, soweit diese nicht im Gesellschaftsvertrag bestellt sind,
- eine von den Anmeldenden unterschriebene List der Gesellschafter, aus der Name, Vorname, Geburtsdatum und Wohnort sowie der Betrag der von jedem Gesellschafter übernommenen Stammeinlage ersichtlich sind,
- die Versicherung der Geschäftsführer, daß auf jede Stammeinlage ein Viertel, mindestens aber insgesamt 12.500 EUR eingezahlt sind und sich endgültig in ihrer freien Verfügung befinden (und ggf. bei der Einmann-GmbH, daß die erforderliche Sicherung bestellt ist),
- die Versicherung des Geschäftsführers, daß der Bestellung nicht die Verurteilung wegen eines Konkursdeliktes oder ein Berufs- oder Gewerbeverbot entgegenstehen, und daß sie über ihre unbeschränkte Auskunftspflicht gegenüber dem Gericht belehrt worden sind,
- die Angabe der Vertretungsbefugnis der Geschäftsführer und
- die Genehmigungsurkunde, sofern das Unternehmen nach seinem Gegenstand einer Genehmigung bedarf, z. B. Maklergenehmigung nach § 34c GewO, Eintragung in die Handwerksrolle, usw.

Bei Sachgründungen sind zusätzlich einzureichen:
- Der Sachgründungsbericht,

- die Verträge, die den Festsetzungen der Sacheinlage zugrunde liegen oder zu ihrer Ausführung geschlossen worden sind und
- Unterlagen, daß der Wert der Sacheinlagen dem Betrag der dafür übernommenen Stammeinlagen entspricht.

Bei Gesellschaften, die zwischen dem 1. Januar 1999 und dem 31. Dezember 2001 zum Handelsregister angemeldet und in das Register eingetragen werden, dürfen Stammkapital und Stammeinlagen auch auf DM lauten. Für Mindestbetrag und Teilbarkeit von Kapital, Einlagen und Geschäftsanteilen sowie für den Umfang des Stimmrechts gelten die zu dem vom Rat der EU unwiderruflich festgelegten Umrechnungskurs in DM umzurechnenden Beträge des Gesetzes in der ab dem 1. Januar 1999 geltenden Fassung (§ 86 Abs. 2 HGB): 1 EUR = 1,95583 DM.

Bekanntmachung
Bekanntmachung der Eintragung im Bundesanzeiger und in regionalen Zeitungen

⇧

Amtsgericht
• Überprüfung der formellen Voraussetzungen • Gutachterliche Stellungnahme der IHK an die Registerabteilung • Eintragung der Gesellschaft in das Handelsregister

⇧

Notar
• Notarielle Beurkundung des Gesellschaftsvertrages • Beglaubigung der Handelsregisteranmeldung • Anmeldung der Gesellschaft zur Eintragung in das Handelsregister

⇧

Existenzgründer
• Empfehlenswerte Abstimmung der Firma zwischen den Gesellschaftern und der IHK • Abschluß des Gesellschaftsvertrages zwischen den Gesellschaftern

Abb. 110: Anmeldeformalitäten für eine GmbH

Die Eintragung des Unternehmens

Vor der Eintragung überprüft das Registergericht zunächst, ob die formellen Voraussetzungen der Anmeldung erfüllt sind. Falls etwas fehlt, wird das Unternehmen über ihren Notar unterrichtet. Danach sendet das Registergericht die Akten an die regional zuständige Industrie- und Handelskammer zur gutachterlichen Stellungnahme. Die IHK äußert sich zur Zulässigkeit der Firma, der zutreffenden Beschreibung des Unternehmensgegenstandes, der Bewertung der

Sacheinlagen sowie zur Frage, ob die gegebenenfalls erforderlichen Genehmigungen vorliegen bzw. zugesagt worden sind. Sind alle Anforderungen erfüllt, steht der Eintragung in das Handelsregister nichts mehr im Wege.

Die Eintragung in das Handelsregister hat gem. § 10 GmbHG folgenden Inhalt:
- Die Firma und der Sitz der Gesellschaft,
- der Gegenstand des Unternehmens,
- die Höhe des Stammkapitals,
- der Tag des Abschlusses des Gesellschaftsvertrages
- die Personen der Geschäftsführer,
- die Art der Vertretungsbefugnis der Geschäftsführer,
- ggf. die Zeitdauer der Gesellschaft und
- ggf. den Gegenstand der Sacheinlage und der Betrag der Stammeinlage, auf die sich die Sacheinlage bezieht.

Der Inhalt der Eintragung wird von Amts wegen im Bundesanzeiger und in der Lokalpresse veröffentlicht.

! **Tip** Vor der Registeranmeldung sollten Sie die Firma mit der zuständigen IHK abgestimmen. Klären Sie auch mit der IHK ab, ob und ggf. welche besonderen Genehmigungen für die geplante Tätigkeit erforderlich sind und ob die Zustimmung der Handwerkskammer vorliegen muß.
Unbeabsichtigte Formulierungen, die auf eine genehmigungspflichtige Tätigkeit hinweisen, sollten im Gesellschaftsvertrag vermieden werden.

Die Kosten der Handelsregistereintragung für eine GmbH
Die Kosten für den Notar und das Amtsgericht richten sich nach dem Geschäftswert (Höhe des Stammkapitals). Nehmen die Gesellschafter für die Abfassung des Gesellschaftsvertrages eine anwaltliche Beratung in Anspruch, sind zusätzlich Anwaltsgebühren (1/1 Gebühr bei einem Gegenstandswert von 50.000 DM = 1.425 DM) zu zahlen. Bei der Gründung einer GmbH mit einem Stammkapital von 50.000 DM sind mit folgenden Kosten zu rechnen:

• Für den Notar	
Beurkundung des Gesellschaftsvertrages	320 DM
Schreibgebühren und Porto (zzgl. 16 % MwSt.)	ca. 100 DM
Entwurf und Beglaubigung der Anmeldung zum Handelsregister	80 DM
Schreibgebühren und Porto (zzgl. 16 % MwSt.)	ca. 30 DM
• Für das Registergericht	
Eintragung in das Handelsregister	160 DM
• Für die Bekanntmachung	
Bekanntmachung im Bundesanzeiger und in regionalen Zeitungen	ca. 300–400 DM

3 Die Anmeldung zum Partnerschaftsregister

Nach § 4 Abs. 1 Satz 1 PartGG i.V.m. §§ 106 Abs. 1, 108 HGB ist die Partnerschaftsgesellschaft bei dem Gericht, in dessen Bezirk sie ihren Sitz hat, zur Eintragung in das Partnerschaftsregister anzumelden. Die Anmeldung hat von sämtlichen Gesellschaftern zu erfolgen. Alle Partner, neu hinzutretende sowie ausscheidende, haben die Anmeldung selbst oder durch Bevollmächtigte vorzunehmen sowie ihre eigenhändige Namensunterschrift nebst Zeichnung der Firma der Partnerschaft einzureichen. Anmeldungen zum Partnerschaftsregister sind in öffentlich beglaubigter oder notariell beurkundeter Form vorzunehmen. Auch Vollmachten bedürfen dieser Form. Der Partnerschaftsvertrag selbst muß nicht eingereicht oder vorgelegt werden. Die Partnerschaft entsteht gem. § 7 Abs. 1 PartGG erst mit der Eintragung in das Partnerschaftsregister. Die Eintragung wird im Bundesanzeiger und mindestens einem anderen Blatt bekannt gemacht. Einsicht in das Partnerschaftsregister wird jedermann gewährt.

Die Anmeldung hat folgendes zu enthalten:
- Den Namen und den Sitz der Partnerschaft,
- den Namen, den Vornamen, den Wohnort und den in der Partnerschaft ausgeübten Beruf jedes Partners,
- den Gegenstand der Partnerschaft,
- den Beginn der Partnerschaft.

Soweit die Partner für die in der Partnerschaft ausgeübten Freien Berufe einer staatlichen Zulassung oder einer staatlichen Prüfung bedürfen, haben sie die Berechtigung nachzuweisen. Ob die Zusammenarbeit berufsrechtlich zulässig ist, wird allerdings bei der Anmeldung der Partnerschaft nicht vom Registergericht geprüft. Nach § 3 Abs. 2 PartRegV sind bei der Anmeldung Angaben darüber zu machen, ob die jeweiligen berufsrechtlichen Vorschriften eine Zusammenarbeit zulassen. Das Gericht geht gem. § 4 Abs. 4 Satz 2 PartGG von den Angaben der Antragsteller aus, es sei denn, ihm ist gegenteiliges bekannt. Es liegt im Interesse der jeweiligen berufsständigen Organisationen, über die Einhaltung des Berufsrechts zu wahren. Bei der Eintragung in das Register sind deshalb die Organe des Berufsstandes zur Mitwirkung verpflichtet und berechtigt. Alle Registereintragungen werden den Berufskammern mitgeteilt.

4 Die Anmeldung zum Finanzamt

Wer einen gewerblichen oder freiberuflichen Betrieb oder eine Betriebsstätte eröffnet, hat das dem örtlich zuständigen Finanzamt mitzuteilen. Die Anmeldung muß gem. § 138 AO innerhalb eines Monats nach der Eröffnung erfolgen. In der Regel teilt die Gewerbebehörde dem Finanzamt die Gewerbeanmeldung mit.

! **Tip** Falls Sie allerdings längere Zeit seit Ihrer Gewerbeanmeldung nichts vom Finanzamt hören, sollten Sie dort selbst den Beginn Ihrer gewerblichen Tätigkeit mitteilen.

Sobald das Finanzamt Kenntnis von dem Beginn der gewerblichen oder freiberuflichen Tätigkeit erlangt, verschickt es ein Anschreiben mit Fragebogen. Das Finanzamt benötigt die Angaben des Fragebogens, um prüfen zu können, ob eine Steuerpflicht im Sinne des Einkommen-, Umsatz- und Gewerbesteuergesetzes besteht.

! **Tip** Gehen Sie bei der Berechnung der künftigen Umsätze und Gewinne eher pessimistisch vor, da von diesen Angaben zunächst die Steuervorauszahlungen abhängen. Denken Sie daran, daß in der Anlaufphase die Kosten im Verhältnis zu den erzielten Umsatzerlösen überdurchschnittlich hoch sein können.

Der Fragebogen ist innerhalb der vorgegebenen Frist ausgefüllt an das Finanzamt zurückzusenden. Das Finanzamt teilt dann die **Steuernummer** mit, die für alle Steuerarten gilt.

Werden Arbeitnehmer beschäftigt, muß gleichzeitig eine **Lohnsteuer-Anmeldung** nach amtlich vorgeschriebenem Vordruck eingereicht werden. Die **Umsatzsteuer-Voranmeldungen** sind bis zum 10. Tag nach Ablauf des Voranmeldungszeitraums nach amtlich vorgeschriebenem Vordruck beim Finanzamt abzugeben. Geichzeitig ist die in der Voranmeldung berechnete Umsatzsteuer als Vorauszahlung an die Finanzkasse zu entrichten.

Die Verletzung der Mitteilungspflicht begründet eine Ordnungswidrigkeit nach § 379 Abs. 2 Nr 1 AO, die mit einer Geldbuße bis zu 10.000,– DM geahndet werden kann (§ 379 Abs. 4 AO).

5 Die Anmeldung zum Arbeitsamt

Jeder Betrieb, der Arbeitnehmer beschäftigt, muß bei seinem örtlich zuständigen Arbeitsamt anmeldet werden. Die Anmeldung kann formlos, sowohl schriftlich als auch telefonisch erfolgen. Das Arbeitsamt teilt dem Betrieb dann eine achtstellige **Betriebsnummer** zu, die für das Meldeverfahren der Sozialversicherung benötigt wird.

Damit in der Betriebsdatei des Arbeitsamtes künftig alle Veränderungen berücksichtigt werden können, bittet das Arbeitsamt um Mitteilung, wenn
- weitere Niederlassungen, Betriebsteile, Arbeitsstätten usw. eröffnet werden,
- sich Anschrift oder Bezeichnung des Betriebes ändern,
- sich der Schwerpunkt der wirtschaftlichen Tätigkeit ändert,

- die Beschäftigten von einer anderen Stelle innerhalb des Unternehmens zur Sozialversicherung angemeldet werden,
- der Betrieb aufgegeben oder stillgelegt wird.

Bei einer Verlegung des Betriebssitzes ändert sich nicht die Betriebsnummer. Dasselbe gilt im allgemeinen auch bei einer Änderung der Rechtsform eines Betriebes. Wechselt jedoch der Betriebsinhaber, so vergibt das Arbeitsamt eine neue Betriebsnummer.

Die Angaben in den Meldungen zur Sozialversicherung über die ausgeübte Tätigkeit, die Stellung im Beruf und die Ausbildung müssen hinsichtlich der EDV mit Hilfe des von der Bundesanstalt für Arbeit herausgegebenen Schlüsselverzeichnisses verschlüsselt werden. Das »**Schlüsselverzeichnis** für die Angaben zur Tätigkeit in den Versicherungsnachweisen« ist kostenlos bei jedem Arbeitsamt erhältlich.

6 Die Anmeldung zur gesetzlichen Sozialversicherung

Beschäftigt ein Betrieb Arbeitnehmer, besteht grundsätzlich eine Anmeldepflicht zur gesetzlichen Sozialversicherung. Zu den Zweigen der gesetzlichen Sozialversicherung gehören

- die Krankenversicherung,
- die Pflegeversicherung,
- die Rentenversicherung,
- die Arbeitslosenversicherung,
- die Unfallversicherung.

6.1 Die Anmeldung zur Kranken-, Pflege-, Renten- und Arbeitslosenversicherung

Die Anmeldung zur Kranken-, Pflege-, Renten- und Arbeitslosenversicherung geschieht mit dem für den Arbeitgeber vorgeschriebenen **Meldeverfahren.** Die Meldung betrifft nicht nur diejenigen Arbeitnehmer, die mindestens in einem dieser Versicherungszweige versicherungspflichtig sind, sondern auch Arbeitnehmer, die zwar in allen Versicherungszweigen versicherungsfrei sind, für die aber der Arbeitgeberanteil gezahlt wird. Auch geringfügig Beschäftigte, für die weder Versicherungs- noch Beitragspflicht besteht, müssen gemeldet werden. Die Anmeldung hat innerhalb von 2 Wochen nach der Einstellung eines Arbeitnehmers bei der für den Arbeitnehmer zuständigen gesetzlichen Krankenversicherung mit der **Betriebsnummer** des Arbeitgebers, die vom örtlich zuständigen Arbeitsamt vergeben wird, zu erfolgen.

6.2 Die Anmeldung zur gesetzlichen Unfallversicherung

Im Rahmen der Gewerbeanmeldung informiert die Stadt- bzw. Gemeindeverwaltung den Hauptverband der gewerblichen Berufsgenossenschaften über die Gründung eines gewerblichen Unternehmens. Der Hauptverband leitet dann die Daten an die zuständige Berufsgenossenschaft weiter. Diese setzt sich daraufhin mit dem Betrieb in Verbindung und stellt fest, inwieweit Beiträge zu zahlen sind.

Die Mitteilung der Berufsgenossenschaft über die Gewerbeanmeldung ersetzt allerdings nicht die Anzeige an die Berufsgenossenschaft. Jeder Unternehmer ist gesetzlich verpflichtet, seinen Betrieb **innerhalb einer Woche** nach der Eröffnung bei der fachlich zuständigen Berufsgenossenschaft [→Adressenverzeichnis] – unabhängig von der Gewerbeanmeldung – anzumelden. Dies gilt auch, wenn er keine Arbeitnehmer beschäftigt, weil in manchen Branchen die

Bergbau • Bergbau-BG **Steine und Erden** • Steinbruchs-BG • BG der keramischen und Glas-Industrie **Gas und Wasser** • BG der Gas- und Wasserwerke **Eisen und Metall** • Hütten- und Walzwerks-BG • Maschinenbau- und Metall-BG • Norddeutsche Metall-BG • Süddeutsche Metall-BG • Edel- und Unedelmetall-BG **Feinmechanik und Elektrotechnik** • BG der Feinmechanik und Elektrotechnik **Chemie** • BG der chemischen Industrie **Holz** • Holz-BG **Papier und Druck** • Papiermacher-BG • BG Druck und Papierverarbeitung **Textil und Leder** • Lederindustrie-BG • Textil- und Bekleidungs-BG	**Nahrungs- und Genußmittel** • BG Nahrungsmittel und Gaststätten • Fleischerei-BG • Zucker-BG **Bau** • Bau-BG Hamburg • Bau-BG Hannover • Bau-BG Wuppertal • Bau-BG Frankfurt • Süddeutsche Bau-BG • Württembergische Bau-BG • Bau-BG Bayern und Sachsen • Tiefbau-BG **Handel und Verwaltung** • Großhandels- und Lagerei-BG • BG für den Einzelhandel • BG der Banken, Versicherungen, Verwaltungen, freien Berufen und besonderer Unternehmen (Verwaltungs-BG) **Verkehr** • BG der Straßen-, U-Bahnen und Eisenbahnen • BG für Fahrzeughaltungen • See-BG • Binnenschiffahrt-BG **Gesundheitsdienst** • BG für Gesundheitsdienst und Wohlfahrtspflege

Abb. 111: Branchen der Berufsgenossenschaften

gesetzliche Pflichtversicherung nicht nur für die Arbeitnehmer besteht, sondern auch für den Unternehmer selbst.

Für die Anmeldung bei der fachlich zuständigen Berufsgenossenschaft gibt es kein Formular. Es müssen folgende Angaben mitgeteilt werden:
- Name und Anschrift des Betriebes,
- Art der Tätigkeit,
- Datum des Beginns der selbständigen Tätigkeit,
- Angabe, ob und wieviel Arbeitnehmer zur Zeit der Anmeldung beschäftigt werden.

Unternehmer, die sich bei der Berufsgenossenschaft (BG) nicht gemeldet haben bzw. dort noch nicht erfaßt sind, müssen mit einer rückwirkenden Nachzahlung ihrer Beiträge rechnen. Je nach Gefahrenklasse und Anzahl der Arbeitnehmer können dann schnell Beiträge in großer Höhe entstehen. Die Ansprüche auf Beiträge verjähren erst in vier Jahren nach Ablauf des Kalenderjahres, in dem sie fällig geworden sind. Ansprüche auf vorsätzlich enthaltene Beiträge verjähren sogar erst nach 30 Jahren nach Fälligkeit.

7 Die Anmeldung zur Kammer

7.1 Die Anmeldung zur Industrie- und Handelskammer (IHK)

Für gewerbliche Unternehmen besteht eine **Pflichtmitgliedschaft** zur Industrie- und Handelskammer. Im Rahmen der Gewerbeanmeldung informiert die Stadt- bzw. Gemeindeverwaltung die örtlich zuständige Industrie- und Handelskammer über die Gründung eines gewerblichen Unternehmens.

Für die Mitgliedschaft wird ein **Beitrag** erhoben, der jedes Jahr von der Vollversammlung der IHK neu festgesetzt wird. Alle Mitglieder der Industrie- und Handelskammer müssen einen Beitrag zahlen. Dieser Beitrag setzt sich aus einem **Grundbeitrag** und einer **Umlage** zusammen. Der Grundbeitrag ist gestaffelt in Abhängigkeit von der Höhe des Gewerbeertrags/Gewinns aus Gewerbebetrieb bzw. bei großen Unternehmen von der Höhe des Umsatzes. Die Umlage errechnet sich aus dem prozentualen Anteil (**Umlagesatz**) des Gewerbeertrags bzw. Gewinns aus Gewerbebetrieb. Bei natürlichen Personen und Personengesellschaften wird ein Freibetrag in Höhe von 30.000 DM in Abzug gebracht.

Für sogenannte **Mischbetriebe** wird eine Beitragsaufteilung mit der Handwerkskammer vereinbart, so daß eine Doppelveranlagung vermieden wird.

Nach der Neufassung des IHK-Gesetzes werden Kleingewerbetreibende mit einem Gewerbeertrag bzw. Gewinn aus Gewerbebetrieb von weniger als

10.000 DM pro Jahr von der Beitragspflicht freigestellt. Diese Regelung gilt aber nur für Unternehmen, die nicht im Handelsregister eingetragen sind. Der Betrag wird anhand des zuletzt bekanntgewordenen Gewerbeertrags bzw. Gewinns aus Gewerbebetrieb ermittelt und zunächst vorläufig festgesetzt. Sobald das Finanzamt die endgültigen Daten für das jeweilige Beitragsjahr festgesetzt hat, wird die Beitragshöhe bzw. die Freistellung vom Beitrag endgültig festgestellt. Sollten allerdings mehr als ein Drittel der Kammermitglieder beitragsfrei gestellt werden, kann die Vollversammlung den Kreis der vom Beitrag befreiten Unternehmen durch zusätzliche Kriterien weiter eingrenzen.

Freiberufler, die kraft Rechtsform (GmbH) Mitglieder der IHK sind, müssen einheitlich auf 10% ihres Gewerbeertrages bzw. Gewinns aus Gewerbebetrieb Kammerbeiträge (Grundbeitrag + Umlage) zahlen. Für Apotheker sind es 25% ihres Gewerbeertrages bzw. Gewinns aus Gewerbebetrieb als Basis für den Kammerbeitrag.

Die Beiträge variiren von Kammer zu Kammer. Jeder Beitrag setzt sich aus einem Grundbeitrag und einer Umlage zusammen. Der niedrigste Grundbeitrag liegt bei einigen Kammern bei 50 DM, beispielsweise wenn der Handeltreibende weniger Gewinn als 15.000 DM macht. Der Umlagesatz hängt von der Ertragslage des Unternehmens ab. Hier liegen die Anteile je nach Kammer zwischen 0,12 und 0,4 Prozent des Gewinns, in einem Fall liegt er bei 0,5%. Im Durchschnitt liegt der Umlagesatz bei 0,35%.

! **Tip** Auch bei der Freistellung von der Beitragspflicht bleiben Sie Mitglied der Industrie- und Handelskammer. Sie haben das aktive und passive Wahlrecht und können Beratung und Service Ihrer Kammer in Anspruch nehmen. Nutzen Sie Ihre Rechte als Mitglied.

7.2 Die Anmeldung zur Handwerkskammer (HWK)

Für gewerbliche Unternehmen, die ein Handwerk nach § 1 Abs. 2 HandwO (Anlage A zur Handwerksordnung) betreiben, besteht eine **Pflichtmitgliedschaft** zur Handwerkskammer. Im Rahmen der Gewerbeanmeldung informiert die Stadt- bzw. Gemeindeverwaltung die örtlich zuständige Handwerkskammer über die Gründung eines Unternehmens.

Bei der Gewerbeanmeldung nach § 14 GewO ist die **Handwerkskarte** vorzulegen, die von der Handwerkskammer als Nachweis der erfolgten Eintragung in die Handwerksrolle ausgestellt wird (§ 16 Abs. 1 HandwO). Ferner hat der selbständige Handwerker der örtlich zuständigen Handwerkskammer unverzüglich den Beginn seines Betriebes und ggf. die Bestellung des Betriebsleiters, bei juristischen Personen auch die Namen der gesetzlichen Vertreter, bei Personengesellschaften die Namen der für die technische Leitung verantwortlichen und der vertretungsberechtigten Gesellschafter anzuzeigen (§ 16 Abs. 2 HandwO).

Der Beginn des Betriebes eines **handwerksähnlichen Gewerbes** ist unverzüglich der örtlich zuständigen Handwerkskammer anzuzeigen. Bei juristischen Personen sind auch die Namen der gesetzlichen Vertreter, bei Personengesellschaften die Namen der vertretungsberechtigten Gesellschafter anzuzeigen.

Für die Mitgliedschaft in der Handwerkskammer wird ein **Beitrag** fällig. Der Beitrag kann nach der Leistungskraft der beitragspflichtigen Unternehmen gestaffelt werden. Die Bemessungsgrundlage für den Beitrag bemißt sich nach dem Gewerbesteuer-Meßbetrag, Gewerbekapital, Gewerbeertrag oder Gewinn aus Gewerbebetrieb. Die Handwerkskammer kann als Beitrag auch einen **Grundbeitrag**, ferner **Zusatzbeiträge** und **Sonderbeiträge** erheben.

7.3 Die Anmeldung zu sonstigen Kammern

Zu folgenden Kammern der Freien Berufe besteht eine Anmeldepflicht:

- Ärztekammer [→Adressenverzeichnis]
- Zahnärztekammer [→Adressenverzeichnis]
- Apothekerkammer [→Adressenverzeichnis]
  Für Apotheken gilt die Pflichtmitgliedschaft sowohl in der IHK (zu einem reduzierten Beitragssatz) als auch in der Apothekerkammer.
- Architektenkammer [→Adressenverzeichnis]
  Die Architektengesetze der Länder sehen vor, daß die Berufsbezeichnung »Architekt«, »Innenarchitekt« oder »Garten- und Landschaftsarchitekt« nur führen darf, wer unter dieser Bezeichnung in die Architektenliste eingetragen ist. Diese wird von der Architektenkammer geführt. Eine Architektengesellschaft darf sich nur als solche bezeichnen, wenn deren Gesellschafter auch wirklich Architekten sind, also in der Architektenliste eingetragen sind.
  Inzwischen regeln einige Landesgesetze ausdrücklich, daß auch Architektengesellschaften in der Rechtsform der GmbH zulässig sind.
- Rechtsanwaltskammer [→Adressenverzeichnis]
- Steuerberaterkammer [→Adressenverzeichnis]
  Gem. § 43 Abs. 4 StBerG darf die Bezeichnung »Steuerberater«, »Steuerbevollmächtigter« oder »Steuerberatungsgesellschaft« nur führen, wer dazu berechtigt ist.
- Wirtschaftsprüferkammer [→Adressenverzeichnis]
  Gem. § 1 WPO ist Wirtschaftsprüfer, wer als solcher bestellt ist. Die Bestellung setzt den Nachweis der persönlichen und fachlichen Eignung im Zulassungs- und Prüfungsverfahren voraus. Die Zulässigkeit von Wirtschaftsprüfungsgesellschaften wird ausdrücklich in § 1 Abs. 3 WPO geregelt. Diese bedürfen der Anerkennung. Die Anerkennung setzt den Nachweis voraus, daß die Gesellschaft von Wirtschaftsprüfern verantwortlich geführt wird. Wirtschaftsprüfungsgesellschaften können gem. § 27 WPO in der Rechtsform der AG, KGaA, GmbH, OHG oder KG sowie als Partnerschaft geführt werden. Die anerkannte Gesellschaft ist verpflichtet, die Bezeichnung »Wirtschaftsprüfungsgesellschaft« in die Firma aufzunehmen.

7. Kapitel: Die Betriebs-/Geschäftsaufnahme

– Herzlichen Glückwunsch –

Alles Gute und viel Erfolg
beim Start in die berufliche Selbständigkeit.

Sie haben es (hoffentlich) geschafft. Sie haben Ihr eigenes Unternehmen geplant, errichtet und ordnungsgemäß angemeldet. Feiern Sie die Eröffnung mit ihren neuen Kunden und Geschäftspartnern, denn dies ist ein werbewirksamer Anlaß.

Damit Sie jetzt möglichst viele und hohe Umsätze tätigen können, müssen Sie bei Ihren Kunden bekannt sein. Mit Hilfe Ihrer **Marketingstrategien** können Sie die notwendigen Impulse auslösen.

Für die erfolgreiche Betriebs-/Geschäftsaufnahme hat die **Eröffnungswerbung** eine wesentliche Bedeutung. Je nach Art des Geschäftsbetriebes sind u.a. folgende Maßnahmen denkbar:

- Zeitungsanzeigen
- Briefkastenverteilung von Handzetteln
- Schaufensterwerbung
- Eröffnungseinladungen, auch an die regionale Presse und an die Kreis- (Landrat) und/oder Gemeindevertretung (Bürgermeister)
- Eröffnungsmitteilung an wichtige potentielle Kunden

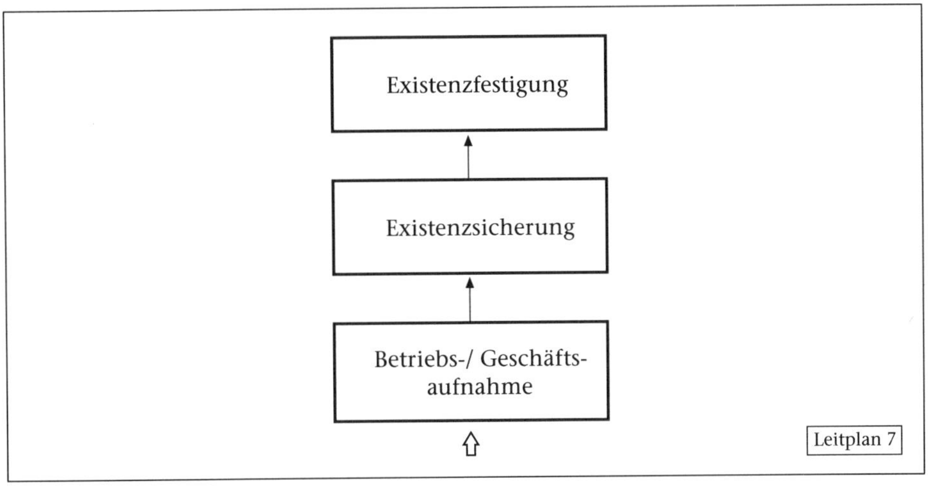

Abb. 112: Betriebs-/Geschäftsaufnahme

- Gewährung von Preisnachlaß während der ersten Tage
- Musik, Tombola, Spende an eine gemeinnützige Organisation

Nach der Betriebs- und Geschäftsaufnahme beginnt die Phase der **Existenzsicherung**. Die Schwerpunkte der Existenzsicherung liegen in der
- Erhöhung der Rentabilität
  - Kostensenkungsmaßnahmen
  - gewissenhafte Kalkulation und Nachkalkulation der angebotenen Leistungen
  - Aufbau eines leistungsfähigen Controlling
- Sicherung der Liquidität
  - Minimierung der Außenstände durch ein leistungsstarkes Mahnwesen
  - rechtzeitige Bildung von Rücklagen und Rückstellungen
- Beobachtung und Bearbeitung des Marktes
  - laufende Marktanalysen
  - Besuch und Beschickung von Messen und Ausstellungen
  - Beteiligung an Ausschreibungen
  - Kooperation mit Partnern

Ist die Existenzgründung nachhaltig gesichert, folgt die Phase der **Existenzfestigung**. Die Schwerpunkte der Existenzfestigung liegen in der
- Errichtung von Niederlassungen, Filialen
- Verbesserung der Produkte, Innovationen, Erweiterung der Produktpalette
- Kooperation mit Partnern

Die konsequente Realisierung des Unternehmenskonzeptes verschafft einen guten Start in die Selbständigkeit. Spätestens jetzt beginnt die harte Konfrontation mit dem Markt. Zum Tagesgeschäft gehört es, den Auftragseingang und den Verkauf zu steigern. Kunden müssen gewonnen werden. Am Anfang wird es nicht so gut laufen, wie es sich der Existenzgründer vorgestellt hat.

Lassen Sie sich aber nicht von Startschwierigkeiten verunsichern. Die weitere Existenz hängt von einigen **Erfolgsfaktoren** ab, auf die Sie besonderen Augenmerk richten sollen, denn die Beachtung dieser Erfolgsfaktoren ist eine wichtige Managementaufgabe.

! **Tip** Die Beachtung und die laufende Kontrolle der Erfolgsfaktoren muß für Sie absolute Chefsache sein.

Erfolgsfaktoren	Gestaltung
Kundenorientierung • Qualität • Service • Kulanz	Kundenkartei anlegen (PC-gestützt), Stammkundenkreis aufbauen, direkter Kundenkontakt, kurze Reaktionszeiten (Flexibilität), komplette Problemlösungen anbieten, Pünktlichkeit und Zuverlässigkeit, Bereitschaftsdienst z. B. bis 22 Uhr, kostenlose Telefon-Hotline, Lieferservice
Preisgestaltung	Angemessene Preise (nicht zu teuer, nicht zu billig), als junges Unternehmen einen Preiskrieg mit der Konkurrenz vermeiden
Unabhängigkeit von Kunden	Abhängigkeit von wenigen Kunden vermeiden. Begrenzung auf möglichst unter 15 % des Gesamtumsatzes.
Unabhängigkeit von Lieferanten	Abhängigkeit von wenigen Lieferanten vermeiden. Preisvorteil von größeren Bezugsmengen ausnutzen, aber Kontakt halten zu Alternativlieferanten.
Controlling	Abweichungen von den gesetzten Zielen rechtzeitig erkennen und sofort Gegensteuern, jederzeitige Zahlungsfähigkeit (Liquidität) sicherstellen
Strategische Planung	Permanente Entwicklung von Strategien: Abgeleitete Strategien aus Unternehmensanalyse und -prognose, z. B. FuE, Produktion, neue Geschäftsfelder suchen
Marktorientierung	Konkurrenz nicht unterschätzen, Konkurrenz beobachten, Werbung, PR, Messen besuchen, Kunden befragen bzgl. Anregungen und Wünschen
Personalmanagement	Mitarbeiter motivieren und führen, für gutes Betriebsklima sorgen, leistungsgerechte Bezahlung, regelmäßige Mitarbeiterbesprechungen

Abb. 113: Erfolgsfaktoren für eine dauerhafte selbständige Existenz

Ist die Existenzgründung nachhaltig gesichert, folgt die Phase der **Existenzfestigung**. Die Schwerpunkte der Existenzfestigung liegen in der
- Errichtung von Niederlassungen, Filialen
- Verbesserung der Produkte, Innovationen, Erweiterung der Produktpalette
- Kooperation mit Partnern

Adressenverzeichnis

Wirtschaftsministerien des Bundes und der Länder

Bund

Bundesministerium für Wirtschaft und Technologie (BMWi)

Villemombler Straße 76
53123 Bonn

Tel.: (0228) 615-0
Fax: (0228) 615-44 36
Internet: http://www.bmwi.de
E-mail: poststelle@bonn.bmwi.bund400.de

Bundesministerium für Wirtschaft und Technologie (BMWi) Dienstbereich Berlin

Scharnhorststraße 36
10115 Berlin

Tel.: (030) 20 14-9
Fax: (030) 20 14-70 10
Internet: http://www.bmwi.de
E-mail: poststelle@berlin1.bmwi.bund400.de

Baden-Württemberg

Wirtschaftsministerium des Landes Baden-Württemberg

Theodor-Heuss-Straße 4
70174 Stuttgart

Tel.: (0711) 123-0
Fax: (0711) 123-21 44
Internet: http://www.wm.baden-wuerttemberg.de

Bayern

Bayerisches Staatsministerium für Wirtschaft, Verkehr und Technologie

Prinzregentenstraße 28
80538 München

Tel.: (089) 21 62-01
Fax: (089) 21 62-27 60
Internet: http://www.stmwvt.bayern.de

Berlin

Senatsverwaltung für Wirtschaft und Betriebe

Martin-Luther-Straße 105
10825 Berlin

Tel.: (030) 78 76-0/84 44/81 15
Fax: (030) 78 76-84 55
Internet: http://www.berlin.de/senwib

Brandenburg

Ministerium für Wirtschaft, Mittelstand und Technologie des Landes Brandenburg

Heinrich-Mann-Allee 107
14473 Potsdam

Tel.: (0331) 866-0
Fax: (0331) 866-17 26/17 29
Internet: http://www.brandenburg.de/land/mw/kp0-1.htm
E-mail: mw@brandenburg.de

Bremen

Senator für Wirtschaft, Mittelstand, Technologie und Europaangelegenheiten der Freien Hansestadt Bremen

Zweite Schlachtpforte 3
28195 Bremen

Tel.: (0421) 361-9 68 78
Fax: (0421) 361-87 17
E-mail: office@wirtschaft.bremen.de

B.E.G.IN Gründungsleitstelle RKW Bremen

Balgebrückstraße 3-5
28195 Bremen

Tel.: (0421) 32 34 64-12
Fax: (0421) 32 62 18
E-mail: info@rkw-bremen.de

Hamburg

Wirtschaftsbehörde der Freien und Hansestadt Hamburg Amt Wirtschaft und Landwirtschaft

Alter Steinweg 4
20459 Hamburg

Tel.: (040) 35 04-0
Fax: (040) 35 04-16 20
Internet: http://www.hamburg.de/Firmen/HWF/welcome.htm

Hamburger Initiative für Existenzgründungen und Innovationen – H.E.I.

Habichtstraße 41
22305 Hamburg

Tel.: (040) 61 17 00- 41/42/43
Fax: (040) 61 17 00- 19

Hessen

Hessisches Ministerium für Wirtschaft, Verkehr und Landesentwicklung

Kaiser-Friedrich-Ring 75 (Landeshaus)
65185 Wiesbaden

Tel.: (0611) 815-0/22 91
Fax: (0611) 815-22 28
Internet: http://www.hessen.de/wirtschaft
E-mail: hmwvl@wirtschaft.hessen.de

Mecklenburg-Vorpommern

Wirtschaftsministerium Mecklenburg-Vorpommern

Johannes-Stelling-Straße 14
19053 Schwerin

Tel.: (0385) 588-0
Fax: (0385) 588-58 61/58 62
Internet: http://www.mvnet.de/inmv/land-mv/ wm/
E-mail: wirtschaftsministerium_mv@mvnet.de

Niedersachsen

Niedersächsisches Ministerium für Wirtschaft, Technologie und Verkehr

Friedrichswall 1
30159 Hannover

Tel.: (0511) 120-0
Fax: (0511) 120-57 82
Internet: http://www.niedersachsen.de

Nordrhein-Westfalen

Ministerium für Wirtschaft und Mittelstand, Technologie und Verkehr des Landes Nordrhein-Westfalen

Haroldstraße 4
40213 Düsseldorf

Tel.: (0211) 837-02
Fax: (0211) 837-22 00
Internet: http://www.mwmtv.nrw.de
E-mail: oea@www.mwmtv.nrw.de

Info-Service
für Existenzgründungen und Mittelstand

Leinestraße 8
30159 Hannover

Tel.: (0511) 55 00 71
Fax: (0511) 120-57 84
Internet: http://www.niedersachsen.de
E-mail: info-service@mw.land-ni.dbp.de

»Go!« Gründungs-Offensive NRW

Info-Line für Existenzgründungen

Tel.: (01802) 41 14
Internet: http://www.go-online.nrw.de

Rheinland-Pfalz

Ministerium für Wirtschaft, Verkehr, Landwirtschaft und Weinbau des Landes Rheinland-Pfalz

Stiftsstraße 9
55116 Mainz

Tel.: (06131) 16-0/22 42
Fax: (06131) 16-22 07
Internet: http://www.mwvlw.rpl.de
E-mail: doris.thelen@mwvlw.rpl.de

Saarland

Ministerium für Wirtschaft und Finanzen des Saarlandes

Am Stadtgraben 6-8
66111 Saarbrücken

Tel.: (0681) 501-00/42 48
Fax: (0681) 501-41 59
Internet: http://www.saarland.de
E-mail: technologie@mwf.x400.saarland.de

Sachsen

Sächsisches Staatsministerium für Wirtschaft und Arbeit

Budapester Straße 5
01109 Dresden

Tel.: (0351) 564-0
Fax: (0351) 564-81 89

Sachsen-Anhalt

Ministerium für Wirtschaft, Technologie und Europaangelegenheiten des Landes Sachsen-Anhalt

Wilhelm-Höpfner-Ring 4
39116 Magdeburg

Tel.: (0391) 567-01
Fax: (0391) 567-44 50
Internet: http://www.mw.sachsen-anhalt.de
E-mail: zentrale@mw.lsa-net.dbp.de

Schleswig-Holstein

Ministerium für Wirtschaft, Technologie und Verkehr des Landes Schleswig-Holstein

Düsternbrooker Weg 94
24105 Kiel

Tel.: (0431) 988-0
Fax: (0431) 988-48 12
Internet: http://www.schleswig-holstein.de/landsh
E-mail: pressestelle.mwtv@landsh.de

Thüringen

Thüringer Ministerium für Wirtschaft und Infrastruktur

Max-Reger-Straße 4-8
99096 Erfurt

Tel.: (0361) 37-97 999
Fax: (0361) 37-97 990
Internet: http://www.th-online.de/wirtschaft

Wirtschaftsförderungsgesellschaften der Länder

Baden-Württemberg

Gesellschaft für internationale wirtschaftliche Zusammenarbeit Baden-Württemberg mbH – GWZ –

Willi-Bleicher-Straße 19
70174 Stuttgart

Tel.: (0711) 227 87-0
Fax: (0711) 227 87-22
Internet: http://www.gwz.de

ifex Informationszentrum für Existenzgründungen des Landesgewerbeamts

Willi-Bleicher-Straße 19
70174 Stuttgart

Tel.: (0711) 123-27 86
Fax: (0711) 123-27 54
Internet: http://www.ifex.de

Bayern

Bayerisches Staatsministerium für Wirtschaft, Verkehr und Technologie Referat Industrieansiedlung

Prinzregentenstraße 28
80538 München

Tel.: (089) 21 62-26 42
Fax: (089) 21 62-28 03
Internet: http://www.stmwvt.bayern.de

Berlin

Wirtschaftsförderung Berlin GmbH

Fasanenstraße 85
10623 Berlin

Tel.: (030) 399 80-0
Fax: (030) 399 80-239
Internet: http://www.wf-berlin.de
E-mail: info@wf-berlin.de

Brandenburg

Wirtschaftsförderung Brandenburg GmbH (WFB)

Am Lehnitzsee 7
14476 Neu Fahrland

Tel.: (033208) 55-0
Fax: (033208) 55-100
Internet: http://www.brandenburg.de/land/mw/kp1-41.htm
E-mail: wfbrandenburg@compuserve.com

Bremen

Wirtschaftsförderungsgesellschaft der Freien Hansestadt Bremen GmbH (WfG)

Hanseatenhof 8 (Bremer Carree)
28195 Bremen

Tel.: (0421) 308 85-0
Fax: (0421) 308 85-44
E-mail: mail@bremen-wfg.de

Bremerhavener Gesellschaft für Investitionsförderung und Stadtentwicklung (BIS)

Lengstraße 1
27572 Bremerhaven

Tel.: (0471) 97 32-0/108/111
Fax: (0471) 97 32-215
E-mail: fbeg-egb@t-online.de

Hamburg

HWF Hamburgische Gesellschaft für Wirtschaftsförderung GmbH

Hamburger Straße 11
22083 Hamburg

Tel.: (040) 22 70 19-0
Fax: (040) 22 70 19-29
Internet: http://www.hamburg.de/Firmen/HWF/welcome.htm
E-mail: hwf.hamburg@t-online.de

Hessen

Wirtschaftsförderung Hessen Investitionsbank AG (HLT)

Abraham-Lincoln-Straße 38–42
65189 Wiesbaden

Tel.: (0611) 774-228
Fax: (0611) 774-265
Internet: http://www.hlt.de
E-mail: info@hlt.de

Wirtschaftsförderung Hessen Investitionsbank AG (HLT)

Niederlassung Kassel
Kurfürstenstraße 7
34117 Kassel

Tel.: (0561) 728 99-0/10
Fax: (0561) 728 99-32
Internet: http://www.hlt.de

Mecklenburg-Vorpommern

Gesellschaft für Wirtschaftsförderung des Landes Mecklenburg-Vorpommern mbH

Schloßgartenallee 15
19061 Schwerin

Tel.: (0385) 592 25-0
Fax: (0385) 592 25-22
Internet: http://www.gfw-mv.de
E-mail: connect@gfw-mv.de

Niedersachsen

IPA Investment Promotion Agency Niedersachsen

Hamburger Allee 4
30161 Hannover

Tel.: (0511) 34 34 66
Fax: (0511) 361 59 09
E-mail: 73360.2071@compuserve.com

Nordrhein-Westfalen

Gesellschaft für Wirtschaftsförderung Nordrhein-Westfalen mbH (GfW)

Kavalleriestraße 8–10
40213 Düsseldorf

Tel.: (0211) 130 00-0
Fax: (0211) 130 00-82
Internet: http://www.gfw-nrw.de
E-mail: gfw@gfw-nrw.de

Rheinland-Pfalz

Investitions- und Strukturbank Rheinland-Pfalz (ISB) GmbH

Wilhelm-Theodor-Römheld-Straße 22
55130 Mainz

Tel.: (06131) 985-200
Fax: (06131) 985-299
Internet: http://www.isb.rlp.de
E-mail: isb-standortinfo@isb.rlp.de

Saarland

Gesellschaft für Wirtschaftsförderung Saar mbH (gwSaar)

Trierer Straße 8
66111 Saarbrücken

Tel.: (0681) 99 65-400
Fax: (0681) 99 65-444
Internet: http://www.gwsaar.com
E-mail: gwsaar@t-online.de

Sachsen

Wirtschaftsförderung Sachsen GmbH (WFS)

Berthold-Brecht-Allee 22
01309 Dresden

Tel.: (0351) 31 99-10 00
Fax: (0351) 31 99-10 99

Sachsen-Anhalt

Wirtschaftsförderungsgesellschaft des Landes Sachsen-Anhalt mbH (WISA)

Schleinufer 16
39104 Magdeburg

Tel.: (0391) 568 99-0
Fax: (0391) 568 99-50
Internet: http://www.wisa.de
E-mail: welcome@wisa.de

Schleswig-Holstein

Wirtschaftsförderung Schleswig-Holstein GmbH (WSH)

Lorentzendamm 43
24103 Kiel

Tel.: (0431) 593 39-0
Fax: (0431) 539 39-30
Internet: http://www.wsh.de
E-mail: info@wsh.de

Thüringen

Landesentwicklungsgesellschaft Thüringen mbH (LEG)

Mainzerhofstraße 12
99084 Erfurt

Tel.: (0361) 56 03-0
Fax: (0361) 56 03-333

Öffentliche Finanzierungsgesellschaften des Bundes und der Länder

Bund

Kreditanstalt für Wiederaufbau (KfW)

Palmengartenstraße 5-9
60325 Frankfurt/Main

Tel.: (069) 74 31-0
Fax: (069) 74 31-29 44
Internet: http://www.kfw.de

Kreditanstalt für Wiederaufbau (KfW)
Niederlassung Berlin

Charlottenstraße 33/33a
10117 Berlin

Tel.: (030) 202 64-316
Fax: (030) 202 64-188
Internet: http://www.kfw.de

Deutsche Ausgleichsbank (DtA)

Ludwig-Erhard-Platz 1-3
53179 Bonn

Tel.: (0228) 831-0/24 00
Fax: (0228) 831-22 55
Internet: http://www.dta.de
E-mail: dtabonn@t-online.de

Baden-Württemberg

Landeskreditbank Baden-Württemberg (LAKRA) – Förderungsanstalt

Friedrichstraße 24
70174 Stuttgart

Tel.: (0711) 122-0
Fax: (0711) 122-21 12
Internet: http://www.l-bank.de

Berlin

InvestitionsBank Berlin (IBB)
Abteilung IX – Wirtschaftsförderung

Spichernstraße 2
10777 Berlin

Tel.: (030) 21 25-46 02/46 03
Fax: (030) 21 25-46 46
Internet: http://www.investitionsbank.de
http://www.widi.investitions bank.de

Hamburg

Bürgschaftsgemeinschaft Hamburg GmbH

Habichtstraße 41
22305 Hamburg

Tel.: (040) 61 17 00-0
Fax: (040) 61 17 00-19

Kreditanstalt für Wiederaufbau (KfW)
Niederlassung Berlin – Beratungszentrum –

Taubenstraße 10
10117 Berlin

Tel.: (030) 202 64-316
Fax: (030) 202 64-192
Internet: http://www.kfw.de

Deutsche Ausgleichsbank (DtA)
Niederlassung Berlin

Sarrazinstraße 11-15
12159 Berlin

Tel.: (030) 850 85-0
Fax: (030) 850 85-298/299
Internet: http://www.dta.de

Bayern

Bayerische Landesanstalt für Aufbaufinanzierung (LfA)

Königinstraße 17
80539 München

Tel.: (089) 21 24-0
Fax: (089) 21 24-24 40
Internet: http://www.lfa.de
E-mail: programm@lfa.de

Brandenburg

InvestitionsBank des Landes Brandenburg (ILB)

Steinstraße 104-106
14480 Potsdam

Tel.: (0331) 660-0
Fax: (0331) 660-12 34
Internet: http://www.ilb.de
E-mail: postbox@ilb.de

Hessen

Wirtschaftsförderung Hessen Investitionsbank AG (HLT)

Abraham-Lincoln-Straße 38–42
65189 Wiesbaden

Tel.: (0611) 774-0
Fax: (0641) 774-363
Internet: http://www.hlt.de
E-mail: info@hlt.de

Wirtschaftsförderung Hessen Investitionsbank AG (HLT) Niederlassung Kassel

Kurfürstenstraße 7
34117 Kassel

Tel.: (0561) 728 99-0
Fax: (0561) 728 99-32
Internet: http://www.hlt.de

Mecklenburg-Vorpommern

Landesförderinstitut Mecklenburg-Vorpommern Dienstleistungszentrum Schwerin-Süd

Werkstraße 213
19061 Schwerin-Wüstmark

Tel.: (0385) 63 63-0
Fax: (0385) 63 63-12 12
Internet: http://www.lfi-mv.de
E-mail: lfi-mv@t-online.de

Niedersachsen

Niedersächsische Landestreuhandstelle für Wirtschaftsförderung

Hamburger Allee 4
30161 Hannover

Tel.: (0511) 361-57 80
Fax: (0541) 361-57 06

Nordrhein-Westfalen

INVESTITIONS-BANK NRW Zentralbereich der WestLB

Karl-Arnold-Platz 1
40474 Düsseldorf

Tel.: (0211) 826-0
Fax: (0211) 826-62 18
Internet: http://www.ibnrw.de
E-mail: info@ibnrw.de

INVESTITIONS-BANK NRW Zentralbereich der WestLB

Servatiiplatz 5
48143 Münster

Tel.: (0251) 412-0
Fax: (0251) 412-26 09
Internet: http://www.ibnrw.de
E-mail: info@ibnrw.de

Rheinland-Pfalz

Investitions- und Strukturbank Rheinland-Pfalz (ISB) GmbH

Wilhelm-Theodor-Römheld-Straße 22
55130 Mainz

Tel.: (06131) 985-333
Fax: (06131) 985-198
Internet: http://www.isb.rlp.de
E-mail: isb@isb.rlp.de

Saarland

Saarländische Investitionskreditbank AG (SIKB)

Johannisstraße 2
66111 Saarbrücken

Tel.: (0681) 30 33-0
Fax: (0681) 30 33-100
E-mail: skib-ag@t-online.de

Sachsen

Sächsische Aufbaubank GmbH (SAB)

Pirnaische Straße 9
01069 Dresden

Tel.: (0351) 49 10-0
Fax: (0351) 49 10-40 00

Sachsen-Anhalt

Landesförderinstitut Sachsen-Anhalt

Harnackstraße 3
39104 Magdeburg

Tel.: (0391) 589 17-0
Fax: (0391) 589 17-54
Internet: http://www.lfi-lsa.de

Schleswig-Holstein

Investitionsbank Schleswig-Holstein
Zentrales Förderinstitut des Landes

Fleethörn 29-31
24103 Kiel

Tel.: (0431) 900-03/33 67
Fax: (0431) 900-32 07
Internet: http://www.ibank-sh.de
E-mail: drpuls@ibank-sh.de

Thüringen

Thüringer Aufbaubank (TAB)

Europaplatz 5
99091 Erfurt

Tel.: (0361) 74 47-0
Fax: (0361) 74 47-201

Thüringer Aufbaubank (TAB)
Außenstelle Artern

Fräuleinstraße 11
06556 Artern

Tel.: (03466) 312 43
Fax: (03466) 312 47

Thüringer Aufbaubank (TAB)
Außenstelle Gera

Ziegelberg 25
07545 Gera

Tel.: (0365) 437 07-0
Fax: (0365) 437 07-13

Thüringer Aufbaubank (TAB)
Außenstelle Suhl

Am Bahnhof 3
98529 Suhl

Tel.: (03681) 39 33-11
Fax: (03681) 39 33-26

Leitstellen für die Beantragung von Beratungsförderung des Bundes

IHK-Gesellschaft zur Förderung der Außenwirtschaft und der Unternehmensführung mbH

Schönholzer Straße 10/11
13187 Berlin

Tel.: (030) 488 06-212/214
Fax: (030) 488 06-232

Gemeinsame Leitstelle des Bundesverbandes der Deutschen Industrie e.V. (BDI), Köln, der Bundesvereinigung der Deutschen Arbeitgeberverbände (BDA), Köln, und des Deutschen Industrie- und Handelstages (DIHT), Bonn

Zentralverband des Deutschen Handwerks (ZDH)

Johanniterstraße 1
53113 Bonn

Tel.: (0228) 545-0
Fax: (0228) 545-205
Internet: http://www.handwerk.de
E-mail: info@zdh.handwerk.de

Bundesbetriebsberatungsstelle für den Deutschen Groß- und Außenhandel GmbH

Bonner Talweg 57
53113 Bonn

Tel.: (0228) 260 04-43
Fax: (0228) 260 04-35

Interhoga
Gesellschaft zur Förderung des Deutschen Hotel- und Gaststättengewerbes mbH

Kronprinzenstraße 46
53173 Bonn

Tel.: (0228) 820 08-37
Fax: (0228) 36 69 51

Bundesverband Güterkraftverkehr und Logistik (BGL) e.V.

Breitenbachstraße 1
60487 Frankfurt/Main

Tel.: (069) 79 19-0
Fax: (069) 79 19-277
E-mail: bglffm@aol.com

Leitstelle für Gewerbeförderungsmittel des Bundes

Gothaer Allee 2
50969 Köln

Tel.: (0221) 36 25 17
Fax: (0221) 36 25 12
E-mail: leitstelle@t-online.de

Förderungsgesellschaft des BDS-DGV mbH für die gewerbliche Wirtschaft und Freie Berufe

August-Bier-Straße 18
53129 Bonn

Tel.: (0228) 21 00 33/34
Fax: (0228) 21 18 24

Bundesanstalt für Landwirtschaft und Ernährung (BLE)

Adickesallee 40
60322 Frankfurt/Main

Tel.: (069) 15 64-332
Fax: (069) 15 64-444 bis 446
E-mail: u51206@ffm.ble.400.de

Industrie- und Handelskammern

Deutscher Industrie- und Handelstag (DIHT)

Adenauerallee 148
53113 Bonn

Tel.: (0228) 104–0
Fax: (0228) 104–158
Internet: http://www.ihk.diht.de
E-mail: diht@bonn.diht.ihk.de

Deutscher Industrie- und Handelstag (DIHT) Büro Berlin

An den Kolonnaden 10
10117 Berlin

Tel.: (030) 238 56 47/48
Fax: (030) 238 56 46
Internet: http://www.diht.de

Baden-Württemberg

IHK Südlicher Oberrhein

Schnewlinstraße 11–13
79098 Freiburg

Tel.: (0761) 38 58–0
Fax: (0761) 38 58–222
Internet: http://www.suedlicher-oberrhein.ihk. de
E-mail: ihk@freiburg.ihk.de

IHK Ostwürttemberg

Ludwig-Erhard-Straße 1
89520 Heidenheim

Tel.: (07321) 324–0
Fax: (07321) 324–169
E-mail: zentrale@heidenheim.ihk.de

IHK Heilbronn

Rosenbergstraße 8
74072 Heilbronn

Tel.: (07131) 96 77–0
Fax: (07131) 96 77–199
Internet: http://www.ihk.de/heilbronn

IHK Karlsruhe

Lammstraße 13–17
76133 Karlsruhe

Tel.: (0721) 174–0
Fax: (0721) 174–290
Internet: http://www.ihk.de/karlsruhe
E-mail: info@karlsruhe.ihk.de

IHK Hochrhein-Bodensee

Schützenstraße 8
78462 Konstanz

Tel.: (07531) 28 60–0
Fax: (07531) 28 60–170/162
Internet: http://www.konstanz.ihk.de

IHK Rhein-Neckar in Mannheim

L 1,2
68161 Mannheim

Tel.: (0621) 17 09–0
Fax: (0621) 17 09–100
Internet: http://www.mannheim.ihk.de

IHK Nordschwarzwald

Dr.-Brandenburg-Straße 6
75173 Pforzheim

Tel.: (07231) 201–0
Fax: (07231) 201–158
Internet: http://www.nordschwarzwald.ihk.de

IHK Reutlingen

Hindenburgstraße 54
72762 Reutlingen

Tel.: (07121) 201–0
Fax: (07121) 201–181
Internet: http://www.reutlingen.ihk.de

IHK Region Stuttgart

Jägerstraße 30
70174 Stuttgart

Tel.: (0711) 20 05-0
Fax: (0711) 20 05-354
Internet: http://www.stuttgart.ihk.de

IHK Ulm

Olgastraße 101
89073 Ulm

Tel.: (0731) 173-0
Fax: (0731) 173-173
Internet: http://www.ulm.ihk.de

IHK Schwarzwald-Baar-Heuberg

Romäusring 4
78050 Villingen-Schwenningen

Tel.: (07721) 922-0
Fax: (07721) 922-166
Internet: http://www.schwarzwald-baar-heuberg.ihk.de
E-mail: info@villingen-schwenningen.ihk.de

IHK Bodensee-Oberschwaben

Lindenstraße 2
88250 Weingarten

Tel.: (0751) 409-0
Fax: (0751) 409-159
Internet: http://www.weingarten.ihk.de
E-mail: ihk@weingarten.ihk.de

Bayern

IHK Aschaffenburg

Kerschensteinerstraße 9
63741 Aschaffenburg

Tel.: (06021) 880-0
Fax: (06021) 879 81
Internet: http://www.aschaffenburg.ihk.de
E-mail: ihk@aschaffenburg.ihk.de

IHK für Augsburg und Schwaben

Stettenstraße 1 u. 3
86150 Augsburg

Tel.: (0821) 31 62-0
Fax: (0821) 31 62-323
Internet: http://www.augsburg.ihk.de
E-mail: info@augsburg.ihk.de

IHK für Oberfranken Bayreuth

Bahnhofstraße 25-27
95444 Bayreuth

Tel.: (0921) 886-0
Fax: (0921) 127 78
Internet: http://www.bayreuth.ihk.de
E-mail: ihk.bt@bayreuth.ihk.de

IHK zu Coburg

Schloßplatz 5 (Palais Edinburg)
96450 Coburg

Tel.: (09561) 74 26-0
Fax: (09561) 74 26-50
Internet: http://www.coburg.ihk.de
E-mail: ihk@coburg.ihk.de

IHK Lindau-Bodensee

Maximilianstraße 1
88131 Lindau

Tel.: (08382) 93 83-0
Fax: (08382) 93 83-73
E-mail: ihklindau@t-online.de

IHK für München und Oberbayern

Max-Joseph-Straße 2
80333 München

Tel.: (089) 51 16-0
Fax: (089) 51 16-306
Internet: http://www.muenchen.ihk.de
E-mail: ihkmail@muenchen.ihk.de

IHK Nürnberg für Mittelfranken

Hauptmarkt 25–27
90403 Nürnberg

Tel.: (0911) 13 35–0
Fax: (0911) 13 35–200
Internet: http://www.ihk-nuernberg.de
E-mail: info@ihk-nuernberg.de

IHK für Niederbayern in Passau

Nibelungenstraße 15
94032 Passau

Tel.: (0851) 507–0
Fax: (0851) 507–280
E-mail: ihk@passau.ihk.de

IHK Regensburg

D.-Martin-Luther-Straße 12
93047 Regensburg

Tel.: (0941) 56 94–0
Fax: (0941) 56 94–279
E-mail: info@regensburg.ihk.de

IHK Würzburg-Schweinfurt

Mainaustraße 33
97082 Würzburg

Tel.: (0931) 41 94–0
Fax: (0931) 41 94–100
Internet: http://www.wuerzburg.ihk.de
E-mail: info@wuerzburg.ihk.de

Berlin

IHK zu Berlin

Fasanenstraße 85
10623 Berlin

Tel.: (030) 315 10–0
Fax: (030) 315 10–278
Internet: http://www.berlin.ihk.de
E-mail: dialog@berlin.ihk.de

Brandenburg

IHK Cottbus

Goethestraße 1
03046 Cottbus

Tel.: (0355) 365–0
Fax: (0355) 365–266
Internet: http://www.ihk.de/ihk/ihkn/cottbus.htm

IHK Frankfurt/Oder

Puschkinstraße 12 b
15236 Frankfurt/Oder

Tel.: (0335) 56 21–0
Fax: (0335) 56 21–254/32 54 92
Internet: http://www.ihk.de/ffo
E-mail: ihk-ffo@t-online.de

IHK Potsdam

Große Weinmeisterstraße 59
14469 Potsdam

Tel.: (0331) 27 86–0
Fax: (0331) 27 86–111
Internet: http://www.ihk.de/potsdam

Bremen

Handelskammer Bremen

Am Markt 13 (Haus Schütting)
28195 Bremen

Tel.: (0421) 36 37-0
Fax: (0421) 36 37-299
Internet: http://www.handelskammer-bremen.de

IHK Bremerhaven

Friedrich-Ebert-Straße 6
27570 Bremerhaven

Tel.: (0471) 924 60-0
Fax: (0471) 924 60-90

Hamburg

Handelskammer Hamburg

Adolphsplatz 1
20457 Hamburg

Tel.: (040) 361 38-0
Fax: (040) 361 38-401
Internet: http://www.handelskammer.de/hamburg
E-mail: service@hamburg.handelskammer.de

Hessen

IHK Darmstadt

Rheinstraße 89
64295 Darmstadt

Tel.: (06151) 871-0
Fax: (06151) 871-281
Internet: http://www.ihk.darmstadt.de
E-mail: info@darmstadt.ihk.de

IHK zu Dillenburg

Am Nebelsberg 1
35685 Dillenburg

Tel.: (02771) 842-0
Fax: (02771) 842-199
Internet: http://www.ihk-dillenburg.de
E-mail: info@ihk-dillenburg.de

IHK Frankfurt am Main

Börsenplatz 4
60313 Frankfurt/Main

Tel.: (069) 21 97-0
Fax: (069) 21 97-14 24
Internet: http://www.ihk.de/frankfurt-main

IHK Friedberg (Hessen)

Goetheplatz 3
61169 Friedberg

Tel.: (06031) 609-0
Fax: (06031) 609-180
Internet: http://www.friedberg.ihk.de
E-mail: zentrale@friedberg.ihk.de

IHK Fulda

Heinrichstraße 8
36037 Fulda

Tel.: (0661) 284-0
Fax: (0661) 284-44
Internet: http://www.ihk.fulda.net
E-mail: ihk@fulda.net

IHK Gießen

Lonystraße 7
35390 Gießen

Tel.: (0641) 79 54-0
Fax: (0641) 79 54-248
Internet: http://www.giessen.ihk.de
E-mail: zentrale@ihk-giessen.de

IHK Hanau-Gelnhausen-Schlüchtern

Am Pedro-Jung-Park 14
63450 Hanau

Tel.: (06181) 92 90–0
Fax: (06181) 92 90–77
Internet: http://www.ihk-hanau.main-kinzig.net
E-mail: info@hanau.ihk.de

IHK Kassel

Kurfürstenstraße 9
34117 Kassel

Tel.: (0561) 78 91–0
Fax: (0561) 78 91–290
Internet: http://www.ihk-kassel.de
E-mail: ihkkassel@ad.com

IHK Limburg

Walderdorffstraße 7
65549 Limburg/Lahn

Tel.: (06431) 210–0
Fax: (06431) 210–205

IHK Offenbach am Main

Frankfurter Straße 90
63067 Offenbach/Main

Tel.: (069) 82 07–0
Fax: (069) 82 07–199
E-mail: service@offenbach.ihk.de

IHK Wetzlar

Friedenstraße 2
35578 Wetzlar

Tel.: (06441) 94 48–0
Fax: (06441) 94 48–33
Internet: http://www.ihk-wetzlar.de
E-mail: ihk-wz@t-online.de

IHK Wiesbaden

Wilhelmstraße 24–26
65183 Wiesbaden

Tel.: (0611) 15 00–0
Fax: (0611) 37 72 71
E-mail: info@wiesbaden.ihk.de

Mecklenburg-Vorpommern

IHK zu Neubrandenburg

Katharinenstraße 48
17033 Neubrandenburg

Tel.: (0395) 55 97–0
Fax: (0395) 55 97–510/512
E-mail: ihk@neubrandenburg.ihk.de

IHK Rostock

Ernst-Barlach-Straße 1–3
18055 Rostock

Tel.: (0381) 338–0
Fax: (0381) 338–617
Internet: http://www.rostock.ihk.de
http://www.ihk.de/rostock

IHK zu Schwerin

Schloßstraße 17
19053 Schwerin

Tel.: (0385) 51 03–0
Fax: (0385) 51 03–136
Internet: http://www.ihk.de/schwerin
E-mail: info@schwerin.ihk.de

Niedersachsen

IHK Braunschweig

Brabandtstraße 11
38100 Braunschweig

Tel.: (0531) 47 15-0
Fax: (0531) 47 15-299
Internet: http://www.braunschweig.ihk.de
E-mail: postmaster@braunschweig.ihk.de

IHK für Ostfriesland und Papenburg

Ringstraße 4
26721 Emden

Tel.: (04921) 89 01-0
Fax: (04921) 89 01-33
Internet: http://www.ihk-emden.de
E-mail: ihk@emden.ihk.de

IHK Hannover-Hildesheim

Schiffgraben 49
30175 Hannover

Tel.: (0511) 31 07-0
Fax: (0511) 31 07-333
Internet: http://www.hannover.ihk.de

IHK Lüneburg-Wolfsburg

Am Sande 1
21335 Lüneburg

Tel.: (04131) 742-0
Fax: (04131) 742-180
Internet: http://www.ihk.de/lueneburg

Oldenburgische IHK

Moslestraße 6
26122 Oldenburg

Tel.: (0441) 22 20-0
Fax: (0441) 22 20-111
Internet: http://www.ihk-oldenburg.de
E-mail: info@oldenburg.ihk.de

IHK Osnabrück-Emsland

Neuer Graben 38
49074 Osnabrück

Tel.: (0541) 353-0
Fax: (0541) 353-122
E-mail: ihk@osnabrueck.ihk.de

IHK Stade für den Elbe-Weser-Raum

Am Schäferstieg 2
21680 Stade

Tel.: (04141) 524-0
Fax: (04141) 524-111

Nordrhein-Westfalen

IHK zu Aachen

Theaterstraße 6-10
52062 Aachen

Tel.: (0241) 44 60-0
Fax: (0241) 44 60-259
Internet: http://www.aachen.ihk.de
E-mail: info@aachen.ihk.de

IHK für das südöstliche Westfalen zu Arnsberg

Königstraße 18-20
59821 Arnsberg

Tel.: (02931) 878-0
Fax: (02931) 878-100
E-mail: ihk@arnsberg.ihk.de

IHK Ostwestfalen zu Bielefeld

Elsa-Brändström-Straße 1–3
33602 Bielefeld

Tel.: (0521) 554-0
Fax: (0521) 554-219
Internet: http://www.ihk.de/bielefeld
E-mail: bielef@kilian.ihk.de

IHK im mittleren Ruhrgebiet zu Bochum

Ostring 30–32
44787 Bochum

Tel.: (0234) 91 13-0
Fax: (0234) 91 13-110
Internet: http://www.bochum.ihk.de

IHK Bonn

Bonner Talweg 17
53113 Bonn

Tel.: (0228) 22 84-0
Fax: (0228) 22 84-170
Internet: http://www.ihk-bonn.de

IHK Lippe zu Detmold

Willi-Hofmann-Straße 5
32756 Detmold

Tel.: (05231) 76 01-0
Fax: (05231) 76 01-57
Internet: http://www.detmold.ihk.de
E-mail: ihk@detmold.ihk.de

IHK zu Dortmund

Märkische Straße 120
44141 Dortmund

Tel.: (0231) 54 17-0
Fax: (0231) 54 17-109
Internet: http://www.ihk.de/dortmund

IHK zu Düsseldorf

Ernst-Schneider-Platz 1
40212 Düsseldorf

Tel.: (0211) 35 57-0
Fax: (0211) 35 57-400
Internet: http://www.duesseldorf.ihk.de
E-mail: ihkdus@duesseldorf.ihk.de

Niederrheinische IHK Duisburg-Wesel-Kleve zu Duisburg

Mercatorstraße 22–24
47051 Duisburg

Tel.: (0203) 28 21-0
Fax: (0203) 265 33
Internet: http://www.ihk.duisburg.de
E-mail: ihk@duisburg.ihk.de

IHK für Essen, Mühlheim an der Ruhr, Oberhausen zu Essen

Am Waldthausenpark 2
45127 Essen

Tel.: (0201) 18 92-0
Fax: (0201) 20 78 66
Internet: http://www.ihk.de/essen
E-mail: ihkessen@ihk.de

Südwestfälische IHK zu Hagen

Bahnhofstraße 18
58095 Hagen

Tel.: (02331) 390-0
Fax: (02331) 135 86
Internet: http://www.ihk.de/hagen
E-mail: sihk@hagen.ihk.de

IHK zu Köln

Unter Sachsenhausen 10–26
50667 Köln

Tel.: (0221) 16 40-0
Fax: (0221) 16 40-129
Internet: http://www.ihk-koeln.de

IHK mittlerer Niederrhein Krefeld-Mönchengladbach-Neuss

Nordwall 39
47798 Krefeld

Tel.: (02151) 635-0
Fax: (02151) 635-138

IHK zu Münster

Sentmaringer Weg 61
48151 Münster

Tel.: (0251) 707-0
Fax: (0251) 707-325
Internet: http://www.ihk.de/muenster
E-mail: ihk@muenster.ihk.de

IHK Siegen

Koblenzer Straße 121
57072 Siegen

Tel.: (0271) 33 02-0
Fax: (0271) 33 02-400
Internet: http://www.ihk.de/siegen
E-mail: si@siegen.ihk.de

IHK Wuppertal-Solingen-Remscheid

Heinrich-Kamp-Platz 2
42103 Wuppertal

Tel.: (0202) 24 90-0
Tel.: (0202) 24 90-999
Internet: http://www.ihk.de/ihkn/wuppertal.htm
E-mail: ihk@wuppertal.ihk.de

Rheinland-Pfalz

IHK zu Koblenz

Schloßstraße 2
56068 Koblenz

Tel.: (0261) 106-0
Fax: (0261) 106-234
Internet: http://www.ihk-koblenz.de
E-mail: service@koblenz.ihk.de

IHK für die Pfalz in Ludwigshafen am Rhein

Ludwigsplatz 2-4
67059 Ludwigshafen

Tel.: (0621) 59 04-0
Fax: (0621) 59 04-166/172
Internet: http://www.ihk.de/ludwigshafen

IHK für Rheinhessen

Schillerplatz 7
55116 Mainz

Tel.: (06131) 262-0
Fax: (06131) 262-169

IHK Trier

Kornmarkt 6
54290 Trier

Tel.: (0651) 97 77-0
Fax: (0651) 97 77-153
E-mail: info@trier.ihk.de

Saarland

IHK des Saarlandes

Franz-Josef-Röder-Straße 9
66119 Saarbrücken

Tel.: (0681) 95 20-0
Fax: (0681) 95 20-888
Internet: http://www.saarland.ihk.de

Sachsen

IHK Südwestsachsen
Chemnitz – Plauen – Zwickau

Straße der Nationen 25
09111 Chemnitz

Tel.: (0371) 69 00–0
Fax: (0371) 64 30 18
Internet: http://www.chemnitz.ihk.de
E-mail: chemnitz@chemnitz.ihk.de

IHK Dresden

Niedersedlitzer Straße 63
01257 Dresden

Tel.: (0351) 28 02–0
Fax: (0351) 28 02–280
Internet: http://www.dresden.de

IHK Leipzig

Goerdelerring 5
04109 Leipzig

Tel.: (0341) 12 67–0
Fax: (0341) 12 67–421

Sachsen-Anhalt

IHK Halle-Dessau

Franckestraße 5
06110 Halle

Tel.: (0345) 21 26–0
Fax: (0345) 202 96 49

IHK Magdeburg

Alter Markt 8
39104 Magdeburg

Tel.: (0391) 56 93–0
Fax: (0391) 56 93–105/193

Schleswig-Holstein

IHK zu Flensburg

Heinrichstraße 28–34
24937 Flensburg

Tel.: (0461) 806–0
Fax: (0461) 806–171
E-mail: ihk@flensburg.ihk.de

IHK zu Kiel

Lorentzendamm 24
24103 Kiel

Tel.: (0431) 51 94–0
Fax: (0431) 51 94–234
Internet: http://www.ihk.de/kiel
E-mail: ihk@kiel.ihk.de

IHK zu Lübeck

Breite Straße 6–8
23552 Lübeck

Tel.: (0451) 70 85–01
Fax: (0451) 70 85–284
Internet: http://www.tzl.de/ihkl
E-mail: ihk@luebeck.ihk.de

Thüringen

IHK Erfurt

Weimarische Straße 45
99099 Erfurt

Tel.: (0361) 34 84-0
Fax: (0361) 34 84-299/389

IHK Ostthüringen zu Gera

Humboldtstraße 14
07545 Gera

Tel.: (0365) 85 53-0
Fax: (0365) 85 53-290
Internet: http://www.ihk.de/gera

IHK Südthüringen Suhl

Hauptstraße 33
98529 Suhl

Tel.: (03681) 362-0
Fax: (03681) 362-100
Internet: http://www.ihk.de/suhl

Handwerkskammern

Zentralverband

Zentralverband des Deutschen Handwerks (ZDH)

Johanniterstraße 1
53113 Bonn

Tel.: (0228) 545-0
Fax: (0228) 545-205
Internet: http://www.handwerk.de
E-mail: info@zdh.handwerk.de

Baden-Württemberg

HWK Freiburg/Breisgau

Bismarckallee 6
79098 Freiburg

Tel.: (0761) 218 00-0
Fax: (0761) 218 00-50
Internet: http://www.handwerkskammer-freiburg.de
E-mail: hwk-freiburg@t-online.de

HWK Heilbronn

Allee 76
74072 Heilbronn

Tel.: (07131) 791-0
Fax: (07131) 791-200
Internet: http://www.hwk-heilbronn.de
E-mail: info@hwk-heilbronn.de

HWK Karlsruhe

Ettlinger Straße 12
76137 Karlsruhe

Tel.: (0721) 9 31 98-0
Fax: (0721) 9 31 98-91
Internet: http://www.hwk-karlsruhe.de

HWK Konstanz

Webersteig 3
78462 Konstanz

Tel.: (07531) 205-0
Fax: (07531) 164 68
Internet: http://www.hwk-konstanz.de
E-mail: hwk-kn@t-online.de

HWK Mannheim

B1, 1-2
68159 Mannheim

Tel.: (0621) 180 02-0
Fax: (0621) 180 02-57/64
Internet: http://www.handwerkskammer.de

HWK Reutlingen

Hindenburgstraße 58
72762 Reutlingen

Tel.: (07121) 24 12-0
Fax: (07121) 24 12-400
Internet: http://www.hwk-reutlingen.de
E-mail: handwerk@hwk-reutlingen.de

HWK Stuttgart

Heilbronner Straße 43
70191 Stuttgart

Tel.: (0711) 16 57-0
Fax: (0711) 16 57-159/222
Internet: http://www.hwk-stuttgart.de
E-mail: info@hwk-stuttgart.de

HWK Ulm

Olgastraße 72
89073 Ulm

Tel.: (0731) 14 25-0
Fax: (0731) 14 25-20
E-mail: hwkulm@t-online.de

Bayern

HWK für Schwaben

Schmiedberg 4
86152 Augsburg

Tel.: (0821) 32 59-0
Fax: (0821) 32 59-271
Internet: http://www.hwk-schwaben.de
E-mail: info@hwk-schwaben.de

HWK für Oberfranken

Kerschensteinerstraße 7
95448 Bayreuth

Tel.: (0921) 910-0
Fax: (0921) 910-309/349
Internet: http://www.hwk-oberfranken.de
E-mail: info@hwk-oberfranken.de

HWK Coburg

Hinterer Floßanger 6
96450 Coburg

Tel.: (09561) 517-0
Fax: (09561) 685 86

HWK für München und Oberbayern

Max-Joseph.Straße 4
80333 München

Tel.: (089) 51 19-0
Fax: (089) 51 19-295
Internet: http://www.hwk-muenchen.de
E-mail: info@hwk-muenchen.de

HWK für Mittelfranken

Sulzbacher Straße 11–15
90489 Nürnberg

Tel.: (0911) 53 09–0
Fax: (0911) 53 09–196/288
Internet: http://www.hwk-mittelfranken.de
E-mail: info@hwk-mittelfranken.de

HWK Niederbayern/Oberpfalz Hauptverwaltungssitz Passau

Nikolastraße 10
94032 Passau

Tel.: (0851) 53 01–0
Fax: (0851) 53 01–105
Internet: http://www.hwkno.de
E-mail: tonihinterdobler@t-online.de

HWK Niederbayern/Oberpfalz Hauptverwaltungssitz Regensburg

Ditthornstraße 10
93055 Regensburg

Tel.: (0941) 79 65–0
Fax: (0941) 79 65–103
Internet: http://www.hwkno.de
E-mail: tonihinterdobler@t-online.de

HWK für Unterfranken

Rennweger Ring 3
97070 Würzburg

Tel.: (0931) 309 08–0
Fax: (0931) 309 08–53
Internet: http://www.hwk-unterfranken.de

Berlin

HWK Berlin

Blücherstraße 68
10961 Berlin

Tel.: (030) 259 03–01
Fax: (030) 259 03–235
Internet: http://www.hwk-berlin.de
E-mail: info@hwk-berlin.de

Brandenburg

HWK Cottbus

Altmarkt 17
03046 Cottbus

Tel.: (0355) 78 35–0
Fax: (0355) 78 35–227
Internet: http://www.hwk-cottbus.de
E-mail: hwk@hwk-cottbus.de

HWK Frankfurt/Oder

Bahnhofstraße 12
15230 Frankfurt/Oder

Tel.: (0335) 56 19–0
Fax: (0335) 53 50 11
Internet: http://www.obdg.de/hwk/
E-mail: hwkinfo@hwk.obdg.de

HWK Potsdam

Charlottenstraße 34–36
14467 Potsdam

Tel.: (0331) 37 03–0
Fax: (0331) 37 03–134/29 23 77
Internet: http://www.hwk-potsdam.de
E-mail: handwerkskammerpotsdam verw@t-online.de

Bremen

HWK Bremen

Ansgaritorstraße 24
28195 Bremen

Tel.: (0421) 305 00–0
Fax: (0421) 305 00–10
E-mail: hwk-bremen@t-online.de

HWK Bremen Außenstelle Bremerhaven

Columbusstraße 2
79570 Bremerhaven

Tel.: (0471) 280 14
Fax: (0471) 20 70 29

Hamburg

HWK Hamburg

Holstenwall 12
20355 Hamburg

Tel.: (040) 359 05–1
Fax: (040) 359 05–307/208
Internet: http://www.hwk-hamburg.de
E-mail: info@hwk-hamburg.de

Hessen

HWK Rhein-Main Hauptverwaltung Darmstadt

Hindenburgstraße 1
64295 Darmstadt

Tel.: (06151) 30 07–0
Fax: (06151) 30 02 99
Internet: http://www.hwk-rhein-main.de

HWK Rhein-Main Hauptverwaltungssitz Frankfurt/Main

Bockenheimer Landstraße 21
60325 Frankfurt/Main

Tel.: (069) 971 72–0
Fax: (069) 971 72–199
Internet: http://www.hwk-rhein-main.de

HWK Kassel

Scheidemannplatz 2
34117 Kassel

Tel.: (0561) 78 88–0
Fax: (0561) 78 88–165
Internet: http://www.hwk-kassel.de
E-mail: handwerkskammer@hwk-kassel.de

HWK Wiesbaden

Bahnhofstraße 63
65185 Wiesbaden

Tel.: (0611) 136–0
Fax: (0611) 136–155
Internet: http://www.hwk-wiesbaden.de

Mecklenburg-Vorpommern

HWK Ostmecklenburg-Vorpommern Hauptverwaltungssitz Neubrandenburg

Friedrich-Engels-Ring 11
17033 Neubrandenburg

Tel.: (0395) 55 93–0
Fax: (0395) 55 93–169
Internet: http://www.hwk-omv.de

HWK Ostmecklenburg-Vorpommern Hauptverwaltungssitz Rostock

Schwaaner Landstraße 8
18055 Rostock

Tel.: (0381) 45 49–0
Fax: (0381) 45 49–139
Internet: http://www.hwk-omv.de

HWK Schwerin

Friedensstraße 4 A
19053 Schwerin

Tel.: (0385) 74 17-0
Fax: (0385) 71 60 51
Internet: http://www.hwk-schwerin.de

Niedersachsen

HWK für Ostfriesland

Straße des Handwerks 2
26603 Aurich

Tel.: (04941) 17 97-0
Fax: (04941) 17 97-40
Internet: http://www.hwk-aurich.de

HWK Braunschweig

Burgplatz 2 + 2a
38100 Braunschweig

Tel.: (0531) 480 13-0
Fax: (0531) 480 13-57
Internet: http://www.hwk-braunschweig.de

HWK Hannover

Berliner Allee 17
30175 Hannover

Tel.: (0511) 348 59-0
Fax: (0511) 348 59-88
Internet: http://www.hwk-hannover.de
E-mail: hwk-hannover@t-online.de

HWK Hildesheim

Braunschweiger Straße 53
31134 Hildesheim

Tel.: (05121) 162-0
Fax: (05121) 338 36
Internet: http://www.hwk-hildesheim.de

HWK Lüneburg-Stade

Friedenstraße 6
21335 Lüneburg

Tel.: (04131) 712-0
Fax: (04131) 447 24
Internet: http://www.hwk-lueneburg-stade.de

HWK Oldenburg

Theaterwall 32
26122 Oldenburg

Tel.: (0441) 232-0
Fax: (0441) 232-218
Internet: http://www.hwk-oldenburg.de

HWK Osnabrück-Emsland

Bramscher Straße 134–136
49088 Osnabrück

Tel.: (0541) 69 29-0
Fax: (0541) 69 29-104/290
Internet: http://www.hwk-os-el.de
E-mail: hwk-os-el@t-online.de

Nordrhein-Westfalen

HWK Aachen

Sandkaulbach 21
52062 Aachen

Tel.: (0241) 471-0
Fax: (0241) 471-103
Internet: http://www.hwk-aachen.de

HWK Arnsberg

Brückenplatz 1
59821 Arnsberg

Tel.: (02931) 877-0
Fax: (02931) 877-160
Internet: http://www.hwk-arnsberg.de
E-mail: hwk-arnsberg@t-online.de

HWK Ostwestfalen-Lippe zu Bielefeld

Obernstraße 48
33602 Bielefeld

Tel.: (0521) 520 97-0
Fax: (0521) 520 97-67
Internet: http://www.handwerk-owl.de

HWK Dortmund

Reinoldistraße 7-9
44135 Dortmund

Tel.: (0231) 54 93-0
Fax: (0231) 54 93-115/116
Internet: http://www.hwk-do.de
E-mail: info@hwk-do.de

HWK Düsseldorf

Georg-Schulhoff-Platz 1
40221 Düsseldorf

Tel.: (0211) 87 95-0
Fax: (0211) 87 95-110
Internet: http://www.hwk-duesseldorf.de
E-mail: info@hwk-duesseldorf.de

HWK zu Köln

Heumarkt 12
50667 Köln

Tel.: (0221) 20 22-0
Fax: (0221) 20 22-360/320
Internet: http://www.handwerkskammer-koeln.de
E-mail: info@handwerkskammer-koeln.de

HWK Münster

Bismarckallee 1
48151 Münster

Tel.: (0251) 52 03-0
Fax: (0251) 52 03-106/129
Internet: http://www.hwk-muenster.de

Rheinland-Pfalz

HWK der Pfalz

Am Altenhof 15
67655 Kaiserslautern

Tel.: (0631) 36 77-0
Fax: (0631) 36 77-180
Internet: http://www.hwk-pfalz.de

HWK Koblenz

Friedrich-Ebert-Ring 33
56068 Koblenz

Tel.: (0261) 398-0
Fax: (0261) 398-398
Internet: http://www.hwk-koblenz.de
E-mail: hwk@hwk-koblenz.de

HWK Rheinhessen

Göttelmannstraße 1
55130 Mainz

Tel.: (06131) 99 92-0
Fax: (06131) 99 92-63

Internet: http://www.hwk.de
E-mail: hwk@hwk.de

HWK Trier

Loebstraße 18
54292 Trier

Tel.: (0651) 207-0
Fax: (0651) 207-115
Internet: http://www.hwk.trier.de
E-mail: infohwk@hwk.trier.de

Saarland

HWK des Saarlandes

Hohenzollernstraße 47-49
66117 Saarbrücken

Tel.: (0681) 58 09-0
Fax: (0681) 58 09-177
Internet: http://www.hwk-saarland.de
E-mail: hwk.saar.hgf@t-online.de

Sachsen

HWK Chemnitz

Limbacher Straße 195
09116 Chemnitz

Tel.: (0371) 53 64-0
Fax: (0371) 53 64-222
Internet: http://www.hwk-chemnitz.de
E-mail: info@hwk-chemnitz.de

HWK Dresden

Wiener Straße 43
01219 Dresden

Tel.: (0351) 464 03-0
Fax: (0351) 471 91 88
Internet: http://www.hwk-dresden.de

HWK zu Leipzig

Dresdner Straße 11-13
04103 Leipzig

Tel.: (0341) 21 88-0
Fax: (0341) 21 88-499
Internet: http://www.hwk-leipzig.de
E-mail: info@hwk-leipzig.de

Sachsen-Anhalt

HWK Halle/Saale

Graefestraße 24
06110 Halle

Tel.: (0345) 29 99-0
Fax: (0345) 29 99-200
Internet: http://www.hwkhalle.de
E-mail: info@hwkhalle.de

HWK Magdeburg

Humboldtstraße 16
39112 Magdeburg

Tel.: (0391) 62 68-0
Fax: (0391) 62 68-110
Internet: http://www.hwk-magdeburg.de

Schleswig-Holstein

HWK Flensburg

Johanniskirchhof 1
24937 Flensburg

Tel.: (0461) 866-0
Fax: (0461) 866-110

HWK Lübeck

Breite Straße 10-12
23552 Lübeck

Tel.: (0451) 15 06-0
Fax: (0451) 15 06-180

Thüringen

HWK Erfurt

Fischmarkt 13
99084 Erfurt

Tel.: (0361) 67 07-0
Fax: (0361) 642 28 96
Internet: http://www.hwk-erfurt.de
E-mail: hwk-erfurt@t-online.de

HWK Ostthüringen

Handwerksstraße 5
07545 Gera

Tel.: (0365) 82 25-0
Fax: (0365) 82 25-199
E-mail: hwk-gera@t-online.de

HWK Südthüringen

Rosa-Luxemburg-Straße 9
98527 Suhl

Tel.: (03681) 370-0
Fax: (03681) 370-290

Kammern der Freien Berufe

für Architekten

Bundesgemeinschaft der Architekten-kammern

Königswinterer Straße 709
53227 Bonn

Tel.: (0228) 970 82-0
Fax: (0228) 970 82-28/44 27 60
E-mail: bak-bonn@t-online.de

für Ingenieure

Bundesingenieurkammer

Habsburgerstraße 2
53173 Bonn

Tel.: (0228) 957 46-0
Fax: (0228) 957 46-16

für Rechtsanwälte

Bundesrechtsanwaltskammer

Joachimstraße 1
53113 Bonn

Tel.: (0228) 911 86-0
Fax: (0228) 26 15 38

für Notare

Bundesnotarkammer

Burgmauer 53
50667 Köln

Tel.: (0221) 256 823
Fax: (0221) 256 808

für Steuerberater

Bundessteuerberaterkammer

53115 Bonn
Poppelsdorfer Allee 24

Tel.: (0228) 726 39-0
Fax: (0228) 726 39-52

für Wirtschaftsprüfer

Wirtschaftsprüferkammer
Hauptgeschäftsstelle

40474 Düsseldorf
Tersteegenstraße 14

Tel.: (0211) 45 61-0
Fax: (0211) 45 61-212
Internet: http://www.wpk.de
E-mail: admin@www.wpk.de

für Ärzte

Bundesärztekammer

Herbert-Lewin-Straße 1
50931 Köln

Tel.: (0221) 40 04-0
Fax: (0221) 40 04-388

für Zahnärzte

Bundeszahnärztekammer

Universitätsstraße 71-73
50931 Köln

Tel.: (0221) 40 01-0
Fax: (0221) 40 40 35

für Apotheker

Bundesapothekerkammer

Carl-Manich-Straße 26
65760 Eschborn

Tel.: (06196) 928-0
Fax: (06196) 928-556

Bürgschaftsbanken

Verband der Bürgschaftsbanken e.V.

Hellersbergstraße 12
41460 Neuss

Tel.: (02131) 107-104
Fax: (02131) 107-222

Bundeskreditgarantiegemeinschaft des Handwerks GmbH

Johanniterstraße 1
53113 Bonn

Tel.: (0228) 23 20 11
Fax: (0228) 545-205

Baden-Württemberg

Bürgschaftsbank Baden-Württemberg GmbH

Werastraße 15
70182 Stuttgart

Tel.: (0711) 16 45-0
Fax: (0711) 16 45-777

Bayern

Kreditgarantiegemeinschaft des bayerischen Handwerks GmbH

Max-Joseph-Straße 4
80333 München

Tel.: (089) 545 857-0
Fax: (089) 545 857-25

Kreditgarantiegemeinschaft für den Handel in Bayern GmbH

Brienner Straße 45/II
80333 München

Tel.: (089) 55 11 81 36
Fax: (089) 59 41 86

Kreditgarantiegemeinschaft des bayerischen Gartenbaues GmbH

Königinstraße 17
80539 München

Tel.: (089) 21 24-22 70
Fax: (089) 21 24-25 86

Kreditgarantiegemeinschaft des Hotel- und Gaststättengewerbes in Bayern GmbH

Königinstraße 17
80539 München

Tel.: (089) 21 24-22 70
Fax: (089) 21 24-25 86

Bayerische Garantiegemeinschaft mbH für mittelständische Beteiligungen

Bruderstraße 7
80538 München

Tel.: (089) 21 98 02
Fax: (089) 21 98 25 55

Berlin

BBB Bürgschaftsbank zu Berlin-Brandenburg GmbH

Leibnitzstraße 11-13
10625 Berlin

Tel.: (030) 31 10 04-0
Fax: (030) 31 10 04-55
E-mail: 030616855@t-online.de

Berliner Bürgschaftsbank e.G.

Weydinger Straße 14-16
10178 Berlin

Tel.: (030) 28 40 92-00
Fax: (030) 28 40 92-70

Brandenburg

Bürgschaftsbank Brandenburg GmbH (BbB)

Schwarzschildstraße 94
14480 Potsdam

Tel.: (0331) 649 63-0
Fax: (0331) 649 63-21
E-mail: info@buergschaftsbank-brandenburg.de

Bremen

Bremische Kreditgarantiegemeinschaft GmbH

Balgebrückstraße 3-5
28195 Bremen

Tel.: (0421) 32 12 09
Fax: (0421) 32 12 07

Hamburg

Bürgschaftsgemeinschaft Hamburg GmbH

Habichtstraße 41
22305 Hamburg

Tel.: (040) 61 17 00-0
Fax: (040) 61 17 00-29

Hessen

Bürgschaftsbank Hessen GmbH – Kreditgarantiegemeinschaften –

Bahnhofstraße 63
65185 Wiesbaden

Tel.: (0611) 15 07-0
Fax: (0611) 15 07-22

Mecklenburg-Vorpommern

Bürgschaftsbank Mecklenburg-Vorpommern GmbH (BBMV)

Am Grünen Tal 19
19063 Schwerin

Tel.: (0385) 395 55-0
Fax: (0385) 395 55-36

Niedersachsen

Niedersächsische Bürgschaftsbank GmbH (NBB)

Schiffgraben 33
30175 Hannover

Tel.: (0511) 337 05-0
Fax: (0511) 337 05-55

Nordrhein-Westfalen

Bürgschaftsbank NRW GmbH Kreditgarantiegemeinschaft

Hellersbergstraße 12
41460 Neuss

Tel.: (02131) 107-0
Fax: (02131) 107-222

Rheinland-Pfalz

Kredit-Garantiegemeinschaft des rheinland-pfälzischen Handwerks GmbH

Am Altenhof 15
67655 Kaiserslautern

Tel.: (0631) 36 77-132
Fax: (0631) 36 77-180

Investitions- und Strukturbank Rheinland-Pfalz (ISB) GmbH

Wilhelm-Theodor-Römheld-Straße 22
55116 Mainz

Tel.: (06131) 985-0
Fax: (06131) 985-198
Internet: http://www.isb.rlp.de
E-mail: isb@isb.rlp.de

Saarland

Bürgschaftsbank Saarland GmbH (BBS) Kreditgarantiegemeinschaft für Industrie, Handel und Freie Berufe

Johannisstraße 2
66111 Saarbrücken

Tel.: (0681) 30 33-0
Fax: (0681) 30 33-100
Internet: http://www.bbs-saar.de
E-mail: info@bbs-saar.de

Bürgschaftsgesellschaft des saarländischen Handwerks mbH (BG Handwerk)

Johannisstraße 2
66111 Saarbrücken

Tel.: (0681) 30 33-0
Fax: (0681) 30 33-100
Internet: http://www.bghw-saar.de
E-mail: info@bghw-saar.de

Sachsen

Bürgschaftsbank Sachsen GmbH (BBS)

Anton-Graff-Straße 20
01309 Dresden

Tel.: (0351) 44 09-0
Fax: (0351) 44 09-450

Sachsen-Anhalt

Bürgschaftsbank Sachsen-Anhalt GmbH (bb)

Große Diesdorfer Straße 228–229
39108 Magdeburg

Tel.: (0391) 737 52-0
Fax: (0391) 737 52-35
E-mail: bbmbg.gfarnold@t-online.de

Schleswig-Holstein

Bürgschaftsbank Schleswig-Holstein GmbH

Muhliusstraße 38
24103 Kiel

Tel.: (0431) 59 38-0
Fax: (0431) 59 38-160

Thüringen

Bürgschaftsbank Thüringen GmbH (BBT)

Hirschlachufer 72
99084 Erfurt

Tel.: (0361) 21 35-0
Fax: (0361) 21 35-100/200

Beteiligungsgesellschaften

Bund

tbg Technologie-Beteiligungs-Gesellschaft mbH der Deutschen Ausgleichsbank

Ludwig-Erhard-Platz 1–3
53179 Bonn

Tel.: (0228) 831-22 90
Fax: (0228) 831-24 93/22 96
Internet: http://www.tbgbonn.de
E-mail: info@tbgbonn.bn.eunet.de

Baden-Württemberg

mbg Mittelständische Beteiligungsgesellschaft Baden-Württemberg GmbH

Werastraße 15
70182 Stuttgart

Tel.: (0711) 16 45-6
Fax: (0711) 16 45-777

Bayern

BayBG Bayerische Beteiligungsgesellschaft mbH

Bruderstraße 7
80538 München

Tel.: (089) 21 98-02
Fax: (089) 21 98-25 55

Risikokapitalbeteiligungsgesellschaft Bayern mbH

Fischergasse 666
84028 Landshut

Tel.: (0871) 923 25-0
Fax: (0871) 923 25-55

Berlin

Beteiligungsgesellschaft Berlin mbH für kleine und mittlere Betriebe

Weydingerstraße 14–16
10178 Berlin

Tel.: (030) 240 082-30
Fax: (030) 240 082-70

MBG Mittelständische Beteiligungsgesellschaft Berlin-Brandenburg GmbH

Steinstraße 104–106
14480 Potsdam

Tel.: (0331) 649 63-0
Fax: (0331) 649 63-21
Internet: http://www.buergschaftsbank-brandenburg.de
E-mail: mbg@buergschaftsbank-brandenburg.de

Brandenburg

Kapitalbeteiligungsgesellschaft für das Land Brandenburg mbH (KBB)

Steinstraße 104–106
14480 Potsdam

Tel.: (0331) 660-16 98
Fax: (0331) 660-16 99
Internet: http://www.kbb.de

MBG Mittelständische Beteiligungsgesellschaft Berlin-Brandenburg GmbH

Schwarzschildstraße 94
14480 Potsdam

Tel.: (0331) 649 63-0
Fax: (0331) 649 63-21
Internet: http://www.buergschaftsbank-brandenburg.de
E-mail: mbg@buergschaftsbank-brandenburg.de

Bremen

Bremer Unternehmensbeteiligungsgesellschaft mbH (BUG)

Martinistraße 34
28195 Bremen

Tel.: (0421) 308 88-0
Fax: (0421) 308 88-50

Hamburg

Beteiligungsgesellschaft für Industrie, Handwerk, Handel und Verkehr mbH

Habichtstraße 41
22305 Hamburg

Tel.: (040) 61 17 00-0
Fax: (040) 61 17 00-19

Hessen

MBG Mittelständische Beteiligungsgesellschaft Hessen GmbH

Abraham-Lincoln-Straße 38–42
65189 Wiesbaden

Tel.: (0611) 774-229
Fax: (0611) 774-363

Mecklenburg-Vorpommern

Mittelständische Beteiligungsgesellschaft Mecklenburg-Vorpommern GmbH (MBG)

Am Grünen Tal 19
19063 Schwerin

Tel.: (0385) 395 55-0
Fax: (0385) 395 55-36

Niedersachsen

Mittelständische Beteiligungsgesellschaft Niedersachsen mbH (MBG)

Schiffgraben 33
30175 Hannover

Tel.: (0511) 337 05-0
Fax: (0511) 337 05-55

Nordrhein-Westfalen

Kapitalbeteiligungsgesellschaft für die mittelständische Wirtschaft mbH (KBG)

Hellersbergstraße 12
41460 Neuss

Tel.: (02131) 107-0
Fax: (02131) 107-222

Rheinland-Pfalz

Mittelständische Beteiligungsgesellschaft Rheinland-Pfalz (MBG)

Wilhelm-Theodor-Römheld-Straße 22
55130 Mainz

Tel.: (06131) 985-0
Fax: (06131) 985-198
Internet: http://www.isb.rlp.de
E-mail: isb@isb.rlp.de

Saarland

Saarländische Kapitalbeteiligungsgesellschaft mbH (KBG)

Johannisstraße 2
66111 Saarbrücken

Tel.: (0681) 30 33-0/114
Fax: (0681) 30 33-100
E-mail: sikb-ag@t-online.de

Sachsen

Mittelständische Beteiligungsgesellschaft Sachsen mbH (MBG)

Anton-Graff-Straße 20
01309 Dresden

Tel.: (0351) 44 09-0
Fax: (0351) 44 09-450

Sächsische Beteiligungsgesellschaft mbH

Pirnaische Straße 9
01069 Dresden

Tel.: (0351) 49 10-46 52
Fax: (0351) 49 10-46 55

Sachsen-Anhalt

IBG Innovations- und Beteiligungsgesellschaft des Landes Sachsen-Anhalt mbH

Einsteinstraße 14
39104 Magdeburg

Tel.: (0391) 532 81-3
Fax: (0391) 532 81-50

Mittelständische Beteiligungsgesellschaft Sachsen-Anhalt mbH (mbg)

Große Diesdorfer Straße 228
39108 Magdeburg

Tel.: (0391) 737 52-0
Fax: (0391) 737 52-15

Schleswig-Holstein

Gesellschaft für Wagniskapital Mittelständische Beteiligungsgesellschaft Schleswig-Holstein mbH (MBG)

Fleethörn 29-31
24103 Kiel

Tel.: (0431) 900-0
Fax: (0431) 900-35 90
E-mail: drpuls@ibank-sh.de

Thüringen

Mittelständische Beteiligungsgesellschaft Thüringen mbH (MBG)

Europaplatz 5
99091 Erfurt

Tel.: (0361) 74 47-0
Fax: (0361) 74 47-131

Technologietransfergesellschaften

Baden-Württemberg

Steinbeis-Stiftung

Willi-Bleicher-Straße 19
70174 Stuttgart

Tel.: (0711) 229 09-0
Fax: (0711) 226 10 76

Bayern

Bayern Innovativ GmbH

Gewerbemuseumsplatz 2
90403 Nürnberg

Tel.: (0911) 99 21 49-0
Fax: (0911) 99 21 49-2

Berlin

TSB Technologiestiftung Innovationsagentur Berlin GmbH

Fasanenstraße 85
10623 Berlin

Tel.: (030) 463 02-500
Fax: (030) 463 02-444
Internet: http://www.technologiestiftung-berlin.de
E-mail: agentur@technologiestiftung-berlin.de

Brandenburg

Technologie- und Innovations-Agentur Brandenburg GmbH (T.IN.A.)

Schlaatzweg 1
14473 Potsdam

Tel.: (0331) 27 78-0
Fax: (0331) 27 78-100
Internet: http://www.tina-brandenburg.de

Bremen

Bremer Innovations-Agentur GmbH (BIA)

Faulenstraße 23
28195 Bremen

Tel.: (0421) 173 70-0
Fax: (0421) 173 70-12
E-mail: bia@-bremen.de

Hamburg

Technologie-Beratungs-Zentrum Hamburg (TBZ)

Neustädter Neuer Weg 6
20459 Hamburg

Tel.: (040) 37 22 06
Fax: (040) 37 23 54

Hessen

Hessische Technologiestiftung GmbH

Abraham-Lincoln-Straße 38-42
65189 Wiesbaden

Tel.: (0611) 774-294
Fax: (0611) 774-313

Mecklenburg-Vorpommern

Technologie-Beratungs-Institut GmbH Hauptgeschäftsstelle Schwerin

Hagenower Straße 73
19061 Schwerin
Tel.: (0385) 634 41-65/90

Fax: (0385) 634 41-64
Internet: http://www.tbi-mv.de
E-mail: info@tbi-mv.de

Technologie-Beratungs-Institut GmbH Geschäftsstelle Neubrandenburg

Lindenstraße 39
17033 Neubrandenburg

Tel.: (0395) 358 11 72
Fax: (0395) 358 11 73

Technologie-Beratungs-Institut GmbH Geschäftsstelle Greifswald

Brandteichstraße 19
17489 Greifswald

Tel.: (03834) 55 03 02
Fax: (03834) 55 03 01

Technologie-Beratungs-Institut GmbH Geschäftsstelle Rostock

Joachim-Jungius-Straße 9
18059 Rostock

Tel.: (0381) 405 98 10
Fax: (0381) 405 98 11

Niedersachsen

Niedersächsische Agentur für Technologietransfer und Innovation GmbH (NATI)

Vahrenwalder Straße 7
30165 Hannover

Tel.: (0511) 93 57-433
Fax: (0511) 93 57-439

Nordrhein-Westfalen

Zentrum für Innovation und Technik in Nordrhein-Westfalen GmbH (ZENITH)

Dohne 54
45468 Mühlheim/Ruhr

Tel.: (0208) 300 04-0
Fax: (0208) 300 04-60/199
Internet: http://www.zenit.de
E-mail: fm@www.zenit.de

Rheinland-Pfalz

ttt Technologie Transfer Trier GmbH

Gottbillstraße 34a
54294 Trier

Tel.: (0651) 82 41-0
Fax: (0651) 82 41-180
Internet: http://www.ttt.de
E-mail: info@ttt.de

Saarland

Zentrale für Produktivität und Technologie Saar e.V. (ZPT)

Franz-Josef-Röder-Straße 9
66119 Saarbrücken

Tel.: (0681) 95 20-470
Fax: (0681) 584 61 25
Internet: http://www.saarland.ihk.de/zpt
E-mail: zpt@saarland.ihk.de

Sachsen

BTI Beratungsgesellschaft für Technologietransfer- und Innovationsförderung GmbH

Mügelner Straße 40
01237 Dresden

Tel.: (0351) 28 02-555
Fax: (0351) 28 02-556

ETB Eurotransfer- und Beratungsgesellschaft Neiße mbH

Gartenstraße 4
02826 Görlitz

Tel.: (03581) 48 16-11
Fax: (03581) 48 16-30

Agentur für Innovationsförderung und Technologietransfer GmbH (AGIL)

Goerdelerring 5
04109 Leipzig

Tel.: (0341) 126 74-80
Fax: (0341) 126 74-81

Technologieagentur Chemnitz im »ATT Arbeitskreis Technologietransfer e.V.«

Bernsdorfer Straße 210-212
09126 Chemnitz

Tel.: (0371) 522 11 30
Fax: (0371) 522 11 29

Sachsen-Anhalt

Technologietransfer- und Innovationsförderung Magdeburg GmbH (tti)

Bruno-Wille Straße 9
39108 Magdeburg

Tel.: (0391) 744 35 20
Fax: (0391) 744 35 11

Technologietransfer- und Innovationsförderung Magdeburg GmbH (tti) Außenstelle Wernigerode

Schlachthofstraße 4
38855 Wernigerode

Tel.: (03943) 93 56 92
Fax: (03943) 93 56 92

ATI Agentur für Technologietransfer und Innovationsförderung GmbH Anhalt

Ackerstraße 3a
06842 Dessau

Tel.: (0340) 882 11 16
Fax: (0340) 882 21 56
Internet: http.//www.ati-anhalt.de
E-mail: info@ati.mdlink.de

ATI Agentur für Technologietransfer und Innovationsförderung GmbH Außenstelle Leuna

Bürocenter Am Haupttor
06236 Leuna

Tel.: (03461) 43 46 62
Fax: (03461) 43 46 62
Internet: http.//www.ati-anhalt.de
E-mail: info@ati.mdlink.de

Schleswig-Holstein

Technologie-Transfer-Zentrale Schleswig-Holstein GmbH (ttz SH)

Lorentzendamm 22
24103 Kiel

Tel.: (0431) 519 62-0
Fax: (0431) 519 62-33
Internet: http://www.ttz-sh.de
E-mail: klar@ttz-sh.de

Technologie-Transfer-Zentrale ttz SH in Elmshorn

Kaltenweide 6
25335 Elmshorn

Tel.: (04121) 48 77-29
Fax: (04121) 48 77-39
Internet: http://www.ttz-sh.de
E-mail: pankratz@ttz-sh.de

Technologie-Transfer-Zentrale ttz SH in Flensburg

Heinrichstraße 34
24937 Flensburg

Tel.: (0461) 806-149
Fax: (0461) 806-171
Internet: http://www.ttz-sh.de
E-mail: hennings@ttz-sh.de

Technologie-Transfer-Zentrale ttz SH in Lübeck

Breite Straße 6-8
23552 Lübeck

Tel.: (0451) 70 85-275
Fax: (0451) 70 85-284
Internet: http://www.ttz-sh.de
E-mail: bender@ttz-sh.de

Thüringen

Thüringer Agentur für Technologietransfer und Innovationsförderung THATI GmbH

Weimarische Straße 45
99099 Erfurt

Tel.: (0361) 348-41 20
Fax: (0361) 348-42 88

EU-Beratungsstellen (Euro Info Centres)

Baden-Württemberg

IHK Südlicher Oberrhein
Euro Info Centre

Lotzbeckstraße 31
77933 Lahr

Tel.: (07821) 27 03-0
Fax: (07821) 27 03-22
E-mail: de1121_ihk_oberrhein@vans. infonet. com

Euro Info Centre (EIC)
IHK Rhein-Neckar

L 1,2
68161 Mannheim

Tel.: (0711) 17 09-227
Fax: (0711) 17 09-219

Handwerkskammer Stuttgart
Euro Info Centre

Heilbronner Straße 43
70191 Stuttgart

Tel.: (0711) 16 57-280
Fax: (0711) 16 57-300

Bayern

IHK für München und Oberbayern
Euro Info Centre

Max-Joseph-Straße 2
80333 München

Tel.: (089) 51 16-209
Fax: (089) 51 16-465
E-mail: de1115_ihk_munchen@vans. infonet. com

Landesgewerbeanstalt Bayern (LGA)
Euro Info Centre

Tillystraße 2
90431 Nürnberg

Tel.: (0911) 655-49 33
Fax: (0911) 655-49 35
E-mail: de1123_nurnberg@vans. infonet.com

Berlin

ERIC Berlin Euro Info Centre
BAO Berlin – Marketing Service GmbH

Fasanenstraße 85
10623 Berlin

Tel.: (030) 315 10-240/241
Fax: (030) 315 10-316

Deutsches Informationszentrum für technische Regeln (DITR) im DIN e.V.
Euro Info Centre

Burggrafenstraße 6
10787 Berlin

Tel.: (030) 26 01-26 05/25 60
Fax: (030) 26 28-125
E-mail: wiesner@ditr.din.de

Brandenburg

IHK Cottbus

Goethestraße 1
03046 Cottbus

Tel.: (0355) 365-0
Fax: (0355) 365-266

IHK Frankfurt/Oder
Euro Info Centre

Puschkinstraße 12b
15236 Frankfurt/Oder

Tel.: (0335) 56 21-0
Fax: (0335) 56 21-254

Wirtschaftsförderung Brandenburg GmbH
Euro Info Centre

Am Lehnitzsee 7
14476 Neu Fahrland

Tel.: (033208) 55-224
Fax: (033208) 55-222

IHK Potsdam

Große Weinmeisterstraße 59
14469 Potsdam

Tel.: (0331) 27 86-0
Fax: (0331) 27 86-111

Bremen

AXION Technologie Consult GmbH
Euro Info Centre Bremen

Hanseatenhof 8
28195 Bremen

Tel.: (0421) 17 55 55
Fax: (0421) 17 16 86

Hessen

Wirtschaftsförderung Hessen Investitionsbank AG -HLT
Euro Info Centre

Abraham-Lincoln-Straße 38-42
65189 Wiesbaden

Tel.: (0611) 774-202/219
Fax: (0611) 774-385
E-mail: de1127_eic_wiesbaden@vans.infonet.com

Deutscher Genossenschafts-Verlag e.G. (GEBI)
Euro Info Centre

Leipziger Straße 35
65191 Wiesbaden

Tel.: (0611) 50 66-280
Fax: (0611) 50 66-580
E-mail: 100772.334@compuserve.com

Mecklenburg-Vorpommern

IHK zu Neubrandenburg

Katharinenstraße 48
17033 Neubrandenburg

Tel.: (0395) 55 97-0
Fax: (0395) 55 97-513

IHK zu Schwerin

Schloßstraße 17
19053 Schwerin

Tel.: (0385) 51 03-0
Fax: (0385) 51 03-136

Euro-Info-Centre Rostock
IHK Rostock

Ernst-Barlach-Straße 1-3
18055 Rostock

Tel.: (0381) 338-801
Fax: (0381) 338-617

Niedersachsen

NATI –Niedersächsische Agentur für Technologietransfer und Innovation GmbH
Euro Info Centre

Vahrenwalder Straße 7
30165 Hannover

Tel.: (0511) 93 57-121/122
Fax: (0511) 93 57-439
E-mail: nati@eure.geonet.de

Fachhochschule Osnabrück
Euro Info Centre

Albrechtstraße 30
49009 Osnabrück

Tel.: (0541) 969-29 24
Fax: (0541) 969-29 90

Nordrhein-Westfalen

IHK Aachen
Euro-Info-Centre

Theaterstraße 6-10
52062 Aachen

Tel.: (0241) 44 60-0
Fax: (0241) 44 60-259

Deutscher Industrie- und Handelstag (DIHT)
Euro Info Centre

Adenauerallee 148
53113 Bonn

Tel.: (0228) 104-621/622
Fax: (0228) 104-556

Zentralverband des Deutschen Handwerks (ZDH)
Euro-Info-Centre

Johanniterstraße 1
53113 Bonn

Tel.: (0228) 211/299
Fax: (0228) 545-205

Omnibera Wirtschaftsberatungsges. mbH
Euro Info Centre

Coburger Straße 1c
53113 Bonn

Tel.: (0228) 23 80 78
Fax: (0228) 23 39 22

Deutscher Sparkassen- und Giroverband
Euro Info Centre

Simrockstraße 4
53113 Bonn

Tel.: (0221) 204-319/323
Fax: (0221) 204-725
E-mail: 100635.576@compuserve.com

Bundesstelle für Außenhandels-information(BfAI)
Euro Info Centre

Agrippastraße 87-93
50676 Köln

Tel.: (0221) 20 57-270
Fax: (0221) 20 57-212

Europäisches Beratungszentrum der Deutschen Wirtschaft (EBZ)
Euro Info Centre

Gustav-Heinemann-Ufer 84-88
50968 Köln

Tel.: (0221) 37 08-621
Fax: (0221) 37 08-840
E-mail: 100746.2045@compuserve.com

Zenit GmbH
Euro Info Centre

Dohne 54
45468 Mühlheim/Ruhr

Tel.: (0208) 300 04-21
Fax: (0208) 300 04-29
Internet: http://www.zenit.de
E-mail: fm@www.zenit.de

Rheinland-Pfalz

EU-Beratungsstelle Rheinland-Pfalz
Euro Info Centre

Bahnhofstraße 30-32
54292 Trier

Tel.: (0651) 975 67-0
Fax: (0651) 975 67-33
Internet: http://www.eic.trnet.de
E-mail: eic-info@eic.trier.de

Saarland

Zentrale für Produktivität und Technologie e.V. (ZPT)
Euro Info Centre

Franz-Josef-Röder-Straße 9
66119 Saarbrücken

Tel.: (0681) 95 20-450/451/452
Fax: (0681) 584 61 25
Internet: http://www.saarland.ihk.de/zpt
E-mail: 100631.1454@compuserve.com

Sachsen

IHK Chemnitz

Straße der Nationen 25
09111 Chemnitz

Tel.: (0371) 69 00-0
Fax: (0371) 64 30 18

Euro Info Centre Leipzig
IHK Leipzig

Goerdelerring 5
04109 Leipzig

Tel.: (0341) 12 67-325
Fax: (0341) 12 67-425

Euro Info Centre Dresden
IHK Dresden

Niedersedlitzer Straße 63
01257 Dresden

Tel.: (0351) 28 02-185/186
Fax: (0351) 28 02-280

Sachsen-Anhalt

IHK Halle-Dessau

Franckestraße 5
06110 Halle

Tel.: (0345) 21 26–0
Fax: (0345) 20 29–649

Euro Info Centre Magdeburg
HWK Magdeburg

Bahnhofstraße 49a
39104 Magdeburg

Tel.: (0391) 565 00–0
Fax: (0391) 565 00–99
E-mail: eic.magdeburg@t-online.de

Schleswig-Holstein

Investitionsbank Schleswig-Holstein
Euro Info Centre

Fleethörn 29–31
24103 Kiel

Tel.: (0431) 900–34 97/34 99
Fax: (0431) 900–32 07

Thüringen

Landesbank Hessen-Thüringen Girozentrale
Euro Info Centre

Bahnhofstraße 4a
99084 Erfurt

Tel.: (0361) 562 47 98
Fax: (0361) 665 72 33

IHK Erfurt

Weimarische Straße 45
99099 Erfurt

Tel.: (0361) 34 84–0
Fax: (0361) 34 84–299

IHK Ostthüringen zu Gera

Humboldtstraße 14
07545 Gera

Tel.: (0365) 85 53–0
Fax: (0365) 85 53–290

IHK Suhl

Hauptstraße 33
98529 Suhl

Tel.: (03681) 362–0
Fax: (03681) 362–100

RKW – Rationalisierungs- und Innovationszentrum der deutschen Wirtschaft e.V.

Zentrale

RKW – Rationalisierungs- und Innovationszentrum der deutschen Wirtschaft e.V.

Düsseldorfer Straße 40
65760 Eschborn

Tel.: (06196) 495–1
Fax: (06196) 495–303
Internet: http://www.rkw.de
E-mail: rkw@rkw.de

RKW – Innovationszentrum für Beschäftigung und Produktivität e.V.

Rankestraße 5–6
10789 Berlin

Tel.: (030) 88 44 80–28/30
Fax: (030) 88 44 80–29
Internet: http://www.rkw.de
E-mail: rkw@rkw.de

Baden-Württemberg

RKW
Landesgruppe Baden-Württemberg

Königstraße 49/III
70173 Stuttgart

Tel.: (0711) 229 98-0
Fax: (0711) 229 98-10
Internet: http://www.rkw-bawue.de
E-mail: info@rkw-bawue.de

Bayern

RKW
Landesgruppe Bayern

Gustav-Heinemann-Ring 212
81739 München

Tel.: (089) 67 00 40-0
Fax: (089) 67 00 40-40
Internet: http://www.rkw-bayern.de
E-mail: info@rkw-bayern.de

RKW
Landesgruppe Bayern – Büro Nürnberg

Aufseßplatz 21
90459 Nürnberg

Tel.: (0911) 43 90 40
Fax: (0911) 446 85 53
Internet: http://www.rkw-bayern.de

Berlin

RKW
Landesgruppe Berlin

Rankestraße 5–6
10789 Berlin

Tel.: (030) 88 44 80-0
Fax: (030) 88 44 80-25

Brandenburg

RKW
Landesgruppe Brandenburg

Zeppelinstraße 136
14471 Potsdam

Tel.: (0331) 967 45-0
Fax: (0331) 967 45-20
Internet: http://www.rkw-brandenburg.de
E-mail: info@rkw-brandenburg.de

Bremen

RKW
Landesgruppe Bremen

Balgebrückstraße 3–5
28195 Bremen

Tel.: (0421) 32 34 64-0
Fax: (0421) 32 62 18
Internet: http://www.bbn.de/start/programme/rkw/home.html
E-mail: info@rkw-bremen.de

Hamburg

RKW
Landesgruppe Hamburg

Hammer Steindamm 40
22089 Hamburg

Tel.: (040) 20 94 16-0
Fax: (040) 20 94 16-50
Internet: http://www.rkw-nord.de
E-mail: rkwhamburg@hamburg-contrib.net

Hessen

RKW
Landesgruppe Hessen

Düsseldorfer Straße 40
65760 Eschborn

Tel.: (06196) 495–357/358
Fax: (06196) 495–368
Internet: http://www.rkw-hessen.de
E-mail: rkw-hessen@rkw.de

RKW
Landesgruppe Hessen – Büro Kassel

Ludwig-Erhard-Straße 8
34131 Kassel

Tel.: (0561) 93 09 99–0
Fax: (0561) 93 09 99–9
Internet: http://www.rkw-hessen.de
E-mail: kassel@rkw-hessen.de

Mecklenburg-Vorpommern

RKW Landesgruppe Nord-Ost
Geschäftsstelle Mecklenburg-Vorpommern

Joachim-Jungius-Straße 9
18059 Rostock

Tel.: (0381) 40 59–402
Fax: (0381) 40 59–403
E-mail: rkw_mv@t-online.de

Niedersachsen

RKW
Landesgruppe Niedersachsen

Friesenstraße 14
30161 Hannover

Tel.: (0511) 338 03–0
Fax: (0511) 338 03–38
Internet: http://www.rkw-nord.de
E-mail: info@rkw-nord.de

RKW
Landesgruppe Niedersachsen – Büro Osnabrück

Große Hamkenstraße 32 B
49074 Osnabrück

Tel.: (0541) 331 40 14
Fax: (0541) 26 08 00
Internet: http://www.rkw-nord.de

Nordrhein-Westfalen

RKW
Landesgruppe Nordrhein-Westfalen

Sohnstraße 70
40237 Düsseldorf

Tel.: (0211) 680 01–0
Fax: (0211) 680 01–68
Internet: http://www.rkwnrw.de
E-mail: info@rkw.d.eunet.de

Rheinland-Pfalz

RKW
Landesgruppe Rheinland-Pfalz

Schillerstraße 26–28
55116 Mainz

Tel.: (06131) 286 61–0
Fax: (06131) 286 61–9
Internet: http://www.rkw.de
E-mail: rkw-mainz@t-online.de

Saarland

RKW
Geschäftsstelle Saarland

Franz-Josef-Röder-Straße 9
66119 Saarbrücken

Tel.: (0681) 95 20-0
Fax: (0681) 952 08 88
Internet: http://www.saarland/hk.de/zpt
E-mail: hanno_wittig@compuserve.com

Sachsen

RKW
Landesgruppe Sachsen

Ledenweg 2
01445 Radebeul

Tel.: (0351) 83 22-30
Fax: (0351) 83 22-400
Internet: http://www.rkw-sachsen.de
E-mail: gf@rkw-sachsen.de

RKW
Landesgruppe Sachsen –Niederlassung Leipzig

Dresdner Straße 11/13
04103 Leipzig

Tel.: (0341) 218 82 88
Fax: (0341) 218 82 89
Internet: http://www.rkw-sachsen.de

Sachsen-Anhalt

RKW
Landesgruppe Sachsen-Anhalt

Tismarstraße 20
39108 Magdeburg

Tel.: (0391) 736 19-0
Fax: (0391) 736 19-33
E-mail: rkwsaxanh@aol.com

Schleswig-Holstein

RKW
Landesgruppe Schleswig-Holstein

Dammstraße 32
24103 Kiel

Tel.: (0431) 557 37-0
Fax: (0431) 557 37-70
Internet: http://www.rkw-nord.de
E-mail: rkw.schleswig-holstein
@t-online.de

Thüringen

RKW
Landesgruppe Thüringen

Weimarische Straße 45
99099 Erfurt

Tel.: (0361) 34 84-110/111
Fax: (0361) 34 84-277
Internet: http://www.rkw.de
E-mail: rkw.thueringen@t-online.de

Betriebswirtschaftliche Beratungsstellen des Einzelhandels (BBE)

Baden-Württemberg

BBE Baden-Württemberg GmbH

Eisenbahnstraße 68–70
79098 Freiburg

Tel.: (0761) 368 76–21
Fax: (0761) 368 76–55
Internet: http://www.bbe-online.de

Unternehmensberatung Handel GmbH

Neue Weinsteige 44
70180 Stuttgart

Tel.: (0711) 648 64–40
Fax: (0711) 648 64–24
Internet: http://www.bbe-online.de

Bayern

BBE-Handelsberatung GmbH

Brienner Straße 45
80333 München

Tel.: (089) 55 11 81–0
Fax: (089) 55 11 81–53
Internet: http://www.bbe-online.de

Berlin

BBE-Unternehmensberatung GmbH

Europa-Center 13. OG
10789 Berlin

Tel.: (030) 254 93–233
Fax: (030) 254 93–299
Internet: http://www.bbe-online.de

Bremen

BBE-Unternehmensberatung GmbH

Hinter dem Schütting 8
28195 Bremen

Tel.: (0421) 32 67 13
Fax: (0421)
Internet: http://www.bbe-online.de

Hamburg

BBE-Unternehmensberatung GmbH

Hamburger Straße 11
22083 Hamburg

Tel.: (040) 220 13–23/24
Fax: (040) 220 13–29
Internet: http://www.bbe-online.de

Hessen

BBE-Unternehmensberatung

Berliner Straße 72
60311 Frankfurt/Main

Tel.: (069) 13 30 92–3
Fax: (069) 13 30 92–59
Internet: http://www.bbe-online.de

Niedersachsen

BBE-Niedersachsen Unternehmensberatung GmbH

Hinüberstraße 18
30175 Hannover

Tel.: (0511) 337 08 41
Fax: (0511) 33 26 87
Internet: http://www.bbe-online.de

BBE-Unternehmensberatung Weser Ems GmbH

Herrenteichsstraße 5
49074 Osnabrück

Tel.: (0541) 357 82 30
Fax: (0541) 277 57
Internet: http://www.bbe-online.de

Nordrhein-Westfalen

BBE-Unternehmensberatung GmbH

Kaiserstraße 42a
40479 Düsseldorf

Tel.: (0211) 498 06-0
Fax: (0211) 498 06-36
Internet: http://www.bbe-online.de

BBE-Unternehmensberatung GmbH

Gothaer Allee 2
50969 Köln

Tel.: (0221) 936 55-01
Fax: (0221) 936 55-101
Internet: http://www.bbe-online.de
E-mail: bbe-koeln@t-online.de

BBE-Handelsberatung Westfalen GmbH

Von-Esmarch-Straße 168
48149 Münster

Tel.: (0251) 871 19-0
Fax: (0251) 871 19-19
Internet: http://www.bbe-online.de

Rheinland-Pfalz

BBE-Unternehmensberatung GmbH

August-Thyssen-Straße 27
56070 Koblenz

Tel.: (0261) 981 84-0
Fax: (0261) 981 84-15
Internet: http://www.bbe-online.de

Sachsen

BBE-Unternehmensberatung GmbH

Josephinenstraße 15
04317 Leipzig

Tel.: (0341) 261 38 07
Fax: (0341) 261 54 24
Internet: http://www.bbe-online.de

Schleswig-Holstein

BBE-Unternehmensberatung Kiel GmbH

Flämische Straße 22
24103 Kiel

Tel.: (0431) 974 07-50
Fax: (0431) 974 07-60
Internet: http://www.bbe-online.de

Wirtschaftsverband für Handelsvermittlung und Vertrieb (CDH)

Centralvereinigung

Centralvereinigung Deutscher Wirtschaftsverbände für Handelsvermittlung und Vertrieb (CDH)

Geleniusstraße 1
50931 Köln

Tel.: (0221) 51 40 43
Fax: (0221) 52 57 67
Internet: http://www.cdh.de
E-mail: cdh.centralvereinigung@t-online.de

Baden-Württemberg

Wirtschaftsverband für Handelsvermittlung und Vertrieb in Baden e.V.

Basler Straße 115
79115 Freiburg/Breisgau

Tel.: (0761) 47 10 20/22
Fax: (0761) 47 10 24

Wirtschaftsverband für Handelsvermittlung und Vertrieb Baden-Württemberg (CDH) e.V.

Katharinenstraße 18
70182 Stuttgart

Tel.: (0711) 24 81 27
Fax: (0711) 24 17 73

Bayern

Bayerischer Wirtschaftsverband für Handelsvermittlung und Vertrieb (CDH) e.V.

Ismaninger Straße 63
81675 München

Tel.: (089) 419 433–0
Fax: (089) 419 433–40
Internet: http://www.cdh-bayern.de
E-mail: cdhbayern@t-online.de

Berlin

Wirtschaftsverband für Handelsvermittlung und Vertrieb Nordost (CDH) e.V.

Prinzenstraße 85
10969 Berlin

Tel.: (030) 616 910–0
Fax: (030) 616 910–243

Brandenburg

Wirtschaftsverband für Handelsvermittlung und Vertrieb Nordost (CDH) e.V.

Prinzenstraße 85
10969 Berlin

Tel.: (030) 616 910–0
Fax: (030) 616 910–243

Bremen

Wirtschaftsverband für Handelsvermittlung und Vertrieb Niedersachsen/Bremen CDH e.V.

Wachmannstraße 51
28209 Bremen

Tel.: (0421) 349 90 53
Fax: (0421) 349 10 66
Internet: http://www.cdh-nds-hb.de
E-mail: cdh-nds-hb@t-online.de

Hamburg

Wirtschaftsverband für Handelsvermittlung und Vertrieb in Hamburg (CDH) e.V.

Raboisen 16
20095 Hamburg

Tel.: (040) 33 10 95/96/97/98
Fax: (040) 33 67 98
E-mail: cdhinhamburg@t-online.de

Hessen

Wirtschaftsverband der Handelsvertretungen Hessen-Thüringen (CDH) e.V.

Stresemannallee 35–37
60596 Frankfurt/Main

Tel.: (069) 63 50 01
Fax: (069) 631 30 09

Mecklenburg-Vorpommern

Wirtschaftsverband für Handelsvermittlung und Vertrieb in Hamburg (CDH) e.V.

Raboisen 16
20095 Hamburg

Tel.: (040) 33 10 95/96/97/98
Fax: (040) 33 67 98
E-mail: cdhinhamburg@t-online.de

Wirtschaftsverband für Handelsvermittlung und Vertrieb Nordost (CDH) e.V.

Prinzenstraße 85
10969 Berlin

Tel.: (030) 616 910–0
Fax: (030) 616 910–243

Niedersachsen

Wirtschaftsverband für Handelsvermittlung und Vertrieb Niedersachsen/Bremen CDH e.V.

Hinüberstraße 4A
30175 Hannover

Tel.: (0511) 34 26 11
Fax: (0511) 33 25 54
Internet: http://www.cdh-nds-hb.de
E-mail: cdhinhannover@t-online.de

Nordrhein-Westfalen

Wirtschaftsverband für Handelsvermittlung und Vertrieb Ostwestfalen-Lippe (CDH) e.V.

Altstädter Kirchstraße 14
33602 Bielefeld

Tel.: (0521) 685 76
Fax: (0521) 17 68 53

Wirtschaftsverband für Handelsvermittlung und Vertrieb Rhein-Ruhr (CDH) e.V.

Heinrich-Heine-Allee 38
40213 Düsseldorf

Tel.: (0211) 880 03 33
Fax: (0211) 880 03 22

Handelsvertreterverband Köln-Bonn-Aachen e.V.

Hansaring 79–81
50670 Köln

Tel.: (0221) 13 10 81
Fax: (0221) 13 10 84

Wirtschaftsverband für Handelsvermittlung und Vertrieb Bergisch Land (CDH) e.V.

Hofaue 89
42103 Wuppertal

Tel.: (0202) 44 84 89/80
Fax: (0202) 493 61 37

Wirtschaftsverband für Handelsvermittlung und Vertrieb Westfalen-Mitte (CDH) e.V.

Kamener Straße 60
59425 Unna-Königsborn

Tel.: (02303) 622 23
Fax: (02303) 694 50

Rheinland-Pfalz

Wirtschaftsverband für Handelsvermittlung und Vertrieb Rheinland-Pfalz (CDH) e.V.

Rheinstraße 20
56068 Koblenz

Tel.: (0261) 317 78
Fax: (0261) 344 80

Sachsen

Wirtschaftsverband für Handelsvermittlung und Vertrieb Nordost (CDH) e.V.

Prinzenstraße 85
10969 Berlin

Tel.: (030) 616 910–0
Fax: (030) 616 910–243

Saarland

Wirtschaftsverband der Handelsvertreter und Handelsmakler des Saarlandes (CDH) e.V.

Franz-Josef-Röder-Straße 9
66119 Saarbrücken

Tel.: (0681) 550 52
Fax: (0681) 518 42

Sachsen-Anhalt

Wirtschaftsverband für Handelsvermittlung und Vertrieb Niedersachsen/Bremen CDH e.V.

Hinüberstraße 4A
30175 Hannover

Tel.: (0511) 34 26 11
Fax: (0511) 33 25 54
Internet: http://www.cdh-nds-hb.de
E-mail: cdhinhannover@t-online.de

Wirtschaftsverband für Handelsvermittlung und Vertrieb Nordost (CDH) e.V.

Prinzenstraße 85
10969 Berlin

Tel.: (030) 616 910–0
Fax: (030) 616 910–243

Schleswig-Holstein

Wirtschaftsverband für Handelsvermittlung und Vertrieb in Hamburg (CDH) e.V.

Raboisen 16
20095 Hamburg

Tel.: (040) 33 10 95/96/97/98
Fax: (040) 33 67 98
E-mail: cdhinhamburg@t-online.de

Thüringen

Wirtschaftsverband der Handelsvertretungen Hessen-Thüringen (CDH) e.V.

Stresemannallee 35–37
60596 Frankfurt/Main

Tel.: (069) 63 50 01
Fax: (069) 631 30 09

Deutscher Hotel- und Gaststättenverband (DEHOGA)

Bundesverband

Deutscher Hotel- und Gaststättenverband e.V. (DEHOGA)

Kronprinzenstraße 46
53173 Bonn

Tel.: (0228) 820 08–0
Fax: (0228) 820 08–46
Internet: http://www.dehoga.de
E-mail: dehoga@t-online.de

Baden-Württemberg

Hotel- und Gaststättenverband Baden-Württemberg e.V.

Augustenstraße 6
70178 Stuttgart

Tel.: (0711) 61 98 80
Fax: (0711) 61 64 44
Internet: http://www.gastrofuehrer.de

Bayern

Bayerischer Hotel- und Gaststättenverband e.V.

Türkenstraße 7/I
80333 München

Tel.: (089) 28 16 00
Fax: (089) 28 760–111
Internet: http://www.bhg-online.de

Berlin

Hotel- und Gaststätten-Innung Berlin und Umgebung e.V.

Knesebeckstraße 99
10623 Berlin

Tel.: (030) 312 70 71/72/73/74
Fax: (030) 312 80 39/312 08 21

Brandenburg

Hotel- und Gaststättenverband Brandenburg e.V.

Zum Jagenstein 3
14478 Potsdam

Tel.: (0331) 86 23 68
Fax: (0331) 86 23 81

Bremen

DEHOGA Landesverband Bremen e.V.

Hinter dem Schütting 8
28195 Bremen

Tel.: (0421) 335 90–0
Fax: (0421) 32 44 73

Hamburg

Landesverband des Gaststätten- und Hotelgewerbes der Hansestadt Hamburg e.V.

Hallerstraße 22
20146 Hamburg

Tel.: (040) 44 84 43/44
Fax: (040) 45 65 61

Hessen

Hotel- und Gaststättenverband Hessen e.V.

Auguste-Viktoria-Straße 6
65185 Wiesbaden

Tel.: (0611) 992 01-0
Fax: (0611) 992 01-22
Internet: http://www.hoga-online.de

Mecklenburg-Vorpommern

Hotel- und Gaststättenverband Mecklenburg-Vorpommern e.V.

Grüne Straße 12
19055 Schwerin

Tel.: (0385) 592 55-0
Fax: (0385) 592 55-20

Niedersachsen

DEHOGA
Landesverband Niedersachsen e.V.

Yorckstraße 3
30161 Hannover

Tel.: (0511) 337 06-0
Fax: (0511) 337 06-29

Nordrhein-Westfalen

Hotel- und Gaststättenverband DEHOGA Lippe e.V.

Leopoldstraße 38
32756 Detmold

Tel.: (05231) 224 33
Fax: (05231) 392 75

Hotel- und Gaststättenverband Nordrhein-Westfalen e.V.

Liesegangstraße 22
40211 Düsseldorf

Tel.: (0211) 178 71-0
Fax: (0211) 178 71-29
Internet: http://www.gastgewerbe.de

Rheinland-Pfalz

Landesverband Hotel- und Gaststättengewerbe Rheinland-Pfalz e.V.

Brückes 18
55545 Bad Kreuznach

Tel.: (0671) 403 05
Fax: (0671) 338 10

Saarland

DEHOGA Saarland
Hotel- und Gaststättenverband Saarland e.V.

Feldmannstraße 26
66119 Saarbrücken

Tel.: (0681) 554 93
Fax: (0681) 523 26

Sachsen

DEHOGA Hotel- und Gaststättenverband Sachsen e.V.

Tharandter Straße 5
01159 Dresden

Tel.: (0351) 428 98-10
Fax: (0351) 428 98-28

Sachsen-Anhalt

DEHOGA Hotel- und Gaststättenverband Sachsen-Anhalt e.V.

Brandenburger Straße 6
39104 Magdeburg

Tel.: (0391) 561 71 93
Fax: (0391) 561 71 94

Schleswig-Holstein

Hotel- und Gaststättenverband DEHOGA Schleswig-Holstein e.V.

Hamburger Chaussee 349
24113 Kiel

Tel.: (0431) 65 18 66/67
Fax: (0431) 65 18 68

Thüringen

Thüringer Hotel- und Gaststättenverband e.V. (THÜHOGA)

Thälmannstraße 53
99085 Erfurt

Tel.: (0361) 590 78-0
Fax: (0361) 590 78-10
Internet: http://www.thueringen.de

Berufsgenossenschaften

Hauptverband

Hauptverband der gewerblichen Berufsgenossenschaften (HVBG)

Alte Heerstraße 111
53757 Sankt Augustin

Tel.: (02241) 231-01
Fax: (02241) 231-13 33
Internet: http://www.hvbg.de

Bergbau

Bergbau-BG

Hunscheidtstraße 18
44789 Bochum

Tel.: (0234) 316-0
Fax: (0234) 316-300
Internet: http://www.bergbau-bg.de

Gas und Wasser

BG der Gas-, Fernwärme und Wasserwirtschaft

Auf'm Hennekamp 47
40225 Düsseldorf

Tel.: (0211) 93 35-0
Fax: (0211) 93 35-199

Steine und Erden

Steinbruchs-BG

Theodor-Heuss-Straße 160
30853 Langenhagen

Tel.: (0511) 72 57-0
Fax: (0511) 72 57-100
Internet: http://www.stbg.de

BG der keramischen und Glas-Industrie

Riemenschneiderstraße 2
97072 Würzburg

Tel.: (0931) 79 43-0
Fax: (0931) 79 43-800

Eisen und Metall

Hütten- und Walzwerks-BG

Kreuzstraße 45
40210 Düsseldorf

Tel.: (0211) 82 24-0
Fax: (0211) 82 24-444

Maschinenbau- und Metall-BG

Kreuzstraße 45
40210 Düsseldorf

Tel.: (0211) 82 24-0
Fax: (0211) 82 24-444

Norddeutsche Metall-BG

Hans-Böckler-Allee 26
30173 Hannover

Tel.: (0511) 81 18-0
Fax: (0511) 81 18-200

Süddeutsche Metall-BG

Wilhelm-Theodor-Römheld-Straße 15
55130 Mainz

Tel.: (06131) 802-0
Fax: (06131) 802-232

Edel- und Unedelmetall-BG

Vollmoellerstraße 11
70563 Stuttgart

Tel.: (0711) 13 34-0
Fax: (0711) 13 34-500

Feinmechanik und Elektrotechnik

BG der Feinmechanik und Elektrotechnik

Gustav-Heinemann-Ufer 130
50968 Köln

Tel.: (0221) 37 78-0
Fax: (0221) 34 25 03
Internet: http://www.bgfue.de

Chemie

BG der chemischen Industrie

Kurfürsten-Anlage 62
69115 Heidelberg

Tel.: (06221) 523-0
Fax: (06221) 523-323
Internet: http://www.bgchemie.de

Holz

Holz-BG

Am Knie 6
81241 München

Tel.: (089) 88 97-0
Fax: (089) 88 97-355

Gesundheitsdienst

BG für Gesundheitsdienst und Wohlfahrtspflege

Pappelallee 35/37
22089 Hamburg

Tel.: (040) 202 07- 0
Fax: (040) 202 07-525

Papier und Druck

Papiermacher-BG

Lortzingstraße 2
55127 Mainz

Tel.: (06131) 785-1
Fax: (06131) 785-271

BG Druck und Papierverarbeitung

Rheinstraße 6-8
65185 Wiesbaden

Tel.: (0611) 131-0
Fax: (0611) 131-100
Internet: http://www.bgdp.de

Textil und Leder

Lederindustrie-BG

Lortzingstraße 2
55127 Mainz

Tel.: (06131) 785-1
Fax: (06131) 785-271

Textil- und Bekleidungs-BG

Oblatterwallstraße 18
86153 Augsburg

Tel.: (0821) 31 59-0
Fax: (0821) 31 59-201

Nahrungs- und Genußmittel

BG Nahrungsmittel und Gaststätten

Dynamostraße 7-11
68165 Mannheim

Tel.: (0621) 44 56-0
Fax: (0621) 44 56-15 54
Internet: http://www.bgn.de

Fleischerei-BG

Lortzingstraße 2
55127 Mainz

Tel.: (06131) 785-1
Fax: (06131) 785-340
Internet: http://www.fleischerei-bg.de

Zucker-BG

Lortzingstraße 2
55127 Mainz

Tel.: (06131) 785-1
Fax: (06131) 785-271

Bau

Bau-BG Hamburg

Holstenwall 8-9
20355 Hamburg

Tel.: (040) 350 00-0
Fax: (040) 350 00-397

Bau-BG Hannover

Hildesheimer Straße 309
30519 Hannover

Tel.: (0511) 987-0
Fax: (0511) 987-24 40

Bau-BG Rheinland und Westfalen

Viktoriastraße 21
42115 Wuppertal

Tel.: (0202) 398-0
Fax: (0202) 398-404

Bau-BG Frankfurt am Main

An der Festeburg 27-29
60389 Frankfurt

Tel.: (069) 47 05-0
Fax: (069) 47 05-888

Südwestliche Bau-BG

Steinhäuserstraße 10
76135 Karlsruhe

Tel.: (0721) 81 02-0
Fax: (0721) 81 02-345

Württembergische Bau-BG

Friedrich-Gerstlacher-Straße 15
71032 Böblingen

Tel.: (07031) 625-0
Fax: (07031) 625-100

Bau-BG Bayern und Sachsen

Lorisstraße 8
80335 München

Tel.: (089) 121 79-0
Fax: (089) 121 79-555

Tiefbau-BG

Am Knie 6
81241 München

Tel.: (089) 88 97-0
Fax: (089) 88 97-600
Internet: http://www.tiefbaubg.de

Handel und Verwaltung

Großhandels- und Lagerei-BG

M 5,7
68161 Mannheim

Tel.: (0621) 183-0
Fax: (0621) 183-300

BG für Einzelhandel

Niebuhrstraße 5
53113 Bonn

Tel.: (0228) 54 06-0
Fax: (0228) 54 06-220

BG der Banken, Versicherungen, Verwaltungen, freien Berufe und besonderer Unternehmen (Verwaltungs-BG)

Deelbögenkamp 4
22297 Hamburg

Tel.: (040) 51 46-0
Fax: (040) 51 46-21 46
Internet: http://www.vbg.de

Verkehr

BG der Straßen-, U-Bahnen und Eisenbahnen

Fontenay 1a
20354 Hamburg

Tel.: (040) 441 18-0
Fax: (040) 441 18-140

BG für Fahrzeughaltungen

Ottenser Hauptstraße 54
22765 Hamburg

Tel.: (040) 39 80-0
Fax: (040) 39 80-16 66
Internet: http://www.bgf.de

See-BG

Reimerstwiete 2
20457 Hamburg

Tel.: (040) 361 37- 0
Fax: (040) 361 37-770

Binnenschiffahrts-BG

Düsseldorfer Straße 193
47053 Duisburg

Tel.: (0203) 29 52-0
Fax: (0203) 29 52-166

Bundesregierung und Bundesministerien

Presse- und Informationsamt der Bundesregierung

Welckerstraße 11
53113 Bonn

Tel.: (0228) 208–0
Fax: (0228) 208–25 55
Internet: http://www.bundesregierung.de
E-mail: posteingang@bpa.bund400.de

Deutscher Bundestag – Referat Öffentlichkeitsarbeit –

Görresstraße 15
53113 Bonn

Tel.: (0228) 16–1
Fax: (0228) 16–265 06
Internet: http://www.bundestag.de

Bundesministerium für Wirtschaft und Technologie (BMWi)

Villemombler Straße 76
53123 Bonn

Tel.: (0228) 615–0
Fax: (0228) 615–44 36
Internet: http://www.bmwi.de
E-mail: poststelle@bmwi.bund400.de

Bundesministerium der Finanzen (BMF)

Graurheindorfer Straße 108
53117 Bonn

Tel.: (0228) 682–0
Fax: (0228) 682–44 20
Internet: http://www.bundesfinanz ministerium.de
E-mail: poststelle@bundesfinanz ministerium.de

Bundesministerium für Arbeit und Sozialordnung (BMA)

Rochusstraße 1
53123 Bonn

Tel.: (0228) 527–0
Fax: (0228) 527–29 65
Internet: http://www.bma.de
Email: info@bma.bund400.de

Bundesministerium für Verkehr, Bau- und Wohnungswesen (BMV)

Robert-Schuman-Platz 1
53175 Bonn

Tel.: (0228) 300–0
Fax: (0228) 300–34 23
Internet: http://www.bmv.de

Bundesministerium für Umwelt, Naturschutz und Reaktorsicherheit (BMU)

Kennedyallee 5
53175 Bonn

Tel.: (0228) 305–0
Fax: (0228) 305–32 25
Internet: http://www.bmu.de
E-mail: oea@wp-gate.bmu.de

Bundesministerium für Bildung und Forschung (bmb+f)

Heinemannstraße 2
53175 Bonn

Tel.: (0228) 57–0
Fax: (0228) 57–36 01
Internet: http://www.bmbf.de
E-mail: information@bmbf.bund400.de

Bundesministerium für Gesundheit (BMG)

Am Probsthof 78a
53121 Bonn

Tel.: (0228) 941–0
Fax: (0228) 941–49 50
Internet: http://www.bmgesundheit.de
E-mail: poststelle@hausiii.bmg.bund400.de

Bundesministerium für Ernährung, Landwirtschaft und Forsten (BML)

Rochusstraße 1
53123 Bonn

Tel.: (0228) 529–0
Fax: (0228) 529–42 62
Internet: http://www.bml.de
E-mail: bn4492@bml.bund400.de

Bundesministerium für wirtschaftliche Zusammenarbeit und Entwicklung (BMZ)

Friedrich-Ebert-Allee 40
53113 Bonn

Tel.: (0228) 535–0
Fax: (0228) 535–35 00
Internet: http://www.bmz.de
E-mail: poststelle@bmz.bund400.de

Bundesministerium des Innern (BMI)

Graurheindorfer Straße 198
53117 Bonn

Tel.: (0228) 681–0
Fax: (0228) 681–46 65
Internet: http://www.bmi.bund.de
E-mail: poststellesmtp@bmi.bund400.de

Bundesministerium für Familie, Senioren, Frauen und Jugend (BMFSFJ)

Rochusstraße 8–10
53123 Bonn

Tel.: (0228) 930–0
Fax: (0228) 930–22 21
Internet: http://www.bmfsfj.de
E-mail: poststelle@bmfsfj.bund400.de

Bundesministerium der Justiz (BMJ)

Heinemannstraße 6
53175 Bonn

Tel.: (0228) 58–0
Fax: (0228) 58–45 25
Internet: http://www.bmj.bund.de
E-mail: poststelle@bmj.bund400.de

Bundesministerium der Verteidigung (BMVG)

Hardthöhe
53125 Bonn

Tel.: (0228) 12–00
Fax: (0228) 12–53 57
Internet: http://www.bmvg.government.de
E-mail: poststelle@bmvg.bund400.de

Auswärtiges Amt

Adenauerallee 99–103
53113 Bonn

Tel.: (0228) 17–0
Fax: (0228) 17–34 02
Internet: http://www.auswaertiges-amt.de

Sonstige hilfreiche Adressen

Bundesamt für Wirtschaft (BAW

Frankfurter Straße 29–31
65760 Eschborn

Tel.: (06196) 404–0
Fax: (06196) 404–212

Ausstellungs- und Messe-Ausschuß der Deutschen Wirtschaft e.V. (AUMA)

Lindenstraße 8
50674 Köln

Tel.: (0221) 209 07–0
Fax: (0221) 209 07–12

Bundesstelle für Außenhandelsinformation (BfAI)

Agrippastraße 87–93
50676 Köln

Tel.: (0221) 20 57–0
Fax: (0221) 20 57–212/262/275
Internet: http://www.bfai.com

Bundesstelle für Außenhandelsinformation (BfAI) Außenstelle Berlin

Scharnhorststraße 36
10115 Berlin

Tel.: (030) 20 14–52 01
Fax: (030) 20 14–52 02
Internet: http://www.bfai.com

Bundesverband Junger Unternehmer der ASU e.V. (BJU)

Mainzer Straße 238
53179 Bonn

Tel.: (0228) 954 59–0
Fax: (0228) 954 59–90

Verband deutscher Unternehmerinnen e.V. (VdU)

Gustav-Heinemann-Ufer 94
50968 Köln

Tel.: (0221) 37 50–74/75
Fax: (0221) 34 31 71

Deutscher Franchise-Verband e.V. (DFV)

Paul-Heyse-Straße 33–35
80336 München

Tel.: (089) 53 50 27
Fax: (089) 53 13 23

Arbeitsgemeinschaft Deutscher Technologie- und Gründerzentren ADT e.V.

Rudower Chaussee 5
12489 Berlin

Tel.: (030) 63 92–62 21
Fax: (030) 63 92–62 22
Internet: http://www.adt-online.de
E-mail: adt@adt-online.de

Bundesanstalt für Finanzen – Außenstelle –

66738 Saarlouis

Tel.: (06831) 456–0
Fax: (06831) 456–120/146

Arbeitsgemeinschaft industrieller Forschungsvereinigungen »Otto von Guericke« e.V. (AiF) – Außenstelle Berlin

Tschaikowskistraße 49
13156 Berlin

Tel.: (030) 481 63–3
Fax: (030) 481 63–401/402
Internet: http://www.aif.de
E-mail: wi@aif.de

Hermes Kreditversicherungs-AG

Friedensallee 254
22763 Hamburg

Tel.: (040) 88 34–0
Fax: (040) 88 34–77 44

Künstlersozialkasse

Langeooger Straße 12
26384 Wilhelmshaven

Tel.: (04421) 308–0
Fax: (04421) 308 –

Bundesverband Deutscher Kapitalbeteiligungsgesellschaften e.V. (BVK)

Karolingerplatz 10–11
14052 Berlin

Tel.: (030) 30 69 82-0
Fax: (030) 30 69 82-20

Deutscher Reisebüro-Verband e.V.

Mannheimer Straße 15
60329 Frankfurt/Main

Tel.: (069) 27 39 07-21
Fax: (069) 23 66 47

Bundesverband Deutscher Unternehmensberater BDU e.V.

Friedrich-Wilhelm-Straße 2
53113 Bonn

Tel.: (0228) 91 61-0
Fax: (0228) 91 61-26
Internet: http://www.bdu.de
E-mail: bdu-bonn@t-online.de

VDI/VDE-Technologiezentrum Informationstechnik GmbH

Rheinstraße 10 B
14513 Teltow

Tel.: (03328) 435-280
Fax: (03328) 435-126
E-mail: vdivde-it@vdivde-it.de

Bundesversicherungsanstalt für Angestellte (BfA)

Ruhrstraße 2
10704 Berlin

Tel.: (030) 865-0
Fax: (030) 865-272 40
Internet: http://www.bfa-berlin.de

ALT HILFT JUNG e.V.

Kennedyallee 62–70
53175 Bonn

Tel.: (0228) 88 92 36
Fax: (0228) 88 93 48

Forschungszentrum Jülich GmbH
Projektträger BEO – Außenstelle Berlin

Breite Straße 3
10178 Berlin

Tel.: (030) 201 99-415
Fax: (030) 201 99-470
Internet: http://www.kfa-juelich.de/beo/auskunft.htm
E-mail: beo1180.beo@fz-juelich.de

Existenzgründerinstitut Berlin e.V.

Bundesallee 210
10719 Berlin

Tel.: (030) 21 25-28 00
Fax: (030) 21 25-28 28
Internet: http://www.existenzgruender-institut. de
E-mail: go@existenzgruender-institut.de

Literaturverzeichnis

Broschüren über die Förderprogramme des Bundes und der Länder

– kostenlos –

Bund

Wirtschaftliche Förderung in den alten Bundesländern
für mittelständische Unternehmen, Freie Berufe und Existenzgründungen
Stand: März 1998
Herausgeber: Bundesministerium für Wirtschaft und Technologie (BMWi), Referat Öffentlichkeitsarbeit

Wirtschaftliche Förderung in den neuen Bundesländern
Stand: März 1998
Herausgeber: Bundesministerium für Wirtschaft und Technologie (BMWi), Referat Öffentlichkeitsarbeit

Wirtschaftliche Förderung für Freie Berufe
Stand: April 1998 (2. Auflage)
Herausgeber: Bundesministerium für Wirtschaft und Technologie (BMWi), Referat Öffentlichkeitsarbeit

ERP 1998
Wirtschaftsförderung für den Mittelstand
Stand: März 1998
Herausgeber: Bundesministerium für Wirtschaft und Technologie (BMWi), Referat Öffentlichkeitsarbeit

Förderung und Unterstützung von technologieorientierten Unternehmensgründungen in den neuen Bundesländern und Berlin (Ost)
futour – Zukunft innovativ gestalten
Stand: Februar 1998
Herausgeber: Bundesministerium für Bildung und Forschung (bmb+f)

Wir fördern Existenzgründungen, Umweltschutz und neue Technologien
Programme, Richtlinien, Merkblätter
Stand: August 1998
Herausgeber: Deutsche Ausgleichsbank (DtA)

Wir fördern Zukunft
Die Deutsche Ausgleichsbank engagiert sich für den Mittelstand
Stand: August 1997
Herausgeber: Deutsche Ausgleichsbank (DtA)

So schliessen Sie die Eigenkapitallücke
Darlehen zur Eigenkapitalergänzung für mittelständische Unternehmen und Investoren in den neuen Bundesländern
Stand: Juli 1997
Herausgeber: Deutsche Ausgleichsbank (DtA)

Gefordert und gefördert: Investitionen für eine saubere Umwelt
Finanzierungshilfen für Umweltschutz- und Energieeinsparinvestitionen der gewerblichen Wirtschaft
Stand: April 1995
Herausgeber: Deutsche Ausgleichsbank (DtA)

Gesucht und gefördert: Partner mit Kapital und Kompetenz
Partnerschaftsdarlehen für mittelständische Unternehmen in den neuen Bundesländern
Stand: April 1997
Herausgeber: Deutsche Ausgleichsbank (DtA)

Finanzierungsbausteine für Unternehmen mit Zukunft
Das DtA-Förderangebot für Existenzgründer und mittelständische Betriebe
Stand: April 1998
Herausgeber: Deutsche Ausgleichsbank (DtA)

Stabilität durch Liquidität
Betriebsmittelfinanzierung durch die DtA
Stand: Januar 1998
Herausgeber: Deutsche Ausgleichsbank (DtA)

Franchise: Chancen für Existenzgründer
Stand: April 1998
Herausgeber: Deutsche Ausgleichsbank (DtA)

Unternehmen Sie was
Förderprogramme für gewerbliche Investitionen und Umweltschutz in Deutschland
Stand: März 1998
Herausgeber: Kreditanstalt für Wiederaufbau (KfW)

Ihr Vorhaben verdient Unterstützung
Die Förderkreditprogramme
Stand: August 1998
Herausgeber: Kreditanstalt für Wiederaufbau (KfW)

Finanzierung von Technologie und Innovationen
Stand: September 1998
Herausgeber: Kreditanstalt für Wiederaufbau (KfW)

Baden-Württemberg

Wirtschaftsförderung in Baden-Württemberg
Förderprogramme im Bereich des Wirtschaftsministeriums
Herausgeber: Wirtschaftsministerium Baden-Württemberg

Wege zur Selbständigkeit
Stand: 1/1998
Herausgeber: Landeskreditbank Baden-Württemberg (LAKRA)

Finanzielle Gewerbeförderung im Land Baden-Württemberg
Zusammenstellung der wichtigsten Zuschuß-, Darlehens-, Bürgschafts- und Beratungsprogramme für die gewerbliche Wirtschaft
Stand: März 1998 (8. Auflage)
Herausgeber: Baden-Württembergischer Industrie- und Handelskammertag

Bayern

Bayerische Finanzierungshilfen für die gewerbliche Wirtschaft
Stand: Februar 1998, ergänzt am 08.10.1998
Herausgeber: Bayerische Landesanstalt für Aufbaufinanzierung (LfA) in Zusammenarbeit mit dem Bayerischen Staatsministerium für Wirtschaft, Verkehr und Technologie und dem Bayerischen Staatsministerium für Landesentwicklung und Umweltfragen

Berlin

Förderfibel ´98
Ein Ratgeber für Existenzgründer, Selbständige, Unternehmer
Stand: Mai 1998 (8. Auflage)
Herausgeber: Senatsverwaltung für Wirtschaft und Betriebe, Referat II B in Zusammenarbeit mit der Investitionsbank Berlin

Existenzgründung
Stand: August 1998 (13. Auflage)
Herausgeber: Senatsverwaltung für Wirtschaft und Betriebe, Referat II A

Brandenburg

Gründen, Festigen, Wachsen
Ein Leitfaden für Unternehmer im Land Brandenburg 1998
Stand: 1998 (3. Auflage)
Herausgeber: Ministerium für Wirtschaft, Mittelstand und Technologie des Landes Brandenburg

Förderprogramme der Europäischen Union für das Land Brandenburg
Stand: Juni 1998 (2. Auflage)
Herausgeber: Ministerium für Wirtschaft, Mittelstand und Technologie des Landes Brandenburg

Bremen

B.E.G.IN Bremer ExistenzGründungs Initiative
Stand: August 1998
Herausgeber: Der Senator für Wirtschaft, Mittelstand, Technologie und Europaangelegenheiten der Freien Hansestadt Bremen

Hamburg

Leitfaden Wirtschaftsförderung in Hamburg
Stand: Mai 1997 (2. Auflage)
Herausgeber: Wirtschaftsbehörde Hamburg, Abteilung Wirtschaftsförderung in Zusammenarbeit mit der HWF Hamburgische Gesellschaft für Wirtschaftsförderung GmbH

Hessen

Ich mache mich selbständig
Hessen hilft dabei
Stand: Mai 1998 (16. Auflage)
Herausgeber: Hessisches Ministerium für Wirtschaft, Verkehr und Landesentwicklung, Referat Presse- und Öffentlichkeitsarbeit

Förderprogramme für die gewerbliche Wirtschaft in Hessen
– eine aktuelle Kurzinformation für Selbständige und Existenzgründer –
Stand: September 1998
Herausgeber: Hessisches Ministerium für Wirtschaft, Verkehr und Landesentwicklung, Referat Presse und Öffentlichkeitsarbeit

Richtlinien für die Gewährung von Finanzierungshilfen des Landes Hessen an die gewerbliche Wirtschaft
Stand: Januar 1997
Herausgeber: Hessisches Ministerium für Wirtschaft, Verkehr und Landesentwicklung, Referat Presse und Öffentlichkeitsarbeit

Mecklenburg-Vorpommern

Förderinstrumente für Industrie, gewerbliche Wirtschaft und das Handwerk in Mecklenburg-Vorpommern
Stand: Mai 1998 (10. Auflage)
Herausgeber: Wirtschaftsministerium Mecklenburg-Vorpommern

Gemeinschaftsaufgabe »Verbesserung der regionalen Wirtschaftsstruktur«
Der 27. Rahmenplan für den Zeitraum 1998–2001
Regionales Förderprogramm für Mecklenburg-Vorpommern
Stand: April 1998
Herausgeber: Wirtschaftsministerium Mecklenburg-Vorpommern

Niedersachsen

Wirtschaftsförderung in Niedersachsen
Stand: Juli 1998
Herausgeber: Niedersächsisches Ministerium für Wirtschaft, Technologie und Verkehr, Referat Öffentlichkeitsarbeit, Messen und Marketing

Sicherheit und Kapital für Ihren Erfolg
Herausgeber: Niedersächsische Bürgschaftsbank (NBB) GmbH und Mittelständische Beteiligungsgesellschaft Niedersachsen (MBG) mbH

Nordrheim-Westfalen

Programm Impulse für die Wirtschaft
Förderung für kleine und mittlere Unternehmen in NRW
Stand: Mai 1998
Herausgeber: Ministerium für Wirtschaft und Mittelstand, Technologie und Verkehr des Landes Nordrhein-Westfalen, Referat Öffentlichkeitsarbeit

Regionales Wirtschaftsförderungsprogramm (RWP)
für die Gewährung von Finanzierungshilfen zur Verbesserung der regionalen Wirtschaftsstruktur des Landes Nordrhein-Westfalen vom 11.09.1998
Herausgeber: Ministerium für Wirtschaft und Mittelstand, Technologie und Verkehr des Landes Nordrhein-Westfalen, Referat Öffentlichkeitsarbeit

Beratungsprogramm Wirtschaft
des Landes Nordrhein-Westfalen
Stand: Oktober 1997
Herausgeber: Ministerium für Wirtschaft und Mittelstand, Technologie und Verkehr des Landes Nordrhein-Westfalen, Referat Öffentlichkeitsarbeit

Förderung der Außenwirtschaft in Nordrhein-Westfalen
Das Auslandsmesseprogramm des Landes Nordrhein-Westfalen für 1998
Herausgeber: Ministerium für Wirtschaft und Mittelstand, Technologie und Verkehr des Landes Nordrhein-Westfalen, Referat Öffentlichkeitsarbeit

Wegweiser zur Beratung in EU-Angelegenheiten
Band 3 der Reihe »NRW im Europäischen Binnenmarkt«
Stand: November 1995 (4. Auflage)
Herausgeber: Ministerium für Wirtschaft und Mittelstand, Technologie und Verkehr des Landes Nordrhein-Westfalen, Referat Öffentlichkeitsarbeit

Mut zur Selbständigkeit – Meistergründungsprämie NRW
Herausgeber: Landes-Gewerbeförderungsstelle des nordrhein-westfälischen Handwerks e.V. (LGH), Auf´m Telelberg 7, 40221 Düsseldorf, Tel.: (0211) 301 08–38, Fax: (0211) 301 08–34

Rheinland-Pfalz

Wirtschafts- und Agrarförderung ´98
Stand: April 1998 (16. Auflage)
Herausgeber: Ministerium für Wirtschaft, Verkehr, Landwirtschaft und Weinbau des Landes Rheinland-Pfalz

Ihre ersten 7 Schritte in die Selbständigkeit
Leitfaden für Existenzgründerinnen und Existenzgründer in Rheinland-Pfalz
Stand: 1997
Herausgeber: Ministerium für Wirtschaft, Verkehr, Landwirtschaft und Weinbau des Landes Rheinland-Pfalz

New Work
Beratungsförderung für die mittelständische Wirtschaft
Stand: Mai 1998
Ministerium für Wirtschaft, Verkehr, Landwirtschaft und Weinbau Rheinland-Pfalz in Zusammenarbeit mit der Investitions- und Strukturbank Rheinland-Pfalz (ISB) GmbH

Saarland

Förderung der mittelständischen Wirtschaft im Saarland
Stand: Oktober 1998 (2. Auflage)
Herausgeber: Ministerium für Wirtschaft und Finanzen, Abteilung Mittelstand, Wirtschaftsförderung

Förderprogramme für Existenzgründer und -gründerinnen
Start in die Selbständigkeit – GründungsInitiative Saar
Stand: August 1998 (3. Auflage)
Herausgeber: Ministerium für Wirtschaft und Finanzen, Abteilung Mittelstand, Wirtschaftsförderung

Sachsen

Förderfibel 1998
Die Förderung der gewerblichen Wirtschaft in Sachsen
Stand: Mai 1998
Herausgeber: Sächsisches Staatsministerium für Wirtschaft und Arbeit in Zusammenarbeit mit der Bürgschaftsbank Sachsen GmbH, den Industrie- und Handelskammern, der Sächsischen Aufbaubank GmbH und der Wirtschaftsförderung Sachsen GmbH

Sachsen-Anhalt

Förderung der mittelständischen Wirtschaft
Stand: Juni 1997
Herausgeber: Ministerium für Wirtschaft, Technologie und Europaangelegenheiten des Landes Sachsen-Anhalt

Landesförderung in Sachsen-Anhalt
Alle Förderrichtlinien des Landes und ausgewählte Programme des Bundes, der Deutschen Ausgleichsbank und der EU
Stand: Mai 1998 (11. Auflage)
Herausgeber: Ministerium für Raumordnung und Umwelt, Referat Öffentlichkeitsarbeit

Existenzgründung durch Frauen
Stand: Juli 1997
Herausgeber: Ministerium für Wirtschaft, Technologie und Europaangelegenheiten des Landes Sachsen-Anhalt

Schleswig-Holstein

Förderleitfaden 1998/99
Stand: November 1998 (4. Auflage)
Herausgeber: Landesregierung Schleswig-Holstein, Pressestelle

Thüringen

Infrastrukturförderung – Technologie- und Einzelbetriebliche Förderung
Stand: Juni 1997 (1. Auflage)
Herausgeber: Thüringer Ministerium für Wirtschaft und Infrastruktur, Referat Presse- und Öffentlichkeitsarbeit

Europäische Strukturfonds
mobilisieren Beschäftigung, Wachstum und Innovation in Thüringen
Herausgeber: Thüringer Ministerium für Wirtschaft und Infrastruktur, Thüringer Ministerium für Soziales und Gesundheit, Thüringer Ministerium für Landwirtschaft, Naturschutz und Umwelt unter Mitarbeit der Gesellschaft für Arbeits- und Wirtschaftsförderung des Freistaates Thüringen mbH

Broschüren und sonstiges Informationsmaterial für Existenzgründer und Jungunternehmer

– i.d.R. kostenlos –

Bund

Starthilfe
Der erfolgreiche Weg in die Selbständigkeit
Stand: August 1998 (11. Auflage)
Herausgeber: Bundesministerium für Wirtschaft und Technologie (BMWi), Referat Öffentlichkeitsarbeit

Junge Unternehmen
Probleme und Lösungen bei der Existenzfestigung
Stand: Januar 1998 (3. Auflage)
Herausgeber: Bundesministerium für Wirtschaft und Technologie (BMWi), Referat Öffentlichkeitsarbeit

Am Anfang steht die Idee
Checklisten
Stand: 1996 (3. Auflage)
Herausgeber: Bundesministerium für Wirtschaft und Technologie (BMWi), Referat Öffentlichkeitsarbeit

Gründerbeispiele
Am Anfang steht die Idee
Stand: Februar 1997 (2. Auflage)
Herausgeber: Bundesministerium für Wirtschaft und Technologie (BMWi), Referat Öffentlichkeitsarbeit

Neue Dienstleister: Chancen im In- und Ausland
Erfolgreiche Unternehmen im Portrait
Stand: Mai 1998
Herausgeber: Bundesministerium für Wirtschaft und Technologie (BMWi), Referat Öffentlichkeitsarbeit in Zusammenarbeit mit dem Institut der deutschen Wirtschaft Köln (iw)

Tips für Existenzgründerinnen: Frauen unternehmen was!
Stand: Dezember 1997 (2. Auflage)
Herausgeber: Bundesministerium für Wirtschaft und Technologie (BMWi), Referat Öffentlichkeitsarbeit

Ideenmanagement für mittelständische Unternehmen
Mehr Innovation durch kreative Mitarbeiter
Stand: Mai 1995
Herausgeber: Bundesministerium für Wirtschaft und Technologie (BMWi), Referat Öffentlichkeitsarbeit; Deutsches Institut für Betriebswirtschaft e.V.; Wuppertaler Kreis e.V., Deutsche Vereinigung zur Förderung der Weiterbildung von Führungskräften

Der Existenzgründungsberater
Vor dem Start in die Selbständigkeit gründlich informieren – intensiv planen
Ein PC-Lernprogramm, 2 Disketten
Herausgeber: Bundesministerium für Wirtschaft und Technologie (BMWi), Referat Öffentlichkeitsarbeit

Unternehmensnachfolge
Der richtige Zeitpunkt – optimale Nachfolgeplanung
Stand: Januar 1998 (2. Auflage)
Herausgeber: Bundesministerium für Wirtschaft und Technologie (BMWi), Referat Öffentlichkeitsarbeit

Arbeitsheft
Kleine und mittlere Unternehmen – Früherkennung von Chancen und Risiken
Stand: April 1998 (2. Auflage)
Herausgeber: Bundesministerium für Wirtschaft und Technologie (BMWi), Referat Öffentlichkeitsarbeit

Periodika »Gründerzeiten«
BMWi-Nachrichten zur Existenzgründung und -sicherung

Nr. 1	Betriebsnachfolge	Nr. 17	Gründungskonzept
Nr. 2	Existenzgründerinnen	Nr. 18	Forderungsmanagement
Nr. 3	Innovationen	Nr. 19	Euro
Nr. 4	Franchising	Nr. 20	Marketing
Nr. 5/6	Umweltschutz	Nr. 21	Risikokapital
Nr. 7/8	Gründungsfinanzierung	Nr. 22	Krisenmanagement
Nr. 9/10	Export	Nr. 23	Controlling
Nr. 11	Kooperationen	Nr. 24	Versicherung für Selbständige
Nr. 12	Hochschulabsolventen	Nr. 25	Kostenrechnung
Nr. 13	Leasing	Nr. 26	Brancheninformationen
Nr. 14	Insolvenzen: Vorsorge und Krisenmanagement	Nr. 27	Sicherheiten und Bürgschaften
		Nr. 28	Preisgestaltung
Nr. 15	Personalmanagement	Nr. 29	Internet für Existenzgründer
Nr. 16	Existenzgründung aus der Arbeitslosigkeit		

Herausgeber: Bundesministerium für Wirtschaft und Technologie (BMWi), Referat Öffentlichkeitsarbeit

Weltweit aktiv
Ratgeber für kleine und mittlere Unternehmen
Stand: Juni 1998
Herausgeber: Bundesministerium für Wirtschaft und Technologie (BMWi), Referat Öffentlichkeitsarbeit

Neue Märkte für landwirtschaftliche Unternehmer
Strategien und Fallbeispiele für gewerbliche Einkommensalternativen
Stand: Januar 1997 (1. Auflage)
Herausgeber: Bundesministerium für Wirtschaft und Technologie (BMWi), Referat Öffentlichkeitsarbeit; Bundesministerium für Ernährung, Landwirtschaft und Forsten, Referat Öffentlichkeitsarbeit

Innovationsförderung für kleine und mittlere Unternehmen
Gesamtkonzept der Bundesregierung
Stand: Januar 1998
Herausgeber: Bundesministerium für Bildung und Forschung (bmb+f); Bundesministerium für Wirtschaft und Technologie (BMWi), Referat Öffentlichkeitsarbeit

EXIST – Existenzgründer aus Hochschulen
12 regionale Netzwerke für innovative Unternehmensgründungen
Stand: August 1998
Herausgeber: Bundesministerium für Bildung und Forschung (bmb+f), Referat Öffentlichkeitsrat

Beispielhaft
Technologieorientierte und innovative Unternehmen im Portrait
Stand: November 1997
Herausgeber: Kreditanstalt für Wiederaufbau (KfW)

Unternehmer werden
Informationen zur Unternehmensgründung in Produktion, Handwerk und Dienstleistungen
Stand: April 1997 (6. Auflage)
Herausgeber: Dresdner Bank AG, Geschäftsbereich Firmen- und Internationales Geschäft

Selbständig und erfolgreich sein
Ein Leitfaden für Existenzgründer
Stand: 1997 (8. Auflage)
Herausgeber: Sparkassen Finanzgruppe

Checkliste für Existenzgründer
Eine Planungshilfe zur Unternehmensgründung
Stand: 1996 (8. Auflage)
Herausgeber: Sparkassen Finanzgruppe

Selbständig machen, selbständig bleiben
Praktische Tips für Ratsuchende
Stand: 1998 (23. Auflage)
Herausgeber: Bundesverband der Deutschen Volksbanken und Raiffeisenbanken BVR, Heussallee 5, 53113 Bonn, Schutzgebühr 8,- DM

Unternehmensnachfolge planen und realisieren
Stand: 1998 (2. Auflage)
Herausgeber: Bundesverband der Deutschen Volksbanken und Raiffeisenbanken BVR, Heussallee 5, 53113 Bonn, Schutzgebühr 8,- DM

Unternehmen führen, Unternehmen sichern
Stand: 1998 (4. Auflage)
Herausgeber: Bundesverband der Deutschen Volksbanken und Raiffeisenbanken BVR, Heussallee 5, 53113 Bonn, Schutzgebühr 8,- DM

Checklisten und Infos für Existenzgründer
Ausgabe Gewerbebetriebe
Ausgabe 1997
Herausgeber: Deutsche Bank AG, Frankfurt/Main, Schutzgebühr 10,- DM

Richtig investieren und finanzieren
Leitfaden für kleinere Betriebe
Ausgabe 1997
Herausgeber: Deutsche Bank AG, Frankfurt/Main, Schutzgebühr 10,- DM

Fremdwort Rente
200 Begriffe verständlich gemacht
Stand: April 1998
Herausgeber: Bundesversicherungsanstalt für Angestellte (BfA), Dezernat für Presse und Öffentlichkeitsarbeit

Versicherungspflicht und Beitragszahlung
BfA-Information Nr. 1
Stand: 76. Auflage, 04/98
Herausgeber: Bundesversicherungsanstalt für Angestellte (BfA), Dezernat für Presse und Öffentlichkeitsarbeit

Die freiwillige Versicherung in der Angestelltenversicherung
BfA-Information Nr. 3
Stand: 97. Auflage, 08/98
Herausgeber: Bundesversicherungsanstalt für Angestellte (BfA), Dezernat für Presse und Öffentlichkeitsarbeit

Arbeitsentgelt und Beitragsbemessungsgrenze
BfA-Information Nr. 10
Stand: 80. Auflage, 09/98
Herausgeber: Bundesversicherungsanstalt für Angestellte (BfA), Dezernat für Presse und Öffentlichkeitsarbeit

In die eigene Zukunft starten
Initiative für mehr Selbständigkeit und Existenzgründungen
Stand: März 1998
Herausgeber: CDU/CSU-Fraktion im Deutschen Bundestag, Bonn

Baden-Württemberg

Regionale Initiativen für Existenzgründerinnen
Unterstützungsangebote für Gründerinnen und Unternehmerinnen in Baden-Württemberg
Herausgeber: Informationszentrum für Existenzgründungen des Landesgewerbeamts

Anlaufstellen und Literatur
Beratungsstellen und Literaturhinweise für ExistenzgründerInnen
Herausgeber: Informationszentrum für Existenzgründungen des Landesgewerbeamts

Bayern

Frauen gründen Existenzen
Erfolgsfaktoren für den Start
Herausgeber: Bayerisches Staatsministerium für Wirtschaft, Verkehr und Technologie in Zusammenarbeit mit der Arbeitsgemeinschaft der Bayerischen Industrie- und Handelskammern, Industrie- und Handelskammern für München und Oberbayern als Vorort

Ich mache mich selbständig I
– Leitfaden zur Existenzgründung
IHK Schriftenreihe Band 2
Stand: 1995 (10. Auflage)
Herausgeber: Industrie- und Handelskammer für München und Oberbayern

Ich mache mich selbständig II
– Schritte zum Unternehmenskonzept
IHK Schriftenreihe Band 3
Stand: 1995 (6. Auflage)
Herausgeber: Industrie- und Handelskammer für München und Oberbayern

Ich mache mich selbständig III
– Gewerbean- und -abmeldung
IHK Schriftenreihe Band 30
Stand: 1995 (4. Auflage)
Herausgeber: Industrie- und Handelskammer für München und Oberbayern

Ich mache mich selbständig IV
– Formalitäten bei der Einstellung von Arbeitnehmern
IHK Schriftenreihe Band 31
Stand: 1996 (5. Auflage)
Herausgeber: Industrie- und Handelskammer für München und Oberbayern

Ich mache mich selbständig V
– Kranken- und Rentenversicherung
IHK Schriftenreihe Band 36
Stand: 1996 (5. Auflage)
Herausgeber: Industrie- und Handelskammer für München und Oberbayern

Wie gründet man eine GmbH
Merkblatt
Stand: Oktober 1998
Herausgeber: Industrie- und Handelskammer für München und Oberbayern

Berlin

Gründungsführer Berlin
Wegweiser zum Berliner Gründungsnetzwerk
Stand: August 1998 (3. Auflage)
Herausgeber: Senatsverwaltung für Wirtschaft und Betriebe, Referat III B

Ereigniskalender »Existenzgründung«
(Internet: http;//www.berlin.de/senwib)
Stand: Juli 1998
Herausgeber: Senatsverwaltung für Wirtschaft und Betriebe, Referat II A

Chancen in Berlin
Existenzgründung
Stand: Januar 1998
Herausgeber: Wirtschaftsförderung Berlin GmbH im Auftrag der Senatsverwaltung für Wirtschaft und Betriebe

Wir gründen eine Personengesellschaft in Berlin
– was man vor der Gründung wissen sollte
Stand: 1995 (2. Auflage)
Herausgeber: Industrie- und Handelskammer zu Berlin

Ich mache mich selbständig in Berlin
Test und Tips für Gewerbetreibende und solche, die es werden wollen
Stand: Juli 1994
Herausgeber: Industrie- und Handelskammer zu Berlin

Ich gründe eine GmbH in Berlin
– was man vor der Gründung wissen sollte
Stand: 1995 (11. Auflage)
Herausgeber: Industrie- und Handelskammer zu Berlin

Existenzgründung mit der IHK
Gut vorbereitet gründen – erfolgreich selbständig bleiben
Stand: Juni 1998
Herausgeber: Industrie- und Handelskammer zu Berlin

Brandenburg

Brandenburg im Internet
Stand: Februar 1998
Herausgeber: Ministerium für Wirtschaft, Mittelstand und Technologie in Zusammenarbeit mit der Staatskanzlei des Landes Brandenburg

Existenzgründung mit der IHK
Informationen und Orientierungshilfen für den erfolgreichen Unternehmensaufbau
Stand: September 1998
Herausgeber: Industrie- und Handelskammer Frankfurt/Oder, Geschäftsfeld Betriebsberatung

Technologie- und Gründerzentren im Land Brandenburg
Ausgabe 1997/98
Herausgeber: Technologie- und Gründerzentren im Land Brandenburg e.V., 14513 Teltow

Hamburg

Informieren kommt vor Probieren
Informationen für Existenzgründerinnen und Existenzgründer in Hamburg
Stand: April 1998 (2. Auflage)
Herausgeber: Geschäftsstelle Hamburger Initiative für Existenzgründungen und Innovationen (H.E.I.), Wirtschaftsbehörde der Freien und Hansestadt Hamburg, Senatsamt für Gleichstellung

Selbständigkeit kann man lernen
Hamburgs Coaching-Programm für Unternehmensgründer und -gründerinnen
Stand: Januar 1998
Herausgeber: Wirtschaftsbehörde der Freien und Hansestadt Hamburg

Hessen

Wie gründe ich eine GmbH?
Ratschläge für den Kaufmann
Stand: Mai 1994
Herausgeber: Arbeitsgemeinschaft der hessischen Industrie- und Handelskammern, Frankfurt/Main

Mecklenburg-Vorpommern

Ratgeber für Existenzgründerinnen
Stand: März 1998 (2. Auflage)
Herausgeber: Wirtschaftsministerium Mecklenburg-Vorpommern in Zusammenarbeit mit der Frauen- und Gleichstellungsbeauftragten der Landesregierung Mecklenburg-Vorpommern

Einzelhandelsbroschüre
für Mecklenburg-Vorpommern
Stand: April 1998 (2. Auflage)
Herausgeber: Wirtschaftsministerium Mecklenburg-Vorpommern

Niedersachsen

Ratgeber Frauen gründen Unternehmen
Stand: August 1998 (2. Auflage)
Herausgeber: Niedersächsisches Ministerium für Frauen, Arbeit und Soziales

Nordrhein-Westfalen

Wie mache ich mich selbständig?
Infos für Existenzgründerinnen
Stand: November 1997
Herausgeber: Gesellschaft für Wirtschaftsförderung Nordrhein-Westfalen mbH (GfW); Ministerium für Wirtschaft und Mittelstand, Technologie und Verkehr des Landes Nordrhein-Westfalen; Ministerium für die Gleichstellung von Frau und Mann des Landes Nordrhein-Westfalen

Wie gestalte ich mein Unternehmenskonzept?
Infos für Existenzgründerinnen und Existenzgründer
Stand: Juni 1998
Herausgeber: Gesellschaft für Wirtschaftsförderung Nordrhein-Westfalen mbH (GfW); Ministerium für Wirtschaft und Mittelstand, Technologie und Verkehr des Landes Nordrhein-Westfalen, Referat Presse und Öffentlichkeitsarbeit

Wer ist Wo?
Wegweiser zu Beratungsstellen für Existenzgründerinnen und Existenzgründer
Stand: 8/1998
Herausgeber: Ministerium für Wirtschaft und Mittelstand, Technologie und Verkehr des Landes Nordrhein-Westfalen, Referat Presse und Öffentlichkeitsarbeit; Gesellschaft für Wirtschaftsförderung Nordrhein-Westfalen mbH (GfW)

Existenzgründung aus der Arbeitslosigkeit
Stand: August 1998
Herausgeber: Ministerium für Wirtschaft und Mittelstand, Technologie und Verkehr des Landes Nordrhein-Westfalen; Ministerium für Arbeit, Soziales und Stadtentwicklung, Kultur und Sport des Landes Nordrhein-Westfalen, Referat Presse und Öffentlichkeitsarbeit; Landesarbeitsamt Nordrhein-Westfalen, Presse- und Öffentlichkeitsarbeit; G.I.B. – Gesellschaft für innovative Beschäftigungsförderung

»Go!« Die Zeitung für Existenzgründungen
Gründungs-Offensive NRW
Ausgabe 3/1998
Herausgeber: Ministerium für Wirtschaft und Mittelstand, Technologie und Verkehr des Landes Nordrhein-Westfalen, Referat Öffentlichkeitsarbeit

Schleswig-Holstein

Selbständig werden
Informationen für Existenzgründerinnen und Existenzgründer in Schleswig-Holstein
Stand: März 1997
Herausgeber: Investitionsbank Schleswig-Holstein

Weiterführende Literatur

Arnold, Jürgen: Das Franchise-Seminar. 2. Auflage, München 1997
Arnold, Ulli: Beschaffungsmanagement. 2. Auflage, Stuttgart 1997

Bänsch, Axel: Käuferverhalten. 8. Auflage, München/Wien 1998
Baumdicker, G.; Geckle, G.; Leutschig, P.: Steuer ´99. Für Selbständige und Existenzgründer, Planegg/München 1999
Baumdicker, G.; Geckle, G.; Leutschig, P.: Steuer ´99. Für Freiberufler und Existenzgründer, Planegg/München 1999
Bestmann, U.: Kompendium der Betriebswirtschaftslehre. 9. Auflage, München/Wien 1997
Bieberstein, Ingo: Dienstleistungs-Marketing. Reihe Modernes Marketing für Studium und Praxis, 2. Auflage, Ludwigshafen/Rhein 1998
Bruch, Heike: Outsourcing. Konzepte und Strategien, Chancen und Risiken, Wiesbaden 1998

Castan, Björn: Die Partnerschaftsgesellschaft. Recht, Steuer, Betriebswirtschaft, 2. Auflage, Bielefeld 1998

Engels, Paul: Die Versicherungen des Betriebes, Freiburg 1995

Franchise-CD 1998. Franchisegeberprofile und Kontaktadressen, Lohmar 1998
Francke, Lothar: Erlaubtes und Unerlaubtes in der Verkaufsförderung und in der Werbung, 3. Auflage, München 1997

Gabler Wirtschafts-Lexikon, 14. Auflage, Wiesbaden 1997
Gebhard-Seele, Stephan: So bekommen Sie Aufträge. Wie man sich von der Konkurrenz abhebt und Kunden gewinnt, München 1998
Granmann, Jens; Weismann, Arnold: Konkurrenzanalyse und Marktforschung preiswert selbst gemacht, München 1998
Greber, Thomas: Marketing für Kleinunternehmer, Freiberufler und Selbständige, Landsberg a.L. 1998

Haberstock, Lothar: Kostenrechnung I – Einführung, 10. Auflage, Hamburg 1998
Haberstock, Lothar: Kostenrechnung II – (Grenz-)Plankostenrechnung, 7. Auflage, Hamburg 1997
Haller, Sabine: Handels-Marketing. Reihe Modernes Marketing für Studium und Praxis, Ludwigshafen/Rhein 1997
Harbecke, Barbara: Der Schlüssel zum Messeerfolg. Messen und Ausstellungen planen, organisieren, durchführen, Offenbach 1996
Herz, Peter: Selbständig mit Franchise. Finanzierung – Erfolgsrezepte – Risiken, Regensburg, Bonn 1997
Hofmeister, Roman: Business Plan. Erfolgreiche Umsetzung von Geschäftsideen, Wien 1996
Hofmeister, Roman: Die richtige Bank. Ein Ratgeber für den Umgang mit Banken, Frankfurt/Main 1998
Holzapfel, H.-J.: Recht und Praxis des Unternehmenskaufs, 8. Auflage, Köln 1997
Horváth & Partner: Das Controllingkonzept. Der Weg zu einem wirkungsvollen Controllingsystem, 3. Auflage, München 1998

Jung, Hans: Allgemeine Betriebswirtschaftslehre, 4. Auflage, München/Wien 1998

Klunzinger: Grundzüge des Gesellschaftsrecht, 10. Auflage, München 1997
Korts, Petra; Korts, Sebastian: Heilberufsgesellschaften – ärztliche Partnerschaften. Heidelberger Musterverträge Nr. 88, Heidelberg 1996
Kraft, Alfons, Kreutz, Peter: Gesellschaftsrecht, 10. Auflage, Neuwied/Kriftel/Berlin 1997

Langenfeld, Gerrit: Die Gesellschaft bürgerlichen Rechts. Beck´sche Musterverträge Band 6, 4. Auflage, München 1996
Lignietz, Gerd: Buchführung im handwerklichen Meisterbetrieb. Mit einer Einführung in die EDV-Buchhaltung, 12. Auflage, Rinteln 1997
Lerchenmüller, Michael: Handelsbetriebslehre, 3. Auflage, Ludwigshafen/Rhein 1998

Machenheimer, Detlef; Kersten, Reinhold: Buchführung leicht gemacht. Ein methodischer Grundkurs für den Selbstunterricht, Niedernhausen/Ts. 1998
Mehrmann, Elisabeth; Kern, Herbert: Der GmbH-Geschäftsführer. Rechte, Pflichten, Verantwortung, 2. Auflage, Düsseldorf 1998
Mehrmann, E.; Jasper, L. Th.; Schoppmann, P.: BGB-Gesellschaften. Gründung und Führung, Düsseldorf 1995
Mehrmann, Elisabeth; Wirtz, Thomas: Controlling für die Praxis. Kompetent informieren, rational planen, richtig entscheiden, 2. Auflage, Düsseldorf 1996
Meyer, Holger: Steuer-ABC für Freiberufler, 3. Auflage, München 1996

Nieschlag, R.; Dichtl, E.; Hörschgen, H.: Marketing, 18. Auflage, Berlin 1997

Oehme, Wolfgang: Handels-Marketing, 2. Auflage, München 1992
Olfert, Klaus: Investition. Reihe Kompendium der praktischen Betriebswirtschaft, 7. Auflage, Ludwigshafen/Rhein 1998
Olfert, Klaus: Kostenrechnung. Reihe Kompendium der praktischen Betriebswirtschaft, 10. Auflage, Ludwigshafen/Rhein 1996
Opfermann, Rainer; Streit, Wilhelm: Arbeitsstätten ArbStättV, ASR, ArbSchG, SGB VII – Präventionsvorschriften und BildschirmarbeitV. Textausgabe mit Einführungen und Anmerkungen, Heidelberg 1998

Pauli, Knut S.: Franchising. Franchise-Ideen, Franchise-Stars, Franchise-Bausteine, Franchise-Finanzierung, Franchise-Recht, Düsseldorf 1990
Pepels, Werner: Lexikon der Marktforschung. Über 1000 Begriffe zur Informationsgewinnung in Marketing, München 1997
Pepels, Werner: Einführung in die Kommunikationspolitik, Stuttgart 1997
Peter; Crezelius: Gesellschaftsverträge und Unternehmensformen. Reihe Handbücher für die Beratungspraxis, 6. Auflage, Herne/Berlin 1995
Pohl, Richard: Buchführung leicht gefaßt. Für Handwerker, Gewerbetreibende und freiberuflich Tätige, Niedernhausen 1997

Quiring, Andreas: Die rechtliche Absicherung der Unternehmensberatung, Kissing 1996

Rahn, Horst-Joachim: Bertriebliche Führung. Reihe Kompendium der praktischen Betriebswirtschaft, 3. Auflage, Ludwigshafen/Rhein 1996
Reichert, Joachim: Der GmbH-Vertrag. Beck´sche Musterverträge Band 8, 2. Auflage, München 1994

Sattler, A.; Hecker, P. F.: So kaufen Sie eine Firma oder Beteiligung, 2. Auflage, Bonn 1992
Schabel, Thomas: Architektenrecht von A–Z. Vertragsabschluß, Haftung, Honorar, Urheberrecht, Architektenwettbewerb, 2. Auflage, München 1996
Schaub, Günter: Arbeitsrecht von A-Z, 15. Auflage, München 1997
Schertler, Walter: Unternehmensorganisation. Lehrbuch der Organisation und strategischen Unternehmensführung, 7. Auflage, München/Wien 1995
Schneider, Karl (Hrsg.): Werbung in Theorie und Praxis, 4. Auflage, Waiblingen 1997
Schmoeckel, Reinhard: Meine Rechte und Pflichten als junger Unternehmer, 3. Auflage, München 1998
Schweiger, G.; Schrattenegger, G.: Werbung, 4. Auflage, Stuttgart/Jena 1995
Segebrecht, Helmut: Die Einnahme-Überschußrechnung nach § 4 Abs. 3 EStG, 9. Auflage, Herne/Berlin 1996
Sommer, Michael: Die Gesellschaftsverträge der GmbH & Co. KG. Beck´sche Musterverträge Band 14, 2. Auflage, München 1997

Struck, Uwe: Geschäftsplane. Für erfolgreiche Expansion und Gründungsfinanzierung, 2. Auflage, Stuttgart 1998

Tzschaschel, Hans-Ulrich: Die Gesellschaft bürgerlichen Rechts. Heidelberger Musterverträge, 9. Auflage, 1998

Waldner, Wolfram; Wölfel, Erich: So gründe und führe ich eine Personengesellschaft (GbR, OHG, KG), 4. Auflage, München 1999

Waldner, Wolfram; Wölfel, Erich: So gründe und führe ich eine GmbH, 5. Auflage, München 1997

Weber, Jürgen: Einführung in das Controlling, 6. Auflage, Stuttgart 1995

Weis, Hans Christian: Marketing. Reihe Kompendium der praktischen Betriebswirtschaft, 6. Auflage, Ludwigshafen/Rhein 1998

Wessel, H. H.; Zwernemann, D.: Die Firmengründung, 6. Auflage, Heidelberg 1994

v. Westphalen, Friedrich Graf: Allgemeine Einkaufsbedingungen. Beck´sche Musterverträge Band 5, 2. Auflage, München 1997

Wöhe, Günther: Einführung in die Allgemeine Betriebswirtschaftslehre, 19. Auflage, München 1996

Wörle, Michael: Selbständig ohne Meisterbrief, 6. Auflage, Düsseldorf und München 1998

Ziegenbein, Klaus: Controlling. Reihe Kompendium der praktischen Betriebswirtschaft, 6. Auflage, Ludwigshafen/Rhein 1998

Gesetze

Bürgerliches Gesetzbuch (BGB)
außerdem: AGB-Gesetz, ProdukthaftungsG, VerbraucherkreditG, WohnungseigentumsG
44. Auflage, Stand 1. Januar 1999, Beck-Texte im dtv (Deutscher Taschenbuch Verlag)

Handelsgesetzbuch (HGB)
außerdem: WechselG, ScheckG, WertpapierhandelsG
33. Auflage, Stand 1. Januar 1999, Beck-Texte im dtv (Deutscher Taschenbuch Verlag)

GmbH-Gesetz (GmbHG)
außerdem: AktG mit UmwandlungsG und MitbestimmungsG
30. Auflage, Stand 1. Juli 1998, Beck-Texte im dtv (Deutscher Taschenbuch Verlag)

Wichtige Wirtschaftsgesetze
Handelsgesetzbuch (HGB), Bürgerliches Gesetzbuch (BGB), Aktiengesetz (AktG), GmbH-Gesetz (GmbHG), Genossenschaftsgesetz (GenG), Publizitätsgesetz (PublG), Wechselgesetz (WG), Scheckgesetz (SchG), Anfechtungsgesetz (AnfG), Insolvenzordnung (InsO), Mitbestimmungsgesetz (MitbG), Betriebsverfassungsgesetz (BetrVG), EWIV-VO, EWIV-AG, D-Markbilanzgesetz (DMBilG), Umwandlungsgesetz (UmwG), Partnerschaftsgesellschaftsgesetz (PartGG)
13. Auflage, Stand 1. Januar 1999, Verlag Neue Wirtschafts-Briefe, Herne/Berlin

Gewerbeordnung (GewO)
außerdem: Arbeitgeber-MitteilungspflichtVO, ArbeitsschutzG, ArbeitsstättenVO, BewachungsVO, BildschirmarbeitsVO, Bundes-ImmissionsschutzG, EmissionserklärungsVO, GaststättenG, GefahrstoffVO,Genehmigungsbedürftige AnlagenVO, GerätesicherheitsG, GewerbeO, HandwerksO, Immissionsschutz- und StörfallbeauftragtenVO, Kreislaufwirtschafts- und AbfallG, LadenschlußG, Makler- und BauträgerVO, PfandleiherVO, Reisegewerbe-AusnahmenVO, SchaustellerhaftpflichtVO, Sonn- und FeiertagsverkaufsVO, SpielVO, StörfallVO, UmweltauditG, UnbedenklichkeitsbescheinigungenVO, VerpackungsVO, VersteigererVO
30. Auflage, Stand Juli 1998, Beck-Texte im dtv (Deutscher Taschenbuch Verlag)

Arbeitsgesetze (ArbG)
mit den wichtigsten Bestimmungen zum Arbeitsverhältnis: KündigungsschutzG, BetriebsverfassungsG, TarifvertragsG, EntgeltfortzahlungsG, BundesurlaubsG, ArbeitsschutzG, ArbeitszeitG und andere Gesetze
54. Auflage, Stand 1. September 1998, Beck-Texte im dtv (Deutscher Taschenbuch Verlag)

Umweltrecht (UmwR)
außerdem: UVP, Umweltaudit, Natur-, Tier- und Bodenschutz, Gewässer, Abfälle, Immissionsschutz, Reaktorsicherheit, Energieeinsparung, Gefahrstoffe, Umweltstrafrecht
11. Auflage, Stand 15. Juli 1998, Beck-Texte im dtv (Deutscher Taschenbuch Verlag)

Bundes-Immissionsschutzgesetz (BIMSchG)
mit Durchführungsverordnungen, TA Luft und TA Lärm
3. Auflage, Stand 15. Juni 1997, Beck-Texte im dtv (Deutscher Taschenbuch Verlag)

Abfallrecht (AbfR)
Kreislaufwirtschafts- und AbfallG mit Verordnungen, Abfallverbringungsrecht, TA Abfall, TA Siedlungsabfall
4. Auflage, Stand 1. März 1998, Beck-Texte im dtv (Deutscher Taschenbuch Verlag)

Einkommensteuerrecht (EStR)
Einkommensteuergesetz (EStG) mit Einkommensteuer-Grund- und Splittingtabelle, Einkommensteuer-Durchführungsverordnung (EStDV), Einkommensteuer-Richtlinien (EStR)
12. Auflage, Stand 1. Januar 1998, Beck-Texte im dtv (Deutscher Taschenbuch Verlag)

Körperschaftsteuerrecht (KStR)
Körperschaftsteuergesetz (KStG) mit Körperschaftsteuer-Durchführungsverordnung (KStDV) und Körperschaftsteuer-Richtlinien (KStR)
9. Auflage, Stand 1. Januar 1998, Beck-Texte im dtv (Deutscher Taschenbuch Verlag)

Gewerbesteuerrecht (GewStR)
Gewerbesteuergesetz (GewStG) mit Gewerbesteuer-Durchführungsverordnung (GewStDV) und Gewerbesteuer-Richtlinien (GewStR)
10. Auflage, Stand 1. Januar 1998, Beck-Texte im dtv (Deutscher Taschenbuch Verlag)

Wettbewerbsrecht (WettbR) und Kartellrecht (KartR)
Gesetz gegen den unlauteren Wettbewerb (UWG), Zugabenverordnung, Rabattgesetz mit Durchführungsverordnung, Preisangabenverordnung, Haustürwiderrufsgesetz, Markengesetz, Erstreckungsgesetz, Gesetz gegen Wettbewerbsbeschränkungen (GWB) sowie die wichtigsten wettbewerbsrechtlichen internationalen Übereinkommen und Vorschriften der Europäischen Gemeinschaft. Mit GWB-Novelle 1999.
20. Auflage, Stand September 1998, Beck-Texte im dtv (Deutscher Taschenbuch Verlag)

Sozialgesetzbuch (SGB)
I. Allgemeiner Teil, III. Arbeitsförderung, IV. Gem. Vorschriften, V. Krankenversicherung, VI. Rentenversicherung, VII. Unfallversicherung, X. Verwaltungsverfahren, XI. Pflegeversicherung
24. Auflage, Stand 15. Februar 1998, Beck-Texte im dtv (Deutscher Taschenbuch Verlag)

Aktuelle Steuertexte 1998
Abgabenordnung, Außensteuergesetz, Bewertungsgesetz, Eigenheimzulagengesetz, EinkommensteuerG mit DV, ErbschaftsteuerG mit DV, Finanzgerichtsordnung, Fördergebietsgesetz, GewerbesteuerG mit DV, GrunderwerbsteuerG, Grundsteuergesetz, Investitionszulagengesetz, KörperschaftsteuerG mit DV, LohnsteuerDV, SachbezugsVO, SolidaritätszuschlagG, Umwandlungssteuergesetz, UmsatzsteuerG mit DV
Stand 1. Januar 1998, Beck´sche Textausgaben, Verlag C. H. Beck

Steuergesetze (SteuerG) 1
EinkommensteuerG einschließlich Nebenbestimmungen sowie Einkommensteuer-Tabellen, GewerbesteuerG, KörperschaftsteuerG, UmwandlungssteuerG, Fördergesetze, VermögensbildungsG, Durchführungsverordnungen
24. Auflage, 1. Januar 1998, Beck-Texte im dtv (Deutscher Taschenbuch Verlag)

Steuergesetze (SteuerG) 2
AußensteuerG, BewertungsG, ErbschaftssteuerG und SchenkungssteuerG, GrundsteuerG, UmsatzsteuerG, Verkehrssteuergesetze, Durchführungsverordnungen
24. Auflage, 1. Januar 1998, Beck-Texte im dtv (Deutscher Taschenbuch Verlag)

Umsatzsteuerrecht (UStR)
Umsatzsteuergesetz mit Umsatzsteuer-Durchführungsverordnung und Umsatzsteuer-Richtlinien 1996
16. Auflage, Stand 1. Januar 1998, Beck-Texte im dtv (Deutscher Taschenbuch Verlag)

Abgabenordnung (AO)
mit Finanzgerichtsordnung (FGO) und Nebengesetzen
22. Auflage, Stand 1. Januar 1998, Beck-Texte im dtv (Deutscher Taschenbuch Verlag)

Vergaberecht (VgR)
Verdingungsordnung für Bauleistungen (VOB), Verdingungsordnung für Leistungen (VOL), Verdingungsordnung für freiberufliche Leistungen (VOF)
2. Auflage, Stand September 1998, Beck-Texte im dtv (Deutscher Taschenbuch Verlag)

VOB Verdingungsordnung für Bauleistungen
Honorarordnung für Architekten und Ingenieure
Gesetz über die Sicherung der Bauforderungen, Makler- und BauträgerVO und weitere Bestimmungen des privaten Baurechts
18. Auflage, Stand 1. August 1997, Beck-Texte im dtv (Deutscher Taschenbuch Verlag)

Stichwortverzeichnis

Ihre Meinung zählt!

Um unsere Fachliteratur an Ihren Wünschen auszurichten und weiter zu verbessern, sind wir an Ihrer Meinung interessiert.
Deshalb bitten wir Sie freundlichst um Ihre Mitarbeit. Vielen Dank!

Fragebogen

Aus welchem Buch stammt dieser Fragebogen? ____________________

____

Welche Erwartungen hatten Sie an das Buch? ____________________

____

____

Wurden Ihre Erwartungen erfüllt? ❑ ja ❑ nein ❑ teilweise

Wie beurteilen Sie den Inhalt? ____________________

____

____

Wie bewerten Sie die typografische Gestaltung? (Textanordnung, Schriftgröße, Lesbarkeit, Abbildungen) ____________________

____

____

Wie beurteilen Sie den Preis? ❑ sehr preisgünstig ❑ angemessen ❑ zu teuer

Was könnte man besser machen? ____________________

____

____

Sonstiges ____________________

____

____

Und so erreichen Sie uns:
Fax 07 11/21 94-119 • Telefon 07 11/21 94-112
Schäffer-Poeschel Verlag • Joachim Bader • PF 103241 • 70028 Stuttgart
e-mail: bader@schaeffer-poeschel.de • Internet: http://www.schaeffer-poeschel.de

SCHÄFFER POESCHEL